Der geniale SOCKEN Workshop

Ewa Jostes · Stephanie van der Linden

Der *geniale* SOCKEN Workshop

Das **Standardwerk** zum Sockenstricken

Grundanleitungs-Videos in der TOPP Digitalen Bibliothek **online**
Die Videos für den perfekten Einstieg finden Sie nach erfolgter Registrierung in Ihrer Digitalen Bibliothek:
www.topp-kreativ.de/digibib
Den Freischaltcode finden Sie im Impressum.

OBERFUSS UND SOHLE

SPITZEN

TOE-UP-SOCKEN

SOCKEN MAL ANDERS

MUSTER STRICKEN

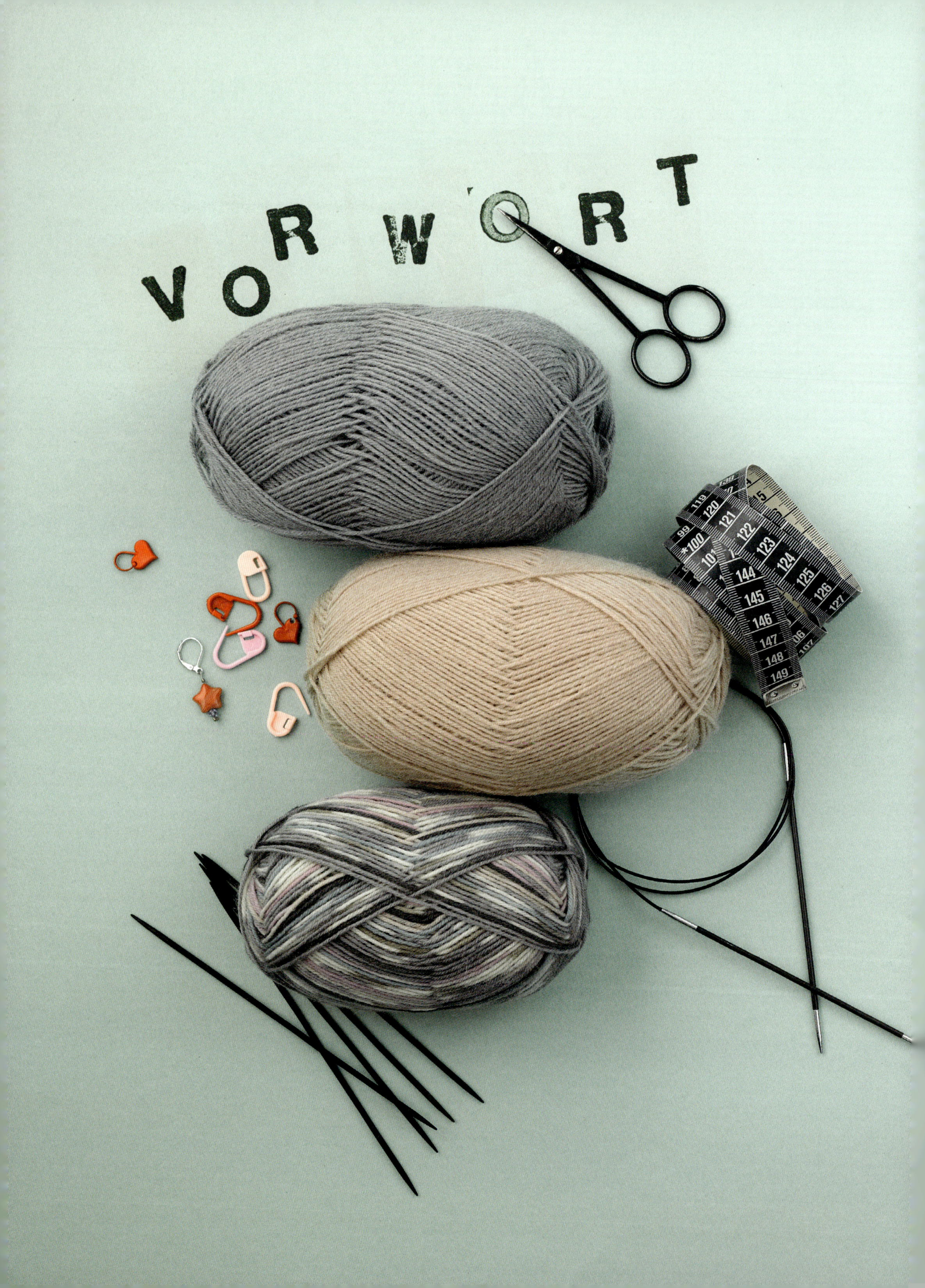
VORWORT

Socken selbst zu stricken ist so beliebt wie nie zuvor. Kein Wunder, rangieren doch die kleinen Strickkunstwerke sowohl beim Tragekomfort als auch bei der Wahl zum perfekten Strickprojekt ganz weit vorne.

Handgestrickte Socken bieten die einmalige Möglichkeit, Socken genau an den eigenen Fuß anzupassen. Daher lassen sich die verschiedenen Bausteine dieses Workshops in fast unendlichen Kombinationsmöglichkeiten zur Lieblingssocke mit der perfekten Passform zusammensetzen.

Gleichzeitig sind Socken auch das perfekte Strickprojekt: Sie sind klein und handlich und passen in jede Handtasche. Schnell gestrickt, bieten sie trotzdem – oder gerade deswegen – erstaunlich viel Raum, Neues auszuprobieren und Experimente zu wagen.

Diese Neuausgabe des Klassikers unter den Sockenbüchern bietet zahlreiche neue Anregungen, Tipps und Möglichkeiten. Denn die Strickwelt steht nicht still und entwickelt gerade im Bereich des Sockenstrickens immer neue, spannende Techniken und Methoden. So findest du hier verbesserte Passformen, raffinierte Dekoelemente oder einfach neue stricktechnische Herausforderungen, damit es nie langweilig wird.

Sei auch in Zukunft gut zu Fuß – mit der perfekten Socke!

Ewa Jostes

Stephanie van der Linden

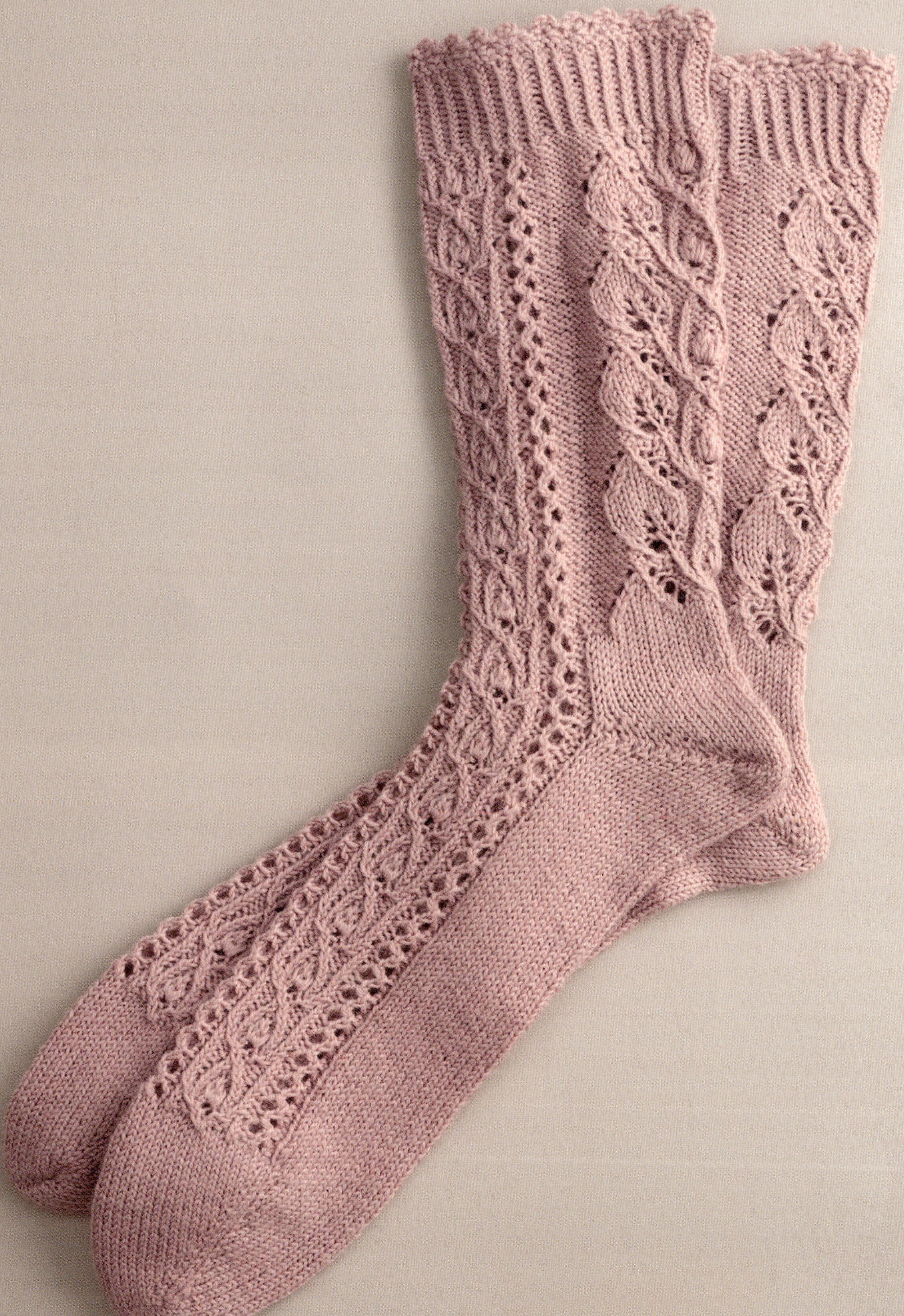

MODELLE

Wenn die in diesem Buch vorgestellten Sockenbausteine mit tollen Sockengarnen und raffinierten Mustern kombiniert werden, entstehen ganz individuelle, perfekte Sockenkunstwerke. Ob man sich damit selbst etwas Gutes tut oder sie an liebe Menschen verschenkt: Handgestrickte Socken sind eine wahre Wohltat für die Füße und immer gefragt!

Luftig leicht in Rosa

SCHWIERIGKEITSGRAD 3

GRÖSSE 38/39

MATERIAL

Lang Yarns Jawoll Superwash (LL 420 m/100 g) in Rosa-beige (Fb 83.0219), 100 g

Nadeln 2,5 mm

MASCHENPROBE

Im Wappenmuster mit Nd 2,5 mm 30 M und 42 R = 10 cm x 10 cm

STRICKSCHRIFT SEITE 46

Wappenmuster

In allen Rd nach der Strickschrift str. Den Rapport von 10 M und die 1.-22. Rd fortlaufend wdh.

Anleitung

Im verstärkten Kreuzanschlag (S. 80) 60 M anschl und zur Rd schließen. Anschließend ein 1/1-Bündchen (S. 100) über 15 Rd str.
Nun im Wappenmuster in Rd arb, bis der Schaft die gewünschte Höhe erreicht hat. Vor Beginn der Ferse die M wie folgt aufteilen: 29 M Ferse, 31 M Oberfuß. In den nächsten 6 Rd über die Fersen-M glatt rechts (S. 64), über die Oberfuß-M weiter im Wappenmuster str. Dann über die 29 Fersen-M eine klassische Bumerangferse (S. 138) mit der M-Verteilung 10-9-10 str.
Für den Fuß auf dem Oberfuß weiter im Wappenmuster, für die Sohle glatt rechts arb. In 21 cm Fußlänge eine Sternchenspitze (S. 181) str.
Die 2. Socke genauso arb.

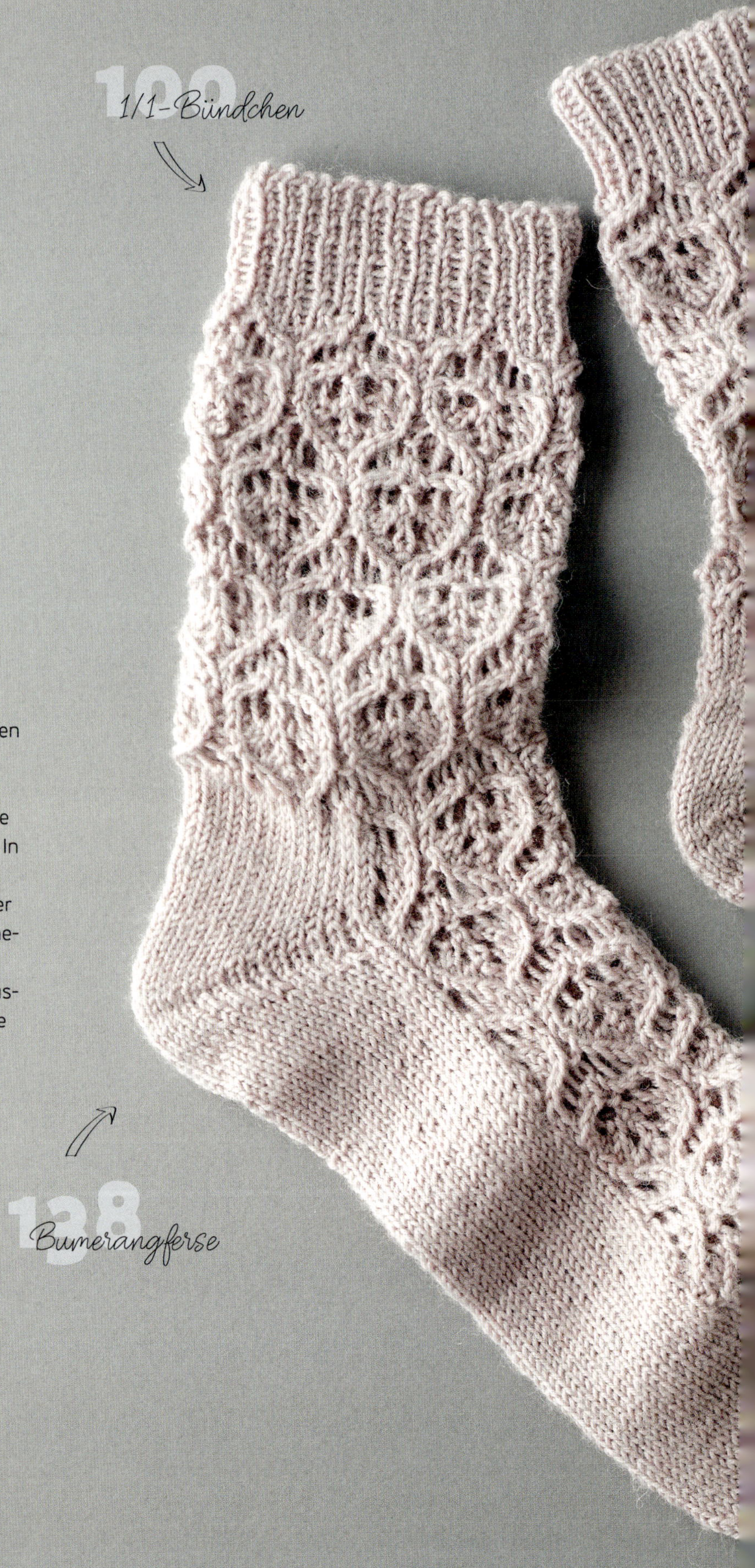

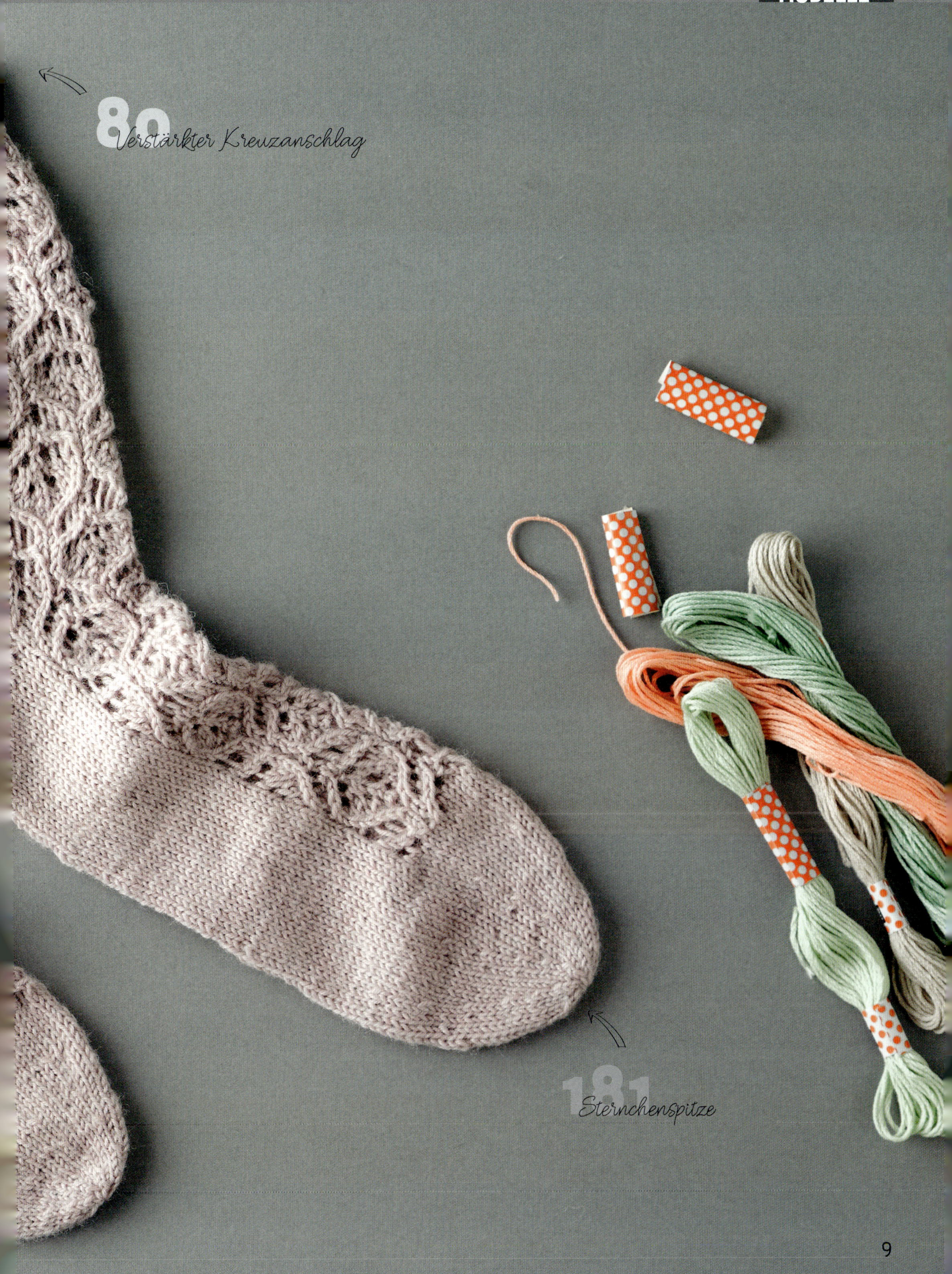
80 Verstärkter Kreuzanschlag
181 Sternchenspitze

Ringelreihen

SCHWIERIGKEITSGRAD 1

GRÖSSE 30/31

MATERIAL

Schachenmayr Regia Premium Silk (LL 400 m/100 g) in Leinen (Fb 05), Feige (Fb 45), Jeans meliert (Fb 50) und Gold (Fb 25), je 50 g

Nadeln 2,5 mm

MASCHENPROBE

Glatt rechts mit Nd 2,5 mm
30 M und 42 R = 10 cm × 10 cm

Farbfolge Bündchen

1 Rd in Feige und 1 Rd in Leinen im Wechsel str.

Farbfolge Schaft

* 3 Rd in Leinen, 3 Rd in Gold str, ab * insgesamt 6x arb.

Farbfolge Fuß

* 3 Rd in Leinen, 3 Rd in Jeans meliert, ab * insgesamt 5x arb, 3 Rd in Leinen, 3 Rd in Feige, 3 Rd in Leinen, 3 Rd in Gold, ** 3 Rd in Leinen, 3 Rd in Jeans meliert, ab ** insgesamt 3x arb, enden mit 3 Rd in Leinen. Bei der 2. Socke die Streifen in Gold und Feige tauschen.

Anleitung

In Feige einen Knötchenanschlag (S. 82) über 52 M arb und zur Rd schließen. Anschließend ein 1/1-Bündchen (S. 100) über 26 Rd in der Farbfolge Bündchen str (bei der linken Socke zwischen der 3. und 4. Nd, bei der rechten Socke zwischen der 1. und 2. Nd die Fb wechseln).

Den Schaft mit Streifen (S. 244) glatt rechts (S. 64) nach der Farbfolge Schaft str, mit 3 Rd in Leinen enden. Den Faden in Gold abschneiden und eine Bumerangferse in runder Form (S. 142) komplett in Jeans meliert arb.

Nach der Ferse noch 1 Rd in Jeans meliert str, dann nach der Farbfolge Fuß arb. Zum Schluss eine Propellerspitze (S. 180) in Jeans meliert str. Die 2. Socke gegengleich arb.

TIPP: Die ersten Maschen nach dem Farbwechsel locker arbeiten, dann erscheint der Farbwechsel fließender.

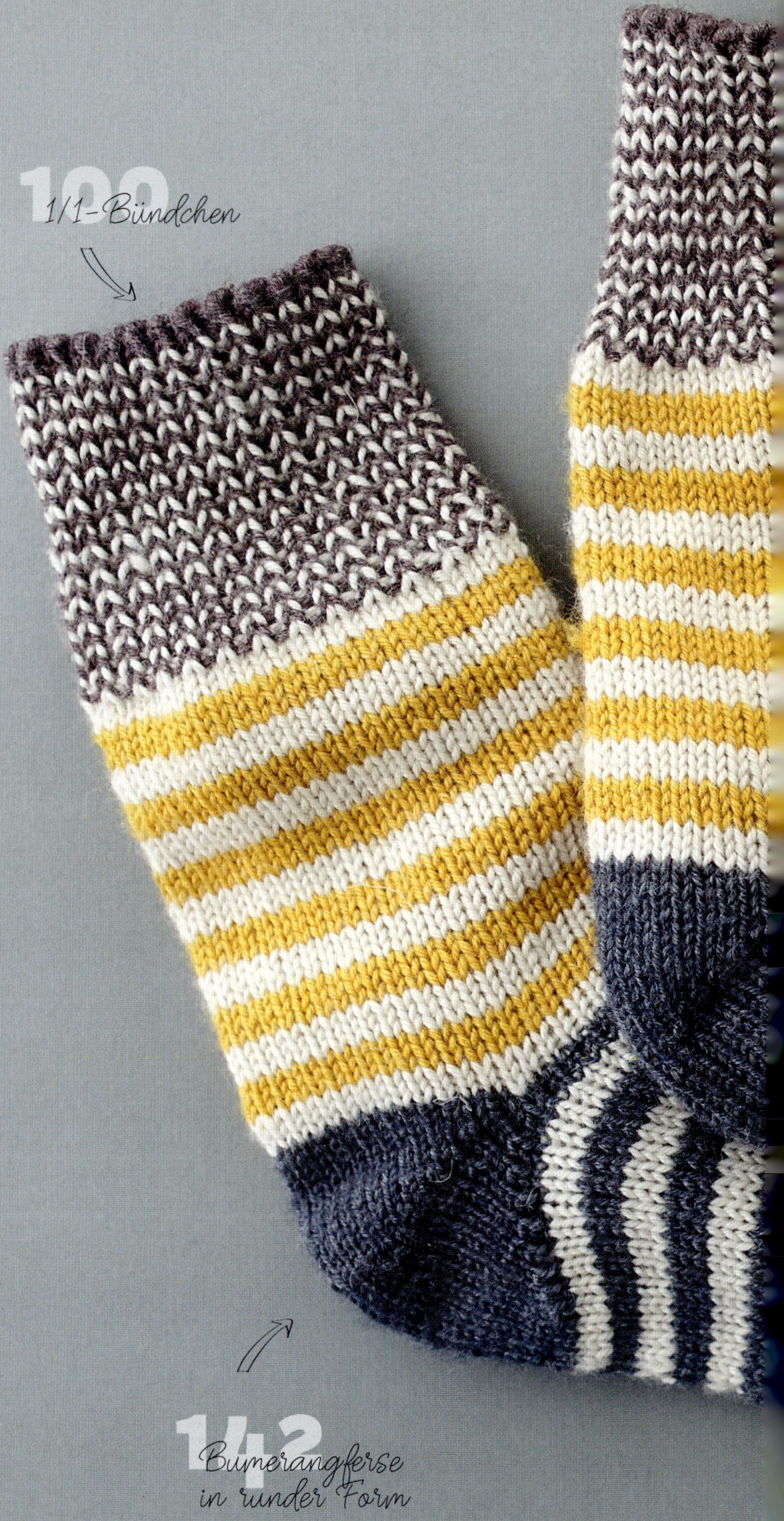

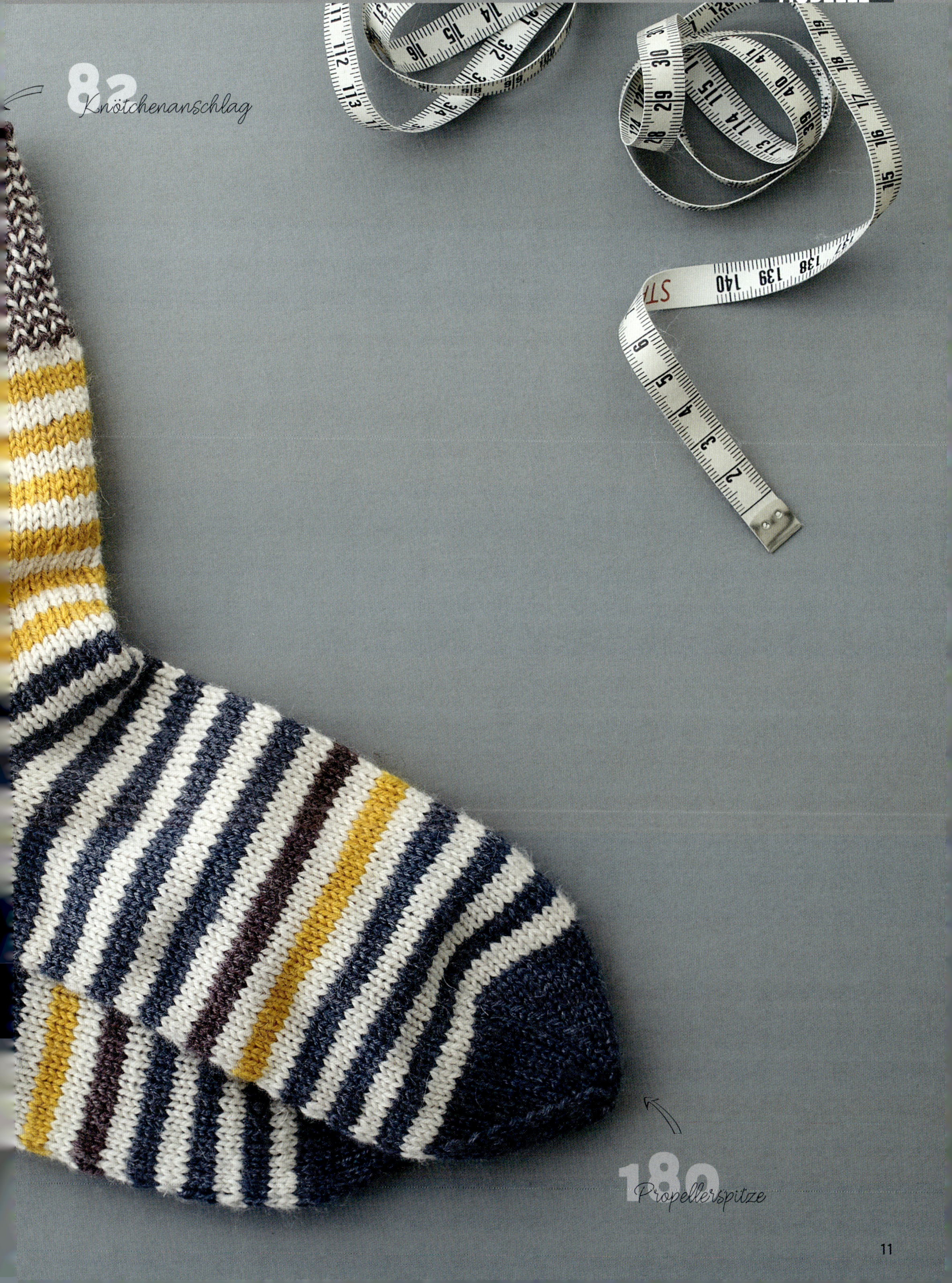
82
Knötchenanschlag
180
Propellerspitze

Wellengang

SCHWIERIGKEITSGRAD 2

GRÖSSE 39/40

MATERIAL

Schachenmayr Regia Silk (LL 400 m/100 g) in Teal (Fb 65), 100 g

2 Rundstricknadeln 2,5 mm

Hilfsnadel 2,5 mm

MASCHENPROBE

Glatt rechts mit Nd 2,5 mm 30 M und 42 R = 10 cm x 10 cm

STRICKSCHRIFT SEITE 46

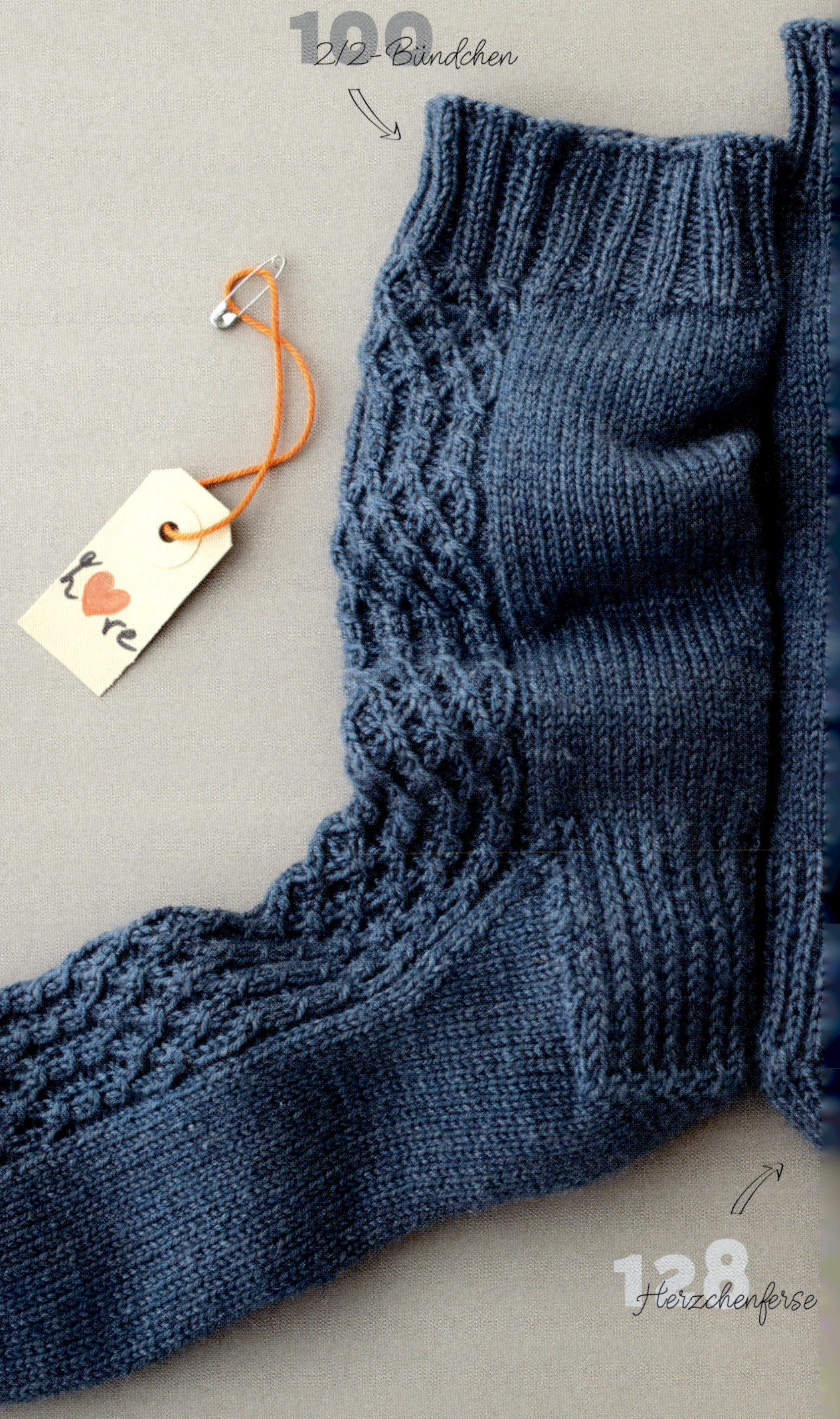

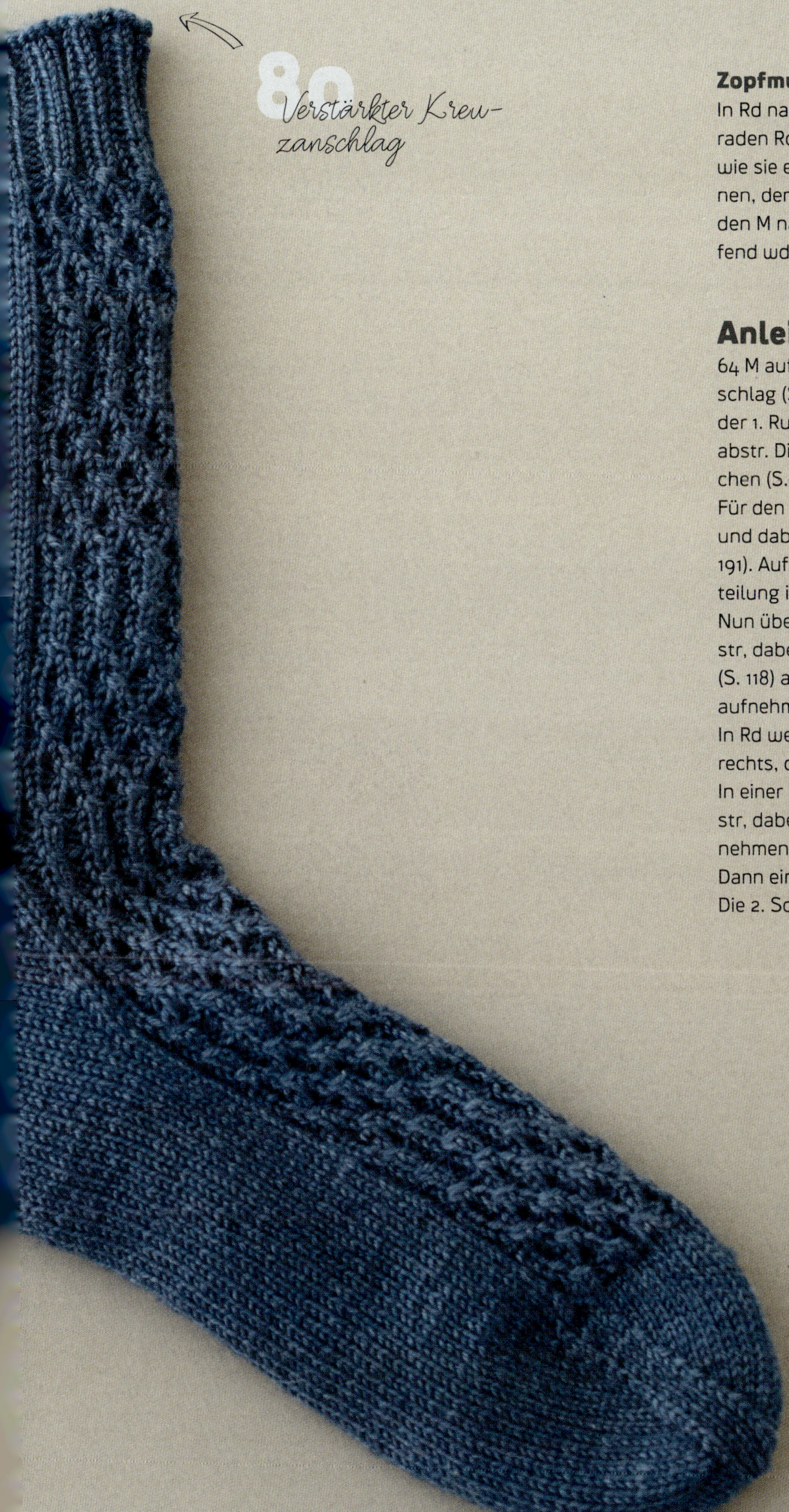

Zopfmuster
In Rd nach der Strickschrift str. Es sind nur die ungeraden Rd gezeichnet, in den geraden Rd alle M str, wie sie erscheinen. Mit den M vor dem Rapport beginnen, den Rapport von 4 M fortlaufend wdh und mit den M nach dem Rapport enden. Die 1.-24. Rd fortlaufend wdh.

Anleitung

64 M auf 1 Rundstricknd im verstärkten Kreuzanschlag (S. 80) anschl. 1 R rechte M str, dabei 30 M mit der 1. Rundstricknd und 34 M mit der 2. Rundstricknd abstr. Die M zur Rd schließen. Ein 2/2-Rippenbündchen (S. 100) über 18 Rd arb.
Für den Schaft die M der 1. Nd glatt rechts str (S. 64) und dabei gleichmäßig verteilt 2 M zunehmen (S. 189-191). Auf der 2. Nd das Zopfmuster arb. In dieser Einteilung insgesamt 66 Rd str.
Nun über die M der 1. Nd eine Herzchenferse (S. 128) str, dabei die Fersenwand mit Rippenverstärkung (S. 118) arb. Die M aus der Fersenwand mit der 1. Nd aufnehmen.
In Rd weiterstr, dabei die Sohlen- und Spickel-M glatt rechts, die Oberfuß-M weiter im Muster str.
In einer Fußlänge von 21 cm 1 Rd rechte M über alle M str, dabei auf der 2. Nd gleichmäßig verteilt 2 M abnehmen (= 64 M).
Dann eine spitze Bandspitze (S. 175) arb.
Die 2. Socke genauso str.

Verkreuzungen

SCHWIERIGKEITSGRAD 2

GRÖSSE 38/39

MATERIAL

Lana Grossa Meilenweit (LL 420 m/100 g) in Rosa-beige (Fb 1359), 100 g

Nadeln 2,5 mm

Zopf- oder Hilfsnadel

MASCHENPROBE

Im Hebemaschenmuster mit Nd 2,5 mm 40 M und 48 R = 10 cm × 10 cm

STRICKSCHRIFT SEITE 46

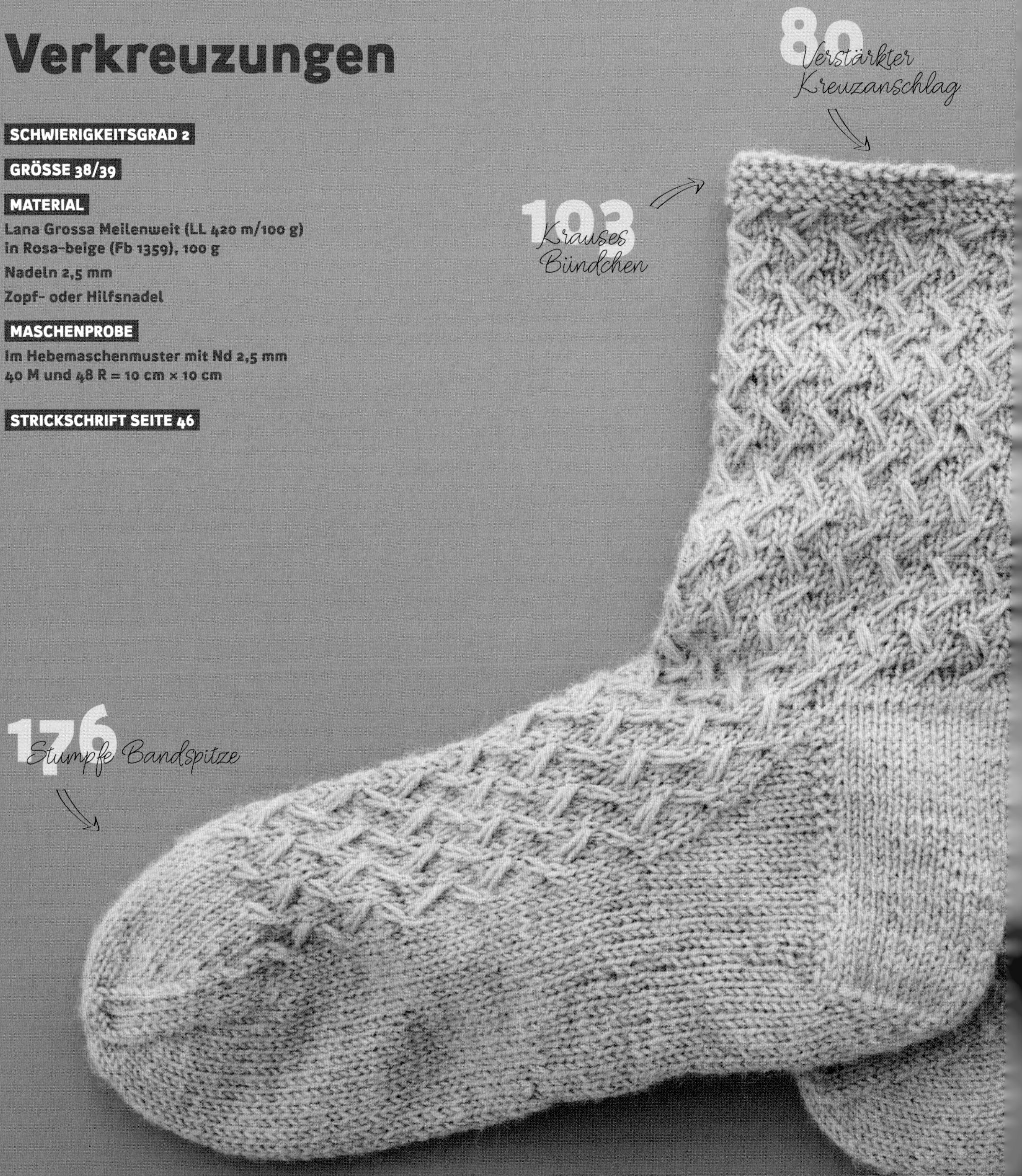

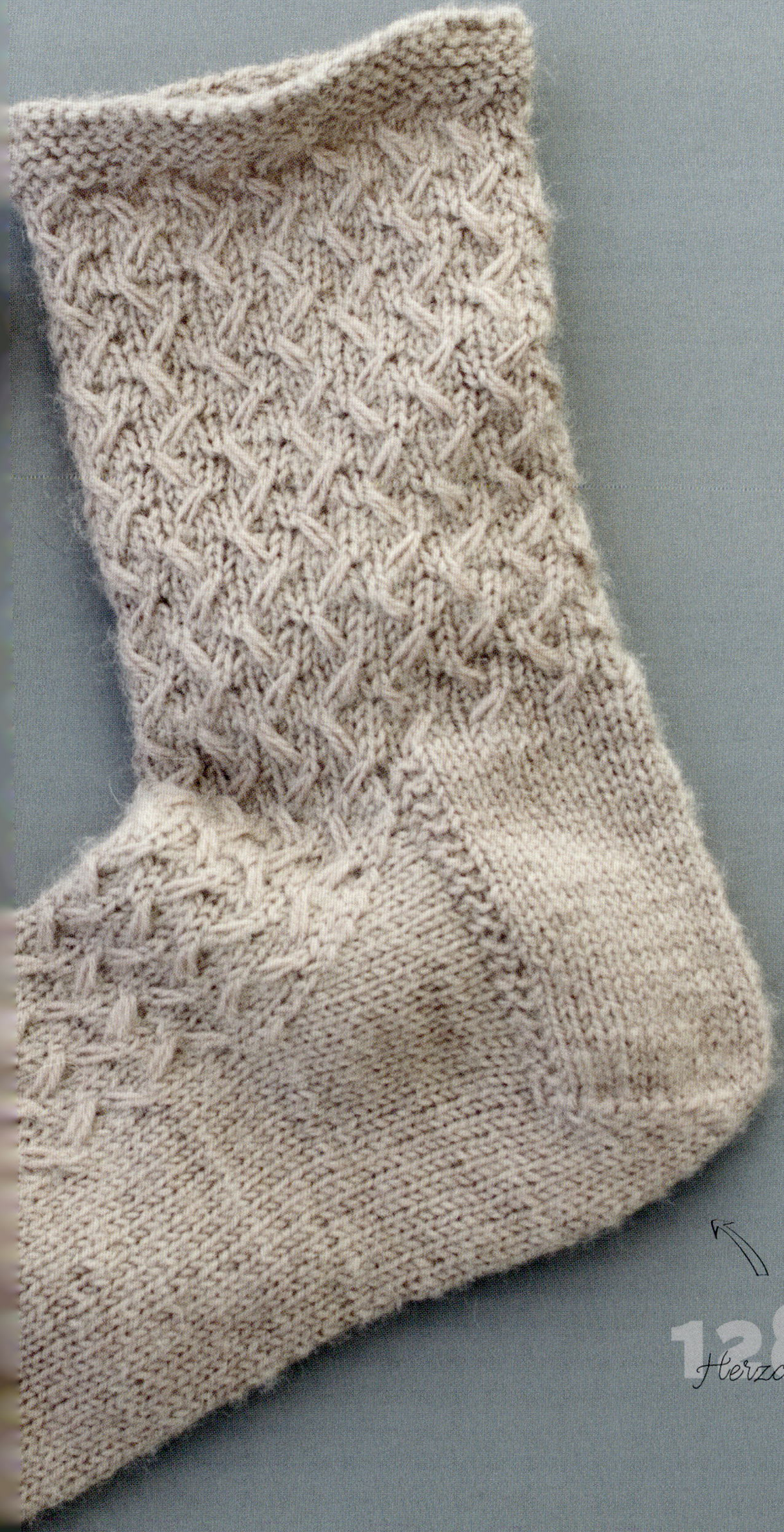

Hebemaschenmuster
In allen Rd nach der Strickschrift str. Den Rapport von 4 M und die 1.–8. Rd fortlaufend wdh.

Anleitung
60 M im verstärkten Kreuzanschlag (S. 80) anschl und zur Rd schließen. Anschließend 8 Rd kraus rechts (S. 64) str. Dann im Hebemaschenmuster arb, bis der Schaft die gewünschte Länge erreicht hat. Eine Herzchenferse (S. 128) str. In 20,5 cm Fußlänge eine stumpfe Bandspitze (S. 176) arb.
Die 2. Socke genauso str.

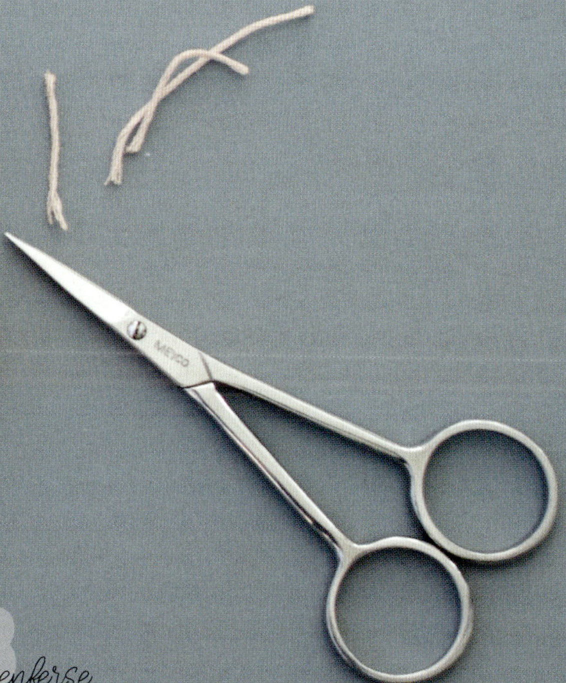

128 Herzchenferse

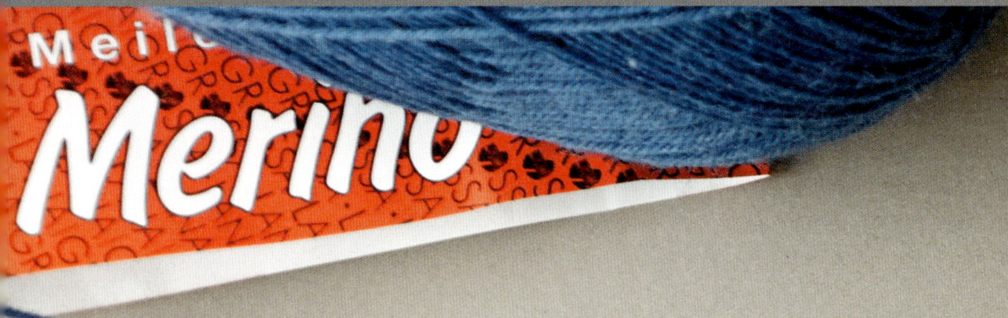

Kästchenhüpfen

SCHWIERIGKEITSGRAD 2

GRÖSSE 30/31

MATERIAL

Schachenmayr Regia Premium Merino Yak (LL 400 m/100 g) in Nachtblau meliert (Fb 7515), Himbeer meliert (Fb 7507) und Puder meliert (Fb 7505), je 50 g

Nadeln 2,25 mm

MASCHENPROBE

Glatt rechts mit Nd 2,25 mm
30 M und 42 R = 10 cm × 10 cm

ZÄHLMUSTER SEITE 46

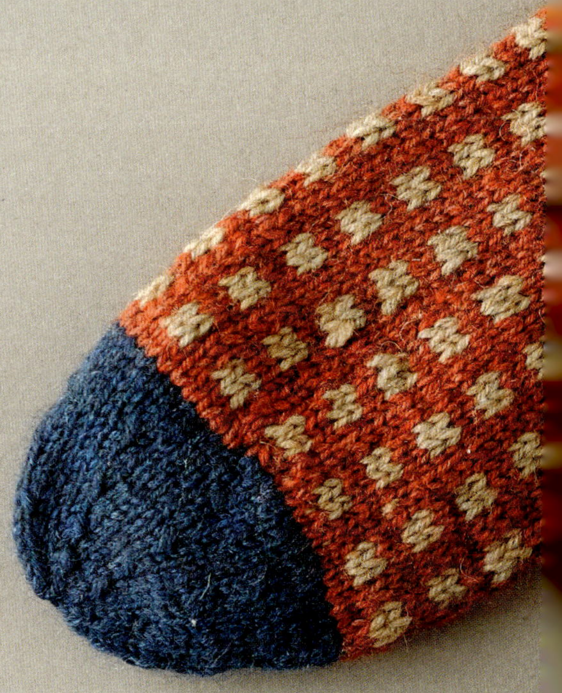

181 *Sternchenspitze*

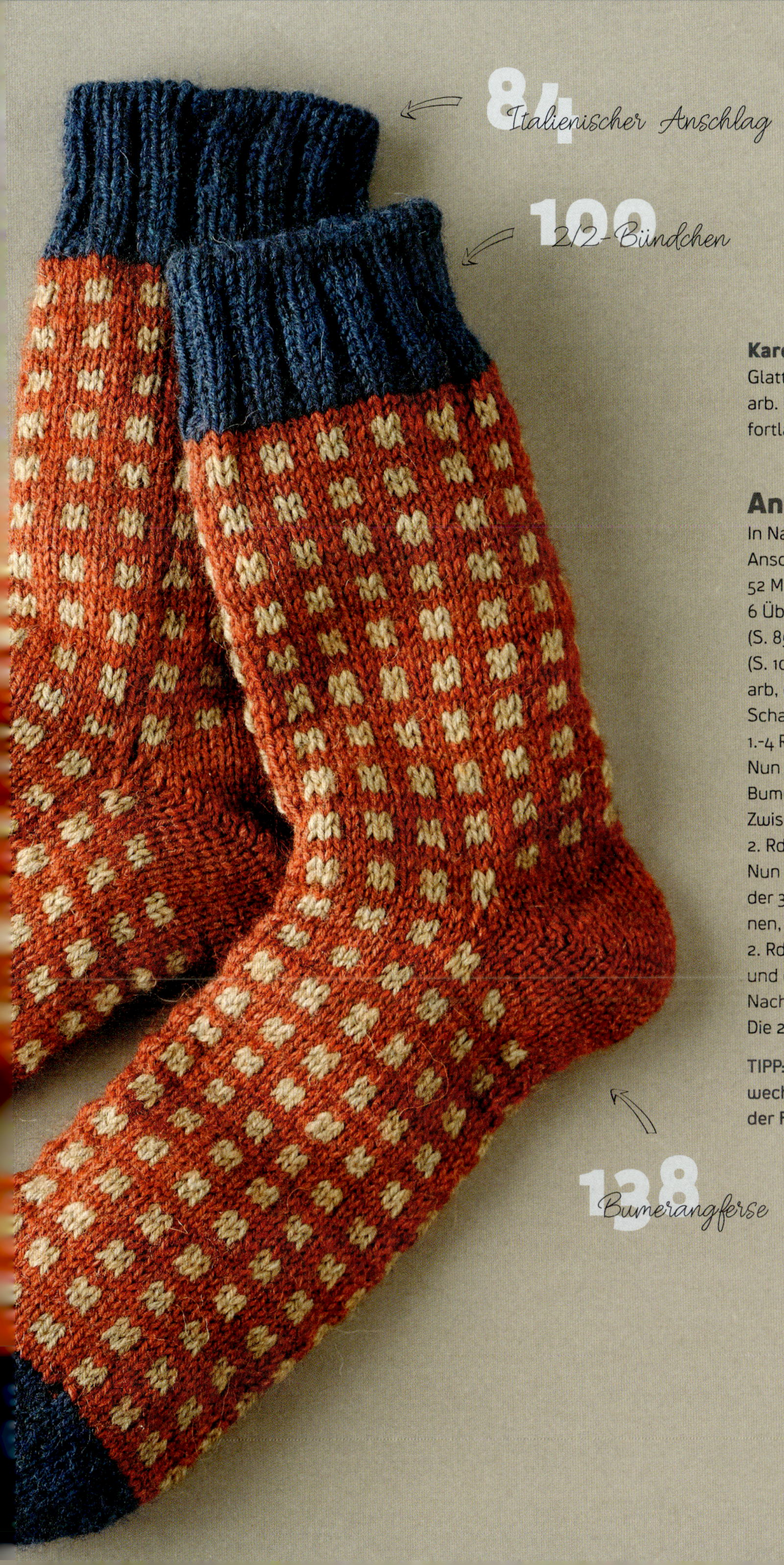

Karomuster
Glatt rechts in Rd nach dem Zählmuster arb. Den Rapport von 4 M und die 1.-4. Rd fortlaufend wdh.

Anleitung

In Nachtblau meliert einen italienischen Anschlag ohne Hilfsfaden (S. 84) über 52 M arb und zur Rd schließen. Die 6 Übergangsrunden zum Bündchen str (S. 85) und ein 2/2-Bündchen anschließen (S. 102 und 100). Noch 13 Rd Bündchen arb, dann den Faden abschneiden. Den Schaft im Karomuster str, dabei die 1.-4 Rd insgesamt 10x arb.
Nun in Himbeer meliert eine klassische Bumerangferse (S. 138) arb, dabei in den Zwischen-Rd auf dem Oberfuß die 1. und 2. Rd des Karomusters str.
Nun weiter den Fuß in Rd arb, dabei mit der 3. und 4. Rd des Karomusters beginnen, die 1.-4. Rd 11x str und mit der 1. und 2. Rd abschließen. Die Fäden abschneiden und eine Sternchenspitze (S. 181) in Nachtblau meliert arb.
Die 2. Socke genauso str.

TIPP: Die ersten Maschen nach dem Farbwechsel locker arbeiten, dann erscheint der Farbwechsel fließender.

Minzbonbon

SCHWIERIGKEITSGRAD 3

GRÖSSE 38/39

MATERIAL

Schachenmayr Regia Premium Merino Yak (LL 400 m/100 g) in Mint meliert (Fb 7513), 100 g

Nadeln 2,5 mm

Hilfs- oder Zopfnadel

MASCHENPROBE

Im Rautenmuster mit Nd 2,5 mm
30 M × 42 R
= 10 cm × 10 cm

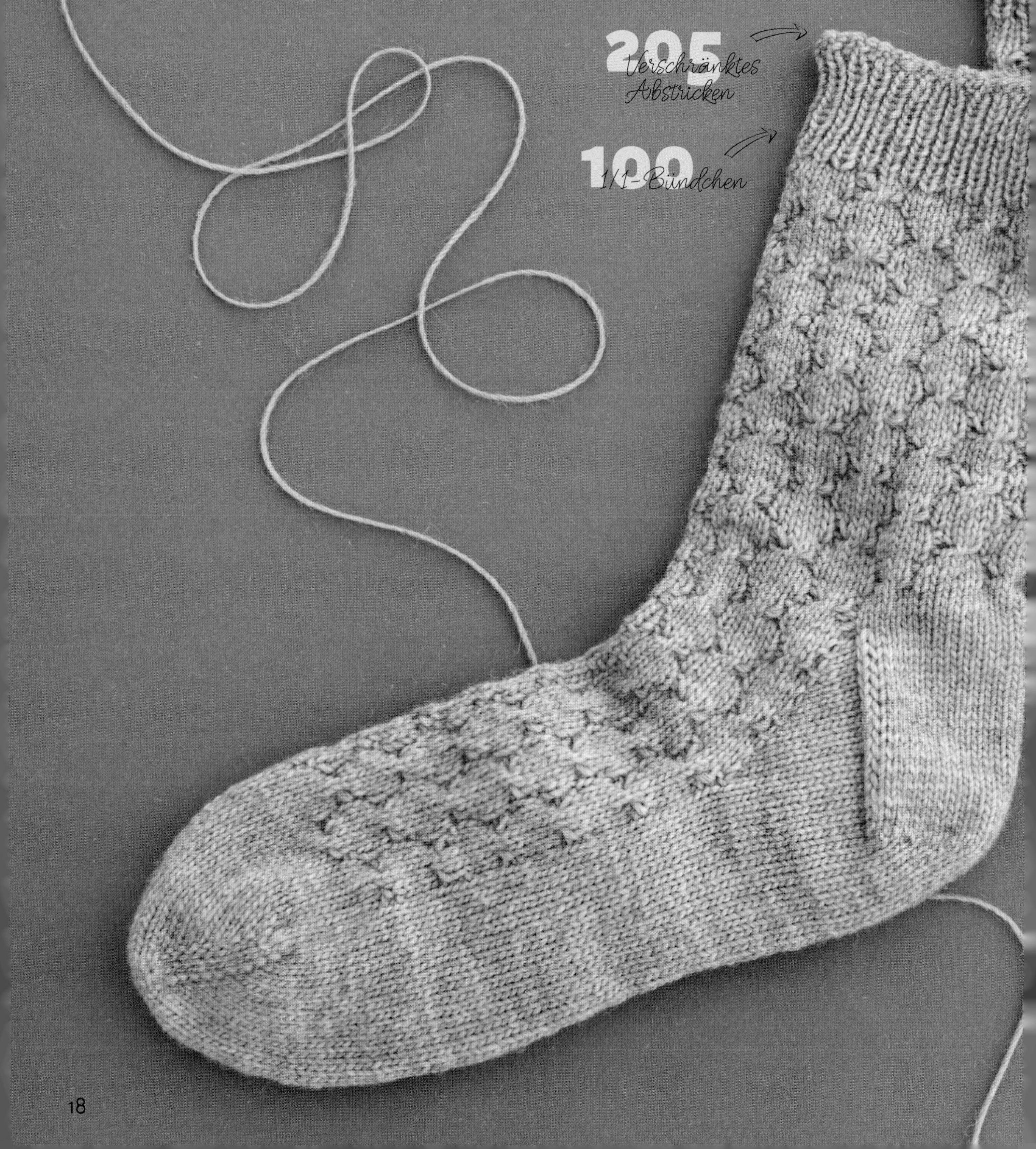

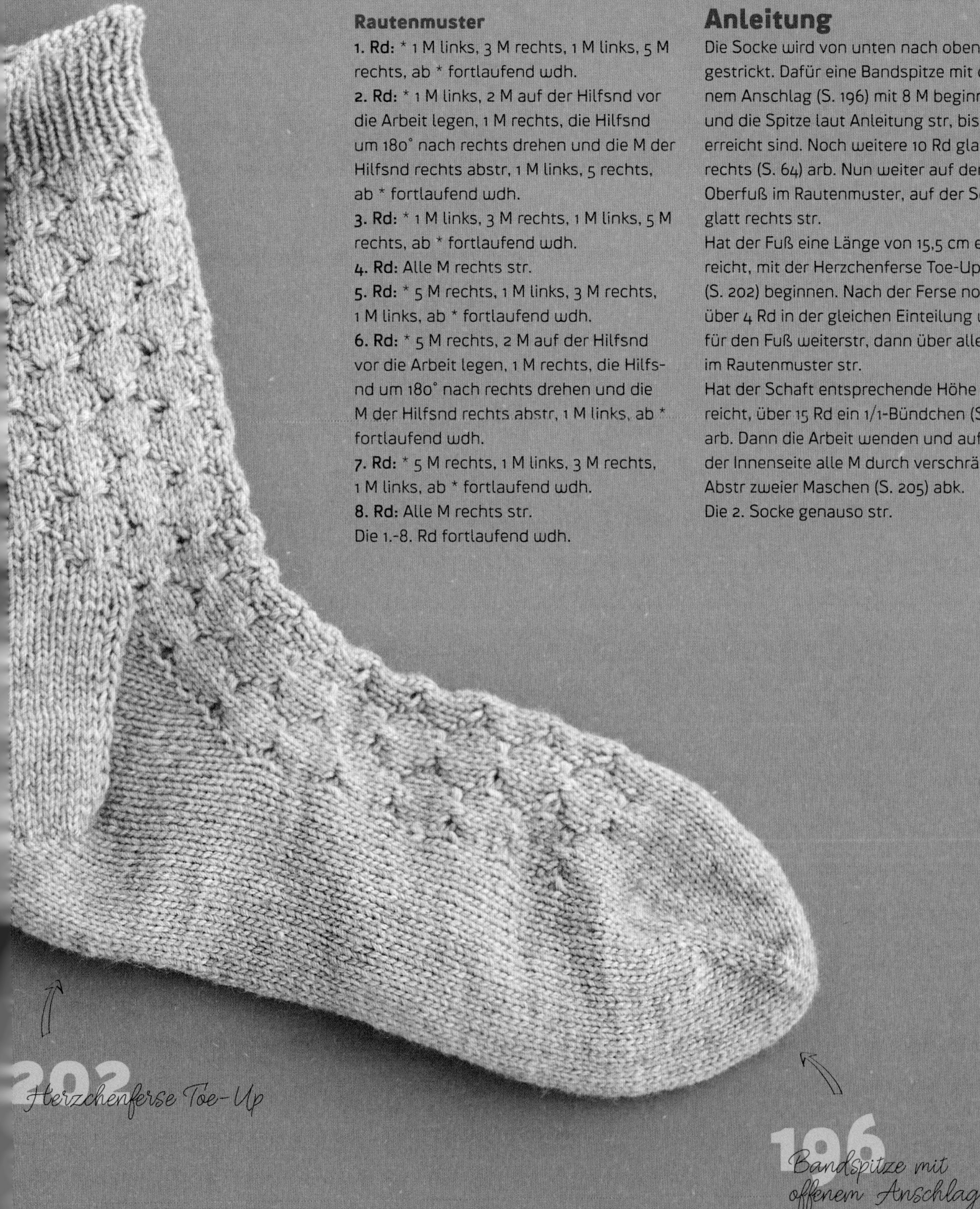

Rautenmuster

1. Rd: * 1 M links, 3 M rechts, 1 M links, 5 M rechts, ab * fortlaufend wdh.

2. Rd: * 1 M links, 2 M auf der Hilfsnd vor die Arbeit legen, 1 M rechts, die Hilfsnd um 180° nach rechts drehen und die M der Hilfsnd rechts abstr, 1 M links, 5 rechts, ab * fortlaufend wdh.

3. Rd: * 1 M links, 3 M rechts, 1 M links, 5 M rechts, ab * fortlaufend wdh.

4. Rd: Alle M rechts str.

5. Rd: * 5 M rechts, 1 M links, 3 M rechts, 1 M links, ab * fortlaufend wdh.

6. Rd: * 5 M rechts, 2 M auf der Hilfsnd vor die Arbeit legen, 1 M rechts, die Hilfsnd um 180° nach rechts drehen und die M der Hilfsnd rechts abstr, 1 M links, ab * fortlaufend wdh.

7. Rd: * 5 M rechts, 1 M links, 3 M rechts, 1 M links, ab * fortlaufend wdh.

8. Rd: Alle M rechts str.

Die 1.-8. Rd fortlaufend wdh.

Anleitung

Die Socke wird von unten nach oben gestrickt. Dafür eine Bandspitze mit offenem Anschlag (S. 196) mit 8 M beginnen und die Spitze laut Anleitung str, bis 60 M erreicht sind. Noch weitere 10 Rd glatt rechts (S. 64) arb. Nun weiter auf dem Oberfuß im Rautenmuster, auf der Sohle glatt rechts str.

Hat der Fuß eine Länge von 15,5 cm erreicht, mit der Herzchenferse Toe-Up (S. 202) beginnen. Nach der Ferse noch über 4 Rd in der gleichen Einteilung wie für den Fuß weiterstr, dann über alle M im Rautenmuster str.

Hat der Schaft entsprechende Höhe erreicht, über 15 Rd ein 1/1-Bündchen (S. 100) arb. Dann die Arbeit wenden und auf der Innenseite alle M durch verschränktes Abstr zweier Maschen (S. 205) abk.

Die 2. Socke genauso str.

Lausbub

SCHWIERIGKEITSGRAD 2

GRÖSSE 34/35

MATERIAL

Lang Yarns Jawoll Superwash (LL 420 m/100 g) in Gold (Fb 83.0339), 100 g, und in Salbei (Fb 83.0188), 50 g

Nadeln 2,5 mm

MASCHENPROBE

Glatt rechts mit Nd 2,5 mm
32 M und 40 R = 10 cm x 10 cm

Zugmaschenmuster

1. Rd (Gold): * 2 M rechts, 1 M rechts, dabei den Faden 2x um die Nd schlingen, 1 M rechts, ab * fortlaufend wdh.
2. Rd (Salbei): * 2 M wie zum Linksstr abheben, dabei die Schlingen von der Nd gleiten lassen und die M großziehen, 1 M rechts, ab * fortlaufend wdh.
3.+4. Rd (Salbei): * 2 M rechts, 1 M wie zum Linksstr abheben, 1 M rechts, ab * fortlaufend.
5. Rd (Salbei): Wie die 1. Rd arb.
6.-8. Rd (Gold): Wie die 2.-4. Rd arb.
9. Rd (Gold): * 1 M rechts, 1 M rechts, dabei den Faden 2x um die Nd schlingen, 2 M rechts, ab * fortlaufend wdh.
10. Rd (Salbei): * 1 M rechts, 1 M wie zum Linksstr abheben, dabei die Schlingen von der Nd gleiten lassen und die M großziehen, 2 M rechts, ab * fortlaufend wdh.
11.+12. Rd (Salbei): * 1 M rechts, 1 M wie zum Linksstr abheben, 2 M rechts, ab * fortlaufend wdh.
13. Rd (Salbei): Wie die 9. Rd arb.
14.-16. Rd (Gold): Wie die 10.-12. Rd arb.
Die 1.-16. Rd fortlaufend wdh.

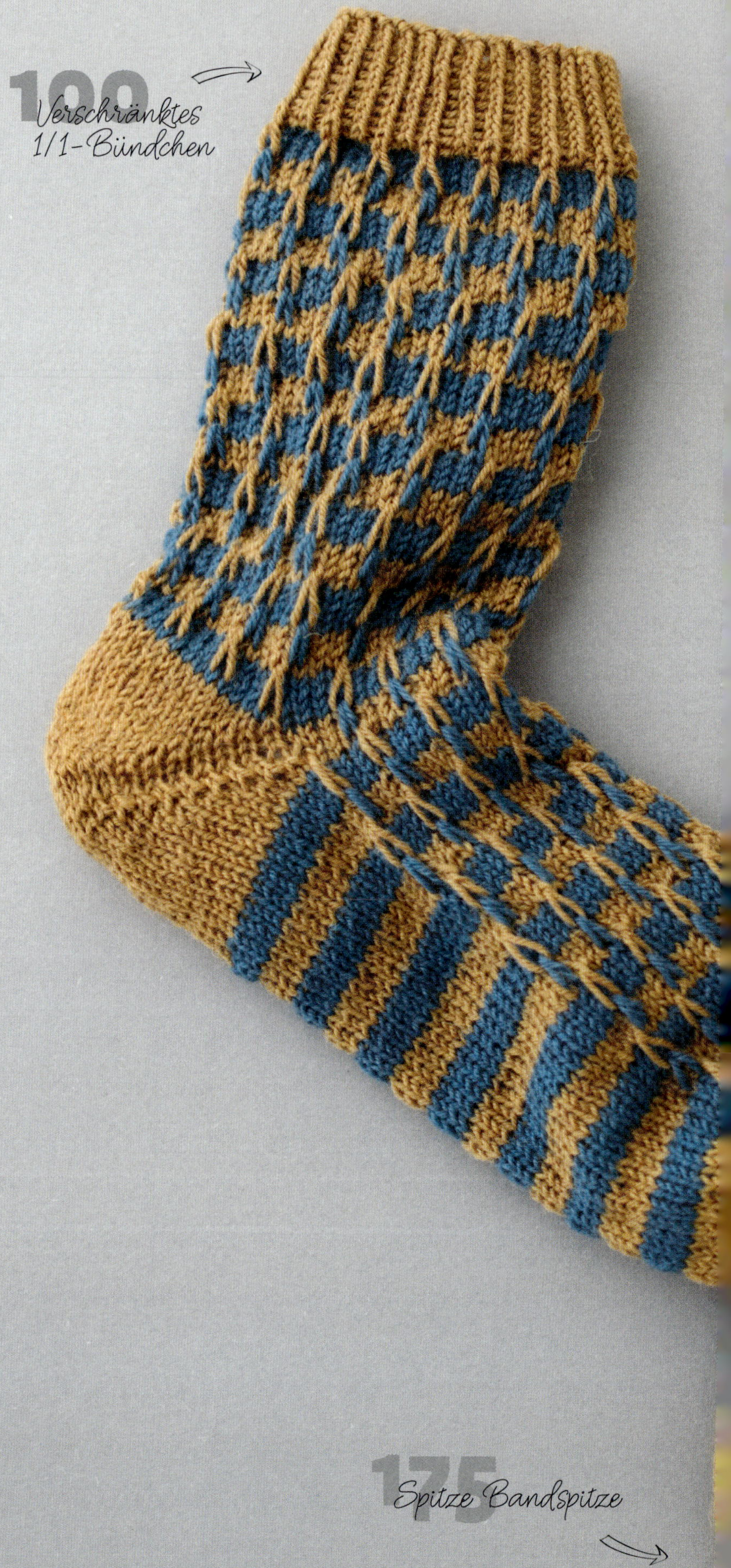

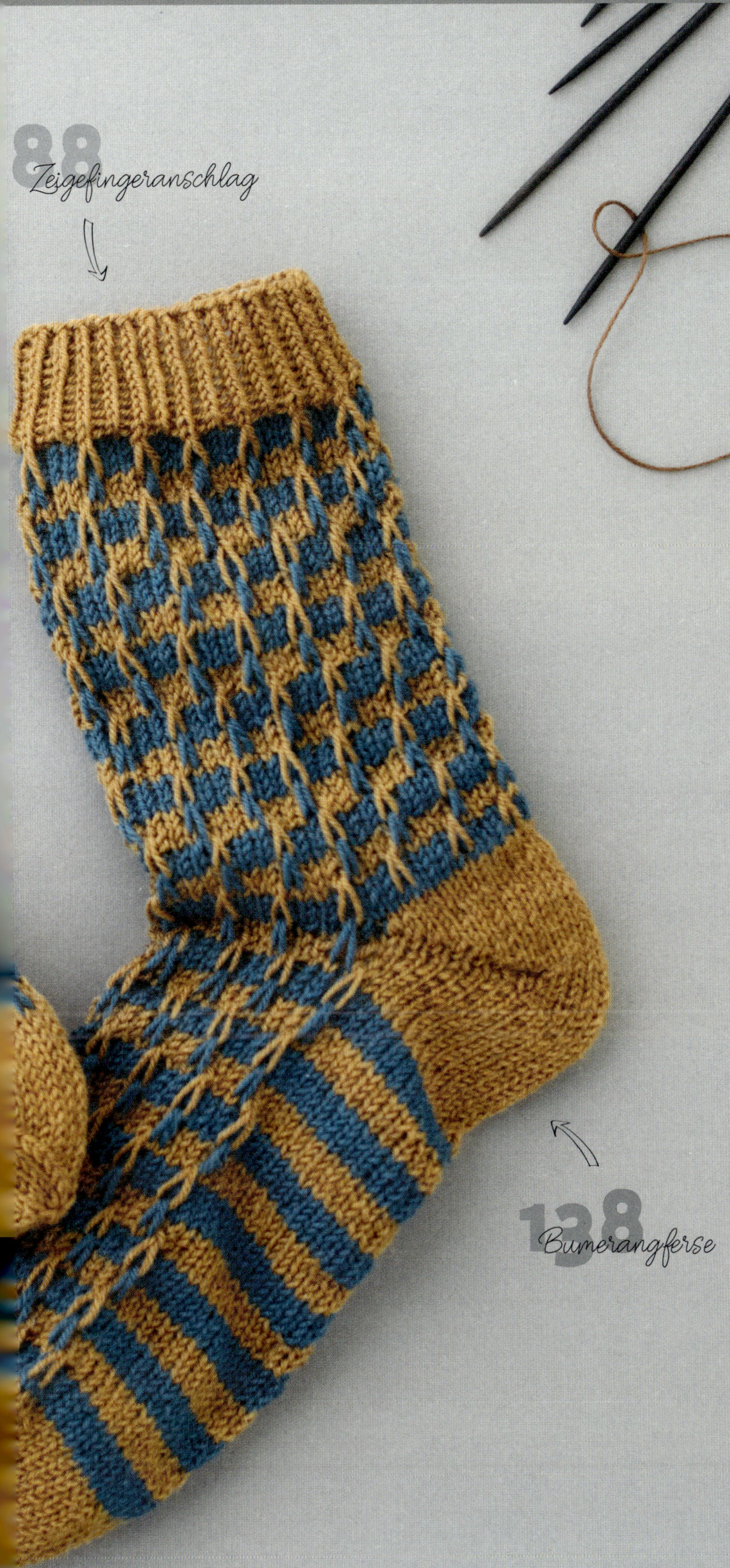

Anleitung

56 M in Gold im Zeigefingeranschlag (S. 88) anschl, zur Rd schließen und ein verschränktes 1/1-Bündchen (S. 100) über 12 Rd arb.

Dann für den Schaft in Rd weiter im Zugmaschenmuster str. Nach 62 Rd eine klassische Bumerangferse (S. 138) in Gold arb. In den Zwischen-Rd auf dem Oberfuß das Zugmaschenmuster folgerichtig fortsetzen.

Für den Fuß wieder in Rd str, dabei auf dem Oberfuß weiter im Zugmaschenmuster, auf der Sohle glatt rechts in der jeweiligen Farbe des Oberfußes in Streifen arb.

In einer Fußlänge von 18,5 cm (am besten nach einer 5. oder 13. Muster-Rd) eine spitze Bandspitze (S. 175) in Gold str.

Die 2. Socke genauso arb.

Rosenranken

SCHWIERIGKEITSGRAD 3

GRÖSSE 38/39

MATERIAL

Lang Yarns Jawoll Superwash (LL 420 m/100 g) in Blaßrosa meliert (Fb 83.2019), 100 g

2 Rundstricknadeln 2,5 mm, 60 cm lang

Spielnadel 2,0 mm als Hilfsnadel

Häkelnadel 2,5 mm

MASCHENPROBE

Glatt rechts und im Lacemuster mit Nd 2,0 mm 32 M and 40 R = 10 cm x 10 cm

STRICKSCHRIFTEN SEITE 47

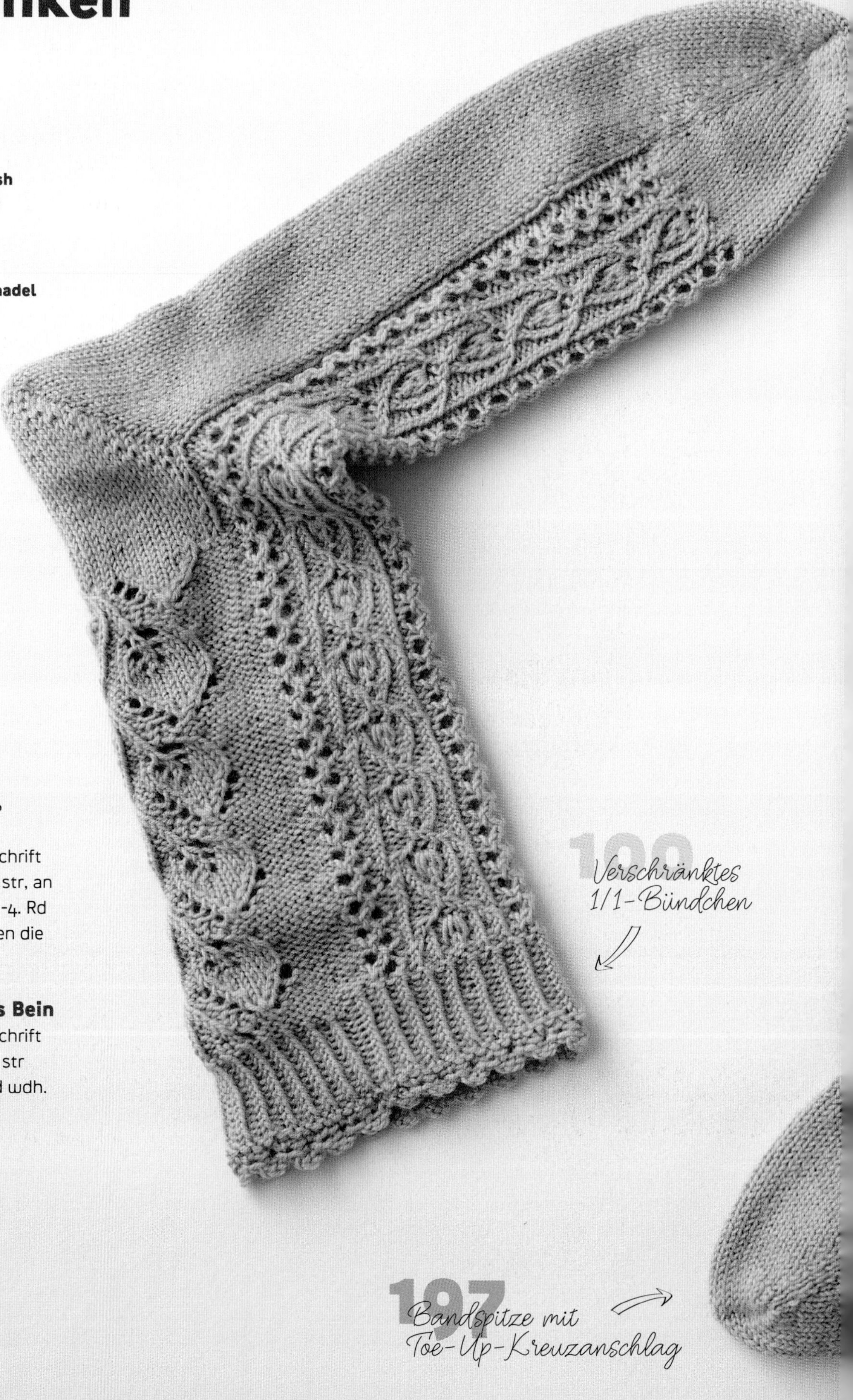

Lacemuster 1, Oberfuß und vorderes Bein

In allen Rd nach der Strickschrift str. Das Muster von 30 M 1x str, an den Seiten über je 4 M die 1.-4. Rd fortlaufend wdh, dazwischen die 1.-10. Rd fortlaufend wdh.

Lacemuster 2, Hinteres Bein

In allen Rd nach der Strickschrift str. Das Muster von 29 M 1x str und die 1.-14. Rd fortlaufend wdh.

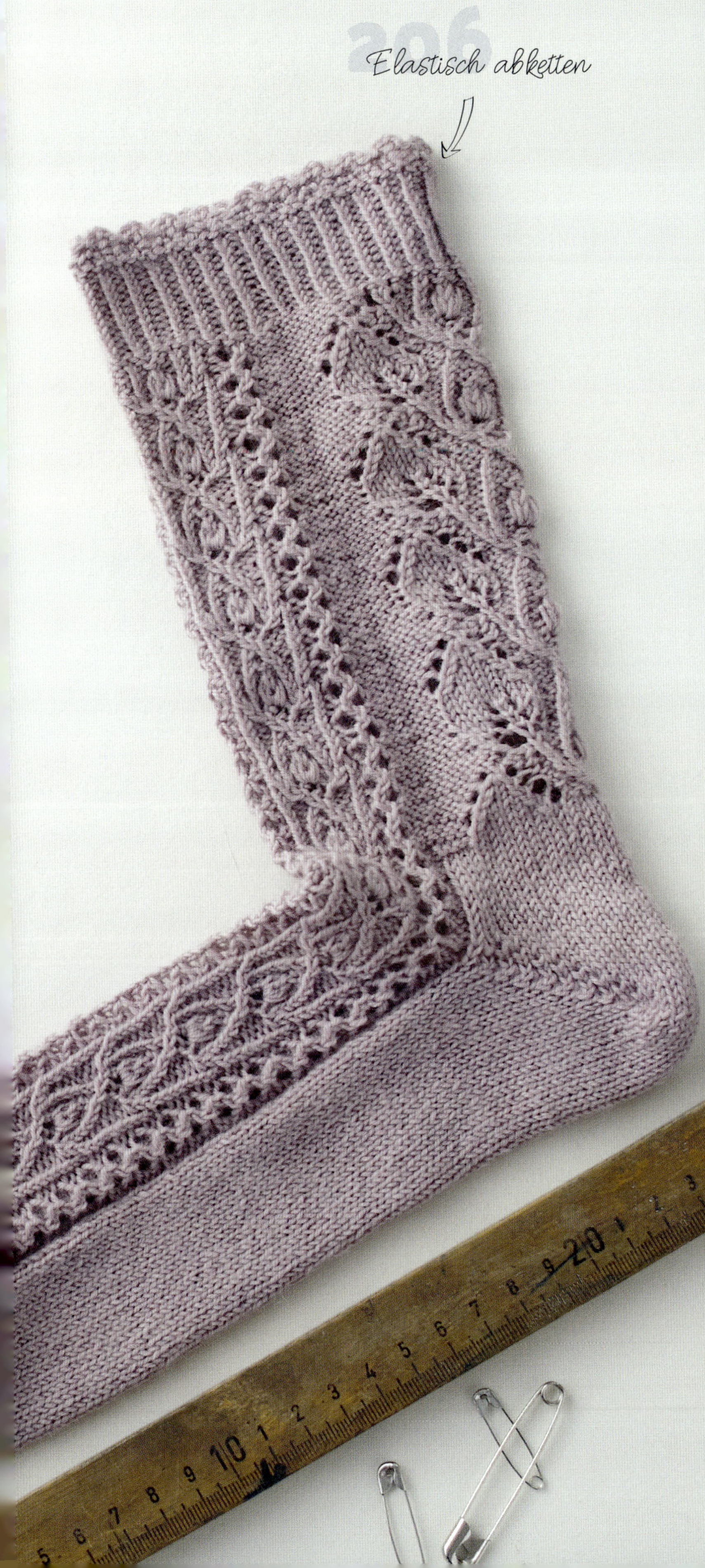

Anleitung

Die Socke wird auf 2 Rundstricknd gearbeitet (S. 95). Eine Bandspitze mit Toe-Up-Kreuzanschlag (S. 197) arb. Dafür 13 M auf der 1. Rundstricknd anschl und auf das Seil schieben. Die Nd um 180° drehen und mit der 2. Rundstricknd aus den Anschlagschlingen 12 M herausstr. Weiter in Rd str, dabei auf der 1. Nd die 13. M fallen lassen (= 24 M).

Nun die Bandspitze arb, dabei die rechtsgeneigten Zunahmen jeweils am Beginn der Nd, die linksgeneigten Zunahmen am Anfang der Nd str. Für eine runde Bandspitze dem folgenden Schema folgen: 4x (1 Rd rechte M, 1 Zunahme-Rd), 4x (2 Rd rechte M, 1 Zunahme-Rd), 2x (3 Rd rechte M, 1 Zunahme-Rd) = 64 M.

2 Rd rechte M str, dann für den Fuß wie folgt str: 1 M links, 30 M im Lacemuster 1, 1 M links, 32 M rechts. In dieser Einteilung 70 Rd arb.

Dann eine Bumerangferse mit zweifachen Doppelmaschen (S. 140) str.

Nach der Ferse 1 Rd wie folgt arb: 1. Nd: 1 M links, 30 M im Lacemuster 1, 1 M links. 2. Nd: 15 M rechts, 2 M rechts zusammenstr, 15 M rechts.

Nun 9 Rd über die M der 2. Nd glatt rechts, über die M der 1. Nd im Muster str.

Anschließend für den Schaft auf der 1. Nd wie eingeteilt, auf der 2. Nd im Lacemuster 2 arb. Auf diese Weise insgesamt 66 Rd str. Noch 1 Rd linke M arb. Zuletzt ein verschränktes 1/1-Bündchen (S. 100) über 12 Rd anschließen, dabei am Ende der 1. Rd noch 1 linke M zunehmen. 1 Rd linke M str und die M elastisch abk (S. 206).

Für die Häkelborte in der hinteren Mitte der Abkettkante beginnend * 1 feste M unter den 2 Abkettfäden der M hindurch häkeln, 3 Luft-M, 1 Kett-M in dieselbe Einstichstelle wie die feste M, 2 M der Abkettkante übergehen, ab * fortlaufend wdh.

Die 2. Socke genauso arb.

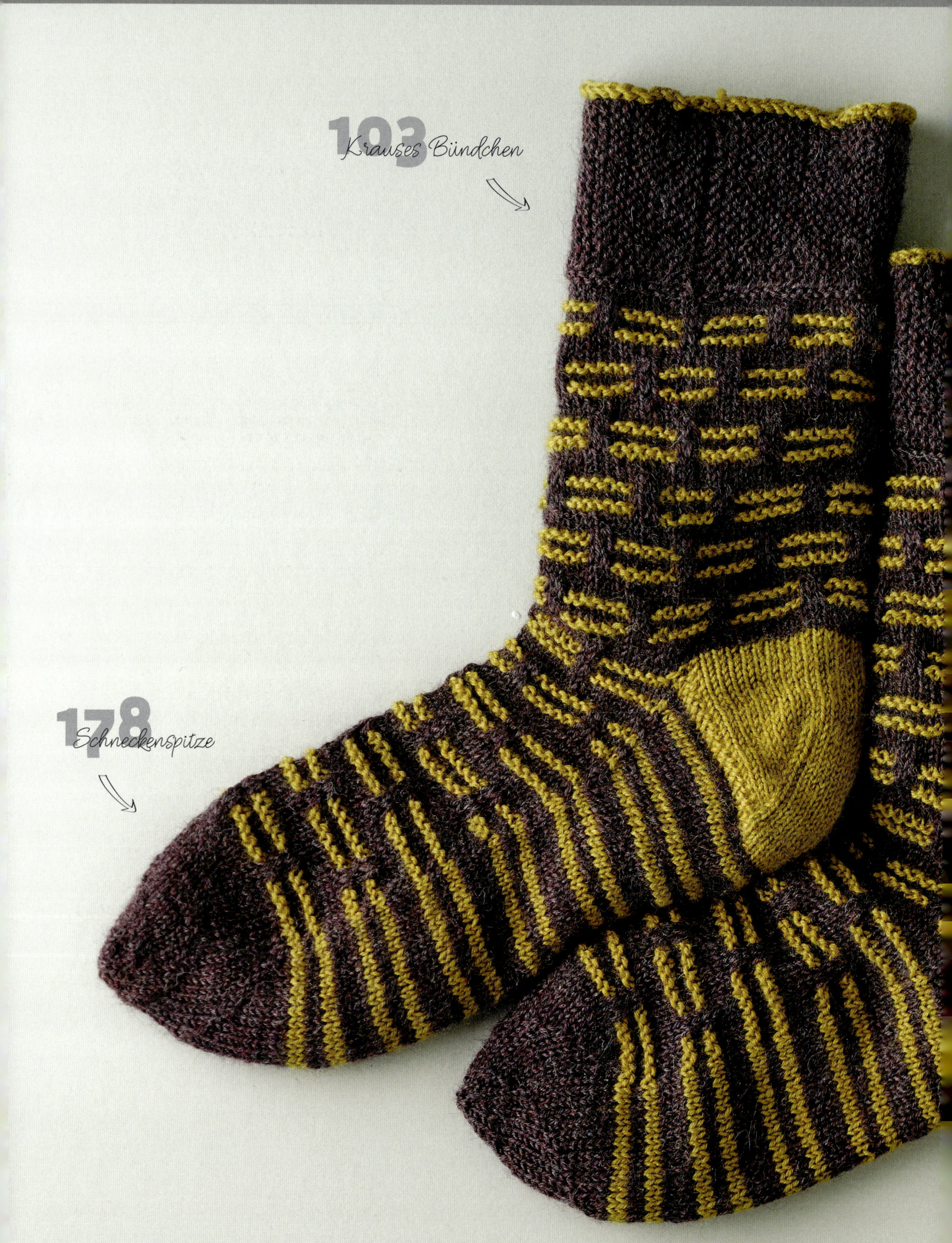
103 Krauses Bündchen
178 Schneckenspitze

Drunter und drüber

SCHWIERIGKEITSGRAD 2

GRÖSSE 39

MATERIAL

Lang Yarns Jawoll Superwash (LL 420 m/100 g) in Senf (Fb 83.0150) und Violett (Fb 83.0480), je 50 g

Nadeln 2,5 mm

MASCHENPROBE

Im Hebemaschenmuster mit Nd 2,5 mm
36 M × 48 R = 10 cm × 10 cm

STRICKSCHRIFT SEITE 46

Hebemaschenmuster

In allen Rd nach der Strickschrift str. Den Rapport von 8 M und die 1.-20. Rd fortlaufend wdh.

Anleitung

Für ein krauses Bündchen (S. 103) 16 M im offenen Anschlag (S. 90) in Violett anschl und 128 R kraus rechts (S. 64) str. Den Hilfsfaden des Anschlags lösen und die M mit einer Spielnd auffangen. Nun die Anschlag-M mit den auf der Nd befindlichen M rechts zusammenstr und so das Bündchen zum Ring schließen. 1 Rd rechte M in Violett arb, dann mit dem Hebemaschenmuster beginnen. Die 1.-20. Rd insgesamt 3x str, dann noch 4 Rd rechte M in Violett arb.

Nun eine runde Ferse (S. 122) str. Danach auf den Oberfuß-M das Hebemaschenmuster fortführen, für die Sohle glatt rechts mit der jeweils aktuellen Fb des Oberfußes str, dabei in der 1. Rd gleichmäßig verteilt auf der Sohle 4 M abnehmen.

In 19,5 cm Fußlänge eine Schneckenspitze (S. 178) in Violett arb. Zuletzt die Oberkante mit 1 Rd feste M in Senf behäkeln.

Die 2. Socke genauso str.

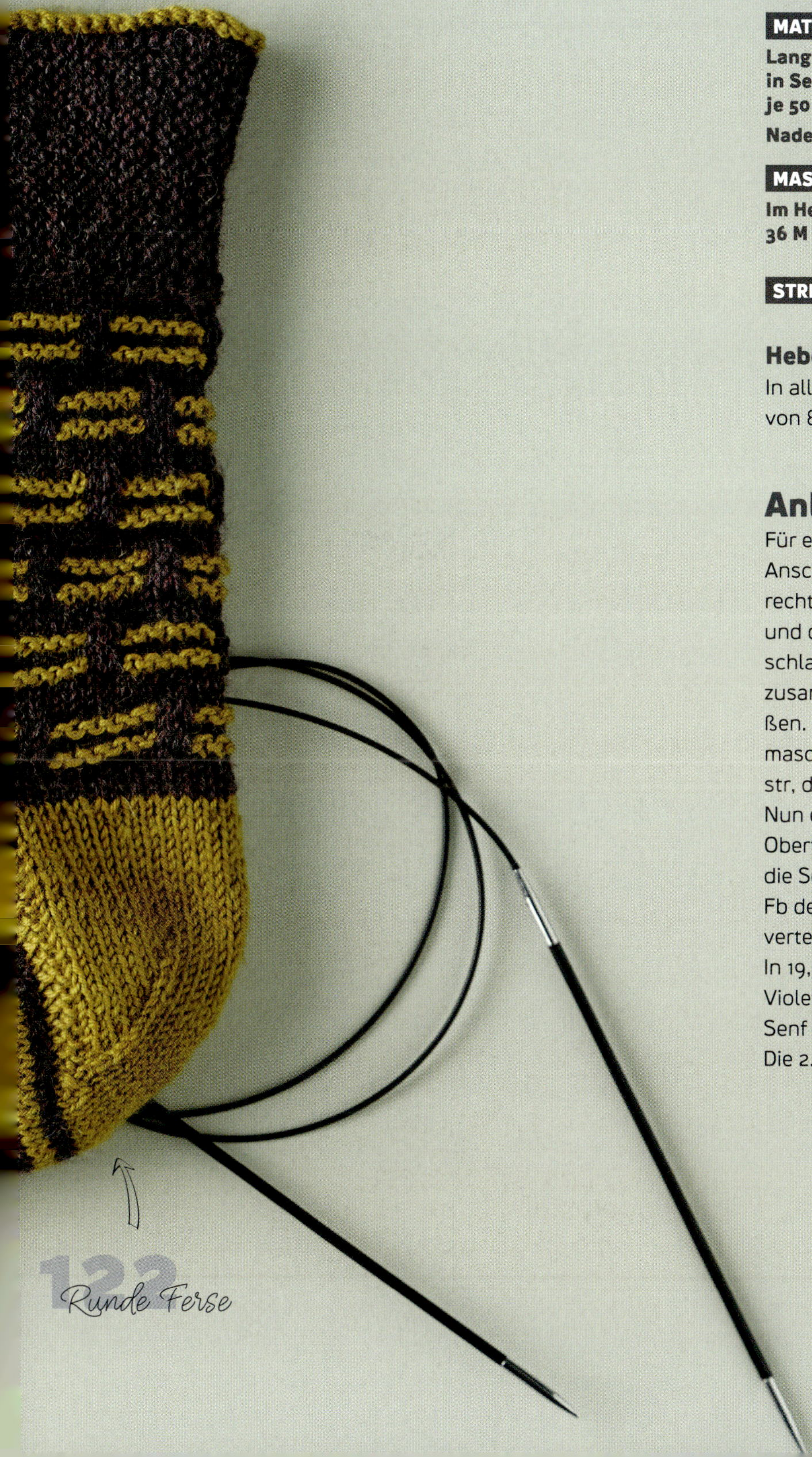

Business Chic

SCHWIERIGKEITSGRAD1

GRÖSSE 42/43

MATERIAL

Lang Yarns Jawoll Superwash (LL 420 m/100 g) in Schwarz (Fb 83.0004), 100 g, und in Curry (Fb 83.0215) und Hellgrau (Fb 83.0023), je 50 g

Nadeln 2,5 mm

MASCHENPROBE

Glatt rechts mit Nd 2,5 mm
30 M und 41 R = 10 cm × 1 cm

Rippenmuster

6 M rechts, 2 M links im Wechsel str.

Anleitung

Die Socke wird von der Spitze nach oben gestrickt. Dafür eine falsche Ferse (S. 199) in Curry als Toe-Up-Spitze über 32 M arb. Nach dem Ende der Spitze noch 10 Rd über alle 64 M glatt rechts (S. 64) str, dann den Faden abschneiden. In Hellgrau 6 Rd glatt rechts arb, den Faden abschneiden.

1 Rd rechte M in Schwarz str, dann auf der Sohle weiter glatt rechts, auf dem Oberfuß im Rippenmuster weiterarb, dabei mit 1 M links beginnen und enden. Einen Zählfaden (S. 70) verwenden, damit beide Socken mit der exakt gleichen Rd-Zahl gestrickt werden können.

Nach insgesamt 60 Rd in Schwarz mit dem Spickel für die Schrägnahtferse mit Zu- und Abnahmespickel (S. 150) beginnen. Nach dem Ende der Ferse sind wieder 64 M auf den Nd. Nun über alle M im Rippenmuster str.

Nach weiteren 60 Rd In Schwarz den Faden abschneiden und über alle M 6 Rd glatt rechts in Hellgrau str. Den Faden erneut abschneiden. 1 Rd rechte M in Curry arb, dann ein 2/2-Bündchen (S. 100) über 29 Rd anschließen. Dabei darauf achten, dass die 2 linken M des Rippenmusters auf 2 linke Bündchen-M treffen.

Die Socke umstülpen und auf der Innenseite alle M durch verschränktes Abstricken von 2 M (S. 205) abk. Die 2. Socke genauso arb.

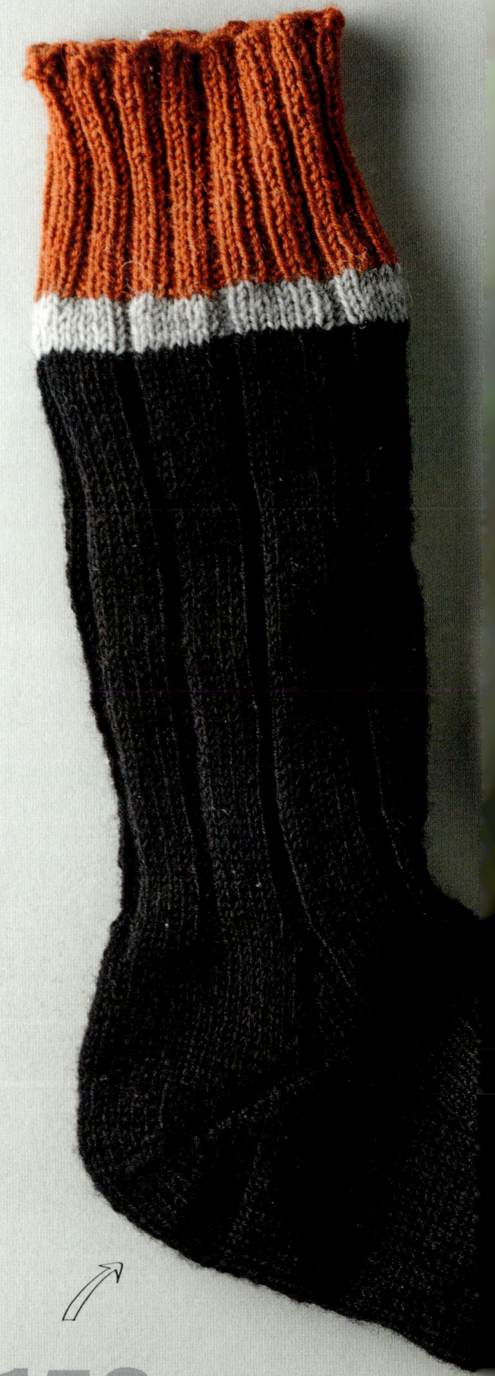

150 Schrägnahtferse mit Zu- und Abnahmespickel

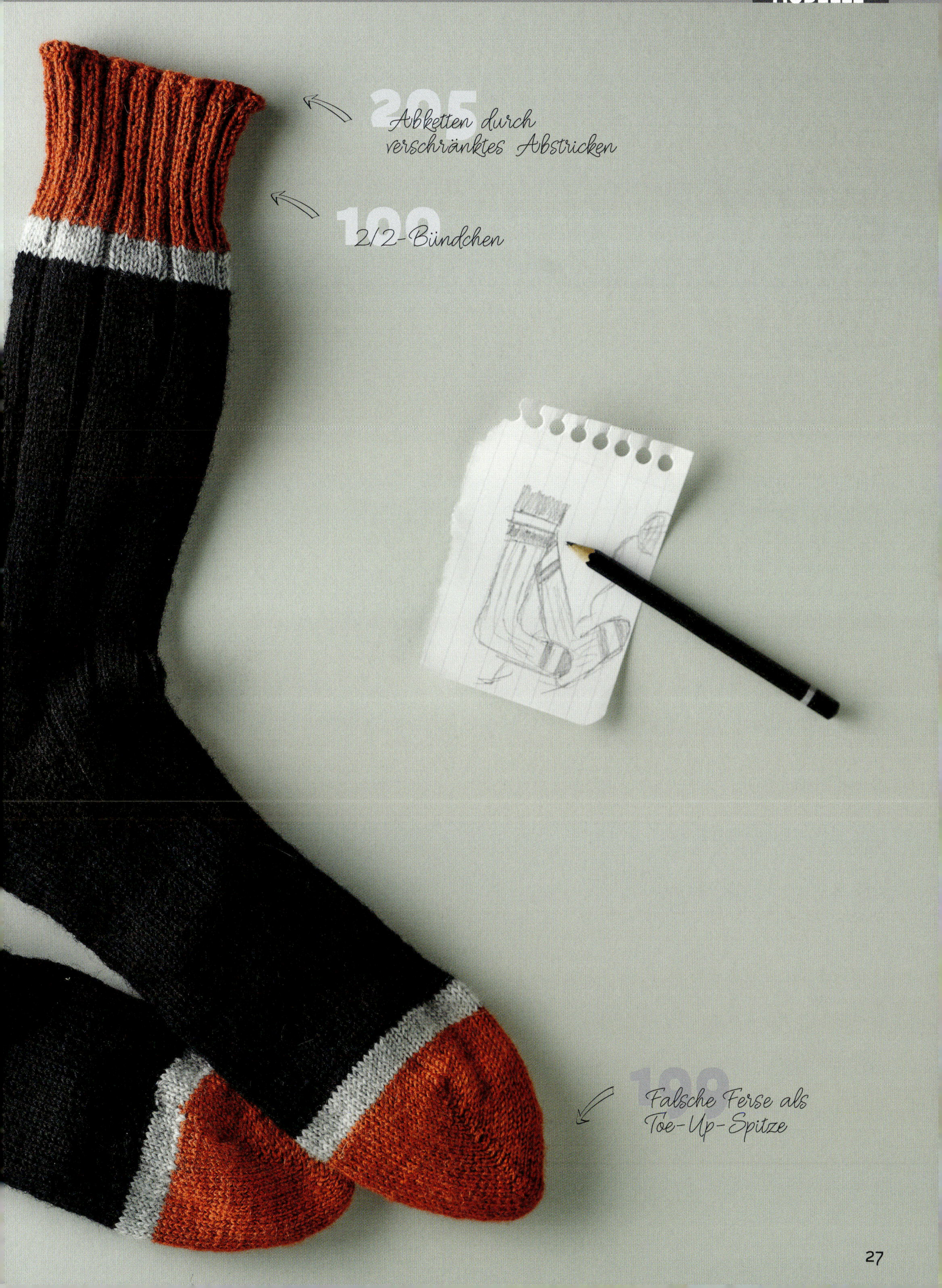
205
Abketten durch
verschränktes Abstricken
100
2/2-Bündchen
100
Falsche Ferse als
Toe-Up-Spitze

Gut strukturiert

SCHWIERIGKEITSGRAD 1

GRÖSSE 42/43

MATERIAL

Lang Yarns Jawoll Superwash (LL 420 m/100 g) in Mittelgrau meliert (Fb 83.0005), 100 g

Nadeln 2,0–2,5 mm (ca. 0,25–0,5 mm kleiner als üblich)

MASCHENPROBE

Glatt rechts mit Nd 2,0 mm
34 M und 42 R = 10 cm x 10 cm

STRICKSCHRIFTEN SEITE 46

Strukturmuster

In Rd nach der passenden Strickschrift str. Es sind nur die ungeraden Rd gezeichnet, in den geraden Rd alle M str, wie sie erscheinen. Den Rapport von 18 M und die 1.–36. Rd fortlaufend wdh.

Anleitung

72 M im norwegischen Sockenanschlag (S. 82) anschl, gleichmäßig auf die Nd verteilen und zur Rd schließen. Ein 2/2-Rippenbündchen (S. 100) über 20 Rd str. Für den Schaft 70 Rd im Strukturmuster arb. Noch 1 Rd rechte M str, dabei gleichmäßig verteilt 4 M abnehmen.
Eine runde Ferse (S. 122) str. Anschließend den Fuß in Rd glatt rechts bis zu einer Fußlänge von 23 cm str. Zum Schluss eine stumpfe Bandspitze (S. 176) arb.
Die 2. Socke gegengleich zur 1. Socke str.

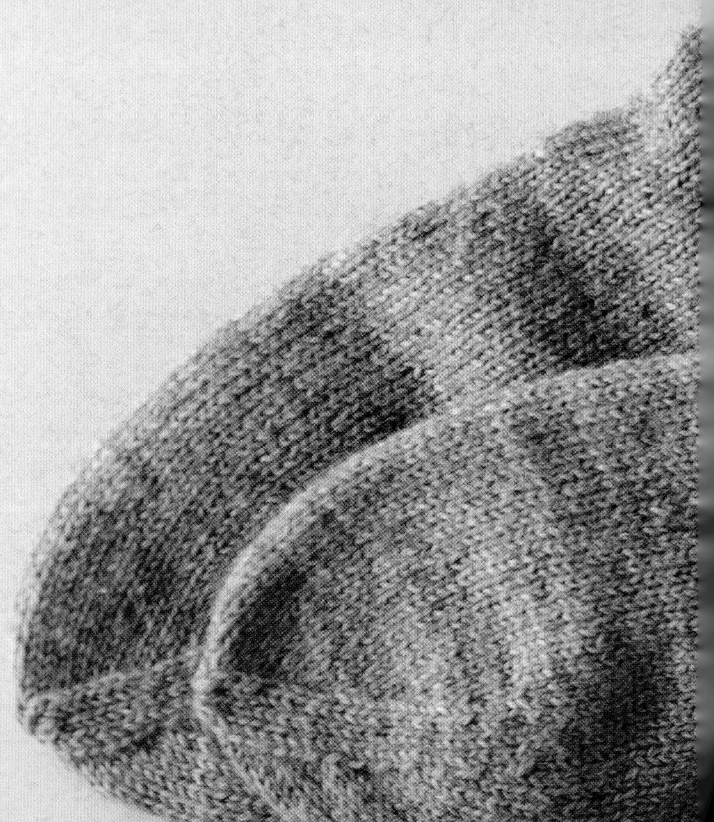

176 Stumpfe Bandspitze

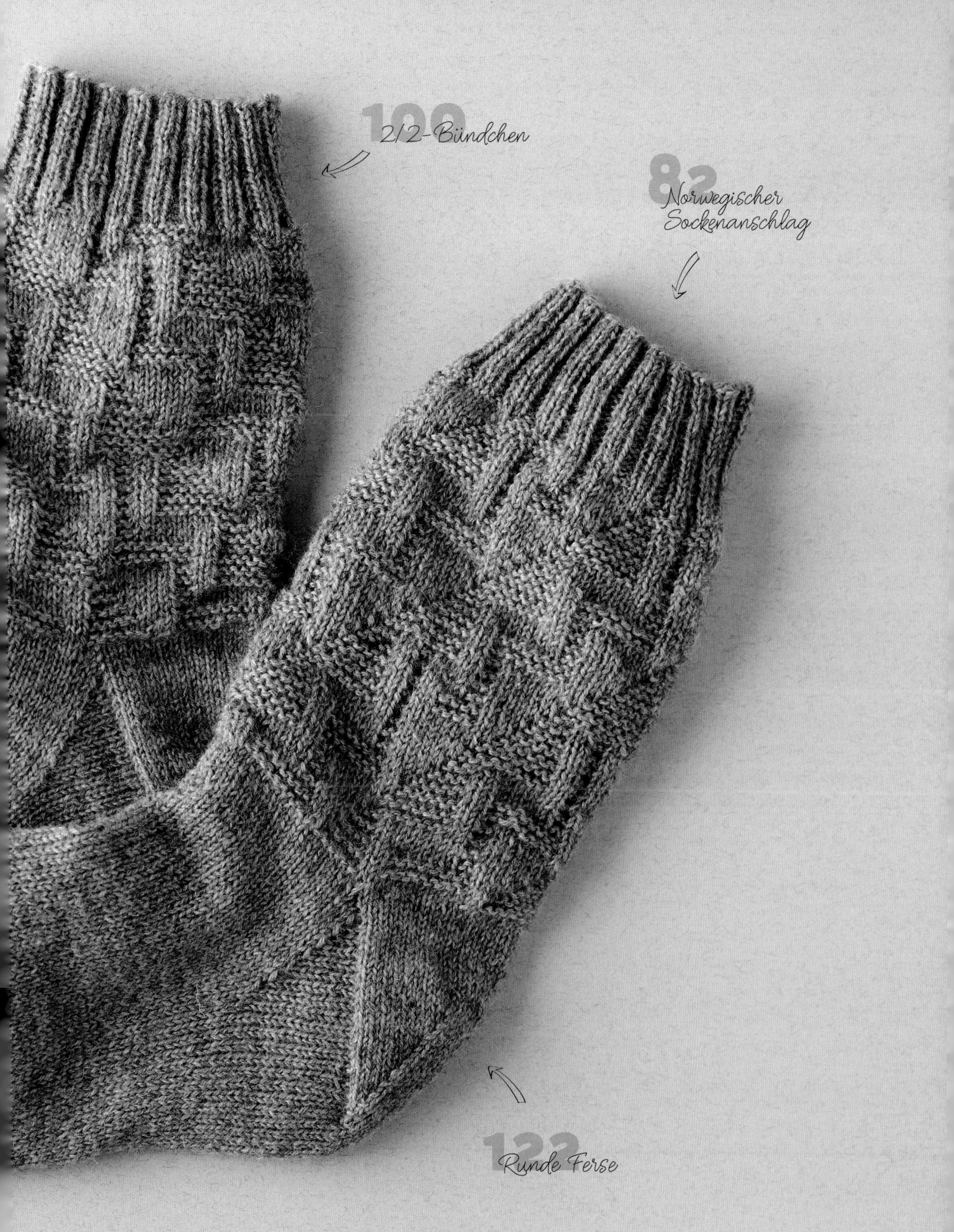
100
2/2-Bündchen
82
Norwegischer
Sockenanschlag
122
Runde Ferse

Kontrast auf Zack

108 *Baltisches Flechtband*

SCHWIERIGKEITSGRAD 1

GRÖSSE 39/40

MATERIAL

Lang Yarns Jawoll Superwash (LL 420 m/100 g) in Rot (Fb 83.0061), 100 g, und in Weiß (Fb 83.001) und Anthrazit (Fb 83.0070), je 50 g

Nadeln 2,5 mm

MASCHENPROBE

Glatt rechts mit Nd 2,5 mm
32 M und 40 R = 10 cm x 10 cm

ZÄHLMUSTER SEITE 46

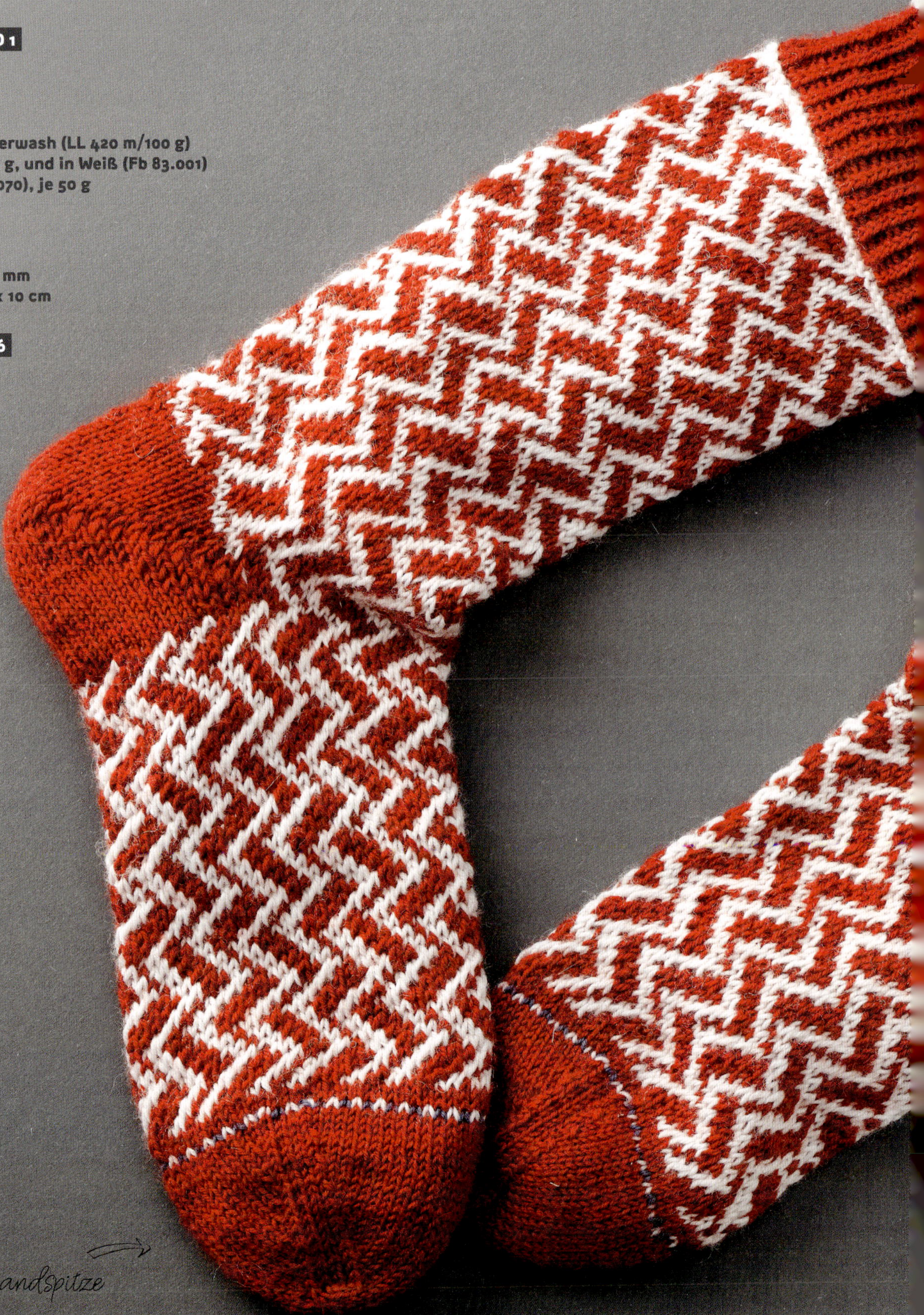

176 *Stumpfe Bandspitze*

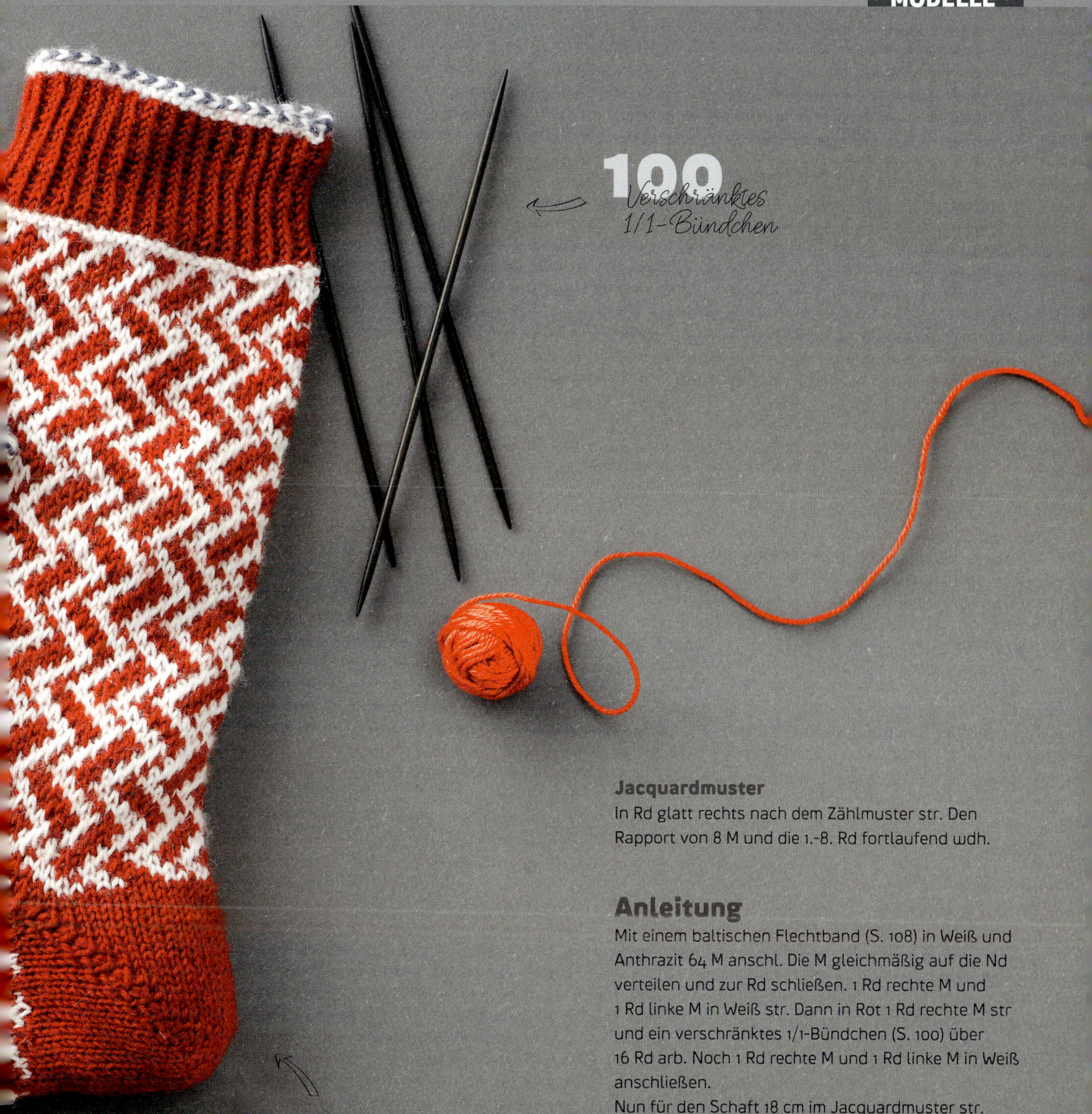

Jacquardmuster
In Rd glatt rechts nach dem Zählmuster str. Den Rapport von 8 M und die 1.-8. Rd fortlaufend wdh.

Anleitung

Mit einem baltischen Flechtband (S. 108) in Weiß und Anthrazit 64 M anschl. Die M gleichmäßig auf die Nd verteilen und zur Rd schließen. 1 Rd rechte M und 1 Rd linke M in Weiß str. Dann in Rot 1 Rd rechte M str und ein verschränktes 1/1-Bündchen (S. 100) über 16 Rd arb. Noch 1 Rd rechte M und 1 Rd linke M in Weiß anschließen.

Nun für den Schaft 18 cm im Jacquardmuster str. Dann eine Bumerangferse mit zweifachen Doppelmaschen (S. 140) in Rot arb.

Für den Fuß weiter im Jacquardmuster über alle M str. In 20,5 cm Fußlänge noch 2 Rd rechte M in Rot, dann über 1 Rd 1 M in Weiß und 1 M in Anthrazit im Wechsel str.

Zuletzt eine stumpfe Bandspitze (S. 176) in Rot arb. Die 2. Socke genauso str.

Schlangenlinien

SCHWIERIGKEITSGRAD 1

GRÖSSE 42/43

MATERIAL

Lang Yarns Jawoll Superwash (LL 420 m/100 g) in Mittelgrau (Fb 83.0001), 100 g

Nadeln 2,5 mm

MASCHENPROBE

Glatt rechts mit Nd 2,5 mm
30 M und 41 R = 10 cm × 10 cm

STRICKSCHRIFT SEITE 47

Dreiecksmuster

In allen Rd nach der Strickschrift str. Den Rapport von 8 M und die 1.-18. Rd fortlaufend wdh. Für die Fersenwand in allen R nach der Strickschrift arb. Die M sind so gezeichnet, wie sie auf der Vorderseite erscheinen.

Anleitung

64 M im verstärkten Kreuzanschlag (S. 80) anschl und zur Rd schließen. Dann über 20 Rd ein 2/2-Bündchen (S. 100) str.

Für den Schaft in Rd im Dreiecksmuster str, bis die gewünschte Länge erreicht ist. Anschließend eine dreiteilige Käppchenferse (S.120) str, dabei das Dreiecksmuster über die Fersenwand fortführen und mit dem beigefügten Beilaufgarn verstärken. Die ersten und letzten 2 M in jeder R rechts str.

Für den Fuß weiter in Rd arb, dabei auf dem Oberfuß das Dreiecksmuster fortsetzen, die Sohle glatt rechts arb.

In 22 cm Fußlänge eine Sternchenspitze (S. 181) str und mit dem Beilaufgarn verstärken.

Die 2. Socke genauso arb.

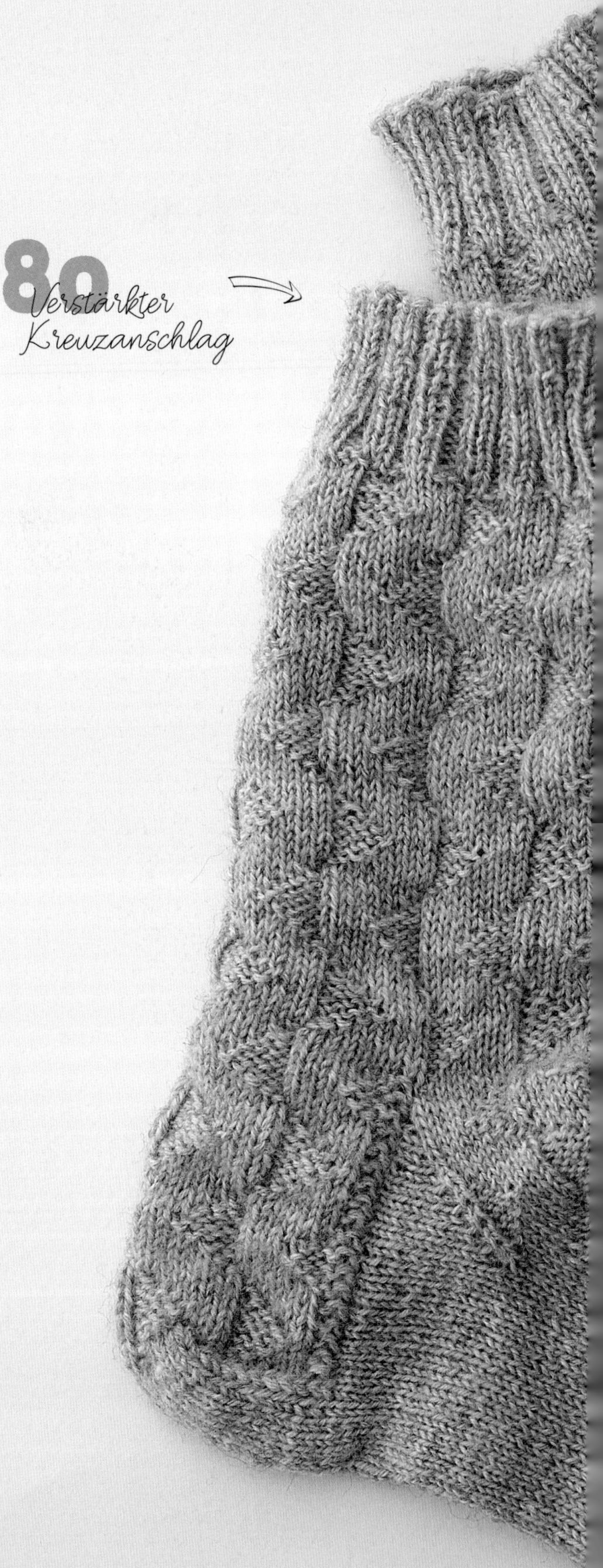

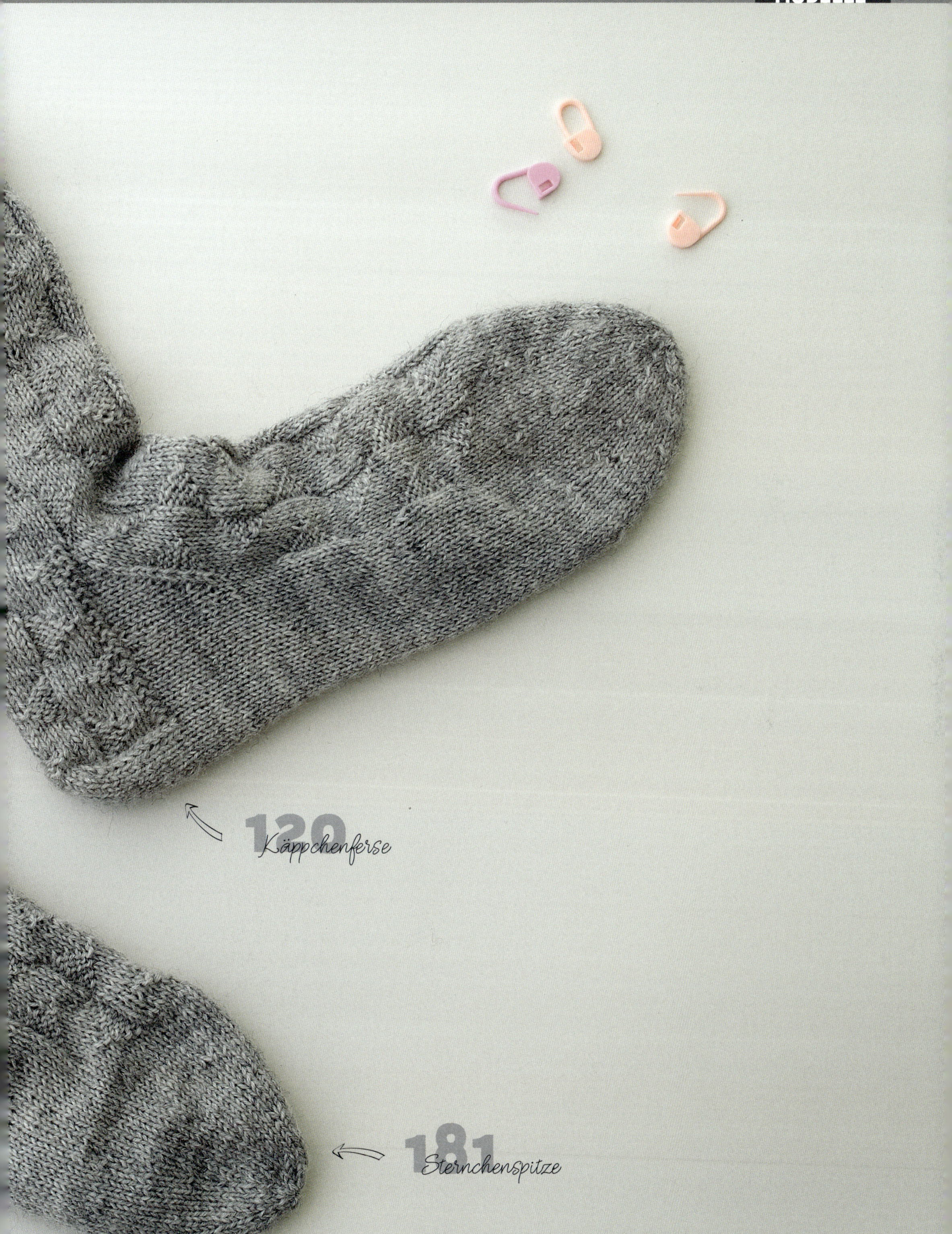
120
Käppchenferse
181
Sternchenspitze

Goldschatz

SCHWIERIGKEITSGRAD 2

GRÖSSE 38/39

MATERIAL

Regia Premium Merino Yak (LL 420 m/100 g) in Gold meliert (Fb 7504), 100 g

Nadeln 2,5 mm

MASCHENPROBE

Im Medaillonmuster mit Nd 2,5 mm 30 M und 42 R = 10 cm × 10 cm

Bündchenmuster

3 M rechts, 3 M links im Wechsel str.

Medaillonmuster

M-Zahl teilbar durch 6.

1. Rd: * 3 M rechts wie zum Rechtsstr auf die rechte Nd heben, dann die 3. rechte M über die 1. und 2. M heben. Die 2 verbleibenden M zurück auf die linke Nd heben und 1 M rechts, 1 U, 1 M rechts str, 3 M links.

2.-4. Rd: Alle M str, wie sie erscheinen, die U rechts str.

Die 1.-4. Rd fortlaufend wdh.

Anleitung

60 M im verstärktem Kreuzanschlag (S. 80) anschl und zur Rd schließen. 15 Rd im Bündchenmuster str. Dann zum Medaillonmuster wechseln und weiterarb, bis der Schaft die gewünschte Höhe erreicht hat. Die M auf 3 Nd umsortieren (1. Nd: 19 M, 2. Nd: 21 M, 3. Nd: 20 M). Nun über die M der 1. und 3. Nd eine 2/3-Ferse (S. 144) str. Nach der Ferse die M wieder gleichmäßig auf 4 Nd verteilen, dann auf dem Oberfuß (2. und 3. Nd) das Muster fortführen, die Sohle (1. und 4. Nd) glatt rechts (S. 64) arb. In 21 cm Fußlänge eine Sternchenspitze (S. 181) str.

Die 2. Socke genauso arb.

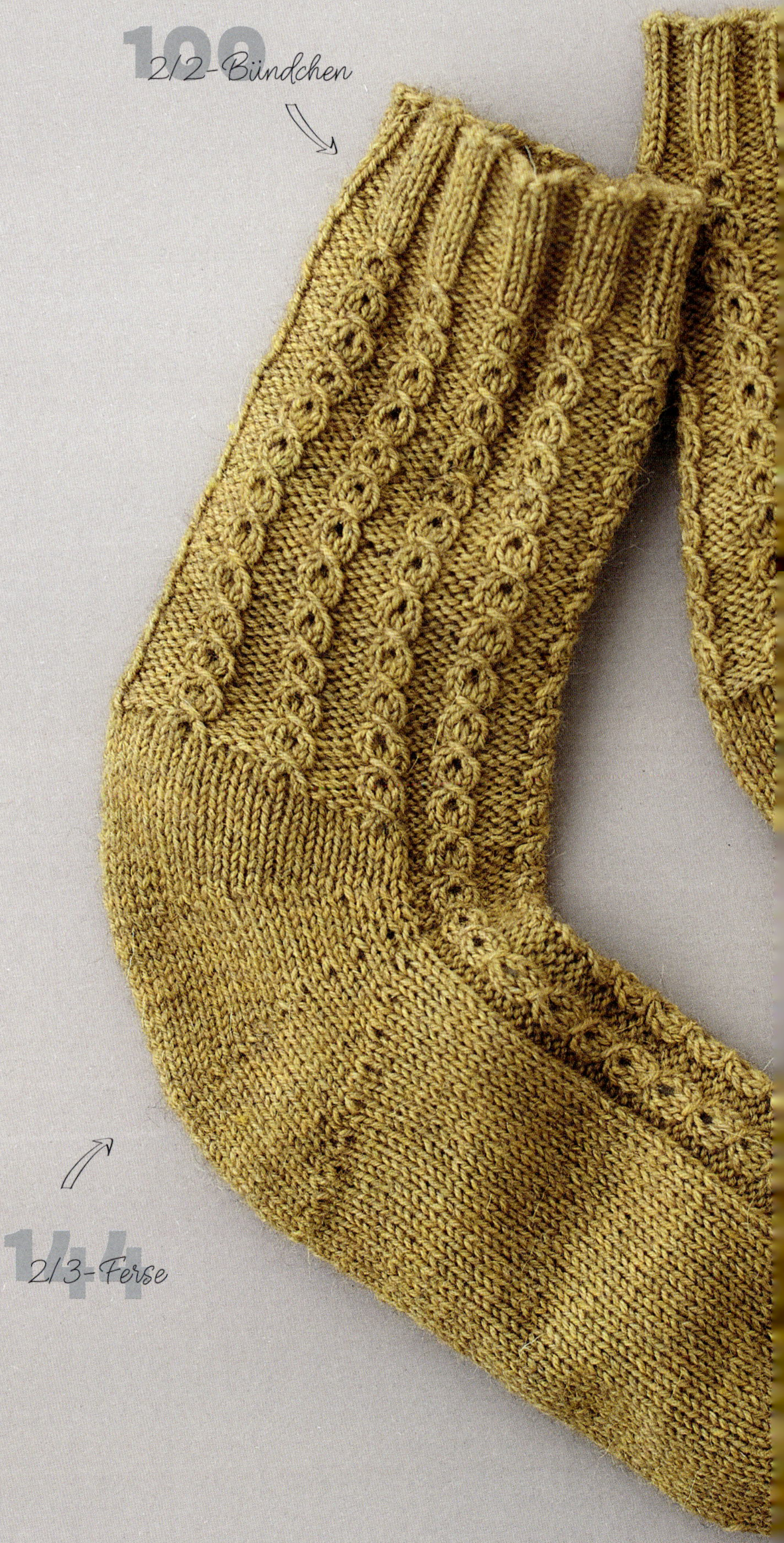

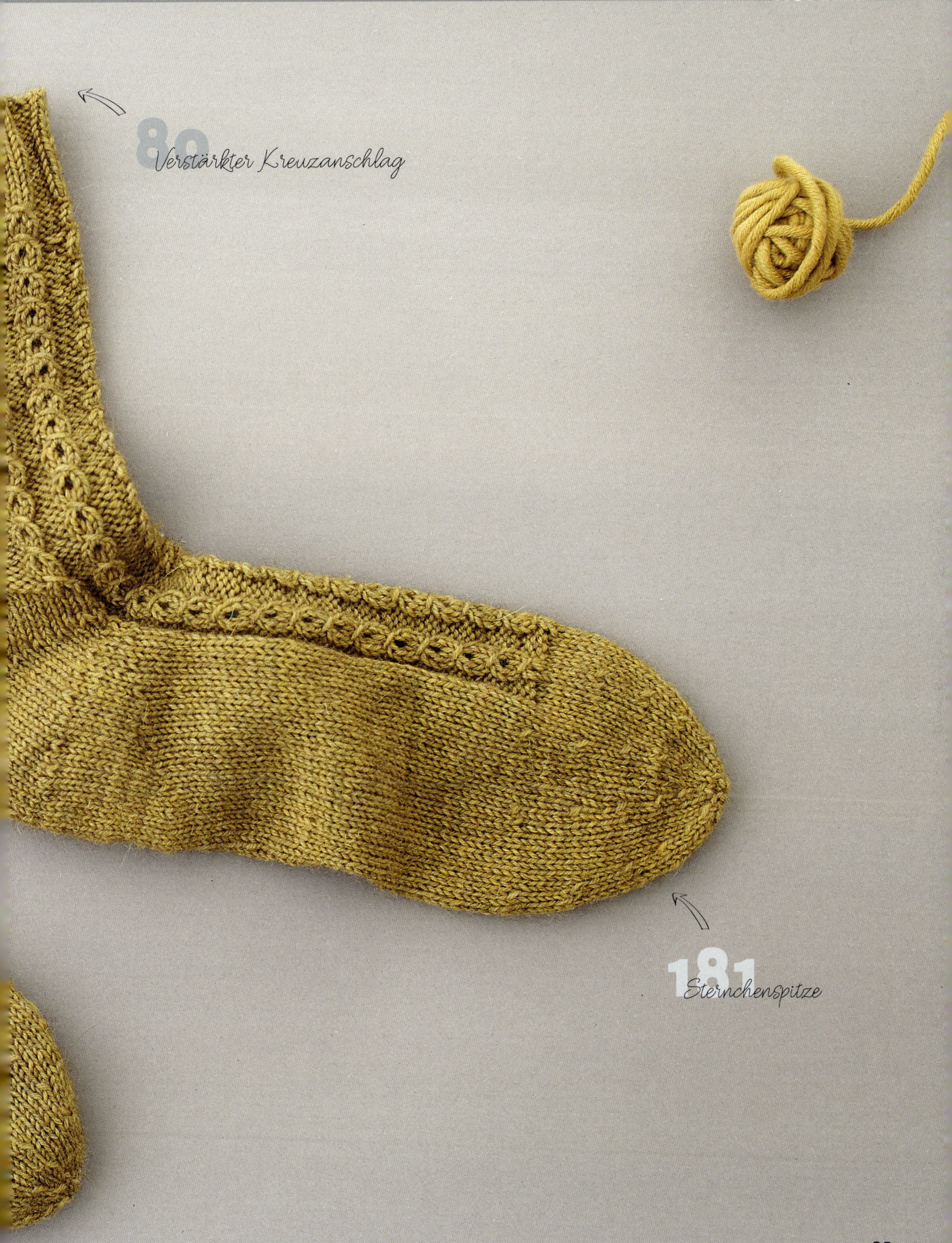
80 Verstärkter Kreuzanschlag
181 Sternchenspitze

Color Patchwork

SCHWIERIGKEITSGRAD 2

GRÖSSE 39/40

MATERIAL

Lang Yarns Jawoll Superwash (LL 420 m/100 g) in Lila (Fb 83.0290), 100 g, und in Grün (Fb 83.0116) und Pink (Fb 03.0184), je 50 g

Nadeln 2,5 mm

MASCHENPROBE

Glatt rechts mit Nd 2,5 mm
32 M und 40 R = 10 cm x 10 cm

ZÄHLMUSTER SEITE 47

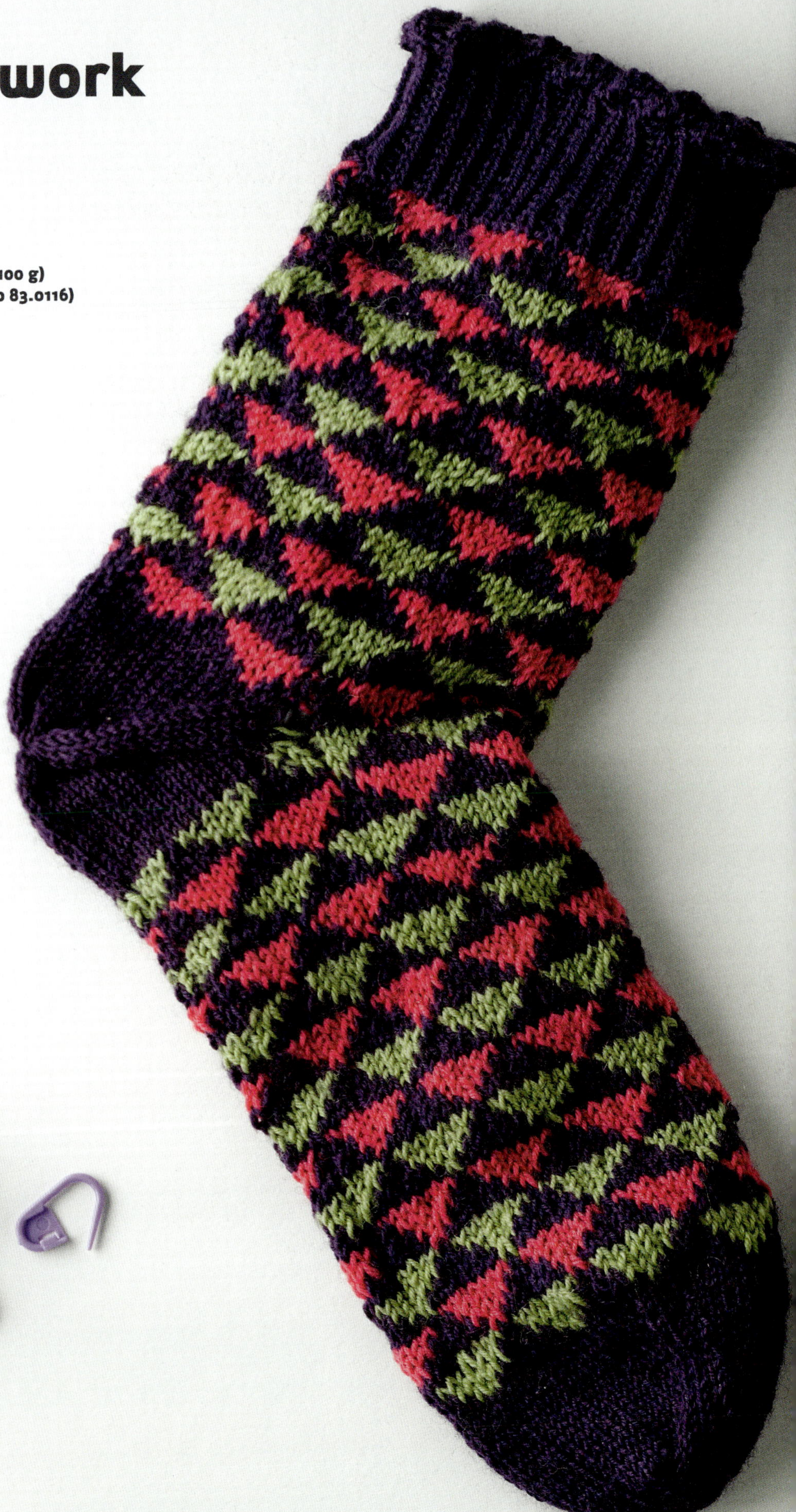

160 *Bullaugenferse*

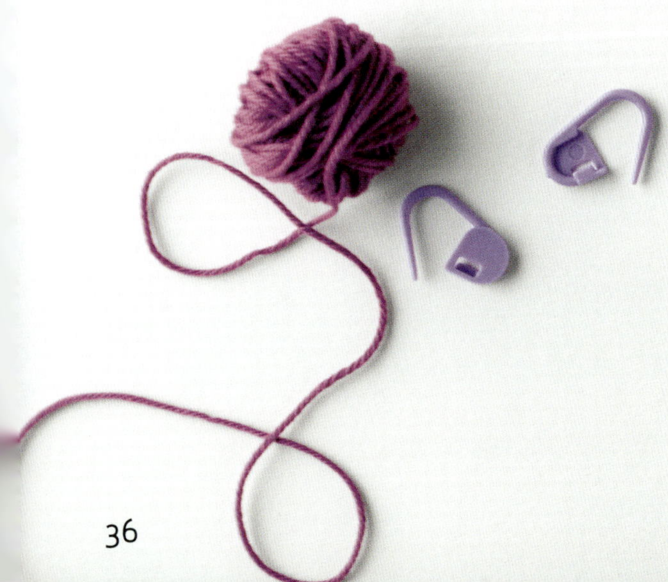

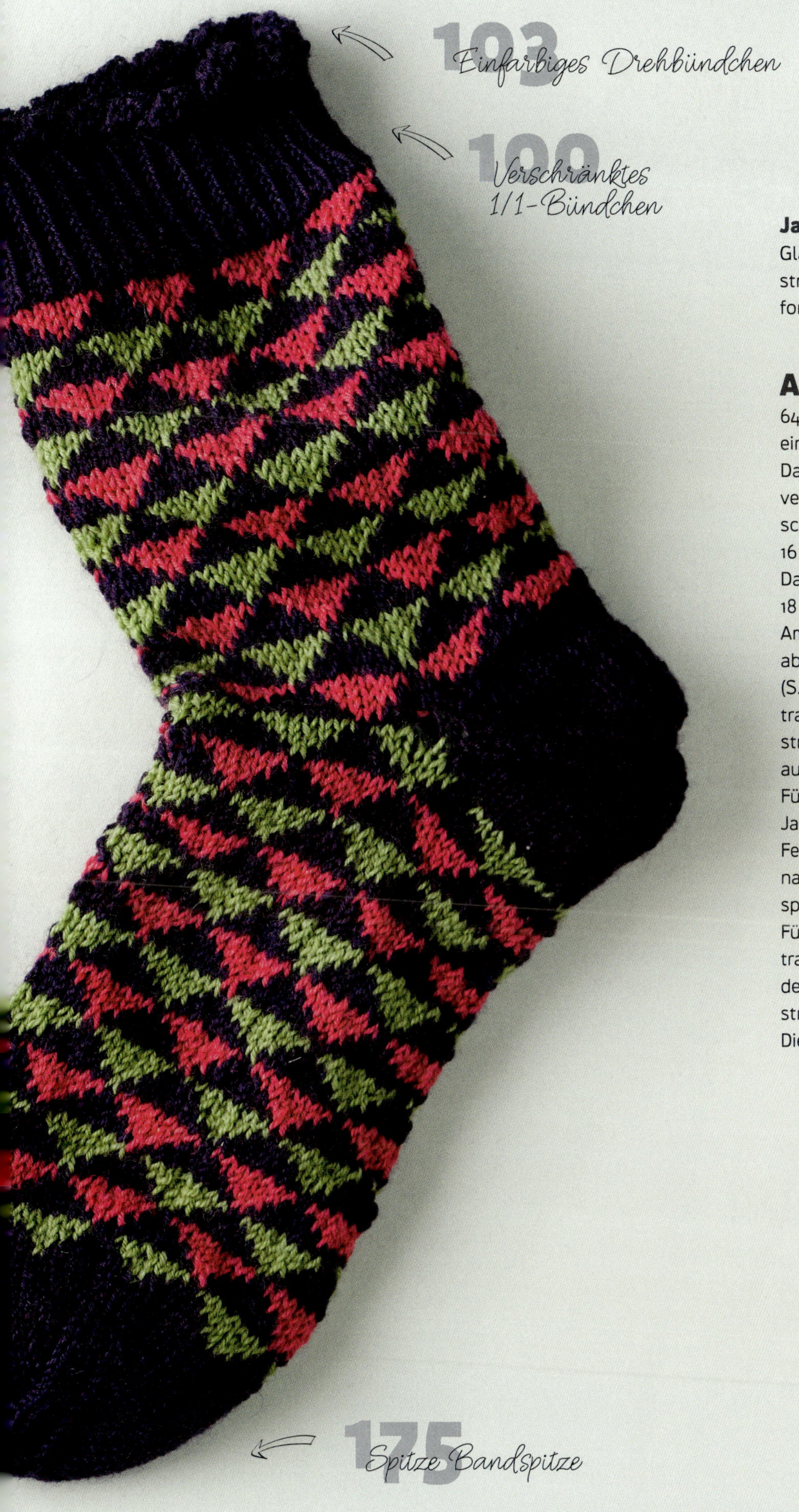

Jacquardmuster
Glatt rechts in Rd nach dem Zählmuster str. Den Rapport von 8 M und die 1.-8. Rd fortlaufend wdh.

Anleitung

64 M in Lila auf 1 Spielnd anschl und ein einfarbiges Drehbündchen (S. 103) arb. Dann die M gleichmäßig auf die Nd verteilen und zur Rd schließen. Ein verschränktes 1/1-Bündchen (S. 100) über 16 Rd str.
Dann für den Schaft im Jacquardmuster 18 cm str, mit einer 4. oder 8. Rd enden. Am Ende der letzten Rd alle Fäden abschneiden. Nun die Bullaugenferse (S. 160) vorbereiten. Dafür mit einem Kontrastfaden 1 R rechte M über die Fersen-M str. Anfang und Ende des Kontrastfadens auf der Vorderseite hängen lassen.
Für den Fuß wieder über alle 4 Rd im Jacquardmuster str, dabei in der Mitte der Ferse beginnen. Nach 15 cm, möglichst nach einer 4. oder 8. Rd, eine spitze Bandspitze (S. 175) in Lila arb.
Für die Bullaugenferse (S. 160) den Kontrastfaden vorsichtig lösen und die M mit den Nd auffangen. Dann die Ferse in Lila str.
Die 2. Socke genauso arb.

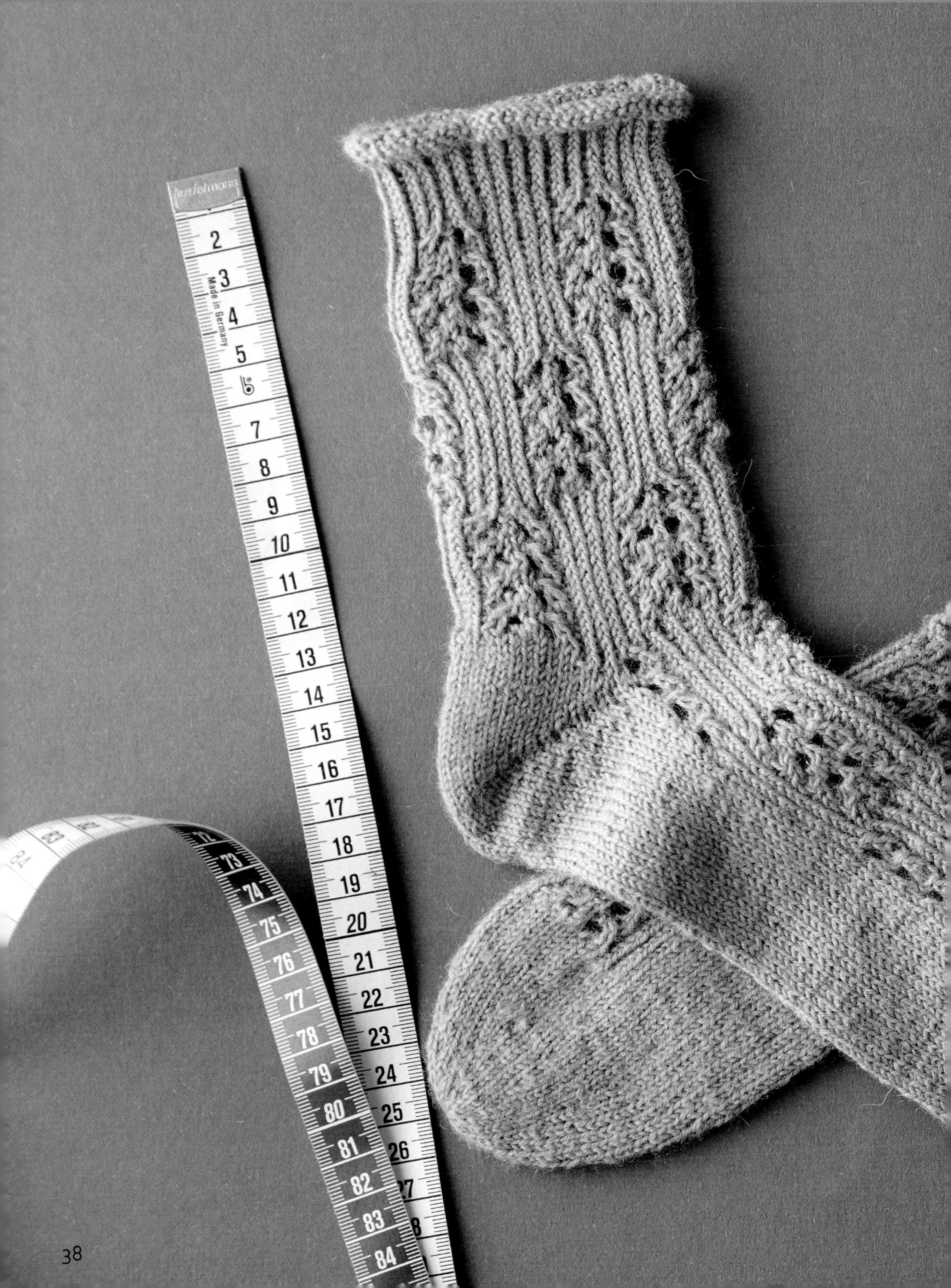
Made in Germany

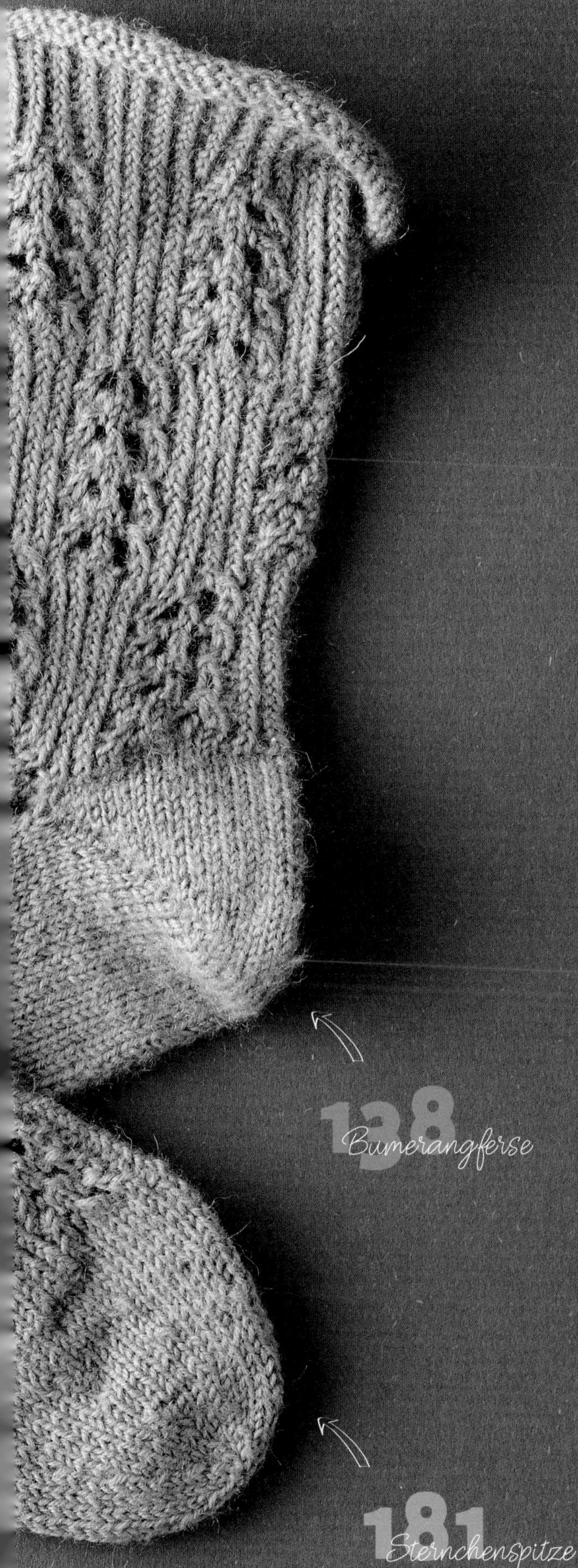

Himmelwärts

SCHWIERIGKEITSGRAD 2

GRÖSSE 38/39

MATERIAL

Lana Grossa Meilenweit (LL 420 m/100 g) in Blaugrau (Fb 1359), 100 g

Nadeln 2,5 mm

Zopf- oder Hilfsnadel

MASCHENPROBE

Im Ajourmuster mit Nd 2,5 mm (ungedehnt) 42 M und 40 R = 10 cm × 10 cm

Ajourmuster

1. Rd: * 4x (1 M rechts verschränkt, 1 M links), 3 M rechts zusammenstr, 1 U, 1 M rechts, 1 U, 1 M wie zum Rechtsstr abheben, die 2 folgenden M rechts zusammenstr, die abgehobene M über die zusammengestrickten M heben (es entsteht 1 M), 1 M links, ab * noch 3x wdh.
2. Rd: * 4x (1 M rechts verschränkt, 1 M links), 1 M rechts, 1 U, 3 M rechts, 1 U, 1 M rechts, 1 M links, ab * noch 3x wdh.
3+4. Rd: * 4x (1 M rechts verschränkt, 1 M links), 7 M rechts, 1 M links, ab * noch 3x wdh.
5.-16. Rd: Die 1.-4. Rd noch 3x wdh.
17. Rd: * 3 M rechts zusammenstr, 1 U, 1 M rechts, 1 U, 1 M wie zum Rechtsstr abheben, die 2 folgenden M rechts zusammenstr, die abgehobene M über die zusammengestrickten M heben (es entsteht 1 M), 1 M links, 4x (1 M rechts verschränkt, 1 M links), ab * noch 3x wdh.
18. Rd: * 1 M rechts, 1 U, 3 M rechts, 1 U, 1 M rechts, 1 M links, 4x (1 M rechts verschränkt, 1 M links), ab * noch 3x wdh.
19.+20. Rd: * 7 M rechts, 1 M links, 4x (1 M rechts verschränkt, 1 M links), ab * noch 3x wdh.
21.-32. Rd: Die 17.-20. Rd noch 3x wdh.
Die 1.-32. Rd fortlaufend wdh.

Anleitung

64 M im klassischen Kreuzanschlag (S. 79) anschl, zur Rd schließen und anschließend ein einfaches Rollbündchen (S. 106) arb. 6 Rd glatt rechts (S. 64) str, dann ein verschränktes 1/1-Bündchen (S. 100) über 10 Rd arb. Nun für den Schaft im Ajourmuster str, bis die gewünschte Schaftlänge erreicht ist. Eine klassische Bumerangferse (S. 138) arb, dann auf dem Oberfuß weiter im Ajourmuster, auf der Sohle glatt rechts str. In 21 cm Fußlänge eine Sternchenspitze (S. 181) arb. Die 2. Socke genauso str.

Mädchenträume

SCHWIERIGKEITSGRAD 1

GRÖSSE 36/37

MATERIAL

Schachenmayr Regia Merino Yak (LL 400 m/100 g) in Pfirsich meliert (Fb 7506)

Nadeln 2,5 mm

MASCHENPROBE

Glatt rechts mit Nd 2,5 mm 32 M und 40 R = 10 cm x 10 cm

STRICKSCHRIFT SEITE 47

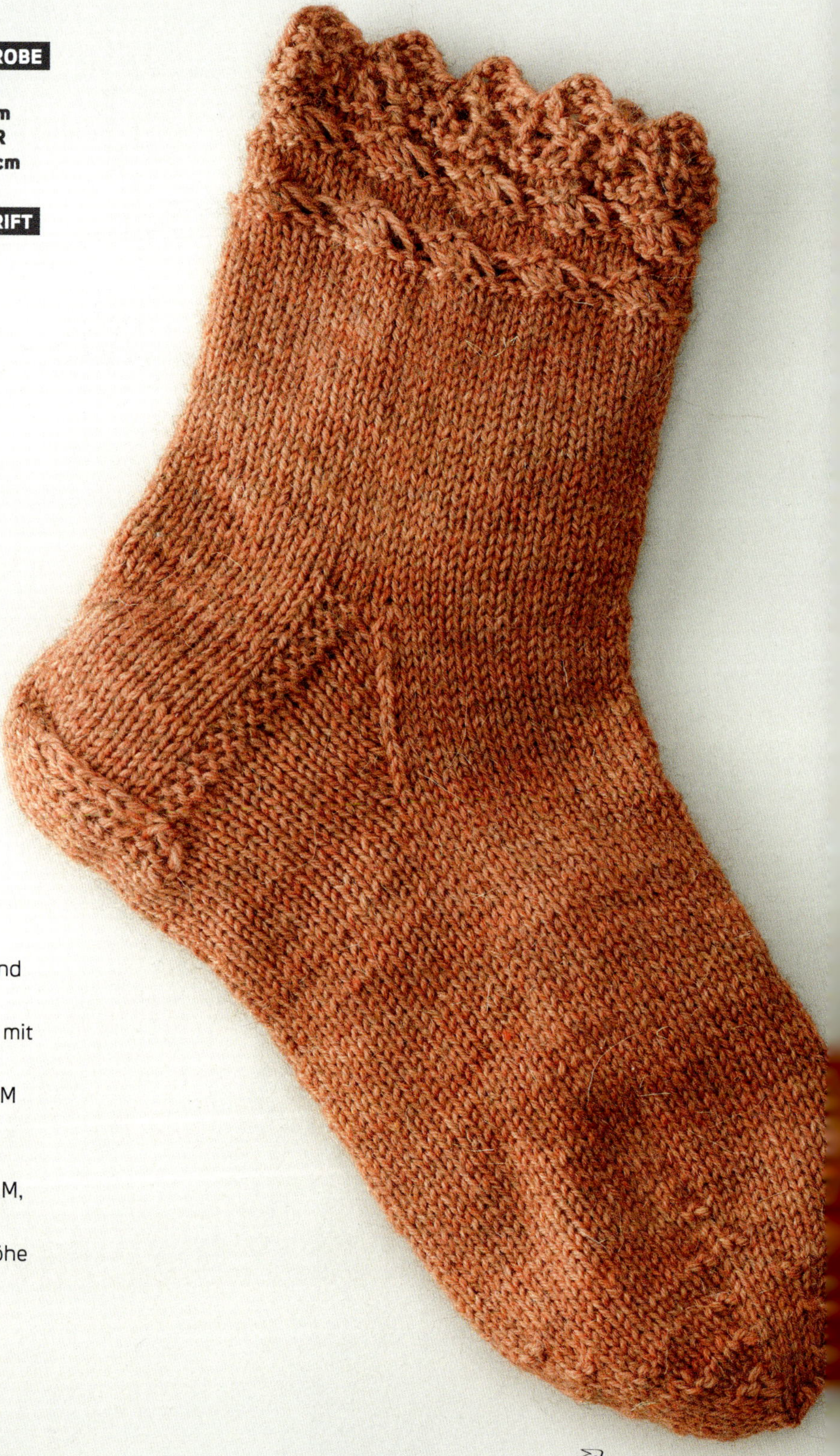

Lochmuster

1. Rd: * 1 M rechts, dabei den Faden 2x um die rechte Nd schlingen, ab * fortlaufend wdh.

2. Rd: * 3 M auf eine Hilfsnd nehmen, dabei die U jeweils fallen lassen, die 3 folgenden M rechts str, dabei die U ebenfalls fallen lassen, dann die 3 M der Hilfs-Nd rechts str, ab * fortlaufend wdh.

Bortenmuster

In Hin- und Rückr nach der Strickschrift str. Die M sind so gezeichnet, wie sie auf der Vorderseite erscheinen. In der 8. R die ersten 4 M abk. Die 1.-8. R fortlaufend wdh.

Anleitung

3 M im klassischen Kreuzanschlag (S. 79) anschl und auf 2 Spielnd 80 R im Bortenmuster str. Mit einer weiteren Spielnd die 3 Anschlag-M auffassen und mit den M auf der Nd rechts zusammenstr. Aus dem unteren Rand der Borte 60 M auffassen (jeweils 6 M aus 8 R) und gleichmäßig auf die Nd verteilen.
Nun 1 Rd linke M, 2 Rd rechte M, 1 Rd linke M, 2 Rd Lochmuster, 1 Rd linke M, 4 Rd rechte M, 1 Rd linke M, 2 Rd Lochmuster, 1 Rd linke M str.
Nun weiter in Rd glatt rechts bis zu einer Schafthöhe von 12 cm str.
Dann eine dreiteilige Käppchenferse (S. 120) arb, dabei die ersten und letzten 3 M der Fersenwand immer rechts str.
Den Fuß glatt rechts bis zu einer Länge von 19 cm arb, dann eine Blumenspitze (S. 179) str.
Die 2. Socke genauso arb.

179 Blumenspitze

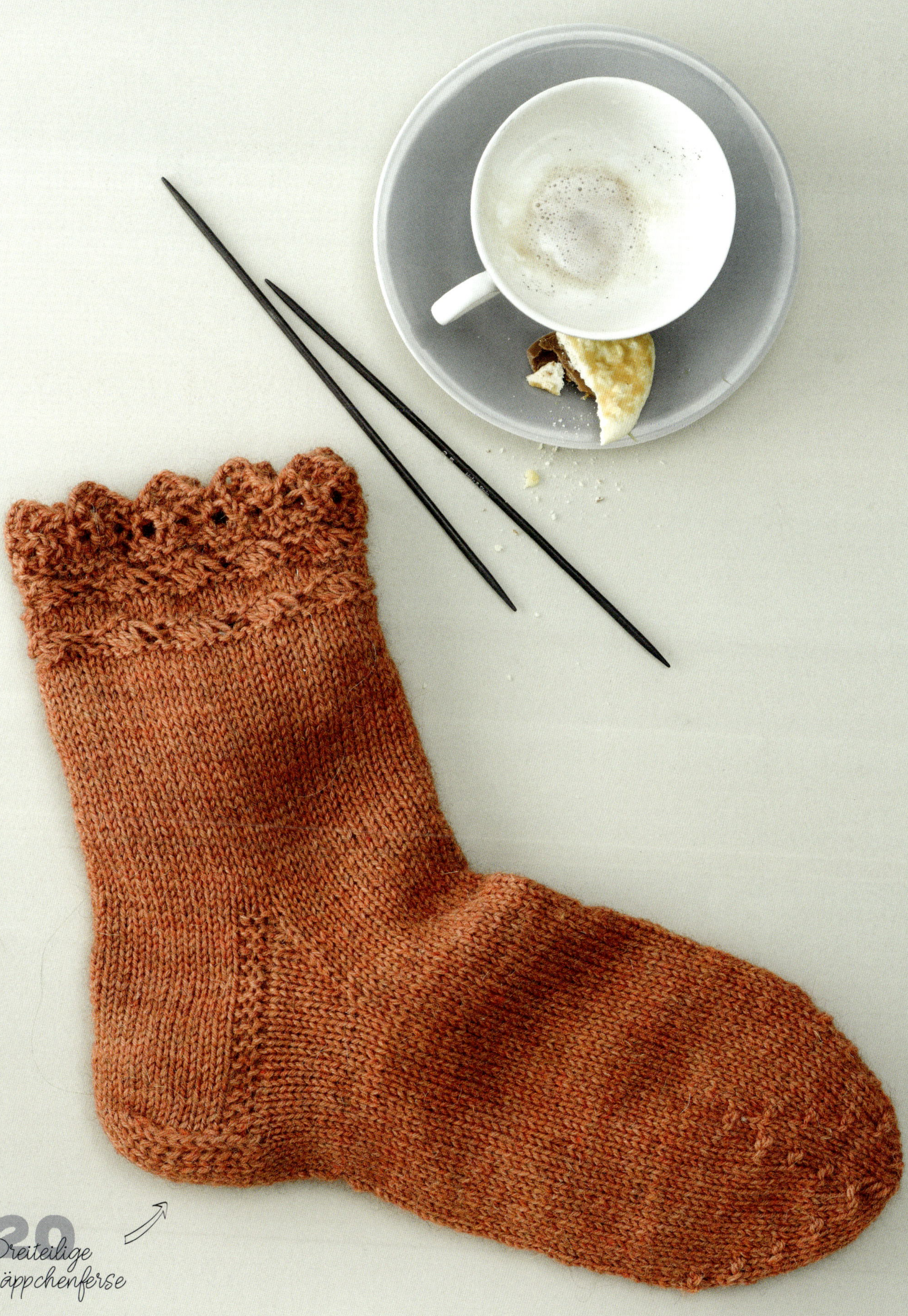

120 Dreiteilige Käppchenferse

Mut zur Farbe!

SCHWIERIGKEITSGRAD 3

GRÖSSE 42/43

MATERIAL

Lana Grossa Meilenweit 100 (LL 420 m/100 g) in Olive (Fb 1362), 100 g, und in Dunkelblau (Fb 1342), Rostrot (Fb 1360) und Helltürkis (Fb 1361), je 50 g

Nadeln 2,5 mm

MASCHENPROBE

Glatt rechts mit Nd 2,5 mm
30 M und 42 R = 10 cm x 10 cm

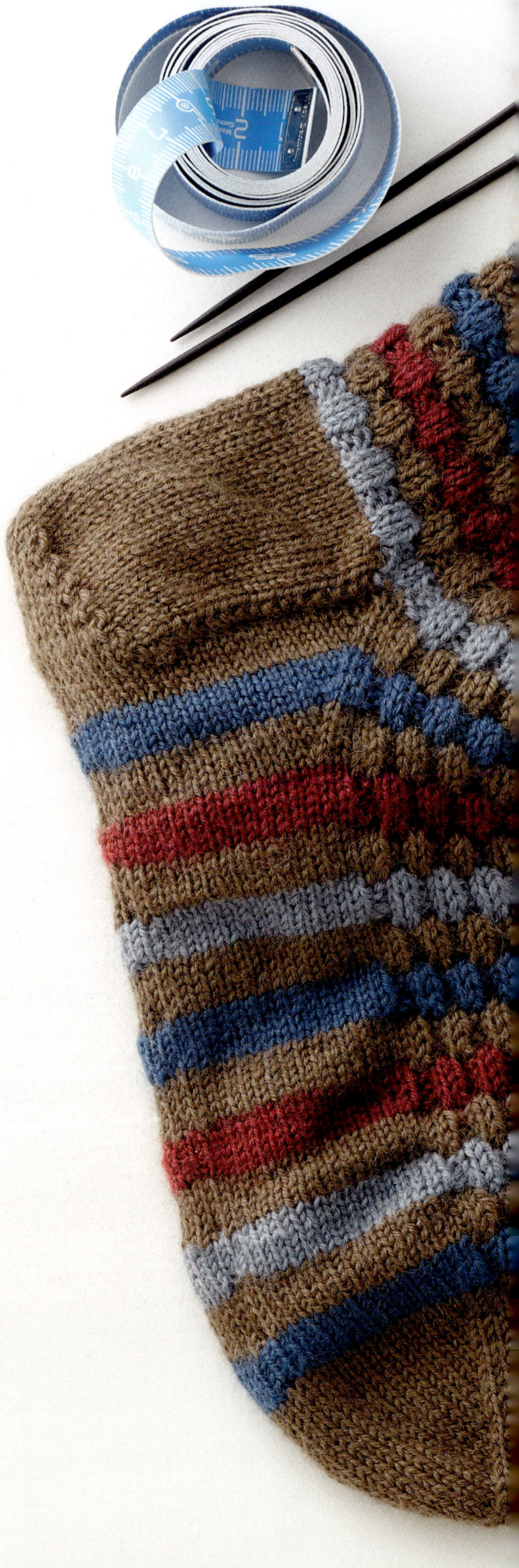

Flechtmuster

In Dunkelblau, Rostrot oder Helltürkis:

1.+2. Rd: * 2 M nacheinander wie zum Rechtsstr abheben, Faden hinter der M, 2 M rechts, ab * fortlaufend wdh.

3. Rd: Alle M rechts str.

4.-6. Rd: 2 M links, 2 M rechts im Wechsel str.

In Oliv:

7.+8. Rd: * 2 M rechts, 2 M nacheinander wie zum Rechtsstr abheben, Faden hinter der M, ab * fortlaufend wdh.

9. Rd: Alle M rechts str.

10.-12. Rd: 2 M rechts, 2 M links im Wechsel str.

Die 1.-12. Rd fortlaufend wdh, dabei die Fb-Folge einhalten.

Farbfolge

6 Rd Dunkelblau, 6 Rd Oliv, 6 Rd Rostrot, 6 Rd Oliv, 6 Rd Helltürkis, 6 Rd Oliv

Anleitung

In Oliv 68 M im verstärkten Kreuzanschlag (S. 80) anschl und zur Rd schließen. Ein 2/2-Bündchen (S. 100) über 20 Rd anschließen. Nun für den Schaft 66 Rd im Flechtmuster str. Dann eine Herzchenferse (S. 128) in Oliv arb, dabei über den Fersen-M gleichmäßig verteilt 2 M abnehmen (= 32 M). Die M aus der Fersenwand in Oliv aufnehmen und weiter in Rd arb, dabei die Spickelabnahmen wie für Gr. 42/43 beschrieben vornehmen (= 32 M Sohle, 34 M Oberfuß). Dabei auf dem Oberfuß das Flechtmuster fortsetzen, auf der Sohle glatt rechts in der jeweiligen Fb des Musters str. Den Fuß bis zu einer Länge von 24,5 cm str, möglichst mit 6 Rd Dunkelblau, Rostrot oder Helltürkis enden.
Eine spitze Bandspitze (S. 175) in Oliv arb, in der letzten Rd nur noch bei den Oberfuß-M abnehmen, bis 8 M erreicht sind.
Die 2. Socke genauso str.

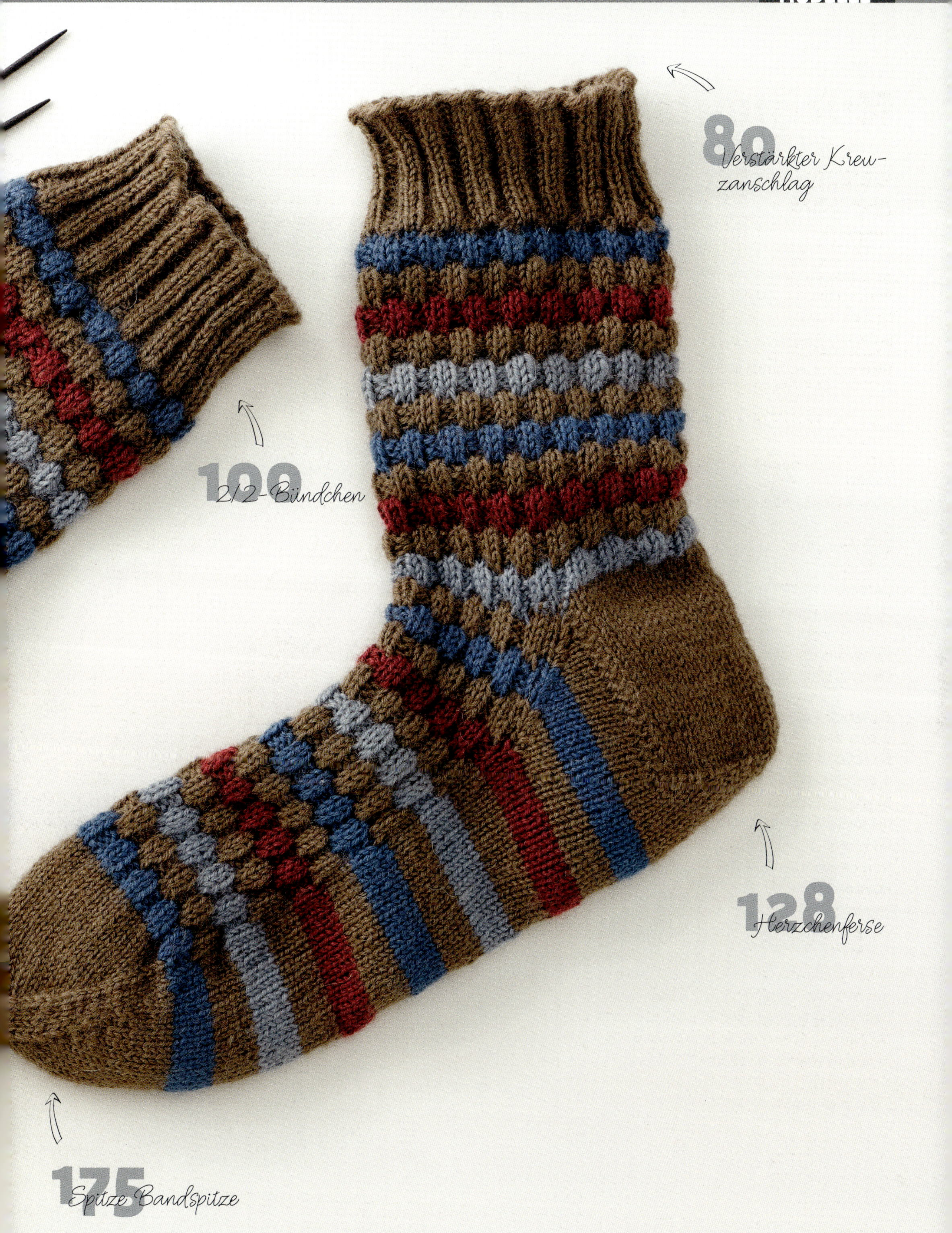
80 Verstärkter Kreuzanschlag
100 2/2-Bündchen
128 Herzchenferse
175 Spitze Bandspitze

Orientalisch angehaucht

SCHWIERIGKEITSGRAD 3

GRÖSSE 39/40

MATERIAL

Lang Yarns Jawoll Superwash (LL 420 m/ 100 g) in Violett (Fb 83.0290), 100 g, und in Senf (Fb 83.0150), 50 g

Nadeln 2,5 mm

MASCHENPROBE

Glatt rechts mit Nd 2,5 mm 32 M und 40 R = 10 cm x 10 cm

STRICKSCHRIFT SEITE 47

Hebemaschenmuster

In jeder Rd nach der Strickschrift str. Den Rapport von 4 M und die 1.-20. Rd fortlaufend wdh. In der 4. und 14. Rd alle M rechts str, dabei alle U fallen lassen. Der lange Spannfaden liegt vor den M.

Bündchenmuster

1 M rechts in Violett, * 2 M links in Senf, 2 M rechts in Violett, ab * fortlaufend wdh, enden mit 1 M rechts in Violett.

Anleitung

In Violett eine Bandspitze mit Toe-Up-Kreuzanschlag (S. 197) arb und die Zunahmen fortsetzen, bis insgesamt 64 M auf den Nd sind. Nun für den Fuß über alle M im Hebemaschenmuster arb, bis eine Fußlänge von 19,5 cm erreicht ist.

Eine Bumerangferse mit zweifachen Doppelmaschen (S. 140) in Violett str, danach für den Schaft wieder über alle M im Hebemaschenmuster arb.

In einer Schafthöhe von 15 cm 12 Rd im Bündchenmuster anschließen. Den Faden in Senf trennen und ein einfaches Rollbündchen (S. 106) über 12 Rd in Violett str. Dann alle M locker abk (S. 204).

Die 2. Socke genauso arb.

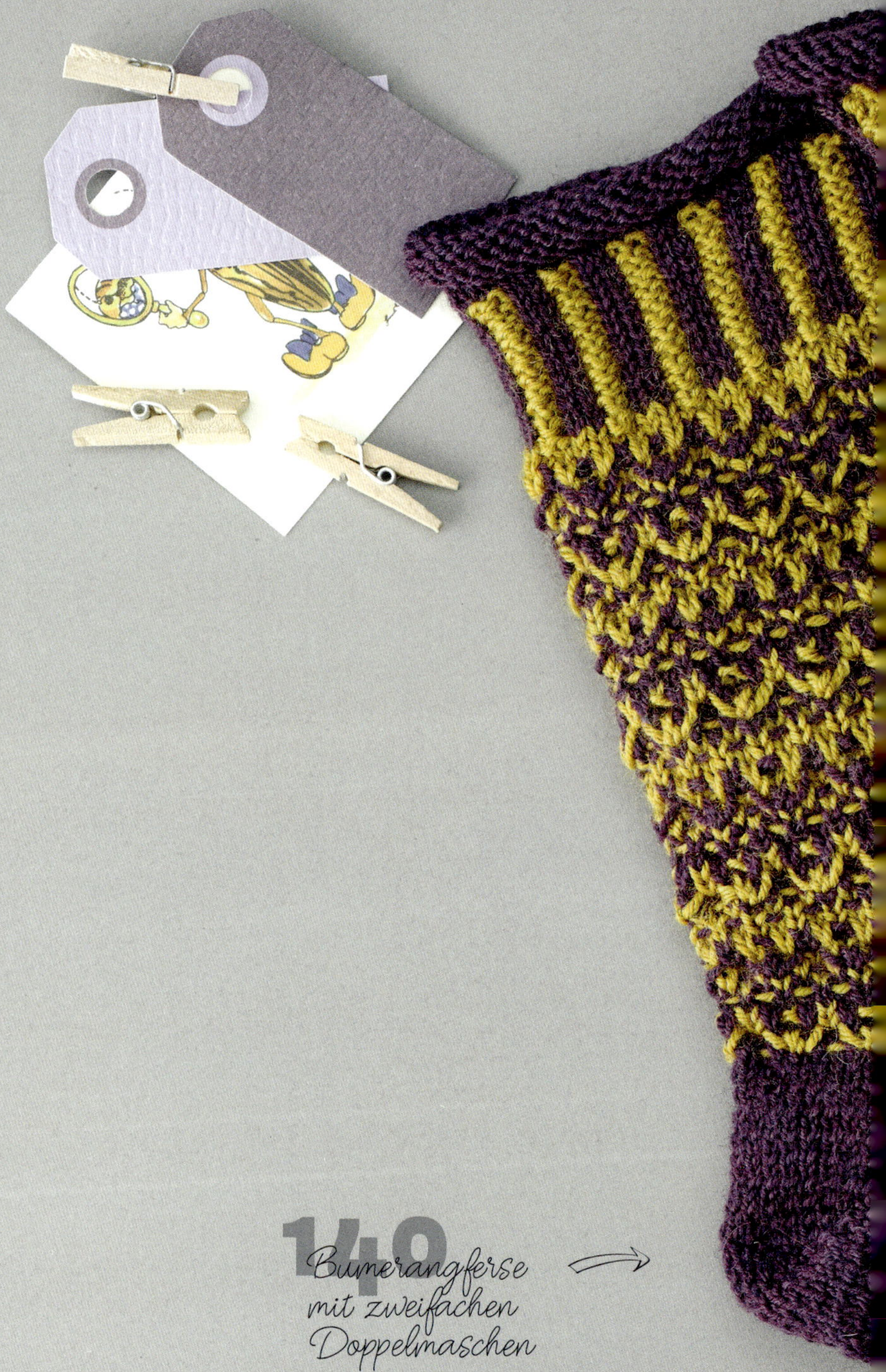

140 Bumerangferse mit zweifachen Doppelmaschen →

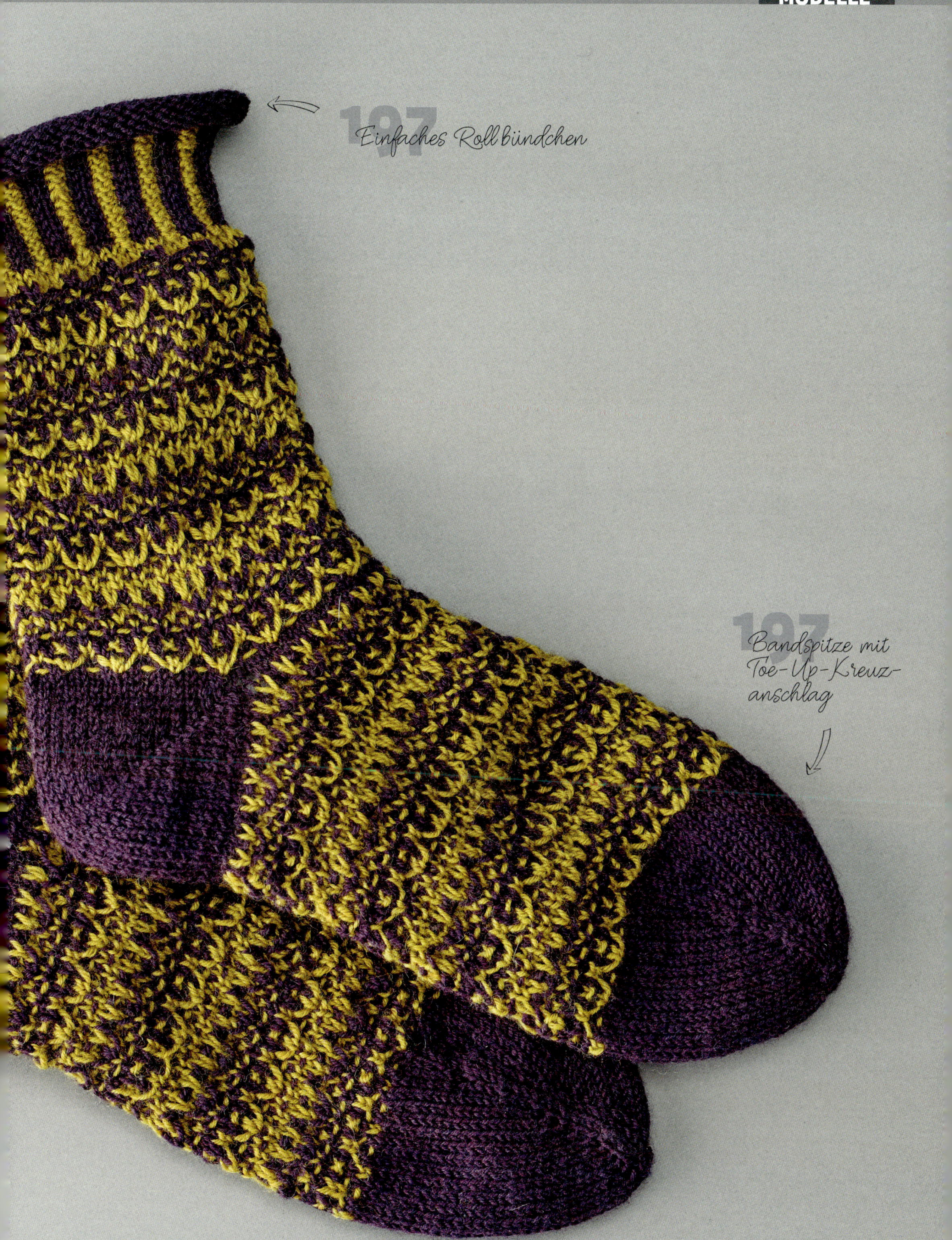
197
Einfaches Rollbündchen
197
Bandspitze mit Toe-Up-Kreuz-anschlag

Luftig leicht in Rosa
Seite 8

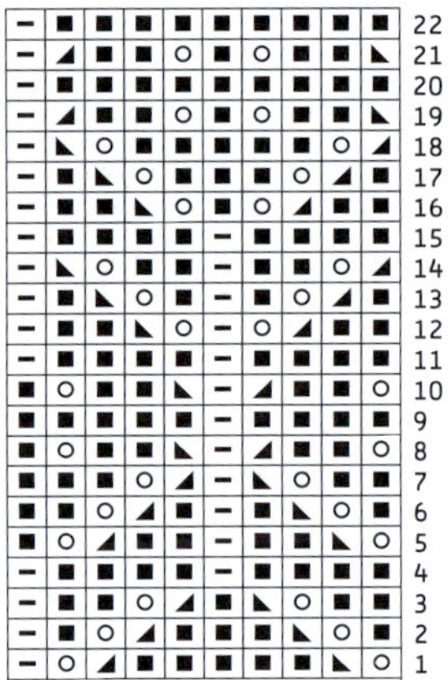

Rapport = 10 Maschen

○ = 1 Umschlag

◣ = 1 Masche wie zum Rechtsstricken abheben, nächste Masche rechts stricken, abgehobene Masche überziehen

■ = 1 Masche rechts

◢ = 2 Maschen rechts zusammenstricken

− = 1 Masche links

Wellengang
Seite 12

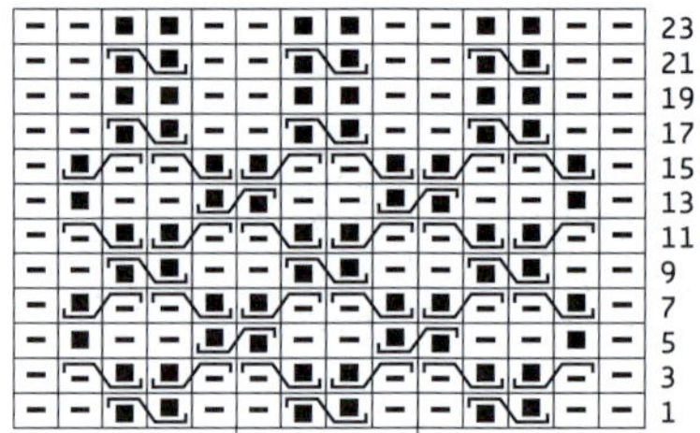

Rapport = 4 Maschen

■ = 1 Masche rechts

− = 1 Masche links

= 1 Masche auf einer Hilfsnadel vor die Arbeit legen, 1 Masche rechts stricken, dann die Masche der Hilfsnadel rechts stricken

= 1 Masche auf einer Hilfsnadel hinter die Arbeit legen, 1 Masche rechts stricken, dann die Masche der Hilfsnadel rechts stricken

= 1 Masche auf einer Hilfsnadel hinter die Arbeit legen, 1 Masche rechts stricken, dann die Masche der Hilfsnadel links stricken

= 1 Masche auf einer Hilfsnadel vor die Arbeit legen, 1 Masche links stricken, dann die Masche der Hilfsnadel rechts stricken

Verkreuzungen
Seite 14

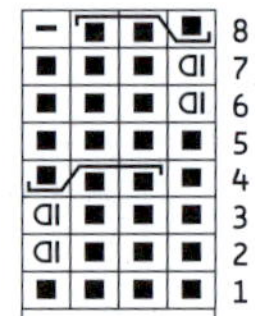

Rapport = 4 Maschen

■ = 1 Masche rechts

ɑl = 1 Masche wie zum Linksstricken abheben mit dem Faden hinter der Masche

= 2 Maschen auf einer Hilfsnadel hinter die Arbeit legen, 1 Masche rechts stricken, dann die 2 Maschen der Hilfsnadel rechts stricken

= 1 Masche auf einer Hilfsnadel vor die Arbeit legen, 2 Maschen rechts stricken, dann die Masche der Hilfsnadel rechts stricken

Kästchenhüpfen
Seite 16

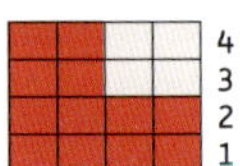

Rapport = 4 Maschen

= 1 Masche rechts in Himbeer meliert

= 1 Masche rechts in Puder meliert

Kontrast auf Zack
Seite 30

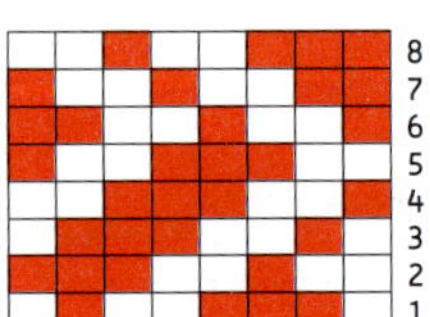

Rapport = 8 Maschen

= 1 Masche rechts in Rot

= 1 Masche rechts in Weiß

Drunter und drüber
Seite 24

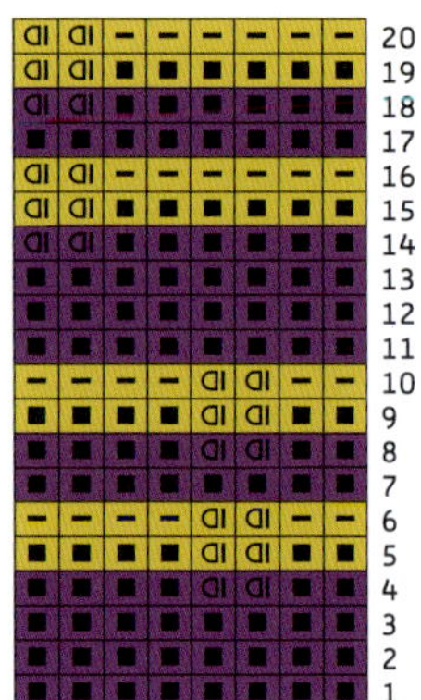

Rapport = 8 Maschen

■ = 1 Masche rechts

− = 1 Masche links

ɑl = 1 Masche wie zum Linksstricken abheben mit dem Faden hinter der Masche

Gut strukturiert
Seite 28

Rechte Socke

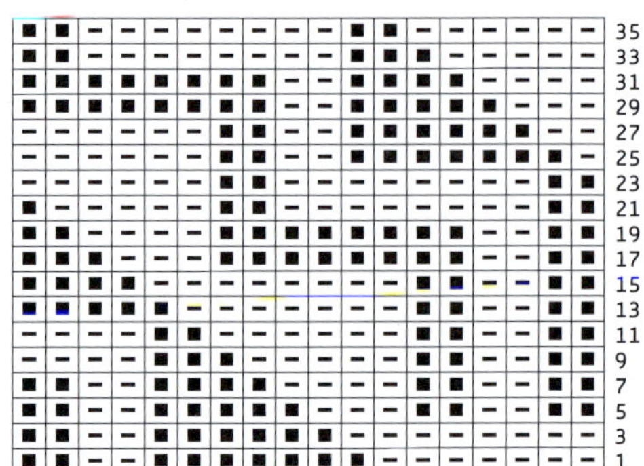

Rapport = 18 Maschen

Linke Socke

Rapport = 18 Maschen

■ = 1 Masche rechts

− = 1 Masche links

Rosenranken

Seite 22

Lacemuster 1, Oberfuß und vorderes Bein

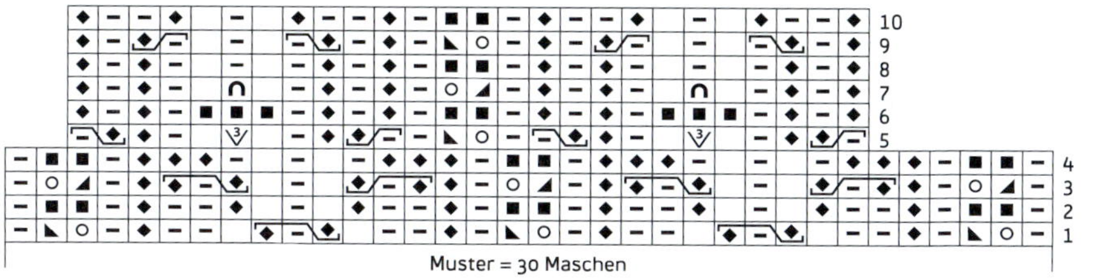

Muster = 30 Maschen

Lacemuster 2, Hinteres Bein

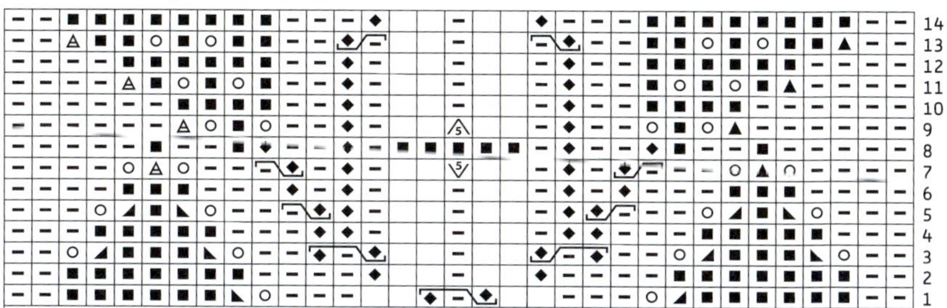

Muster = 29 Maschen

– = 1 Masche links

■ = 1 Masche rechts

◢ = 2 Maschen rechts zusammenstricken

◣ = 1 Masche wie zum Rechtsstricken abheben, nächste Masche rechts stricken, abgehobene Masche überziehen

△ = 3 Maschen rechts überzogen zusammenstricken: 1 Masche wie zum Rechtsstricken abheben, 2 Maschen rechts zusammenstricken, abgehobene Masche überziehen

▲ = 3 Maschen rechts zusammenstricken (Rechtsneigung)

Ω = 3 Maschen mit aufliegender Mittelmasche zusammenstricken: 2 Maschen gleichzeitig wie zum Rechtsstricken abheben, 1 Masche rechts stricken, abgehobene Maschen überziehen

= In die Masche 3 Reihen tiefer einstechen und diese Masche rechts, links, rechts stricken.

= 3 Maschen zusammen wie zum Rechtsstricken abheben, 2 Maschen rechts zusammenstricken, dann die 3 Maschen überziehen.

= In die Masche 3 Reihen tiefer einstechen und diese Masche rechts, links, rechts, links, rechts stricken.

○ = 1 Umschlag

□ = keine Bedeutung, dient der besseren Übersicht

= 1 Masche auf einer Hilfsnadel vor die Arbeit legen, 1 Masche links, 1 Masche rechts verschränkt stricken, dann die Masche der Hilfsnadel rechts verschränkt stricken.

= 2 Maschen auf einer Hilfsnadel hinter die Arbeit legen, 1 Masche rechts verschränkt stricken, dann die Maschen der Hilfsnadel 1 Masche rechts verschränkt, 1 Masche links stricken.

= 1 Masche auf einer Hilfsnadel hinter die Arbeit legen, 1 Masche rechts verschränkt, dann die Masche der Hilfsnadel links stricken.

= 1 Masche auf einer Hilfsnadel vor die Arbeit legen, 1 Masche links, dann die Masche der Hilfsnadel rechts verschränkt stricken.

Schlangenlinien

Seite 32

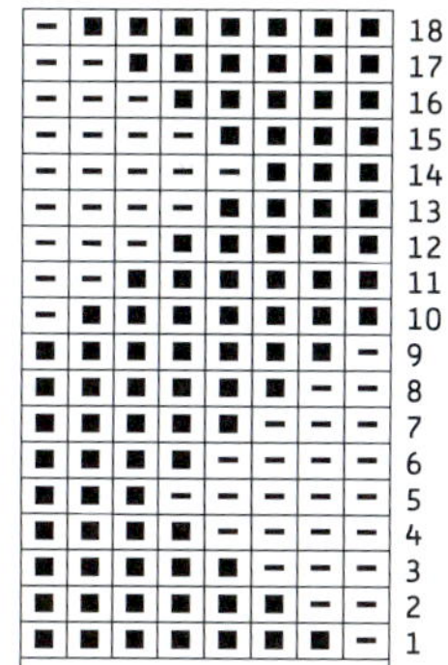

Rapport = 8 Maschen

■ = 1 Masche rechts

– = 1 Masche links

Colorpatchwork

Seite 36

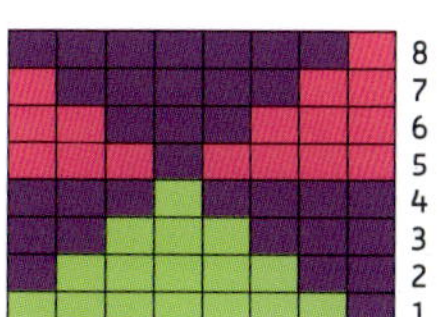

Rapport = 8 Maschen

= 1 Masche rechts in Lila

= 1 Masche rechts in Grün

= 1 Masche rechts in Pink

Mädchenträume

Seite 40

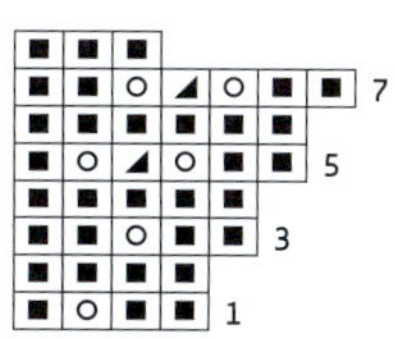

■ = 1 Masche rechts

○ = 1 Umschlag

◢ = 2 Maschen rechts zusammenstricken

Orientalisch angehaucht

Seite 44

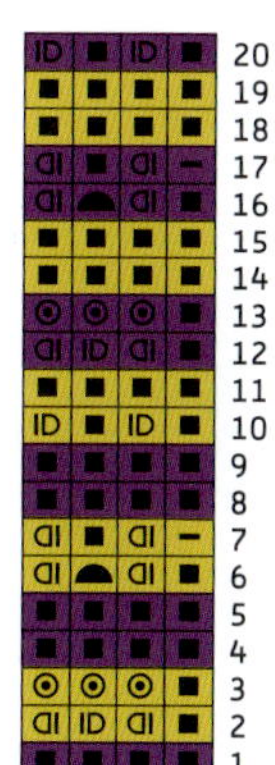

Rapport = 4 Maschen

■ = 1 Masche rechts

– = 1 Masche links

dl = 1 Masche wie zum Linksstricken abheben mit dem Faden hinter der Masche

lD = 1 Masche wie zum Linksstricken abheben mit dem Faden vor der Masche

⊙⊙⊙ = 1 Umschlag, den Faden hinter die Arbeit nehmen und 3 Maschen ungestrickt abheben.

= den losen Spannfaden auf die rechte Nadel nehmen, die nächste Masche rechts stricken und die Schlinge über die gestrickte Masche heben.

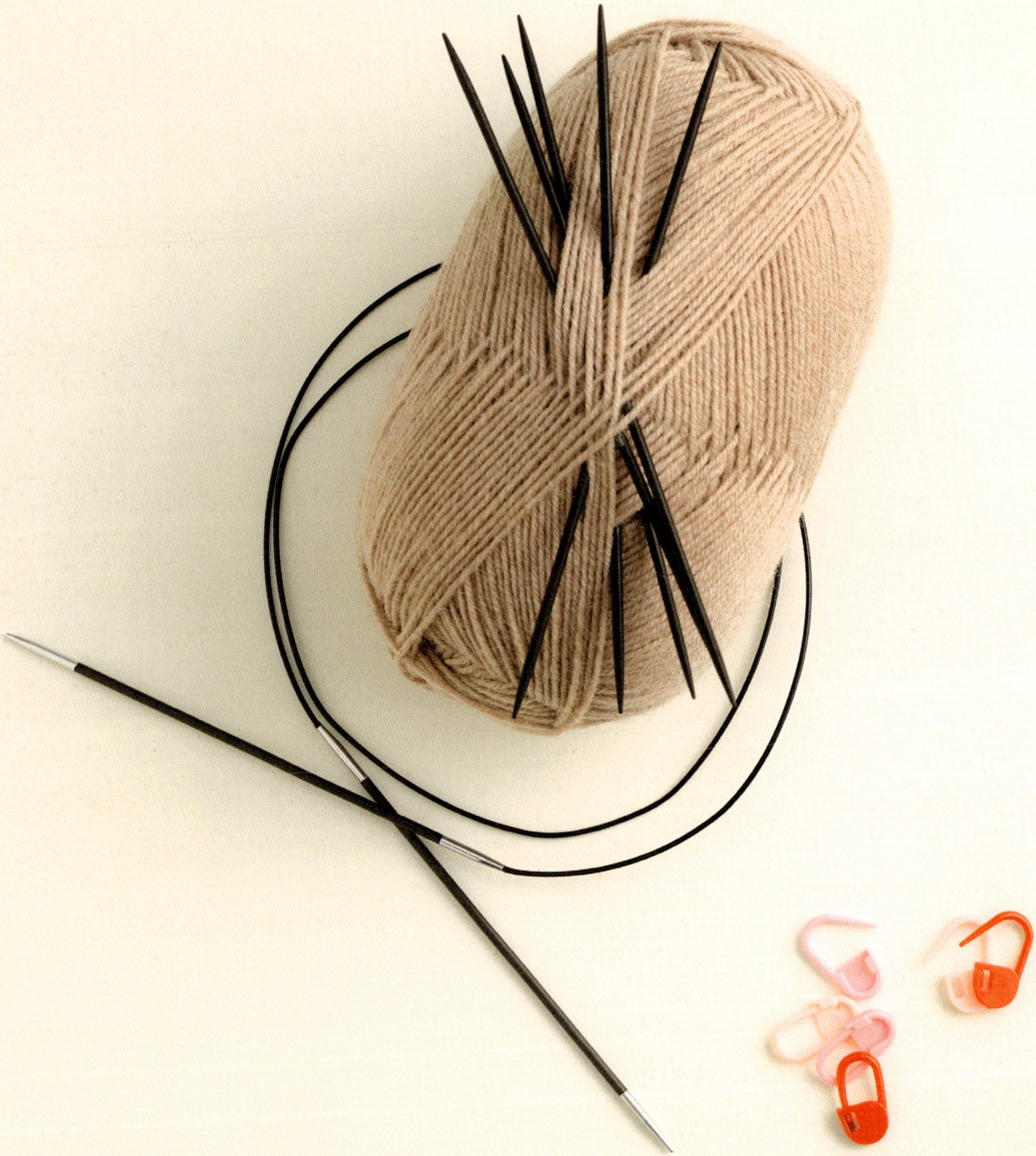

MATERIALIEN

Was braucht man zum Sockenstricken? Eigentlich nur Nadeln und Garn! Inzwischen gibt es auf dem Markt jedoch eine große Fülle an Materialien und Ausführungen. Außerdem kann das eine oder andere praktische Helferlein in manchen Situationen Gold wert sein! Das folgende Kapitel bietet da eine gute Orientierungshilfe.

Garne

Die Entstehung der perfekten Socke beginnt nicht erst beim Stricken, sondern bereits bei der Auswahl des Garns. Heutzutage gibt es ein großes Angebot an verschiedensten Materialien, Optiken und Farbzusammenstellungen.

Zusammensetzung des Sockengarns

Klassisches Sockengarn besteht hauptsächlich aus Schurwolle. Wolle neigt jedoch bei Reibung zu Pilling, bildet also unter Beanspruchung unschöne Knötchen und Fusseln. Das sieht nicht nur hässlich aus, es lässt den Stoff mit der Zeit auch immer dünner werden. Da Socken meist in Schuhen getragen werden und daher besonders starkem Abrieb ausgesetzt sind, ist eine Polyamidbeimischung von etwa 20-30 % sinnvoll, die das Garn strapazierfähiger macht. Durch besondere Ausrüstung sind die meisten Sockengarne bis 40 °C waschmaschinenfest und filzfrei, manche sind sogar für den Trockner geeignet. Sicherheitshalber sollte immer auf die entsprechenden Pflegesymbole auf der Garnbanderole geachtet werden. Spezielle Sockengarne werden in verschiedenen Stärken angeboten.

ZUM STRICKEN VON SOCKEN sollten am besten immer spe ziell dafür ausgewiesene Sockengarne verwendet wer den. Diese sind in Zusammen setzung und Eigenschaften bestens auf das strapaziöse Leben handgestrickter Socken vorbereitet.

Garnstärken

Am häufigsten verwendet wird 4-FÄDIGES GARN. Es besteht aus vier miteinander verzwirnten Einzelfäden. Aus vierfädigem Garn gestrickte Socken sind wärmer und dicker als maschinell gefertigte, aber noch dünn genug, um bequem in Schuhen getragen zu werden.

Für dickere Socken, etwa für Stiefel im Winter oder als Haussocken, eignet sich 6-FÄDIGES SOCKENGARN. Muster geraten in diesem Garn jedoch oft sehr voluminös und können daher eventuell als störend empfunden werden.

Bei besonders aufwendigen Mustern mit einer hohen Maschenzahl, wie z. B. für Socken mit vielen Zöpfen, greift man häufig zu 3-FÄDIGEM GARN.

2-FÄDIGES SOCKENGARN eignet sich wegen seiner geringen Stärke nicht mehr zum Handstricken. Es kann jedoch zum Stopfen von Löchern und als verstärkendes Beilaufgarn für besonders beanspruchte Sockenteile wie Ferse oder Spitze verwendet werden. Häufig ist es in den gleichen Farben wie drei-, vier- oder sechsfädiges Sockengarn auf Kärtchen zu je 5 g erhältlich.

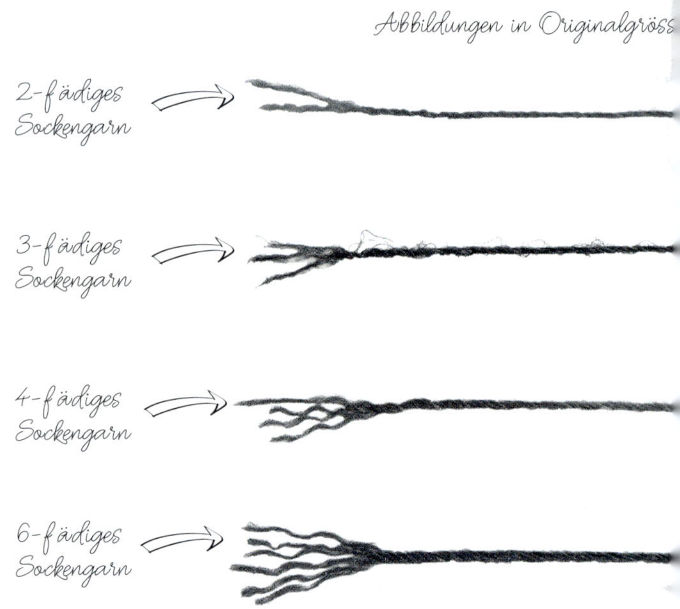

Sockengarne und ihre Verwendung

	Lauflänge pro 100 g	Maschenprobe 10 cm x 10 cm	Nadelstärke in mm	Verbrauch glatt rechts für ein Paar bis Gr. 46	Verwendung
2-fädig	820 m	–	–	–	Stopf- und Beilaufgarn
3-fädig	560 m	32 Maschen x 46 Reihen	1,5-2,5	70 g	aufwendige Muster mit hoher Maschenzahl
4-fädig	420 m	30 Maschen x 42 Reihen	2,0-3,0	100 g	übliche Sockengarnstärke, alle Muster und glatt rechts
6-fädig	250 m	22 Maschen x 30 Reihen	2,5-3,5	150 g	warme Socken in glatt rechts, Muster tragen stark auf

AB GRÖSSE 46/47 sollte sicherheitshalber 1 Knäuel Sockengarn mehr eingeplant werden, da der Garnverbrauch bei 4-fädigem Garn über 100 g, bei 6-fädigem Garn über 150 g liegen kann. Dabei spielt natürlich die gewünschte Schaftlänge eine entscheidende Rolle.

Banderole

Die Banderole aus Papier, die an jedem Knäuel befestigt ist, liefert wichtige Informationen über das Garn. Neben der genauen Garnbezeichnung und der Herstellerfirma mit Kontaktadresse finden sich hier auch die Zusammensetzung (siehe auch Seite 7) und die Lauflänge eines Garns. Die Lauflänge gibt Auskunft darüber, wie lang das Garn „läuft", also wie viele Meter z. B. 50 g oder 100 g des Garns ergeben. Je höher diese Zahl im Verhältnis zur Grammangabe ist, desto leichter und damit häufig auch dünner ist das Garn. Die typischen Lauflängen von Sockengarnen finden sich in der Tabelle unten.
Außerdem zeigt die Banderole häufig weitere wichtige Informationen zu Verbrauch und Pflege des Garns.

Empfohlene Nadelstärke

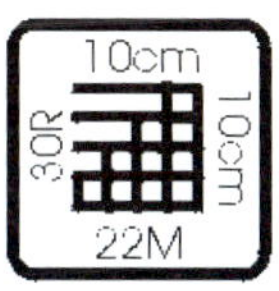

Maschenprobe

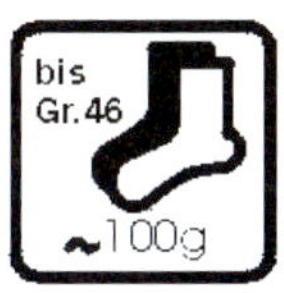

Garnmenge für ein Paar Socken bis Gr. 46

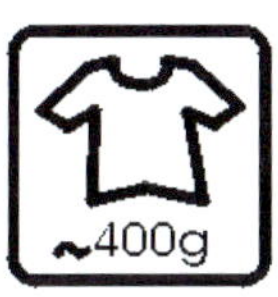

Garnmenge für Damenpullover in Gr. 40

Für Strickapparate geeignet

Schonwaschgang 40

Nicht heiß bügeln

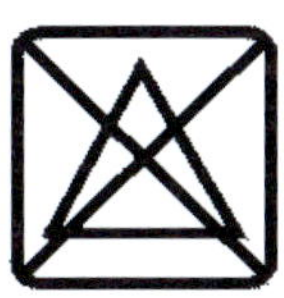

Nicht chloren/bleichen

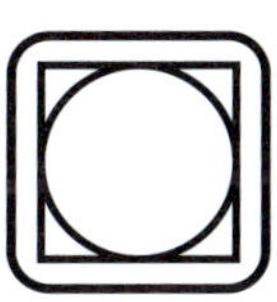

Trocknen mit reduzierter thermischer Belastung

Chemische Reinigung: Standardverfahren. Perchlorethylen-Reinigung

Beimischungen

In den letzten Jahren gab es im Bereich der Sockengarne viele Innovationen. Neben Polyamid werden Sockengarnen häufig noch andere Materialien beigemischt, die ihnen weitere positive Eigenschaften verleihen. Der Schwerpunkt liegt dabei auf natürlichen Alternativen für die Polyamidbeimischung mit ähnlich guten Eigenschaften, da viele Kunden reine Naturgarne bevorzugen. Neben Leinen und Bambus kommen hier auch gelegentlich Ramie oder sogar Soja zum Einsatz. Auch ist ein Trend zu immer hochwertigeren Fasern zu bemerken, da handgestrickte Socken sich durch aufwendige Muster und neue Formen immer mehr vom praktischen Kleidungsstück zu kleinen Kunstwerken entwickeln. Häufig finden sich auch die hier erwähnten Beimischungen untereinander kombiniert, so z. B. ein Seidenanteil in Kombination mit Leinen oder Merinowolle.

SOCKENGARNE MIT BAUMWOLLE (z. B. 40 % Schurwolle, 35 % Baumwolle und 25 % Polyamid), oft erkennbar am Zusatz „Cotton", sind sehr beliebt für Sommersocken und -söckchen. Durch den Baumwollanteil sind sie nicht so warm wie klassisches Sockengarn. Erstaunlicherweise vertragen viele Wollallergiker und Neurodermitiker diese Garne trotz Schurwollanteil sehr gut. Da Baumwollgarne etwas fester in der Hand liegen, verleiten sie dazu, lockerer oder mit etwas dickeren Nadeln zu stricken. Das führt jedoch nach der ersten Wäsche zu einem zu weichen und formlosen Strickbild. Es empfiehlt sich also, Baumwollgarne generell etwas fester zu stricken. Baumwollgarne werden oft in weniger intensiven Farben oder mit hellen Fäden meliert angeboten, da Baumwolle Farbe weniger gut annimmt als Schurwolle. Sehr farbintensive Baumwollgarne enthalten oft auch mehr Zusatzstoffe, die für die Farbfixierung nötig sind. Es empfiehlt sich daher, hier eher Pastellfarben zu wählen.

SOCKENGARNE MIT SEIDE (z. B. 55 % Schurwolle, 25 % Polyamid, 20 % Seide) schimmern in edlen Tönen und lassen Muster besonders schön zur Geltung kommen. Die Garne sind weich und kühl auf der Haut und sollten ähnlich wie Baumwollgarne nicht zu locker verstrickt werden. Seidengarne sind in schönen, kräftigen Farben erhältlich und ebenfalls waschmaschinenfest. Seide gibt jedoch in den ersten Waschgängen noch Farbe ab, sodass die Socken erst zwei- bis dreimal separat gewaschen werden sollten. Gekennzeichnet werden diese Garne oft durch den Zusatz „Silk".

SOCKENGARNE MIT MERINO (75-80 % Merinowolle, 20-25 % Polyamid) enthalten die besonders feine und weiche Wolle des Merino-Schafs. Garne mit Merinowolle sind sehr hochwertig und etwas voluminöser als andere Schurwollgarne. Ab und an finden sich auch Sockengarne, die zu 100 % aus Merinowolle bestehen. Sie sind noch weicher als Mischgarne und ergeben beim Handfärben besonders brillante Farben. Reine Schurwollsockengarne sind aber generell nicht so strapazierfähig wie solche mit Polyamidanteil und daher für stark beanspruchte Socken nicht zu empfehlen. Auf jeden Fall sollte auf Superwash-Ausrüstung geachtet und eventuell für Ferse und Spitze ein Beilaufgarn verwendet werden. Eine besonders edle Variante ist Angora-Merino-Sockengarn (65 % Merinowolle, 25 % Polyamid, 10 % Angora). Durch die Beimischung von Haaren des Angora-Kaninchens wird es besonders weich und flauschig und lässt sich sehr angenehm stricken, bleibt jedoch durch den Polyamidanteil dennoch strapazierfähig.

SOCKENGARNE MIT LEINEN (70-80 % Schurwolle und 20-30 % Leinen) kommen ganz ohne die Beimischung von Kunstfasern aus, da Leinen eine sehr strapazierfähige Naturfaser ist. Außerdem wirkt sie feuchtigkeitsausgleichend. Bei speziellen Öko-Varianten besteht nicht nur das Garn komplett aus Naturfasern, sondern es wird auch nur einheimische Schafwolle verwendet und der lokale Leinenanbau gefördert.

SOCKENGARNE MIT BAMBUS (75 % Schurwolle, 25 % Viskose aus Bambus) enthalten anstatt Polyamid aus Bambus gewonnene Viskose. Sie fühlen sich sehr glatt und noch weicher an als Sockengarn mit Seidenanteil. Auch Bambusgarne sollten daher nicht zu locker und möglichst mit Holz-, Kunststoff- oder Bambusnadeln verstrickt werden. Auf Metallnadeln rutschen sie so sehr, dass auch erfahrene Strickerinnen oft Mühe haben, die Maschen nicht zu verlieren. Ein Bambus-Anteil wird oft durch die Bezeichnung „Bamboo“ im Garnnamen kenntlich gemacht.

SOCKENGARNE AUS MIKROFASER (100 % Polyamid) sind vor allem für diejenigen gedacht, die empfindlich auf Wolle oder Garne mit Schurwollbeimischung reagieren. Die Garne sind weich und sehr strapazierfähig, jedoch nicht sehr elastisch.

SOCKENGARNE MIT STRETCH (z. B. 70 % Schurwolle, 25 % Polyamid, 5 % Polyester) enthalten einen geringen Elastikanteil, der für größere Spannung in den Socken sorgt. Man ist schnell versucht, Stretchgarne ein wenig zu fest zu verstricken, wodurch ein Teil des Stretch-Effektes verloren geht. Eventuell also lieber zu einer dickeren Nadel greifen.

Verzwirnte und gedrehte Sockengarne

Verzwirnte und gedrehte Sockengarne unterscheiden sich in der Art, wie die Fasern zum fertigen Faden verarbeitet werden. Klassische Sockengarne werden zuerst in einzelnen Fäden gesponnen und dann zu einem 4- bzw. 6-fädigen Garn verzwirnt. Inzwischen finden sich aber auch immer mehr gedrehte Garne, bei denen von Anfang an ein einzelner Faden in der jeweiligen Stärke gesponnen wird. Diese sogenannten Dochtgarne sind voluminöser und weicher, aber auch weniger strapazierfähig und elastisch. Zudem neigen sie bei starker Beanspruchung zum Filzen.

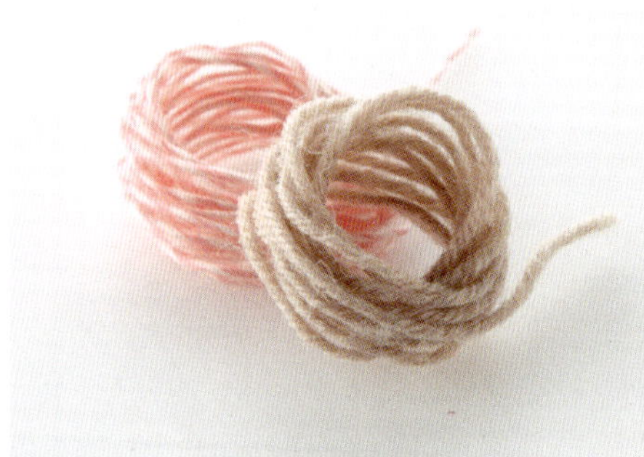

Handgefärbte Sockengarne

Vor allem im Internet, auf Wollfesten und auf Märkten finden sich immer mehr handgefärbte Sockengarne, und manche Strickerin experimentiert auch selbst zu Hause gerne mit den Farbtöpfen. So entstehen im Unterschied zu industriell gefärbter Massenware ganz individuelle Sockengarne, und es ist immer wieder spannend, wie das Garn später mustern wird. Gefärbt werden können Naturfasern mit allen Beimischungen – wobei pflanzliche Fasern die Farben weniger gut annehmen. Auch bereits gefärbte Wolle aus dem eigenen Vorrat kann auf diese Weise etwas „aufgefrischt“ werden. Handgefärbte Garne werden häufig in Strangform angeboten, sollten aber vor dem Verstricken zum Knäuel gewickelt werden, da sie sich sonst rettungslos verknoten können. Das kann entweder von Hand oder mithilfe von Garnhaspel und Wollwickler geschehen.

ZUM FÄRBEN VON WOLLE gibt es unterschiedliche Techniken und Tipps, die ein ganzes Buch füllen könnten. In jedem Fall sollten Säurefarben (wie z. B. von Ashford oder dampffixierbare Seidenmalfarben) verwendet werden.

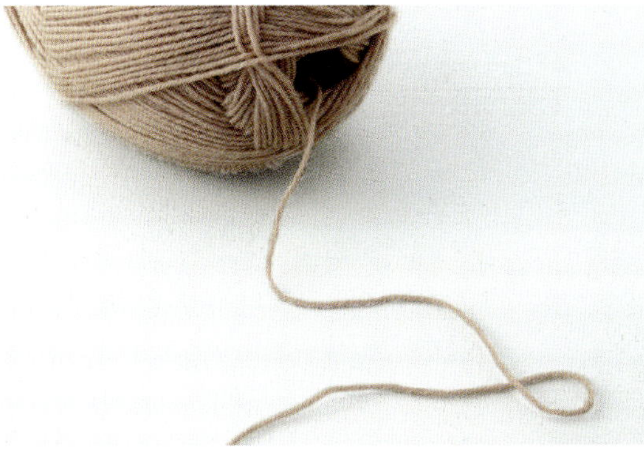

Garn von innen abwickeln

Das Stricken gestaltet sich erheblich einfacher, wenn das Knäuel von innen nach außen abgewickelt wird, denn nur dann bleibt es beim Nachziehen des Arbeitsfadens ruhig liegen.
Oft holt man bei dem Versuch, den inneren Anfangsfaden zu erwischen, ein ganzes Stückchen an Garn mit heraus, doch dieser „Wollüberschuss" ist mit den ersten Runden eines Sockenbündchens schnell wieder verstrickt.

Knäuelhalter und -schalen

In den letzten Jahren werden zunehmend Hilfsmittel zum Abwickeln von Knäueln angeboten. Oftmals sind sie handgefertigt oder aus besonders edlem Material hergestellt und als hübscher und praktischer, aber nicht zwingend erforderlicher Luxus zu verstehen.

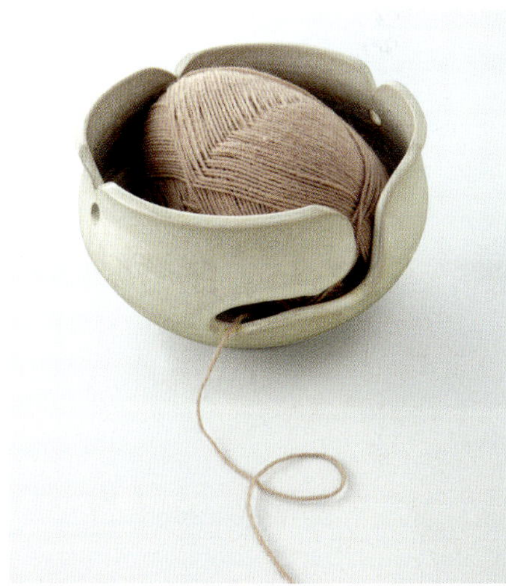

Häufig findet man inzwischen Garnknäuelhalter aus Holz, bei denen das Knäuel auf einen Dorn gesteckt wird, der mithilfe eines Kugellagers drehbar gelagert ist. Das Gewicht des Holzes hält das Knäuel auch bei kräftigem Zug am Arbeitsfaden an seinem Platz, und das Garn lässt sich so leicht auch von außen nach innen verstricken.
Garnschalen bestehen in der Regel aus Holz oder Keramik. Das Knäuel wird zum Stricken in die Schale gelegt und der Arbeitsfaden durch eine oft sehr kunstvoll ausgestaltete Kerbe am oberen Schalenrand geführt. Dabei kann man das Knäuel sowohl von innen als auch von außen verarbeiten. Sollte das Abwickeln des Fadens ins Stocken geraten, wird das Knäuel durch die Schalenwand daran gehindert, auf den Boden zu fallen. Hin und wieder gibt es auch Garnschalen mit Deckel, bei denen der Faden durch eine Öffnung in der Deckelmitte geführt wird. Kostengünstige Alternativen zur Garnschale sind größere Einmachgläser oder eine hübsche alte Teekanne, bei der der Arbeitsfaden durch den Ausguss geführt wird. Ein Nachteil bei allen geschlossenen Garnbehältern: Das Knäuel kann nur durch Abschneiden des Arbeitsfadens daraus „befreit" werden.

Gleicher Anfang bei selbstmusternden Garnen

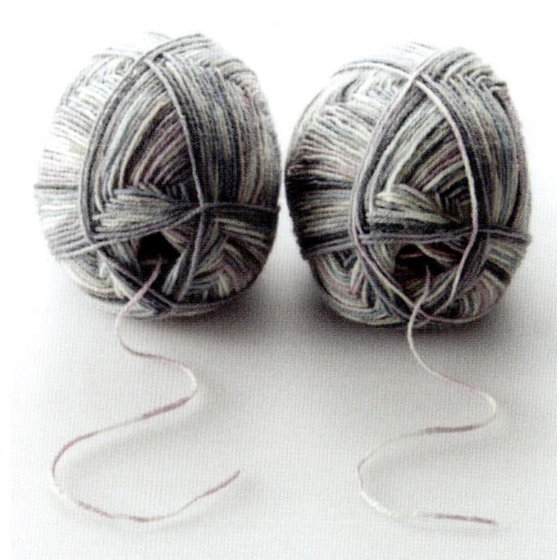

Viele selbstmusternde Garne haben wiederkehrende Muster- oder Streifenfolgen. Doch Vorsicht, nicht jedes einzelne Knäuel beginnt mit der gleichen Stelle im Muster! Wenn Wert auf zwei identisch gemusterte Socken gelegt wird, so sollte bereits für die erste Socke eine markante Stelle im Muster gesucht werden, die sich auch für die zweite Socke gut wiederfinden lässt. Geeignet sind z. B. kontrastreiche Streifen- oder Musterwechsel. Aber auch „ungleiche Zwillinge" aus selbstmusterndem Garn haben ihren Charme. Interessante Effekte ergeben sich auch, wenn man für eine Socke das Garn von außen, für die zweite Socke von innen verstrickt.

WER MIT ZWEI 50 G-KNÄUELN ARBEITET und zwei Nadelspiele zur Verfügung hat, kann noch vor dem Stricken aus beiden Knäueln den entsprechenden Rapport heraussuchen, dann beide Anschläge und eventuell die Bündchen arbeiten, ein Strickzeug gut zusammengebunden beiseite legen und anschließend eine Socke nach der anderen fertig stellen.

HANDGESTRICKTE SOCKEN sollte man möglichst mit einem Wollwaschmittel waschen. Ist das Sockengarn superwash-ausgerüstet, können die Socken auch bedenkenlos in der Maschine mit einem Universalwaschmittel gewaschen werden. Colorwaschmittel in jedem Fall vermeiden!

Pflege

Es empfiehlt sich, vor jedem Garnkauf einmal am Knäuel zu riechen. Je mehr ein Garn noch nach Wolle riecht, desto geringer ist seine Austrocknung. Der Schurwolle wird vor ihrer Verarbeitung nämlich das natürliche Wollfett (Lanolin) zum großen Teil entzogen, da sie dann Farben und Fixierung besser annimmt. Je trockener/fettärmer jedoch eine Wolle ist, desto kratziger wird sie auf der Haut empfunden. Dagegen hilft eine einmalige Lanolinkur, wie sie etwa zur Rückfettung von Schaffellen oder Windelhosen angeboten wird. So eine Kur reicht oft für ein oder zwei Jahre aus, auch wenn die Socken in der Maschine mit normalem Waschmittel gewaschen werden.
Auch eine zu starke Verlaugung der Wollfasern kann Wolle kratzig machen. Sie entsteht durch Waschmittelreste, die in den Socken zurückbleiben und sie hart und rau werden lassen. Dann helfen ein bis zwei Esslöffel Essigessenz im letzten Spülgang der Waschmaschine, um sie wieder flauschig weich zu machen. Der restlichen Wäsche schadet das nicht, im Gegenteil wirkt Essig zusätzlich auf natürliche Weise antibakteriell und hinterlässt in dieser geringen Dosierung auch keinen Essiggeruch.

Nadeln

Die Zeiten, als Stricknadeln ausschließlich zweckmäßige Werkzeuge waren, sind lange vorbei. Inzwischen findet man im Handel und im Internet eine riesige Auswahl an unterschiedlichen Materialien und Ausführungen. Häufig bestehen diese Stricknadeln nicht nur aus edlen Materialien, sondern sind kleine, teils handgefertigte Kunstwerke, die die Arbeit noch besser von der Hand gehen lassen.

Nadelspiele

Als Nadelspiel bezeichnet man ein Set aus vier oder fünf Stricknadeln gleicher Länge und Stärke mit Strickspitzen an beiden Enden. Um in Runden arbeiten zu können, werden alle Maschen gleichmäßig auf drei oder vier Spielnadeln verteilt. Die freie vierte bzw. fünfte Nadel ist die Arbeitsnadel, mit der die Maschen einer Spielnadel jeweils abgestrickt werden. Hat man mit ihr alle Maschen der Vornadel abgestrickt, bleibt sie als ruhende Spielnadel bis zur nächsten Runde in den Maschen zurück. Die Arbeitsnadel wird somit zur Spielnadel und eine Spielnadel zur Arbeitsnadel.
Je nach individueller Strickfestigkeit und Garnstärke werden zum Sockenstricken Nadelstärken zwischen 2,0 mm und 3,5 mm verwendet. Nadelspiele zum Sockenstricken werden meist in einer Länge von etwa 15 cm angeboten. Die lange Zeit verwendeten Spielstricknadeln mit 20 cm Länge werden heutzutage häufig als unhandlich empfunden. Sie können aber bei Anfängern, die Angst haben, Maschen zu verlieren, oder für sehr große Größen und hohe Maschenzahlen durchaus noch sinnvoll sein. Einige Hersteller bieten auch Zwischenlängen an.

NADELSPIELE werden meist als 5er-Set angeboten. Bei Holznadeln in kleinen Stärken, die leicht brechen, ist oft noch eine Ersatznadel beigelegt.

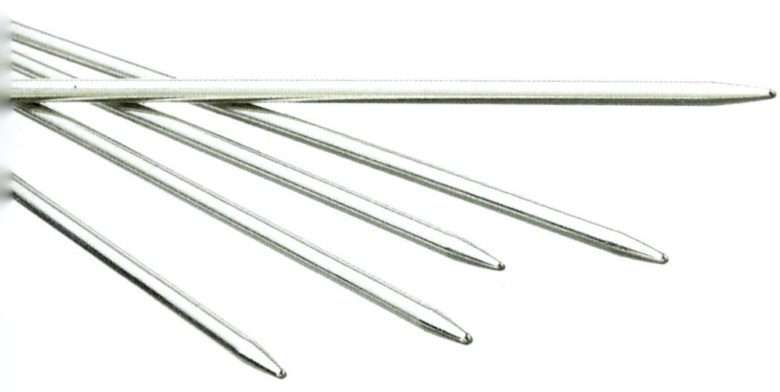

NADELSPIELE AUS VERNICKELTEM STAHL sind sehr glatt und hart. Die Maschen gleiten gut über die Nadeln, und ein Reibungswiderstand ist kaum spürbar. Da Stahlnadeln etwas schwerer sind, eignen sie sich eher für feine Strickarbeiten mit dünner Nadelstärke. Durch ihre Härte verbiegen sich selbst sehr dünne Stahlnadeln nur wenig. Sie werden bereits ab einer Nadelstärke von 0,75 mm angeboten und können nicht brechen. Stahlnadeln fühlen sich sehr kühl an. Nickelallergiker und Menschen mit Rheuma sollten diese Nadeln jedoch nicht verwenden.

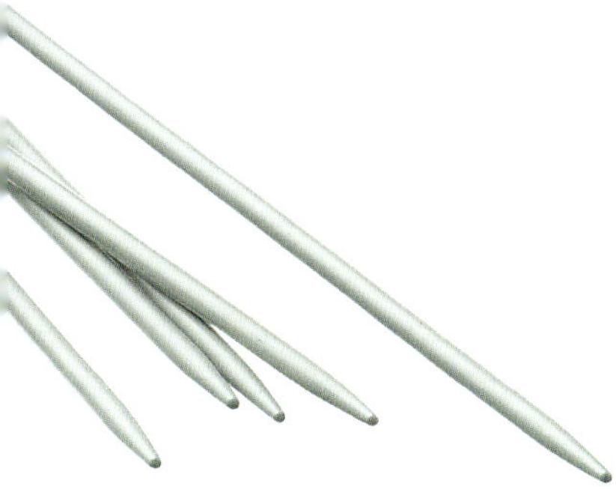

NADELSPIELE AUS PULVERBESCHICHTETEM ALUMINIUM sind eine gute Alternative. Diese Metallnadeln sind deutlich leichter, wenn auch nicht mehr ganz so glatt. Sie bieten in Strickrichtung zwar eine gute Härte, verbiegen sich jedoch in der Hand relativ leicht. Es ist aber problemlos möglich, sie wieder in ihre ursprüngliche Form zurück zu biegen. Diese Nadeln werden im Handel ab einer Stärke von 1,5 mm angeboten. Sie sind mit rundem oder quadratischem Querschnitt und grauer oder goldener Beschichtung erhältlich und gehören zu den preiswertesten Nadeln.

NADELSPIELE AUS BAMBUS passen sich schnell der Handtemperatur an. Sie biegen sich deutlich mehr als Metallnadeln, was mancher jedoch als angenehm empfindet. Bambusnadeln sollten aus qualitativ hochwertigem, hartem Winterbambus gefertigt sein, sonst fasern die Strickspitzen aus und das Nadelspiel ist nicht mehr zu gebrauchen. Bambusnadeln verleiten zum lockeren Stricken. Es lohnt sich daher unbedingt, eine Maschenprobe zu arbeiten. Bambusnadeln sind ab einer Stärke von 2,0 mm erhältlich.

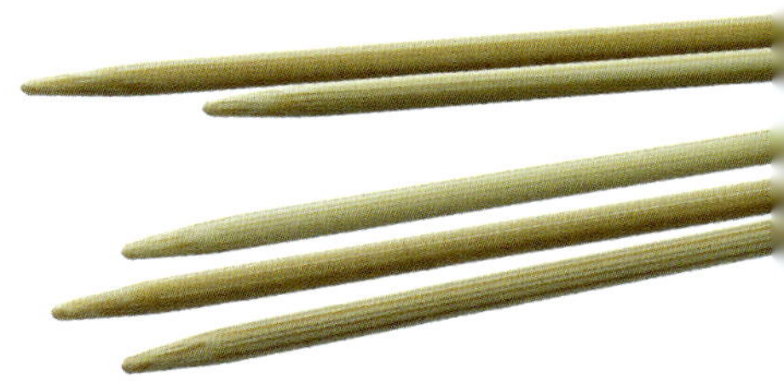

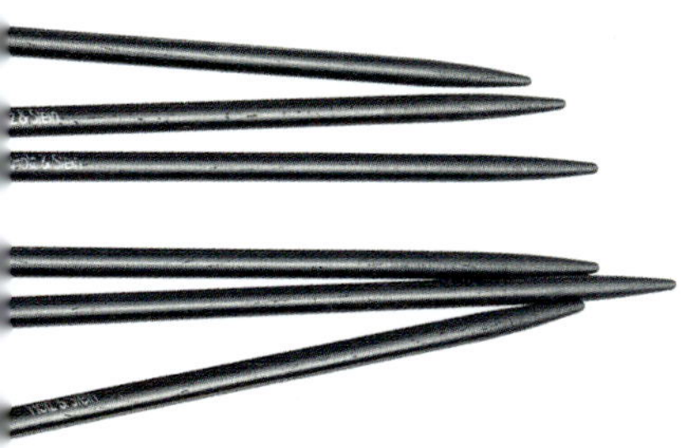

NADELSPIELE AUS EDELHÖLZERN wie z. B. Rosenholz, Ebenholz oder anderen exotischen Hölzern sind wahre Handschmeichler. Oft entstehen sie aus Reststücken aus dem Instrumentenbau. Sie sind besonders glatt geschliffen und fühlen sich sehr warm in der Hand an. Auch diese Nadeln verleiten dazu, sehr locker zu stricken. Es empfiehlt sich, zwischendurch einen Blick auf die Maschenprobe zu werfen. Leider brechen diese Nadeln unter allzu starker Beanspruchung und sollten daher sorgsam behandelt werden. Holznadeln werden üblicherweise ab 2,25 mm Stärke angeboten.

WER VON ZEIT ZU ZEIT seine Edelholznadeln mit ein wenig Leinöl abreibt, hat lange Freude daran. Einer eventuell auftretenden rauen Stelle kommt man schnell mit einem sehr feinen Schleifpapier bei (mindestens 600er Körnung).

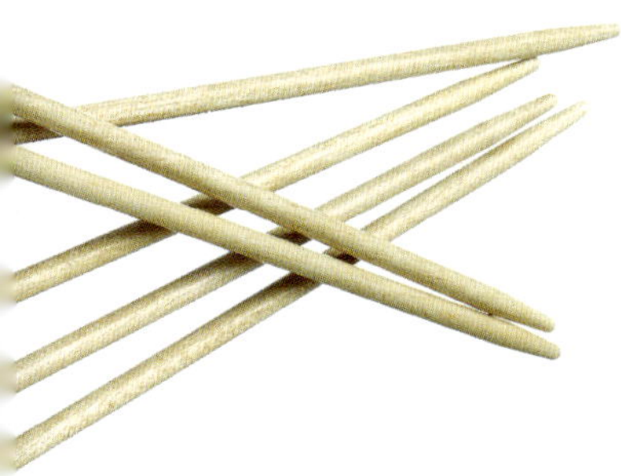

NADELSPIELE AUS BIRKENHOLZ sind etwas härter als Bambusnadeln. Sind sie ebenfalls sehr empfindlich und brechen schnell. Aus diesem Grund sind sie etwas kürzer gearbeitet, was ihnen mehr Stabilität verleiht. Man erhält sie in der kürzeren Variante von 12,5 cm auch schon in einer Nadelstärke von 2,0 mm. Diese Länge liegt aber nicht jedem gut in der Hand.

NADELSPIELE AUS BIRKENSCHICHTHOLZ werden aus mehreren, unter hohem Druck verklebten Schichten Holz gearbeitet. Diese Herstellungsart wird häufig dazu genutzt, den Nadeln durch verschiedene Farben ein interessantes Aussehen zu geben. Durch ihre Schichtstruktur und das Zusammenpressen sind diese Nadeln sehr hart (vergleichbar mit Metallnadeln), liegen aber durch das Holz sehr angenehm in der Hand und werden schnell warm. Trotz der hohen Stabilität wird in den Größen 2,0 mm bis 3,25 mm häufig gleich eine zusätzliche Nadel mitgeliefert, da die Bruchgefahr bei dünneren Nadeln höher ist. Die Spitzen der Nadeln sind sehr gut ausgearbeitet und schön spitz, sodass selbst bei kniffligen Mustern die Maschen gut aufgenommen werden können. Nadeln aus Birkenschichtholz gibt es sowohl mit rundem als auch mit quadratischem Querschnitt. Bei der quadratischen Variante sollte besonders auf gute Verarbeitung geachtet werden, da es bei gesplitterten Nadeln zu Verletzungen kommen kann.

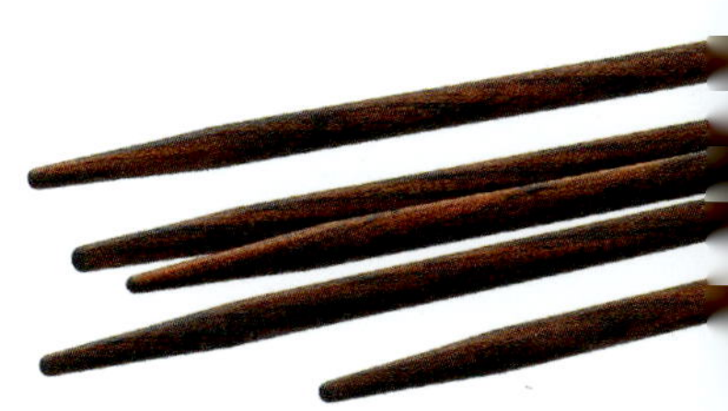

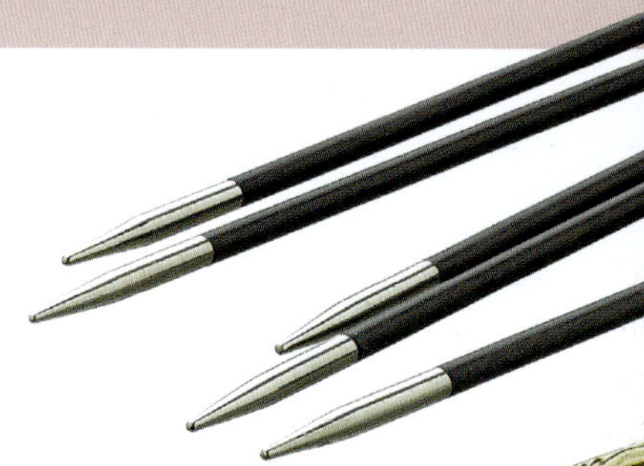

NADELSPIELE AUS KARBON werden bereits ab 1,0 mm Stärke angeboten. Die Spitzen der Nadeln sind aus Metall gearbeitet, da Karbon alleine splittern würde. Diese Nadeln sind leicht und liegen gut in der Hand. Durch die Verfügbarkeit von sehr kleinen Nadelstärken eignen sie sich gut für feine Arbeiten. Durch die schwarze Färbung ist es allerdings schwierig, dunkle Garne mit diesen Nadeln zu verarbeiten.

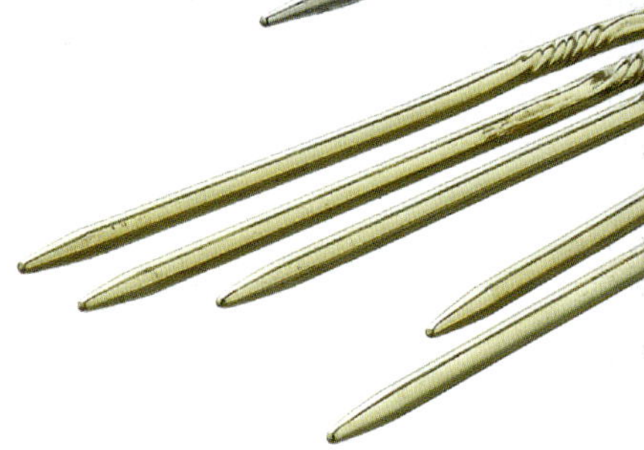

NADELSPIELE AUS BRONZE ODER SILBER und handgefertigte Aluminiumnadeln gehören zu den etwas teureren Utensilien. Wer jedoch viel strickt und Spaß an schönen Dingen hat, wird diese Werkzeuge zu schätzen wissen. Die Nadeln kommen aus den USA, sind aber auch bei manchen Internetanbietern zu finden. Fündig wird man mit den Suchbegriffen „celticswan" und „signature knitting needles".

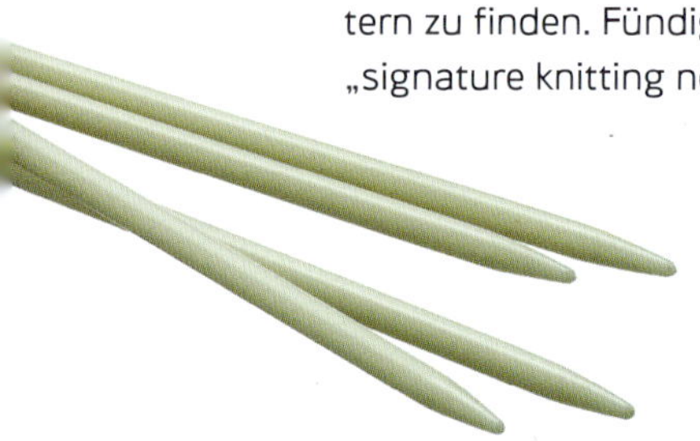

NADELSPIELE AUS KUNSTSTOFF werden hauptsächlich für größere Nadelstärken ab etwa 3,0 mm bis 12,0 mm verwendet, wenn Metallnadeln zu schwer oder Holznadeln zu teuer wären. In den letzten Jahren kommen wieder vermehrt Nadeln aus Galalith, einem natürlichen Ur-Kunststoff aus Milcheiweiß, auf den Markt. Dieser Kunststoff ist etwas härter als einfaches Plastik, doch noch sehr biegsam. Nadelspiele aus Galalith werden ab 3,0 mm in einer Länge von 23 cm angeboten. Hitze, Kälte und Trockenheit machen die Nadeln jedoch mit der Zeit spröde, daher sollte man sehr pfleglich mit ihnen umgehen.

Rundstricknadeln

Als Rundstricknadel bezeichnet man zwei gleichstarke Nadelteile, die durch ein flexibles Kunststoffseil verbunden sind. Sie haben daher, wie auch die Nadeln eines Nadelspiels, den Vorteil, dass sie von beiden Seiten bearbeitet werden können – zum Abstricken und zum Abgestricktwerden. Diesen Vorteil macht man sich besonders beim Sockenstricken mit zwei Rundstricknadeln zunutze.
Rundstricknadeln werden in vielen verschiedenen Längen und Stärken angeboten. Es gibt sie in fast allen Materialien. Für das Sockenstricken sind vor allem die üblichen Nadelstärken von 2,0 bis 3,5 mm von Bedeutung.

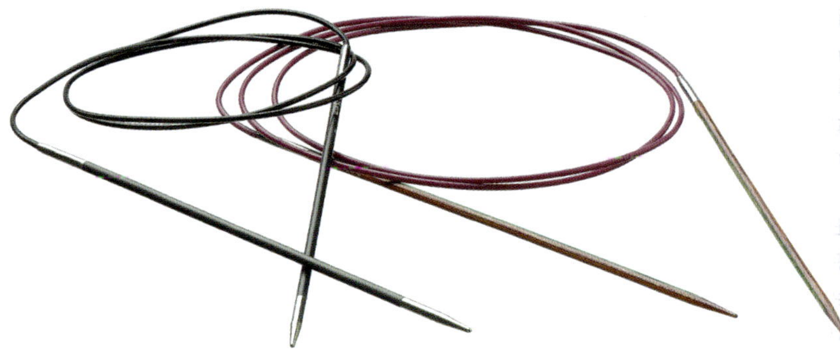

FÜR DAS STRICKEN MIT 2 RUNDSTRICKNADELN sollten diese jeweils 60 cm lang sein. Wird mit 1 Rundstricknadel gearbeitet, ist eine Länge von 100 cm vorteilhaft (siehe auch Seite 94/95).

Nadelform

Nadelspiele und Rundstricknadeln werden seit kurzem neben der klassischen Rundform auch in eckigen Varianten mit quadratischem Querschnitt angeboten. Bei den eckigen Nadeln wird die Stärke in der Diagonale gemessen. Diese Nadeln sind vor allem für diejenigen gedacht, die sehr locker stricken. Die quadratische Form verhindert ein zu festes oder verkrampftes Halten der Nadeln, wodurch das Maschenbild gleichmäßiger ausfällt. Quadratische Nadeln gibt es aus Metall, Aluminium und Holz.

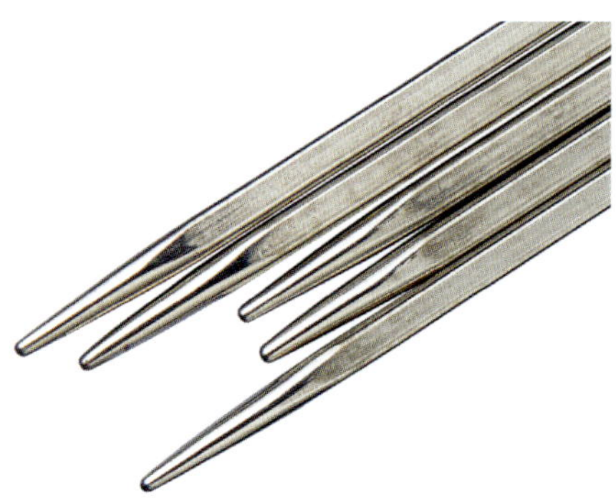

Die richtige Nadelstärke

Im Lauf der Zeit entwickelt jeder seine ganz eigene Art, den Arbeitsfaden beim Stricken zu spannen und die Maschen festzuziehen. Daher können verschiedene Strickerinnen oder Stricker mit der gleichen Nadelstärke ganz unterschiedliche Strickergebnisse erzielen. Gerade bei Socken ist es aber wichtig, die richtige Strickfestigkeit zu erreichen. Arbeitet man sie zu locker, wird das Gestrickte zu weich, die Bündchen leiern aus, die Socken rutschen, werfen Falten im Schuh und das Maschenbild wird ungleichmäßig. Strickt man dagegen zu fest, wird das Gestrickte wenig elastisch, die Socken fühlen sich hart an, spannen am Fuß und zwicken möglicherweise sogar unangenehm. Daher sollte jeder vor dem ersten Paar Socken die für ihn geeignete Nadelstärke ermitteln.

Auf der Garnbanderole finden sich meist mehrere Empfehlungen zur Nadelstärke: die niedrigere Stärke für alle, die relativ locker stricken, die höhere Stärke für diejenigen, die den Faden eher fest spannen. Zu welcher dieser Kategorien man selbst mit der eigenen Strickweise gehört, zeigt die Maschenprobe.

Maschenprobe

Zusätzlich zu den empfohlenen Nadelstärken gibt der Garnhersteller meist auch an, mit wie vielen Maschen und Reihen ein 10 cm x 10 cm großes Strickstück erreicht werden sollte, um die richtige Elastizität und damit letztendlich einen perfekten Sitz der fertigen Socke zu gewährleisten. Nun muss ausprobiert werden, mit welcher Nadelstärke man mit der eigenen Strickart diese Werte erreicht. Sinnvollerweise verwendet man dafür eine der auf der Banderole angegebenen Stärken.

Um eine Nadelstärke auszuprobieren, arbeitet man ein mindestens 12 cm x 12 cm großes Stück glatt rechts in Reihen (siehe Seite 64) – denn Anschlag, Randmaschen und Abkettreihe dürfen später nicht mit ausgemessen werden.

Für 4-fädiges Sockengarn am besten ein Probestück von 38 Maschen und 50 Reihen anfertigen, für 6-fädiges Garn reichen 28 Maschen und 38 Reihen. Die fertige Maschenprobe leicht anfeuchten oder vorsichtig dämpfen und trocknen lassen und dann ausmessen.

BESONDERS WICHTIG ist die Maschenprobe, wenn nicht glatt rechts, sondern ein aufwendiges Muster gestrickt wird. Siehe dazu Seite 246.

Befinden sich nun mehr Maschen und Reihen auf 10 cm, als auf der Banderole angegeben, so wurde zu fest gestrickt und man sollte dickere Nadeln wählen. Sind es dagegen weniger Maschen und Reihen als angegeben, ist das Gestrick zu locker und es empfehlen sich dünnere Nadeln. Nadelspiele sind in Abstufungen von 0,25 mm erhältlich. Manchmal kann es dabei auch notwendig sein, von den auf der Banderole angegebenen Nadelstärken abzuweichen, denn diese stellen nur durchschnittliche Richtwerte dar. Eventuell müssen mehrere Maschenproben angefertigt werden, bis der richtige Wert erreicht ist. Dafür sollte diese Nadelstärke dann auch für alle Sockengarne passen, die als 4- bzw. 6-fädig deklariert sind. Aber Vorsicht: Gelegentlich fallen manche Garne oder sogar nur einzelne Farben mancher Marken leicht dünner oder dicker aus als der Standard. Häufig werden rechte Maschen lockerer oder fester gestrickt als linke Maschen.

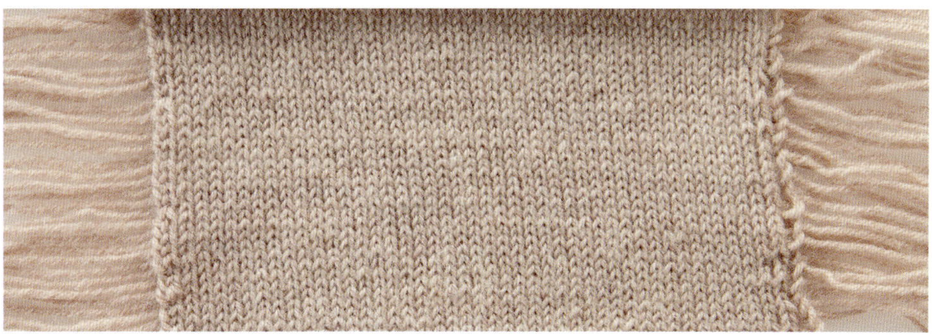

Da man bei Socken glatt rechts in Runden und damit ausschließlich auf der Vorderseite und nur rechte Maschen arbeitet, ist die Maschenprobe von glatt rechts in Reihen Gestricktem unter Umständen nicht 1:1 übertragbar. Wird eine genaue Maschenprobe für Rundgestricktes benötigt, so müsste man eigentlich einen Probeschlauch von mindestens 25-30 cm Umfang, also doppelt gelegt etwa 13-15 cm Breite, stricken. Einfacher und mit weniger Aufwand lässt sich das Probestück aber auch mithilfe einer Rundstricknadel in Reihen herstellen. Dabei werden nur Hinreihen gearbeitet und der Arbeitsfaden am Ende jeder Reihe ca. 15 cm lang abgeschnitten. Um die nächste Hinreihe zu stricken, die Maschen wieder auf die rechte Spitze der Rundstricknadel schieben und den Faden am Reihenanfang neu ansetzen. Eine auf diese Weise nur mit rechten Maschen gearbeitete Maschenprobe entspricht der von glatt rechts in Runden Gestricktem.

Was sonst noch nützt

Eine DICKE STICK- ODER STOPFNADEL OHNE SPITZE dient zum Zusammenziehen der letzten Maschen, ohne dass die Gefahr besteht, mit der Nadel in das Garn einzustechen. Soll die Nadel hin-gegen durch das Garn gestochen werden – etwa zum Vernähen des Endfadens – ist eine DICKE STICK- ODER STOPFNADEL MIT SPITZE von Vorteil.

Eine SCHERE trennt Fäden sauber ab, und ein MASSBAND oder LINEAL lässt die richtige Fußlänge schnell erkennen.

Wer eine große Sammlung an Nadelspielen verschiedener Stärken besitzt, kann ein Nadelmass gut gebrauchen. In diesen praktischen Helfer aus Plastik oder Holz sind Kreise mit exaktem Durchmesser eingefräst. Durch Einstechen mit der Nadel in diese Kreise lässt sich leicht die Nadelstärke ermitteln.

Bei Socken mit eingestrickten Mustern leistet ein MUSTERHALTER gute Dienste. An ihm kann eine Strickschrift gut sichtbar befestigt und jeweils die aktuelle Musterreihe mit einem magnetischen Streifen gekennzeichnet werden.

MASCHENMARKIERER, egal ob aus Kunststoff oder als Perlenhängerchen, helfen, den Überblick über einzelne Musterabschnitte zu behalten oder wichtige Stellen zu markieren. Wenn gerade kein Markierer zur Hand ist, tut es auch eine geknotete Garnschlaufe.

Für den sicheren Transport des Strickzeugs eignen sich NADELHALTER oder Tubes. Diese werden über den Nadeln oder Nadelenden befestigt, sodass die Maschen nicht von den Nadeln rutschen können. In einer kleinen Box oder einem Projektbeutel können neben der Socke auch gleich alle wichtigen Helferchen für unterwegs untergebracht werden.

Auf SOCKENBRETTERN in verschiedenen Größen, auch Sockenspanner genannt, können fertige Modelle gedämpft, aber auch ansprechend fotografiert werden. Man kann sie aus Kunststoff, Holz oder MDF-Platte fertig kaufen oder mit etwas Geschick aus fester Pappe auch selbst herstellen.

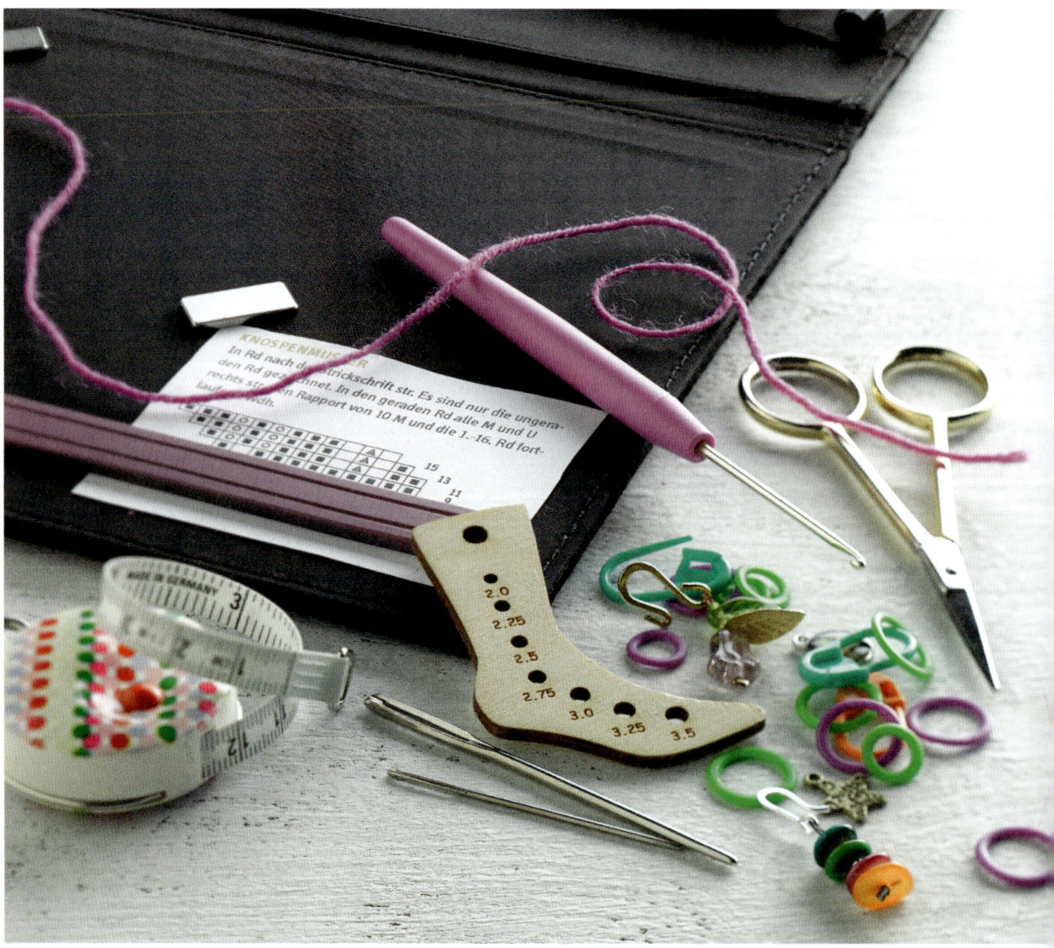

DAS ANGEBOT AN WEITEREN HILFSMITTELN ist sehr groß. Welche davon einem nützlich oder überflüssig erscheinen, muss jeder selbst beurteilen. Wichtig sind beim Stricken vor allem eine gute Beleuchtung, ein gemütlicher Sitzplatz und eine angenehme Atmosphäre.

Sockenbrett zum Selberbauen

Die hier abgebildeten Vorlagen um 100 % bzw. auf 200 % vergrößern und aus fester Pappe ausschneiden oder aus MDF-/Spanplatten aussägen. Darauf achten, dass das fertige Sockenbrett keine scharfen Kanten hat, um die Socke nicht zu beschädigen. Fertig gestrickte Socken können nun auf das Brett aufgezogen und gedämpft werden, um das Maschenbild auszugleichen und Muster besonders schön zur Geltung zu bringen.

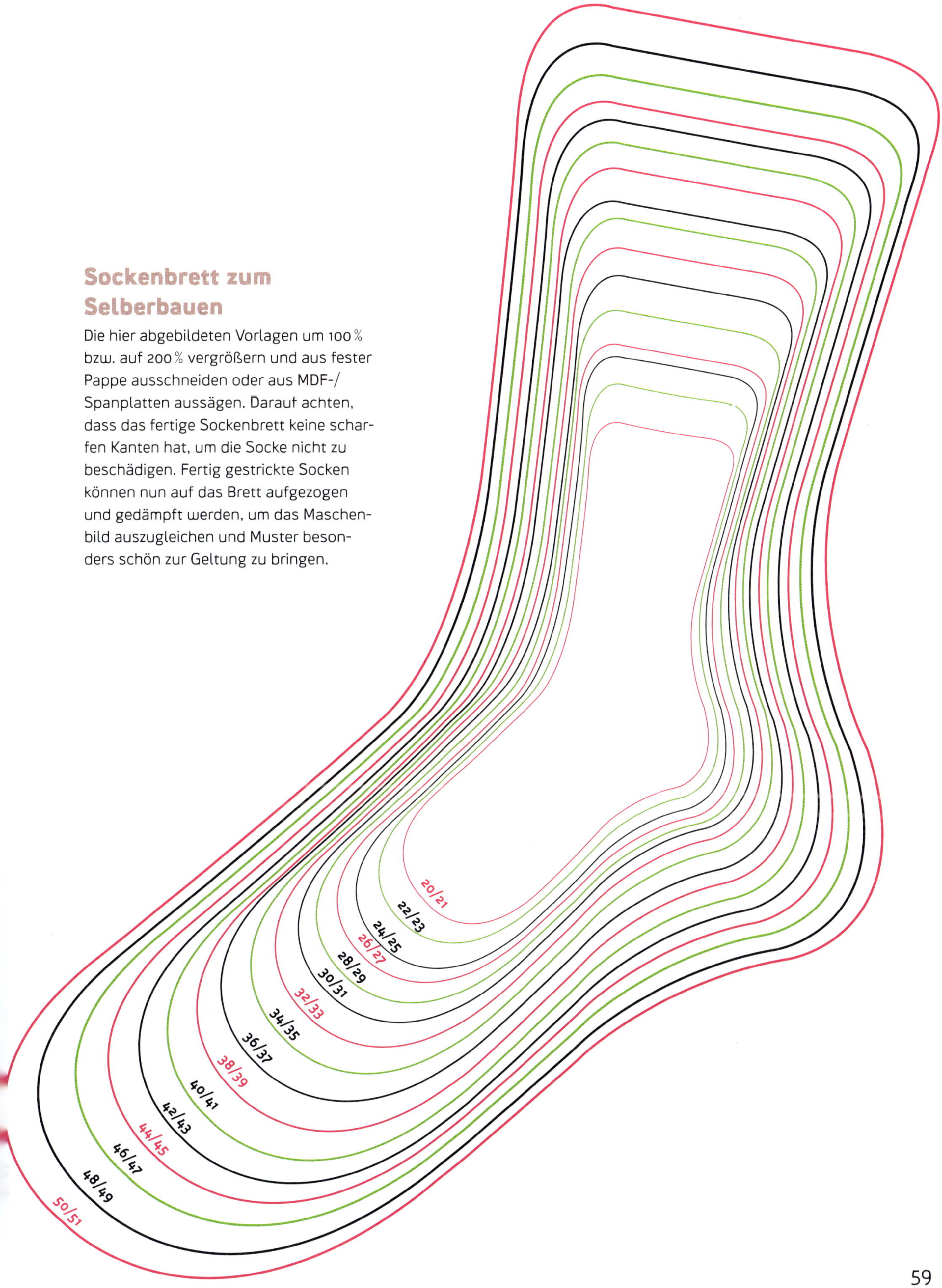

STRICK-BASICS

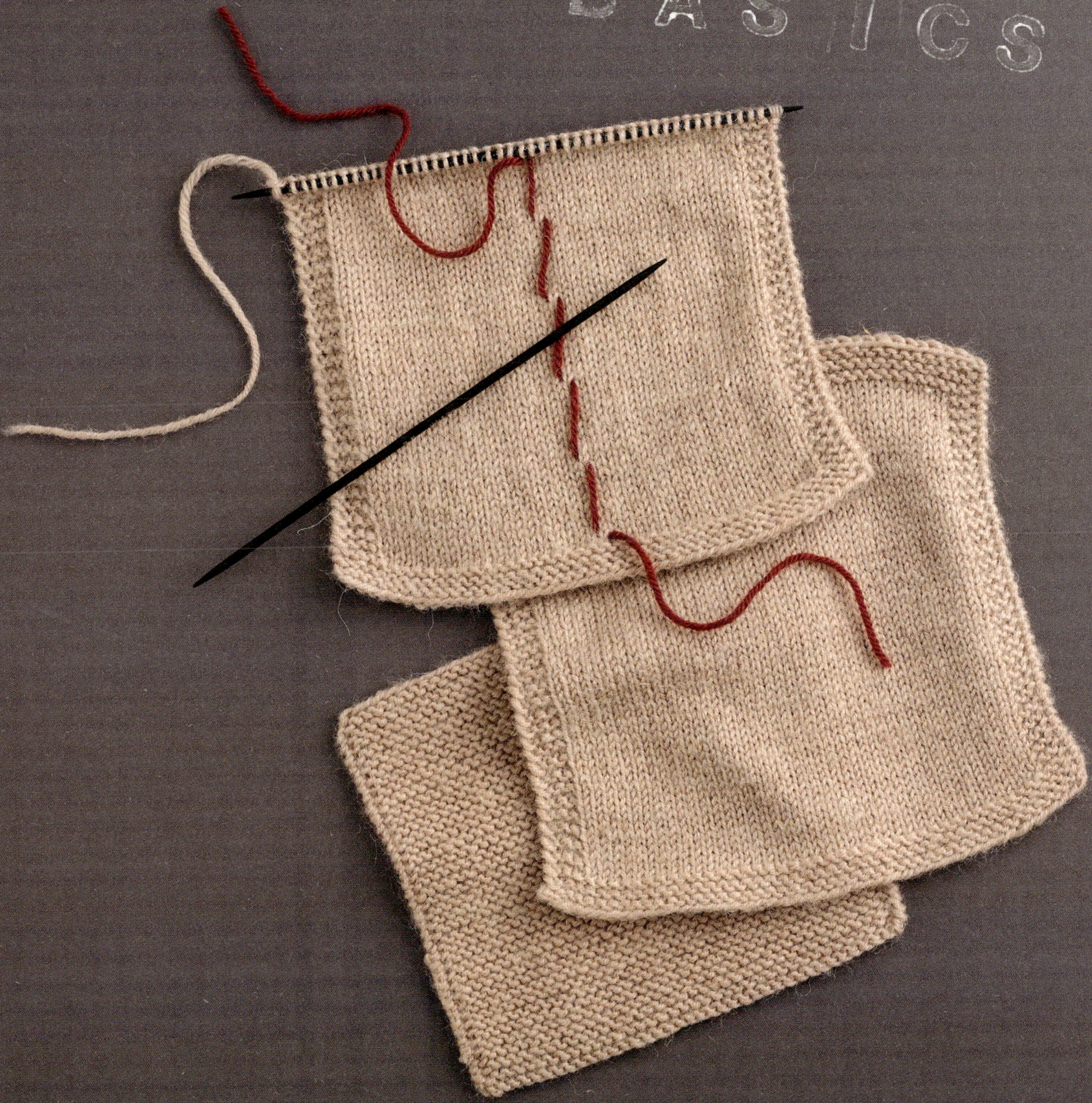

Was braucht man zum Sockenstricken? Eigentlich nur Nadeln und Garn! Inzwischen gibt es auf dem Markt jedoch eine große Fülle an Materialien und Ausführungen. Außerdem kann das eine oder andere praktische Helferlein in manchen Situationen Gold wert sein! Das folgende Kapitel bietet da eine gute Orientierungshilfe.

Maschenarten

Man muss kein Maschenkünstler sein, um Socken stricken zu können. Einige wenige Maschenarten genügen. Mit rechten und linken Maschen können schon viele verschiedene tolle Strukturmuster gearbeitet werden. Siehe dazu auch Seite 246.

Rechte Maschen

Für die in Deutschland am weitesten verbreitete Art, rechte Maschen zu stricken, befindet sich der Arbeitsfaden hinter der Arbeit.

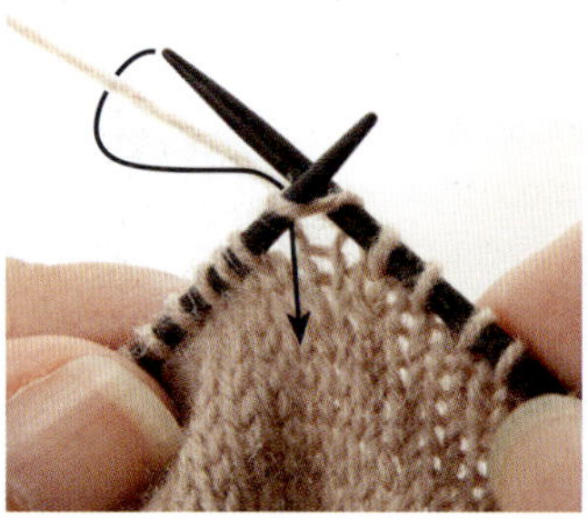

1 Mit der rechten Nadelspitze von vorne links nach rechts so in die nächste Masche der linken Nadel einstechen, dass die Arbeitsnadel hinter der Maschennadel liegt. Die Nadelspitze der rechten Nadel in Pfeilrichtung um den Arbeitsfaden führen.

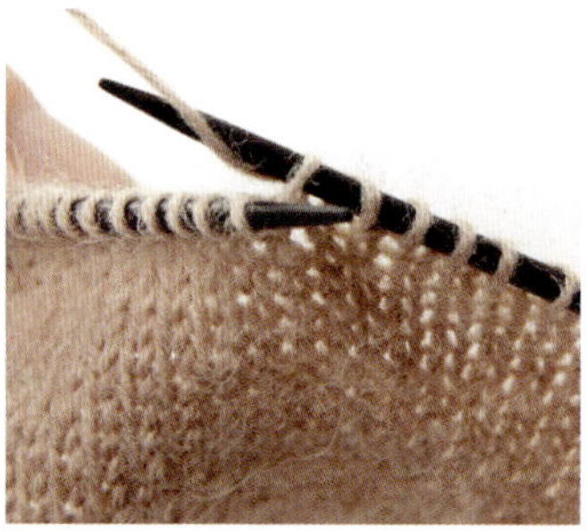

2 Den Faden von links nach rechts zwischen den beiden Nadeln entlangführen.

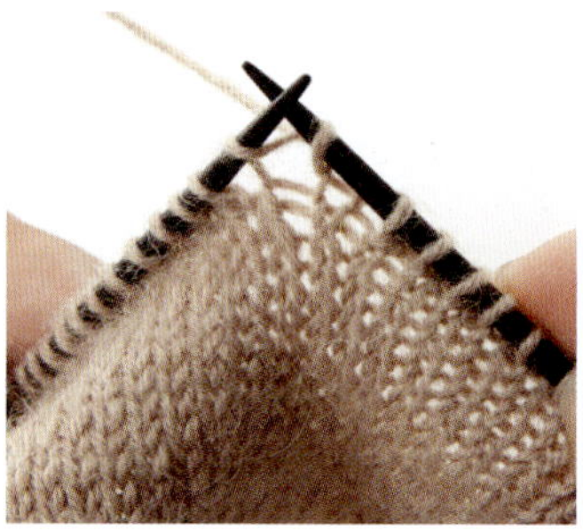

3 Den Faden mit der rechten Nadel durch die Masche der linken Nadel ziehen. Die abgestrickte Masche der Vorrunde von der linken Nadel heben.

Linke Maschen

Um linke Maschen zu stricken, befindet sich der Arbeitsfaden hinter der Arbeit.

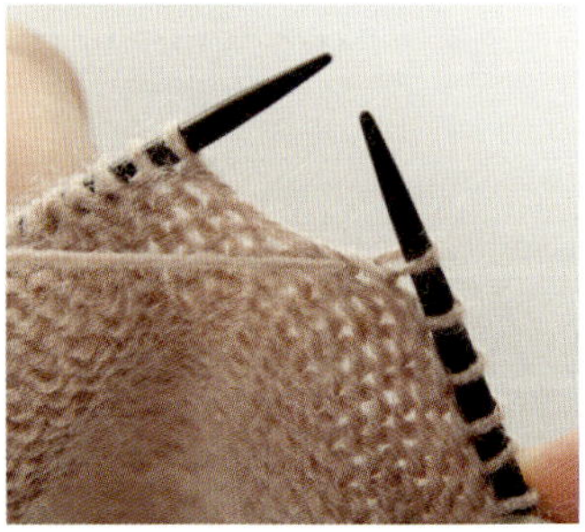

1 Zum Stricken einer linken Masche wird der Arbeitsfaden zunächst zwischen der zuletzt abgestrickten und der als nächstes links zu strickenden Masche nach vorne geholt.

2 Mit der rechten Nadelspitze von rechts nach links so in die nächste Masche der linken Nadel einstechen, dass die Arbeitsnadel vor der Maschennadel liegt. Die Nadelspitze der rechten Nadel in Pfeilrichtung um den Arbeitsfaden führen.

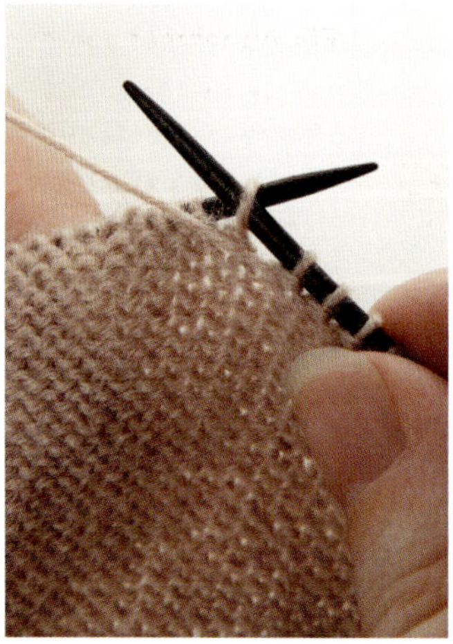

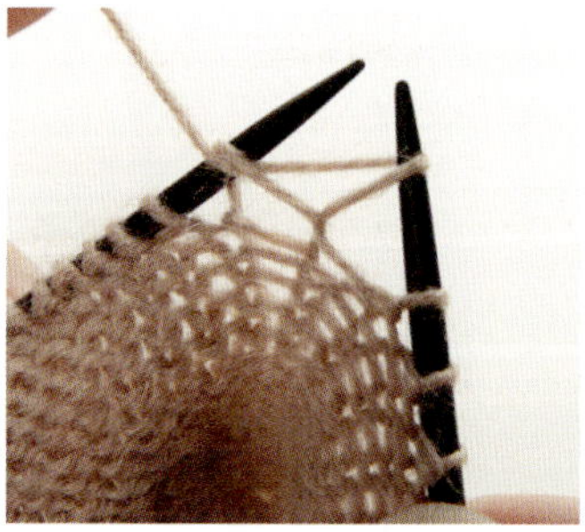

3 Den Faden mit der rechten Nadel durch die Masche der linken Nadel ziehen und die abgestrickte Masche der Vorrunde von der linken Nadel heben.

Rechts verschränkte Maschen

Verschränkte Maschen werden beim Stricken einmal in sich verdreht und treten dadurch stärker hervor als normale Maschen. Um eine rechts verschränkte Masche zu stricken, den Arbeitsfaden hinter die Arbeit bringen.

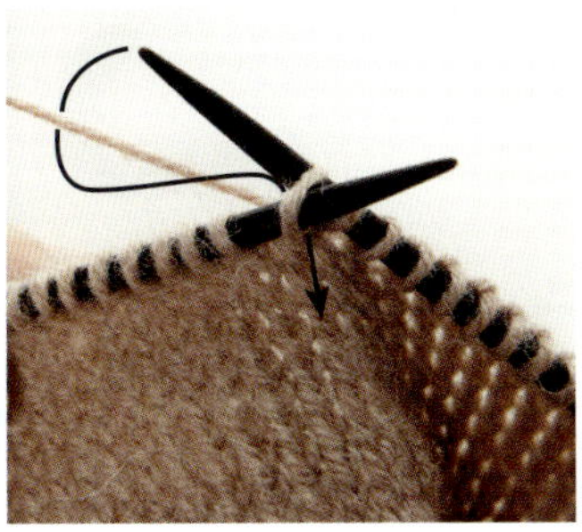

1 Mit der rechten Nadelspitze von hinten rechts so in die nächste Masche einstechen, dass die Arbeitsnadel hinter der Maschennadel liegt.

2 Die Nadelspitze der rechten Nadel in Pfeilrichtung um den Arbeitsfaden führen.

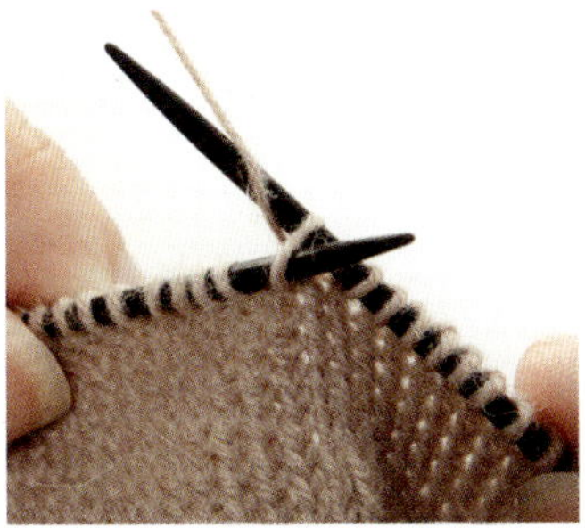

3 Den Arbeitsfaden von links nach rechts zwischen den beiden Nadeln entlangführen, den Faden mit der rechten Nadel durch die Masche ziehen und die Masche der Vorrunde von der linken Nadel heben.

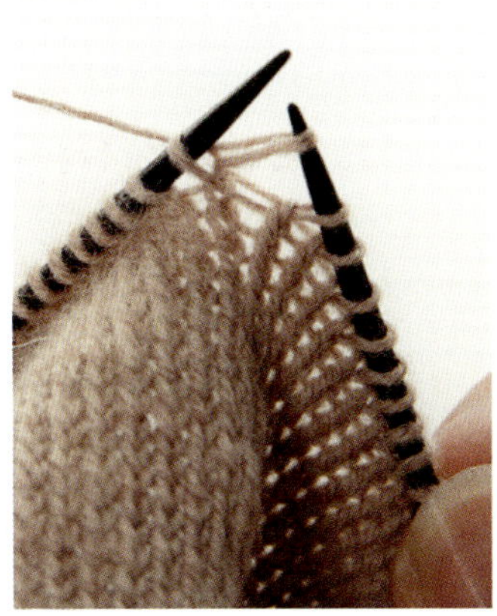

Abgehobene Maschen

Einige Muster oder Bündchenarten erfordern es, Maschen von der linken auf die rechte Nadel zu heben, ohne sie zu stricken. Werden Maschen wie zum Linksstricken abgehoben, ist es meist auch wichtig, ob der Faden dabei vor oder hinter der Arbeit liegt:

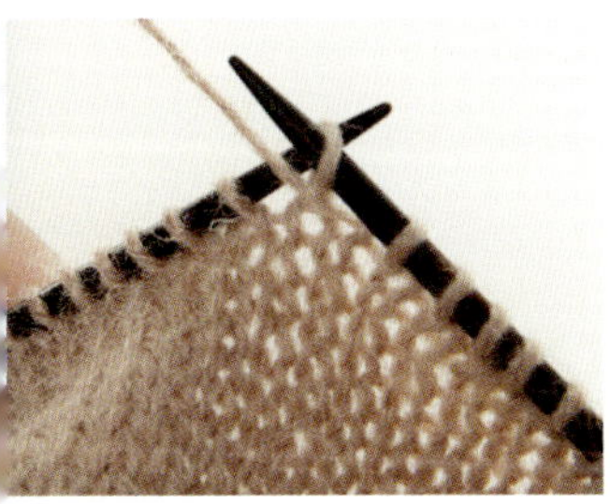

Masche links abgehoben, Faden vor der Arbeit

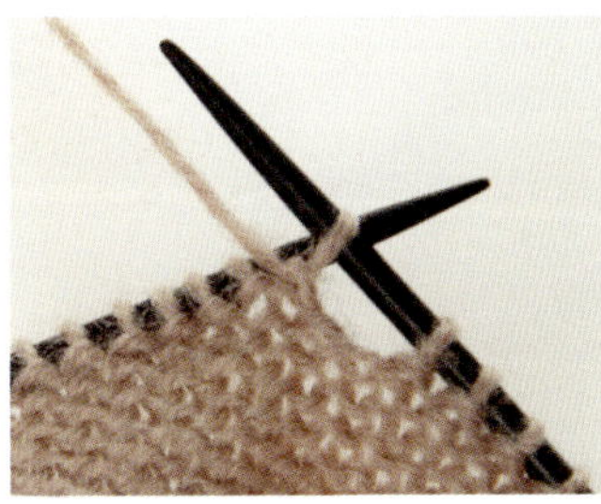

Wird innerhalb einer Reihe gewendet, wird die 1. Masche nach dem Wenden häufig wie zum Linksstricken abgehoben. Der Faden liegt dabei vor der Arbeit und wird nach links gezogen.

Masche links abgehoben, Faden hinter der Arbeit

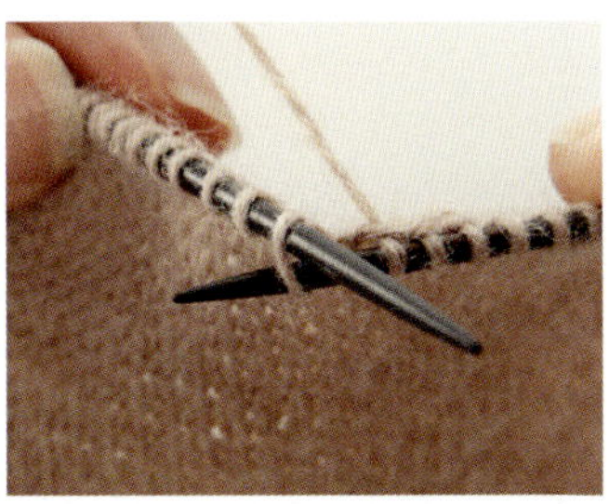

Für Abnahmen werden Maschen meist wie zum Rechtsstricken abgehoben, der Faden liegt dabei hinter der Arbeit.

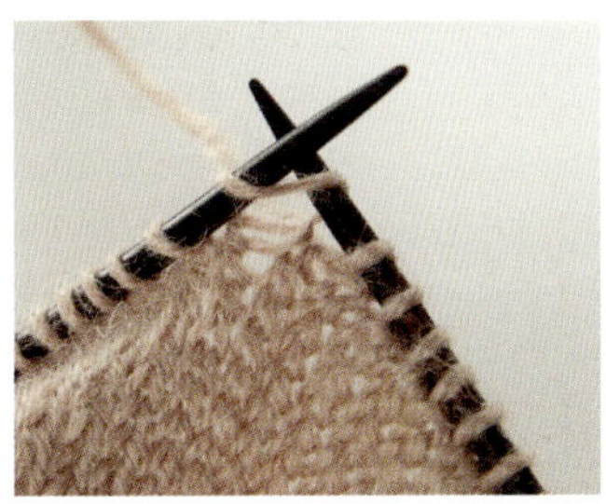

MASCHEN ABHEBEN benötigt man z. B. beim Italienischen Anschlag und für die Abnahmen an Fersen und Spitzen.

Wichtige Grundbegriffe

ARBEITSFADEN = Faden, der zum Knäuel läuft und noch mit diesem verbunden ist

ANSCHLAGSFADEN (auch Daumenfaden genannt) = Fadenende, das am Beginn der Arbeit hängen bleibt

Arbeitsnadel = Rechte, freie Nadel, mit der die Maschen abgestrickt werden

MASCHENNADEL = Linke Nadel, auf der die abzustrickenden Maschen liegen

Typische Strickmuster

Beim Stricken gibt es typische Standardmuster, die in vielen Anleitungen immer wieder vorkommen. Da sie weithin bekannt sind, werden sie häufig nicht weiter erklärt.

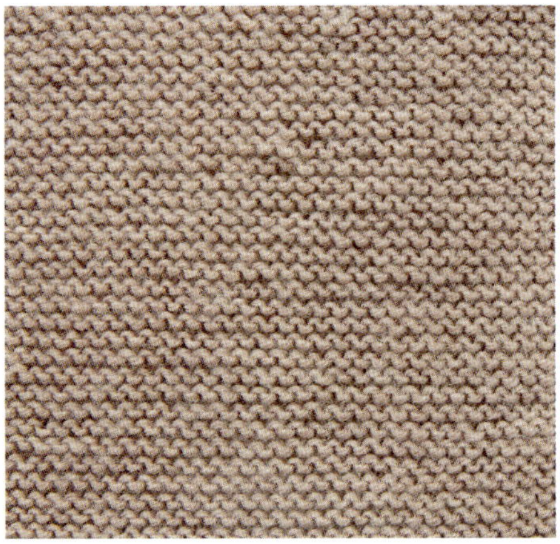

Kraus rechts

In Reihen
In jeder Reihe alle Maschen rechts stricken.

In Runden
1 Runde rechte Maschen und 1 Runde linke Maschen im Wechsel stricken.

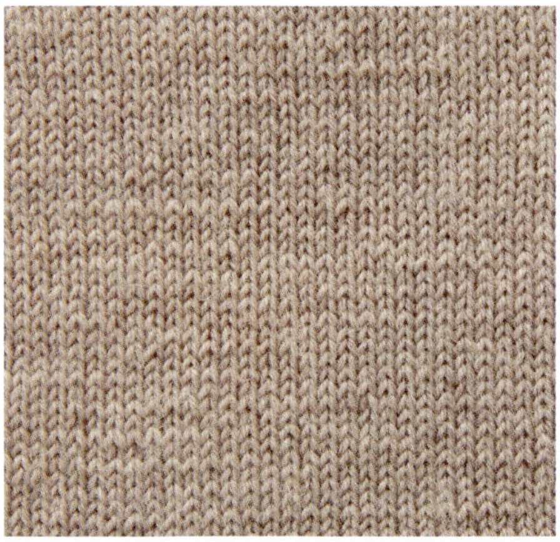

Glatt rechts

In Reihen
In Hinreihen rechte Maschen, in Rückreihen linke Maschen stricken.

In Runden
In jeder Runde alle Maschen rechts stricken.

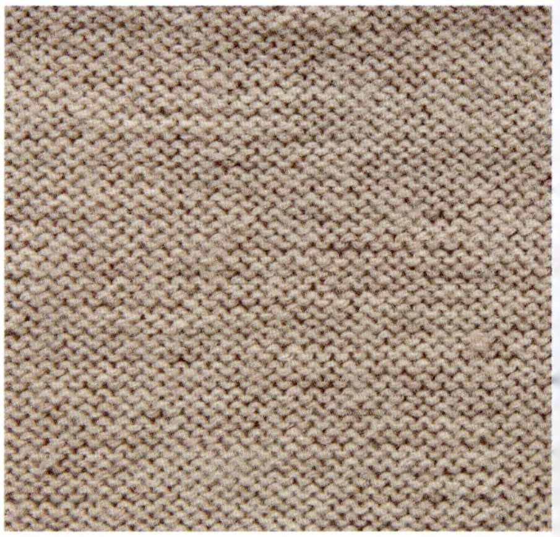

Glatt links

In Reihen
In Hinreihen linke Maschen, in Rückreihen rechte Maschen stricken.

In Runden
In jeder Runde alle Maschen links stricken.

Abkürzungen

Um Platz zu sparen und für bessere Übersichtlichkeit werden in Strickanleitungen häufig wiederkehrende Wörter abgekürzt. Eine Liste der in den Modellen am Ende dieses Buches verwendeten Abkürzungen findet sich hier:

abk = abketten

anschl = anschlagen

arb = arbeiten

Dm = Doppelmasche(n)

Fb = Farbe

Hinr = Hinreihe(n)

LL = Lauflänge

M = Masche(n)

Nd = Nadel(n)

R = Reihe(n)

Rd = Runde(n)

Rdm = Randmasche(n)

Rückr = Rückreihe(n)

str = stricken

U = Umschlag/Umschläge

wdh = wiederholen

Abnahmen

Werden zwei Maschen rechts zusammengestrickt, lässt sich eine Rechtsneigung oder eine Linksneigung im Maschenbild erreichen. Werden diese Abnahmen in mehreren Reihen oder Runden immer wieder übereinander gearbeitet, bilden sich Linien im Maschenbild, die nach links oder rechts verlaufen. Durch die Verwendung unterschiedlicher Abnahmen erhalten viele Fersen und Spitzen ihr charakteristisches Aussehen.

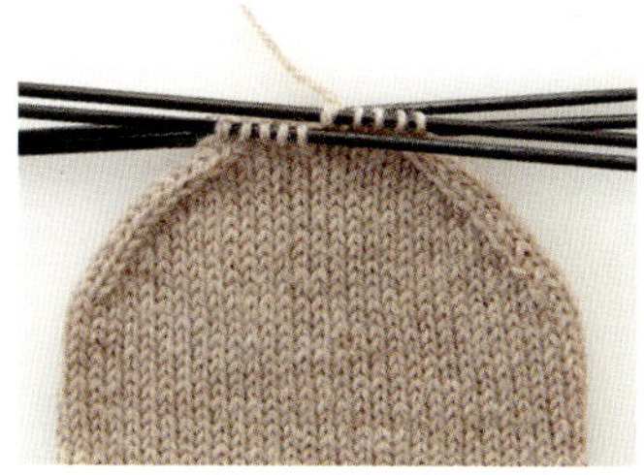

Rechtsgeneigte Abnahme

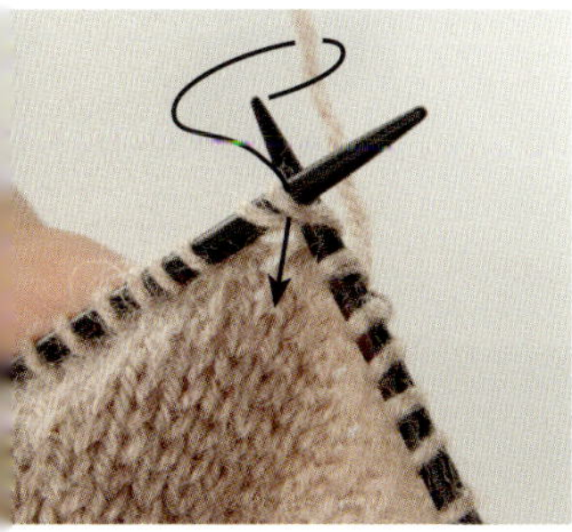

1 Mit der rechten Nadel in beide Maschen zusammen wie in eine Masche zum Rechtsstricken einstechen und die Nadel in Pfeilrichtung um den Faden führen.

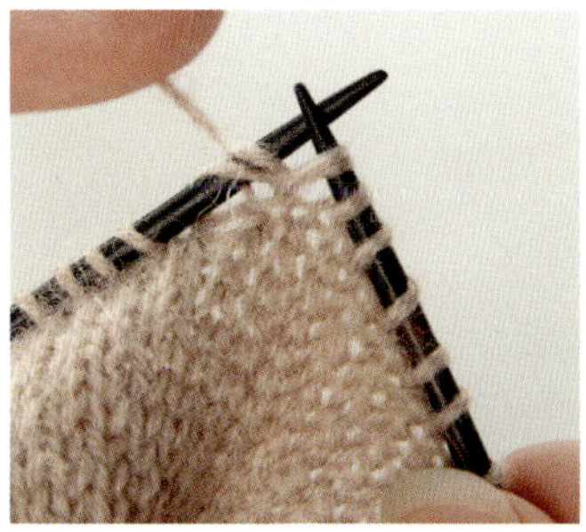

2 Den Faden durch die Maschen ziehen. Beide Maschen wurden zusammen wie 1 Masche rechts gestrickt.

Linksgeneigte Abnahme

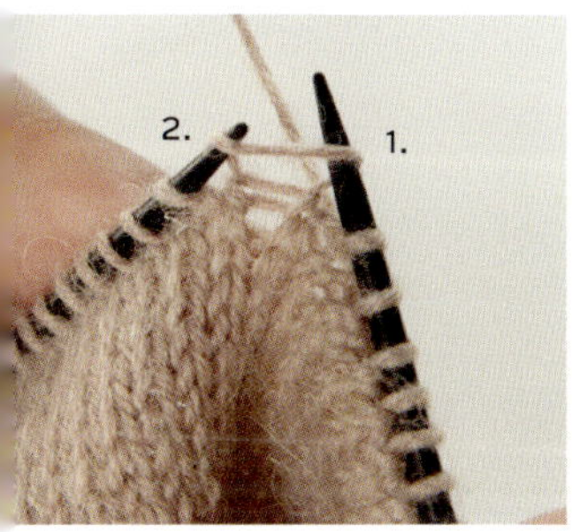

1 Die 1. Masche wie zum Rechtsstricken abheben.

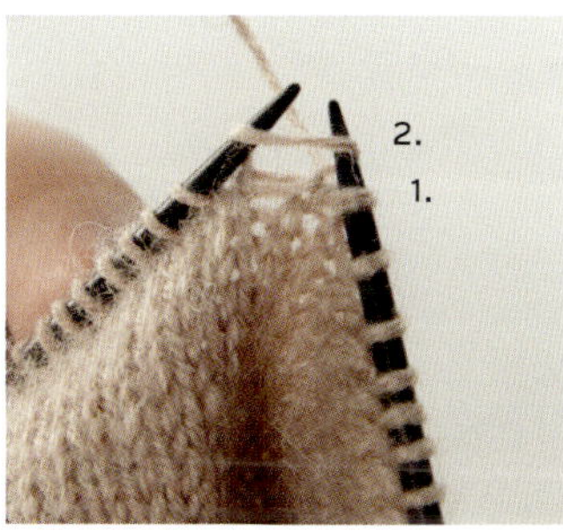

2 Die 2. Masche wie zum Rechtsstricken abheben.

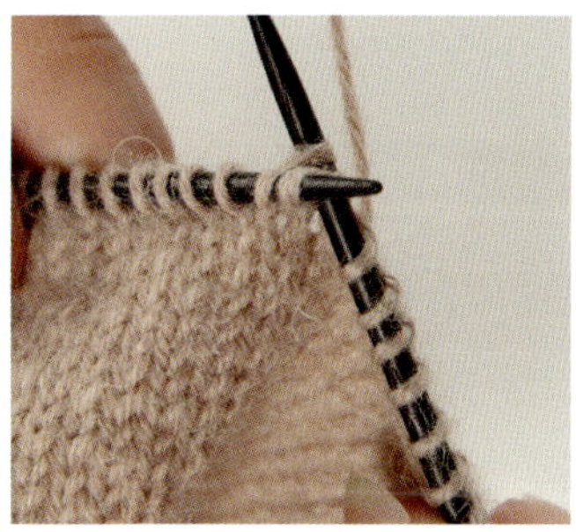

3 Mit der linken Nadel von hinten links nach rechts wieder in beide Maschen einstechen.

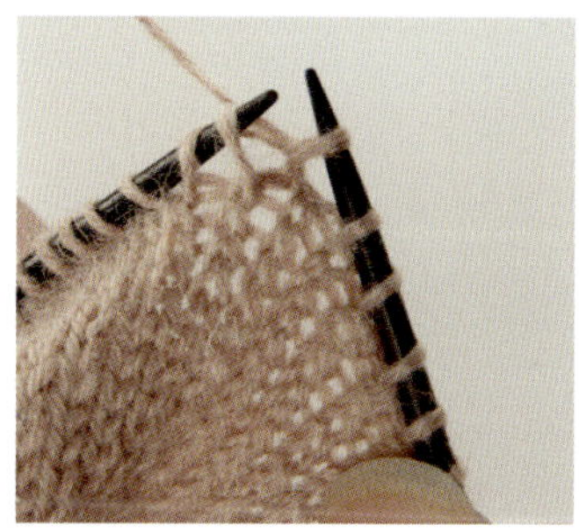

4 Den Faden mit der rechten Nadel durch die Maschen ziehen. Beide Maschen wurden zusammen wie 1 Masche rechts gestrickt.

IN VIELEN ÖSTLICHEN LÄNDERN wird der Arbeitsfaden beim Stricken traditionell in anderer Richtung um die Nadel gelegt. Die neuen Maschen erscheinen gedreht auf der Nadel und ein gemeinsames Abstricken zweier Maschen ergibt anders als oben gezeigt eine Linksneigung. Eine Rechtsneigung erreicht man dann durch zweimaliges Abheben und Zusammenstricken.

IN DEN FOLGENDEN ANLEITUNGEN wird die rechtsgeneigte Abnahmemasche als „zwei Maschen rechts zusammenstricken“, die linksgeneigte Abnahmemasche als „zwei Maschen abheben und rechts zusammenstricken“ beschrieben. Ein Zusatz (Rechts- oder Linksneigung) erinnert Strickerinnen, die nach östlicher Art stricken, daran, die Arbeitsweisen umgekehrt auszuführen.

LINKSGENEIGTE ABNAHMEN werden häufig auch durch Überziehen einer ungestrickten Masche oder verschränktes Abstricken gearbeitet. Diese Methoden erzeugen jedoch Treppchen oder ungleich große Maschen in den Abnahmelinien.

Maschenmarkierer

Als Maschenmarkierer bezeichnet man kleine Ringe, Häkchen oder Ösen, mit denen sich Maschen, Maschengruppen oder auch der Rundenbeginn kennzeichnen lassen.

Rundenmarkierung

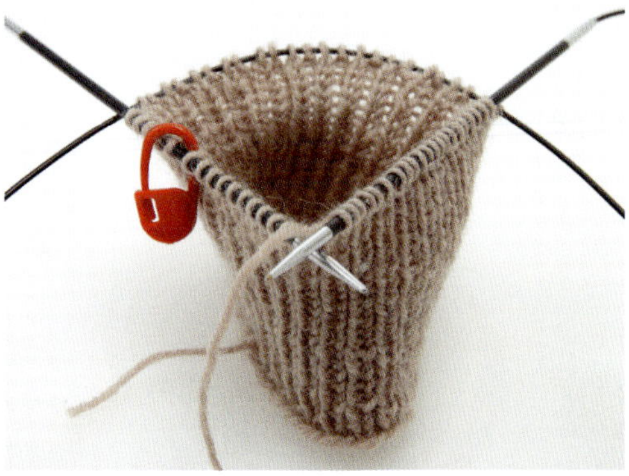

Da beim Stricken auf der RUNDSTRICKNADEL nicht wie beim Nadelspiel die Nadelübergänge zur Bestimmung des Rundenübergangs herangezogen werden können, sollte dieser zusätzlich markiert werden. Dazu wird zunächst die letzte Masche einer Runde abgestrickt, der Arbeitsfaden hinter die Arbeit gehoben und ein geschlossener Markierer auf die rechte Nadel gehängt. Den Arbeitsfaden hinter dem Markierer entlangführen und mit der 1. Masche der nächsten Runde weiterstricken. Erreicht man nach einer ganzen Runde wieder die Position, an der der Markierer nun auf der linken Nadelspitze hängt, hebt man ihn mit der rechten Nadelspitze ab, führt den Arbeitsfaden dabei wie zuvor hinter der Arbeit entlang und kann so eine weitere Runde beginnen. Auf diese Weise wird der Markierer nicht in die Maschen eingestrickt!

IST GERADE KEIN MASCHENMARKIERER ZUR HAND, leisten auch eine geknotete Garnschlaufe oder eine Büroklammer gute Dienste.

VOR ALLEM IM INTERNET werden wunderschöne, handgefertigte Maschenmarkierer angeboten.

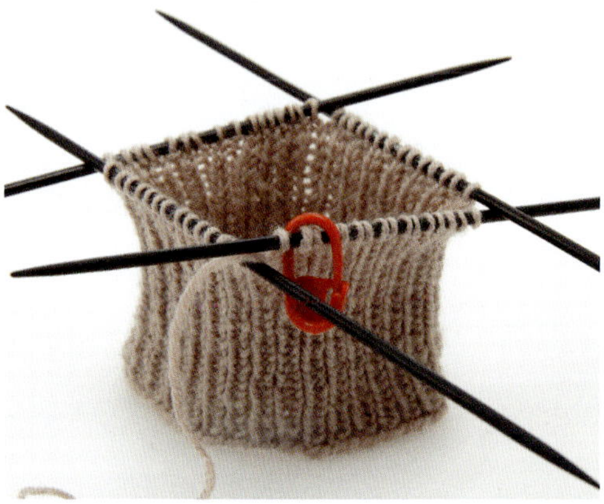

Möchte man den Rundenübergang auf einem Nadelspiel markieren, lässt sich die oben beschriebene Methode nicht einfach übertragen. Da die Spielnadeln untereinander nicht verbunden sind, würde der Markierer beim Stricken einfach vom Ende einer Spielnadel herunterrutschen. Um den Markierer auf der letzten Spielnadel zu halten, kann man ihn zwischen den letzten beiden Maschen platzieren, also nach dem Abstricken der vorletzten und vor dem Abstricken der letzten Masche einer Runde.

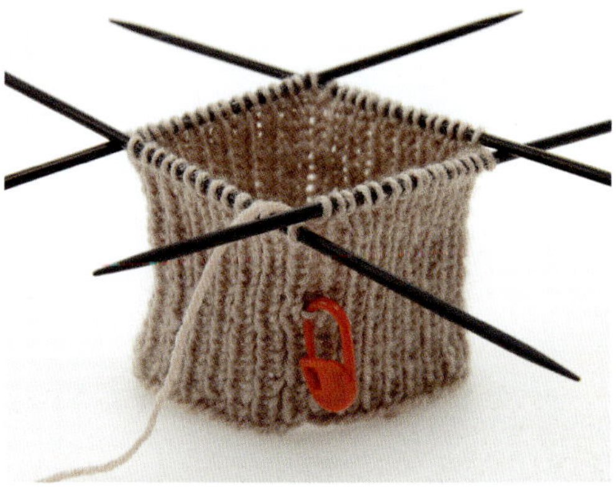

Anstatt einen geschlossenen Markierer auf die Nadel zu hängen ist es auch möglich, ein Häkchen oder einen Markierer mit Öse in den Maschenschenkel der letzten Masche einzuhaken. Dieser Markierer muss nicht unbedingt nach jeder Runde entfernt und neu in die Masche darüber eingehakt werden. Man kann sich durchaus über bis zu 5 Runden gut an einer weiter unten markierten Masche orientieren und holt den Markierer erst dann in die aktuelle Runde nach oben. Der weit verbreitete Tipp, einen Markierer zur Rundenkennzeichnung in den Spannfaden zwischen letzter Rundenmasche und erster Masche der neuen Runde einzuhaken, birgt die Gefahr, dass durch das Gewicht des Markierers ein Gässchen am Nadelübergang noch deutlicher hervortritt.

Markierung von Abnahmestellen

Besonders hilfreich sind geschlossene Maschenmarkierer, um die Position von Abnahmen zu kennzeichnen, wenn diese in Reihen oder Runden übereinander gearbeitet werden sollen. Sehr viel häufiger als in Deutschland werden Maschenmarkierer in den USA verwendet und entsprechend selbstverständlich in Strickanleitungen eingesetzt. Aber auch hierzulande erfreut sich der Einsatz dieser kleinen Helferlein immer größerer Beliebtheit, insbesondere dann, wenn etwa Musterstreifen diagonal verlaufen oder wenn der Linienverlauf, der sich durch übereinander gearbeitete Zu- oder Abnahmen ergibt, als optischer Akzent hervorgehoben werden soll.

Je nach Positionierung des Markierers erhält man sogar unterschiedliche grafische Erscheinungen der Abnahmelinien. Da bei Abnahmen Maschen wegfallen, ist die Verwendung der Maschenmarkierer hier etwas kniffliger als bei der Rundenmarkierung.

Positioniert man einen Markierer jeweils VOR EINER RECHTSGENEIGTEN ABNAHME und arbeitet diese in jeder 2. oder 3. Runde übereinander, erscheint im Maschenbild eine senkrechte Linie aus einer einzelnen Maschensäule. Die Beschreibung in der Strickanleitung lautet z. B.: ... bis zum Maschenmarkierer rechts str, den Maschenmarkierer abheben, 2 M rechts zusammenstr, alle weiteren M rechts str ...

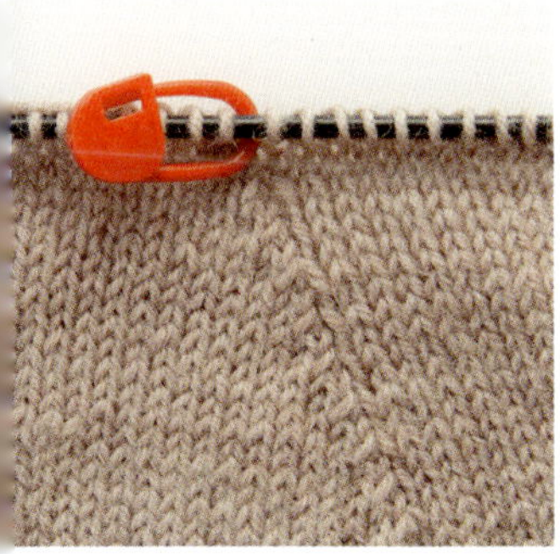

Arbeitet man dagegen eine RECHTSGENEIGTE ABNAHME JEWEILS VOR DEM MARKIERER, erhält man eine nach rechts geneigte Linie aus Abnahmemaschen. Die Beschreibung in der Strickanleitung lautet z. B.: ... bis 2 M vor dem Maschenmarkierer rechts str, 2 M rechts zusammenstr, den Maschenmarkierer abheben, alle weiteren M rechts str ...

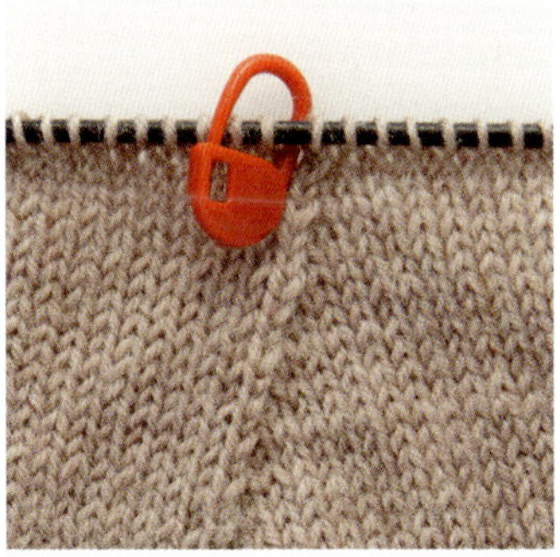

Bei LINKSGENEIGTEN ABNAHMEN ergeben sich die Linien genau anders herum:

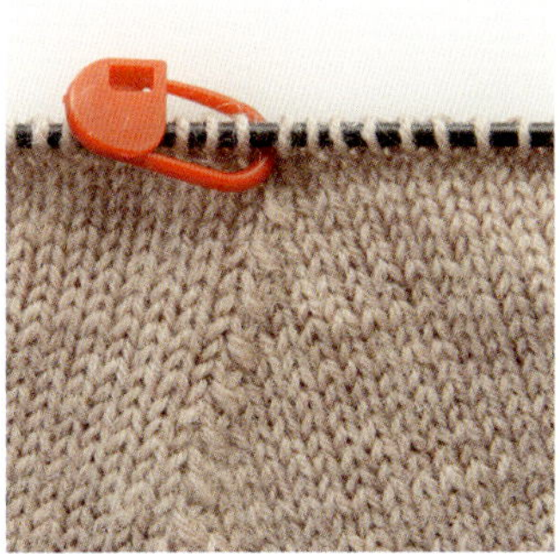

Für einen senkrechten Linienverlauf aus einer einzelnen Maschensäule positioniert man den MASCHENMARKIERER JEWEILS HINTER DER LINKSGENEIGTEN ABNAHME. Die Beschreibung in der Strickanleitung lautet z. B.: ... bis 2 M vor dem Maschenmarkierer rechts str, 2 M abgehoben rechts zusammenstr, den Maschenmarkierer abheben, alle weiteren M rechts str ...

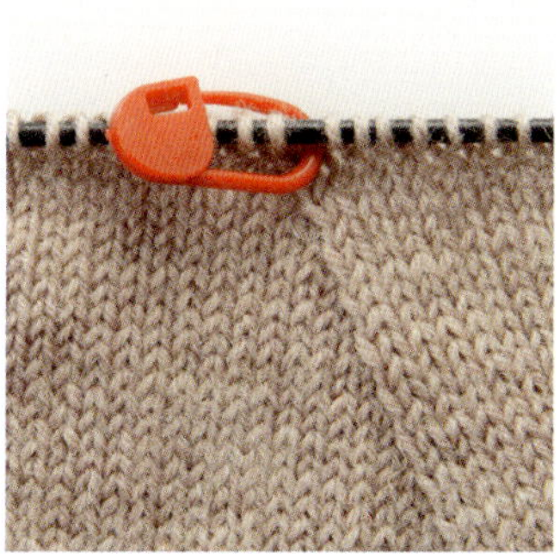

Arbeitet man jeweils die LINKSGENEIGTE ABNAHME NACH DEM MASCHENMARKIERER, erscheint eine nach links geneigte Linie aus Abnahmemaschen. Die Beschreibung in der Strickanleitung lautet z. B.: ... bis zum Maschenmarkierer rechts str, den Maschenmarkierer abheben, 2 M abgehoben rechts zusammenstr, alle weiteren M rechts str ...

EXPERIMENTIERT MAN mit verschiedenen Abnahmen z. B. beim Spickel, ergeben sich interessante Effekte. Siehe auch Seite 216-219.

Nützliche Tipps und Techniken

Die folgenden Seiten bieten eine Sammlung verschiedener Tipps und Techniken, die selbst gestrickten Socken den letzten Schliff geben oder aber typische Probleme leicht vermeiden helfen.

Russischer Fadenansatz

Stößt man auf einen hässlichen Knoten im Garn, empfiehlt es sich, ihn herauszuschneiden und das Garn neu anzusetzen. Auch wenn Reste eines ganz besonderen Garns aufgearbeitet werden sollen, stellt sich die Frage, wie ein schöner Übergang zum nächsten Garn erreicht werden kann. Die einfachste Lösung ist es, die Enden beider Fäden etwa 15-20 cm lang auf der Rückseite hängen zu lassen und am Ende zu vernähen. Häufig gerät die Naht aber nicht so gleichmäßig wie das Maschenbild und der Ansatz bleibt sichtbar. Eine elegante Lösung bietet der „russische" Fadenansatz, auch „russian join" genannt.

DER RUSSISCHE FADENANSATZ eignet sich nur für relativ dünne Garne, da sich sonst unschöne Verdickungen bilden.

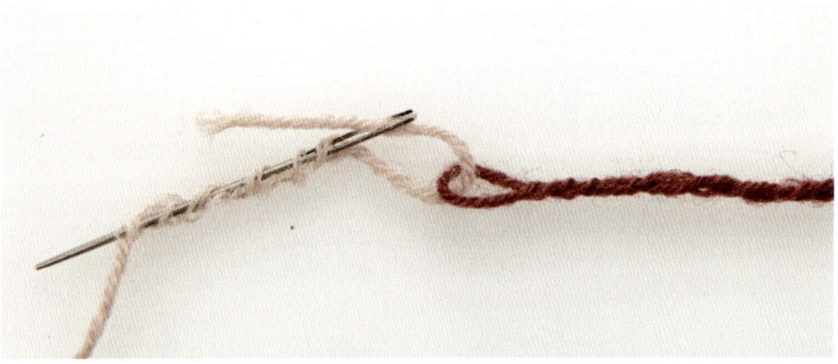

1 Dazu das Fadenende auf eine Stopfnadel ziehen und mit der Nadel in ca. 5 cm Entfernung vom Nadelkopf spiralförmig mehrmals durch den Faden nähen, sodass sich eine Schlaufe bildet. Durch diese Schlaufe das neue Garn fädeln, es ebenfalls auf die Stopfnadel ziehen und wiederum spiralförmig in ca. 5 cm Entfernung durch den Faden des neuen Garns nähen.

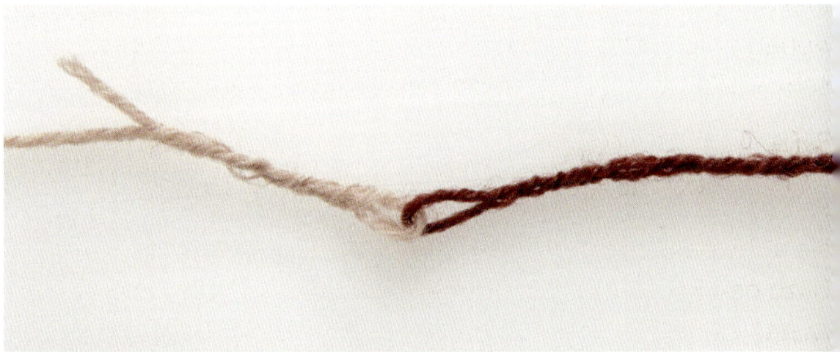

2 Beide Fadenenden gut anziehen und überstehende Enden kürzen.

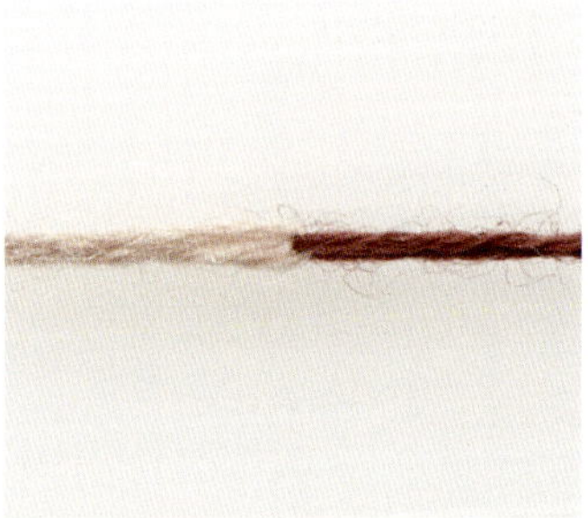

3 Mit diesem angesetzten Faden nun ganz normal weiterstricken.

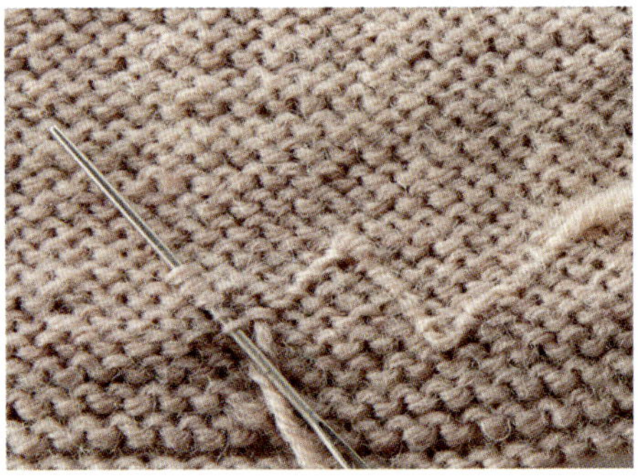

Faden vernähen

Alle Fadenenden einer Socke sollten gut, aber elastisch vernäht werden. Das gelingt am besten diagonal zum Maschenverlauf. Um am Ende der Strickarbeit ein sehr gleichmäßiges Maschenbild zu erhalten, die fertige Socke mit Wasser feucht einsprühen oder vorsichtig dämpfen. Leicht durchkneten und trocknen lassen.

Maschenstich oder Stricknaht

Der Maschenstich, auch Stricknaht genannt, verbindet zwei Strickstücke mit einer Naht, die sich perfekt ins Maschenbild einpasst. Mit einer stumpfen Stopfnadel werden dazu die offenen Maschen beider Teile so zusammengefügt, dass eine neue Maschenreihe entsteht. Jede Masche muss dabei zweimal abgenäht werden. Der Maschenstich ist auch aus dem nachträglichen Besticken von Gestricktem bekannt.

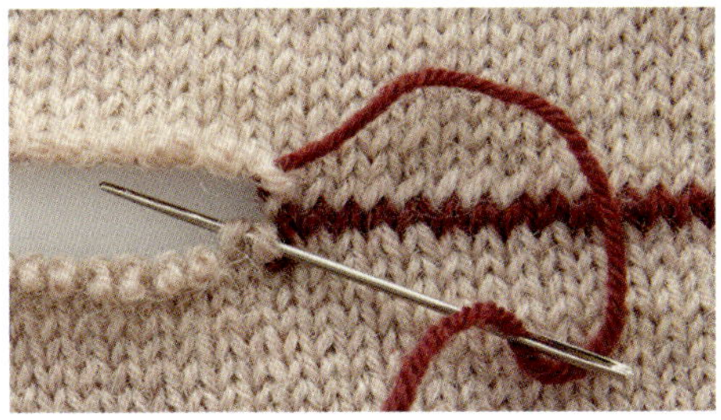

Maschenstich an offenen Maschen

NORMALERWEISE wird Gestricktes zum Schließen im Maschenstich flach auf dem Tisch ausgebreitet. So behält jede Masche ihre Spannung und gefürchtete Laufmaschen werden vermieden.

Das Freilegen von noch ungestrickten Maschen in Spitzen und Fersen ist recht heikel. Durch die Wölbung stehen die seitlichen Maschen unter stärkerer Spannung und drohen sich schneller zu lösen. Ist das einmal passiert, macht es das Strickbild der letzten Abnahmerunden auch noch recht kompliziert, die verlorene Masche vielleicht sogar über mehrere Runden wieder hochzustricken.

Viel sicherer und bequemer ist es daher, die letzten Spitzen- und Fersenmaschen auf 2 parallel liegende Nadeln zu verteilen und sie auf eine Art abzunähen, die sich an das Stricken anlehnt. Dazu den Faden in einer guten Arbeitslänge abschneiden, im Allgemeinen reichen 50 cm gut aus, und auf eine stumpfe Stopfnadel ziehen.

Die erste Masche vorbereiten:

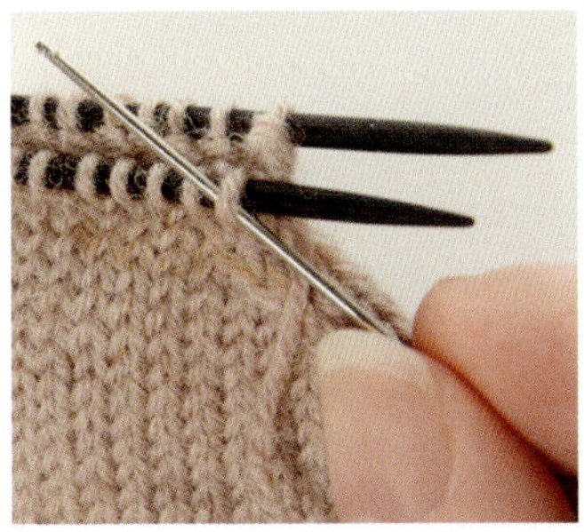

1 Die erste vordere Masche wie zum Linksstricken abnähen, Masche auf der Nadel lassen.

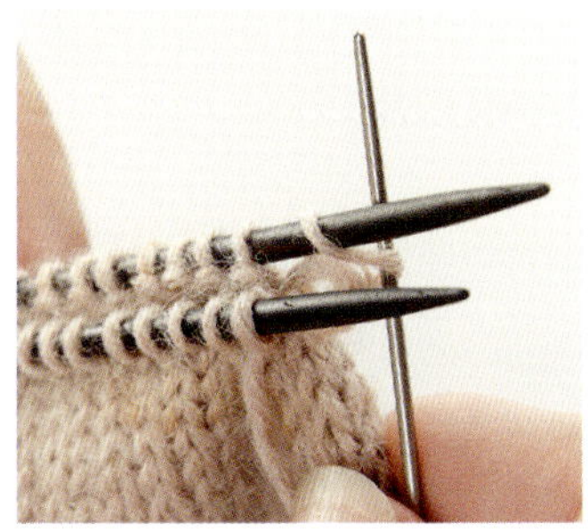

2 Die erste hintere Masche wie zum Rechtsstricken abnähen, Masche auf der Nadel lassen.

Nun die Maschen im Maschenstich abnähen:

1 Vorne wie zum Rechtsstricken abnähen, Masche abheben (= rechts ab).

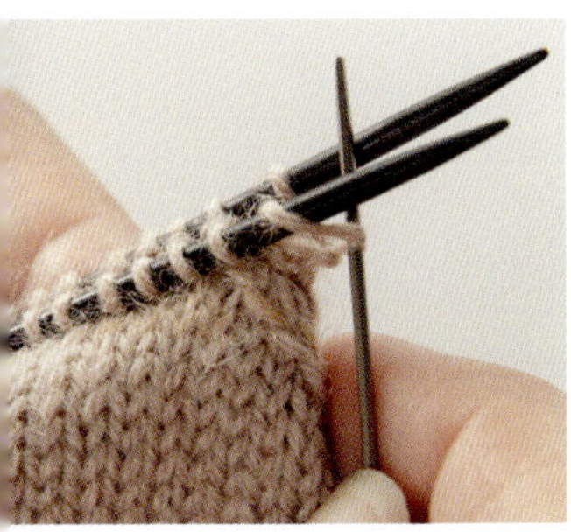

2 Vorne wie zum Linksstricken abnähen, Masche auf der Nadel lassen (= links).

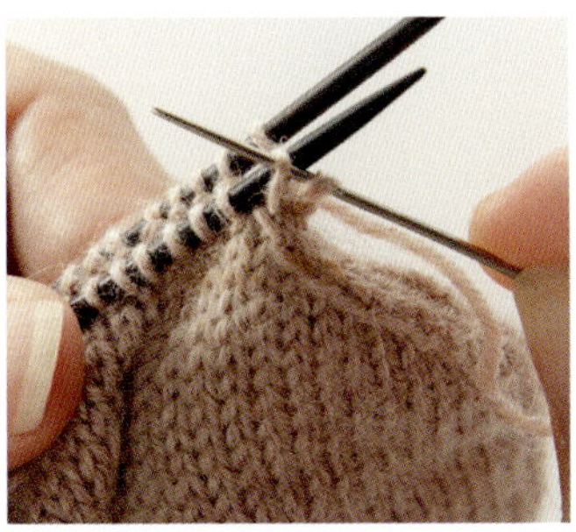

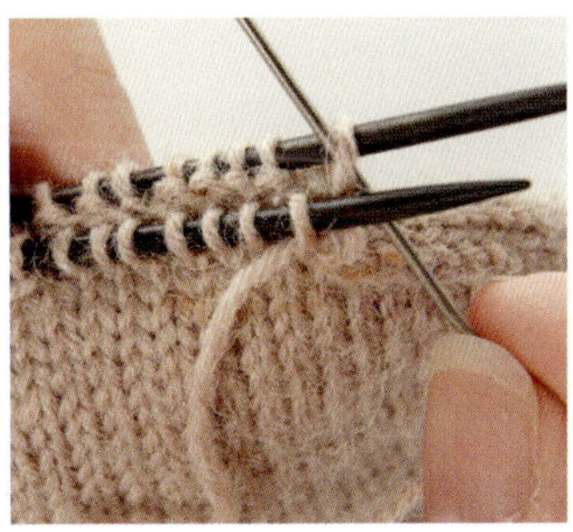

3 Hinten wie zum Linksstricken abnähen, Masche abheben (= links ab).

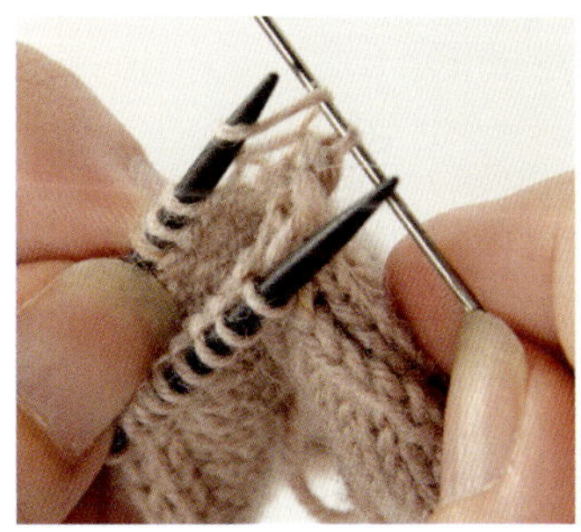

4 Hinten wie zum Rechtsstricken abnähen, Masche auf der Nadel lassen (= rechts).

Den Faden nach jedem Schritt ein wenig anziehen. Den Arbeitsfaden immer rechts unter den Stricknadeln halten. Die Schritte 1 bis 4 so lange wiederholen, bis alle Maschen vernäht sind. Die letzten beiden Maschen jeweils ohne Folgemasche arbeiten.

Maschenstich-Mantra

vorne rechts ab, links – hinten links ab, rechts

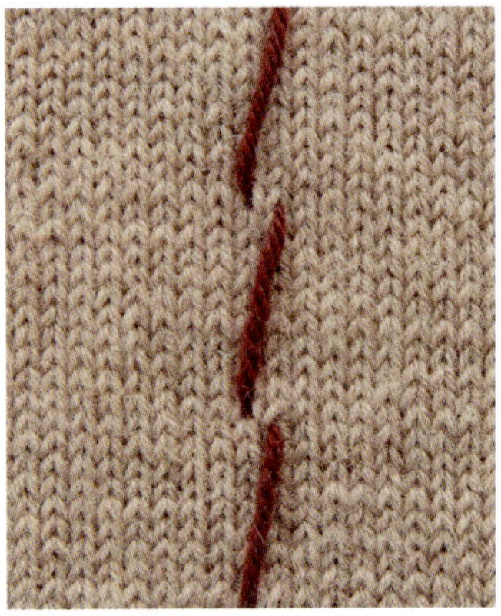

Der Zählfaden

Damit beide Socken am Ende gleich lang sind, ist ein kontrastfarbener Faden als Zählfaden hilfreich. Dieser ist vor allem dann nötig, wenn einfarbig gestrickt wird und markante Muster oder Streifen zur Orientierung fehlen. Will man nicht ständig nachzählen, wie viele Runden bereits gestrickt wurden, ist der Zählfaden eine gute Alternative. Er sollte ca. 20 cm lang sein und am besten gleich nach der 10. Runde zum Einsatz kommen. Der Faden wird locker vor der 1. Masche der 1. Nadel nach hinten gelegt, die Masche dann abgestrickt, der Faden wieder nach vorne geholt und hängen gelassen. Auf diese Weise markiert er gleichzeitig den Rundenbeginn. Nach weiteren 10 Runden den Faden erneut um die 1. Masche legen und so fortfahren, bis die gewünschte Höhe erreicht ist. Der Faden kann je nach Muster auch alle 5 Runden um die Masche gelegt werden.

Transport des Nadelspiels

Wer seine Strickarbeit für unterwegs vorbereiten oder nach dem Weglegen keine böse Überraschung erleben möchte, wickelt den Arbeitsfaden einige Male um das eine, einige Male um das andere Ende, oder in Achten abwechselnd um beide Enden und hält so das Nadelspiel samt freier Arbeitsnadel zusammen. Zwei dünne Haargummis oder zwei günstige Pipettenhütchen aus der Apotheke leisten ebenso gute Dienste.

Wem das zu kompliziert ist, der kann Nadelspielhalter verwenden, die es in unterschiedlichen Ausführungen im Handel gibt. Sie werden bei allen vier bzw. fünf Nadeln gleichzeitig von beiden Seiten aufgesetzt und halten das Spiel fest zusammen, sodass keine Maschen verloren gehen können.

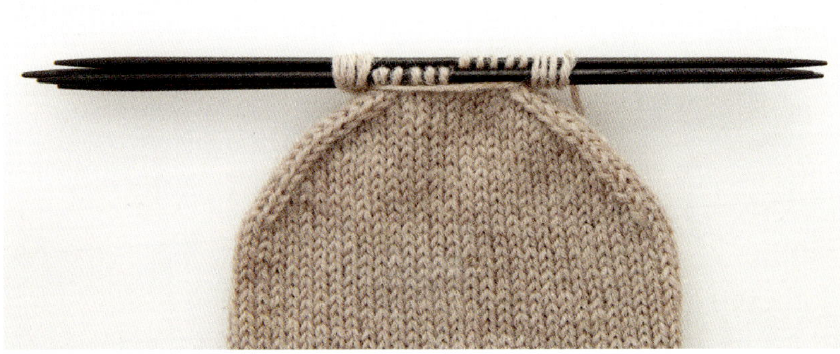

Eine weitere Möglichkeit der Sicherung bieten Nadelköcher, auch Tubes genannt. Sie umschließen das gesamte Nadelspiel, lassen unten jedoch eine Öffnung für die angestrickte Socke frei. So können die Maschen beim Transport nicht von den Nadeln rutschen, und auch die Bruchgefahr bei Holz- und Bambusnadeln verringert sich. Angeboten werden sie als Röhrchen aus fester Pappe. Einige Manufakturen stellen auch wunderschöne Köcher aus edlen Hölzern mit Schraub- oder Klemmverschluss her, die neben dem praktischen Nutzen auch einfach schön anzusehen sind und angenehm in der Hand liegen.

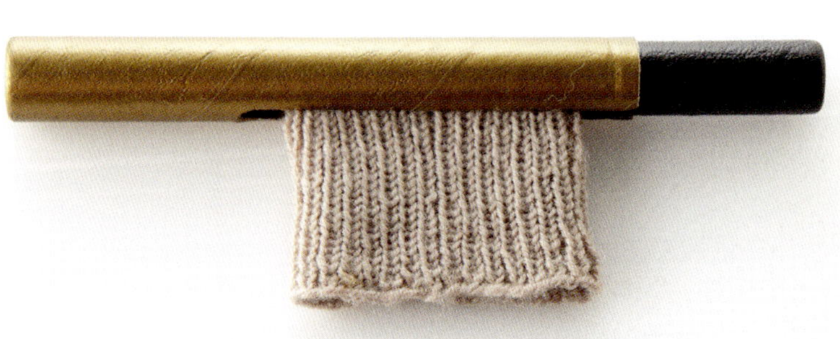

AUCH EINE EINFACHE FRÜHSTÜCKSDOSE eignet sich hervorragend zum Transport des Strickzeugs. Die Nadeln sind geschützt, und nebenbei passen noch nützliche Helfer mit in die Dose.

Aufnehmen des Strickzeugs nach dem Weglegen

Gerade Strickanfängern fällt es oft nicht leicht, alle Maschen und Nadeln wieder zu sortieren, wenn sie das Strickzeug nach einer Pause wieder zur Hand nehmen und weiterstricken wollen. Vor dem Beiseitelegen einer Socke ist es nicht unbedingt nötig, eine volle Runde zu beenden, jedoch sollte möglichst immer eine ganze Spielnadel vollständig abgestrickt werden. Das erleichtert das Zusammenlegen des Nadelspiels, verhindert, dass einzelne Maschen zu groß gezogen werden und damit Unregelmäßigkeiten im Maschenbild entstehen, und hilft bei der Orientierung nach dem Wiederaufnehmen des Strickzeugs enorm.

Beim Aufnehmen des Strickzeugs sollten zunächst die parallelen Spielnadeln wieder rechtwinklig zueinander ausgerichtet werden. Es erleichtert das Stricken der ersten Runde, wenn man dabei darauf achtet, dass jede Nadel mit ihrem linken Nadelende immer jeweils über oder unter der folgenden Spielnadel liegt. Diese Nadelsortierung ergibt sich in der Regel beim Stricken je nach individueller Nadelhaltung von ganz alleine. Wer während des Strickens einmal darauf achtet, kann sich das Nadelspiel nach dem Aufnehmen gleich wieder in seine bevorzugte Nadelstellung sortieren.

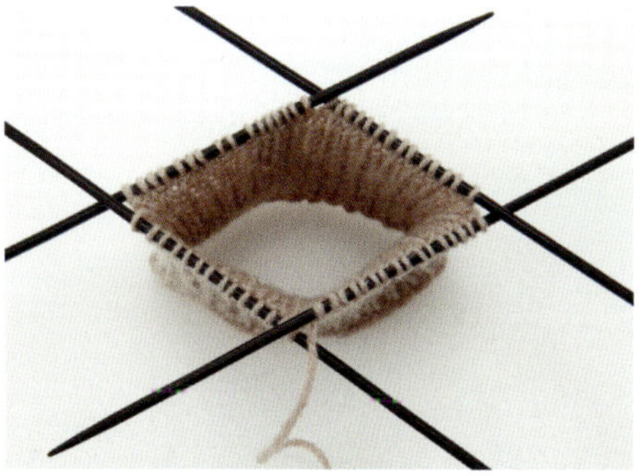

Wenn vor dem Beiseitelegen eine der 4 Spielnadeln vollständig abgestrickt wurde, befindet sich der Arbeitsfaden am linken Ende einer Spielnadel und kann zum Stricken der ersten Masche der folgenden Spielnadel wieder aufgenommen werden. Den Arbeitsfaden dazu wieder auf den linken Zeigefinger hinter die zu strickenden Maschen legen und mit der Arbeitsnadel die Maschen der folgenden Nadeln abstricken. Die Anschlagkante befindet sich unten, die rechte (schöne) Seite der Socke außen.

Wenn ein rundgestrickter Schaft noch nicht sehr lang ist, passiert es manchmal, dass sich dieser beim Weglegen, Verpacken oder Transportieren von innen nach außen stülpt. Anfänger sollten beim Aufnehmen eines rundgestrickten Sockenschaftes daher unbedingt darauf achten, dass sich beim Weiterstricken die rechte Seite, also die schöne Musterseite, außen, also beim Betrachten der Maschen vor Augen befindet. Ein umgestülpter Schaft ist auch daran zu erkennen, dass der Arbeitsfaden nicht rechts am linken Ende einer Nadel, sondern links am Beginn einer Nadel hängt.

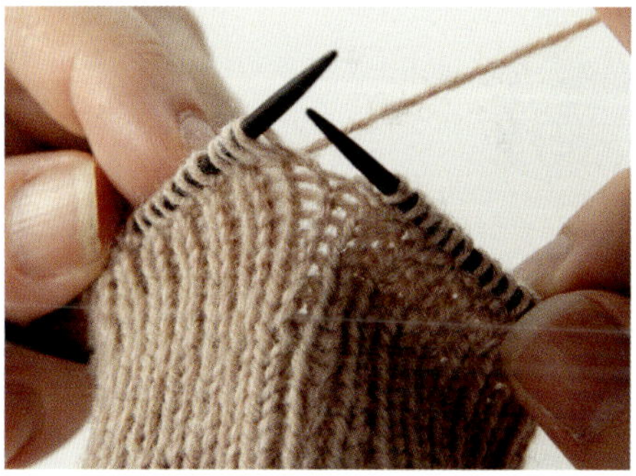

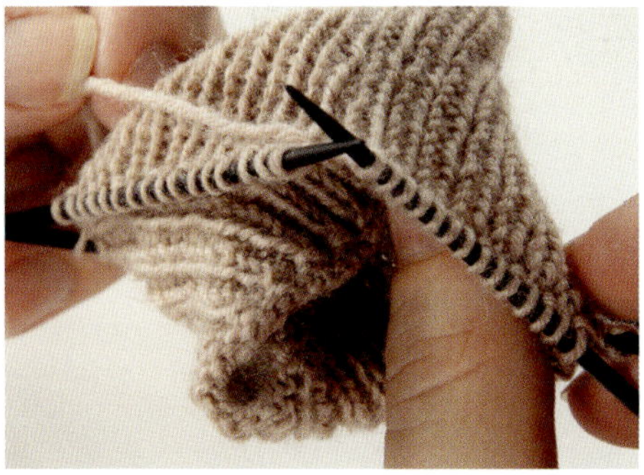

Zum Beheben des Problems wird der Schaft einfach durch die Mitte des Nadelspiels gedrückt und somit zurückgestülpt. Danach das Nadelspiel drehen, sodass der Schaft und die Anschlagkante nach unten zeigen und das Fadenende sich rechts am linken Ende einer Nadel befindet.

ANSCHLÄGE

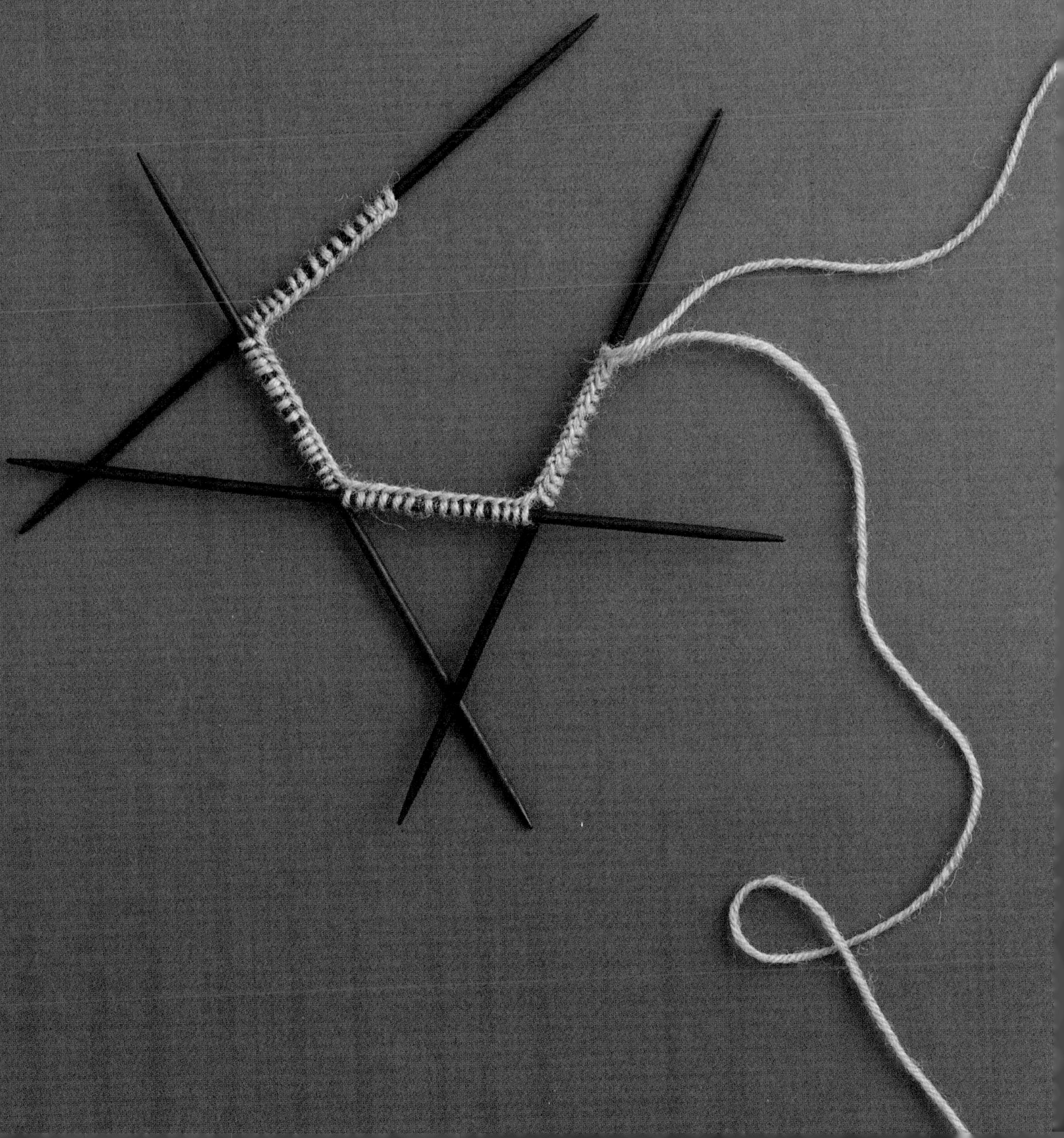

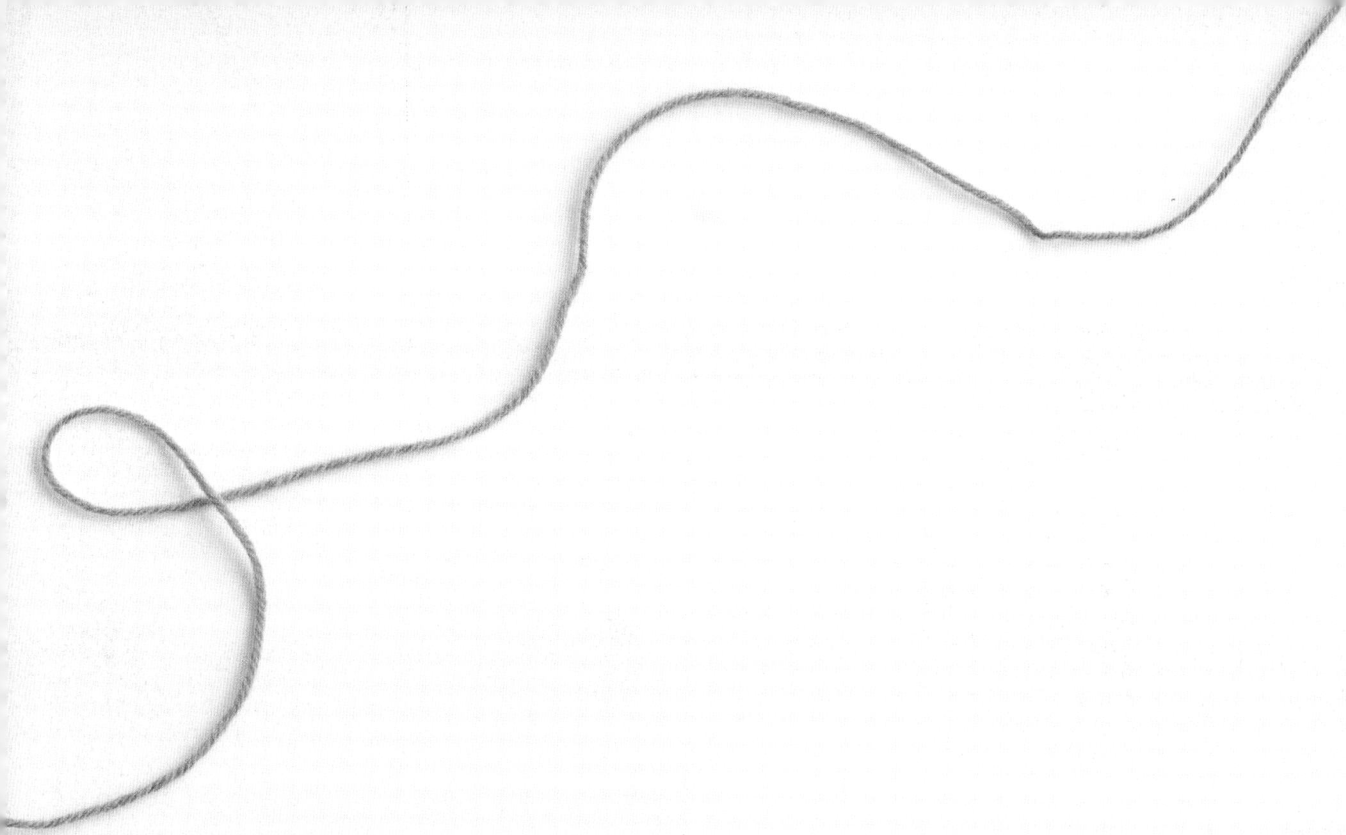

Bevor ein kleines Sockenkunstwerk entstehen kann, müssen erst einmal die Maschen auf die Nadeln! Von den verschiedenen bekannten Anschlagtechniken eignen sich diejenigen besonders gut für Socken, die einerseits elastisch genug sind, um nicht am Bein einzuschneiden, sich andererseits am Übergang zum Bündchen auch gut zusammenziehen können, damit das Bündchen auch nach langem Tragen nicht die Form verliert.

Anschlag – Die Basics

Schon beim Anschlag kann entschieden werden, auf welche Art die Socke später gestrickt wird: Auf einem Nadelspiel aus vier oder fünf Nadeln oder auf einer oder zwei Rundstricknadeln.

Wie viele Maschen anschlagen?

Damit eine Socke später auch richtig passt, ist es nötig, die richtige Maschenzahl anzuschlagen. Diese hängt einerseits vom Umfang des Fußes, andererseits von der Stärke des verwendeten Garnes ab. Aber keine Angst, es ist nicht notwendig, einen Fuß vollständig auszumessen. Die standardisierten Schuhgrößen bieten eine gute Orientierung, und die Elastizität des Gestricks kann kleinere Unterschiede in der Fußbreite sehr gut ausgleichen. Für breitere Füße reicht es häufig schon, den Schaft und den Fuß 1-2 cm länger zu stricken, als in den Tabellen angegeben, sodass die Elastizität des Gestricks in der Breite mehr Weite gibt. Für sehr breite Füße oder starke Waden kann es dennoch nötig sein, die Maschenzahl der nächstgrößeren Schuhgröße zu wählen und gegebenenfalls später Maschen durch Abnahmen zu reduzieren. Möchte man beispielsweise eine Socke für stärkere Waden, aber normale Fußweite arbeiten, schlägt man zunächst 4 Maschen mehr an, als in der Tabelle angegeben, und arbeitet damit bis zum Beginn der Ferse. An dieser Stelle werden die überzähligen Maschen wieder abgenommen und Ferse, Fuß und Spitze nach den üblichen Größenangaben gestrickt.

Man sollte aber auch immer im Blick behalten, dass schon eine kleine Abweichung in der Maschenprobe eine deutliche Auswirkung auf Länge und Weite einer Socke hat. So lässt sich ein Sockenmodell, das beispielsweise in einer zu großen Schuhgröße beschrieben ist, durchaus um eine Doppelgröße verkleinern, wenn man eine um 0,25 mm bis 0,5 mm kleinere Nadelstärke verwendet.

Grundsätzlich gilt: Je stärker das Garn ist, aus dem die Socken entstehen sollen, desto weniger Maschen sind nötig. Für die üblicherweise verwendeten 4-fädigen und 6-fädigen Sockengarne lässt sich die Maschenzahl bequem aus einer Tabelle ablesen. Wer eine andere Garnstärke verwenden möchte, entnimmt den Umfang der Socke in der jeweiligen Größe der Tabelle und rechnet sich die erforderliche Maschenzahl mithilfe der Maschenprobe (siehe Seite 57) um. Wichtig dabei ist zu wissen, dass in den Umfang der Socke auch die Dicke des Gestricks mit einfließt und berücksichtigt werden muss. Je stärker das Garn, desto dicker das Gestrick und desto größer wird der Umfang der Socke. Für stärkere Garne sollten 0,5 cm bis 1,5 cm zugegeben werden.

BEI DEN SEHR GROSSEN HERRENGRÖSSEN verändert sich im Vergleich zu den kleineren Größen häufig nur die Länge, nicht so sehr der Wadenumfang oder die Fußbreite. Hier muss daher genau auf die Beschaffenheit des zu bestrickenden Fußes geachtet und die Maschenzahl evtl. individuell angepasst werden.

GRÖSSENANGABEN FÜR BESONDERS BREITE FÜSSE in Größe 50/51 finden sich in einer separaten Tabelle am Ende des Buches.

Maschenzahl für 4-fädiges Sockengarn

LL = 210 m/50 g, 30 Maschen x 42 Reihen = 10 cm x 10 cm

Größe	20/21	22/23	24/25	26/27	28/29	30/31	32/33	34/35	36/37	38/39	40/41	42/43	44/45	46/47	48/49	50/51
Sockenumfang in cm	14,5	14,5	16,0	16,0	17,0	17,0	18,5	18,5	20,0	20,0	21,0	21,0	22,5	24,0	24,0	25,5
Maschenzahl gesamt/Nadel	44/11	44/11	48/12	48/12	52/13	52/13	56/14	56/14	60/15	60/15	64/16	64/16	68/17	72/18	72/18	76/19

Maschenzahl für 6-fädiges Sockengarn

LL = 125 m/50 g, 22 Maschen x 30 Reihen = 10 cm x 10 cm

Größe	20/21	22/23	24/25	26/27	28/29	30/31	32/33	34/35	36/37	38/39	40/41	42/43	44/45	46/47	48/49	50/51
Sockenumfang in cm	14,5	14,5	16,5	16,5	18,0	18,0	20,0	20,0	21,5	21,5	23,0	23,0	23,0	25,5	25,5	27,0
Maschenzahl gesamt/Nadel	32/8	32/8	36/9	36/9	40/10	40/10	44/11	44/11	48/12	48/12	52/13	52/13	52/13	56/14	56/14	60/15

Grundschlinge

Für die meisten Anschläge muss vor Beginn des eigentlichen Maschenanschlags der Faden mit einer ersten Schlinge, der sogenannten Grundschlinge, auf der Nadel fixiert werden.

Einfache Grundschlinge

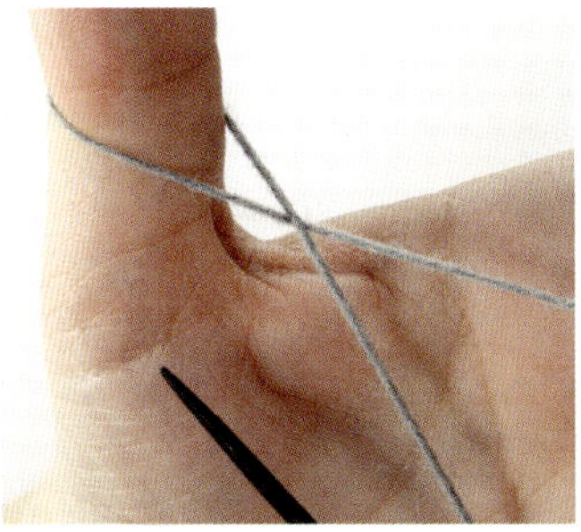

1 Für die einfache Grundschlinge gleichzeitig eine Nadel und den Arbeitsfaden mit der rechten Hand fassen und das Fadenende mit Mittel-, Ringfinger und kleinem Finger der linken Hand halten. Nun führt die rechte Hand den Faden einmal im Uhrzeigersinn um den ausgestreckten Daumen herum und nach unten, sodass eine Schlinge um den Daumen entsteht. Arbeitsfaden und Fadenende kreuzen sich vor dem Daumen.

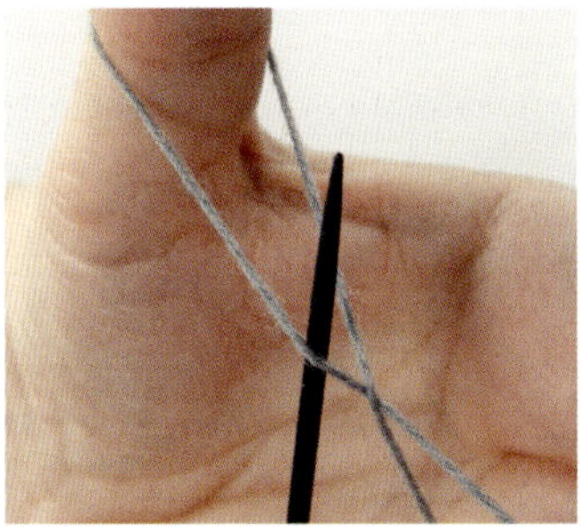

2 In diese Schlinge von unten einstechen und sie mit der Nadel vom Daumen abheben. Den Faden mit der linken Hand anziehen.

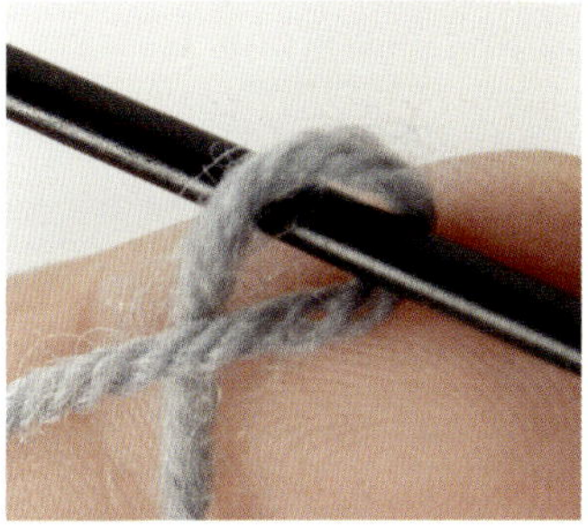

3 Die Grundschlinge ist fertig. Es können nun mit verschiedenen Anschlagtechniken weitere Maschen aufgenommen werden. Wie lang das Fadenende sein muss, hängt vom gewählten Anschlag ab.

Knotenschlinge

Alternativ zur einfachen Grundschlinge lässt sich auch die stabilere Knotenschlinge arbeiten. Sie bietet sich immer dann an, wenn man eine stärkere Anschlagvariante wie etwa den norwegischen Sockenanschlag oder gewickelte Anschläge arbeiten möchte.

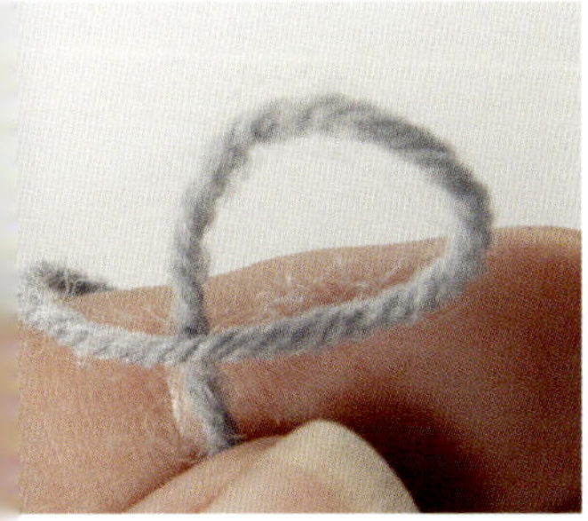

1 Den Arbeitsfaden so zu einer Schlaufe legen, dass das Fadenende lang genug ist, um alle benötigten Maschen in der gewünschten Anschlagsvariante arbeiten zu können.

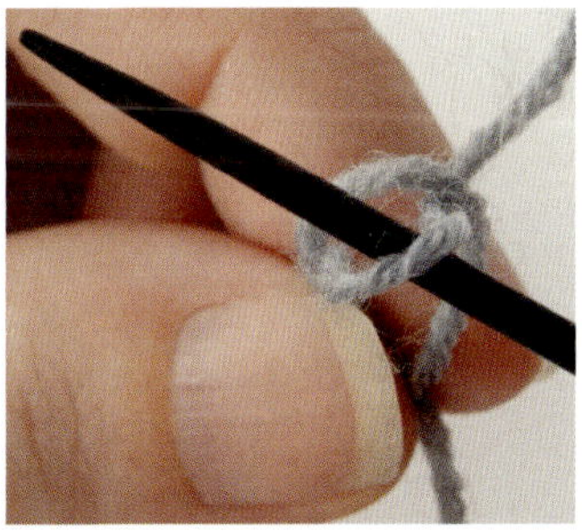

2 Den Arbeitsfaden als Schlinge durch die Schlaufe ziehen.

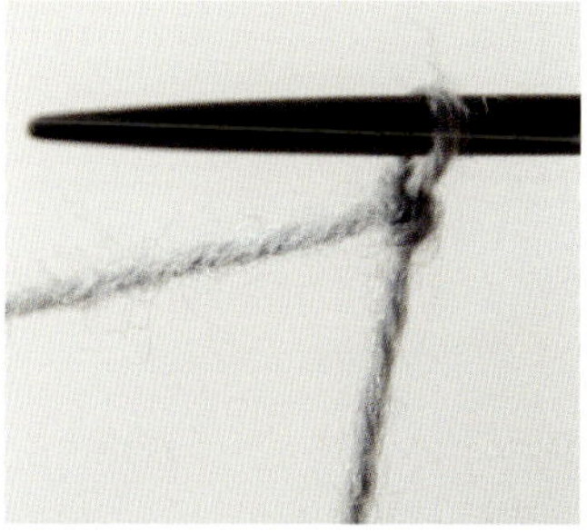

3 Die Schlinge auf die Arbeitsnadel heben. Fadenende und Arbeitsfaden gut anziehen.

Wichtige Grundbegriffe

ARBEITSFADEN = Faden, der zum Knäuel läuft und noch mit diesem verbunden ist

ANSCHLAGFADEN (auch Daumenfaden genannt) = Fadenende, das am Beginn der Arbeit hängen bleibt

Arbeitsnadel = Rechte, freie Nadel, mit der die Maschen abgestrickt werden

MASCHENNADEL = Linke Nadel, auf der die abzustrickenden Maschen liegen

Anschlag auf dem Nadelspiel

Die Arbeit mit dem Nadelspiel in der Runde ist die in Europa am weitesten verbreitete Art, Socken zu stricken. Sie bietet eine komfortable Lösung für kleine Runden, da sie genug Raum für die Strickbewegungen lässt.

UM EINEN ZU LOCKEREN ÜBERGANG beim Rundenschluss zu vermeiden, können die ersten beiden Maschen der 1. Nadel auf die 4. Nadel gehoben und noch einige Runden auf der 4. Nadel abgestrickt werden. Später werden die beiden Maschen wieder auf die 1. Nadel zurückgehoben, damit wieder alle Nadeln die gleiche Maschenzahl aufweisen. Um dies nicht aus Versehen zu vergessen und somit den eigentlichen Rundenbeginn aus den Augen zu verlieren, am besten gleich den Rundenanfang wie auf Seite 66 beschrieben markieren.

ES IST IMMER SINNVOLL, einen Musterrapport nicht durch Nadelübergänge zu unterbrechen. Dies hilft einerseits, den Überblick zu behalten, andererseits entstehen keine unschönen Gässchen im Muster. Daher kann es praktisch sein, für bestimmte Muster auch einmal eine andere als die gewohnte Nadelverteilung zu wählen, wenn dadurch alle Maschen eines Musterrapports auf einer Nadel zusammengefasst werden. So kann auch eine Verteilung auf 5 Nadeln sinnvoll sein, wenn die Anzahl an Rapporten dies verlangt und man ein Spiel mit 6 Nadeln zur Verfügung hat. Jedoch darauf achten, dass vor Ferse oder Spitze die Maschen eventuell wieder umsortiert werden müssen.

Anschlag auf vier Spielnadeln

Häufig werden Socken auf einem aus fünf Nadeln bestehenden Nadelspiel gestrickt, wobei die Maschen gleichmäßig auf vier Nadeln verteilt liegen und mit der fünften Nadel gestrickt wird. Üblicherweise werden die Maschen bereits gleichmäßig auf vier Nadeln verteilt angeschlagen.

Anschlag auf vier Nadeln, Ringschluss in der ersten Runde

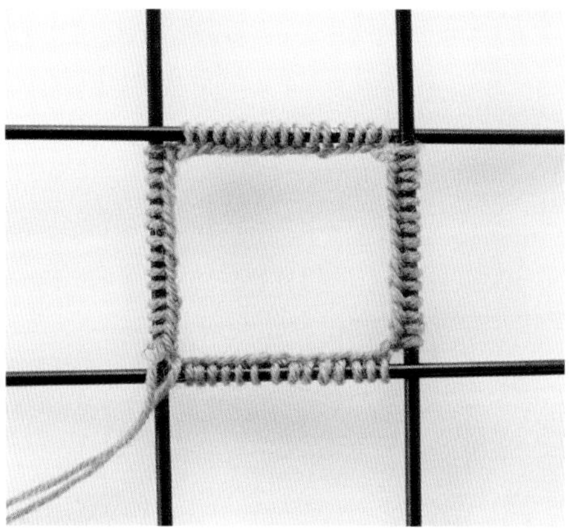

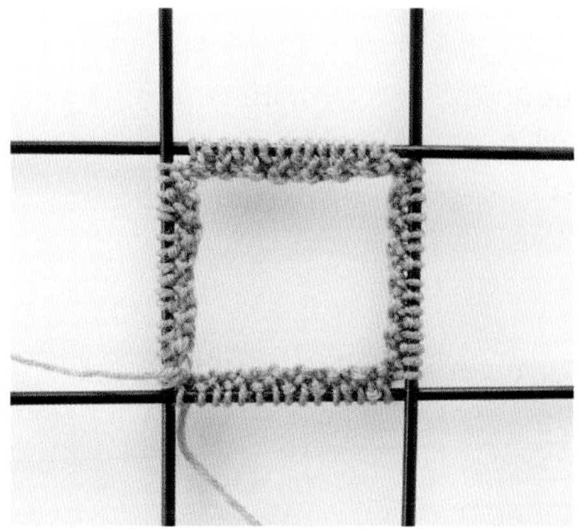

Zum Vergleich: Anschlag auf einer Nadel, Ringschluss nach der ersten Reihe, verteilt auf vier Nadeln

Anschlag auf drei Spielnadeln

Manch einer empfindet es als angenehmer, Socken nicht mit einem Spiel aus fünf, sondern aus vier Nadeln zu stricken. Die Maschen werden dabei gleichmäßig auf drei Nadeln verteilt und mit der vierten Nadel abgestrickt. Auch hier werden die Maschen üblicherweise gleich beim Anschlagen gleichmäßig verteilt.

Anschlag auf drei Nadeln, Ringschluss in der ersten Runde

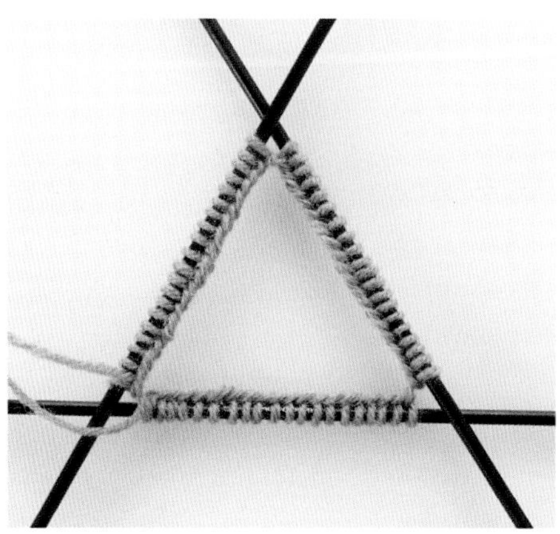

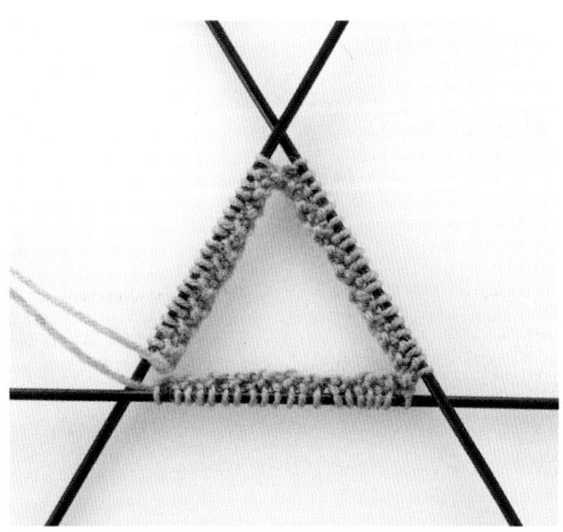

Zum Vergleich: Anschlag auf einer Nadel, Ringschluss nach der ersten Reihe, verteilt auf drei Nadeln

Anschlag auf einer Spielnadel

Die Maschen können sehr viel einfacher zur Runde geschlossen werden, wenn sie zunächst auf einer Nadel angeschlagen und erst beim Abstricken der Maschen zur Runde geschlossen werden.

Anschlag auf einer Nadel mit einer zusätzlichen Hilfsnadel

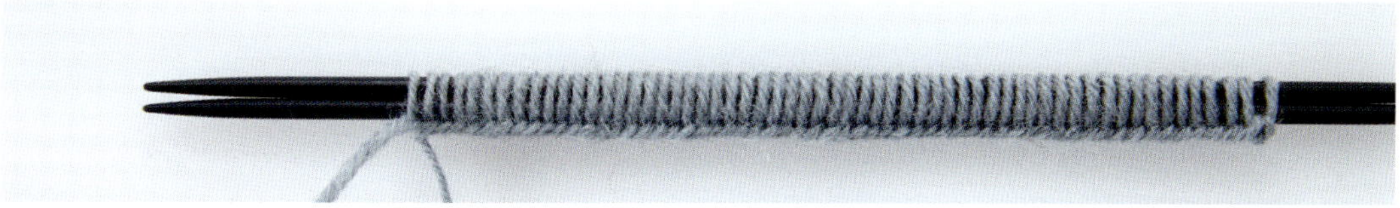

Nach dem Anschlag auf einer Nadel die Arbeit wenden und die Maschen im gewählten Bündchenmuster abstricken, dabei jeweils ein Drittel bzw. Viertel der Maschenzahl mit einer Spielnadel abstricken. Nun fällt der Rundenschluss leichter, weil die Anschlagkante deutlich besser zu erkennen und zu fassen ist.

Gerade Anfänger neigen dazu, Anschläge zu fest anzuziehen. Einen schön lockeren Anschlag erreicht man mit einer dickeren Nadelstärke oder indem die Maschen um zwei Nadeln gleichzeitig angeschlagen werden. Vor dem Abstricken der ersten Reihe vorsichtig eine der beiden Nadeln herausziehen.

DAS KLEINE GÄSSCHEN zwischen den ersten beiden Reihen lässt sich beim Vernähen des Anschlagfadens später leicht und sauber schließen. Siehe dazu auch Seite 93.

Maschen zur Runde schließen

Das Schließen von drei oder vier Spielnadeln zur Runde mag am Anfang schwierig erscheinen, gelingt mit etwas Übung aber sehr gut.

WIE MAN AUF EINEM NADELSPIEL IN RUNDEN strickt, erfahren Sie auf Seite 93.

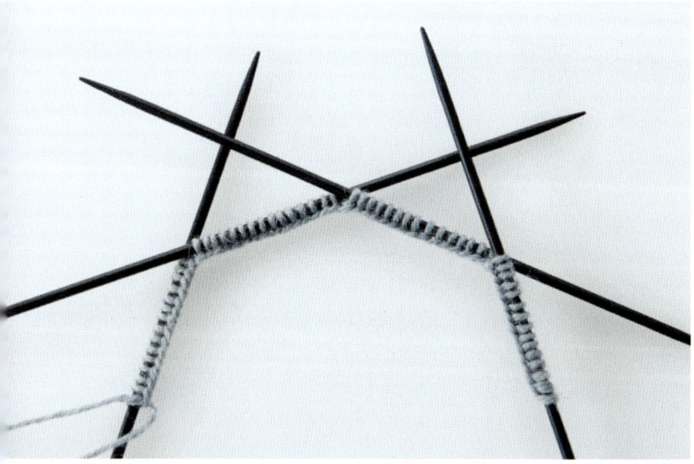

1 Dafür die drei oder vier Nadeln zuerst sorgfältig so ausrichten, dass die Anschlagkante oder bereits gestrickte Reihe nicht in sich verdreht ist und die Maschen alle in die gleiche Richtung zeigen.

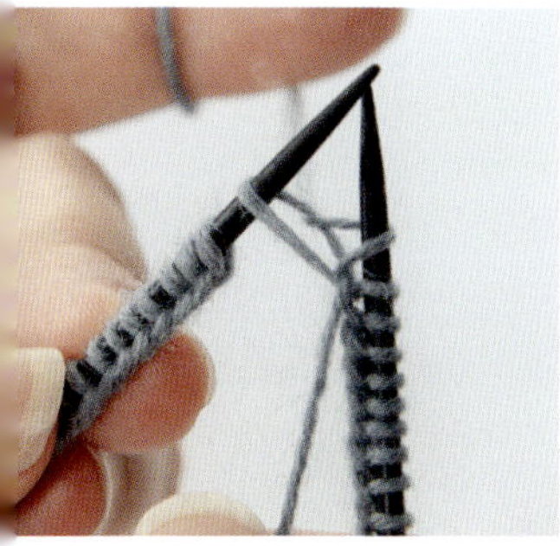

2 Dann die Nadeln aufnehmen und die 1. und letzte Nadel, also Beginn und Ende der Maschenreihe, zusammenhalten. Den letzten Schenkel der ersten Masche der rechten Nadel auf die linke Nadel heben.

3 Dann die 1. Masche und den Maschenschenkel mit der vierten bzw. fünften Spielnadel rechts zusammenstricken.

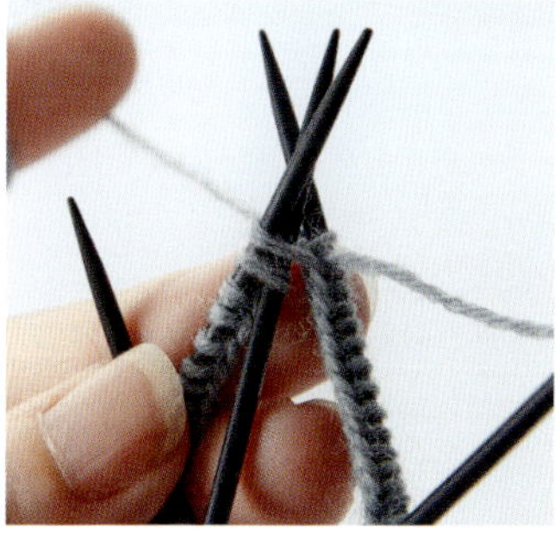

WENN DIE ANSCHLAGREIHE beim Rundenschluss verdreht wird, ergibt sich ein sogenanntes Möbiusband und das Bündchen wird dadurch ebenfalls in sich gedreht. Um dies zu vermeiden, können vor dem Rundenschluss noch 1-2 Reihen offen gestrickt werden. Das zu schließende Teil ist dann breiter und dadurch leichter richtig auszurichten.

Anschlag auf Rundstricknadeln

Das Sockenstricken auf 1 oder 2 Rundstricknadeln bietet sich an, wenn man nicht gerne mit dem Nadelspiel arbeitet. Zudem ist es auch hilfreich bei sehr großen Musterrapporten, um Nadelübergänge im Muster und Gässchen zu vermeiden. Da die Nadel auch nur halb so oft gewechselt werden muss und der Strickfluss so weniger unterbrochen wird, beschleunigen diese Methoden auch das Stricktempo erheblich.

Anschlag auf 1 Rundstricknadel

Beim Anschlagen und Stricken einer Socke auf 1 Rundstricknadel wird die sogenannte „Zauberschlinge", auch mit dem englischen Begriff „Magic Loop" bezeichnet, verwendet (siehe dazu Seite 94).

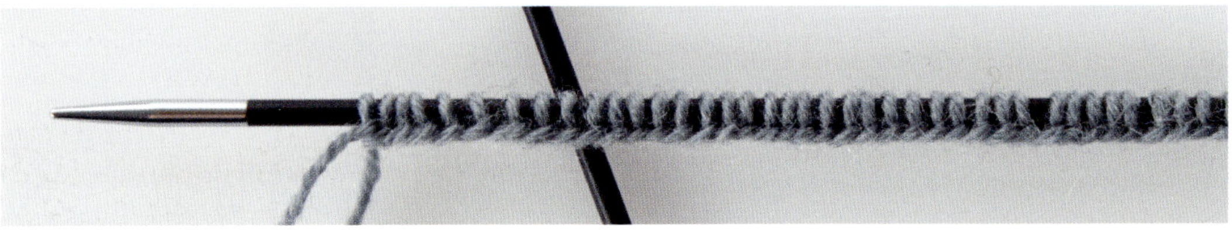

1 Alle benötigten Maschen auf einer 100 cm langen Rundstricknadel anschlagen und anschließend von der Nadel auf das Seil schieben.

2 Nun die Hälfte der Maschen abzählen, und genau in der Mitte eine Seilschlaufe zwischen den Maschen herausziehen. Den rechten Teil der Maschen auf die Nadelspitze schieben, der linke Teil (mit den beiden Fäden) bleibt auf dem Seil. Um die Runde zu schließen beide Maschenhälften parallel halten.

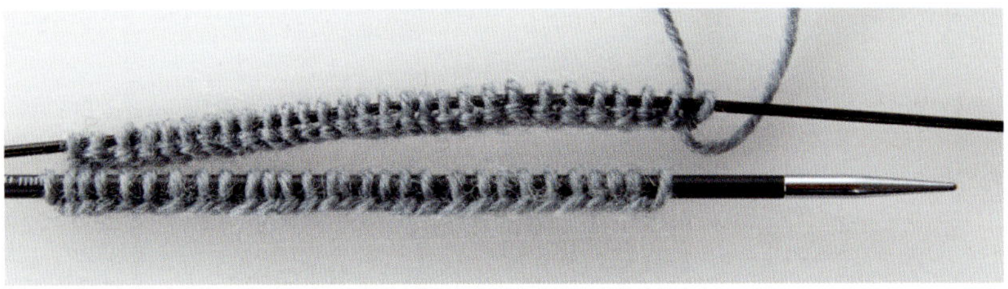

WIE MAN AUF 1 RUNDSTRICKNADEL IN RUNDEN strickt, erfahren Sie auf Seite 94.

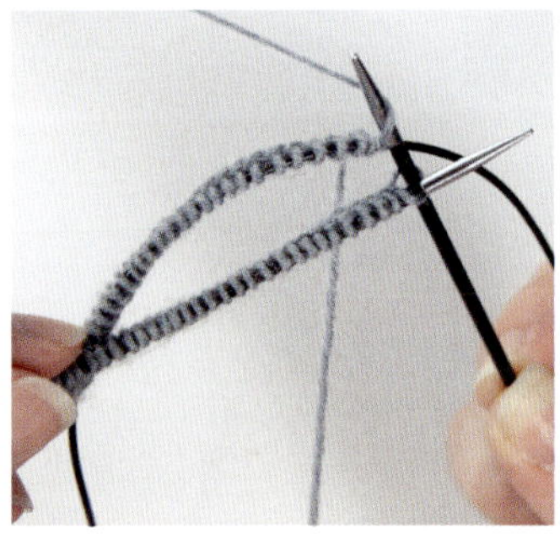

3 Mit der freien Nadelspitze die 1. Masche auf der Nadel rechts stricken, dabei den Arbeitsfaden der anderen Maschenhälfte nach vorne holen.

Anschlag auf 2 Rundstricknadeln

Auch eine Socke auf 2 je 60 cm langen Rundstricknadeln zu stricken, ist eine gute Alternative zum Nadelspiel. Man muss sich jedoch erst daran gewöhnen, die beiden Nadeln beim Stricken nicht durcheinander zu bringen.

1 Alle benötigten Maschen gleichmäßig verteilt auf 2 Rundstricknadeln anschlagen, also jeweils die Hälfte auf je 1 Rundstricknadel.

2 Die beiden Rundnadeln parallel legen und dabei darauf achten, die Anschlagkante nicht zu verdrehen. Die linken Seiten des Anschlags liegen innen gegeneinander.

3 Die Arbeit wenden und die vorderen Maschen auf die Spitze am anderen Ende der Rundstricknadel schieben. Die beiden Maschenhälften liegen nun parallel auf 2 Nadelspitzen, Arbeits- und Anschlagfaden hängen hinten.

4 Den Arbeitsfaden von der hinteren Maschenhälfte nach vorne holen und mit der freien Spitze der vorderen Rundstricknadel die 1. Masche der vorderen Nadel rechts stricken.

WIE MAN AUF 2 RUNDSTRICKNADELN IN RUNDEN STRICKT, erfahren Sie auf Seite 95.

DIE MASCHEN werden bei dieser Methode jeweils immer nur mit den beiden Spitzen der Nadel abgestrickt, auf der sie liegen!

Anschläge

Unterschiedliche Anschläge haben unterschiedliche Eigenschaften, was bei der Wahl berücksichtigt werden sollte.

Kreuzanschlag

Der Kreuzanschlag ist der in Deutschland am weitesten verbreitete Grundanschlag. Er ist leicht zu erlernen, schnell zu arbeiten und bildet einen festen und elastischen Rand. Vorder- und Rückseite sehen gleichermaßen schön aus.

Klassischer Kreuzanschlag

Für den klassischen Kreuzanschlag wird die Grundschlinge mit einem Fadenende gearbeitet, das mindestens 3x so lang ist wie der Sockenumfang.

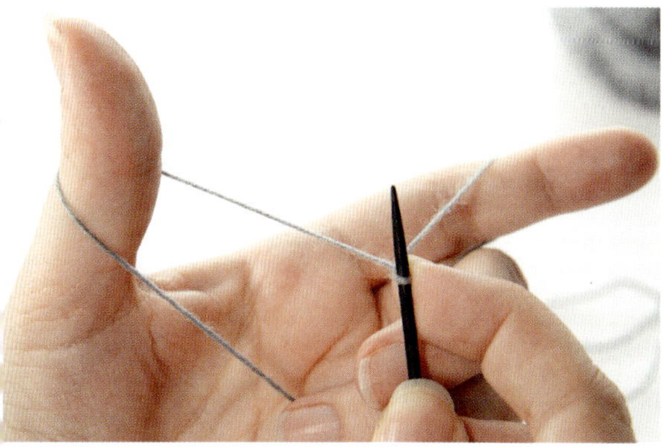

1 Die Nadel mit der Grundschlinge in der rechten Hand halten, den Arbeitsfaden über den ausgestreckten Zeigefinger und das Fadenende über den ausgestreckten Daumen der linken Hand legen. Beide Fäden werden von der linken Hand mit Mittel-, Ringfinger und kleinem Finger gehalten. Die Nadel mit der Grundschlinge befindet sich in der Mitte des gespannten Fadens zwischen Daumen und Zeigefinger.

2 Nun von unten unter den vorderen Daumenfaden einstechen.

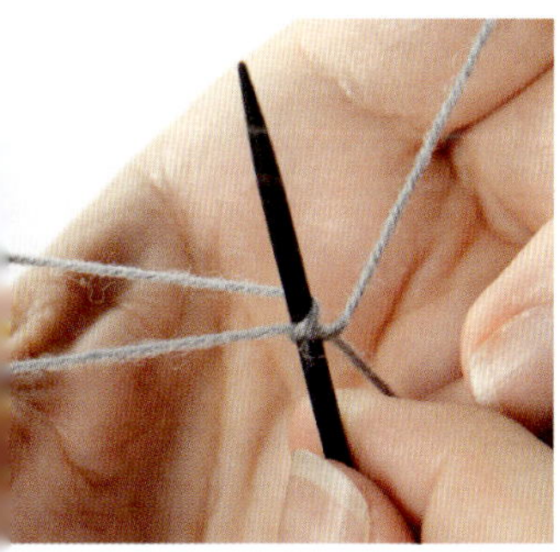

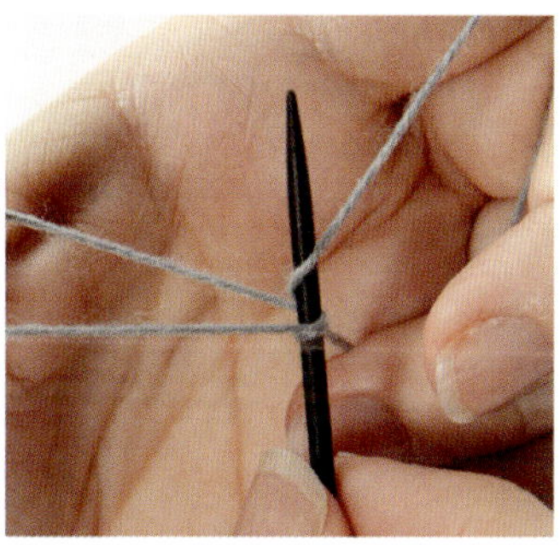

3 Den Arbeitsfaden am Zeigefinger fassen und holen.

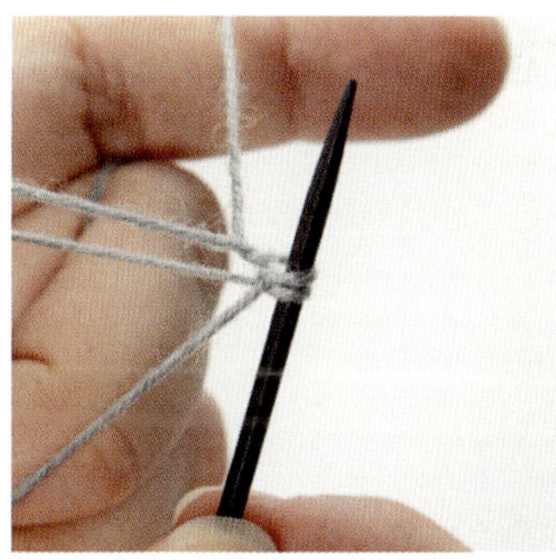

4 Den Arbeitsfaden unter dem Daumenfaden durchziehen.

Anschließend die Anschlagmasche vom Daumen heruntergleiten lassen bzw. abheben und das Fadenende mit dem Daumen anziehen. Hebt man den Daumen wieder unter dem Fadenende an, bildet sich gleich die nächste Schlinge, aus der die nächste Masche angeschlagen werden kann. Auf diese Weise die benötigte Maschenzahl anschlagen.

Vorderseite Kreuzanschlag

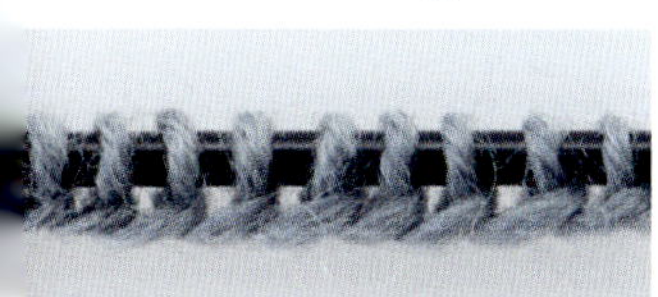

Rückseite Kreuzanschlag

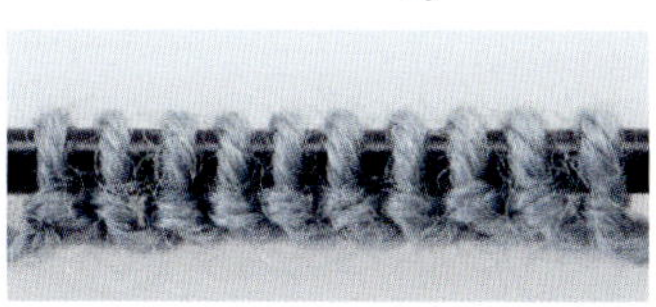

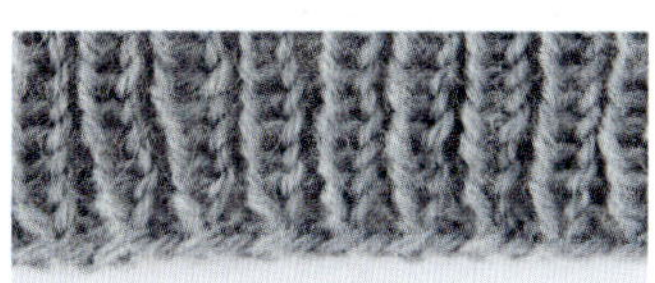

Kreuzanschlag mit Bündchen

Elastischer Kreuzanschlag

Der elastische Kreuzanschlag hat keinen harten Rand und eignet sich daher gut für Menschen, die unter geschwollenen Beinen leiden.

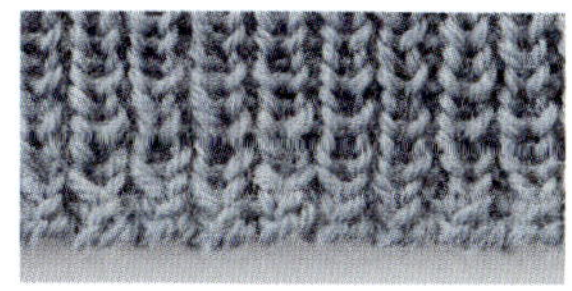

Elastischer Kreuzanschlag mit Bündchen

1 Um einen besonders elastischen Kreuzanschlag zu erhalten, wird der klassische Kreuzanschlag mit doppelter Maschenzahl gearbeitet. Dazu beim Arbeiten der Grundschlinge ein Fadenende lassen, das mindestens 6x so lang ist wie der Sockenumfang.

2 In der ersten Reihe oder Runde jeweils zwei Maschen im gewählten Bündchenmuster zusammenstricken und so wieder auf die für die jeweilige Größe benötigte Maschenzahl reduzieren.

Verstärkter Kreuzanschlag

Der verstärkte Kreuzanschlag ist besonders strapazierfähig und noch elastischer.

Verstärkter Kreuzanschlag

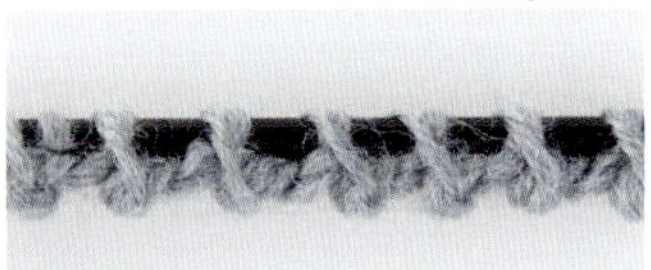

Verstärkter Kreuzanschlag mit Bündchen

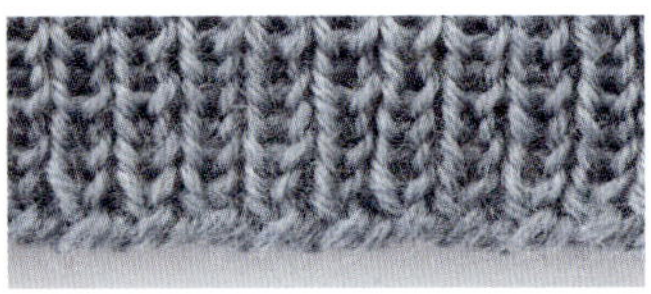

Der Kreuzanschlag wird mit doppeltem Daumenfaden, gearbeitet.Dafür die Grundschlinge so arbeiten, dass das Fadenende noch mindestens 8x so lang ist wie der Sockenumfang.

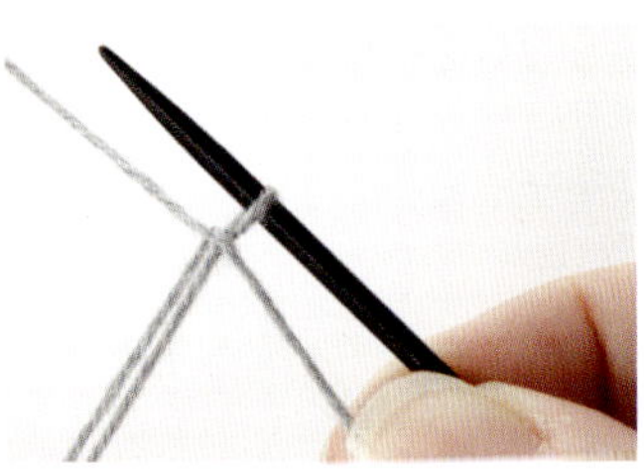

1 Den Daumenfaden doppelt legen, das Fadenende noch mit der rechten Hand fassen.

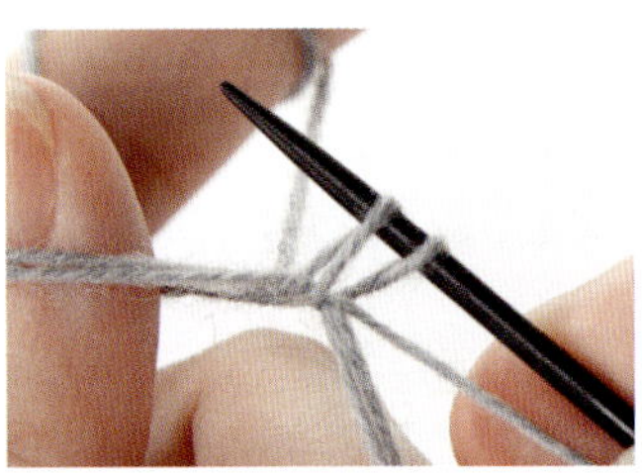

2 Dann den klassischen Kreuzanschlag mit doppeltem Daumenfaden arbeiten.

Zweifarbiger Kreuzanschlag

Der zweifarbige Kreuzanschlag wird vor allem beim mehrfarbigen Stricken verwendet. So sind nicht nur von Anfang an alle benötigten Farben im Spiel, der Anschlag sieht auch besonders dekorativ aus.

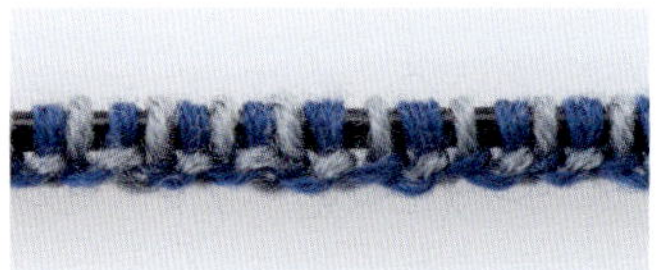

Zweifarbiger Kreuzanschlag

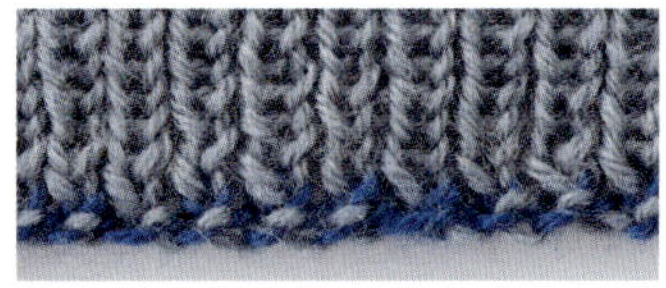

Zweifarbiger Kreuzanschlag mit Bündchen

Es wird keine Grundschlinge benötigt. Die erste Masche wird wie alle nachfolgenden angeschlagen.

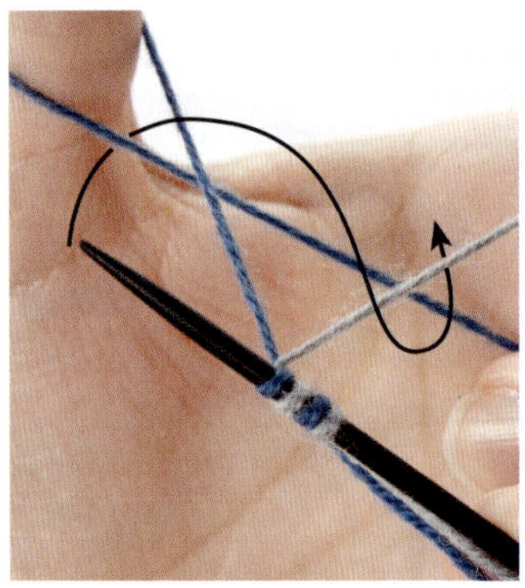

1 Die Fäden werden wie beim klassischen Kreuzanschlag über Zeigefinger und Daumen gelegt. Über den Zeigefinger Farbe A, über den Daumen Farbe B. Beide Fadenenden mit der rechten Hand zusammen mit der Nadel fassen. Die Fäden, die jeweils zum Knäuel laufen, über den ausgestreckten Zeigefinger und über den ausgestreckten Daumen der linken Hand legen. Beide Arbeitsfäden werden von den Fingern der linken Hand gehalten. Nun mit der Arbeitsnadel von unten unter den vorderen Daumenfaden (dunkelblau) einstechen.

2 Den Arbeitsfaden (hellblau) am Zeigefinger fassen und unter dem Daumenfaden (dunkelblau) durchziehen. Die Anschlagmasche vom Daumen heruntergleiten lassen bzw. abheben und das Fadenende mit dem Daumen anziehen. Hebt man den Daumen unter dem Daumenfaden wieder an, bildet sich sogleich die nächste (dunkelblaue) Schlinge.

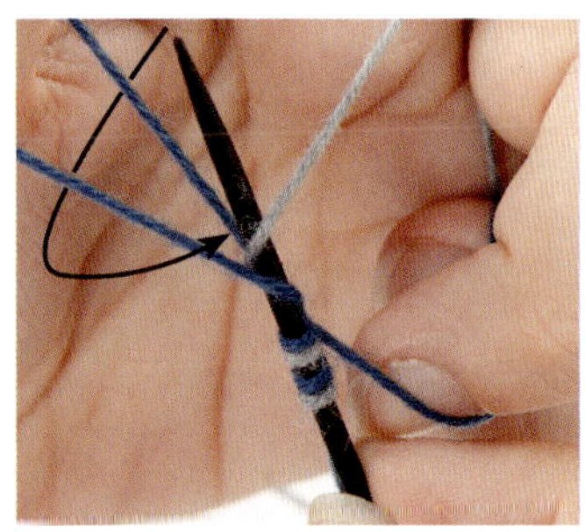

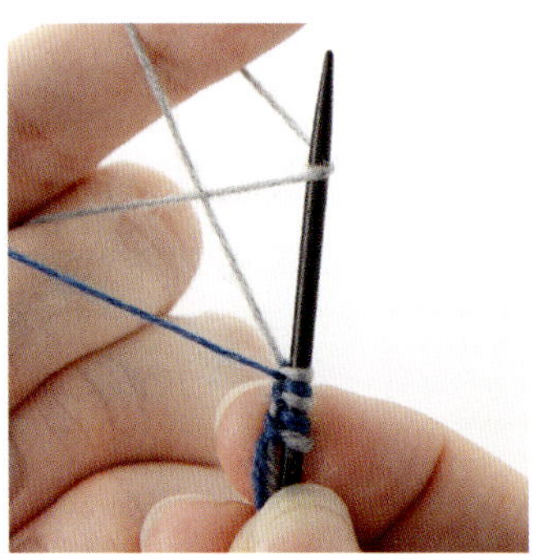

3 Die nächste Masche wird auf ähnliche Weise aus der Zeigefingerschlinge gebildet. Dazu die Nadel hinter den hinteren Faden des Zeigefingers führen, durch die Schlinge des Zeigefingers stechen und den vorderen Daumenfaden fassen und dahinter durchziehen. Die Anschlagmasche vom Zeigefinger heruntergleiten lassen bzw. abheben und das Fadenende mit dem Zeigefinger anziehen. Wie bei der Daumenschlinge hier nun den Zeigefinger anheben, sodass sich eine neue Schlinge bildet (hellblau).

Die Schritte 2 und 3 immer abwechselnd wiederholen (erst Farbe A, dann Farbe B), bis sich die gewünschte Maschenzahl auf der Nadel befindet.

Gewickelter Kreuzanschlag

Der gewickelte Kreuzanschlag bildet eine sehr stabile Anschlagkante. Er ist sehr strapazierfähig und elastisch, da die Maschen der ersten Reihe einen größeren Abstand zueinander haben als beim normalen Kreuzanschlag. Vorder- und Rückseite des gewickelten Kreuzanschlags entsprechen im Aussehen dem klassischen Kreuzanschlag.

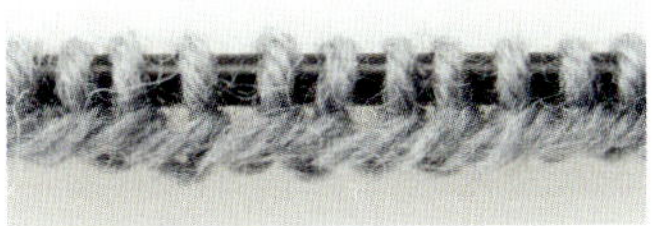

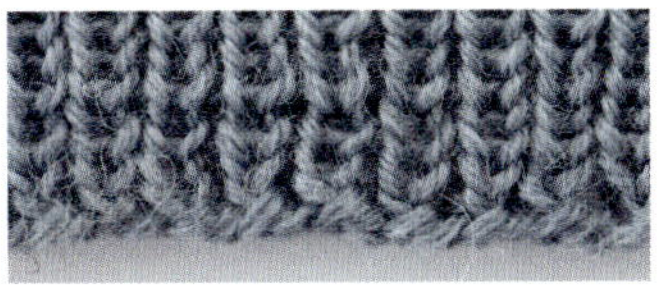

Gewickelter Kreuzanschlag

Gewickelter Kreuzanschlag mit Bündchen

Die Grundschlinge so arbeiten, dass das Fadenende noch etwa 5x so lang ist wie der Sockenumfang.

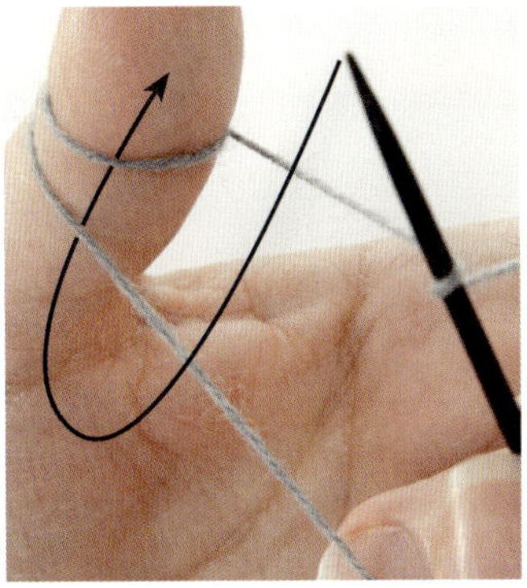

1 Zunächst dieselbe Nadel- und Fadenhaltung wie beim klassischen Kreuzanschlag einnehmen. Dann den linken Daumen einmal gegen den Uhrzeigersinn um den Daumenfaden führen. Dabei legt sich der Daumenfaden einmal um den Daumen herum. Den Daumen anheben und die Arbeitsnadel mit der Grundschlinge vor dem Daumen ein wenig nach unten ziehen, bis sich die Daumenfäden vorne kreuzen.

2 Mit der Arbeitsnadel von unten nach oben unter dem vorderen Daumenfaden hindurch in die Daumenschlinge einstechen und in Pfeilrichtung von rechts nach links hinter dem Zeigefingerfaden herumgehen. Den Zeigefingerfaden mit der Nadel fassen und durch die Daumenschlinge ziehen.

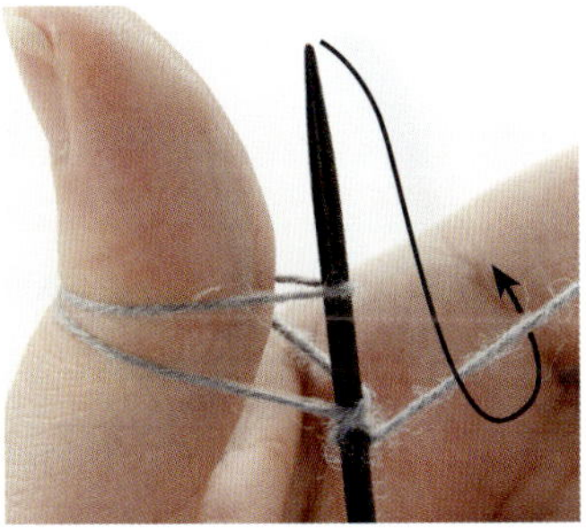

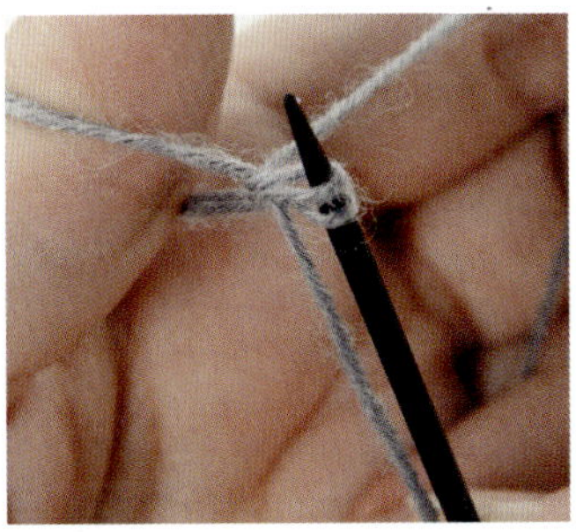

3 Die Schlinge vom Daumen gleiten lassen und das Fadenende langsam mit dem Daumen anziehen, bis sich die Masche auf der Arbeitsnadel bildet. Den Daumen anheben, die Daumenschlinge neu wickeln und die Nadel senken. Diese Arbeitsschritte so oft wiederholen, bis sich die gewünschte Anzahl an Maschen auf der Nadel befindet.

Kordel-Kreuzanschlag

Der Kordel-Kreuzanschlag eignet sich ganz besonders für Socken, da vor allem der Rand durch häufiges An- und Ausziehen sehr beansprucht wird. Er wird ebenso gearbeitet wie der klassische Kreuzanschlag – mit einer Ausnahme: Der Daumenfaden besteht aus mindestens vier Fäden. Hier lassen sich besonders schön Kontrastfarben verwenden, wodurch der Rand zu einem dekorativen Element wird. Er kann aber auch einfarbig gearbeitet werden, um der Anschlagkante mehr Stabilität zu verleihen.

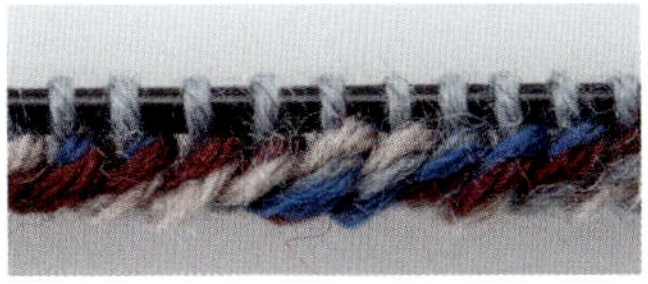

Vierfarbiger Kordel Kreuzanschlag

Kordel-Kreuzanschlag mit Bündchen

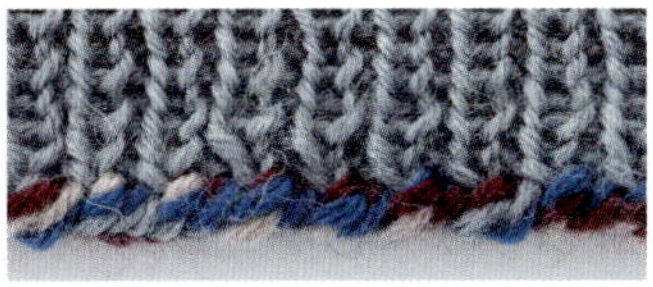

Die Grundschlinge wird mit einem Fadenende gearbeitet, das mindestens 3x so lang ist wie der Sockenumfang.

1 Drei zusätzliche Fäden von ca. 50 cm vom gewünschten Garn abschneiden und diese parallel nebeneinander legen. Die drei Fäden über den Daumen legen – wie den Daumenfaden beim klassischen Kreuzanschlag.

2 Dann den Arbeitsfaden über den Zeigefinger legen. Mit der rechten Hand zusammen mit der Arbeitsnadel auch die 4 Fadenenden halten. Jetzt die Grundschlinge arbeiten und wie beim klassischen Kreuzanschlag beschrieben so viele Maschen aufnehmen, wie benötigt werden.

WENN BEIM KORDEL-KREUZANSCHLAG mit 3 verschiedenen Fäden gearbeitet wird, können diese auch erst nach Fertigstellung des Anschlags abgeschnitten werden um sicherzustellen, dass die Garnmenge für den ganzen Anschlag reicht.

DIE FADENENDEN können zu einer dekorativen Quaste zusammengeknotet oder unsichtbar vernäht werden.

Norwegischer Sockenanschlag ▶

Der norwegische Sockenanschlag, auch verschränkter deutscher Anschlag genannt, ist ein besonders elastischer und strapazierfähigen Anschlag, der sich sehr gut für Sockenbündchen eignet. Er benötigt als Basis eine Knotenschlinge mit einem Fadenende, das noch mindestens 4x so lang ist wie der Sockenumfang. Die Ausgangsposition ist die gleiche wie beim klassischen Kreuzanschlag.

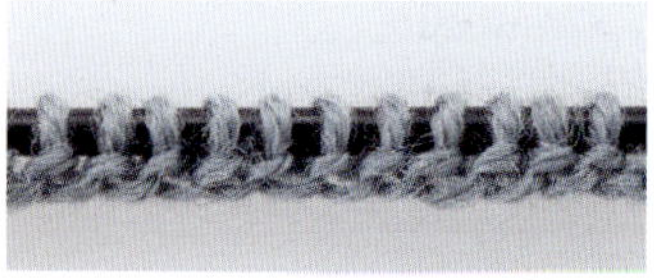

Norwegischer Sockenanschlag

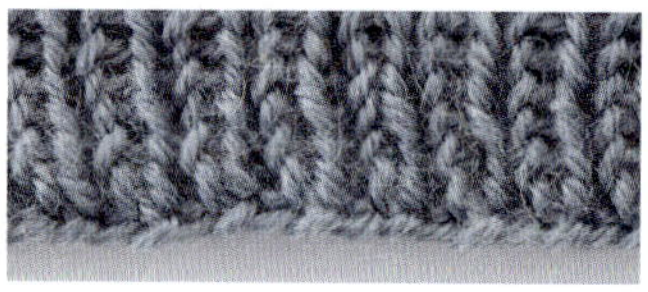

Norwegischer Sockenanschlag mit Bündchen

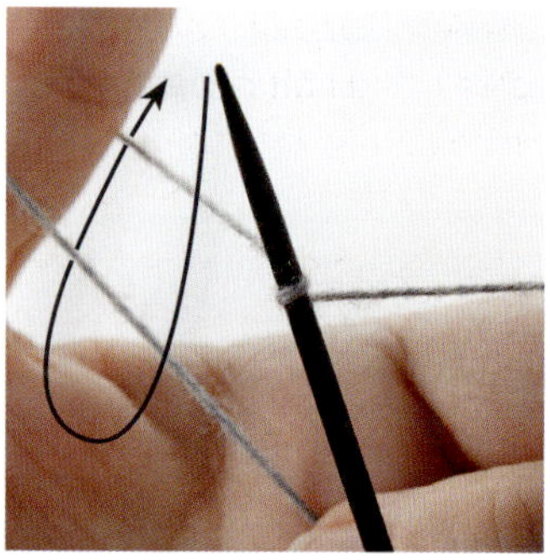

1 Die Nadel mit der Knotenschlinge in der rechten Hand halten, das Fadenende liegt über dem ausgestreckten Daumen, der Arbeitsfaden über dem ausgestreckten Zeigefinger der linken Hand. Beide Fäden mit den übrigen Fingern der linken Hand fassen und spannen. Die Arbeitsnadel mit der Schlinge befindet sich in der Mitte des gespannten Fadendreiecks zwischen Daumen und Zeigefinger.

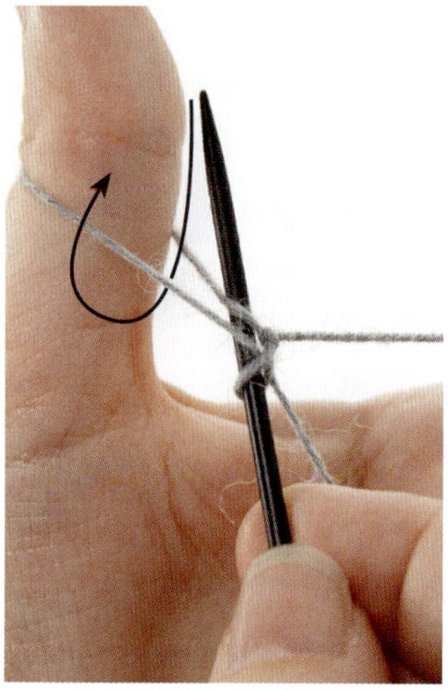

2 Mit der rechten Nadelspitze nun – anders als beim klassischen Kreuzanschlag – nicht in die Daumenschlinge, sondern unter beiden Daumenfäden durchstechen und von oben in Pfeilrichtung in das Dreieck der beiden Daumenfäden einstechen.

3 Auf diese Weise nun den hinteren Daumenfaden unter dem vorderen Daumenfaden durchziehen und die Nadelspitze in Pfeilrichtung um den Zeigefingerfaden führen.

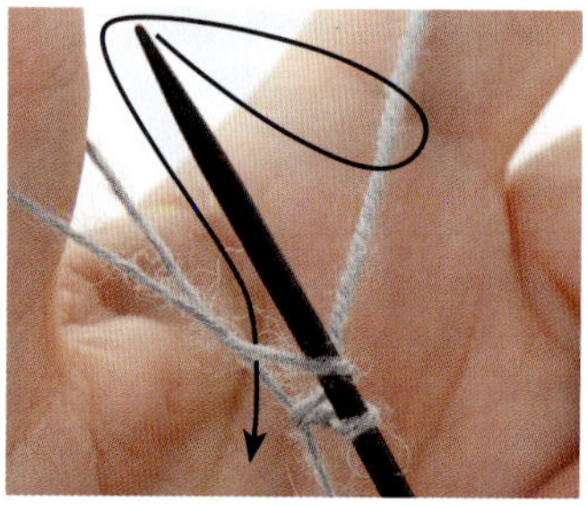

FÜR DEN NORWEGISCHEN SOCKENANSCHLAG wird statt einer einfachen Grundschlinge unbedingt eine Knotenschlinge benötigt.

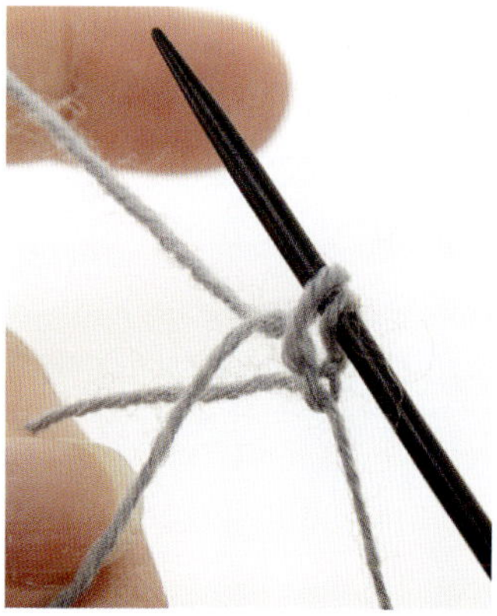

4 Den Zeigefingerfaden durch die auf der Nadel liegende Schlinge ziehen. Die Daumenschlinge vom Daumen gleiten lassen und das Fadenende mit dem Daumen anziehen, bis sich die Masche auf der Arbeitsnadel bildet. Den Daumen anheben und die Schritte 2-4 wiederholen, bis die gewünschte Maschenzahl auf der Nadel ist.

Knötchenanschlag

Der Knötchenanschlag gehört sowohl zu den dekorativen als auch zu den praktischen Anschlägen. Er ist sehr elastisch und dank der Knötchen auch griffig. Die Ausgangsposition ist dieselbe wie beim verstärkten Kreuzanschlag.

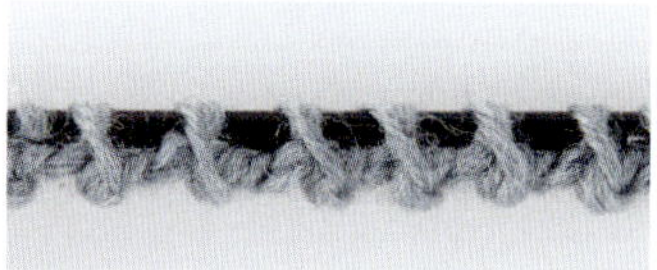

Knötchenanschlag

Knötchenanschlag mit Bündchen

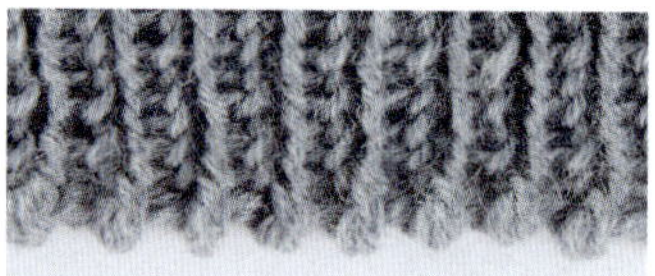

1 Den doppelten Daumenfaden ebenfalls doppelt um den Daumen wickeln (über dem Daumen liegen nun insgesamt vier Fäden).

2 Mit der Nadel nun von unten in die vierfache Schlinge einstechen und den Zeigefingerfaden als Schlaufe durch die Schlinge holen.

3 Die Masche auf der Nadel gut anziehen, damit die Schlingen darunter ein Knötchen bilden.

4 Unter dem doppelt liegenden, hinteren Daumenfaden durchstechen, den Zeigefingerfaden fassen und unter dem Daumenfaden durchziehen.

Die Schritte 2-4 fortlaufend wiederholen, bis sich die gewünschte Maschenzahl auf der Nadel befindet.

ZUM KNÖTCHENANSCHLAG passt am besten ein 1/1-Rippenbündchen (siehe Seite 100).

Rüschen-anschlag

Der Rüschenanschlag wirkt sehr raffiniert, ist aber ganz einfach zu arbeiten.

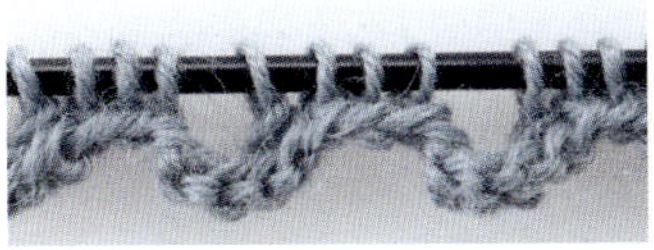

Rüschen-anschlag

Rüschen-anschlag mit Bündchen

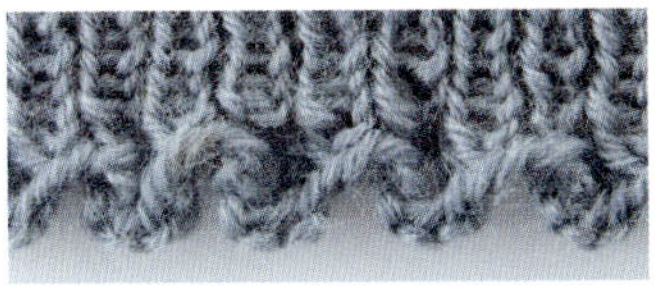

1. Reihe: Im klassischen Kreuzanschlag auf einer Nadel die doppelte Menge an Maschen anschlagen, die später für den Sockenumfang benötigt wird. Je nachdem, ob sich die Maschenzahl durch 3 oder 4 teilen lässt, in der 2. Runde wie folgt verfahren:

2. Reihe: * 3 bzw. 4 Maschen rechts stricken, 3 bzw. 4 Maschen abketten *, von * bis * fortlaufend wiederholen und dabei die Maschen gleichmäßig auf drei oder vier Nadeln verteilen. Die Maschen liegen nun in kleinen Grüppchen aufgereiht.

3. Reihe: Die Maschen im gewünschten Bündchenmuster abstricken. Dabei schließen sich die Abstände zwischen den Maschengruppen und die Rüschen entstehen.

FÜR DIESEN ANSCHLAG sollten Sie den klassischen Kreuzanschlag (Seite 79) und das Abketten (Seite 204) beherrschen.

Zweifarbiger Anschlag

Der zweifarbige Anschlag ist ein Zieranschlag, der eine sehr dekorative Abschlusskante bildet. Diese fällt aber so elastisch aus, dass der Anschlag sehr gut für Socken verwendet und mit allen Arten von Bündchen kombiniert werden kann.

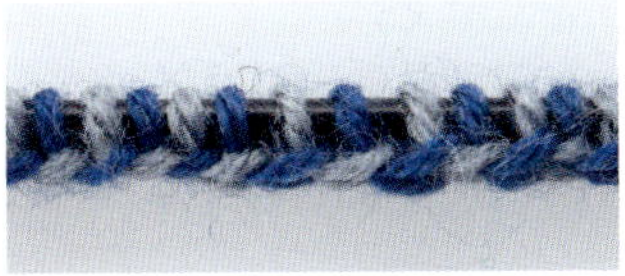

Zweifarbiger Anschlag

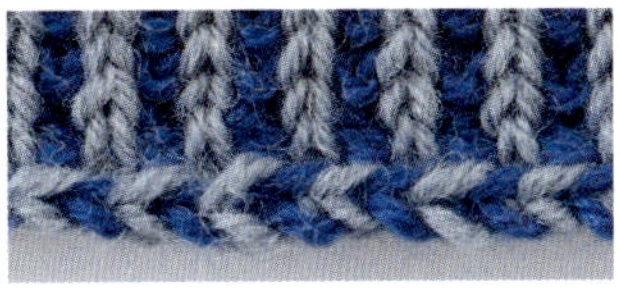

Zweifarbiger Anschlag mit Bündchen

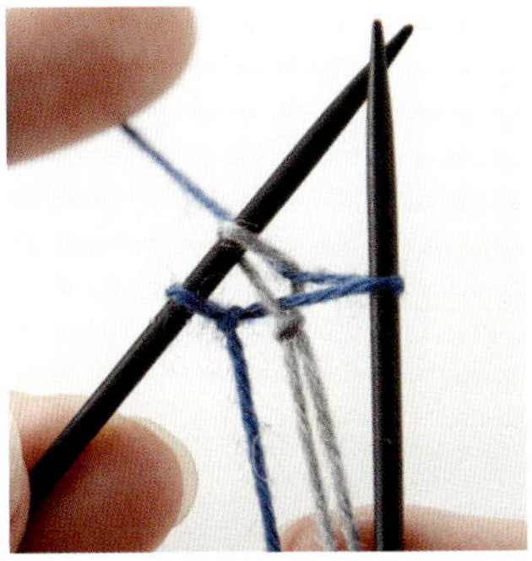

1 Aus jeder der beiden Farben je eine Knotenschlinge (siehe Seite 75) arbeiten und zunächst die Schlinge der Farbe A, dann die Schlinge der Farbe B auf die gleiche Nadel heben. Diese Nadel mit den beiden Schlingen in der linken Hand halten, der Arbeitsfaden in Farbe A liegt auf dem linken Zeigefinger hinter der Arbeit. Die rechte Hand hält neben der noch freien Arbeitsnadel auch die beiden Fadenenden und den Arbeitsfaden in Farbe B. Mit Farbe A eine rechte Masche aus der Knotenschlinge in Farbe B herausstricken und die Knotenschlinge in Farbe B von der linken Nadel gleiten lassen.

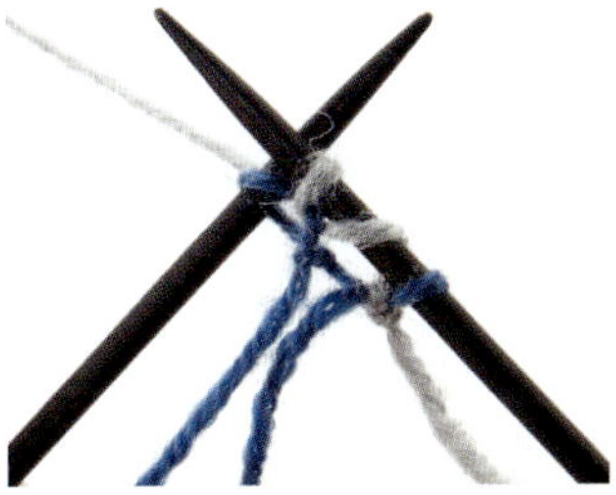

2 Den Arbeitsaden in Farbe A zwischen den beiden Nadeln nach vorne holen, den Faden in Farbe B nach hinten und über den Zeigefinger legen. Mit dem Faden in Farbe B einen Umschlag arbeiten und aus der Masche in Farbe A 1 Masche rechts stricken.

3 Die rechte Masche zurück auf die linke Nadel heben. Den Faden in Farbe B zwischen den beiden Nadeln nach vorne hole und über den Faden in Farbe A legen.

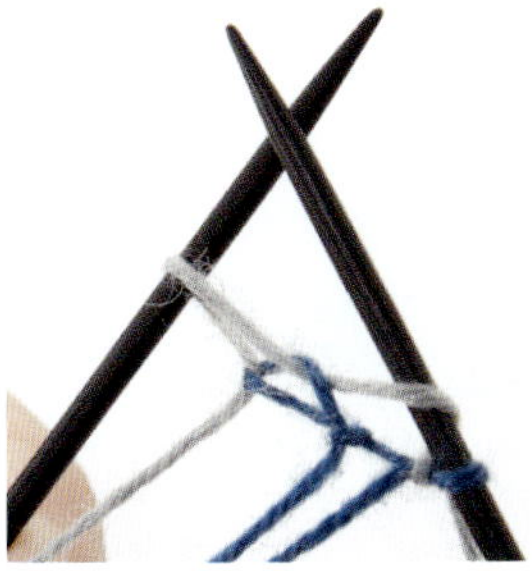

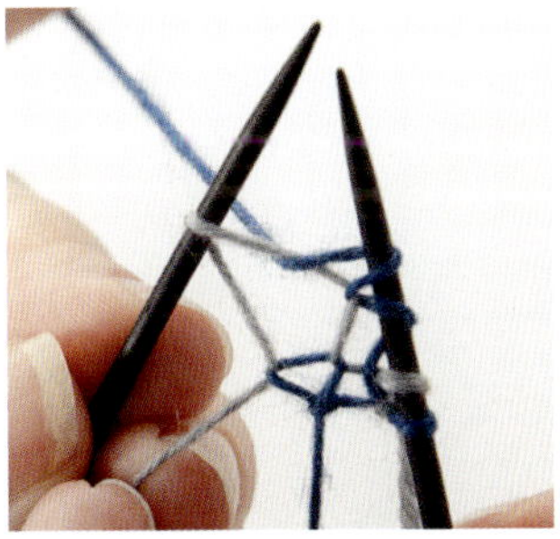

4 Den Faden in Farbe A zwischen den beiden Nadeln nach hinten und über den Zeigefinger legen. In Farbe A 1 Umschlag arbeiten und 1 Masche rechts stricken.

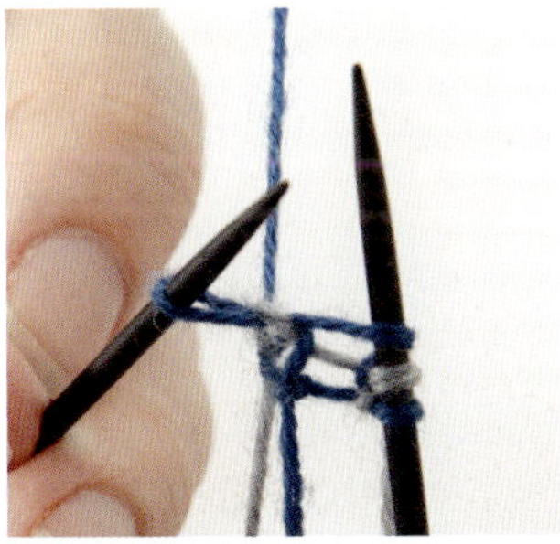

5 Die letzte Masche zurück auf die linke Nadel heben. Die Schritte 2-5 fortlaufend wiederholen, bis die benötigte Maschenzahl auf der Nadel ist.

DER ZWEIFARBIGE ANSCHLAG wirkt besonders schön, wenn er mit zwei sehr kontrastreichen Farben gearbeitet wird.

UMSCHLÄGE zählen als Masche.

Italienische oder runde Anschläge

Italienische Anschläge, auch runde Anschläge genannt, bilden einen perfekt gerundeten Abschluss und sind schön elastisch. Sie eignen sich besonders, um ein 1/1-Rippenbündchen oder ein 2/2-Rippenbündchen anzuschließen. Da die erste Reihe eines italienischen Anschlags sehr instabil ist, empfiehlt es sich, alle Maschen zunächst auf einer Nadel anzuschlagen und sie erst in der zweiten Reihe gleichmäßig auf vier Nadeln zu verteilen und zur Runde zu schließen. Um besondere Elastizität zu erreichen, werden bei Socken sechs Übergangsrunden gearbeitet, bevor sich das eigentliche Bündchen anschließt.

Italienischer Anschlag ohne Hilfsfaden (Tunnelanschlag)

Ein italienischer Anschlag erzeugt ein doppellagiges Gestrick. Durch das Abstricken aller rechten Maschen (während die linken ungestrickt abgehoben werden) wächst die Außenseite des Sockenanschlags um 1 Runde. Durch das Abstricken der linken Maschen (und das Abheben der rechten) wird 1 Runde über die Innenseite des Sockenanschlags gearbeitet. Am Übergang zum späteren Bündchen werden die so getrennten innen und außen liegenden Maschen wieder zu einer Runde vereinigt, es entsteht wieder eine einzige Lage und darunter ein hohler Tunnel.

Die Grundschlinge so arbeiten, dass das Fadenende noch mindestens 3x so lang ist wie der Sockenumfang.

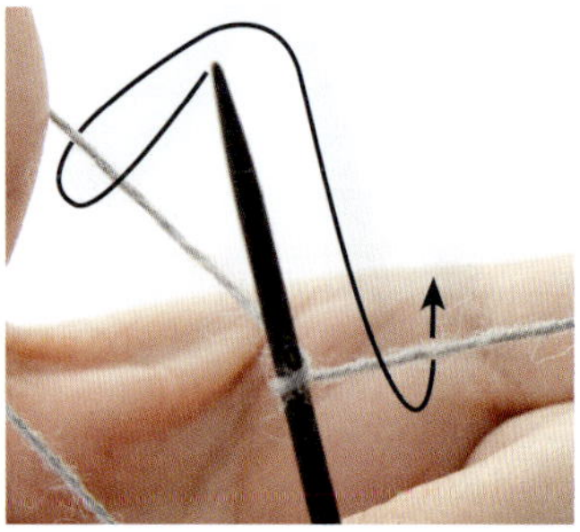

1 Die Arbeitsnadel mit der Grundschlinge in der rechten Hand halten. Den Arbeitsfaden über den ausgestreckten Zeigefinger und das Fadenende über den ausgestreckten Daumen der linken Hand legen. Beide werden von Mittel-, Ringfinger und kleinem Finger der linken Hand gehalten. Die Nadel mit der Grundschlinge befindet sich in der Mitte des zwischen Daumen und Zeigefinger gespannten Fadens.

2 Mit der Nadel von vorn unter dem hinteren Daumenfaden durchstechen.

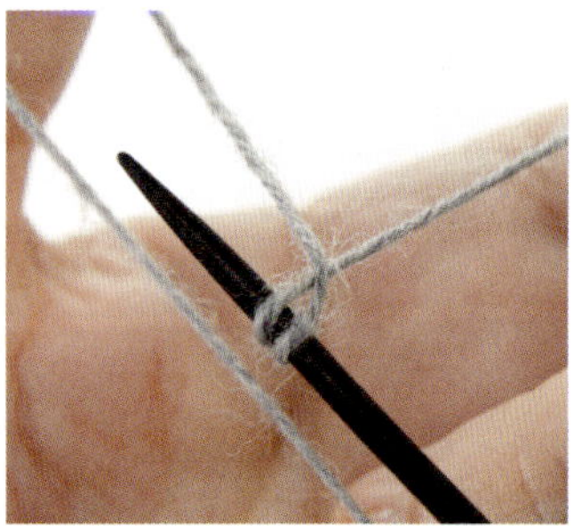

3 Den Zeigefingerfaden fassen und als Schlinge unter dem Daumenfaden durchziehen.

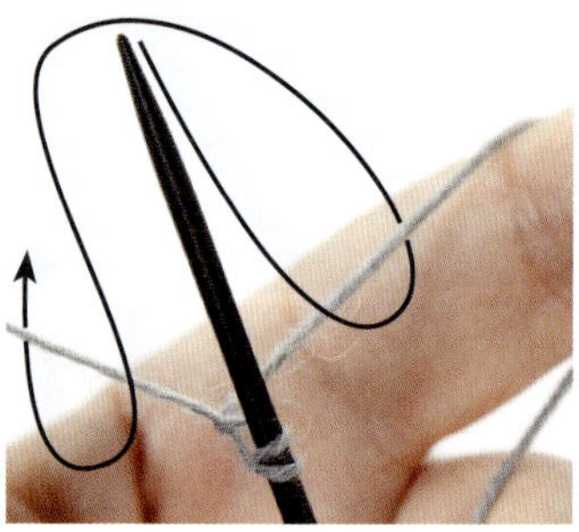

Die Schritte 2 und 3 fortlaufend wiederholen, bis die benötigte Maschenzahl erreicht ist.

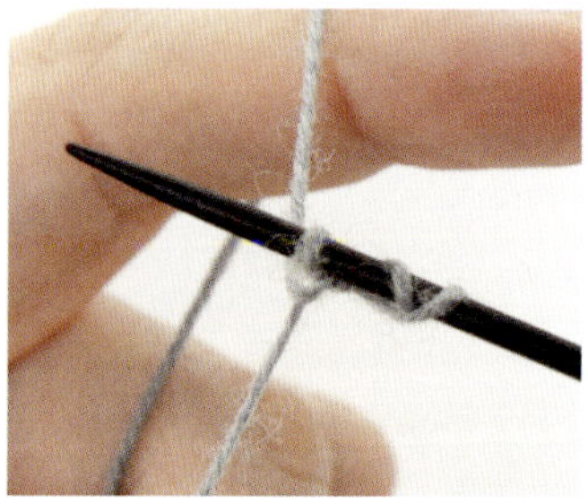

4 Von oben unter dem Zeigefingerfaden durchstechen, den hinteren Daumenfaden fassen und die Schlinge unter dem Zeigefingerfaden durchziehen.

DER ITALIENISCHE ANSCHLAG wird bei Socken mit der gleichen Nadelstärke gearbeitet wie der Rest der Socke.

DER ITALIENISCHE ANSCHLAG ohne Hilfsfaden ist der praktischste unter den italienischen Anschlägen, die Fadenspannung kann aber nur wenig variiert werden.

DIE NADELN während des Anschlagens nicht aus der Hand legen und die Fäden gut gespannt halten, da sich der Anschlag sonst gleich wieder auflöst.

Übergangsrunden zum Bündchen

Wenn alle Maschen angeschlagen sind, die Arbeit wenden und zunächst weiter in Reihen arbeiten.

1. Reihe: Im Wechsel 1 Masche rechts stricken und 1 Masche wie zum Linksstricken mit dem Faden vor der Masche abheben. Arbeit wenden.
2. Reihe: Die in der 1. Reihe abgehobenen Maschen rechts stricken, linke Maschen mit dem Faden vor der Masche wie zum Linksstricken abheben.
In dieser Reihe die Maschen gleichmäßig auf die Spielnadeln verteilen, die Anschlagkante zum Ring schließen und weiter in Runden arbeiten.
3. Runde: Linke Maschen links stricken, rechte Maschen mit dem Faden hinter der Masche abheben.
4. Runde: Rechte Maschen rechts stricken, linke Maschen mit dem Faden vor der Masche abheben.
5. Runde: Wie die 3. Runde arbeiten.
6. Runde: Wie die 4. Runde arbeiten.
Nach der 6. Übergangsrunde kann nun ein 1/1- oder 2/2-Bündchen angeschlossen werden (siehe Seite 100).

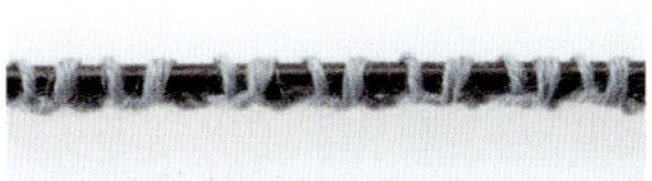

Tunnel-anschlag

Tunnelanschlag mit 1 Übergangsrunde

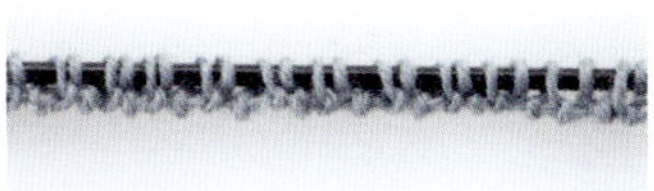

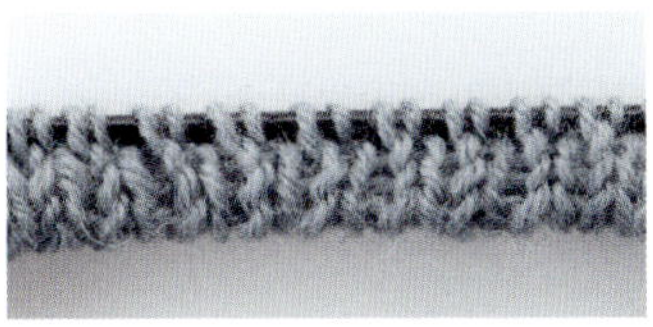

Tunnelanschlag mit 6 Übergangsrunden auf Vorder- und Rückseite je 3 Maschen übereinander

Italienischer Anschlag mit Hilfsanschlag

Diese Anschlagvariante ergibt eine zusätzliche Masche, die in den anschließenden Übergangsrunden wieder abgenommen wird. Sie geht schnell und sieht sehr ordentlich aus.

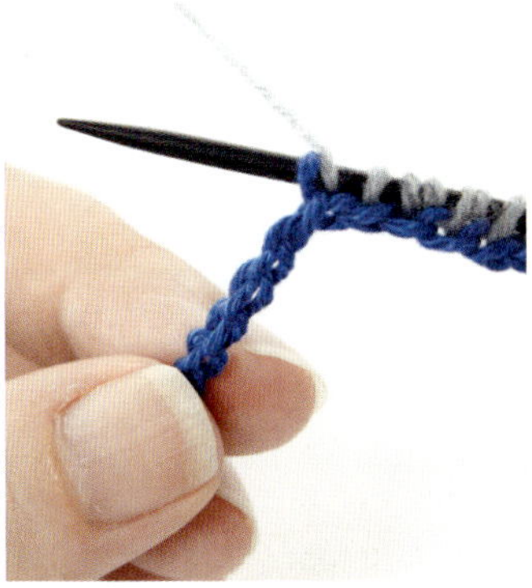

1 Für diesen Anschlag mit einem kontrastfarbenen Garn eine lockere Luftmaschenkette häkeln. Dafür etwa 10 Maschen mehr als die Hälfte der für den Anschlag benötigten Maschenzahl anschlagen. Aus den quer liegenden Maschengliedern auf der Rückseite der Luftmaschenkette jeweils 1 Masche herausstricken und 1 Umschlag arbeiten, bis sich die benötigte Maschenzahl auf der Nadel befindet (Umschläge zählen als Masche). Dabei gut darauf achten, nicht in das Hilfsgarn einzustechen.

JE NACH WAHL der Garnstärke für die Luftmaschenkette wird dieser Anschlag beliebig locker.

WEM DAS HERAUSSTRICKEN der Maschen aus der Rückseite der Luftmaschen nicht gut gelingt, kann dafür auch die Häkelnadel verwenden. Den Faden dafür mit dem Haken durch die Luftmasche holen und dann auf die Stricknadel hängen.

2 Um den letzten Umschlag zu stabilisieren, noch eine weitere, letzte Masche aus der Luftmaschenkette herausstricken. Die letzte überzählige Masche wird in der dritten Runde beim Übergang zum Bündchen mit der nächsten Masche zusammengestrickt und so wieder abgenommen.

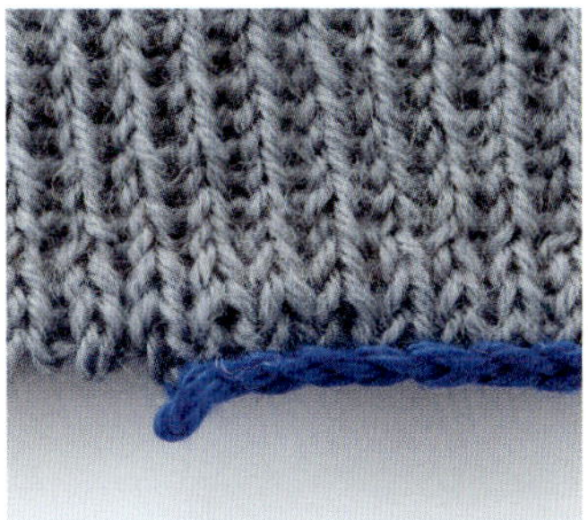

3 Nun die 6 Übergangsrunden arbeiten (siehe Seite 86) und ein 1/1- oder 2/2-Bündchen anschließen. Den Hilfsfaden nach Fertigstellung des Bündchens lösen und herausziehen.

Italienischer Anschlag mit Hilfsfaden

Der italienische Anschlag mit Hilfsfaden ergibt ebenfalls eine zusätzliche Masche, die in den Übergangsrunden abgenommen wird. Er fällt etwas lockerer aus als der Tunnelanschlag.

Die Maschen werden um einen Kontrastfaden von etwa 60 cm Länge herum angeschlagen. Dafür zuerst eine Grundschlinge arbeiten. Das Fadenende sollte so lang sein, dass es sich später gut vernähen lässt.

ALS HILFSFADEN sollte bei allen Anschlägen immer ein möglichst glattes Garn verwendet werden. Dieses lässt sich später leicht herausziehen, ohne sich mit dem Originalgarn zu verhaken.

1 Die Nadel mit der Grundschlinge befindet sich in der rechten Hand. Der Arbeitsfaden, wird über den ausgestreckten Zeigefinger gelegt. Über den ausgestreckten Daumen den Kontrastfaden legen. Die rechte Hand hält neben der Arbeitsnadel die beiden Fadenenden, die linke Hand das linke Fadenende des Hilfsfadens und den Arbeitsfaden.

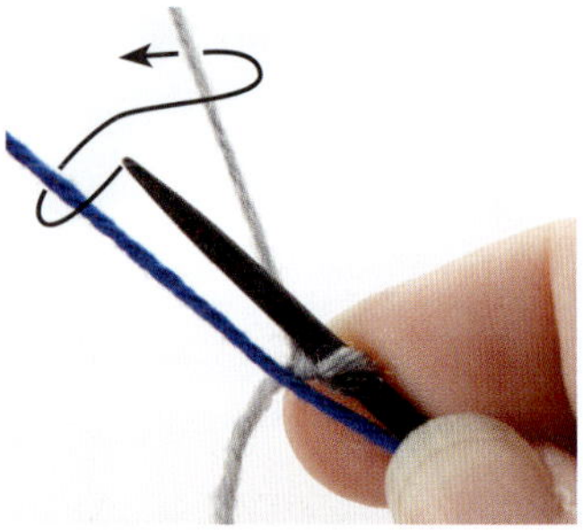

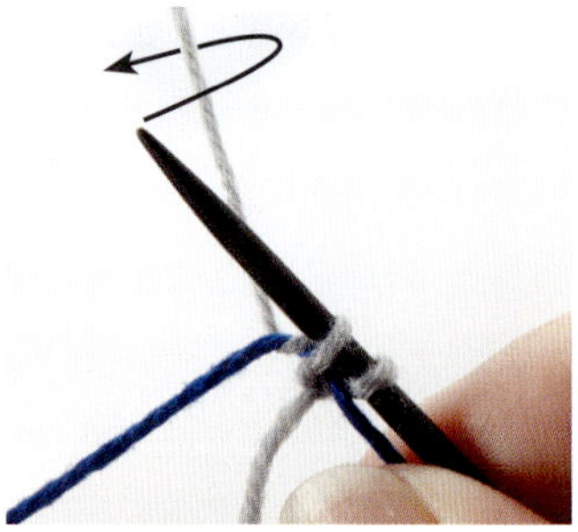

2 Mit der Nadel unter dem Hilfsfaden hindurch den Zeigefingerfaden als Masche auf die Arbeitsnadel holen.

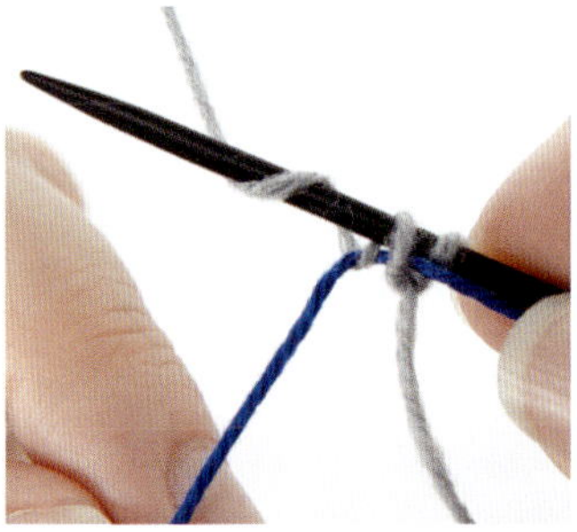

3 Mit dem Zeigefingerfaden einen Umschlag über dem Hilfsfaden arbeiten.

Die Schritte 2 und 3 wiederholen, bis sich die benötigte Maschenzahl auf der Nadel befinde.

UMSCHLÄGE zählen als Masche.

Um den letzten Umschlag zu stabilisieren, noch 1 letzte Masche unter dem Hilfsfaden hindurch holen. Die letzte überzählige Masche wird in der 3. Runde beim Übergang zum Bündchen wieder abgenommen. Nun die 6 Übergangsrunden arbeiten und ein 1/1- oder 2/2-Bündchen anschließen. Den Hilfsfaden nach Fertigstellung des Bündchens lösen und herausziehen.

Übergang zum Bündchen für beide Anschlagvarianten mit einer zusätzlichen Masche

Wenn alle Maschen angeschlagen sind, die Arbeit wenden und zunächst weiter in Reihen arbeiten.

1. Reihe: Alle Umschläge rechts stricken, alle Maschen mit dem Faden vor der Masche wie zum Linksstricken abheben. Arbeit wenden.

2. Reihe: Die abgehobenen Maschen rechts stricken, die linken Maschen mit dem Faden vor der Masche wie zum Linkssstricken abheben.

In dieser Reihe die Maschen gleichmäßig auf die Spielnadeln verteilen und die Anschlagkante zur Runde schließen.

3. Runde: Linke Maschen links stricken, rechte Maschen mit dem Faden hinter der Masche wie zum Linksstricken abheben.

In dieser Runde wird die letzte (überzählige) Masche der 4. Nadel mit der 1. Masche der 1. Nadel zusammengestrickt.

4. Runde: Rechte Maschen rechts stricken, linke Maschen mit dem Faden vor der Masche abheben.

5. und 6. Runde: Wie die 3. und 4. Runde arbeiten.

Nun ein 1/1- oder ein 2/2-Rippenbündchen anschließen, wie auf Seite 100 beschrieben.

ES IST SEHR WICHTIG darauf zu achten, ob der Faden beim Abheben der Masche vor oder hinter der Arbeit liegt (siehe Seite 63).

Gestrickte Anschläge

In England und den USA werden Anschläge häufig aufgestrickt. Bei diesen Anschlägen wird kein Fadenende in einer bestimmten Länge benötigt, sondern alle neuen Maschen werden nur mithilfe des Arbeitsfadens meist aus den vorhergehenden Maschen gebildet. Diese Anschläge müssen sehr sorgfältig gearbeitet werden, um später nicht einzuschneiden, da sie nicht allzu elastisch sind.

Variante 1

Bei dieser einfachen Variante wird jede neue Masche als Schlinge aus der vorhergehenden Masche gezogen und auf die Nadel gelegt.

Gestrickter Anschlag

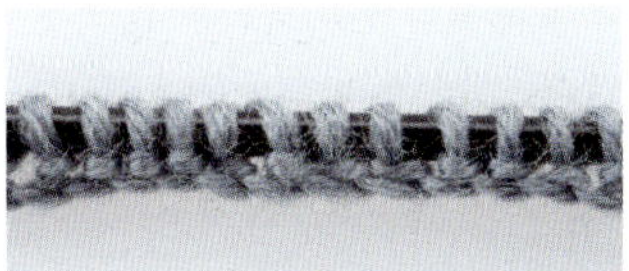

Anschlag mit Bündchen

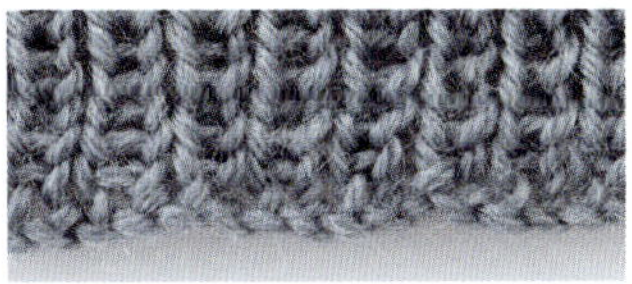

Zunächst eine Grundschlinge arbeiten. Das Fadenende sollte dabei so lang sein, dass es sich später gut vernähen lässt. Die Nadel mit der Grundschlinge in der linken Hand halten, den Arbeitsfaden über den Zeigefinger legen.

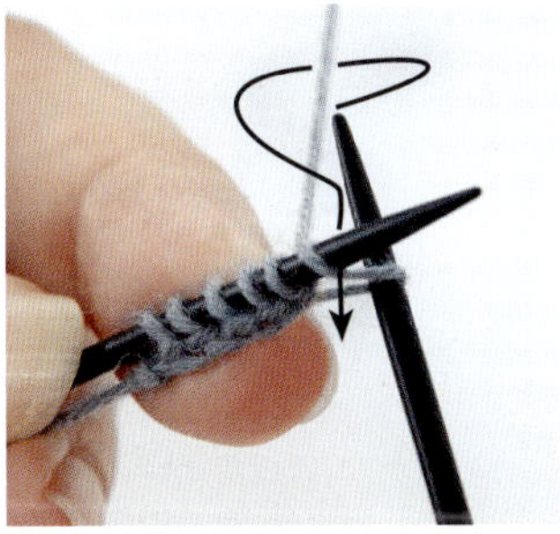

1 Mit einer zweiten Nadel wie zum Rechtsstricken in die Grundschlinge einstechen.

2 Den Faden holen, durch die Schlinge ziehen und die so entstandene neue Masche auf die linke Nadel heben. Mit dem Zeigefinger den Faden leicht anziehen. Aus dieser neuen Masche kann nun die nächste herausgestrickt werden.

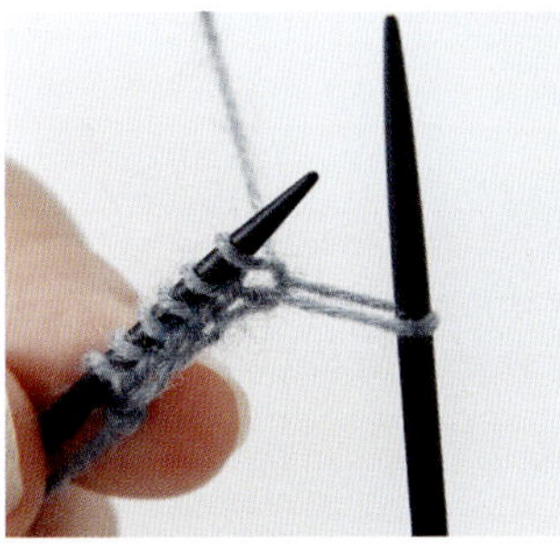

Schritt 2 fortlaufend wiederholen, bis sich die benötigte Maschenzahl auf der Nadel befindet.

Variante 2

Dieser Anschlag ist etwas schwieriger zu arbeiten, der Rand gelingt aber deutlich sauberer und ist elastischer.

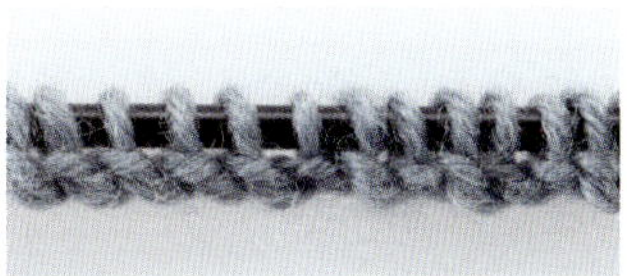

Gestrickter Anschlag

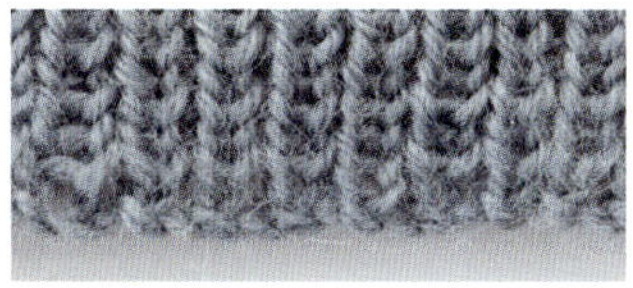

Anschlag mit Bündchen

Eine Grundschlinge mit einem Fadenende arbeiten. Es sollte so lang sein, dass es sich später noch gut vernähen lässt.

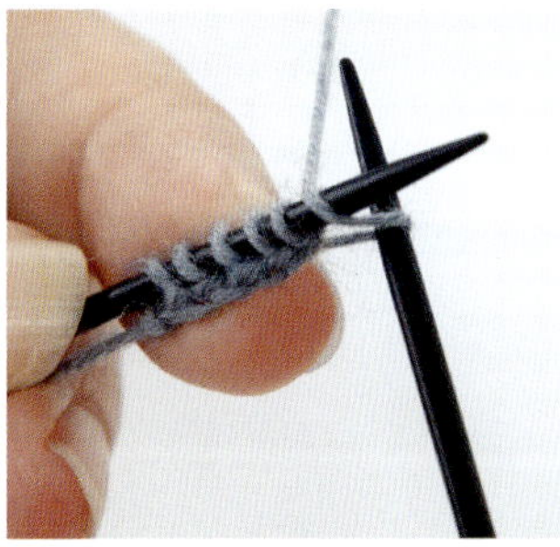

1 Aus dieser Schlinge wie bei Variante 1 mit einer zweiten Nadel eine Masche herausstricken, diese auf die linke Nadel heben und leicht anziehen.

2 Für weitere Maschen nun in den Zwischenraum zwischen den beiden vorhergehenden Maschen einstechen, den Faden hindurchholen, die neue Masche auf die linke Nadel heben und den Faden leicht mit dem Zeigefinger anziehen.

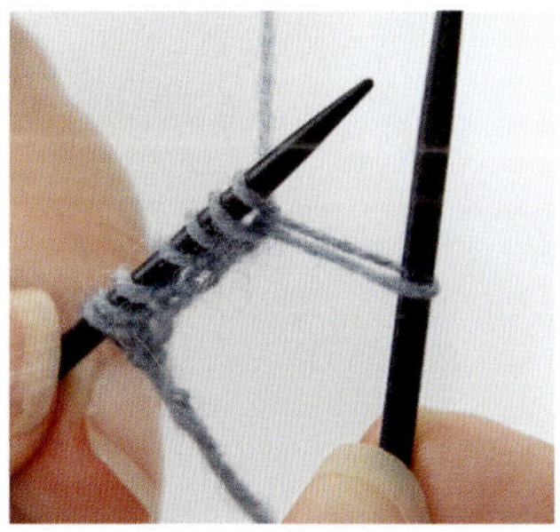

Nun Schritt 2 fortlaufend wiederholen.

GESTRICKTE ANSCHLÄGE sind besonders dort nützlich, wo während des Strickens neue Maschen angeschlagen werden müssen, wie z. B. bei Patchworksocken (siehe Seite 225–231), da man nur den Arbeitsfaden, aber keinen Daumenfaden benötigt.

ANDERS ALS BEI ANDEREN ANSCHLÄGEN sammeln sich die angeschlagenen Maschen auf der linken statt auf der rechten Nadel.

Zeigefinger-Anschlag

Der Zeigefinger-Anschlag eignet sich sowohl als Hilfsanschlag wie auch als Grundanschlag. Er ist aber bei weitem nicht so elastisch wie der Kreuzanschlag. Der Zeigefinger-Anschlag benötigt keine Grundschlinge.

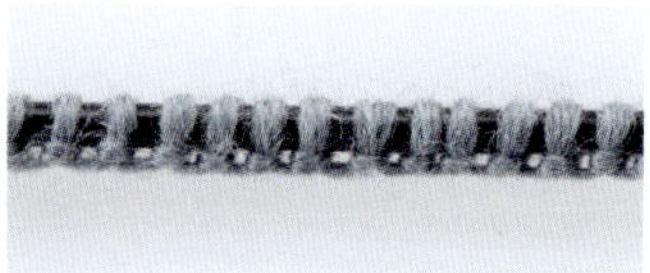

Zeigefinger-Anschlag

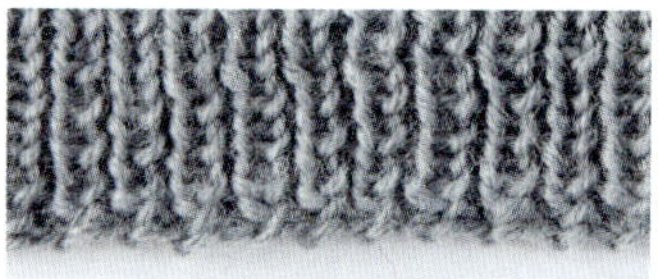

Anschlag mit Bündchen

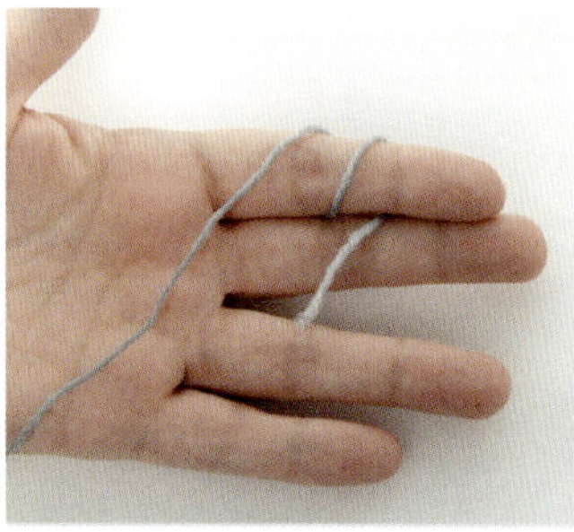

1 Den Faden 2x im Uhrzeigersinn um den linken Zeigefinger wickeln, dabei befindet sich das Fadenende direkt an der Schlinge, der Arbeitsfaden verläuft über die Handfläche vom Knäuel zum Zeigefinger und wird vom Daumen gehalten.

2 Die Nadel von unten nach oben unter den Arbeitsfaden stechen, sodass sich die Nadelspitze knapp oberhalb der Zeigefingerschlinge befindet.

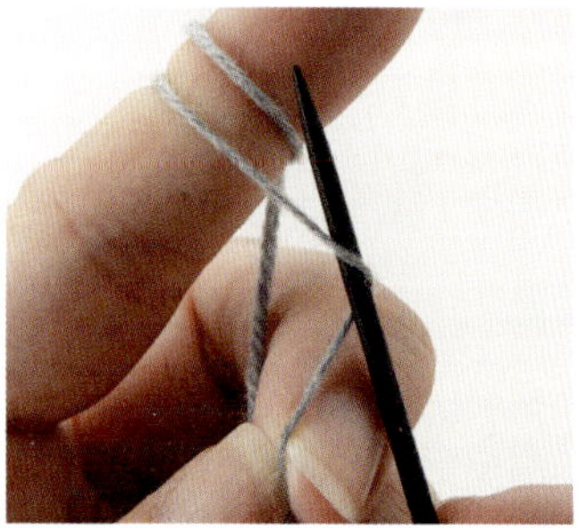

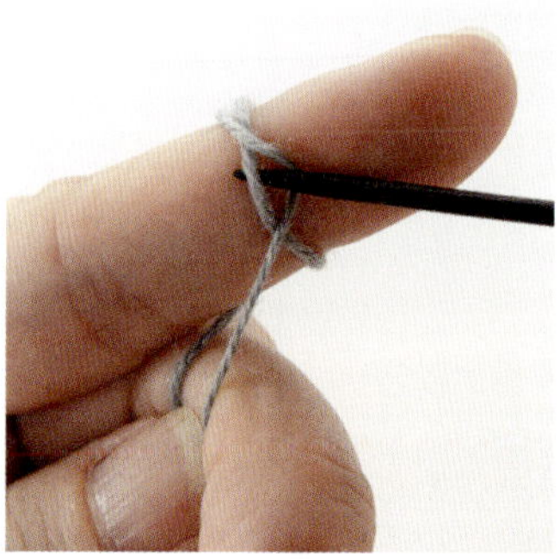

3 Dann von oben nach unten durch die Schlinge stechen.

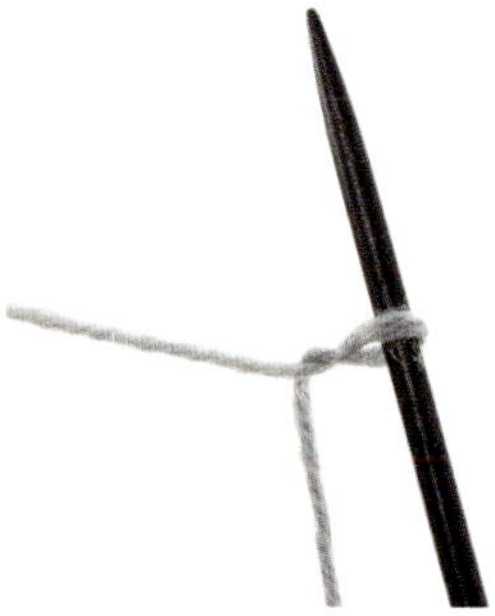

4 Die Schlinge vom Zeigefinger gleiten lassen und die Masche auf der Nadel gut anziehen.

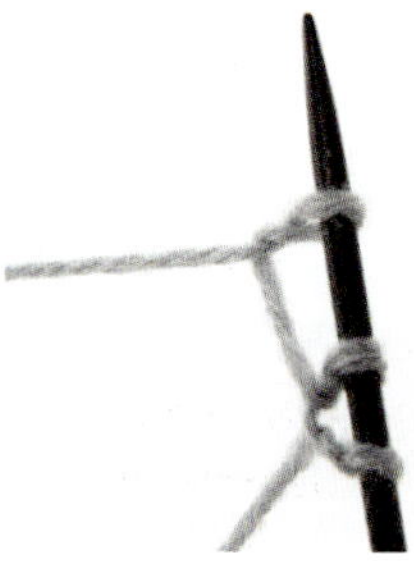

5 Den Arbeitsfaden wieder um den Zeigefinger wickeln und die Schritte 2-4 wiederholen, bis die gewünschte Maschenzahl auf der Nadel ist.

NACH DEM ARBEITEN der ersten Schlinge beide Fäden gut gespannt halten, da sich diese sonst leicht auflöst.

Picot-Anschlag

Der Picot-Anschlag ist nicht nur ein schöner Blickfang, sondern auch stabil und elastisch, da er auf dem Kreuzanschlag basiert. Er eignet sich für jede Art von anschließendem Bündchen.

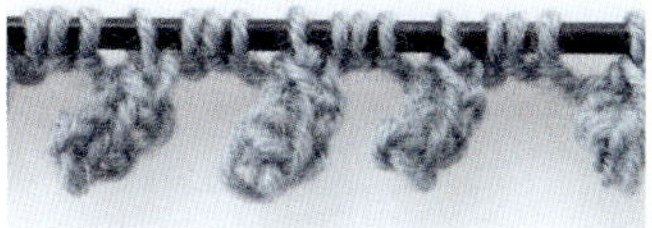

Picot-Anschlag

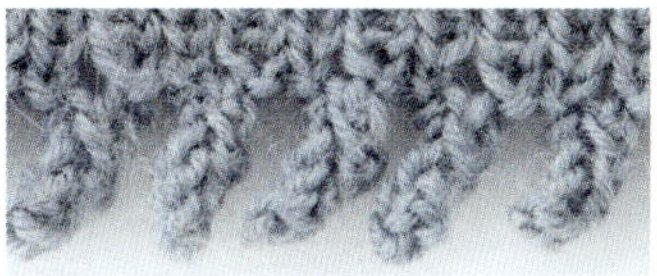

Anschlag mit Bündchen

FÜR DIESEN ANSCHLAG sollten Sie den klassischen Kreuzanschlag und einen gestrickten Anschlag beherrschen.

JE NACHDEM, wie viele Maschen auf- und abgestrickt werden, wird der Picot länger oder kürzer. Wenn mehr Maschen zwischen den Picots im Kreuzanschlag aufgenommen werden, vergrößern sich die Abstände zwischen den Picots.

Die Picots können alle 4, 5 oder 6 Maschen gearbeitet werden, je nachdem, durch welche dieser Zahlen die für die Socken benötigte Maschenzahl teilbar ist. In jedem Fall sollten die Picots gleichmäßig auf dem Anschlag verteilt sein.

Beispiel
Bei einem Anschlag mit 56 Maschen lassen sich die Picots nach jeweils 4 Maschen setzen, somit enthält die erste Runde 14 Picots.

Der Daumenfaden muss bei diesem Anschlag genauso lang sein wie beim klassischen Kreuzanschlag, die Picots werden aus dem Arbeitsfaden gearbeitet.

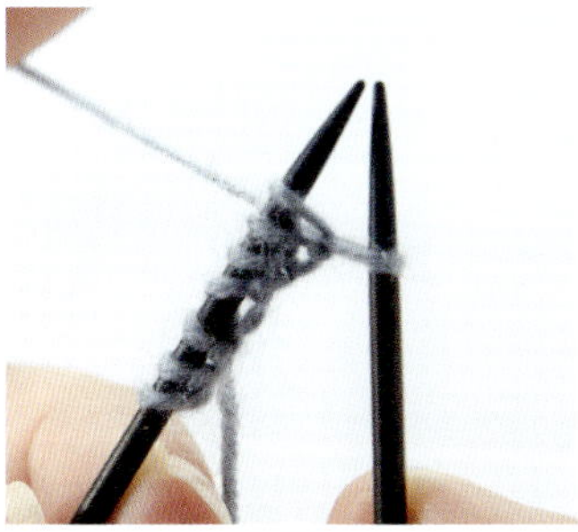

1 Im Kreuzanschlag (siehe Seite 79) 4 Maschen anschlagen, die Nadel mit den Maschen in die linke Hand nehmen und mit dem Arbeitsfaden mit einem gestrickten Anschlag (siehe Seite 87) 4 zusätzliche Maschen herausstricken und die 1. Masche rechts stricken. Auf der linken Nadel befinden sich 4 Maschen (Kreuzanschlag) + 3 Maschen (aufgestrickt), auf der rechten Nadel befindet sich die vierte aufgestrickte Masche.

2 * Jetzt wird die erste Masche der linken Nadel rechts verschränkt gestrickt und befindet sich damit auf der rechten Nadel. Die beiden Maschen der rechten Nadel zurück auf die linke Nadel heben und rechts verschränkt zusammenstricken *.

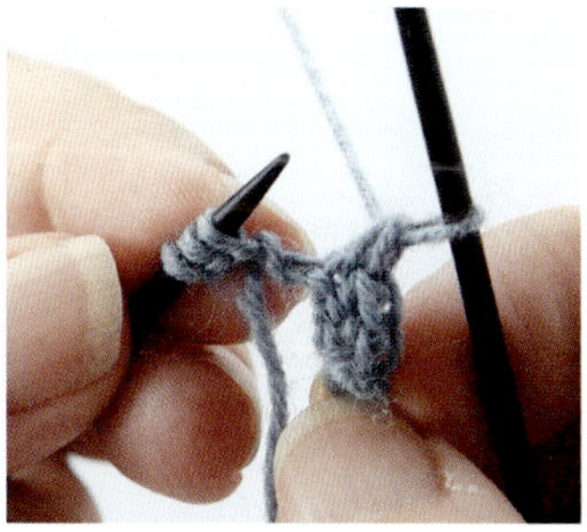

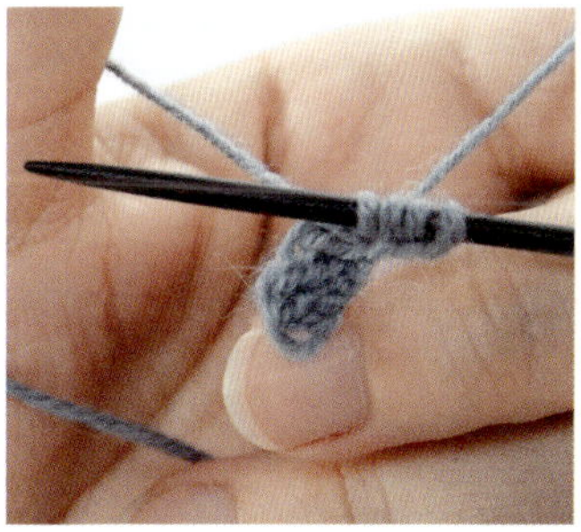

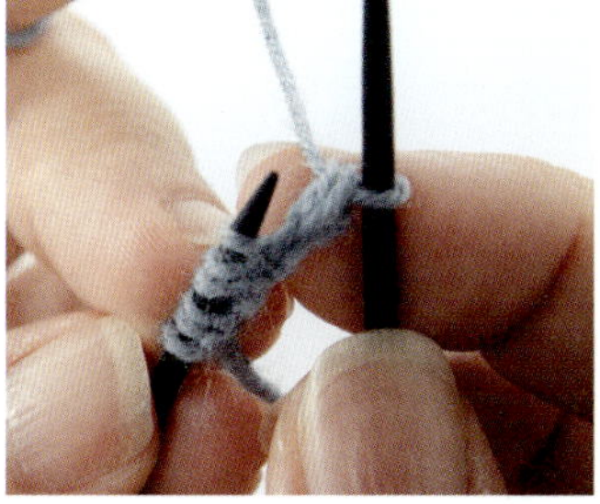

3 Von * bis * so lange wiederholen, bis sich auf der linken Nadel nur noch 3 Maschen und auf der rechten Nadel 1 Masche befinden. Die Masche der rechten Nadel zurück auf die linke Nadel heben. Dort befinden sich wieder 4 Maschen.

4 Die Nadel mit den Maschen wieder in die rechte Hand nehmen. Den Daumenfaden, der für den Picot nicht gebraucht wurde, wieder über den Daumen legen und Faden und Nadel in die Ausgangsposition für den Kreuzanschlag bringen. Der Picot muss sich dabei zwischen Daumen- und Zeigefingerfaden befinden, sodass er von beiden Seiten „umschlossen" ist. Weitere 4 Maschen im Kreuzanschlag und den nächsten Picot arbeiten.

Hilfsanschläge mit Maschenaufnahme

Manchmal ist es nützlich, die Arbeit später in die entgegengesetzte Richtung fortsetzen zu können, z. B. bei nachträglich eingestrickten Fersen, Saumbündchen, quergestrickten Socken oder Toe-Up-Socken. Dazu ist ein Anschlag notwendig, aus dem sich leicht wieder neue Maschen aufnehmen lassen.

Aufschlingen

Die großen Schlingen der Anschlagkante dieses Hilfsanschlags können später sehr leicht auf eine Nadel gehoben und als Maschen abgestrickt werden. Er eignet sich vor allem für Saumbündchen, da er nicht allzu sehr aufträgt.

DIESER ANSCHLAG ist besonders nützlich für quergestrickte Socken. Man spart auf diese Weise eine Seitennaht. Auch Toe-Up-Socken können auf diese Weise begonnen werden.

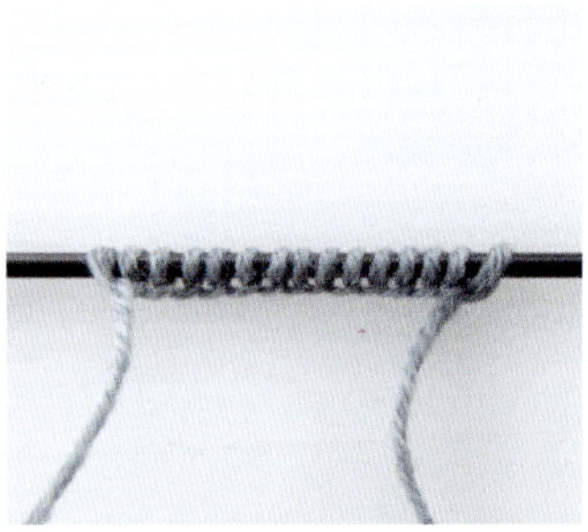

1 So viele einfache Grundschlingen (siehe Seite 75) hintereinander arbeiten, bis die benötigte Maschenzahl erreicht ist.

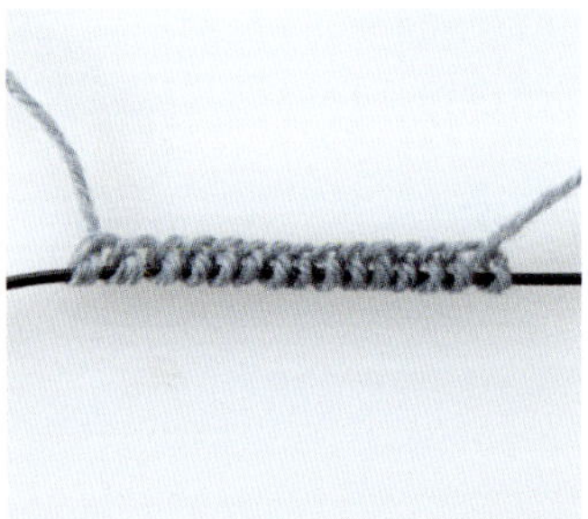

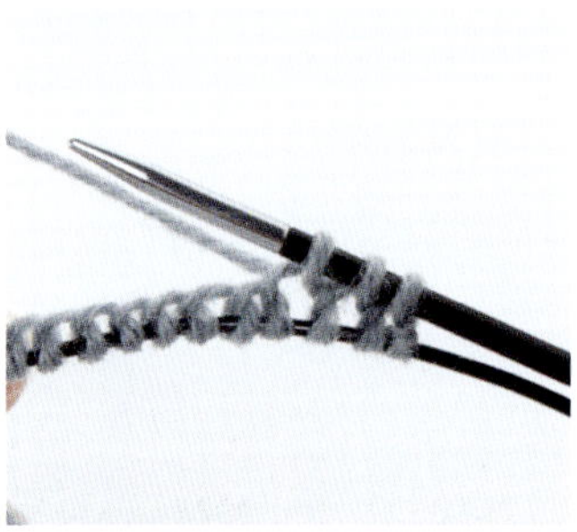

2 Will man gleich die Maschen der Gegenreihe aufnehmen, sollten die Maschen der ersten Reihe auf einer Rundstricknadel angeschlagen werden. Ist die gewünschte Anzahl an Maschen vorhanden, werden diese auf das Seil geschoben.

3 Die neuen Maschen werden nun entweder mit einer weiteren Rundstricknadel oder unter Verwendung der „Zauberschlinge" (siehe Seite 94) mit der gleichen, entsprechend langen Nadel aus den Zwischenräumen zwischen den fertigen Maschen herausgestrickt.

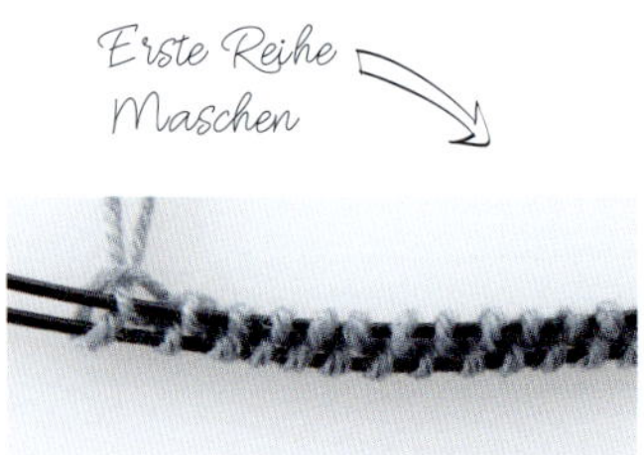

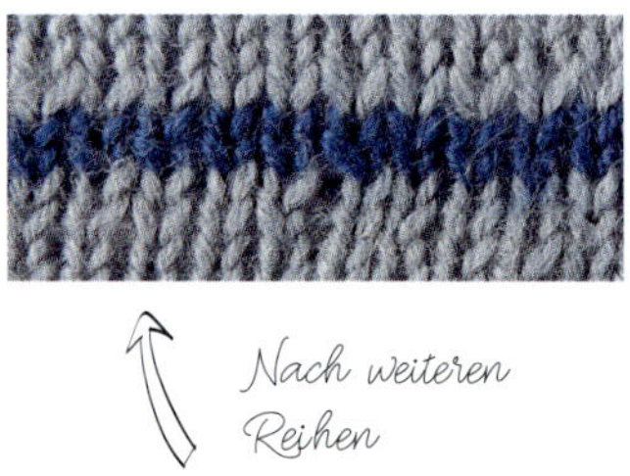

Offener Anschlag

Der offene Anschlag passt sich besonders gut ins Maschenbild ein, da die Anschlagreihe aus Kontrastgarn wieder aufgelöst wird und daher nicht aufträgt.

BEDENKEN SIE, dass sich später 1 Masche weniger auffassen lässt, als zunächst angeschlagen wurde, da die Schlinge um je eine halbe Masche versetzt entsteht und damit an beiden Rändern je eine halbe Masche „verloren geht".

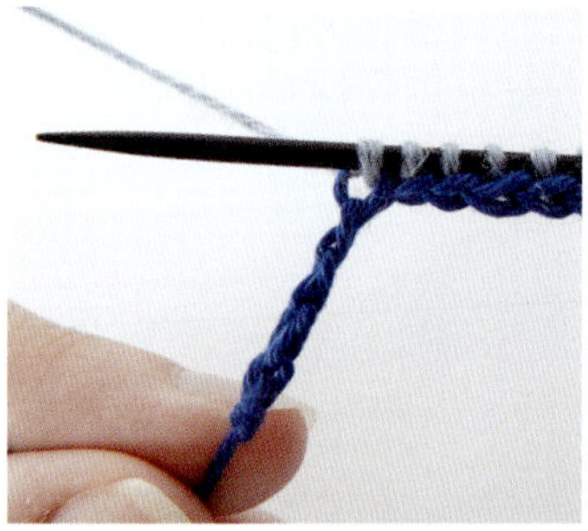

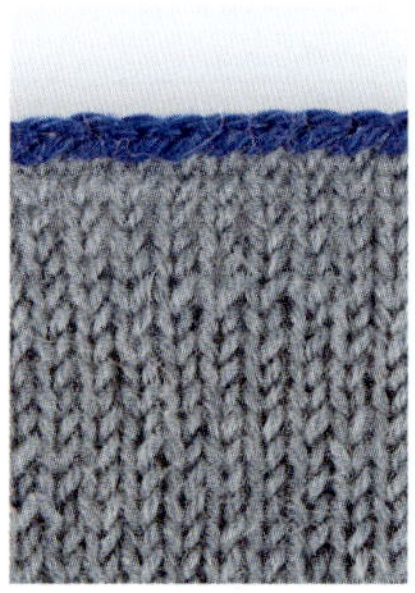

1 Mit einem kontrastfarbenen Garn eine lockere Luftmaschenkette häkeln. Dann aus den quer liegenden Maschengliedern auf der Rückseite der Luftmaschenkette mit dem Originalgarn je 1 Masche herausstricken. Gut darauf achten, dabei nicht in das Kontrastgarn einzustechen, sonst kann der Anschlag später nicht in einem Zug gelöst werden.

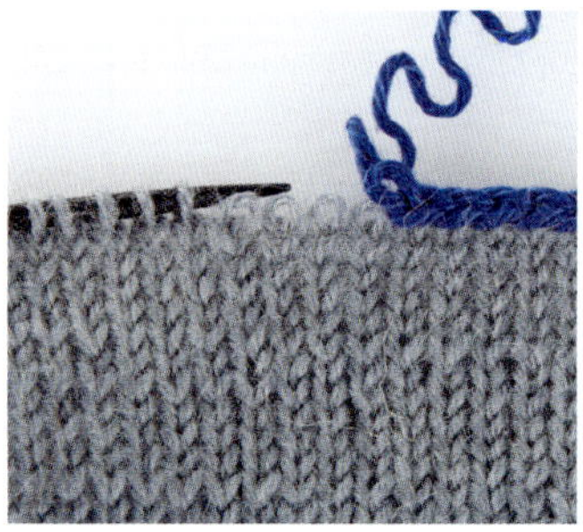

2 Beim vorsichtigen Lösen der Luftmaschenkette die offenen Maschen auffangen und abstricken oder im Maschenstich vernähen.

DER OFFENE ANSCHLAG arbeitet sich noch bequemer, wenn etwa zehn Schlingen mehr gehäkelt werden, als Maschen angeschlagen werden sollen.

Beidseitige Hilfsanschläge

Bei den folgenden Anschlägen werden keine neuen Maschen aus der Anschlagkante aufgenommen, denn sie können von vorneherein in beide Richtungen gearbeitet werden. Ihre Verwendungszwecke sind die gleichen wie die der Hilfsanschläge mit Maschenaufnahme, besonders nützlich erweisen sie sich jedoch bei Toe-Up-Socken.

Türkischer Anschlag

Der türkische Anschlag – auch Wickelanschlag genannt – gehört zu den einfachsten Anschlägen. Der Faden wird um zwei parallel liegende Spitzen einer Rundstricknadel gewickelt. Dabei verläuft die erste Schlinge nur um die obere Nadel, die letzte nur um die untere Nadel.

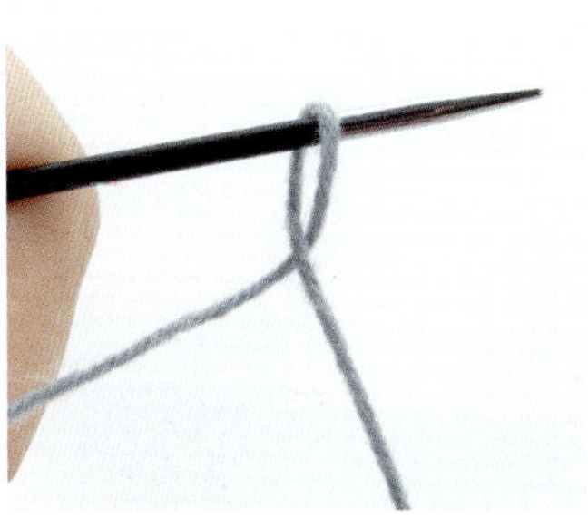

1 Den Faden 1x von vorne nach hinten um die obere Nadel wickeln. Daumen und Zeigefinger der linken Hand halten das Fadenende und die Nadel.

2 Die zweite Nadelspitze parallel zur ersten legen. Den Faden jeweils von vorne nach hinten weiter um beide Nadelspitzen wickeln, bis so viele komplette Wicklungen auf den Nadeln sind, wie Maschen benötigt werden.

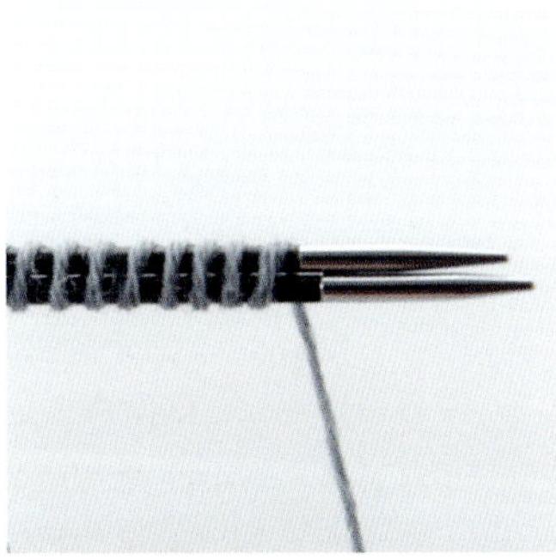

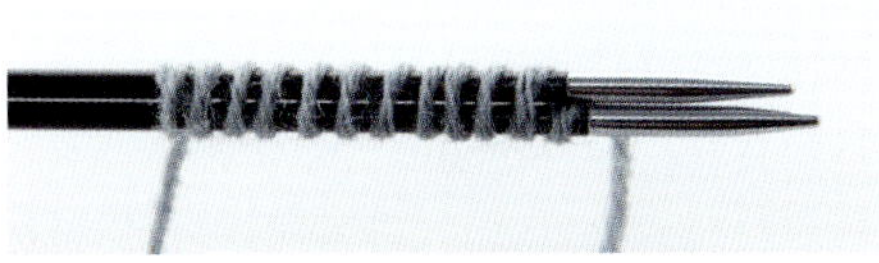

3 Zuletzt den Faden noch 1x nur um die untere Nadel wickeln.

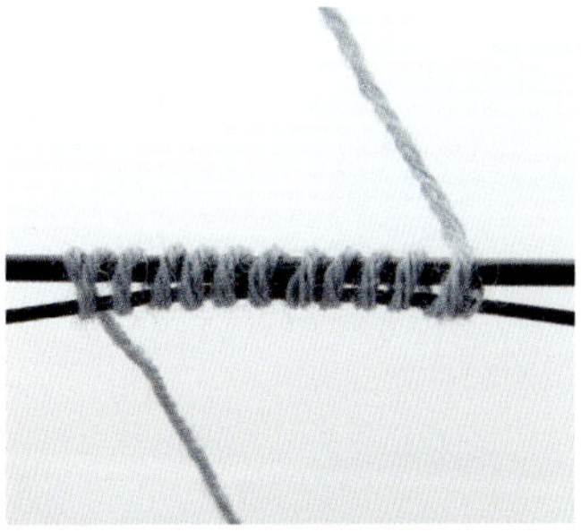

4 Die untere Nadelspitze nach rechts aus den Wicklungen herausziehen. Die Maschen rutschen auf das flexible Seil.

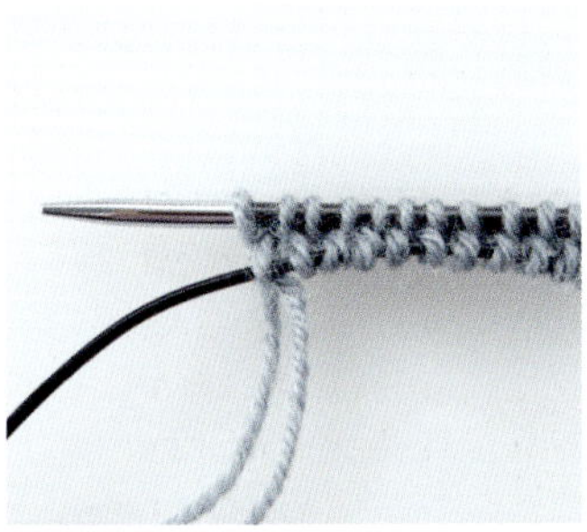

5 Mit der frei gewordenen Nadelspitze die noch auf der oberen Nadel befindlichen Schlingen rechts verschränkt stricken, also von rechts nach links einstechen.

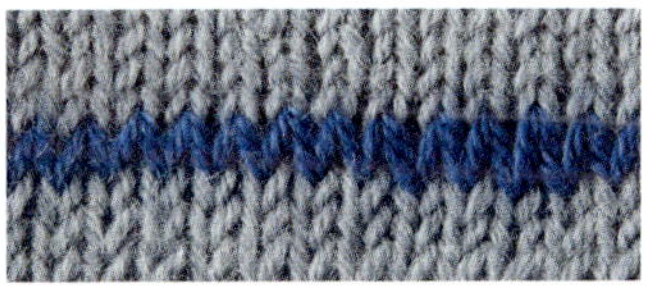

Anschlag in beide Richtungen weitergestrickt

Türkischer Anschlag von hinten

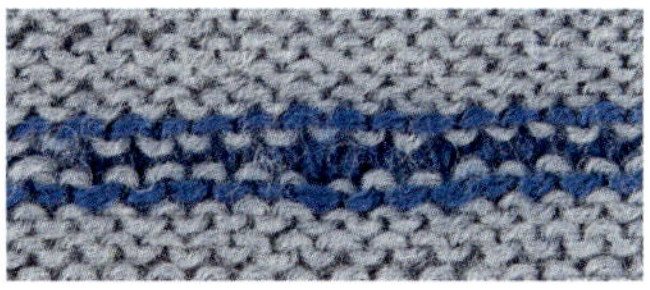

ES IST RATSAM, beidseitige Hilfsanschläge auf 1 oder 2 Rundstricknadeln zu arbeiten, bei denen die gerade nicht in Arbeit befindlichen Maschen auf das flexible Seil geschoben werden können. Dies erleichtert das Abstricken der restlichen Maschen deutlich.

Achteranschlag

Beim Achteranschlag werden die Maschen ebenfalls gewickelt, wie der Name schon vermuten lässt, jedoch in Achterform. Dieser Anschlag ergibt etwas größere Maschen, da die Nadeln nicht direkt aufeinander liegen. Dies erleichtert z. B. die Zunahmerunde einer Toe-Up-Spitze, die mit 8 Maschen begonnen wird.

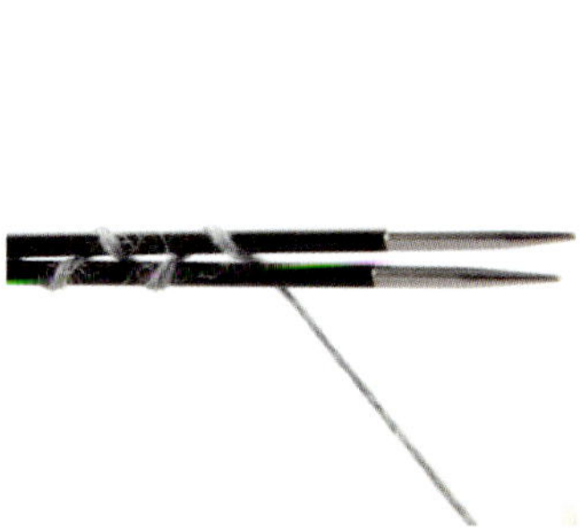

1 Den Faden in Achten um zwei parallel liegende Spitzen einer Rundstricknadel wickeln, bis die gewünschte Maschenzahl erreicht ist.

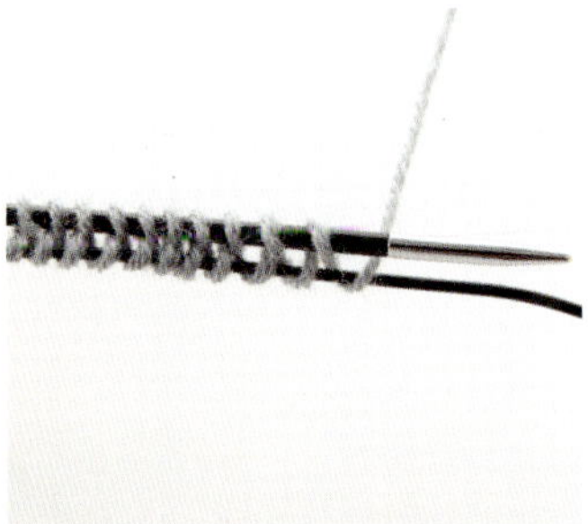

2 Die untere Nadelspitze nach rechts aus den Wicklungen herausziehen. Die Maschen rutschen auf das flexible Seil.

3 Die oberen, noch auf der Nadelspitze befindlichen Maschen mit der frei gewordenen Nadelspitze rechts abstricken.

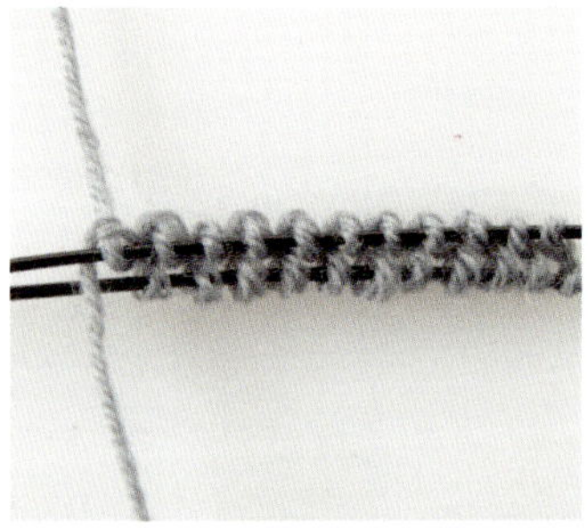

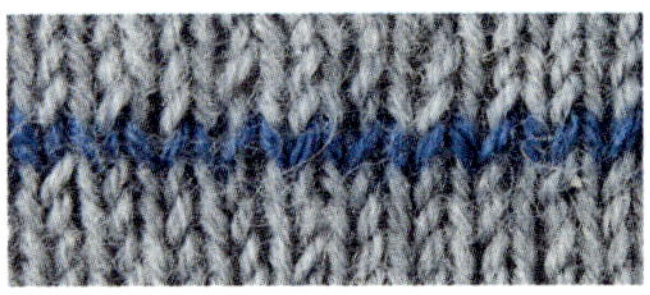

Anschlag in beide Richtungen weitergestrickt

Achteranschlag von hinten

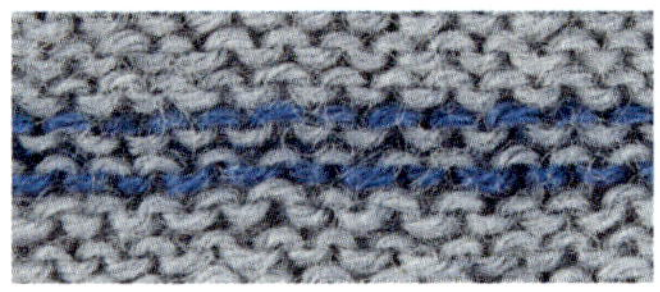

Je nachdem, wofür sie benötigt werden, werden die beidseitigen Anschläge nun unterschiedlich weitergestrickt:

Bei Saum- oder Rundbündchen die Maschen nur in eine Richtung in Runden weiterstricken. Die andere Seite bleibt unbearbeitet, bis sie von innen mit den Sockenmaschen zusammengestrickt wird (siehe Seite 105).

Bei Toe-Up-Socken werden die oberen und die unteren Maschen zusammen zur Runde geschlossen, um anschließend durch Zunahmen die Spitze zu formen. Dazu immer erst die Maschen der oberen Nadel abstricken, dann die Nadelspitze nach rechts herausziehen, sodass die Maschen auf das Seil rutschen. Am Seil ziehen, sodass die unteren Maschen auf die Nadelspitze rutschen, und nun diese abstricken. Siehe auch Kapitel Toe-Up-Socken (Seite 186) und Stricken auf 1 Rundstricknadel (Seite 94).

Bei quer gestrickten Socken wird in Reihen gearbeitet. Daher erst die Maschen der oberen Nadel abstricken, dann „um die Ecke" die Maschen der unteren Nadel. Die Arbeit wenden und auf dem gleichen Weg zurückstricken – siehe Kapitel Socken mal anders (Seite 232).

BEIDSEITIGE HILFSANSCHLÄGE gelingen durch das flexible Seil leichter auf einer Rundstricknadel. Natürlich können so angeschlagene Maschen auch auf ein Nadelspiel verteilt werden. Am besten gelingt dies, wenn die angeschlagenen Maschen bereits einmal abgestrickt wurden.

Rundstricken – Die Basics

Damit es später keine Naht gibt, die beim Tragen im Schuh unangenehm drücken könnte, werden Socken in nahtlosen kleinen Runden gestrickt. Dazu gibt es je nach Vorliebe verschiedene Möglichkeiten: Mit einem Nadelspiel auf 3 oder 4 Nadeln oder mit 1 oder 2 Rundstricknadeln.

Rundstricken mit dem Nadelspiel

Die benötigte Maschenzahl auf 3 oder 4 Spielnadeln anschlagen und zur Runde schließen, wie auf Seite 77 beschrieben. Die freie 4. oder 5. Nadel ist die Arbeitsnadel. Mit ihr werden nun die ersten Maschen der Runde auf der 1. Nadel im gewünschten Muster abgestrickt. Sind alle Maschen einer Nadel gestrickt, ist die Arbeitsnadel fest in den Maschen verankert und zur Maschennadel geworden. Die ehemalige Maschennadel ist nun frei und wird zur neuen Arbeitsnadel. Die Arbeit nun ein Stück nach rechts drehen, bis die nächste Maschennadel abstrickbereit vorne liegt.

Nummerierung des Nadelspiels

Zur besseren Übersicht werden beim Arbeiten mit Nadelspielen die Nadeln vom Anschlagfaden aus in Strickrichtung gedanklich durchnummeriert. Anleitungen beziehen sich häufig auf diese Nummerierung, um genau anzugeben, wo bestimmte Aktionen, z. B. Spickelabnahmen, durchgeführt werden oder bestimmte Elemente, z. B. Muster oder Fersen, platziert werden sollen.

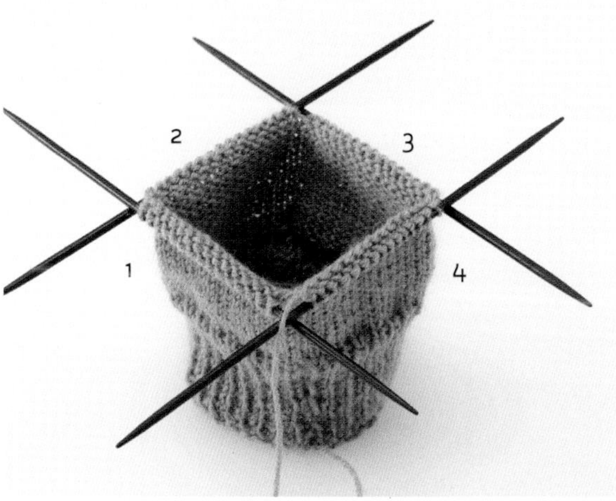

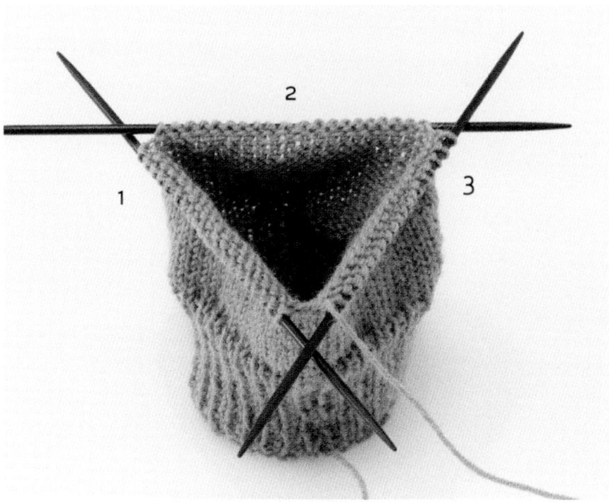

MANCHE ANLEITUNGEN ERFORDERN ES, dass der Rundenanfang im Verlauf des Strickens verlegt wird. Er ist dann nicht mehr identisch mit der Stelle, an der der Anschlagfaden hängt. In diesem Fall sollte der neue Rundenbeginn unbedingt markiert werden. Die Nadeln werden dann von dort aus neu in Strickrichtung durchnummeriert.

WERDEN DIE MASCHEN WÄHREND DES STRICKENS UMSORTIERT, auf jeden Fall den Rundenbeginn wie auf Seite 66 erklärt kennzeichnen und die Maschen am besten vor Fersen- oder Spitzenbeginn wieder in ihre ursprüngliche Verteilung zurücksortieren.

Gässchen vermeiden

Wer zum ersten Mal in Runden strickt, wird feststellen, dass sich an den Übergängen zwischen den Nadeln leicht unschöne größere Maschen bilden. Liegen diese großen Maschen in allen Runden übereinander, bleiben die so genannten Gässchen später als Linien in der Socke sichtbar. Die Ursache der Gässchen liegt darin, dass der Faden beim Übergang von einer Nadel zur anderen etwas fester angezogen werden muss als beim Stricken auf einer Nadel.

Gässchen beim Rechtsstricken

Um ein gutes Gefühl für die richtige Fadenspannung beim ersten Rundstrickversuch zu bekommen, ist es ratsam, die etwas größeren Anfangsmaschen jeder Nadel gleichmäßig im Maschenbild zu verteilen, indem die Arbeitsnadel jeweils um einige Maschen versetzt wird. Dazu am Ende jeder Nadel die freigewordene Nadel kurz beiseite legen und mit der zuletzt verwendeten Nadel noch 2-4 Maschen der folgenden Nadel abstricken. Dann wie gewohnt mit der freien Arbeitsnadel weiterarbeiten. Um den Rundenwechsel dabei nicht aus den Augen zu verlieren, ist eine Kennzeichnung sinnvoll. Einfach einen Maschenmarkierer (oder schlicht eine Büroklammer) vor dem Zusammenschluss auf die 4. Nadel direkt hinter die letzte Masche einhängen und noch 2-4 Maschen der 1. Nadel stricken. Ist in den folgenden Runden jeweils die markierte Stelle erreicht, den Markierer bzw. die Klammer einfach von der linken auf die rechte Nadel heben und weiterstricken. So bleibt der Rundenwechsel stets sichtbar. Aber Achtung: Manche Anleitungen arbeiten bei Mustererklärungen mit durchnummerierten Nadeln. Hier und auch beim Arbeiten von Fersen und Spitzen ist es wichtig, die Maschen wieder ab Rundenanfang gleichmäßig zu verteilen.

Gässchen beim Linksstricken

Ein ähnliches Gässchenproblem tritt auf, wenn die erste Masche einer Nadel nicht rechts, sondern links gestrickt werden muss, etwa bei Bündchen aus rechten und linken Maschen. Durch die andere Nadelhaltung beim Linksstricken verändert sich auch die Fadenspannung. Dieses Problem lässt sich umgehen, indem die Maschen auf den Nadeln nur für das Bündchen so umsortiert werden, dass die erste Masche jeder Nadel immer eine rechte Masche ist.

Beispiel

Ein 2-rechts-2-links-Rippenbündchen über einen Anschlag von 60 Maschen kann mit einer Maschenverteilung von 16+16+16+12 Maschen leicht ohne Gässchen gearbeitet werden. Beim Übergang zum Schaftmuster wieder 15 Maschen auf jede Spielnadel sortieren.

Rundstricken mit 1 Rundstricknadel – Die Zauberschlinge

Das Rundstricken mit der Zauberschlinge, oft auch mit dem englischen Begriff „Magic Loop" bezeichnet, auf nur 1 Rundstricknadel ist eine gute Alternative zum Nadelspiel für alle, die größere Strickbewegungen in den Handgelenken machen und daher mehr Raum zum Stricken benötigen. Um komfortabel arbeiten zu können, sollte die Rundstricknadel eine Länge von 100 cm haben. Die Zauberschlinge bezeichnet dabei ein Stück des Seils der Rundstricknadel, das auf der Hälfte des Strickstücks zwischen den Maschen herausgezogen wird. Sie ermöglicht damit eine Richtungsänderung im Strickstück an einer Stelle, die sich gerade nicht auf einer der beiden Nadelspitzen befindet. Die Sockenrunde teilt sich in zwei gleichgroße Maschenhälften, eine vordere und eine hintere.

DIE BEZEICHNUNG „VORDERE UND HINTERE MASCHENHÄLFTE" bleibt erhalten, egal welche Maschenhälfte gerade tatsächlich vorne liegt und gestrickt wird. Dies ist wichtig, um die Orientierung nicht zu verlieren. Bei der vorderen Maschenhälfte liegt der Rundenanfang rechts, bei der hinteren links.

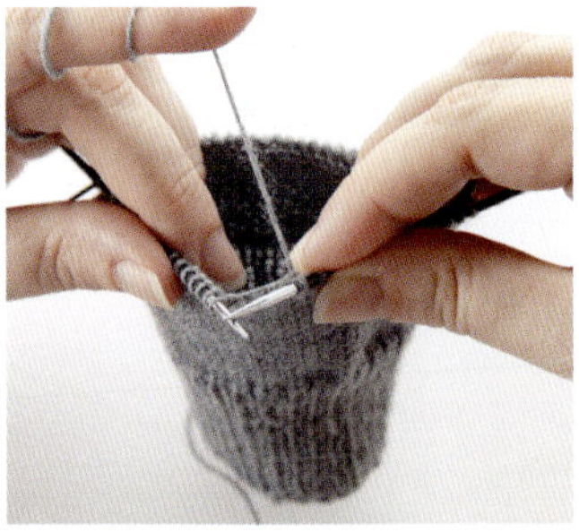

1 Die Maschen auf einer Rundstricknadel anschlagen und zur Runde schließen wie auf Seite 78 beschrieben. Nun die vordere Maschenhälfte weiter im gewünschten Muster stricken. An beiden Seiten des Sockenschafts ragt dabei je eine Schlaufe heraus. Diese können während des Strickens von beiden Händen zusammen mit den Nadeln gefasst werden.

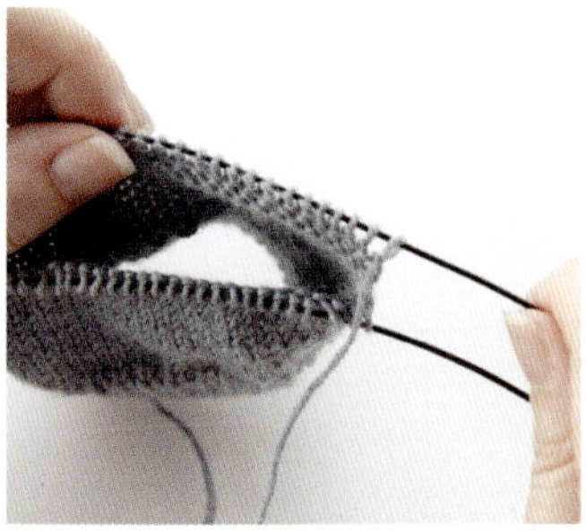

2 Sind alle vorne liegenden Maschen gestrickt, die Arbeit wenden. Die Nadelspitze, auf der die eben gestrickten Maschen liegen, nach rechts herausziehen, sodass diese auf das Seil rutschen.

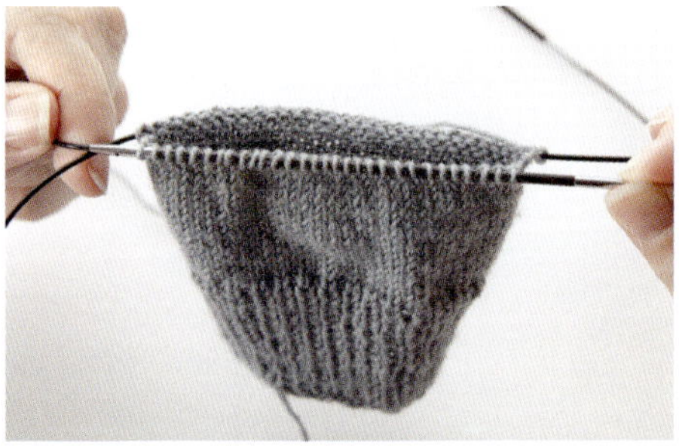

3 An der links liegenden Schlaufe ziehen, um die nun vorne liegenden Maschen auf die Nadelspitze zu schieben.

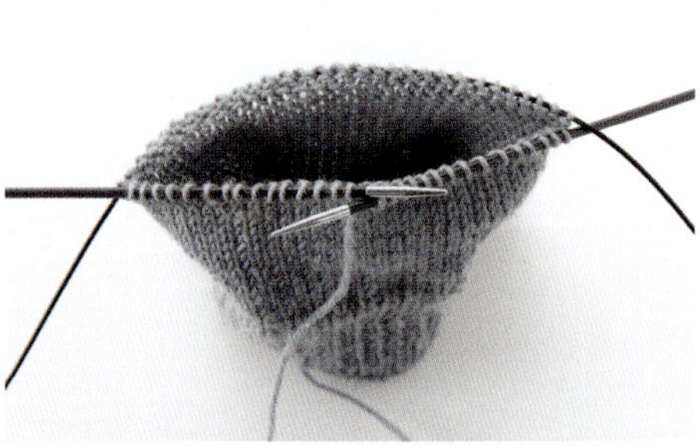

4 Mit der frei gewordenen Nadelspitze die vorne liegenden Maschen im gewünschten Muster abstricken.

Die Schritte 2-4 fortlaufend wiederholen.

Mit der Zauberschlinge können alle im Buch vorgestellten Sockenbausteine gestrickt werden.

Rundstricken mit 2 Rundstricknadeln

Das Stricken von Socken mit 2 Rundstricknadeln bietet die gleichen Vorteile wie das Stricken auf 1 Rundstricknadel mit Zauberschlinge: Zeitraubende Nadelwechsel werden vermieden und unschöne Gässchen haben keine Chance. So können auch größere Musterrapporte problemlos gearbeitet werden. Auch hier werden die Maschen in zwei gleich große Hälften geteilt, von denen jedoch jede auf einer eigenen Rundstricknadel liegt. Jede Maschenhälfte wird jeweils nur mit den beiden Spitzen der Nadel abgestrickt, auf der sie liegt. Die restlichen Maschen ruhen währenddessen auf dem flexiblen Seil der anderen Nadel, was genügend Raum für bequeme Strickbewegungen verschafft. Die Rundstricknadeln sollten eine Länge von jeweils 60 cm Länge haben, um komfortabel und ohne Kabelgewirr arbeiten zu können. Der Rundenbeginn befindet sich zwischen den Nadeln beim Anschlagfaden.

UNBEDINGT DARAUF ACHTEN, die Rundstricknadeln nicht durcheinander zu bringen. Jede Maschenhälfte wird immer nur mit den Spitzen derjenigen Nadel abgestrickt, auf deren Seil sie liegt. Die andere Rundstricknadel ruht komplett. Wenn dies am Anfang verwirrend erscheint, können Rundstricknadeln aus unterschiedlichen Materialien verwendet werden. So fällt eine Vertauschung schneller auf.

BEIM WECHSEL VON EINER RUNDSTRICKNADEL ZUR ANDEREN liegen alle Maschen auf den flexiblen Mittelteilen der Rundstricknadeln. So lässt sich das Strickzeug auch prima transportieren oder eine Socke anprobieren.

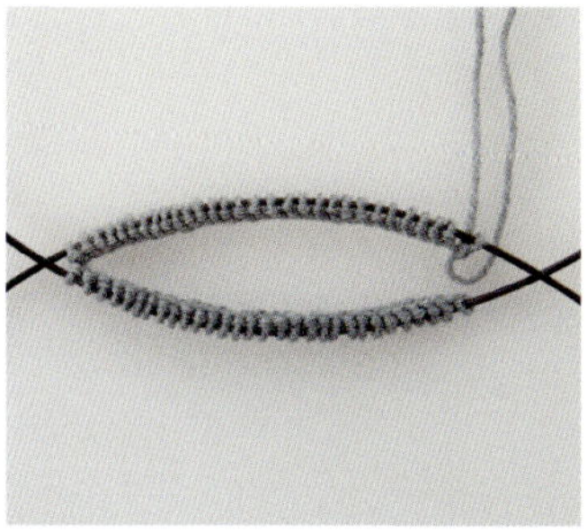

1 Die Maschen auf 2 Rundstricknadeln anschlagen wie auf Seite 78 beschrieben.

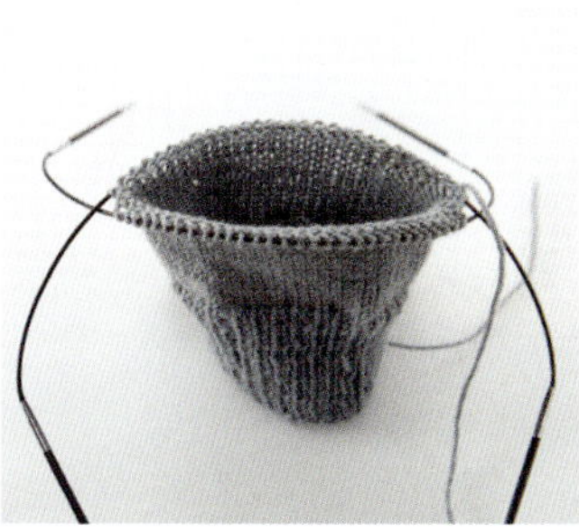

2 Die hinteren Maschen auf das flexible Seil der 2. Rundstricknadel schieben, die beiden Nadelspitzen dieser Nadel hängen lose herab. Die vorderen Maschen mit der freien Nadelspitze der 1. Nadel im gewünschten Muster stricken.

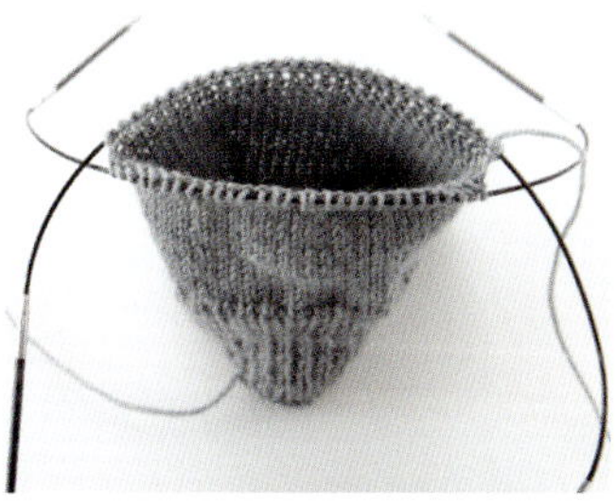

3 Die gerade gestrickten Maschen auf das flexible Seil der 1. Rundstricknadel ziehen und dort stilllegen. Die Arbeit wenden.

4 An der linken Spitze der 2. Rundstricknadel ziehen, sodass die Maschen vom Seil auf die rechte Nadelspitze rutschen. Sie werden nun mit der freien Nadelspitze der 2. Rundstricknadel gestrickt.

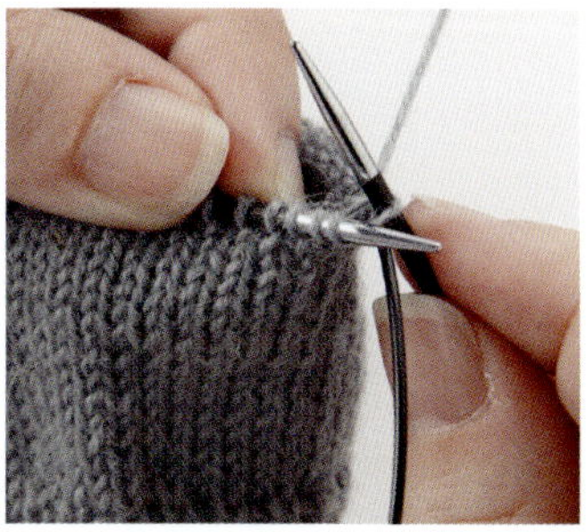

5 Auf diese Weise fortfahren und jeweils nach dem Abstricken einer Maschenhälfte diese auf das flexible Seil ziehen, die Arbeit wenden und die andere Maschenhälfte auf die Nadelspitze schieben und stricken. Während eine Maschenhälfte abgestrickt wird, ruht die andere auf dem Seil der ebenfalls ruhenden Rundstricknadel.

MIT 2 RUNDSTRICKNADELN lassen sich alle im Buch vorgestellten Sockenbausteine stricken.

Rundstricken mit dem addiCraSyTrio

Das CraSyTrio ist ein Set aus 3 Nadeln, die jeweils einen flexiblen Mittelteil und kurze, feste Spitzen besitzen. Im Gegensatz zu herkömmlichen Nadelspielen aus 5 starren Nadeln fällt es so auch Anfängern leichter, den Überblick zu behalten und das Stricken in Runden zu meistern.

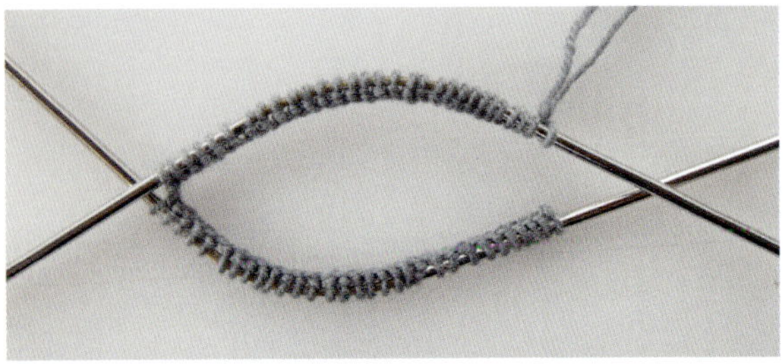

1 Die für die gewünschte Größe benötigte Maschenzahl jeweils zur Hälfte auf 2 Nadeln des CraSyTrios anschlagen. Die beiden Nadeln parallel legen, sodass Anfang und Ende der Maschen aufeinandertreffen. Dabei sorgfältig darauf achten, dass die Anschlagkante nicht in sich verdreht wird.

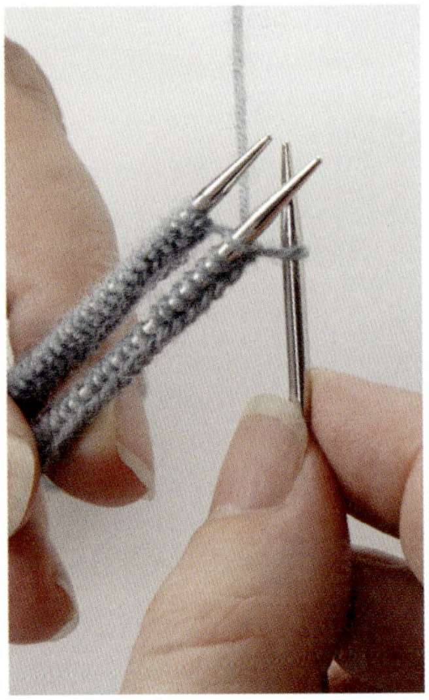

2 Nun die dritte Nadel zur Hand nehmen, den Arbeitsfaden, der zum Knäuel läuft, von hinten holen, etwas anziehen und die 1. Masche auf der 1. Nadel rechts stricken. Damit ist die Runde geschlossen. Der Rundenbeginn ist automatisch durch den Anfangsfaden markiert. Beim weiteren Stricken werden die Nadeln nummeriert: Die Maschen der 1. Nadel bilden später die Fußsohle und die Ferse, die Maschen der 2. Nadel den Oberfuß.

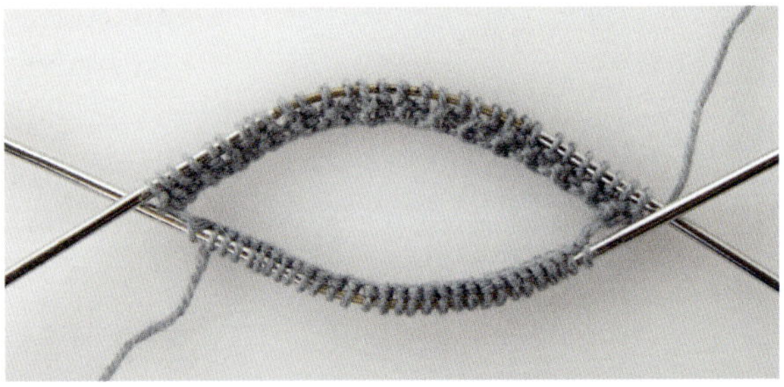

3 Nun die restlichen Maschen der 1. Nadel im gewählten Bündchenmuster abstricken. Wenn alle Maschen der 1. Nadel gestrickt sind, die Arbeit so drehen, dass die Maschen der 2. Nadel vorne liegen. Den Arbeitsfaden nach vorne holen, etwas anziehen und mit der frei gewordenen Nadel die Maschen der 2. Nadel abstricken. Danach wieder die 1. Nadel nach vorne drehen usw.

Rundstricken mit dem Sockenwunder

Das Sockenwunder ist eine einzelne, kurze Rundstricknadel, die von Spitze zu Spitze nur 25 cm misst. Sie besitzt eine längere Nadelspitze, die als Arbeitsnadel dient, und eine kurze Spitze als Maschennadel. Auf dem Sockenwunder kann komplett ohne Nadelwechsel fortlaufend in Runden gestrickt werden, was für ein sehr gleichmäßiges Maschenbild ohne Gässchen sorgt.

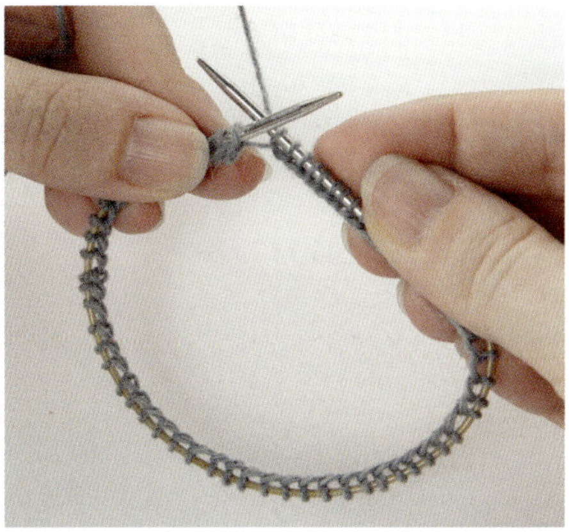

1 Die für die gewünschte Größe benötigte Maschenzahl mit der langen Nadelspitze anschlagen. Das Sockenwunder zum Ring legen, sodass die beiden Nadelspitzen und Anfang und Ende des Maschenanschlags zusammentreffen. Dabei sorgfältig darauf achten, die Anschlagkante nicht in sich zu verdrehen.

2 Die Stricknadel aufnehmen, dabei die lange Spitze in die rechte Hand, die kurze Spitze in die linke Hand nehmen. Mit dem Arbeitsfaden und der langen Nadelspitze die 1. Masche auf der kurzen Nadelspitze rechts stricken, dabei den Faden gut anziehen. Damit ist die Runde geschlossen. Der Rundenbeginn ist automatisch durch den Anfangsfaden markiert.

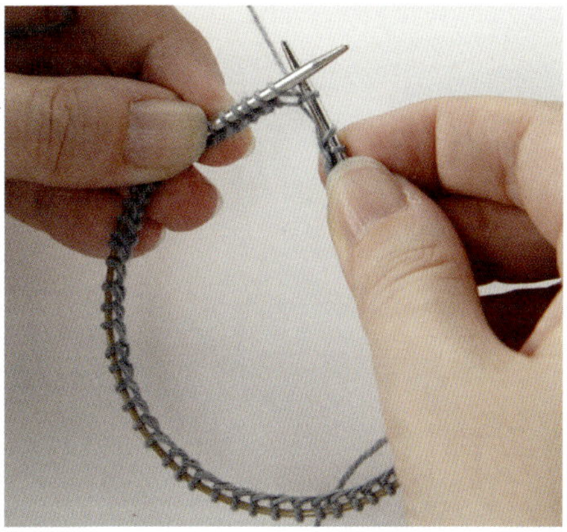

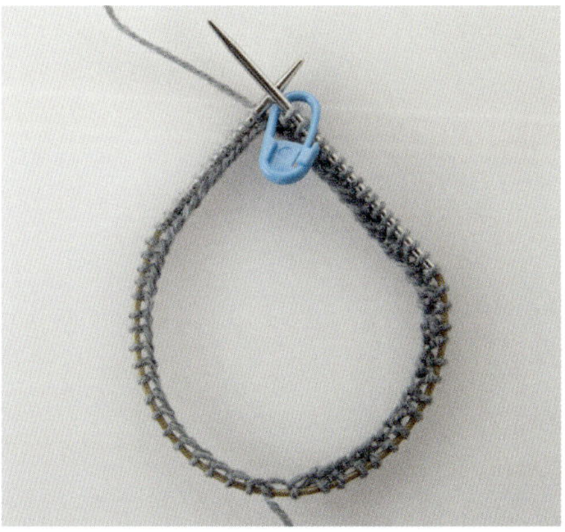

3 Nun die Hälfte der Gesamtmaschenzahl im gewählten Bündchenmuster stricken (Achtung, die bereits gestrickte 1. Masche mitzählen!). Einen Maschenmarkierer setzen. Dann die andere Maschenhälfte stricken. Die 1. Runde ist gestrickt.

4 Auf diese Weise weiter fortlaufend in Runden stricken, den Maschenmarkierer in der Rundenhälfte dabei immer von der kurzen auf die lange Spitze heben. Wenn die Socke einige Zentimeter gewachsen ist, kann zur besseren Orientierung auch am Rundenbeginn ein zusätzlicher Maschenmarkierer gesetzt werden.

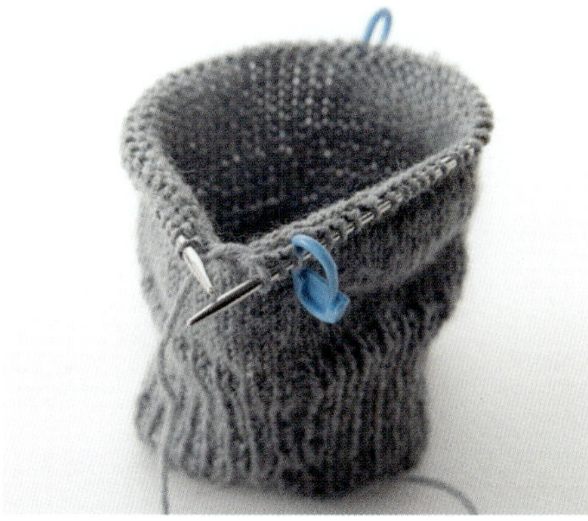

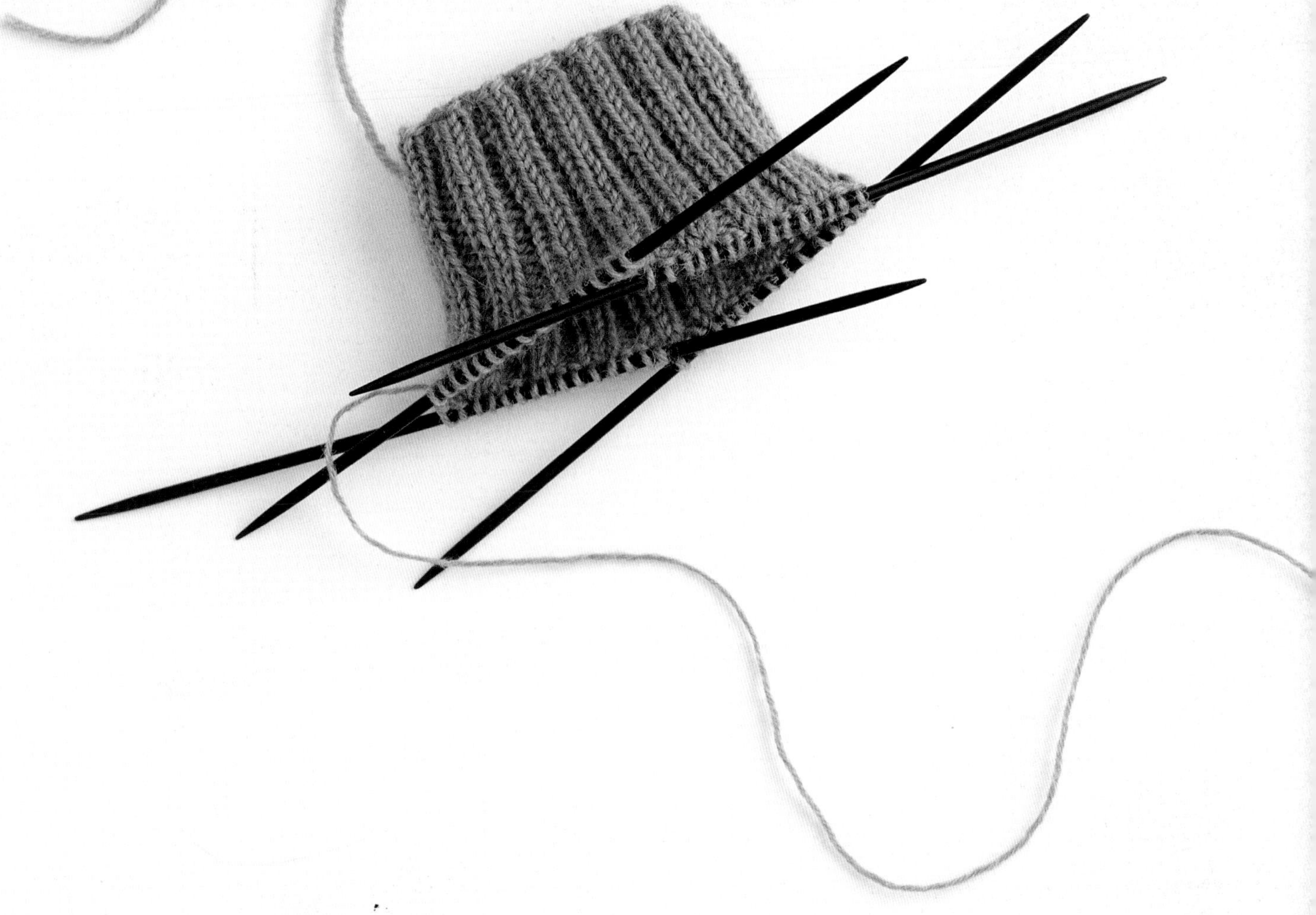

BÜNDCHEN

Nachdem der Anschlag geschafft ist, geht es ans Bündchen. Dieses hat zuerst einmal vor allem praktischen Nutzen: Es ist meistens sehr elastisch, sodass die Socke am Rutschen gehindert wird und schön am Bein bleibt. Neben dieser Notwendigkeit bieten Bündchen aber auch viel Raum für Kreativität: Hier darf mit unterschiedlichsten Mustern und Farbkombinationen gespielt werden!

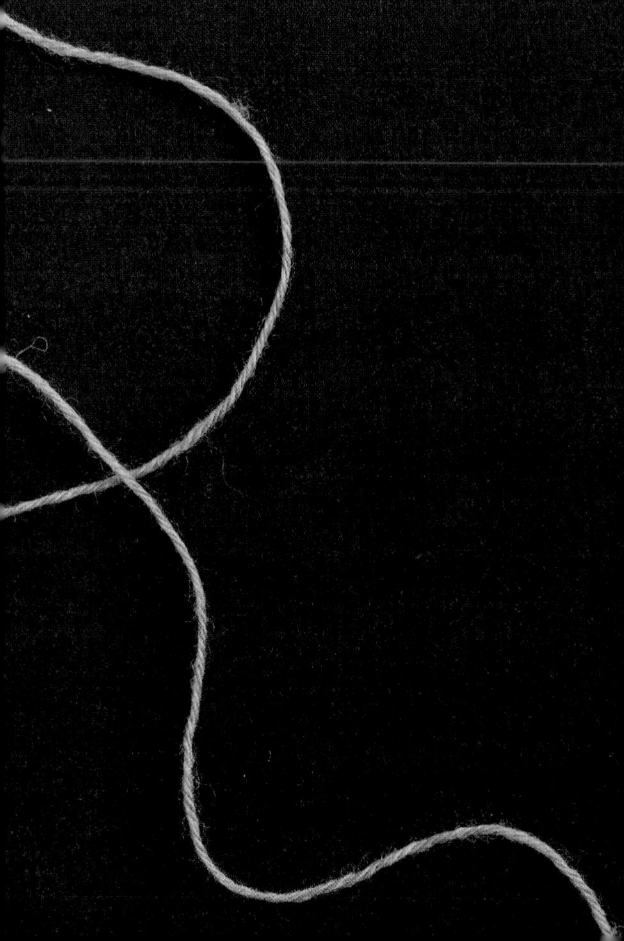

Rippenbündchen

Rippenbündchen aus rechten und linken Maschen sind sehr elastisch und halten die Socken gut am Bein, ohne einzuschnüren. Sie behalten ihre Elastizität auch nach häufigem Tragen und Waschen.

1/1-Bündchen

Das 1/1-Bündchen ist ein klassisches Universalbündchen und lässt sich mit nahezu jedem Muster kombinieren. Es erhält seinen Namen dadurch, dass sich jeweils 1 rechte und 1 linke Masche abwechseln.

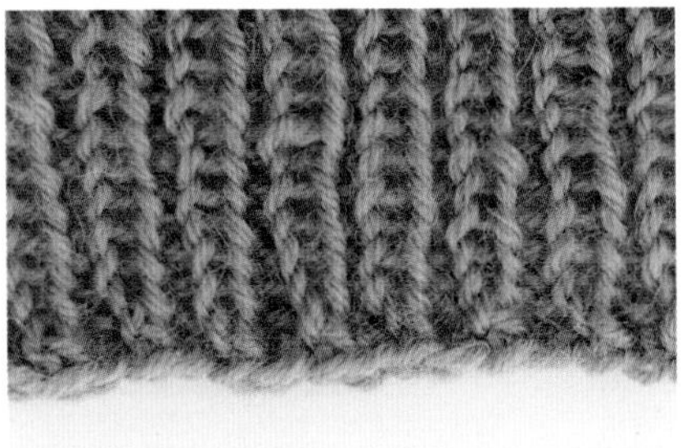

Maschenzahl teilbar durch 2.
In der 1. Reihe bzw. Runde nach dem Anschlag wie folgt arbeiten: * 1 Masche rechts, 1 Masche links *.
In allen folgenden Runden die Maschen stricken, wie sie erscheinen.

Verschränkte Variante

Durch das verschränkte Abstricken der rechten Maschen zieht sich das Bündchen stärker zusammen und die Rippen treten deutlicher hervor (siehe Seite 63).

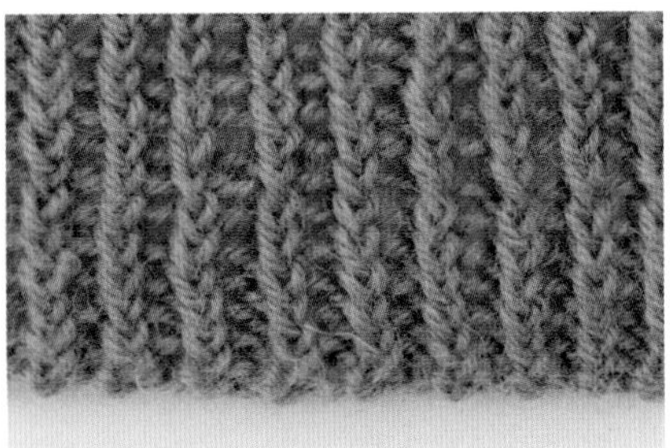

In der 1. Reihe bzw. Runde nach dem Anschlag wie folgt arbeiten: * 1 Masche rechts verschränkt, 1 Masche links *.

2/2-Bündchen

Auch bei diesem Bündchen resultiert der Name aus dem Zusammenspiel von rechten und linken Maschen: Es wechseln sich 2 rechte mit 2 linken Maschen ab. Auch dieses Bündchen macht sich zu fast jedem Muster gut. Da nicht nach jeder Masche die Maschenart gewechselt und der Faden nach hinten oder vorne gelegt werden muss, lässt sich ein 2/2-Bündchen etwas schneller stricken als die 1/1-Variante.

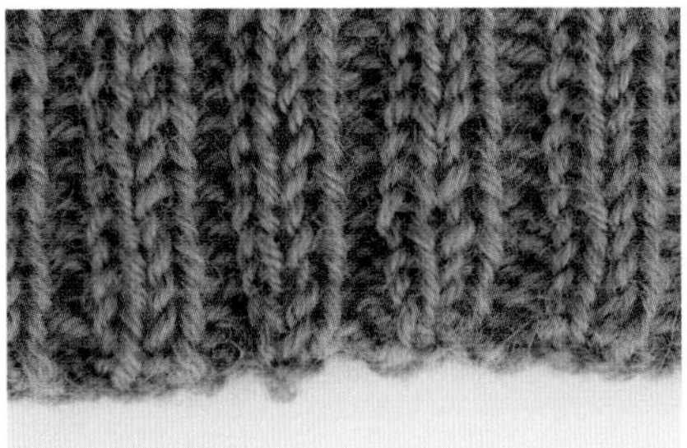

Maschenzahl teilbar durch 4.
In der 1. Reihe bzw. Runde nach dem Anschlag wie folgt arbeiten: * 2 Maschen rechts, 2 Maschen links *.

Verschränkte Variante

Auch das 2/2-Bündchen wird durch das verschränkte Abstricken der rechten Maschen elastischer, und die Rippen treten deutlicher hervor.

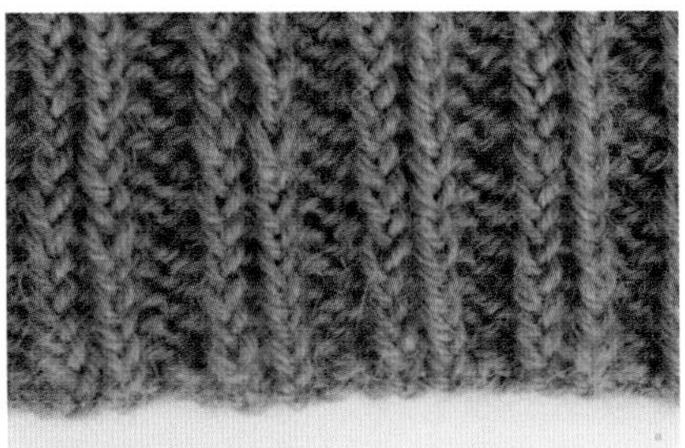

* 2 Maschen rechts verschränkt, 2 Maschen links *

Für ein anschließendes Rippenbündchen eignen sich alle Anschläge. Viele Anschläge sehen jedoch auf Vorder- und Rückseite unterschiedlich aus. Beim klassischen Kreuzanschlag z. B. zeigen sich auf der Vorderseite die Schlaufen des Anschlags, während sich auf der Rückseite die Knötchen schön in das Bündchenmuster einpassen.

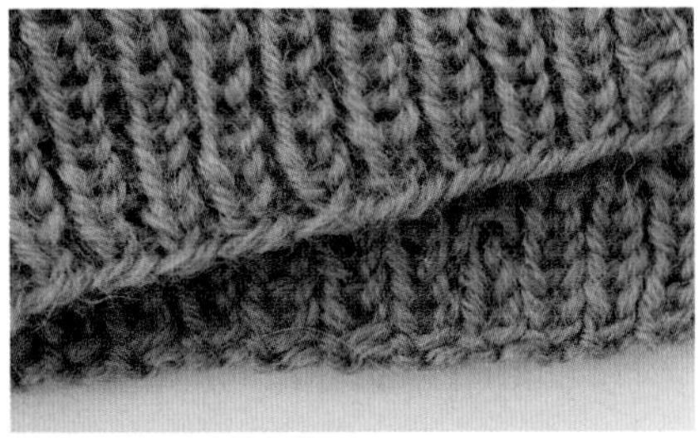

SOLL DIE RÜCKSEITE DES KREUZANSCHLAGS später an der Außenseite der Socke sichtbar sein, zunächst alle Maschen auf einer Nadel anschlagen und sie erst in der Rückreihe auf die gewünschten Nadeln verteilen und zur Runde schließen.

Andere Rippen-Kombinationen

Manchmal lässt sich mit einer anderen Kombination aus rechten und linken Maschen ein besonders schöner Übergang zum Schaftmuster erreichen, etwa durch ein 3/1- oder 4/2-Bündchen. Dabei sollte jedoch bedacht werden, dass die Elastizität des Rippenbündchens durch die Rechts-Links-Wechsel entsteht. Das Bündchen fällt weniger elastisch aus, je breiter die Rippen gestrickt werden. Zudem sollte vorher unbedingt geprüft werden, ob die Gesamtmaschenzahl durch die gewählte Kombination teilbar ist.

FÜR DIE HÖHE EINES RIPPENBÜNDCHENS GILT FOLGENDE FAUSTREGEL: Die Anzahl der Anschlagmaschen durch 4 teilen. Das Ergebnis zeigt, wie viele Bündchenrunden gearbeitet werden sollten.

RIPPENBÜNDCHEN AUF DEM NADELSPIEL GESTRICKT sind sehr anfällig für Gässchenbildung. Wie diese vermieden werden können, steht auf Seite 93.

Zweifarbige Rippen

Bei dickeren Socken mit zweifarbigen Einstrickmustern wirkt es sehr hübsch, wenn auch das Rippenbündchen bereits in beiden Farben gearbeitet wird. Es fügt sich dann sehr harmonisch in das Muster der Socke ein. Sowohl 1/1- als auch 2/2-Rippenbündchen können auf diese Weise gestrickt werden. Als Basis für ein zweifarbiges Rippenbündchen eignet sich besonders gut der Kreuzanschlag. Dafür entweder den klassischen Kreuzanschlag (siehe Seite 79) und die ersten 1-2 Runden in der Hauptfarbe arbeiten oder mit dem zweifarbigen Kreuzanschlag (siehe Seite 80) gleich zu Beginn beide Farben ins Spiel bringen.

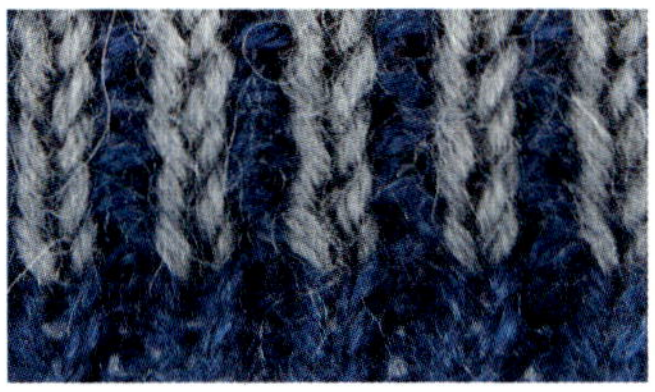

Egal, ob es sich um eine 1/1- oder eine 2/2-Kombination handelt, die rechten Maschen werden immer in der einen Farbe, die linken Maschen in der anderen Farbe gearbeitet. Dabei den Faden in der gerade nicht benötigten Farbe hinter der Arbeit mitführen.

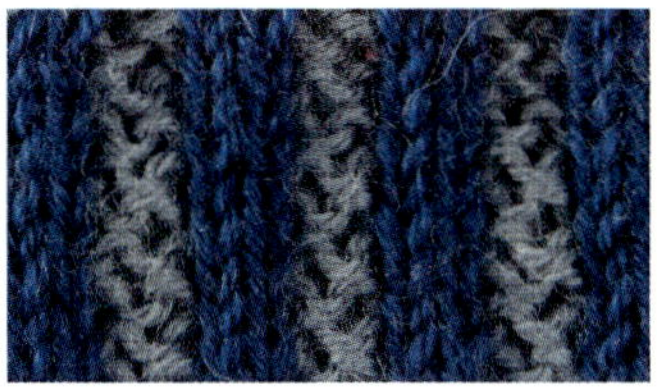

Einen besonderen dekorativen Effekt erhält man, wenn man den Faden der rechten Maschen vor den andersfarbig gestrickten linken Maschen entlangführt. Die Wirkung wird verstärkt, wenn dies nur in jeder zweiten Runde ausgeführt wird.

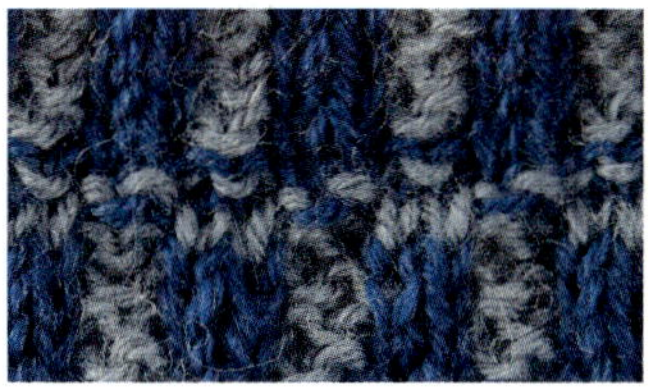

Raffiniert wird es auch, wenn rechte und linke Rippen im zweifarbigen Bündchen ihre Plätze tauschen. Bei diesem Bündchen wurde zusätzlich nach dem Wechsel noch je 1 Runde mit nur 1 Farbe gearbeitet.

DIESE ART VON BÜNDCHEN ist durch die Spannfäden auf der Innenseite nicht sehr elastisch. Eine Maschenprobe ist daher empfehlenswert, damit das Bündchen später nicht zu eng oder weit wird.

DER MITGEFÜHRTE FADEN sollte weder zu locker noch zu straff sein, sondern in etwa die gleiche Länge haben, wie die in der anderen Farbe gestrickten Maschen breit sind.

Wichtige Grundbegriffe

„Die Maschen stricken, wie sie erscheinen" bedeutet: Rechte Maschen rechts, linke Maschen links, verschränkte Maschen verschränkt stricken.

Maschenfolgen zwischen zwei * werden jeweils wiederholt.

Rippenbündchen nach italienischen Anschlägen

Durch ihre Elastizität passen italienische Anschläge und Rippenbündchen perfekt zusammen.

Nach jedem italienischen Anschlag werden 6 Übergangsrunden gearbeitet, diese sind bei den jeweiligen Anschlägen beschrieben. Ein 1/1-Bündchen kann danach sofort angeschlossen werden, für ein 2/2-Rippenbündchen ist eine weitere Übergangsrunde erforderlich.

ITALIENISCHE ANSCHLÄGE siehe Seite 84-86.

1/1-Bündchen nach italienischem Anschlag

Maschenzahl teilbar durch 2.

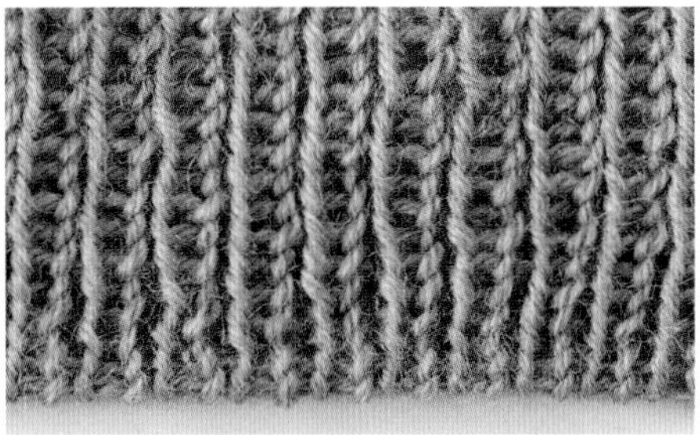

Nach den Übergangsrunden des italienischen Anschlags nun wieder in jeder Runde alle Maschen stricken, dabei rechte Maschen rechts und linke Maschen links stricken.

2/2-Bündchen nach italienischem Anschlag

Maschenzahl teilbar durch 4.

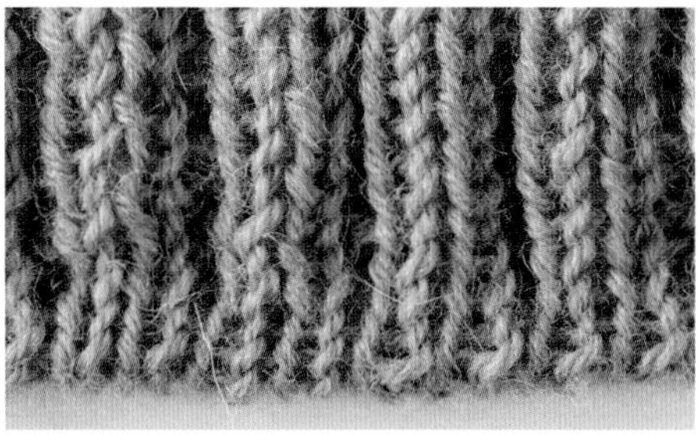

Nach den Übergangsrunden des italienischen Anschlags nun wieder alle Maschen stricken, dabei die Maschen in der 1. Runde wie folgt umsortieren:
* 1 Masche rechts, die übernächste Masche, also eine rechte Masche, etwas lockern und rechts stricken, jedoch auf der linken Nadel lassen. Dann die übersprungene linke Masche links stricken und beide Maschen von der linken Nadel gleiten lassen. 1 Masche links stricken *.
Anschließend ein 2/2-Rippenbündchen arbeiten wie auf Seite 100 beschrieben.

Krause Bündchen

Das krause Bündchen ist ein Schmuckbündchen. Es ist gut in der Höhe dehnbar, zieht sich aber nicht zusammen. Es bildet einen idealen Abschluss für alle wellen- oder zackenförmigen Muster, die von sich aus bereits elastisch sind und die Socke am Bein halten.

KRAUS RECHTS IN REIHEN: In jeder Reihe alle Maschen rechts stricken.

KRAUS RECHTS IN RUNDEN: Abwechselnd 1 Runde rechte Maschen und 1 Runde linke Maschen stricken.

Einfaches krauses Bündchen

Für ein einfaches krauses Bündchen einfach einige Runden kraus rechts stricken.

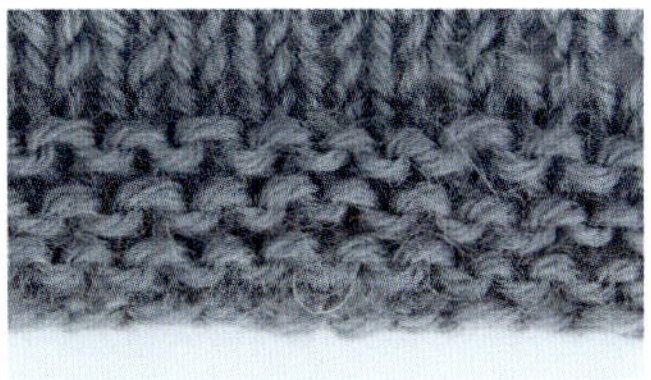

Krauses Drehbündchen

Eine witzige Variante des krausen Bündchens ist das Drehbündchen. Es wird zunächst auf zwei Nadeln kraus rechts in Reihen gearbeitet, anschließend mehrfach in sich gedreht und dann zur Runde geschlossen. Da das Bündchen eher zur Dekoration dient, wird oft für die Elastizität noch ein Rippenbündchen angeschlossen.

Krauses Drehbündchen mit 1/1-Rippen-Bündchen

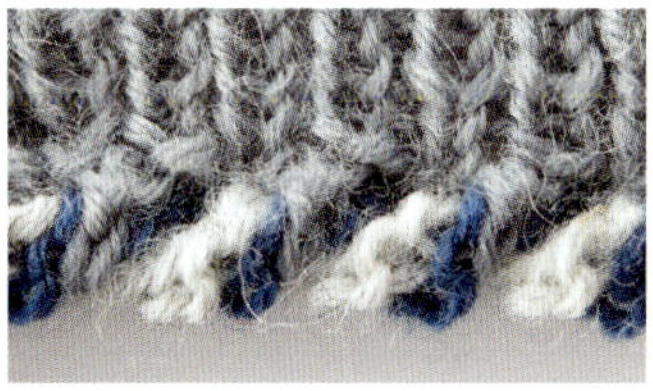

1 Die benötigte Gesamtmaschenzahl (teilbar durch 4) auf 1 Spielnadel anschlagen und 6 Reihen kraus rechts arbeiten.

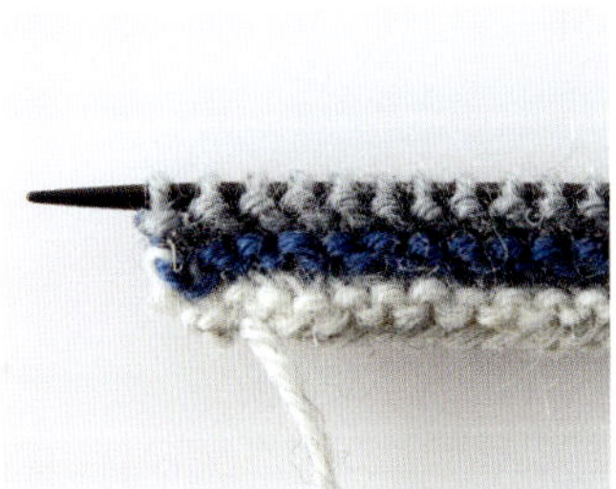

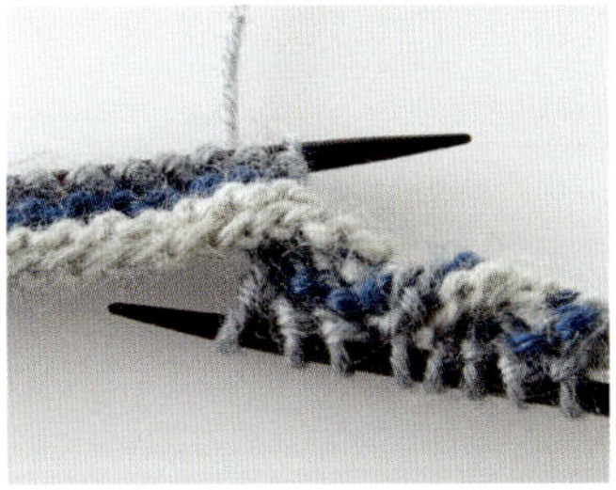

2 Nun eine weitere Reihe rechte Maschen stricken, dabei nach 4 Maschen die rechte Nadel einmal um die Bündchenkante rotieren, also von vorne nach hinten kippen und das Bündchen so in sich verdrehen.

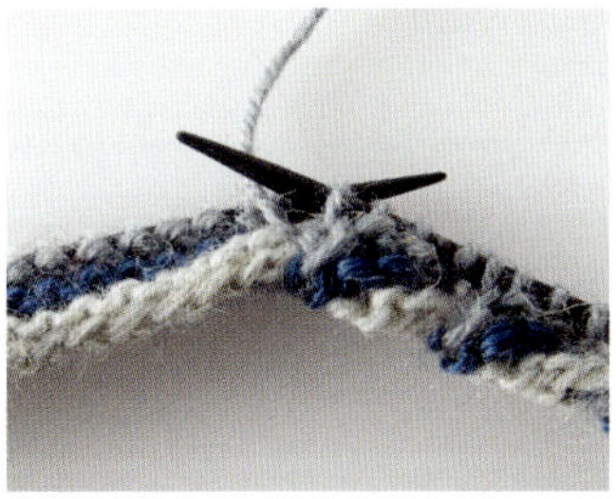

3 Nach der Rotation weiter rechte Maschen stricken und die Drehung nach jeweils 4 gestrickten Maschen wiederholen.

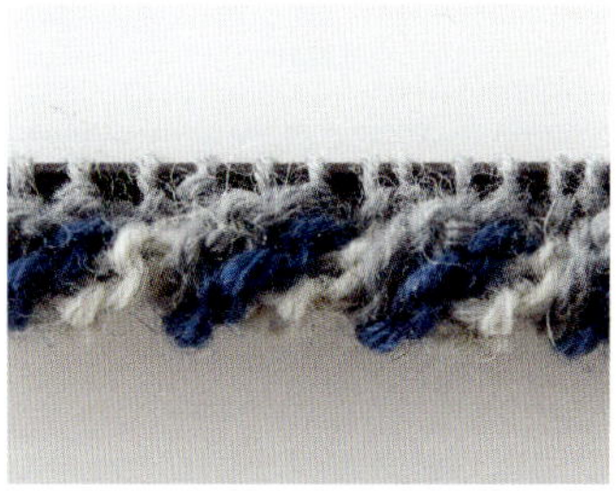

4 Am Reihenende wenden und die Maschen im umgekehrten Bündchenmuster abstricken, da nun auf der Rückseite des Bündchens gearbeitet wird. Noch einmal wenden, die Maschen gleichmäßig verteilen und zur Runde schließen. Dann das gewünschte Bündchen anschließen.

ZWISCHEN DEN DREHUNGEN kann jede beliebige Maschenzahl gearbeitet werden – die Gesamtmaschenzahl muss nur durch diese Zahl teilbar sein.

DAS DREHBÜNDCHEN WIRKT BESONDERS RAFFINIERT, wenn es mehrfarbig gearbeitet wird. Dafür am besten immer 2 Reihen in der gleichen Farbe arbeiten. Toll sieht es auch aus, wenn sich die Farben des Bündchens später in der Socke wiederholen.

BESONDERS GUT zum krausen Drehbündchen passt ein verschränktes 1/1-Rippenbündchen *(siehe Seite 100).*

Krauses Bündchen quergestrickt

Krause Bündchen lassen sich auch sehr schön als breite, quergestrickte Manschette einsetzen. Dafür wird zuerst ein Rechteck gearbeitet und später zum Ring zusammengestrickt oder im Maschenstich (siehe Seite 69) zusammengenäht. Das Bündchen wird höher, je mehr Maschen angeschlagen werden. Die Höhe des Rechtecks muss dem gewünschten Umfang des Sockenbündchens entsprechen.

SEHR UNAUFFÄLLIG UND FLACH GELINGT DIE NAHT, wenn ein offener Anschlag (siehe Seite 90) gearbeitet und die Maschen dann im Maschenstich (siehe Seite 69) vernäht werden.

BESONDERS SCHÖN WIRD DIE MANSCHETTE, wenn selbstmusterndes Garn verwendet und der Abschluss später mit dekorativen Elementen verziert wird (siehe Seite 210 Dekorative Abschlüsse).

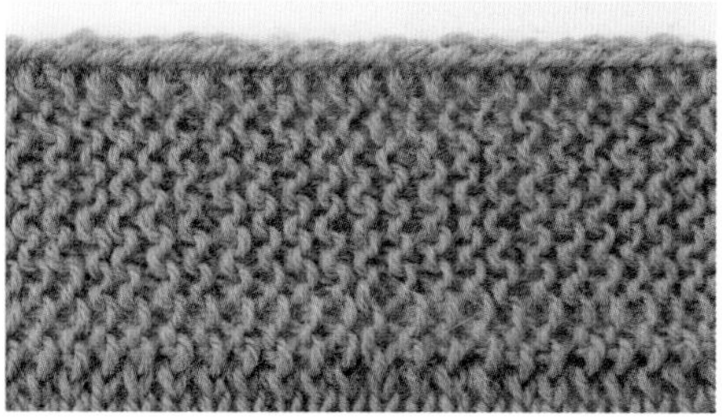

Da später aus jeder Krausrippe (= 2 Reihen rechte Maschen) 1 Masche für die Socke aufgenommen wird, sollten es doppelt so viele Reihen wie benötigte Anschlagmaschen sein. Nach dem Ringschluss die Maschen für die Socke aus der Seitenkante des Rings aufnehmen.

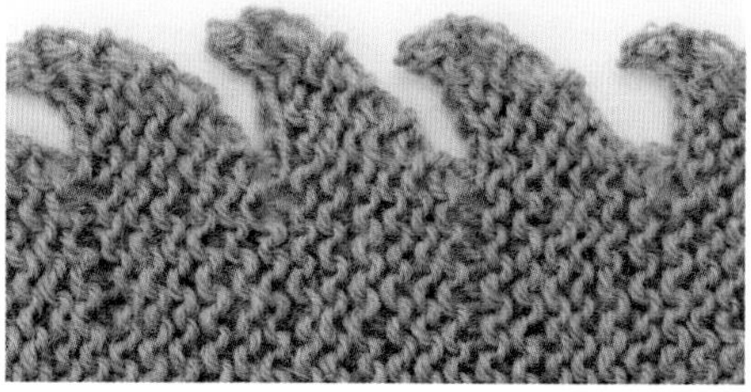

Die obere Kante der Socke kann auch bereits beim Arbeiten des Rechtecks hübsch gestaltet werden. Zum Beispiel für einen Zackenrand an einer Kante 1 Masche pro Reihe zunehmen, dann die zugenommenen Maschen auf einmal abketten und wieder mit dem Zunehmen beginnen.

Es können auch andere Muster wie Lochmuster gearbeitet werden. Die Maschen für die Socke dann aus der gegenüberliegenden Seitenkante aufnehmen.

Rüschenbündchen

Rüschenbündchen bilden einen hübschen Abschluss für Damen- oder Kindersöckchen. Sie sind gut dehnbar, werden aber erst durch ein angeschlossenes Rippenbündchen elastisch.

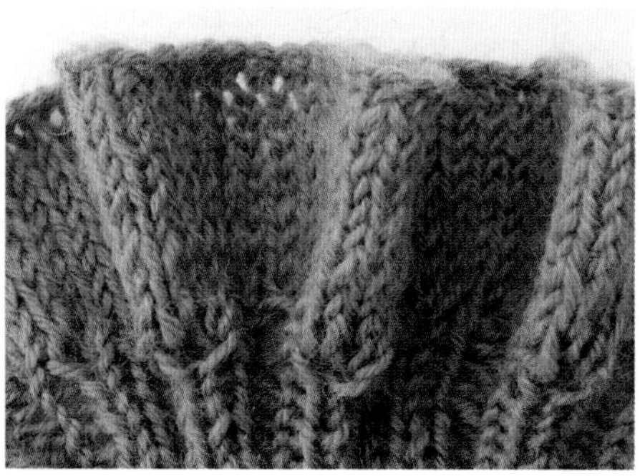

Für ein Rüschenbündchen zuerst im klassischen Kreuzanschlag die dreifache Anzahl der benötigten Maschen für die Socke anschlagen und 10 Runden glatt rechts stricken. Nun werden die überzähligen Maschen reduziert, indem in der nächsten Runde immer 3 Maschen als eine Masche rechts zusammengestrickt werden. Dann ein Rippenbündchen nach Wahl arbeiten.

Beispiel

Für ein Bündchen über 60 Maschen zunächst 180 Maschen anschlagen und 10 Runden entweder auf einem 20 cm langen Nadelspiel oder auf einer 40 cm langen Rundstricknadel arbeiten.

Saumbündchen

Saumbündchen werden auch doppelte Bündchen genannt und sind eine schöne Alternative zu den üblichen Rippenbündchen.

Das Prinzip ist bei allen hier vorgestellten Varianten gleich: Das Saumbündchen besteht aus zwei glatt rechts gestrickten Teilen, von denen einer an einer Bruchkante nach innen geschlagen und dort durch Zusammenstricken befestigt wird. Saumbündchen ziehen sich nicht zusammen, bleiben aber dehnbar, wenn die Anschlagkante angestrickt und nicht angenäht wird. Durch Annähen der Kante geht die Dehnbarkeit verloren. Dabei können die benötigte Maschenzahl aufgeschlungen und die großen Anschlagmaschen wieder aufgenommen werden (siehe Seite 90). Oder es kommt gleich ein Hilfsanschlag zum Einsatz, der in beide Richtungen gestrickt werden kann (siehe Seite 91, Beidseitige Hilfsanschläge). Dann werden allerdings 2 Nadelspiele benötigt.

GLATT RECHTS IN REIHEN: In Hinreihen rechte, in Rückreihen linke Maschen stricken.

GLATT RECHTS IN RUNDEN: In allen Runden rechte Maschen stricken.

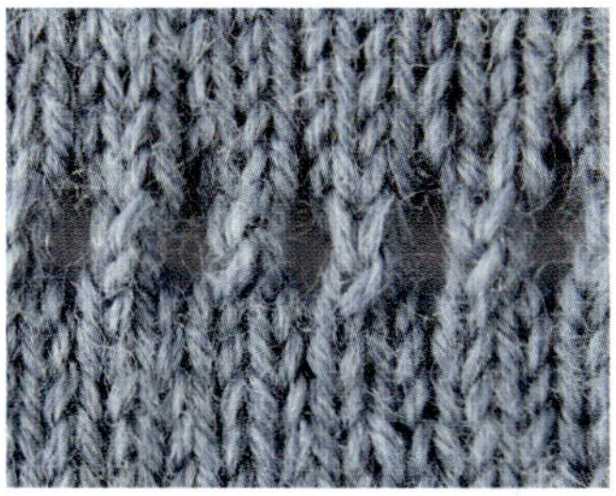

1 Die Maschen zur Runde schließen und für die Innenseite die gewünschte Saumhöhe (in der Regel 6-10 Runden) glatt rechts stricken. Nun eine Bruchkantenrunde arbeiten. Diese bildet bei den vorgestellten Varianten verschiedene Formen aus. Weiter für die Außenseite glatt rechts stricken, dabei 1 Runde mehr arbeiten.

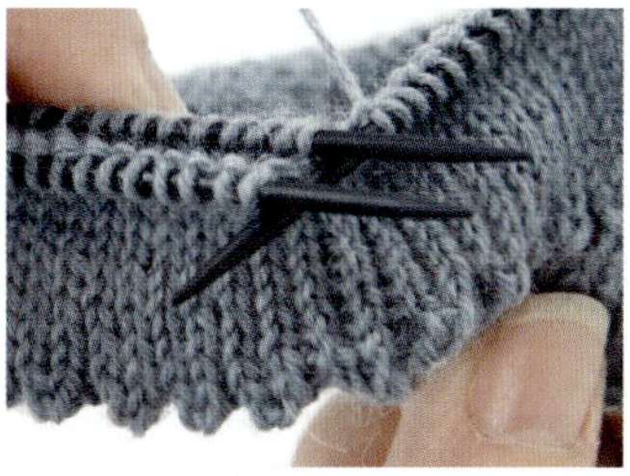

2 Die Anschlagkante so nach innen umschlagen, dass die Bruchkante den unteren Abschluss bildet und die glatt rechte Seite außen liegt.

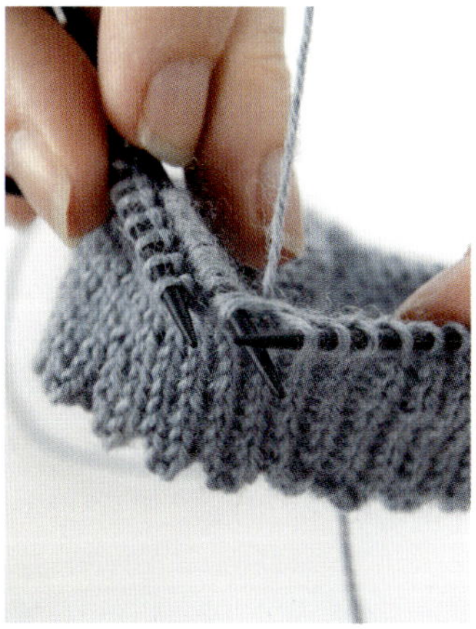

3 Nun werden fortlaufend 2 Maschen, jeweils 1 der Innen- und 1 der Außenseite, rechts zusammengestrickt. Wurde ein beidseitiger Anschlag verwendet, liegen die Maschen bereits auf einem zweiten Spiel bereit. Bei aufgeschlungenen Maschen mit einer zusätzlichen Spielnadel die Schlingen aus dem Anschlag auffassen und jeweils 1 Masche mit 1 Schlinge rechts zusammenstricken. Orientiert man sich dabei am Anschlagfädchen (Rundenbeginn), liegen Masche und Anschlagschlinge direkt übereinander.

ALTERNATIV ZUM AUFSCHLINGEN oder den beidseitigen Hilfsanschlägen bietet sich natürlich auch der offene Anschlag (siehe Seite 90) an. Zum Aufnehmen der Anschlagmaschen den offenen Anschlag dann lösen und die Maschen auf eine separate Nadel heben.

ETWAS ELASTISCHER fällt das Saumbündchen aus, wenn man die ersten Reihen bis zur Bruchkante mit einer um 0,5 mm dünneren Nadelstärke oder mit 2 Maschen in der gesamten Runde weniger strickt.

DIE ÄUSSEREN, GLATT RECHTS GESTRICKTEN RUNDEN bieten eine schöne Fläche, um sie durch Perlen, Stickereien oder Streifen zu verzieren. Es können auch Jacquard- oder Norwegermuster eingearbeitet werden.

Einfache Bruchkante

Maschenzahl beliebig.

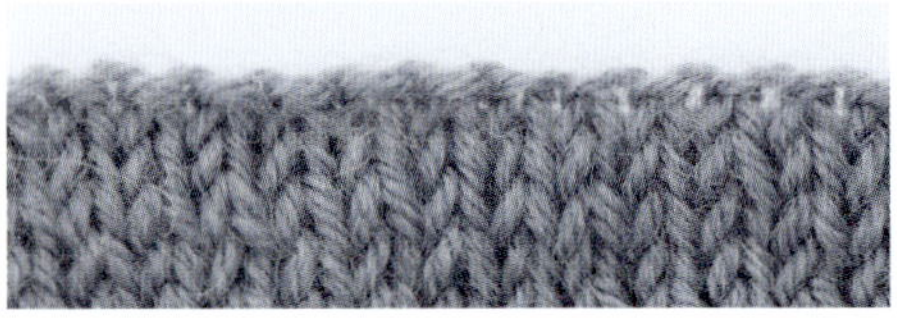

Für die Bruchkante einfach 1 Runde linke Maschen stricken.

Mäusezähnchen

Maschenzahl teilbar durch 2.

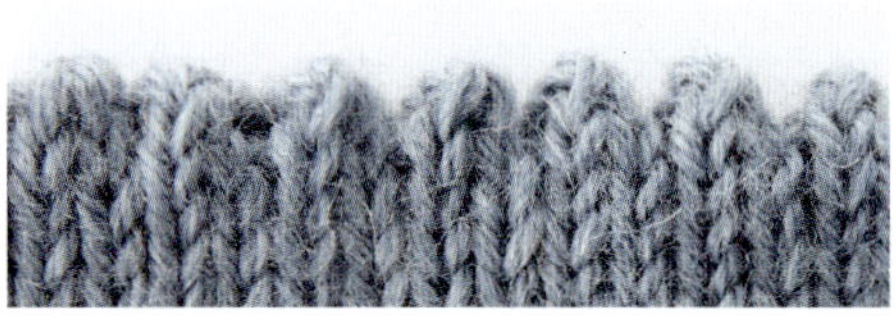

Für die Bruchkante 1 Runde wie folgt stricken: * 2 Maschen rechts zusammenstricken, 1 Umschlag *. In der folgenden Runde alle Maschen und Umschläge rechts stricken, es entsteht eine Lochrunde.

FÜR EINEN UMSCHLAG den Faden zwischen 2 Maschen von vorne nach hinten über die Arbeitsnadel legen, dann die nächste Masche stricken.

Wellenkante

Maschenzahl teilbar durch 4.

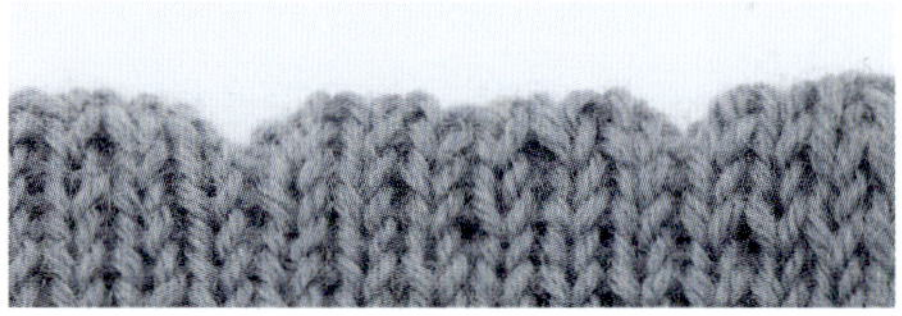

Für die Bruchkante 1 Runde wie folgt stricken: * 1 Umschlag, 2 Maschen mit Linksneigung zusammenstricken, 2 Maschen mit Rechtsneigung zusammenstricken, 1 Umschlag *. In der folgenden Runde alle Maschen rechts stricken, die beiden aufeinander folgenden Umschläge einmal rechts und einmal rechts verschränkt stricken.

Rollbündchen

Rollbündchen geben jeder Socke eine verspielte Note. Auch sie sind dehnbar, sollten aber für eine bessere Elastizität mit einem Rippenbündchen kombiniert werden.

1 Die für die Socke benötigte Maschenzahl anschlagen und 12 Runden glatt rechts stricken. Das 1. Röllchen beiseite legen und auf einem weiteren Nadelspiel ein zweites Röllchen über 12–18 Runden arbeiten.

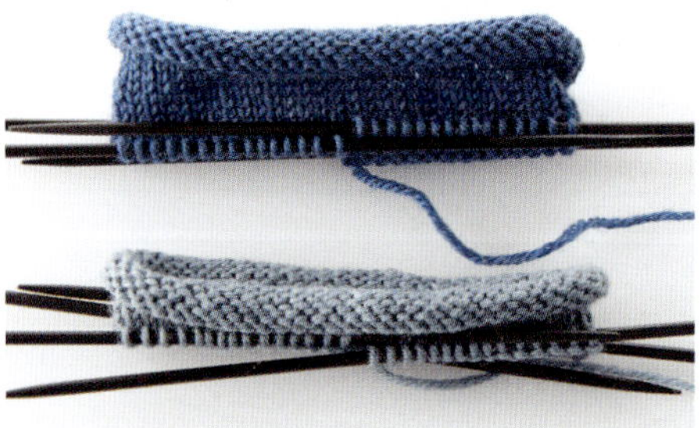

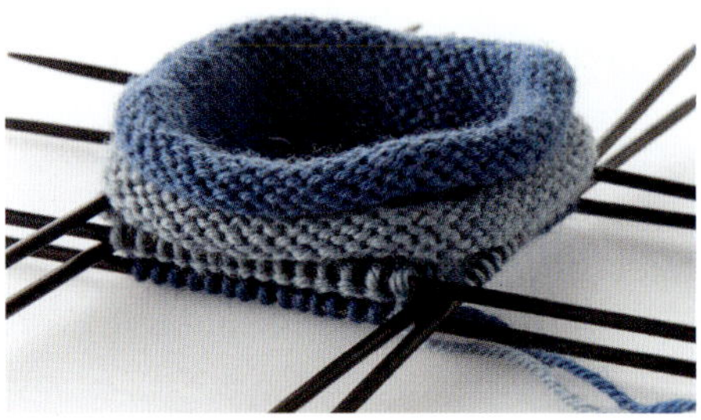

2 Nun das 1. Röllchen von oben über das 2. Röllchen stülpen und so ausrichten, dass je 2 Nadeln der Spiele genau übereinander liegen. Nun je 1 Masche beider Röllchen in der Farbe des 1. Röllchens rechts zusammenstricken.

ES KÖNNEN BELIEBIG VIELE RÖLLCHEN ÜBEREINANDER GEARBEITET WERDEN. Es empfiehlt sich jedoch, jeweils immer nur 2 Röllchen auf einmal zusammenzufassen. Dafür zuerst das zweitlängste Röllchen über das längste ziehen und beide zusammenstricken. Dann das nächstkürzere Röllchen überziehen und so weiter.

SOLLEN MEHRERE RÖLLCHEN GEARBEITET WERDEN, muss jedes Röllchen 4–6 Runden länger sein als sein Vorgänger. Das längste Bündchen liegt später immer ganz innen.

3 Am besten ein verschränktes 1/1-Bündchen (siehe Seite 100) für eine gute Elastizität anschließen.

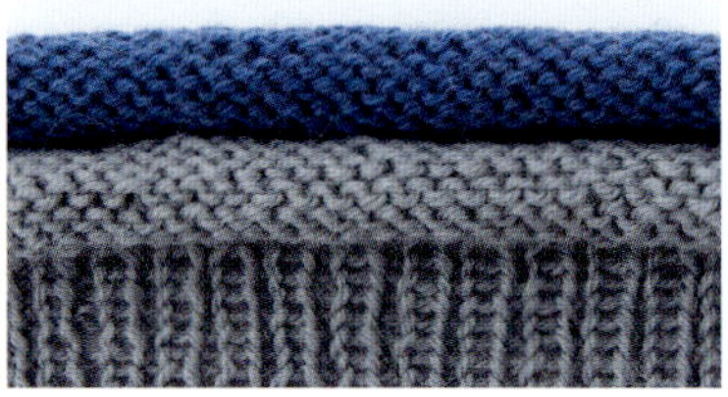

Rollbündchen mit verschränktem Rippenbündchen

Glockenbündchen

Ein weiteres dekoratives Bündchen ist das Glockenbündchen. Es eignet sich besonders gut für Kinder- und Damensocken. Egal, ob man sich für die „linke" oder die „rechte" Seite entscheidet, beide sehen gleichermaßen gut aus.

Maschenzahl teilbar durch 4.
Zu Beginn für jeweils 4 Maschen der späteren Socke 12 Maschen anschlagen. Werden also z. B. für eine Socke insgesamt 56 Maschen benötigt, so müssen für das Bündchen 168 Maschen angeschlagen werden. Dies ergibt sich aus: 56 : 4 = 14 Wiederholungen, 14x 12 Maschen = 168 Maschen.

Auf Linksgrund

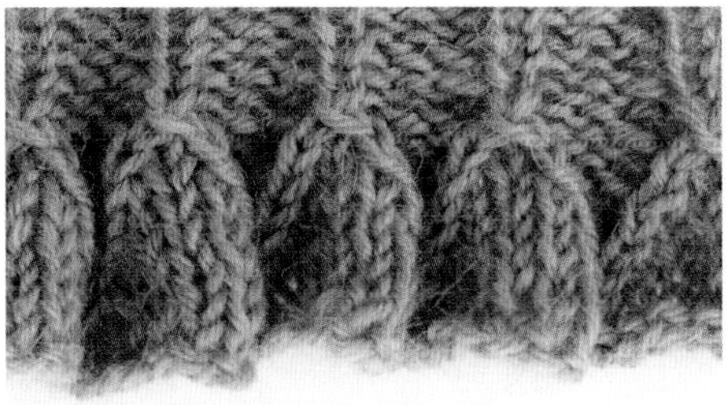

1. Runde: * 3 Maschen links, 9 Maschen rechts *.
In allen geraden Runden die Maschen stricken, wie sie erscheinen.
3. Runde: * 3 Maschen links, 2 Maschen mit Linksneigung rechts zusammenstricken, 5 Maschen rechts, 2 Maschen mit Rechtsneigung rechts zusammenstricken *.
5. Runde: * 3 Maschen links, 2 Maschen mit Linksneigung rechts zusammenstricken, 3 Maschen rechts, 2 Maschen mit Rechtsneigung rechts zusammenstricken *.
7. Runde: * 3 Maschen links, 2 Maschen mit Linksneigung rechts zusammenstricken, 1 Masche rechts, 2 Maschen mit Rechtsneigung rechts zusammenstricken *.
9. Runde: * 3 Maschen links, 1 Masche wie zum Rechtsstricken abheben, 2 Maschen mit Rechtsneigung rechts zusammenstricken, die abgehobene Masche über die zusammengestrickten Maschen heben *.
10. und alle weiteren Runden bis zur gewünschten Höhe: * 3 Maschen links, 1 Masche rechts *.

Auf Rechtsgrund

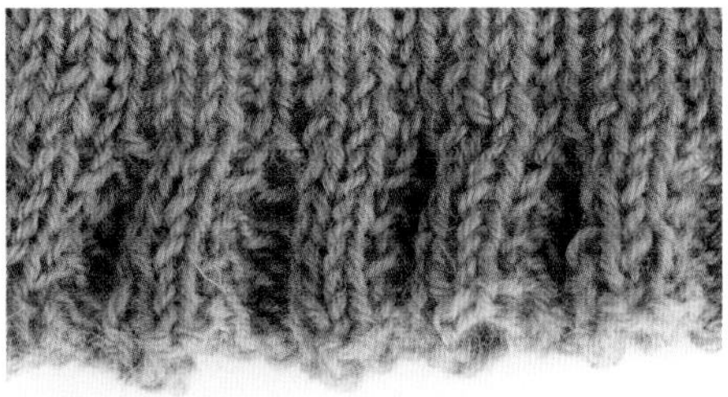

1. Runde: * 3 Maschen rechts, 9 Maschen links *.
In allen geraden Runden die Maschen stricken, wie sie erscheinen.
3. Runde: * 3 Maschen rechts, 2 Maschen links zusammenstricken, 5 Maschen links, 2 Maschen mit Rechtsneigung rechts zusammenstricken *.
5. Runde: * 3 Maschen rechts, 2 Maschen links zusammenstricken, 3 Maschen links, 2 Maschen mit Rechtsneigung rechts zusammenstricken *.
7. Runde: * 3 Maschen rechts, 2 Maschen links zusammenstricken, 1 Masche links, 2 Maschen mit Rechtsneigung rechts zusammenstricken *.
9. Runde: * 3 Maschen rechts, 3 Maschen links zusammenstricken *.
10. und alle weiteren Runden bis zur gewünschten Höhe: * 3 Maschen rechts, 1 Masche links *.

WIE MASCHEN MIT RECHTS- ODER LINKSNEIGUNG zusammengestrickt werden, steht auf Seite 65.

Zopfbündchen

Alle Arten von Zöpfen eignen sich sehr gut als Sockenbündchen, da sie das Gestrick zusammenziehen und so dafür sorgen, dass die Socke gut am Bein anliegt. Für Zopfbündchen sollte man jedoch unbedingt eine Maschenprobe stricken, damit das Bündchen nicht zu eng gerät.

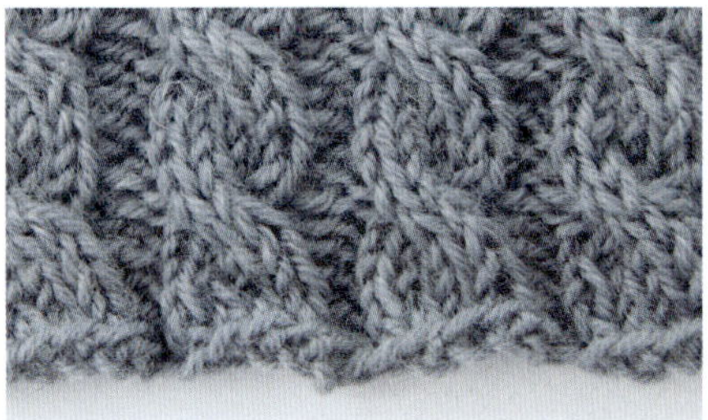

Beispiel
Maschenzahl teilbar durch 6.
1.-5. Runde: * 4 Maschen rechts, 2 Maschen links *.
6. Runde: * 2 Maschen auf einer Zopfnadel vor die Arbeit legen, 2 Maschen rechts stricken, 2 Maschen von der Zopfnadel rechts stricken, 2 Maschen links *.
Die 1.-6. Runde bis zur gewünschten Höhe wiederholen.

GEGEBENENFALLS MUSS EIN ZOPFBÜNDCHEN über deutlich mehr Maschen gestrickt werden, als für den Sockenschaft benötigt werden. Diese werden später beim Übergang zum Schaft wieder abgenommen. Als Faustregel gilt: 1 Masche mehr pro Zopf.

Baltisches Flechtband

Mit dem baltischen Flechtband lassen sich im Bündchen oder auch an einer beliebigen anderen Stelle des Schaftes zwei besonders auffällige zweifarbige Zierrunden einarbeiten.

Für das Flechtband alle Maschen rechts stricken und dabei abwechselnd je eine Masche mit der einen, dann die nächste Masche in der anderen Farbe arbeiten. Dabei zunächst beide Fäden vor die Arbeit legen und im Folgenden die jeweilige Farbe zum Rechtsstricken der nächsten Masche zwischen den Maschen nach hinten nehmen, nach dem Abstricken der Masche den Faden wieder vor die Arbeit legen.

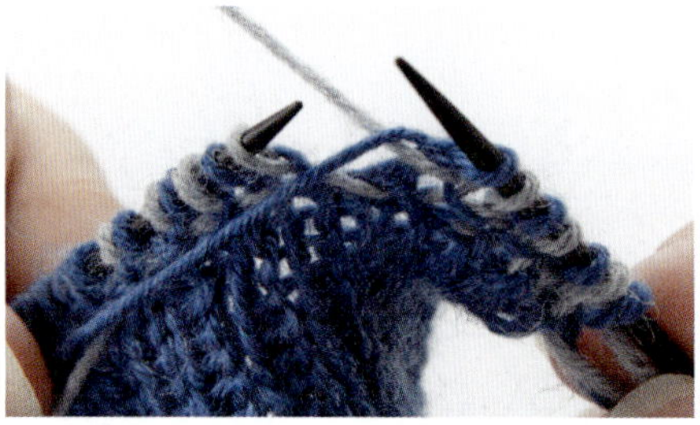

1. Runde: Zunächst die Fäden beider Farben vor die Arbeit legen. 1 Masche rechts in Farbe A stricken, * den Faden in Farbe B zwischen den Maschen nach hinten bringen, dabei über den Faden in Farbe A legen und 1 Masche in Farbe B rechts stricken. Den Faden in Farbe A nach hinten bringen und dabei über den Faden in Farbe B legen, 1 Masche in Farbe A rechts stricken *.

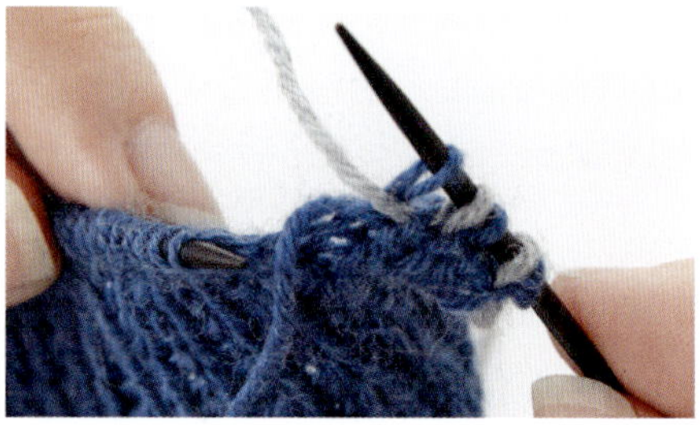

2. Runde: Wie die 1. Runde stricken, jedoch den Faden der neuen Farbe jeweils unter dem Faden der zuvor gestrickten Farbe durchholen.

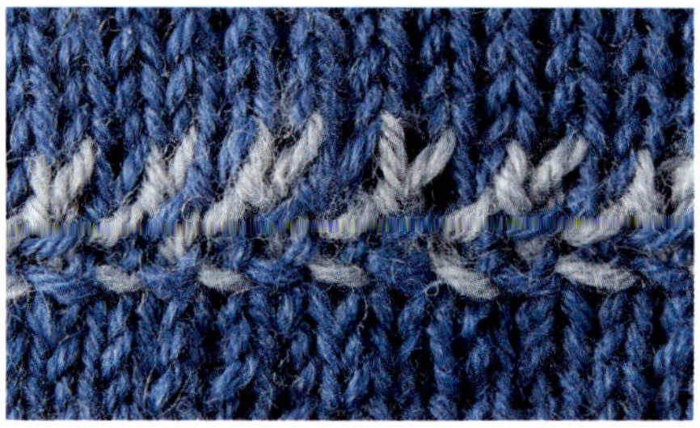

Baltisches Flechtband

DAS FLECHTBAND WIRKT BESONDERS GUT, wenn zwei starke Kontrastfarben gewählt werden.

FÜR EIN BREITERES FLECHTBAND können diese 2 Runden auch mehrmals hintereinander gestrickt werden.

Der Schaft

Hat die Socke durch Anschlag und Bündchen guten Halt, schließt sich der Schaft an. Dieser wird meist ohne weitere Zu- und Abnahmen in Runden gestrickt. Hier liegt viel freie Strickfläche zum kreativen Gestalten. Ob Strukturmuster, Zopfmuster, Lochmuster oder mehrfarbige Muster – der Fantasie sind keine Grenzen gesetzt, und der kleine Umfang der Socke lädt dazu ein, auch einmal Komplizierteres auszuprobieren. So entstehen oft richtige Sockenkunstwerke mit aufwendigen Schaftmustern.

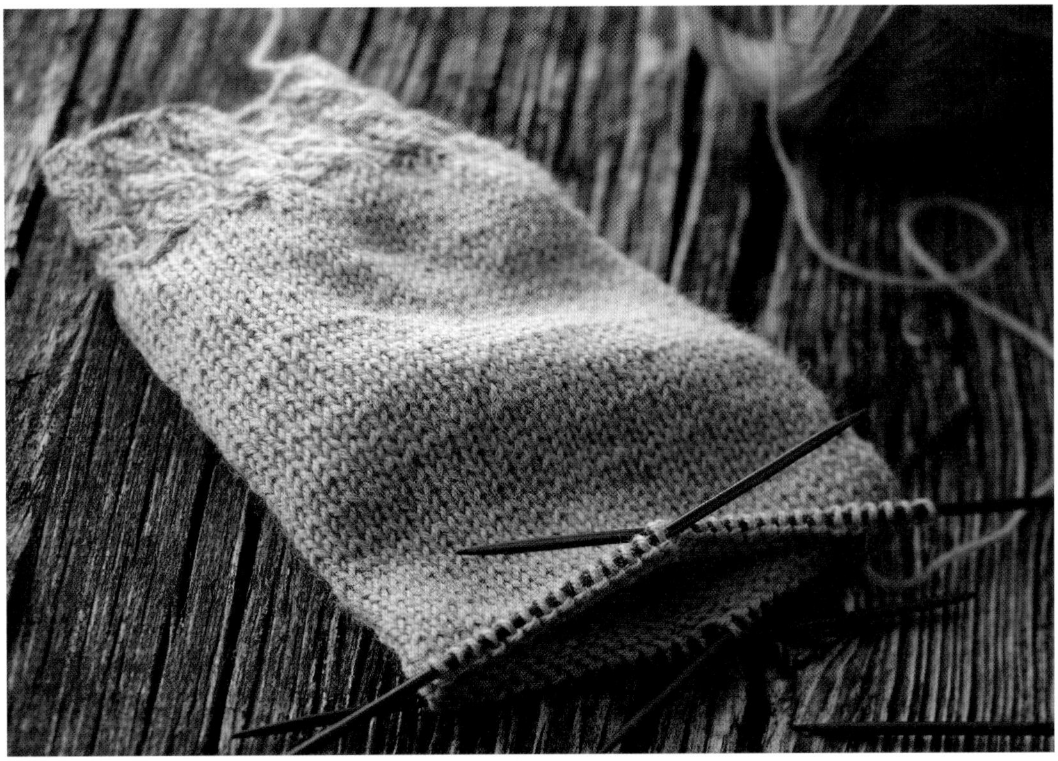

Je nach Art des Musters müssen dabei verschiedene Dinge beachtet werden, denn manche Muster sind elastischer oder ziehen sich stärker zusammen. Wichtige Informationen hierzu finden sich im Kapitel „Muster stricken" ab Seite 242. Selbstmusternde Garne wirken aber auch einfach glatt rechts gestrickt schon sehr schön.

Für die Länge eines Schaftes gibt es seit Generationen die Empfehlung, ihn so lang zu stricken, wie die Handlänge vom Ballen bis zur Fingerspitze des Mittelfingers misst. Das ist auch heute noch eine gute Orientierung, jedoch spielen dabei der persönliche Geschmack und ebenso der Verwendungszweck der Socken eine Rolle. Socken, die in Stiefeln getragen werden sollen, werden natürlich höher gearbeitet als Sommersöckchen. Wie hoch der Schaft sein soll, kann auch vom Muster und seinem Rapport abhängig sein. Oft lassen ein bis zwei Zentimeter mehr oder weniger das Muster für den Übergang zur Ferse hübscher abschließen.

SOLL EINE BUMERANGFERSE GEARBEITET WERDEN, am besten 1-2 cm vor Beginn der Ferse über die 1. und 4. Nadel des Nadelspiels bzw. über die vordere Maschenhälfte nicht mehr im Muster, sondern glatt rechts arbeiten. Da diese Ferse sehr kurz ist, könnte das Muster sonst im Schuh drücken.

BEI EINEM GLATT RECHTS GESTRICKTEN SCHAFT kann eine „Dehnungsfuge" in die Socke eingearbeitet werden, um eine noch bessere Dehnbarkeit zu erreichen, kann. Dazu wird die letzte Masche jeder Nadel links gestrickt. Die Dehnungsfuge kann auch am Fuß weitergeführt werden.

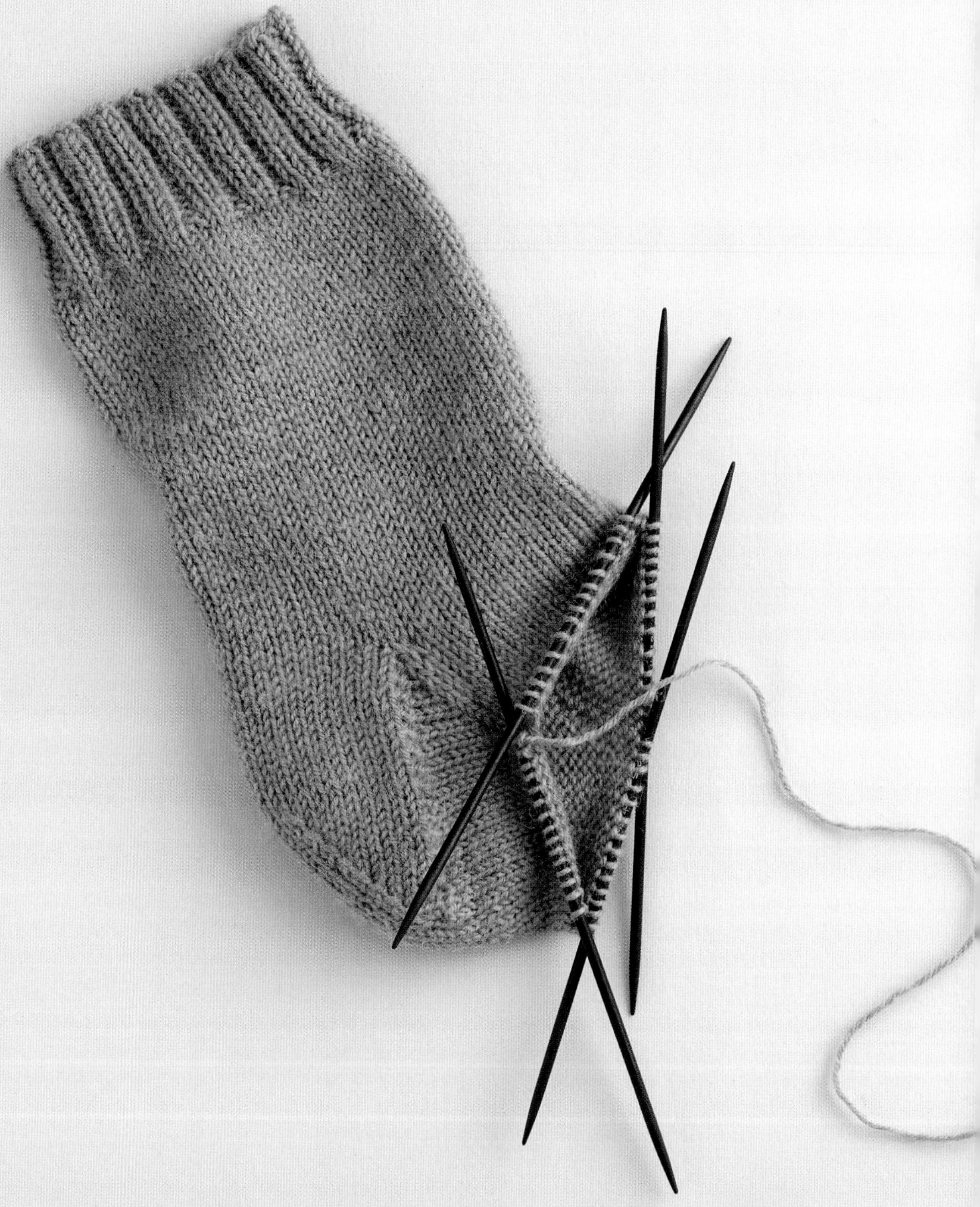

FERSEN

Die Ferse ist der wichtigste Teil einer Socke, denn an der richtigen Passform der Ferse entscheidet sich, ob die ganze Socke später gut sitzt. Gab es zu Omas Zeiten nur die klassische Käppchenferse, kann man heute aus einer großen Anzahl unterschiedlicher, raffinierter Fersenformen wählen. Bei der Entscheidung für eine bestimmte Ferse ist vor allem die eigene Fußform wichtig, aber auch Designaspekte oder persönliche Vorlieben können eine Rolle spielen.

Fersen – Die Basics

Die Ferse gilt häufig als der schwierigste Teil der Socke, und viele Strickerinnen begegnen ihr mit großem Respekt. Es lohnt sich aber, sich mit dem Thema genauer auseinanderzusetzen, da die richtige Ferse entscheidend zu einer perfekten Passform beiträgt.

Die richtige Passform

Die Ferse ist wohl der am stärksten strapazierte Teil einer Socke. Gerade an dieser Stelle ist es sehr wichtig, dass die Socke gut am Fuß anliegt, ohne zu spannen. Zu viel Weite um den Spann lässt die Socke im Schuh Falten werfen, die dann zu Druckstellen führen können. Ist dagegen die Ferse im Spann zu eng, spannt und zwickt die Socke unangenehm, und auch das Muster auf dem Oberfuß wird verzogen und gedehnt.

Auch wenn Füße auf den ersten Blick alle sehr ähnlich aussehen mögen, hat doch jeder Fuß seine ganz eigene Form. Bei der Wahl der richtigen Ferse sind vor allem zwei Größen wichtig: Die Höhe des Spanns und die Breite des Tritts. Die Fersennähte sollten möglichst harmonisch mit der Fußform verlaufen. Die Nähte bestimmen die Form der Ferse und können so dazu genutzt werden, diese möglichst nah an die tatsächliche Fußform anzupassen. Gleichzeitig sollten sie an wenig störenden und wenig beanspruchten Stellen verlaufen. Drücken die Nähte später im Schuh, können sie am Fuß reiben, was unbequem ist und sogar zu wunden Hautstellen führen kann. Andererseits kann die Reibung des Schuhs die Fersennaht beschädigen. Mithilfe der folgenden Übersicht kann der eigene Fuß in die richtige Kategorie eingeordnet werden. Bei allen Fersen dieses Buches ist jeweils angegeben, für welche Fußform sie am besten geeignet sind.

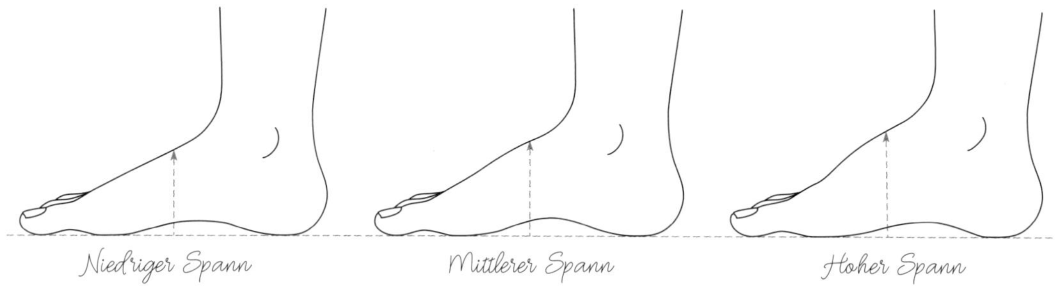

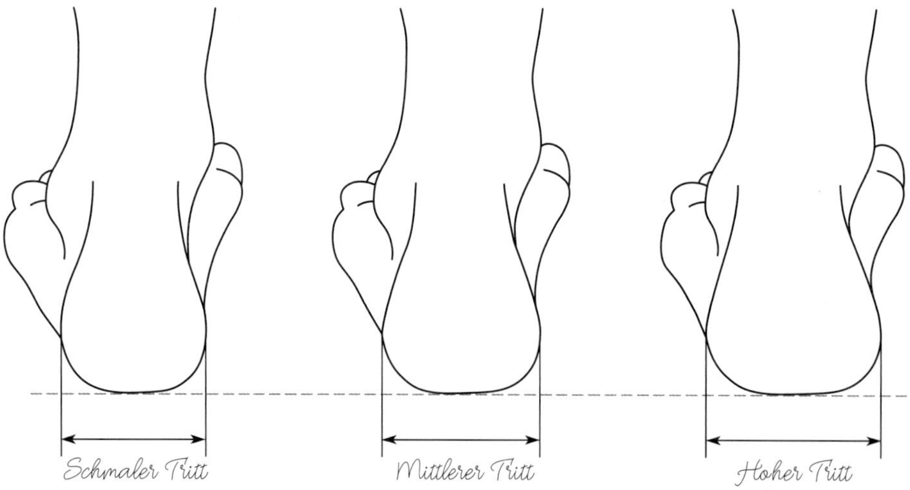

Die drei Gruppen von Fersenarten

- FERSEN MIT FERSENWAND UND SPICKEL:
  hierzu zählen alle Käppchenarten
- FERSEN MIT SCHRÄGNAHT:
  alle Fersen mit verkürzten Reihen
- RUNDGESTRICKTE FERSEN MIT FERSENSCHLUSS IM TRITT:
  nachträglich oder direkt eingearbeitet

Fersenkompass

Trittbreite	Spannhöhe	Fersenform
schmal	niedrig	Bumerangferse Zweifache Doppelmaschenferse Wickelmaschenferse Falsche Bumerangferse
	mittel	Schrägnahtferse mit Zu- und Abnahmespickel
	hoch	Dreiteilige Käppchenferse Hybridferse
mittel	niedrig	Bumerangferse in runder Form
	mittel	Nachträgliche eingestrickte Ferse
	hoch	Hufeisenferse Glatte Ferse Zunahmeferse
breit	niedrig	Bumerangferse in runder Form 2/3-Ferse
	mittel	Runde Ferse Tomatenferse
	hoch	Herzchenferse Glatte Ferse

GESTRICKTES IST IM ALLGEMEINEN RECHT DEHNBAR, sodass kleinere Ungenauigkeiten in der Passform gut ausgeglichen werden. Werden sehr unelastische Oberfußmuster gewählt, ist es jedoch umso wichtiger, die richtige Ferse zu wählen.

Maschenverteilung

Bei der Beschreibung von Fersen wird häufig von der klassischen Verteilung der Maschen auf 4 Spielnadeln ausgegangen. Alle Fersen lassen sich jedoch auch problemlos mit anderen Maschenverteilungen, z. B. auch auf Rundstricknadeln, arbeiten. Wichtig ist lediglich zu bestimmen, über wie viele und welche Maschen die Ferse jeweils gearbeitet wird, und die restlichen Maschen auf geeignete Weise stillzulegen.

Ferse auf 4 Spielnadeln

Bei der Verteilung auf 4 Spielnadeln basiert auf der bereits erwähnten Nummerierung der Nadeln vom Anschlagfaden aus (siehe Seite 93). Da sehr viele Fersen über genau die Hälfte der Maschen einer Socke gearbeitet werden, ist hier also keine große Umverteilung notwendig.

Meist wird die Ferse über die Maschen der 4. und 1. Nadel gestrickt, die dann auch als Fersenmaschen bezeichnet werden. Der Beginn der Ferse liegt zwischen diesen beiden Nadeln und ist somit identisch mit dem Rundenbeginn. Die Ferse beginnt also nach dem Ende einer Runde, wobei die abgestrickte 4. Nadel bereits eine halbe Hinreihe darstellt, und endet mit einer halben Hinreihe.

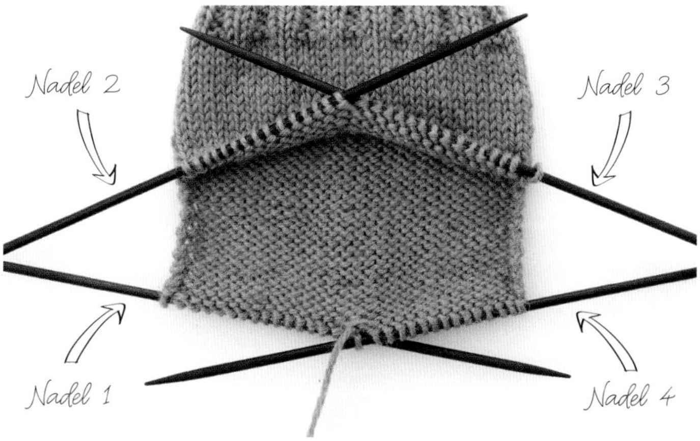

Ferse auf 3 Spielnadeln

Wird mit einer Maschenverteilung auf 3 Spielnadeln gearbeitet, kann die benötigte Anzahl an Fersenmaschen jeweils der entsprechenden Tabelle entnommen werden. Diese Maschen sollten dann am besten zusammen auf 1 Nadel sortiert werden, und zwar die Hälfte vor und die andere Hälfte nach dem Rundenanfang.

DIE 2/3-FERSE UND DIE TOMATENFERSE werden nicht über die Hälfte, sondern über 2/3 der Sockenmaschen gearbeitet. So können bei einer Verteilung auf 3 Nadeln einfach die Maschen der 3. und 1. Nadel als Fersenmaschen gestrickt werden.

Ferse auf 1 Rundstricknadel

Da beim Stricken mit 1 Rundstricknadel die Maschen der Socke bereits in zwei gleichmäßige Hälften geteilt sind, kann die Ferse einfach über die vordere Maschenhälfte gearbeitet werden. Es ist aber zu beachten, dass der Rundenanfang dann nicht in der Mitte der Ferse, sondern rechts davon liegt. Da die Ferse in der Mitte der Fersenmaschen beginnt, muss vor jeder Ferse nochmals die Hälfte der Fersenmaschen rechts abgestrickt werden.

DA FÜR DIE 2/3-FERSE UND DIE TOMATENFERSE nicht die Hälfte, sondern 2/3 der Gesamtmaschenzahl benötigt werden, muss beim Arbeiten mit Rundstricknadeln so umsortiert werden, dass alle Fersenmaschen zusammen auf einer Hälfte der Rundstricknadel bzw. einer der beiden Rundstricknadeln liegen.

Ferse auf 2 Rundstricknadeln oder CraSyTrio

Auch beim Arbeiten auf 2 Rundstricknadeln oder mit 3 Trio-Nadeln sind die Maschen bereits in zwei Hälften aufgeteilt. So kann man die Ferse ganz einfach über die Maschen der 1. Rundstricknadel bzw. Trio-Nd arbeiten. Hier gilt aber ebenso: Der Rundenanfang befindet sich dann nicht in der Mitte der Ferse, sondern rechts davon. Vor Beginn jeder Ferse muss noch die Hälfte der Fersenmaschen rechts gestrickt werden, um die Mitte der Ferse und damit den Ausgangspunkt zu erreichen.

BEIM ARBEITEN MIT RUNDSTRICKNADELN können die Maschen auf dem Seil der Rundstricknadel bzw. der 2. Rundstricknadel verbleiben.

Ferse mit dem Sockenwunder

Beim Stricken mit dem Sockenwunder wird die Ferse über die 1. Maschenhälfte zwischen Rundenbeginn und Maschenmarkierer gestrickt. Die Maschen für den Oberfuß bleiben weiter auf der Nadel liegen. Auch hier befindet sich der Rundenanfang aber nicht in der Mitte der Ferse, sondern rechts davon. Vor Beginn jeder Ferse muss noch die Hälfte der Fersenmaschen rechts gestrickt werden, um die Mitte der Ferse und damit den Ausgangspunkt zu erreichen.

Die restlichen Maschen stilllegen

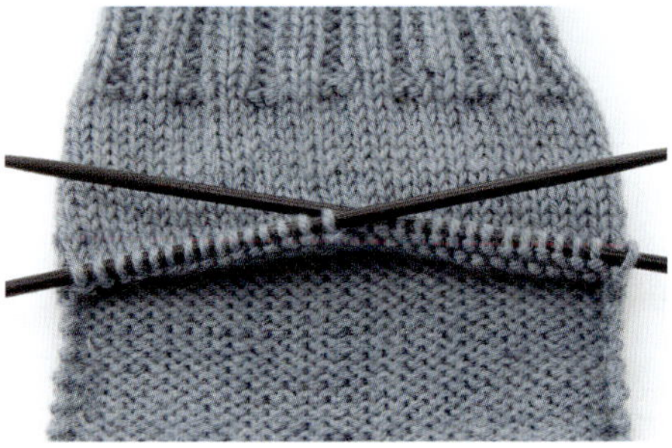

Wer nur kleine Strickbewegungen in den Handgelenken macht, kann die nicht für die Ferse benötigten Oberfußmaschen beim Arbeiten mit dem Nadelspiel einfach auf den Spielnadeln belassen. Dies kann aber unter Umständen etwas sperrig werden.

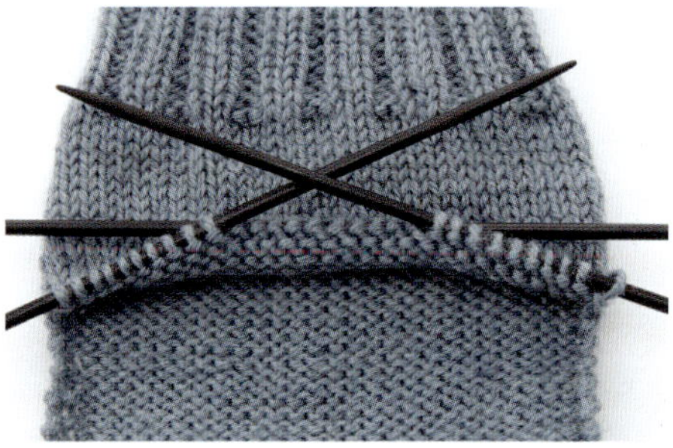

Etwas mehr Raum zum Stricken entsteht, wenn die Maschen gleichmäßig auf 3 statt auf 2 Spielnadeln verteilt werden. Das bietet sich insbesondere dann an, wenn für das Arbeiten der Fersenwand ohnehin eine Spielnadel ungenutzt beiseite gelegt wird.

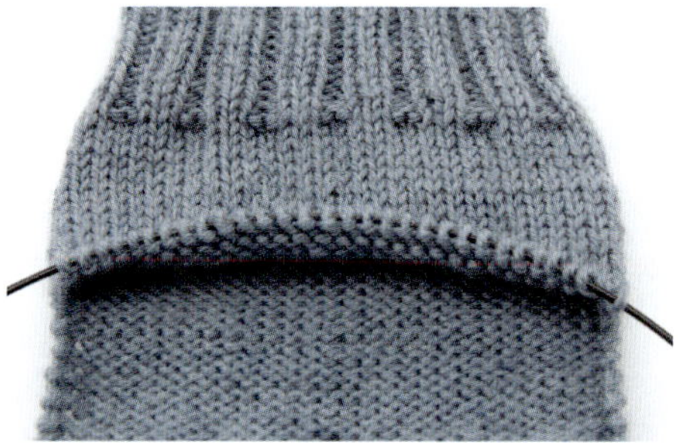

Noch komfortabler ist es, die stillzulegenden Maschen auf den flexiblen Mittelteil einer Rundstricknadel zu ziehen.

Zunahme aus dem Querfaden

Für einige Fersen ist es notwendig, Maschen zuzunehmen. Dies geschieht klassisch aus dem Querfaden, auch Spannfaden genannt.

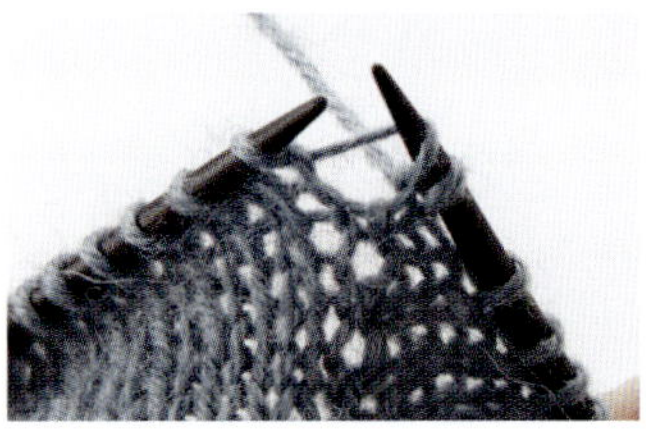

1 Den Querfaden zwischen zwei Maschen mit der rechten Nadel aufnehmen.

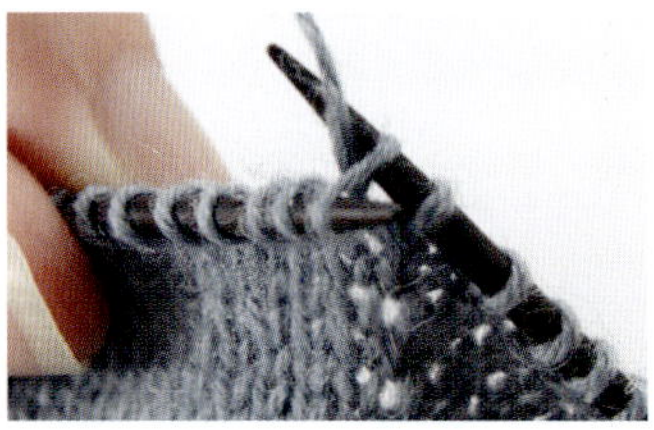

2 Den Faden verdreht auf die linke Nadel heben und rechts verschränkt abstricken.

UNBEDINGT DARAUF ACHTEN, den Faden beim Überheben auf die linke Nadel zu verdrehen, da sonst Löcher entstehen.

Kleine Seitenlöcher und Verzuglöcher vermeiden

In der ersten Runde nach der Aufnahme von Maschen aus einer Fersenwand oder nach dem Abstricken von verkürzten Reihen kommt es an den seitlichen Übergängen zwischen Ferse und Oberfuß leicht zu kleinen, aber unschönen Löchern. Alle Versuche, diese durch besonders festes Abstricken zu vermeiden, bleiben meist erfolglos. Die Ursache dieser ungeliebten Löcher liegt darin, dass häufig die Maschen der linken Nadel beim Abstricken sehr groß gezogen werden. Werden alle Maschen auf diese Weise gestrickt, transportiert man den Faden der Vorrunde Stückchen für Stückchen vorwärts. Dies ergibt normalerweise ein besonders gleichmäßiges Strickbild. Probleme treten aber an solchen Stellen auf, an denen das Weiterziehen des unteren Fadens blockiert ist. So etwa in den oben beschriebenen Runden zwischen der 1. und 2. Nadel und noch stärker zwischen der 3. und 4. Nadel. Die letzte Masche erscheint dann deutlich größer als alle anderen.

Um diese Verzuglöcher möglichst klein zu halten, muss der Querfaden zwischen den entsprechenden Nadelübergängen etwas verkürzt werden. Dazu den jeweiligen Querfaden zwischen der 1. und 2. Nadel und zwischen der 3. und 4. Nadel auf die rechte Nadel nehmen, verdreht auf die linke Nadel heben und ihn mit der 1. Masche der 2. Nadel bzw. der letzten Masche der 3. Nadel, also den äußeren Oberfußmaschen, rechts zusammenstricken.

ALTERNATIV KÖNNEN DIE VERDREHTEN QUERFÄDEN auch mit den beiden äußeren Fersenmaschen zusammengestrickt werden, also mit der letzten Masche der 1. Nadel und der 1. Masche der 4. Nadel.Für ein gleichmäßiges Maschenbild ist es jedoch ratsam, sich auf beiden Seiten entweder für die Oberfuß- oder die Fersenmaschen zu entscheiden und nicht zu mischen.

ALS „WILDERN“ bezeichnet man es vor allem bei handgefärbten Garnen, wenn sich kein vorgegebenes und voraussehbares Muster ergibt, sondern die Farben sich „wild“ über die gesamte Socke verteilen.

SOLL SPÄTER EINE VERSTÄRKTE SOHLE gearbeitet werden wie auf Seite 167 gezeigt, so muss bereits bei der Ferse daran gedacht und auch diese als verstärkte Fersenwandferse gearbeitet werden.

Fersen für musternde Garne

Verwendet man zum Sockenstricken Garne, die ein bestimmtes Farbmuster ergeben, z. B. deutlich abgegrenzte, einheitlich breite Streifen, wird das Musterbild von Schaft und Fuß durch die Ferse unschön unterbrochen. Das liegt zum einen daran, dass die Maschen des Oberfußes in der Regel ruhen, während die Ferse gestrickt wird. Wird nach der Ferse wieder über alle Maschen in Runden gearbeitet, setzt man bei den Oberfußmaschen mit einer anderen Farbstelle aus dem Garnrapport an, sodass unter Umständen Farben und Musterteile aufeinandertreffen, die sonst im Rapport nie aufeinander folgen. Da zum anderen bei Socken mit Spickelabnahmen jeweils über viele Runden mit deutlich höheren Maschenzahlen gearbeitet wird als an Schaft und Fuß, verändert sich hier auch die Musterung, z. B. die Breite der Streifen. Dies kann auch bei handgefärbten Garnen, die absichtlich „wildern“ sollen, unangenehm auffallen.

Umgehen lässt sich diese Unterbrechung des Farbmusters durch eine nachträglich eingestrickte Bullaugenferse (siehe Seite 160). Da die Socke dabei zunächst vom Anschlag bis zum Spitzenschluss mit gleicher Maschenzahl als Schlauch ohne Unterbrechung des musternden Garns gearbeitet wird, bleibt das gleiche Muster vollständig über die gesamte Socke erhalten. An Stelle der Ferse wird lediglich ein Kontrastfaden eingestrickt, wo erst später die Ferse eingefügt wird. So zeigt nur diese einen anderen Musterverlauf.

Möchte man für eine bessere Passform eine Schrägnahtferse arbeiten, lässt sich dabei ein Farbmuster auch erhalten, indem man den Arbeitsfaden mit dem Oberfußmuster vor Beginn der Ferse stilllegt. Die Ferse wird dann entweder mit einem Kontrastgarn oder mit einem neuen Faden desselben Garns gearbeitet. Als zweiter Faden für die Ferse kann auch das andere Fadenende desselben Knäuels verwendet werden. Jedoch sollte man beachten, dass dann der Musterrapport anders herum verläuft.

Fersen mit Fersenwand

Eine Fersenwand umschließt die Ferse hinten etwa vom Knöchelansatz bis in den Tritt. Sie wird in Hin- und Rückreihen über die Hälfte aller Maschen gestrickt. Fersen mit Fersenwand setzen verhältnismäßig hoch an und sorgen so für viel Weite im Spann. Die Fersenrundung verbindet Fersenwand und Sohle, bildet eine kleine Mulde für den Fersentritt und sorgt so für den „Knick“ in der Socke. Um nach der Ferse weiter in Runden arbeiten zu können, werden Maschen aus den Rändern beider Fersenwandseiten aufgefasst. Dadurch hat man aber kurzfristig mehr Maschen auf den Nadeln als vor der Ferse. In den folgenden Runden werden diese überzähligen Maschen durch Abnahmen reduziert. Diese Abnahmen formen ein sehr charakteristisches Maschendreieck, den Spickel.

Fersenwand – Die Basics

Für alle Fersenwandfersen wird die Fersenwand auf sehr ähnliche Weise gearbeitet, meist einfach in Hin- und Rückreihen glatt rechts oder mit Verstärkung. Es ist aber auch möglich, eigene Muster einzustricken oder das Schaftmuster in der Fersenwand bis zur Fersenrundung weiterzuführen.

Zu den Fersenwandfersen gehören:

- KLASSISCHE FERSE mit dreiteiligem Käppchen
- HUFEISENFERSE mit vierteiligem Käppchen
- HERZCHENFERSE mit zweiteiligem Käppchen
- RUNDE FERSE
- ZUNAHMEFERSE

Trittformen der Fersen mit Fersenwand

Die hier vorgestellten Fersenwandfersen unterscheiden sich in der Art, wie ihre Fersenrundung geformt ist: Käppchen, Hufeisen, Herzchen oder abgerundete Form durch beidseitige Abnahmen. Diese verschiedenen Fersenrundungen bilden sehr unterschiedliche Trittformen. Das Käppchen formt eine quadratische Trittform, das Hufeisen eine Rundung mit geraden Seitenteilen, welche im Vergleich zum Käppchen für einen breiteren Tritt sorgt. Das Herzchen ergibt eine dreieckige Trittform, die auch als v-förmig bezeichnet wird, und an den unteren Teil eines Herzens erinnert. Das Herzchen ist noch einmal breiter als das Hufeisen. Der Tritt der Zunahmeferse formt sich ähnlich aus wie das Herzchen, wird jedoch ganz anders gestrickt. Bei der Fersenrundung durch seitliche Abnahmen erhält man ein Rechteck, das in seiner Breite mit der des Käppchens vergleichbar, durch die vollständig gestrickten Reihen aber eher für breitere Füße geeignet ist.

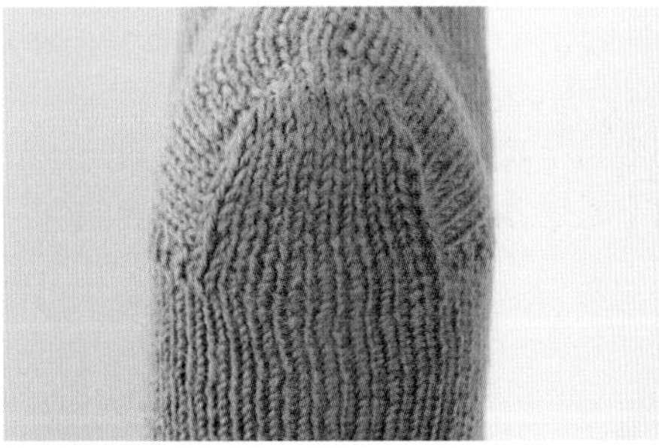

Trittform der Käppchenferse

Trittform der Hufeisenferse

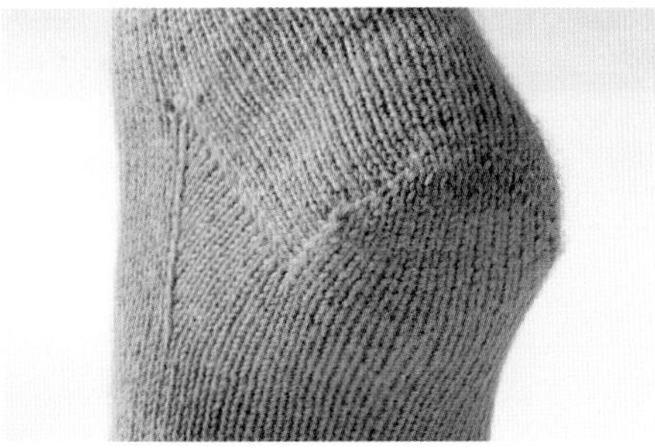

Trittform der Zunahmeferse

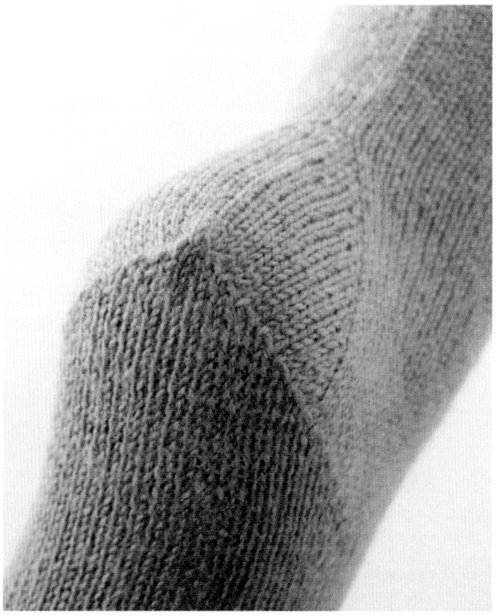

UM EIN GÄSSCHEN AUS BREITEN MASCHEN in der Mitte der Fersenwand bei der Arbeit mit dem Nadelspiel zu vermeiden, die Maschen der 1. und 4. Nadel auf einer Nadel zusammenfassen. Nach Fertigstellung der Fersenwand können die Maschen wieder auf zwei Spielnadeln verteilt werden.

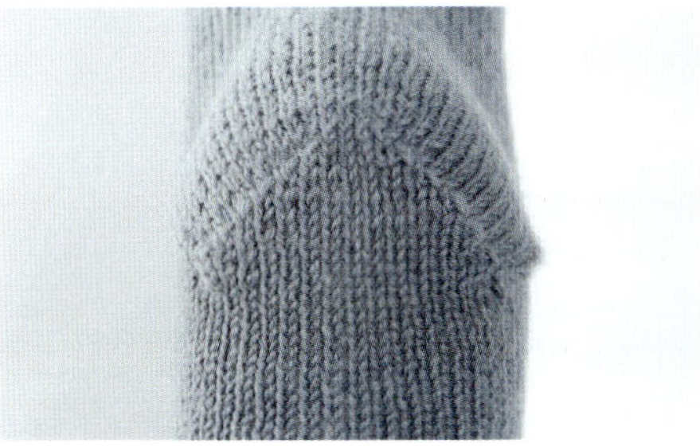

Trittform der Herzchenferse

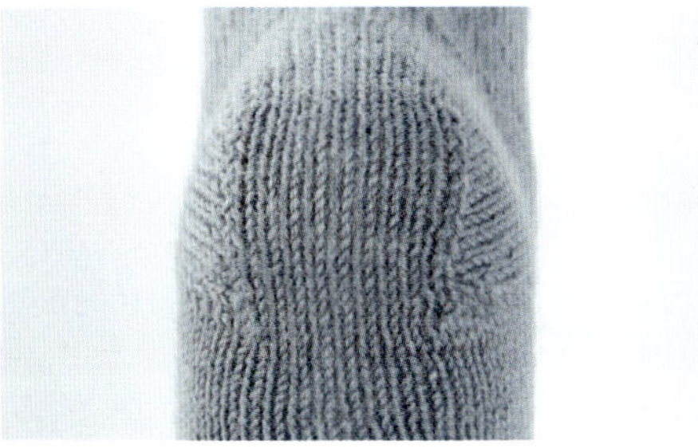

Trittform der runden Ferse

DIE ERSTEN UND LETZTEN 2 ODER 3 MASCHEN der Fersenwand können auch kraus rechts (in Hin- und Rückreihen rechts) gestrickt werden. Das sieht hübsch aus und hilft zudem durch die Krausrippen beim Reihenzählen.

Doppelter Perlrand

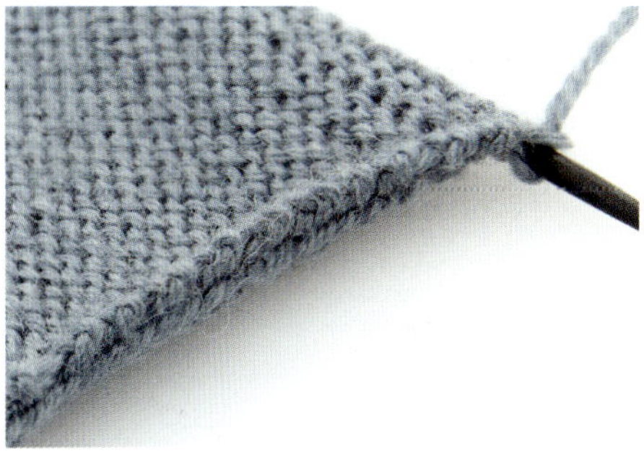

Damit sich später die Maschen gut aus den Rändern der Fersenwand aufnehmen lassen, sollten die Randmaschen sehr sauber und fest gearbeitet sein. Am besten gelingt das mit einem doppelten Perlrand. Dafür beide Randmaschen in Hin- und Rückreihen immer rechts stricken. Auf diese Weise entstehen an den Rändern kleine „Perlen". Werden aus diesen „Perlen" die Maschen aufgefasst, entstehen keine Löcher und der Übergang zur neuen Maschenrunde wird sehr weich.

Auffassen neuer Maschen aus dem doppelten Perlrand

Besonders gleichmäßig gelingt das Auffassen neuer Maschen aus dem doppelten Perlrand, wenn man aus jeder „Perle" 1 Masche herausstrickt. Dazu mit der rechten Nadel in die nächste Perle einstechen und den Arbeitsfaden als neue Masche hindurchziehen. Auf diese Weise wird 1 Masche aus je 2 Reihen aufgenommen.

Auffassen neuer Maschen in Hinreihen

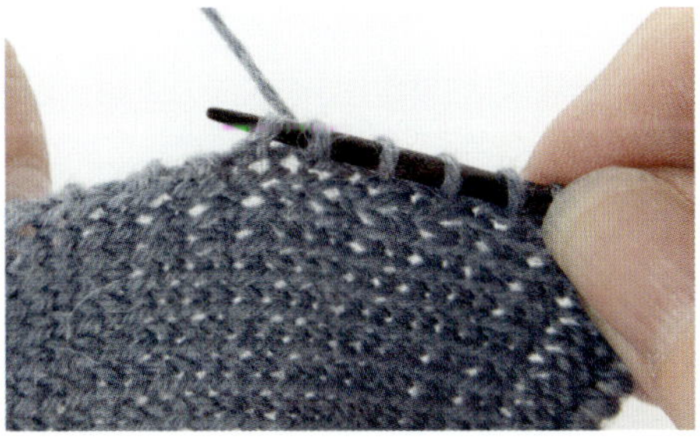

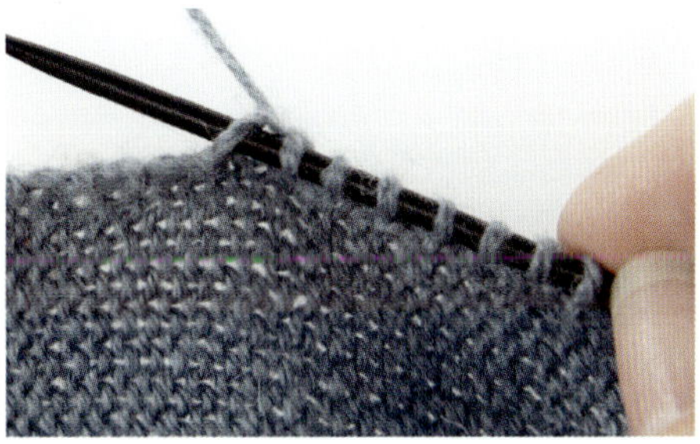

Auffassen neuer Maschen in Rückreihen

DIE „PERLEN" helfen auch beim Zählen der Reihen: 1 Perle = 2 Reihen

Die im Stricken sonst übliche 3-auf-4-Regel besagt, dass normalerweise aus 4 Reihen 3 Maschen aufgenommen werden sollten, um einen schönen Übergang zu erzielen. Bei der Fersenwand kommt aber absichtlich nur 1 Masche auf 2 Reihen, da sich die erste Maschenreihe so stärker zusammenzieht und kleine Löcher vermieden werden.

Wichtige Grundbegriffe

Randmaschen = Die 1. und letzte Masche jeder Reihe

Angaben zwischen zwei * werden fortlaufend wiederholt.

Verstärkte Fersenwand

SOLL EINE SOCKE MIT VERSTÄRKTER SOHLE gearbeitet werden, so muss diese besondere Verstärkung bereits bei der Ferse begonnen werden. Siehe dazu Seite 167.

Die Fersenwand wird durch das Tragen der Socken in Schuhen stark beansprucht. Um ein Dünnerwerden des Gestricks an dieser Stelle zu vermeiden, kann die Fersenwand dichter gestrickt werden als die restliche Socke. Am einfachsten ist es, für die Fersenwand und die Fersenrundung handelsübliches Beilaufgarn in passender Farbe mit dem Arbeitsfaden zusammen zu verstricken. Sehr beliebt sind aber auch einfache Hebemaschenmuster, die für eine Rippenverstärkung übereinander, für eine Netzverstärkung versetzt gearbeitet werden.

Für diese Muster wird in den Hinreihen jede zweite rechte Masche ungestrickt wie zum Linksstricken auf die rechte Nadel gehoben, während der Faden auf der Rückseite läuft, die Masche wird in den Rückreihen wie üblich links abgestrickt. Die so entstandenen hinter der Arbeit liegenden Spannfäden verdichten den Stoff.

Rippenverstärkung

1. Reihe (Hinreihe): Randmasche, * 1 Masche rechts, 1 Masche abheben *, Randmasche.

2. Reihe (Rückreihe): Randmasche, alle Maschen links stricken, Randmasche.

Die 1. und 2. Reihe fortlaufend wiederholen, bis die benötigte Höhe erreicht ist.

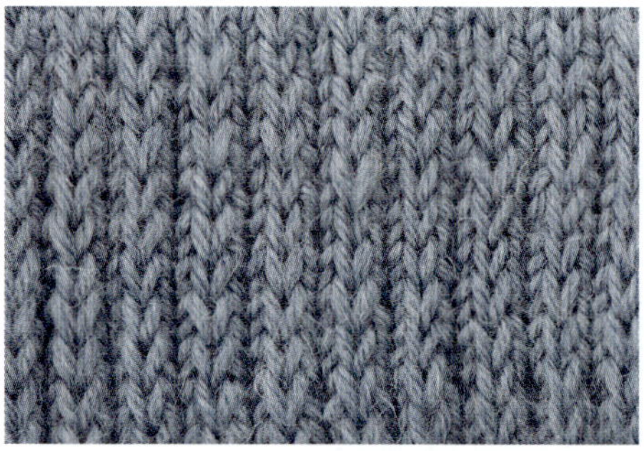

Netzverstärkung

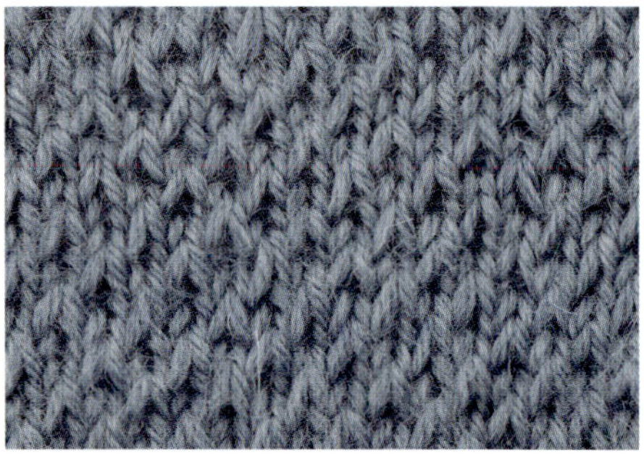

1. Reihe (Hinreihe): Randmasche, * 1 Masche rechts, 1 Masche abheben *, Randmasche.

2. Reihe (Rückreihe): Randmasche, alle Maschen links stricken, Randmasche.

3. Reihe (Hinreihe): Randmasche, * 1 Masche abheben, 1 Masche rechts *, Randmasche.

4. Reihe (Rückreihe): Randmasche, alle Maschen links stricken, Randmasche.

Die 1.-4. Reihe fortlaufend wiederholen, bis die benötigte Höhe erreicht ist.

Eingewebte Verstärkung

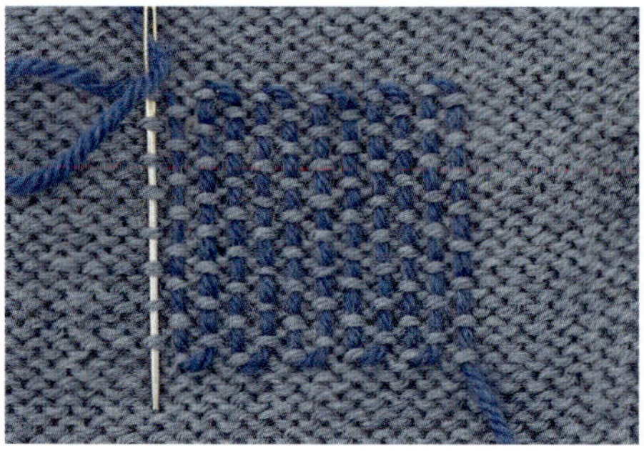

Das spätere Einweben eines Fadens ermöglicht es, eine Ferse auch noch nachträglich zu verstärken. Zum Einweben eignen sich Beilaufgarn sowie 3- und 4-fädiges Garn.

Den Faden dazu mit einer stumpfen Stopfnadel auf der Innenseite der Ferse senkrecht zu den Reihen durch die Querfäden der linken Maschen ziehen. Der eingewebte Faden ist von der rechten Seite aus nicht sichtbar.

Abgerundete Fersenwand

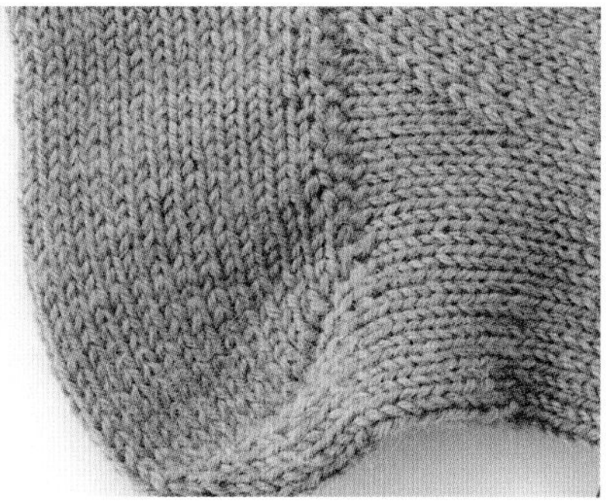

Fersenwandfersen sind besonders wegen ihres klassischen Looks beliebt, können aber aufgrund ihrer Trittbreite und Spannhöhe für manche Fußformen zu groß ausfallen. Eine engere Passform mit schmalerem Tritt und niedrigerer Spannhöhe lässt sich mit einem einfachen Trick erreichen.
Beim Stricken der Fersenwand in Hin- und Rückreihen lassen sich im letzten Drittel der Höhe die beiden Seiten mithilfe verkürzter Reihen trapezförmig abflachen. Der höchste Punkt der Ferse liegt dadurch weiter unten, der Umfang von Fersentritt und Spann wird geringer und die Fersenrundung flacht stärker ab. Dafür zunächst nur 2/3 der erforderlichen Höhe für die Fersenwand in Reihen mit doppeltem Perlrand arbeiten.

LÄSST SICH DIE BENÖTIGTE REIHENZAHL NICHT DURCH 3 TEILEN, die Zahl für eine kürzere Fersenwand nach unten, für eine längere Fersenwand nach oben runden.

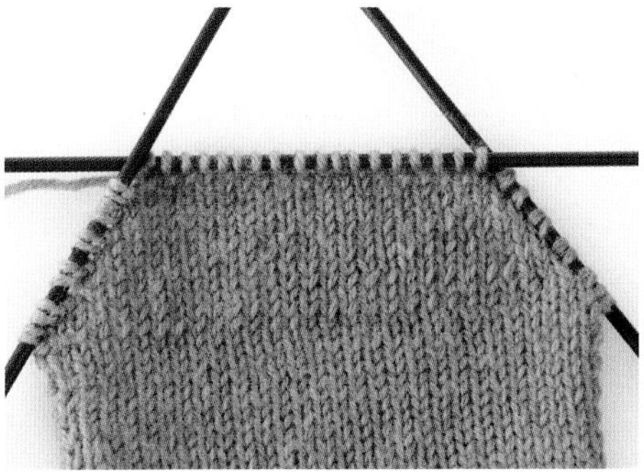

ZUM ARBEITEN UND ABSTRICKEN VON DOPPELMASCHEN siehe Seite 133.

1. Reihe (Hinreihe): Alle Maschen rechts stricken.
2. Reihe (Rückreihe): Mit einer zusätzlichen Spielnadel aus der 1. Masche eine Doppelmasche arbeiten, restliche Maschen links stricken.
3. Reihe (Hinreihe): Mit einer zusätzlichen Spielnadel aus der 1. Masche eine Doppelmasche arbeiten, restliche Maschen rechts stricken.
Die 2. und 3. Reihe wiederholen, bis nur noch 2 Reihen bis zur endgültigen Fersenwandhöhe gestrickt werden müssen. Die Doppelmaschen jeweils auf den zusätzlichen Spielnadeln stilllegen, nicht mehr stricken und so die Reihen verkürzen.
Nächste Hinreihe: Alle Maschen und Doppelmaschen bis zum Reihenende rechts stricken.
Letzte Rückreihe: Die 1. Masche rechts stricken, alle übrigen Maschen und Doppelmaschen bis zum Reihenende links stricken.
Mit einer weiteren halben Hinreihe in der Mitte der Ferse enden. Nun lassen sich alle Fersenrundungen nahtlos anschließen.

Fersenwand mit Muster

Bei manchen Schaftmustern bietet es sich an, diese auch über die Fersenwand weiterlaufen zu lassen. Dazu eventuell schon am Beginn der Socke darauf achten, das Muster über die späteren Fersenmaschen symmetrisch und mittig zu positionieren. Da die Fersenwand stark strapaziert wird, eignen sich dichtere Muster, wie z. B. (kleine) Zopfmuster, Muster mit verschränkten Maschen oder mehrfarbige Muster besser als zarte Lochmuster. Verzichten sollte man außerdem auf sehr plastische Muster, Noppen oder Verzopfungen über mehr als 4 Maschen.

WICHTIG IST, ZU BEACHTEN, dass für die Fersenwand das Muster in Reihen statt in Runden gestrickt wird und somit auch Rückreihen gearbeitet werden müssen.

WENN DER REST DER SOCKE EHER SCHLICHT GEHALTEN IST, kann auch ein eigenes Muster für die Fersenwand ein schöner Blickfang sein.

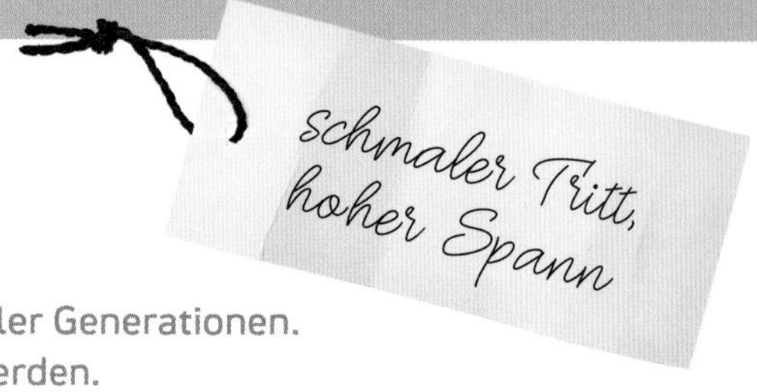

Ferse mit dreiteiligem Käppchen

Die dreiteilige Käppchenferse ist ein Klassiker und die meistgestrickte Ferse vieler Generationen. Sie ist sehr leicht zu arbeiten und kann gut auf verschiedene Arten verstärkt werden.

Die Fersenwand

Die Oberfußmaschen stilllegen, die Fersenmaschen auf einer Nadel zusammenfassen und die Fersenwand in Reihen glatt rechts stricken. Dabei die Randmaschen als doppelten Perlrand arbeiten. Die richtige Fersenwandhöhe ist erreicht, wenn an beiden Rändern halb so viele Perlen wie Fersenmaschen oder so viele Perlen wie Maschen auf einer Spielnadel gezählt werden können. Mit einer halben Hinreihe in der Mitte der Ferse enden.

Käppchen

Das Käppchen wird in Reihen nur über die mittleren Maschen der Fersenwand gestrickt. Die Fersenmaschen gedanklich in drei Teile einteilen, in zwei gleich große Seitenteile und einen Mittelteil. Ist die Maschenzahl nicht glatt durch 3 teilbar, wird der Rest immer dem mittleren Teil zugeschlagen. Die Mascheneinteilung für alle Größen findet sich in den folgenden Tabellen. Die Ziffer zwischen den Schrägstrichen (/) gibt die Maschenzahl des Mittelteils an, die beiden äußeren Ziffern die Maschenzahlen der beiden Seitenteile.

BEIM ARBEITEN MIT RUNDSTRICKNADELN können die 3 Maschenteile zu Beginn durch Maschenmarkierer getrennt werden. Wurden die ersten Abnahmen gearbeitet, sind die entsprechenden Stellen auch ohne Markierung gut erkennbar.

Beim Arbeiten mit dem Nadelspiel nun die stillgelegten Oberfußmaschen auf einer

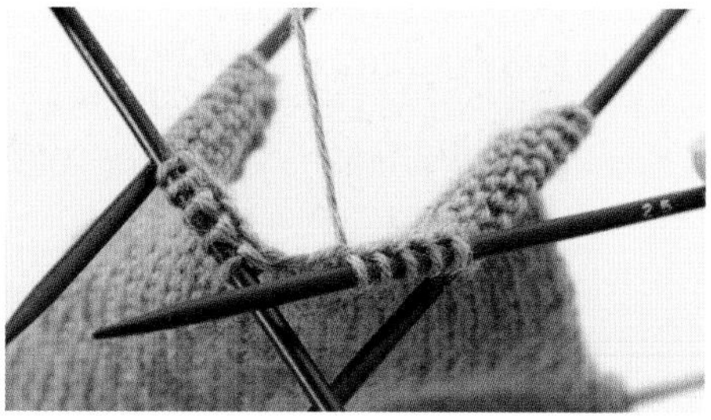

Spielnadel zusammenfassen, um eine freie Nadel zu erhalten. Dann auf beiden Seiten der Fersenwand jeweils mit einer der beiden freien Nadeln die der Größe entsprechende Anzahl an Seitenmaschen abheben.

Ausgangspunkt ist die Mitte der Ferse in einer Hinreihe. Die Seitenteilmaschen liegen außen auf je 1 Nadel, der Mittelteil ist zur Hälfte gestrickt. Das Käppchen wird nur über die Maschen des Mittelteils gearbeitet.

1. Reihe (1/2 Hinreihe): Glatt rechts stricken, dabei die letzte Masche des Mittelteils wie zum Rechtsstricken abheben, die frei gewordene Spielnadel kurz beiseite legen, die 1. Seitenteilmasche ebenfalls abheben, beide rechts zusammenstricken (Linksneigung) und in der Reihe wenden.

2. Reihe (Rückreihe): Die 1. Masche mit der eben abgelegten Spielnadel wie zum Linksstricken abheben, die Maschen des Mittelteils links stricken. Die letzte Masche des Mittelteils abheben, die frei gewordene Spielnadel beiseite legen, die abgehobene Masche auf die Nadel des Seitenteils heben und mit der 1. Masche des Seitenteils links zusammenstricken. In der Reihe wenden.

3. Reihe (Hinreihe): Die 1. Masche mit der eben abgelegten Spielnadel wie zum Linksstricken abheben, die Maschen des

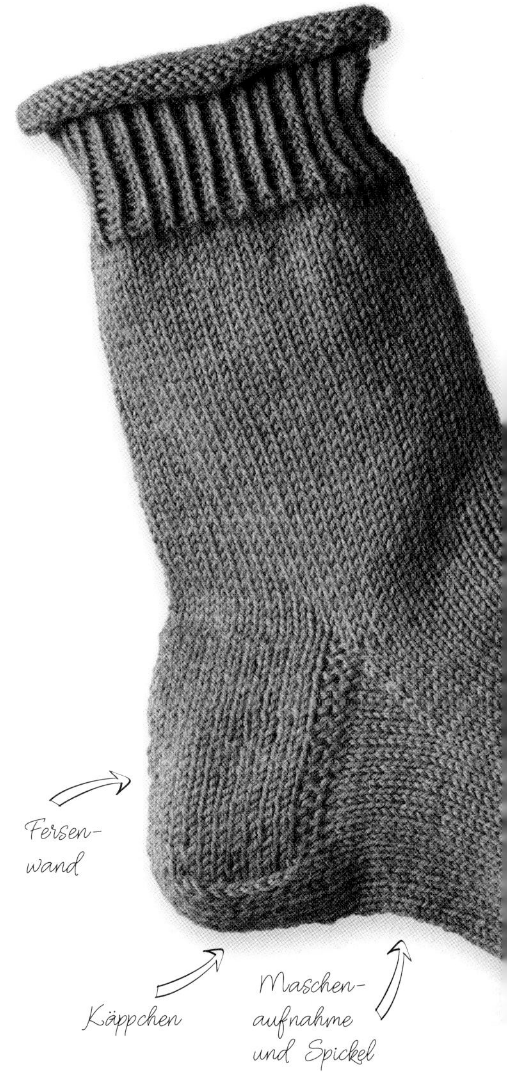

Maschenenteilung für das Käppchen für 4-fädiges Sockengarn

LL = 210 m/50 g, 30 Maschen x 42 Reihen = 10 cm x 10 cm

Größe	20/21	22/23	24/25	26/27	28/29	30/31	32/33	34/35	36/37	38/39	40/41	42/43	44/45	46/47	48/49	50/51
Maschenzahl gesamt/Nadel	44/11	44/11	48/12	48/12	52/13	52/13	56/14	56/14	60/15	60/15	64/16	64/16	68/17	72/18	72/18	76/19
Fersen-maschen	22	22	24	24	26	26	28	28	30	30	32	32	34	36	36	38
Käppchen-einteilung	7/8/7	7/8/7	8/8/8	8/8/8	8/10/8	8/10/8	9/10/9	9/10/9	10/10/10	10/10/10	10/12/10	10/12/10	11/12/11	12/12/12	12/12/12	13/12/13

Mittelteils rechts stricken. Die letzte Masche des Mittelteils abheben, die Spielnadel beiseite legen, die 1. Seitenteilmasche ebenfalls abheben, beide rechts zusammenstricken (Linksneigung) und in der Reihe wenden.
Die 2. und 3. Reihe fortlaufend wiederholen und dabei immer die 1. Masche der Reihe abheben und die letzte Masche mit der folgenden Seitenteilmasche zusammenstricken, bis sich an den Seiten keine Maschen mehr befinden und nur noch die Maschen des Mittelteils übrig bleiben. Mit einer halben Hinreihe in der Mitte der Ferse enden.

SOLL AUCH DAS KÄPPCHEN VERSTÄRKT WERDEN, die Verstärkungen durch Hebemaschenmuster jeweils in den Hinreihen entsprechend der Musterverteilung der Fersenwand weiterführen, das Beilaufgarn mit einstricken oder nachträglich einen Faden einweben.

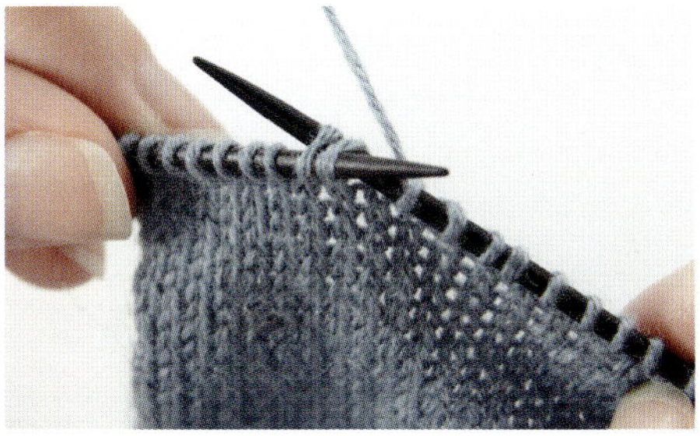

AN DIESER STELLE kann der Tritt individuell gut angepasst werden, indem dem Mittelteil mehr oder weniger Maschen zugeteilt werden. Wichtig dabei: die beiden Seitenteile benötigen immer gleich viele Maschen!

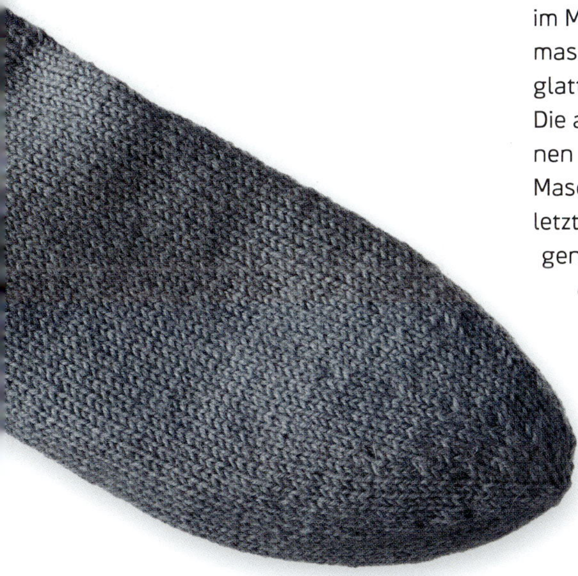

Maschenaufnahme und Spickel

Nach dem Käppchen weiter in Runden stricken und dabei in der ersten Runde neue Maschen aus dem doppelten Perlrand beider Seiten der Fersenwand auffassen (1 Masche je Perle). Die Maschen wieder in ihre ursprüngliche Verteilung zurücksortieren und die Oberfußmaschen im Muster, die Sohlenmaschen (Fersenmaschen + aufgenommene Maschen) glatt rechts stricken.
Die aus der Fersenwand aufgenommenen Maschen werden beim Verteilen der Maschen entweder mit auf die 1. und letzte Nadel der Runde (3. oder 4. Nadel) genommen oder bei Rundstricknadeln der vorderen Maschenhälfte zugeschlagen.
Durch die Aufnahmen aus den Fersenwandseiten sind nun mehr Maschen auf den Nadeln als vor der Ferse. Das schafft mehr Raum für den Spann. Für den Fuß müssen diese Maschen nun jedoch Runde für Runde langsam wieder auf die normale Maschenzahl reduziert werden.
Ausgangspunkt ist die Mitte der Ferse, es wurde bereits 1 Runde über alle Maschen gestrickt.

WIE SEITLICHE LÖCHER an dieser Stelle vermieden werden, steht auf Seite 115.

Abnahmerunde

Die restlichen Sohlenmaschen rechts stricken, dabei die zweit- und drittletzte Masche rechts zusammenstricken (Rechtsneigung), die Oberfußmaschen im Muster stricken, die Hälfte der Sohlenmaschen rechts stricken, dabei die 2. und 3. Masche nacheinander abheben und rechts zusammenstricken (Linksneigung). Diese Abnahmen in jeder 2. oder 3. Runde so oft wiederholen, bis sich wieder die ursprüngliche Gesamtmaschenzahl auf den Nadeln befindet. Anschließend den Fuß stricken.

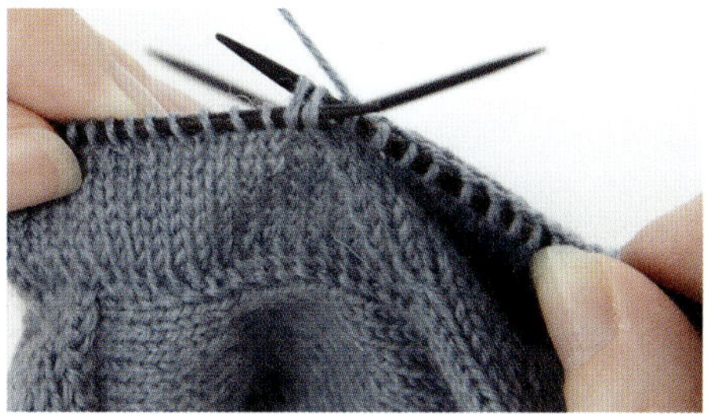

JE NACHDEM, ob in jeder 2. oder 3. Runde abgenommen wird, formt sich ein steilerer oder flacherer Spickel.

Mascheneinteilung für das Käppchen für 6-fädiges Sockengarn
LL = 125 m/50 g, 22 Maschen x 30 Reihen = 10 cm x 10 cm

Größe	20/21	22/23	24/25	26/27	28/29	30/31	32/33	34/35	36/37	38/39	40/41	42/43	44/45	46/47	48/49	50/51
Maschenzahl gesamt/Nadel	32/8	32/8	36/9	36/9	40/10	40/10	44/11	44/11	48/12	48/12	52/13	52/13	52/13	56/14	56/14	60/15
Fersenmaschen	16	16	18	18	20	20	22	22	24	24	26	26	26	28	28	30
Käppcheneinteilung	5/6/5	5/6/5	6/6/6	6/6/6	6/8/6	6/8/6	7/8/7	7/8/7	8/8/8	8/8/8	8/10/8	8/10/8	8/10/8	9/10/9	9/10/9	10/10/10

breiter Tritt, mittlerer Spann

Runde Ferse

Die runde Ferse ist eine schöne Alternative für Anfänger und alle, die mit verkürzten Reihen auf Kriegsfuß stehen, da die Fersenrundung stets nur in vollständigen Reihen gearbeitet wird. Aber auch für „alte Hasen“ bietet sie eine schöne Alternative mit guter Passform.

Die Fersenwand

Die Oberfußmaschen stilllegen, die Fersenmaschen auf einer Nadel zusammenfassen und die Fersenwand in Reihen glatt rechts stricken. Dabei die Randmaschen als doppelten Perlrand arbeiten. Die richtige Fersenwandhöhe ist erreicht, wenn an beiden Rändern halb so viele Perlen wie Maschen auf einer Spielnadel bzw. 1/4 der gesamten Fersenmaschen gezählt werden können. Mit einer halben Hinreihe in der Mitte der Ferse enden.

FÜR DAS ARBEITEN DER RUNDEN FERSE sind zwei Maschenmarkierer oder Büroklammern hilfreich.

ACHTUNG! Die Fersenwand bei der runden Ferse wird nur halb so hoch gearbeitet wie bei allen anderen Fersen.

LIEGT EINE UNGERADE MASCHENZAHL auf den Nadeln, wird für die Fersenwand noch 1 Perle, also 2 Reihen, mehr gearbeitet als die Hälfte der Maschen.

Fersenrundung

Anders als bei den meisten anderen Fersen wird die Fersenrundung bei der runden Ferse in ganzen Reihen immer über alle Fersenmaschen gestrickt. Dabei beidseitig den doppelten Perlrand fortsetzen. Die Fersenmaschen gedanklich in drei Teile einteilen, in zwei gleich große Seitenteile und einen Mittelteil. Ist die Maschenzahl nicht glatt durch 3 teilbar, wird der Rest immer dem mittleren Teil zugeschlagen. Die Mascheneinteilung für alle Größen findet sich in den folgenden Tabellen. Die Ziffer zwischen den Schrägstrichen (/) gibt die Maschenzahl des Mittelteils an, die beiden äußeren Ziffern die Maschenzahlen der beiden Seitenteile.
Beim Arbeiten mit dem Nadelspiel nun die stillgelegten Oberfußmaschen auf einer Spielnadel zusammenfassen, um eine freie Nadel zu erhalten. Dann auf beiden Seiten der Fersenwand jeweils mit einer der beiden freien Nadeln die der Größe entsprechende Anzahl an Seitenmaschen abheben.

BEIM ARBEITEN MIT RUNDSTRICKNADELN können die 3 Maschenteile zu Beginn durch Maschenmarkierer getrennt werden. Wurden die ersten Abnahmen gearbeitet, sind die entsprechenden Stellen auch ohne Markierung gut erkennbar.

Ausgangspunkt ist die Mitte der Ferse in einer Hinreihe. Die Seitenteilmaschen liegen außen auf je 1 Nadel, der Mittelteil ist zur Hälfte gestrickt.
1. Reihe (1/2 Hinreihe): Mit einer freien Spielnadel rechte Maschen stricken, dabei die letzte Masche des Mittelteils wie zum Rechtsstricken abheben und die frei gewordene Nadel beiseite legen, die 1. Seitenteilmasche abheben und beide Maschen rechts zusammenstricken (Linksneigung). Einen Maschenmarkierer auf die rechte Arbeitsnadel hängen, die restlichen Maschen mit der gleichen Nadel rechts abstricken und am Ende der Reihe wenden.
Die folgenden Reihen stricken sich auf dem Nadelspiel bequemer, wenn die auf 1 Nadel stillgelegten Oberfußmaschen nun wieder auf 2 Nadeln verteilt werden.
2. Reihe (Rückreihe): Die 1. Masche rechts stricken, dann linke Maschen arbeiten. Den Maschenmarkierer an der entsprechenden Stelle einfach von der linken auf die rechte Nadel heben. Nachdem alle Maschen der 1. Nadel gestrickt sind, ist wieder die Mitte der Ferse erreicht. Die Maschen der 2. Nadel (1/2 Mittelteil) auf die gleiche Nadel wie die restlichen Maschen links stricken, dabei die letzte Masche abheben und die frei gewordene Nadel beiseite legen. Die abgehobene Masche auf die linke Nadel des Seitenteils heben und mit der 1. Seitenteilmasche links zusammenstricken. Einen zweiten Maschenmarkierer einhängen, die restlichen Maschen mit der gleichen Nadel links und die letzte Masche rechts abstricken und am Ende der Reihe wenden. Alle Fersenmaschen liegen nun wieder auf einer Spielnadel.
3. Reihe (Hinreihe): Rechte Maschen stricken, dabei den 1. Maschenmarkierer einfach abheben. Die letzte Masche vor dem 2. Markierer wie zum Rechtsstricken abheben, den Markierer aushängen, die

Mascheneinteilung für die runde Ferse für 4-fädiges Sockengarn
LL = 210 m/50 g, 30 Maschen x 42 Reihen = 10 cm x 10 cm

Größe	20/21	22/23	24/25	26/27	28/29	30/31	32/33	34/35	36/37	38/39	40/41	42/43	44/45	46/47	48/49	50/51
Maschenzahl gesamt/Nadel	44/11	44/11	48/12	48/12	52/13	52/13	56/14	56/14	60/15	60/15	64/16	64/16	68/17	72/18	72/18	76/19
Fersen-maschen	22	22	24	24	26	26	28	28	30	30	32	32	34	36	36	38
Einteilung	7/8/7	7/8/7	8/8/8	8/8/8	8/10/8	8/10/8	9/10/9	9/10/9	10/10/10	10/10/10	10/12/10	10/12/10	11/12/11	12/12/12	12/12/12	13/12/13

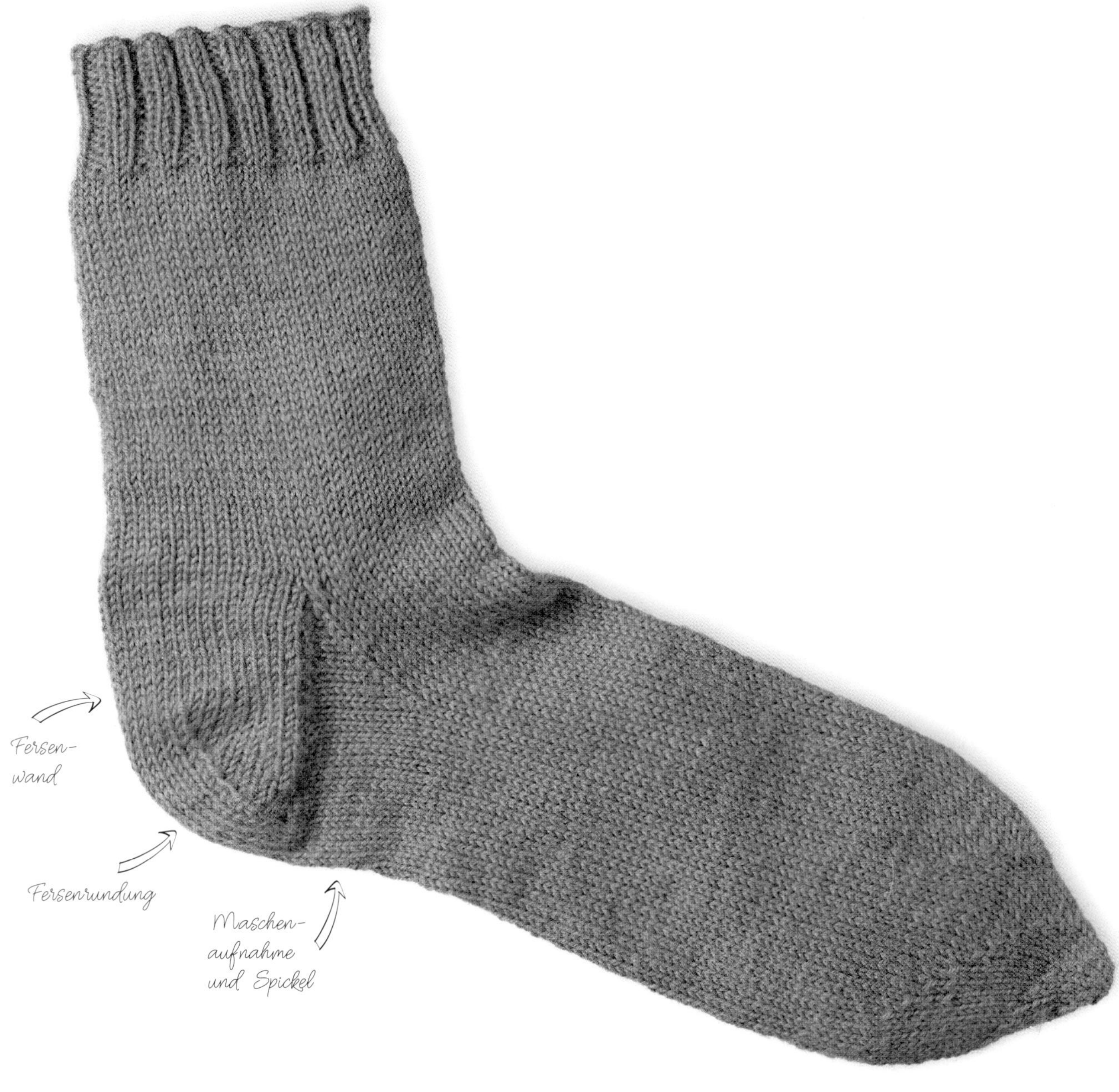

Mascheneinteilung für die runde Ferse für 6-fädiges Sockengarn

LL = 125 m/50 g, 22 Maschen x 30 Reihen = 10 cm x 10 cm

Größe	20/21	22/23	24/25	26/27	28/29	30/31	32/33	34/35	36/37	38/39	40/41	42/43	44/45	46/47	48/49	50/51
Maschenzahl gesamt/Nadel	32/8	32/8	36/9	36/9	40/10	40/10	44/11	44/11	48/12	48/12	52/13	52/13	52/13	56/14	56/14	60/15
Fersen-maschen	16	16	18	18	20	20	22	22	24	24	26	26	26	28	28	30
Einteilung	5/6/5	5/6/5	6/6/6	6/6/6	6/8/6	6/8/6	7/8/7	7/8/7	8/8/8	8/8/8	8/10/8	8/10/8	8/10/8	9/10/9	9/10/9	10/10/10

folgende Masche abheben und beide Maschen rechts zusammenstricken. Den Markierer wieder auf die rechte Nadel hängen. Restliche Maschen rechts stricken und am Ende der Reihe wenden.
4. Reihe (Rückreihe): Die 1. Masche rechts stricken, dann linke Maschen arbeiten, dabei den 1. Maschenmarkierer einfach abheben. Die letzte Masche vor dem 2. Markierer wie zum Linksstricken abheben, den Markierer aushängen, die abgehobene Masche wieder zurück auf die linke Nadel heben und mit der folgenden Masche links zusammenstricken. Den Markierer wieder auf die rechte Nadel hängen. Restliche Masche links stricken und am Ende der Reihe wenden.
Die 3. und 4. Reihe fortlaufend wiederholen, bis sich nur noch die Maschen des Mittelteils auf der Nadel befinden. Mit einer halben Hinreihe in der Mitte der Ferse enden.

SOLL AUCH DIE FERSENRUNDUNG VERSTÄRKT WERDEN, die Verstärkungen durch Hebemaschenmuster jeweils in den Hinreihen entsprechend der Musterverteilung der Fersenwand weiterführen, den Beilaufgarnfaden weiterhin mit einstricken oder nachträglich einen Faden einweben.

Maschenaufnahme und Spickel

Nach der Fersenrundung weiter in Runden stricken und dabei in der ersten Runde neue Maschen aus dem doppelten Perlrand beider Seiten der Fersenwand auffassen (1 Masche je Perle). Die Maschen wieder in ihre ursprüngliche Verteilung zurücksortieren und die Oberfußmaschen im Muster, die Sohlenmaschen (Fersenmaschen + aufgenommene Maschen) glatt rechts stricken.
Durch die Aufnahmen aus den Fersenwandseiten sind nun mehr Maschen auf den Nadeln als vor der Ferse. Das schafft mehr Raum für den Spann. Für den Fuß müssen diese Maschen nun jedoch Runde für Runde langsam wieder auf die normale Maschenzahl reduziert werden. Ausgangspunkt ist die Mitte der Ferse, es wurde bereits 1 Runde über alle Maschen gestrickt.

DIE AUS DER FERSENWAND AUFGENOMMENEN MASCHEN werden beim Verteilen entweder mit auf die 1. und letzte Nadel der Runde (3. oder 4. Nadel) genommen oder bei Rundstricknadeln der vorderen Maschenhälfte zugeschlagen.

WIE SEITLICHE LÖCHER an dieser Stelle vermieden werden, steht auf Seite 115.

Abnahmerunde

Die restlichen Sohlenmaschen rechts stricken, dabei die zweit- und drittletzte Masche rechts zusammenstricken (Rechtsneigung), die Oberfußmaschen im Muster stricken, die andere Hälfte der Sohlenmaschen rechts stricken, dabei die 2. und 3. Masche nacheinander abheben und rechts zusammenstricken (Linksneigung).
Diese Abnahmen in jeder 2. Runde so oft wiederholen, bis sich wieder die ursprüngliche Gesamtmaschenzahl auf den Nadeln befindet. Anschließend den Fuß stricken.

mittlerer Tritt, hoher Spann

Hufeisenferse mit vierteiligem Käppchen

Die Hufeisenferse kombiniert das klassische Käppchen mit verkürzten Reihen und erreicht dadurch einen breiteren Tritt als die dreiteilige Käppchenferse. Da das Hufeisen breiter ausläuft und damit weniger Abnahmen gearbeitet werden, müssen insgesamt mehr Spickelmaschen abgenommen werden. Das Spickeldreieck wird größer und es entsteht mehr Raum für den Spann.

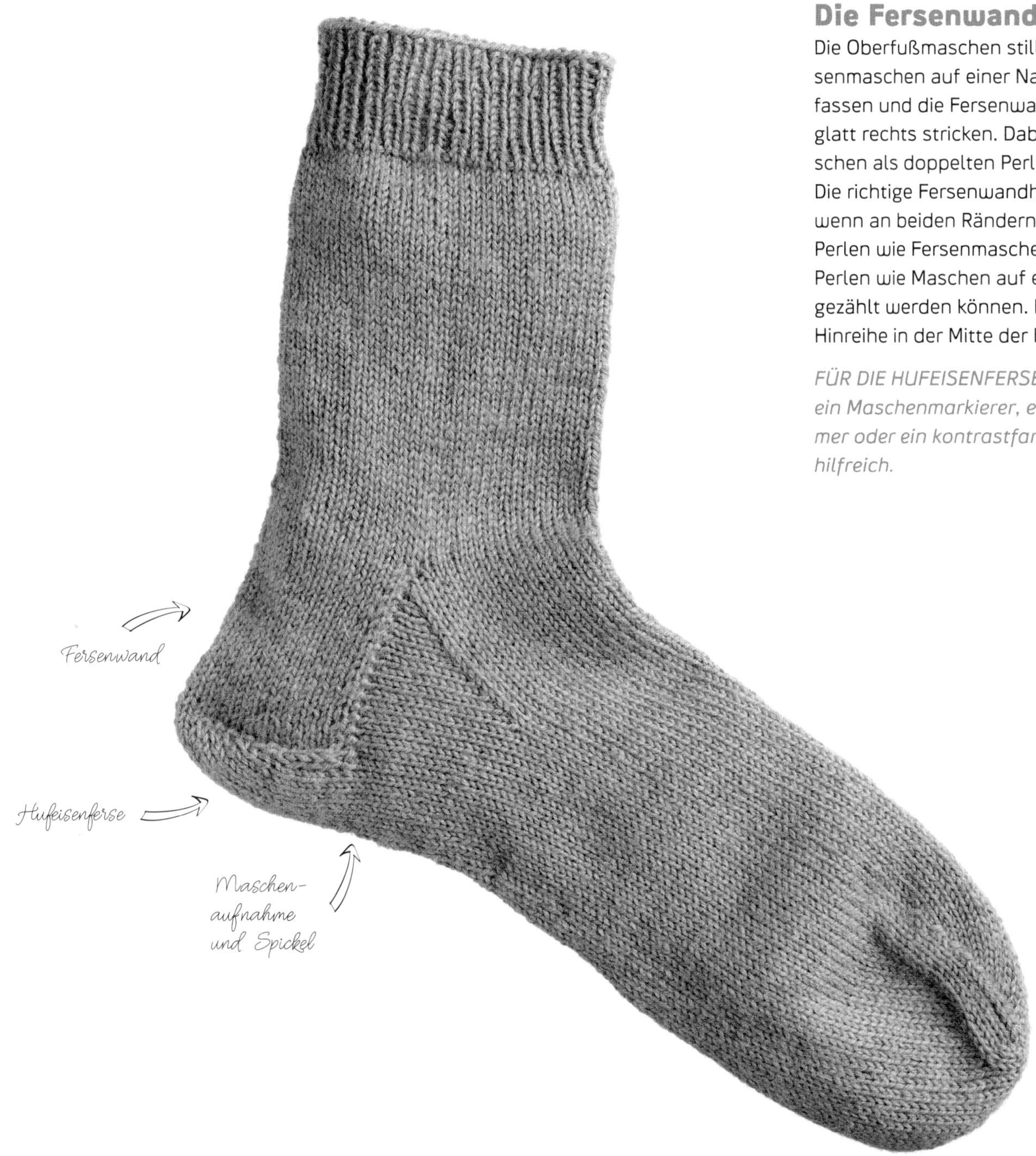

Die Fersenwand

Die Oberfußmaschen stilllegen, die Fersenmaschen auf einer Nadel zusammenfassen und die Fersenwand in Reihen glatt rechts stricken. Dabei die Randmaschen als doppelten Perlrand arbeiten. Die richtige Fersenwandhöhe ist erreicht, wenn an beiden Rändern halb so viele Perlen wie Fersenmaschen oder so viele Perlen wie Maschen auf einer Spielnadel gezählt werden können. Mit einer halben Hinreihe in der Mitte der Ferse enden.

FÜR DIE HUFEISENFERSE ist zusätzlich ein Maschenmarkierer, eine Büroklammer oder ein kontrastfarbener Faden hilfreich.

Hufeisenkäppchen

Das Hufeisenkäppchen wird in Reihen nur über die mittleren Maschen der Fersenwand gestrickt und kombiniert verkürzte Reihen (Hufeisenrundung) mit dem klassischen Käppchen (Hufeisenschenkel).
Die Fersenmaschen gedanklich in vier Teile einteilen, in zwei gleichgroße Seitenteile und zwei gleich große Mittelteile. Die Mascheneinteilung für alle Größen findet sich in den folgenden Tabellen. Die Ziffern zwischen den mittleren Schrägstrichen (/) geben die Maschenzahlen der beiden Mittelteile an, die beiden äußeren Ziffern die Maschenzahlen der beiden Seitenteile.
Beim Arbeiten mit dem Nadelspiel nun die stillgelegten Oberfußmaschen auf einer Spielnadel zusammenfassen, um eine freie Nadel zu erhalten. Dann auf beiden Seiten der Fersenwand jeweils mit einer der beiden freien Nadeln die der Größe entsprechende Anzahl an Seitenmaschen abheben. Die Fersenmitte mit einem Maschenmarkierer, einer Büroklammer oder einem Kontrastfaden markieren.

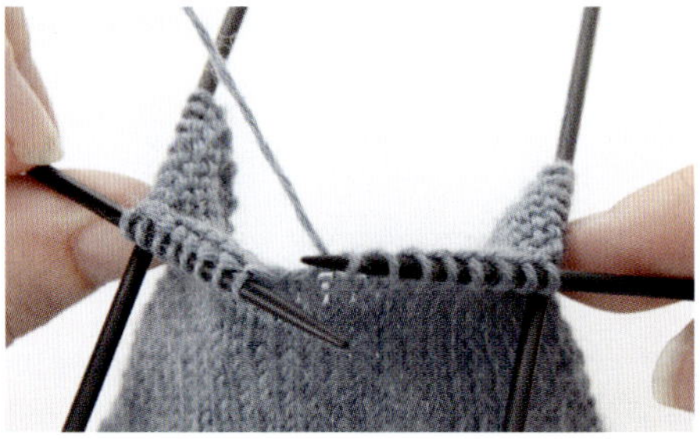

BEIM ARBEITEN MIT RUNDSTRICKNADELN können die 4 Maschenteile zu Beginn durch Maschenmarkierer getrennt werden. Wurden die ersten Abnahmen gearbeitet, sind die Übergänge zu den Seitenteilen auch ohne Markierung gut erkennbar.

Hufeisenrundung

Ausgangspunkt ist die Mitte der Ferse in einer Hinreihe. Die Seitenteilmaschen liegen außen auf je 1 Nadel, der Mittelteil ist zur Hälfte gestrickt, die Fersenmitte ist markiert.
1. Reihe (Hinreihe): Die Bogenmaschen (Hälfte der Maschen des 1. Mittelteils) rechts stricken und wenden.
2. Reihe (Rückreihe): Die 1. Masche wie zum Linksstricken abheben, weiter linke Maschen stricken bis zur Mitte, die Markierung entfernen, über die Mitte hinaus noch einmal die gleiche Anzahl Bogenmaschen (die Hälfte der Maschen des 2. Mittelteils) links stricken und wenden.
3. Reihe (Hinreihe): Die 1. Masche wie zum Rechtsstricken abheben und alle Maschen bis einschließlich der abgehobenen Masche der Vorreihe rechts stricken. Noch 1 Masche darüber hinaus rechts stricken und wenden.
4. Reihe (Rückreihe): Die 1. Masche wie zum Linksstricken abheben, bis einschließlich der abgehobenen Masche der Vorreihe und noch 1 Masche zusätzlich links stricken und wenden.

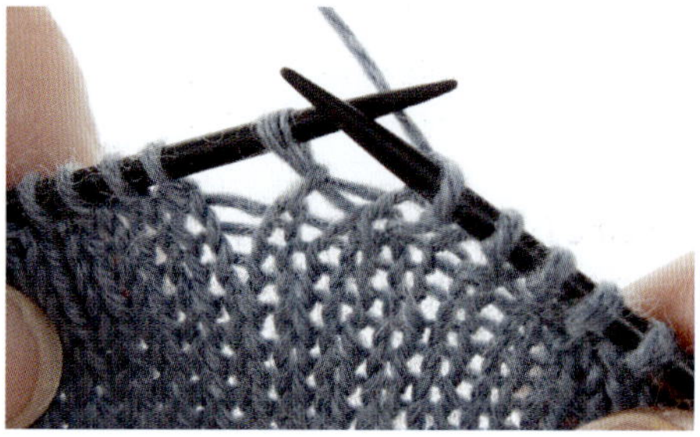

Die 3. und 4. Reihe wiederholen und so in jeder Reihe 1 Masche mehr mit in das Hufeisen einstricken, bis die Hufeisenrundung über alle Mittelteilmaschen gearbeitet ist.
Mit einer ganzen Rückreihe über die Mittelteilmaschen enden, die Seitenteilmaschen nicht stricken.

DIE STELLE, AN DER DIE BOGENMASCHEN ENDEN, ist sehr gut an der etwas breiteren Lücke zwischen den Maschen zu erkennen. Immer 1 Masche über die Lücke hinaus stricken.

WER SCHON ERFAHRUNGEN MIT VERKÜRZTEN REIHEN HAT, kann die Randmaschen des Hufeisens auch als Doppelmaschen (siehe Seite 133) oder Wickelmaschen (siehe Seite 134-137) arbeiten, anstatt sie abzuheben.

UM DAS HUFEISENKÄPPCHEN ZU VERSTÄRKEN, am besten Beilaufgarn verwenden oder später einen zusätzlichen Faden einweben. Die wichtigen Randmaschen der verkürzten Reihen gelingen mit Hebemaschenverstärkungen oft nur ungleichmäßig.

Mascheneinteilung für das Hufeisenkäppchen für 4-fädiges Sockengarn
LL = 210 m/50 g, 30 Maschen x 42 Reihen = 10 cm x 10 cm

Größe	20/21	22/23	24/25	26/27	28/29	30/31	32/33	34/35	36/37	38/39	40/41	42/43	44/45	46/47	48/49	50/51
Maschenzahl gesamt/Nadel	44/11	44/11	48/12	48/12	52/13	52/13	56/14	56/14	60/15	60/15	64/16	64/16	68/17	72/18	72/18	76/19
Fersenmaschen	22	22	24	24	26	26	28	28	30	30	32	32	34	36	36	38
Einteilung	5/6/6/5	5/6/6/5	6/6/6/6	6/6/6/6	7/6/6/7	7/6/6/7	8/6/6/8	6/8/8/6	7/8/8/7	7/8/8/7	8/8/8/8	8/8/8/8	9/8/8/9	10/8/8/10	10/8/8/10	9/10/10/9
Bogenmaschen	4	4	4	4	4	4	5	5	5	5	5	5	6	6	6	6

Hufeisenschenkel

Der Rest des Hufeisens wird nun wie das klassische dreiteilige Käppchen gearbeitet.

1. Reihe (Hinreihe): Die 1. Masche wie zum Linksstricken abheben, die Maschen des Mittelteils rechts stricken, dabei die letzte Masche des Mittelteils abheben, die frei gewordene Spielnadel kurz beiseite legen, die 1. Seitenteilmasche ebenfalls abheben, beide Maschen rechts zusammenstricken (Linksneigung) und in der Reihe wenden.

2. Reihe (Rückreihe): Die 1. Masche mit der eben abgelegten Spielnadel wie zum Linksstricken abheben, die Maschen des Mittelteils links stricken. Die letzte Masche des Mittelteils abheben, die frei gewordene Spielnadel beiseite legen, die abgehobene Masche auf die Nadel des Seitenteils heben und mit der 1. Masche des Seitenteils links zusammenstricken. In der Reihe wenden.

Die 1. und 2. Reihe wiederholen, bis sich nur noch die Maschen des Mittelteils auf der Nadel befinden und alle Seitenteilmaschen aufgebraucht sind. Mit einer halben Hinreihe enden.

Maschenaufnahme und Spickel

Nach dem Hufeisen weiter in Runden stricken und dabei in der ersten Runde neue Maschen aus dem doppelten Perlrand beider Seiten der Fersenwand auffassen (1 Masche je Perle). Die Maschen wieder in ihre ursprüngliche Verteilung zurücksortieren und die Oberfußmaschen im Muster, die Sohlenmaschen (Fersenmaschen + aufgenommene Maschen) glatt rechts stricken.

Durch die Aufnahmen aus den Fersenwandseiten sind nun mehr Maschen auf den Nadeln als vor der Ferse. Das schafft mehr Raum für den Spann. Für den Fuß müssen diese Maschen nun jedoch Runde für Runde langsam wieder auf die normale Maschenzahl reduziert werden. Ausgangspunkt ist die Mitte der Ferse, es wurde bereits 1 Runde über alle Maschen gestrickt.

DIE AUS DER FERSENWAND AUFGENOMMENEN MASCHEN werden beim Verteilen der Maschen entweder mit auf die 1. und letzte Nadel der Runde (3. oder 4. Nadel) genommen oder bei Rundstricknadeln der vorderen Maschenhälfte zugeschlagen.

WIE SEITLICHE LÖCHER an dieser Stelle vermieden werden, steht auf Seite 115.

Abnahmerunde

Die restlichen Sohlenmaschen rechts stricken, dabei die zweit- und drittletzte Masche rechts zusammenstricken (Rechtsneigung), die Oberfußmaschen im Muster stricken, die andere Hälfte der Sohlenmaschen rechts stricken, dabei die 2. und 3. Masche nacheinander abheben und rechts zusammenstricken (Linksneigung).

Diese Abnahmen in jeder 2. Runde so oft wiederholen, bis sich wieder die ursprüngliche Gesamtmaschenzahl auf den Nadeln befindet. Anschließend den Fuß stricken.

Mascheneinteilung für das Hufeisenkäppchen für 6-fädiges Sockengarn

LL = 125 m/50 g, 22 Maschen x 30 Reihen = 10 cm x 10 cm

Größe	20/21	22/23	24/25	26/27	28/29	30/31	32/33	34/35	36/37	38/39	40/41	42/43	44/45	46/47	48/49	50/51
Maschenzahl gesamt/Nadel	32/8	32/8	36/9	36/9	40/10	40/10	44/11	44/11	48/12	48/12	52/13	52/13	52/13	56/14	56/14	60/15
Fersenmaschen	16	16	18	18	20	20	22	22	24	24	26	26	26	28	28	30
Einteilung	4/4/4/4	4/4/4/4	5/4/4/5	5/4/4/5	6/4/4/6	6/4/4/6	6/5/5/6	6/6/6/6	7/6/6/7	7/6/6/7	7/6/6/7	7/6/6/7	7/6/6/7	7/7/7/7	7/7/7/7	7/8/8/7
Bogenmaschen	3	3	3	3	3	3	4	4	4	4	4	4	4	5	5	5

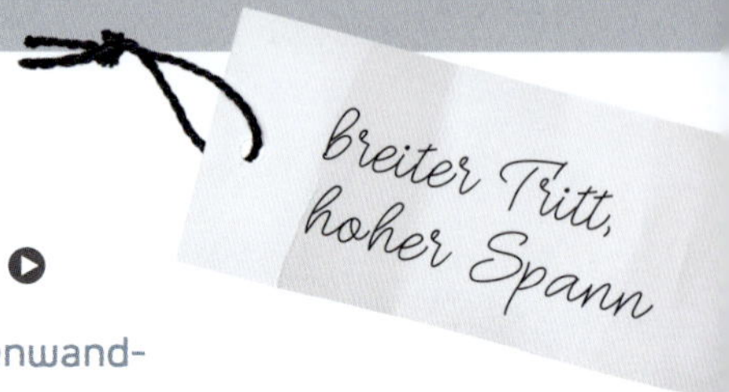

Herzchenferse mit zweiteiligem Käppchen

Die Herzchenferse ist leicht zu stricken und erfordert im Vergleich zu den anderen Fersenwandfersen am wenigsten Zählerei. Sie weist von allen den breitesten Tritt auf, da in der Fersenrundung weniger Maschen abgenommen werden. Dadurch sind aber mehr Spickelabnahmen notwendig als bei den anderen Fersen. Auch für schmalere Füße ist sie eine gute Alternative, wenn es z. B. für Kuschelsocken mal etwas bequemer werden soll.

Die Fersenwand

Die Oberfußmaschen stilllegen, die Fersenmaschen auf einer Nadel zusammenfassen und die Fersenwand in Reihen glatt rechts stricken. Dabei die Randmaschen als doppelten Perlrand arbeiten. Die richtige Fersenwandhöhe ist erreicht, wenn an beiden Rändern halb so viele Perlen wie Fersenmaschen oder so viele Perlen wie Maschen auf einer Spielnadel gezählt werden. Mit einer halben Hinreihe in der Mitte der Ferse enden.

Herzchen

Das Herzchen wird in Reihen nur über die mittleren Maschen der Fersenwand gestrickt. Ausgangspunkt ist die Mitte der Ferse in einer Hinreihe.

UM DAS HERZCHEN ZU VERSTÄRKEN, am besten Beilaufgarn verwenden oder später einen zusätzlichen Faden einweben. Die wichtigen Randmaschen der verkürzten Reihen gelingen mit Hebemaschen-verstärkungen oft nur ungleichmäßig.

DAS HERZCHEN kann besonders gut auf Rundstricknadeln gearbeitet werden, da hier keine Seitenteilmaschen abgetrennt werden müssen.

1. Reihe (1/2 Hinreihe): Die 1. Masche rechts stricken, 2 Maschen nacheinander wie zum Rechtsstricken abheben und rechts zusammenstricken (Linksneigung). 1 weitere Masche rechts stricken, wenden.
2. Reihe (Rückreihe): Die 1. Masche wie zum Linksstricken abheben, 3 Maschen links, 2 Maschen links zusammenstricken. 1 weitere Masche links stricken, wenden.
3. Reihe (Hinreihe): Die 1. Masche wie zum Rechtsstricken abheben, 4 Maschen rechts stricken bis vor die abgehobene Masche der Vorreihe, 2 Maschen wie zum Rechtsstricken abheben, rechts zusammenstricken (Linksneigung). 1 weitere Masche rechts stricken, wenden.
4. Reihe (Rückreihe): Die 1. Masche wie zum Linksstricken abheben, 5 Maschen links stricken bis vor die abgehobene Masche der Vorreihe, 2 Maschen links

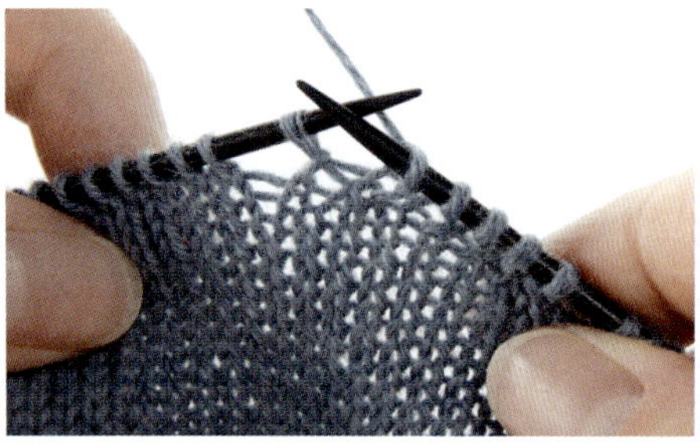

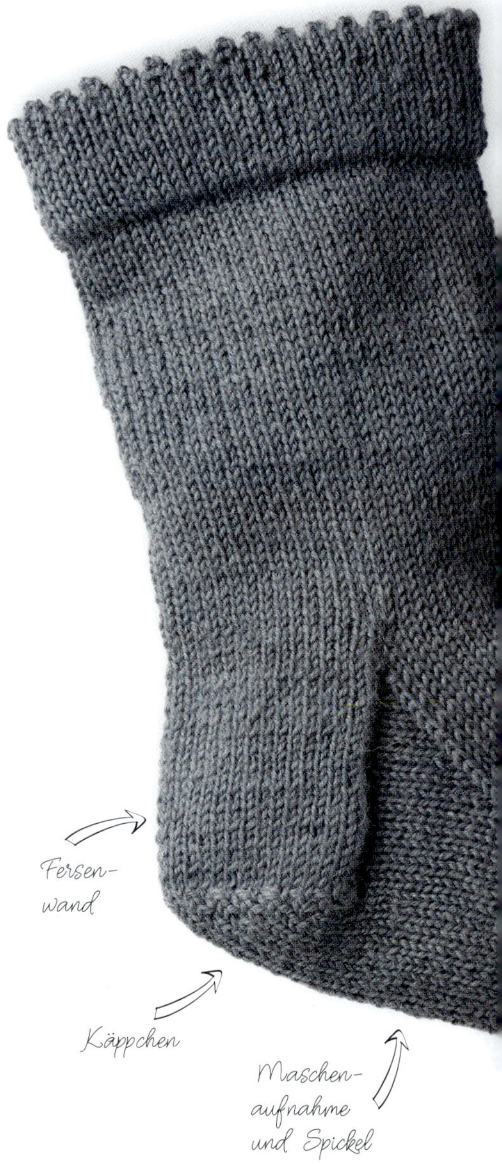

zusammenstricken. 1 weitere Masche links stricken, wenden.
Die 3. und 4. Reihe fortlaufend wiederholen, dabei jeweils die 1. Masche abheben und bis vor die abgehobene Masche der Vorreihe stricken. Diese mit der nächsten Masche zusammenstricken, 1 weitere Masche abstricken und wenden. Auf diese Weise wächst das Herzchen in jeder Reihe um eine Masche, bis es jeweils den Seitenrand erreicht hat. Nun ist die V-Form der Fersenrundung, der untere Teil des Herzchens, gut zu erkennen.

Maschenaufnahme und Spickel

Nach dem Herzchen weiter in Runden stricken und dabei in der ersten Runde neue Maschen aus dem doppelten Perlrand beider Seiten der Fersenwand auffassen (1 Masche je Perle). Die Maschen wieder in ihre ursprüngliche Verteilung zurücksortieren und die Oberfußmaschen im Muster, die Sohlenmaschen (Fersenmaschen + aufgenommene Maschen) glatt rechts stricken.
Durch die Aufnahmen aus den Fersenwandseiten sind nun mehr Maschen auf den Nadeln als vor der Ferse. Das schafft mehr Raum für den Spann. Für den Fuß müssen diese Maschen nun jedoch Runde für Runde langsam wieder auf die normale Maschenzahl reduziert werden. Ausgangspunkt ist die Mitte der Ferse, es wurde bereits 1 Runde über alle Maschen gestrickt.

DIE AUS DER FERSENWAND AUFGENOMMENEN MASCHEN werden beim Verteilen der Maschen entweder mit auf die 1. und letzte Nadel der Runde (3. oder 4. Nadel) genommen oder bei Rundstricknadeln der vorderen Maschenhälfte zugeschlagen.

WIE SEITLICHE LÖCHER an dieser Stelle vermieden werden, steht auf Seite 115.

DIE AUFGENOMMENEN MASCHEN können auch rechts verschränkt abgestrickt werden – was besonders bei Lockerstrickern ein schönes Maschenbild ohne Löcher garantiert.

Abnahmerunde

Die restlichen Sohlenmaschen rechts stricken, dabei die zweit- und drittletzte Masche rechts zusammenstricken (Rechtsneigung), die Oberfußmaschen im Muster stricken, die andere Hälfte der Sohlenmaschen rechts stricken, dabei die 2. und 3. Masche nacheinander abheben und rechts zusammenstricken (Linksneigung).
Diese Abnahmen in jeder 2. Runde so oft wiederholen, bis sich wieder die ursprüngliche Gesamtmaschenzahl auf den Nadeln befindet. Anschließend den Fuß stricken.

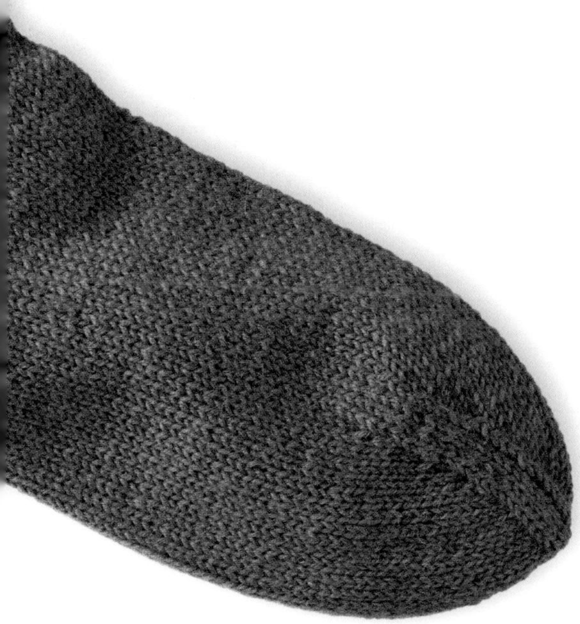

Zunahmeferse

mittlerer Tritt, hoher Spann

Die Zunahmeferse ist eigentlich keine Fersenwandferse und lässt sich auch sonst keiner Kategorie wirklich zuordnen. Da sie aber in ihrer Optik einer Ferse mit Fersenwand gleicht, soll sie an dieser Stelle erwähnt werden. Der Raum für die Ferse wird durch einen großen Keil geschaffen, der die Ferse bedeckt und durch Zunahmen in der Fersenmitte entsteht. Im Gegensatz zu anderen Fersen wird für diesen Teil der Ferse weiter in Runden gearbeitet. Den Tritt formt dann ein weiterer Keil aus verkürzten Reihen.

Fersenwandkeil

Den Fersenwandkeil in Runden über die Fersenmaschen einstricken, dabei die Oberfußmaschen eventuell im Muster arbeiten. Ausgangspunkt ist im Gegensatz zu anderen Fersen nicht die Mitte der Fersenmaschen, sondern der Beginn der 4. Nadel bzw. bei Rundstricknadeln der Rundenbeginn.

1. Runde: Bis 1 Masche vor die Fersenmitte rechts stricken, 1 Maschenmarkierer auf die rechte Nadel hängen. 1 Masche rechts verschränkt aus dem Querfaden zunehmen, 1 Masche rechts stricken. Eventuell den Maschenmarkierer für die Mitte entfernen. 1 Masche rechts, 1 Masche aus dem Querfaden zunehmen, 1 Maschenmarkierer auf die rechte Nadel hängen, alle übrigen Maschen rechts stricken.

2. Runde: Alle Maschen stricken, wie sie erscheinen, die Markierer abheben.

3. Runde: Bis zum 1. Maschenmarkierer rechts stricken, den Markierer abheben. 1 Masche aus dem Querfaden zunehmen. Rechts stricken bis zum 2. Markierer, 1 Masche aus dem Querfaden zunehmen, den Markierer abheben. Restliche Maschen rechts stricken.

4. Runde: Alle Maschen stricken, wie sie erscheinen, die Markierer abheben.

Die 3. und 4. Runde fortlaufend wiederholen, bis an beiden Seiten je 1 Masche weniger zugenommen wurde, als die ursprüngliche Maschenzahl jeder Spielnadel, bzw. die Hälfte der Fersenmaschen. In der letzten Runde die Maschenmarkierer entfernen. Die Runde endet wieder vor der 4. Nadel bzw. dem Rundenanfang.

RECHTS VERSCHRÄNKTE ZUNAHMEN siehe Seite 65.

Fersentrittkeil

Der Keil im Fersentritt wird ähnlich wie das Herzchen der Herzchenferse mit verkürzten Reihen gearbeitet. Jede Kurzreihe endet mit einer Abnahme und einer abgehobenen Wendemasche.

Die Hälfte der Fersenmaschen bis zur Fersenmitte stricken. Ausgangspunkt ist die Fersenmitte.

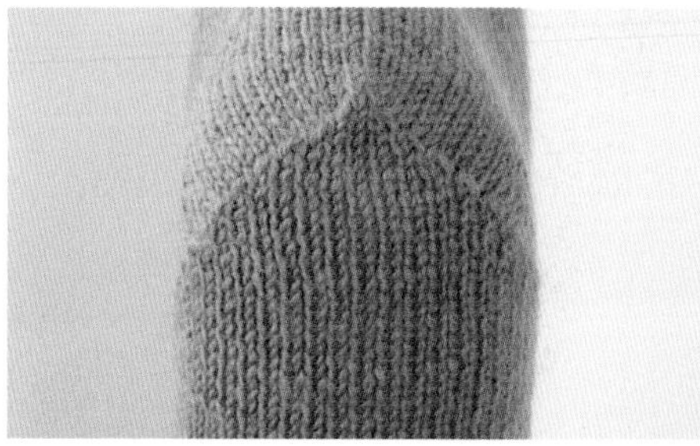

1. Reihe (Hinreihe): 2 Maschen nacheinander wie zum Rechtsstricken abheben und rechts zusammenstricken (Linksneigung), 1 Masche rechts.

2. Reihe (Rückreihe): Die 1. Masche wie zum Linksstricken abheben, 1 Masche links, 2 Maschen links zusammenstricken, 1 Masche links.

3. Reihe (Hinreihe): Die 1. Masche wie zum Linksstricken abheben, 2 Maschen rechts, 2 Maschen nacheinander wie zum Rechtsstricken abheben und rechts zusammenstricken (Linksneigung), 1 Masche rechts.

4. Reihe (Rückreihe): Die 1. Masche wie zum Linksstricken abheben, 3 Maschen links, 2 Maschen links zusammenstricken, 1 Masche links.

Mascheneinteilung für die Zunahmeferse für 4-fädiges Sockengarn

LL = 210 m/50 g, 30 Maschen x 42 Reihen = 10 cm x 10 cm

Größe	20/21	22/23	24/25	26/27	29/29	30/31	32/33	34/35	36/37	38/39	40/41	42/43	44/45	46/47	48/49	50/51
Maschenzahl gesamt/Nadel	44/11	44/11	48/12	48/12	52/13	52/13	56/14	56/14	60/15	60/15	64/16	64/16	68/17	72/18	72/18	76/19
Fersenmaschen	22	22	24	24	26	26	28	28	30	30	32	32	34	36	36	38
Reihenzahl Fersenwandkeil	20	20	22	22	24	24	26	26	28	28	30	30	32	34	34	36
Zunahmen je Seite	10	10	11	11	12	12	13	13	14	14	15	15	16	17	17	18
Reihenzahl Fersentrittkeil	20	20	22	22	24	24	26	26	28	28	30	30	32	34	34	36
Abnahmen je Seite	10	10	11	11	12	12	13	13	14	14	15	15	16	17	17	18

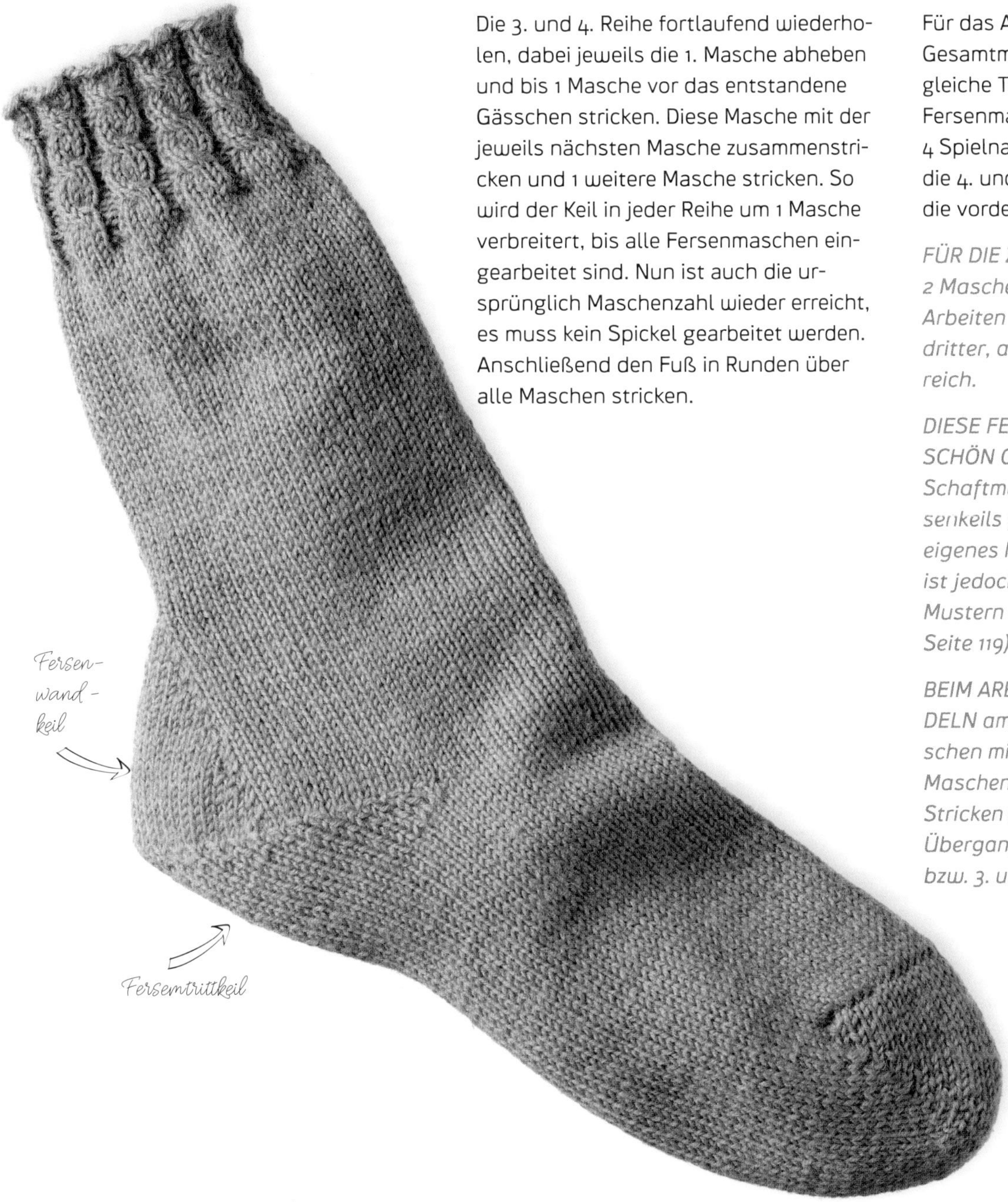

Die 3. und 4. Reihe fortlaufend wiederholen, dabei jeweils die 1. Masche abheben und bis 1 Masche vor das entstandene Gässchen stricken. Diese Masche mit der jeweils nächsten Masche zusammenstricken und 1 weitere Masche stricken. So wird der Keil in jeder Reihe um 1 Masche verbreitert, bis alle Fersenmaschen eingearbeitet sind. Nun ist auch die ursprünglich Maschenzahl wieder erreicht, es muss kein Spickel gearbeitet werden. Anschließend den Fuß in Runden über alle Maschen stricken.

Für das Arbeiten des Fersenwandkeils die Gesamtmaschenzahl gedanklich in zwei gleiche Teile teilen: Oberfußmaschen und Fersenmaschen. Beim Arbeiten mit 4 Spielnadeln sind die Fersenmaschen die 4. und 1. Nadel, auf Rundstricknadeln die vordere Maschenhälfte.

FÜR DIE ZUNAHMEFERSE werden 2 Maschenmarkierer benötigt. Beim Arbeiten auf Rundstricknadeln ist ein dritter, andersfarbiger Markierer hilfreich.

DIESE FERSE LÄSST SICH BESONDERS SCHÖN GESTALTEN, z. B. indem das Schaftmuster rechts und links des Fersenkeils fortgesetzt oder in diesen ein eigenes Muster eingearbeitet wird. Hier ist jedoch dasselbe zu beachten wie bei Mustern in der Fersenwand (siehe Seite 119).

BEIM ARBEITEN MIT RUNDSTRICKNADELN am besten die Mitte der Fersenmaschen mit einem andersfarbigen Maschenmarkierer kennzeichnen. Beim Stricken mit dem Nadelspiel liegt sie am Übergang zwischen der 4. und 1. Nadel bzw. 3. und 1. Nadel.

Mascheneinteilung für die Zunahmeferse für 6-fädiges Sockengarn

LL = 125 m/50 g, 22 Maschen x 30 Reihen = 10 cm x 10 cm

Größe	20/21	22/23	24/25	26/27	29/29	30/31	32/33	34/35	36/37	38/39	40/41	42/43	44/45	46/47	48/49	50/51
Maschenzahl gesamt/Nadel	32/8	32/8	36/9	36/9	40/10	40/10	44/11	44/11	48/12	48/12	52/13	52/13	52/13	56/14	56/14	60/15
Fersenmaschen	16	16	18	18	20	20	22	22	24	24	26	26	26	28	28	30
Reihenzahl Fersenwandkeil	14	14	16	16	18	18	20	20	22	22	24	24	24	26	26	28
Zunahmen je Seite	7	7	8	8	9	9	10	10	11	11	12	12	12	13	13	14
Reihenzahl Fersentrittkeil	14	14	16	16	18	18	20	20	22	22	24	24	24	26	26	28
Abnahmen je Seite	7	7	8	8	9	9	10	10	11	11	12	12	12	13	13	14

Fersen mit Schrägnaht

Bei den Fersen mit schräger Seitennaht formt sich die Mulde für den Fersentritt dadurch, dass über die Maschen im mittleren Bereich der Ferse mehr Reihen gestrickt werden als über die Maschen an den Seiten. Mit Ausnahme der falschen Bumerangferse, bei der dies durch Zu- und Abnahmen erreicht wird, entsteht die Fersenrundung aller anderen Schrägnahtfersen durch verkürzte Reihen. Da Schrägnahtfersen klassischerweise ohne zusätzliche Spickelmaschen gearbeitet werden und nur eine kleine Fersenwand besitzen, sind sie eher für schmalere Füße geeignet.

Zu den Fersen mit Schrägnaht gehören:

- BUMERANGFERSE
- BUMERANGFERSE MIT ZWEIFACHEN DOPPELMASCHEN
- BUMERANGFERSE IN RUNDER FORM
- 2/3-FERSE
- TOMATENFERSE
- WICKELMASCHENFERSE
- ZU- UND ABNAHMESPICKEL
- HYBRIDFERSE
- FALSCHE BUMERANGFERSE

Schrägnahtfersen – Die Basics

Die schräge Naht und die Trapez- oder Keilform ergeben sich bei allen Schrägnahtfersen durch die Verwendung verkürzter Reihen. Damit keine Löcher entstehen, werden an den Wendestellen spezielle Maschen – die Wendemaschen – benötigt.

Verkürzte und verlängerte Reihen

In verkürzten Reihen wird immer nur ein Teil der Maschen abgestrickt, während von Reihe zu Reihe mehr Maschen an den Seiten stillgelegt werden. Häufig wird dabei von der ganzen Reihe ausgegangen, und es wird am Ende jeder Reihe immer die gleiche Anzahl von Maschen nicht gestrickt, sondern schon vor dem Ende der Reihe gewendet. Die Reihe wird, wie der Name schon sagt, verkürzt. An diesen Wendestellen können sich später, wenn wieder über alle Maschen gearbeitet wird, leicht kleine Löcher bilden. Diese sollten besonders bei den stark beanspruchten Fersen und Spitzen vermieden werden. Daher arbeitet man an diesen Stellen nach dem Wenden die 1. Masche, die sogenannte Wendemasche, als Doppel- oder Wickelmasche. Auf diese Weise werden die Querfäden an diesen Stellen später gut gespannt.

In einer verkürzten Reihe markiert die Wendemasche das neue Reihenende. Sie selbst wird in den folgenden Reihen nicht mehr abgestrickt. Werden mehrere verkürzte Reihen übereinander gearbeitet, wird jedes Mal, wenn das neue Reihenende erreicht ist, eine weitere reguläre Masche als Wendemasche gearbeitet und stillgelegt.

Für den oberen Teil einer Schrägnahtferse wird jede Reihe über die Fersenmaschen um je 1 Masche verkürzt. An beiden Seiten der Ferse nehmen so von Reihe zu Reihe die stillgelegten Wendemaschen von außen nach innen zu, immer weniger Maschen werden im Mittelteil regulär abgestrickt.

Für viele Schrägnahtfersen ist es im unteren Teil notwendig, die Reihen wieder Schritt für Schritt auf die ursprüngliche Maschenzahl zu verlängern. Hierfür wird bis zum aktuellen Reihenende gearbeitet, die Wendemasche abgestrickt und meist noch 1 weitere Masche mehr gestrickt und dann gewendet. Aus dieser letzten Masche wird nach dem Wenden ebenfalls eine Wendemasche gearbeitet, die das neue (verlängerte) Reihenende markiert. In der nächsten Reihe wird diese ebenfalls wieder abgestrickt und 1 weitere Masche gearbeitet. Auf diese Weise wird jede Reihe um je 1 Masche verlängert, bis sie wieder ihre ursprüngliche Länge erreicht hat.

Wer Mühe hat, aus einem Perlrand eine gleichmäßige Maschenreihe aufzunehmen, ist stricktechnisch mit einer Schrägnahtferse gut beraten. Andererseits müssen auch Wendemaschen sehr sorgfältig und nicht zu locker gearbeitet werden, damit keine Löcher entstehen. Anfänger stricken oft sehr fest und kommen daher meistens mit verkürzten Reihen gut zurecht. Mit zunehmender Übung nimmt jedoch oft die Geschwindigkeit zu – und damit die Festigkeit des Gestricks ab. Dann kann es praktisch sein, für die Ferse eine etwas dünnere Nadelstärke zu wählen.

EINE VERSTÄRKUNG DER SCHRÄGNAHTFERSEN ist leicht mit Beilaufgarn oder durch nachträgliches Einweben möglich. Hebemaschenmuster können zwar auch eingestrickt werden, jedoch gelingen die wichtigen Wendemaschen häufig nur ungleichmäßig oder löchrig.

FERSEN MIT SCHRÄGER SEITENNAHT sind kürzer als Fersen mit Fersenwand. Wer sie optisch etwas strecken möchte, strickt die späteren Fersenmaschen bereits 1-2 cm vor Beginn der Ferse glatt rechts, während die Oberfußmaschen weiter im Muster gearbeitet werden.

Wendemaschen

Die bei Schrägnahtfersen so wichtigen Wendemaschen können auf verschiedene Arten gearbeitet werden. Meist werden die einzelnen Maschenarten für bestimmte Fersen verwendet. Prinzipiell kann aber fast jede Ferse auch mit anderen Wendemaschen gearbeitet werden. Experimentieren erlaubt!

Doppelmaschen

Doppelmaschen sind der Klassiker unter den Wendemaschen und werden für alle Bumerangfersen benötigt.

Doppelmaschen arbeiten

In Hinreihen

1 Die letzte Masche einer verkürzten Reihe wie alle übrigen Maschen abstricken und das Strickstück wenden.

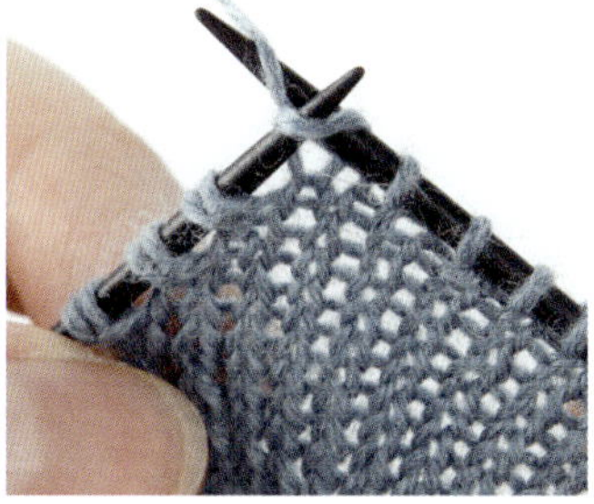

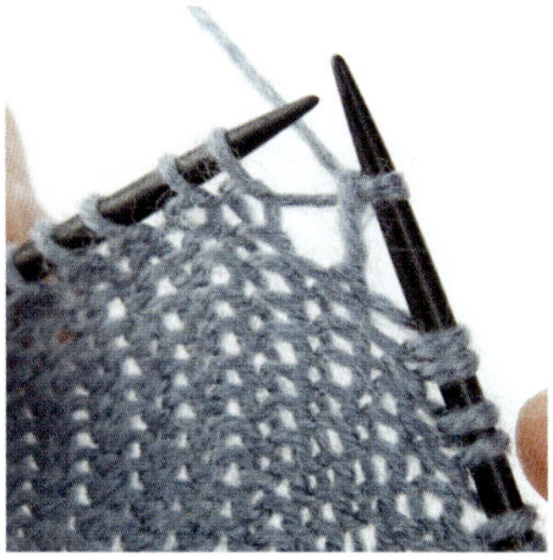

2 Den Faden vor die Arbeit nehmen und die Masche wie zum Linksstricken abheben.

3 Den Faden fest nach hinten ziehen. Die beiden Maschenschenkel der Masche unter der eben abgehobenen legen sich als Doppelmasche über die Nadel.

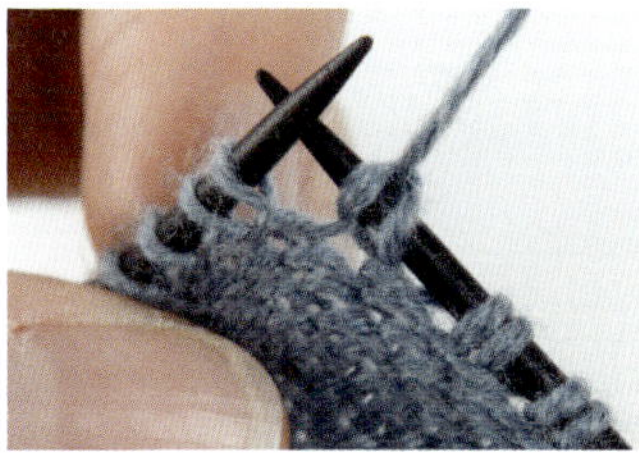

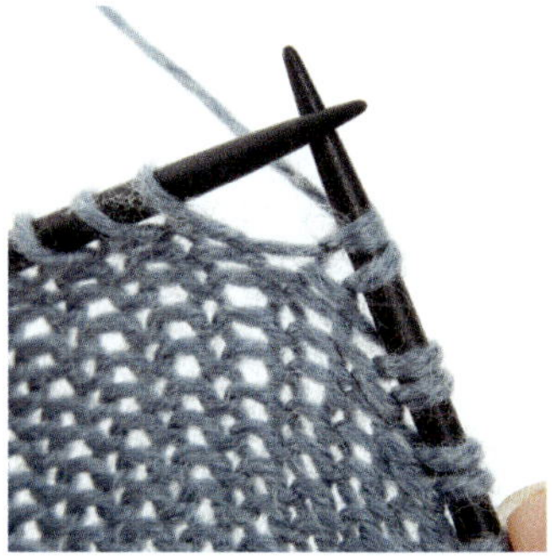

4 Den Faden gut anziehen und nach vorne holen, um mit linken Maschen fortzufahren.

In Rückreihen

1 Die letzte Masche einer verkürzten Reihe wie alle übrigen Maschen abstricken und das Strickstück wenden.

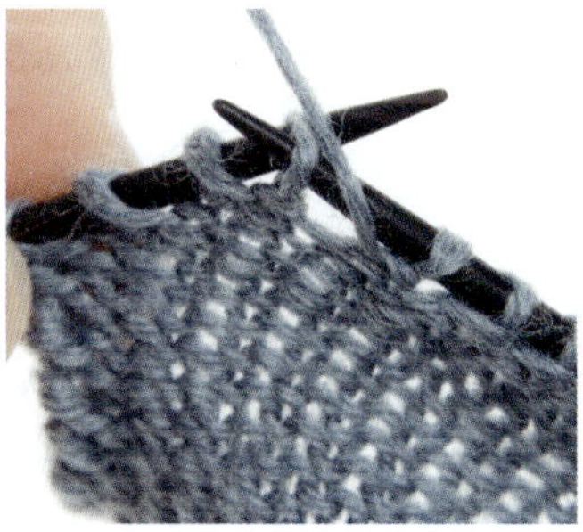

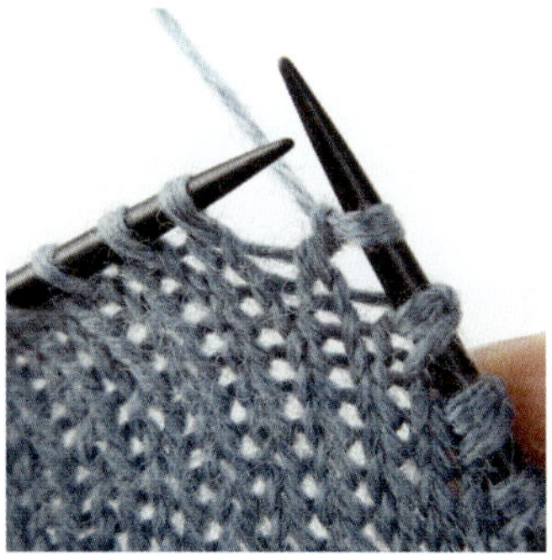

2 Den Faden vor die Arbeit nehmen und die Masche wie zum Linksstricken abheben.

3 Den Faden fest nach hinten ziehen. Die beiden Maschenschenkel der Masche unter der eben abgehobenen legen sich als Doppelmasche über die Nadel.

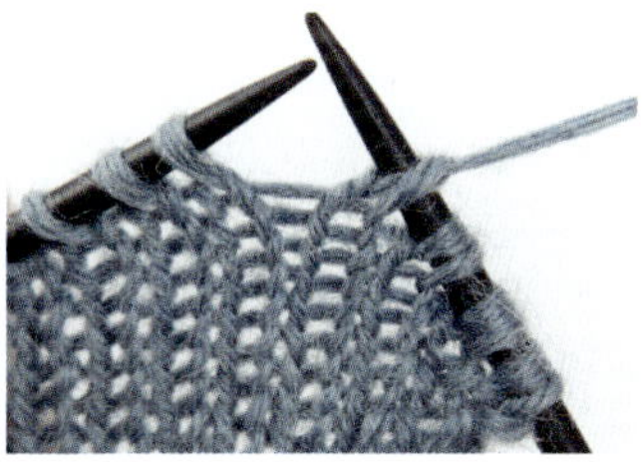

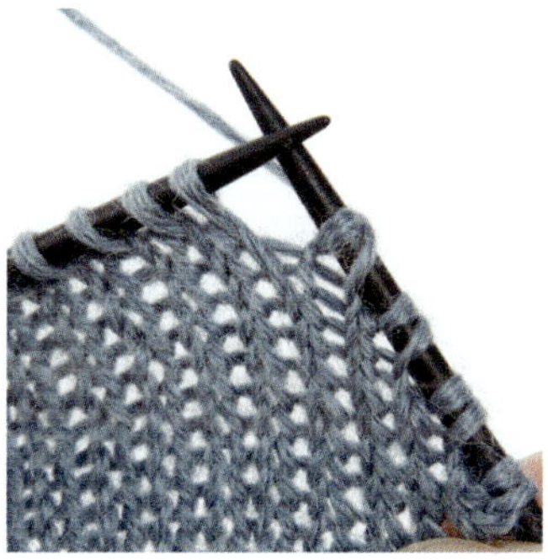

4 Den Faden gut anziehen und mit rechten Maschen fortfahren.

Doppelmaschen abstricken

Eine Doppelmasche wird als 1 Masche rechts oder links abgestrickt. Dabei darauf achten, dass beide Fäden erfasst und zusammen abgestrickt werden.

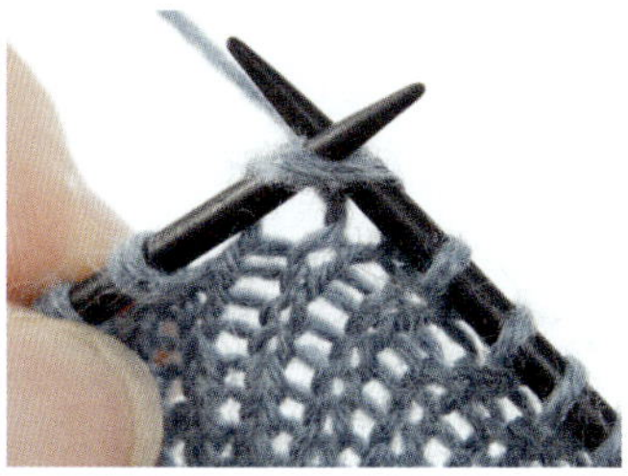

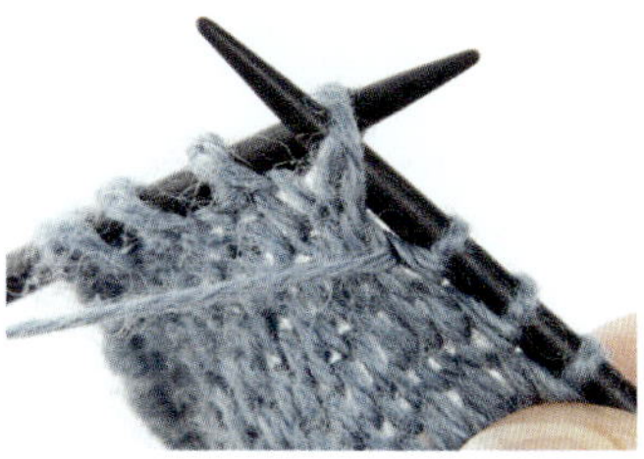

DARAN DENKEN, dass Doppelmaschen als stillgelegte Maschen das Reihenende bilden.

UM LÖCHER ZU VERMEIDEN, die 1. Masche nach der neuen Doppelmasche besonders fest stricken.

Dichte Wickelmaschen

Dichte Wickelmaschen finden vor allem bei der Wickelmaschenferse Verwendung.

ANDERS ALS BEI DEN DOPPELMASCHEN wird die Masche, aus der die Wickelmasche gearbeitet werden soll, selbst nicht mehr abgestrickt. Fertig gearbeitete Wickelmaschen sind stillgelegte Maschen, sie bilden das Reihenende der verkürzten Reihe.

Dichte Wickelmaschen arbeiten in Hin- und Rückreihen

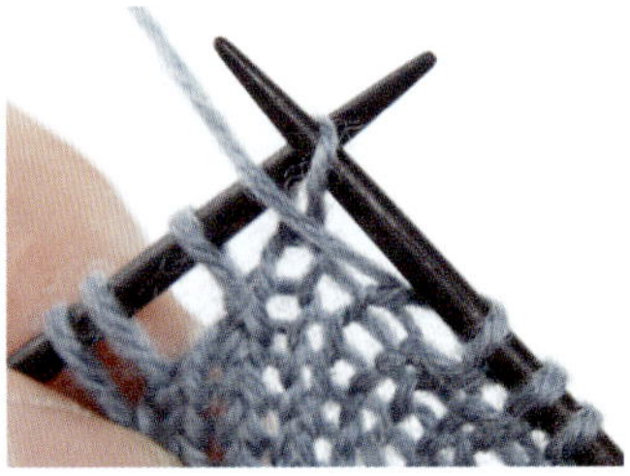

1 Bis 1 Masche vor das neue Reihenende stricken und den Faden vor die Arbeit holen.

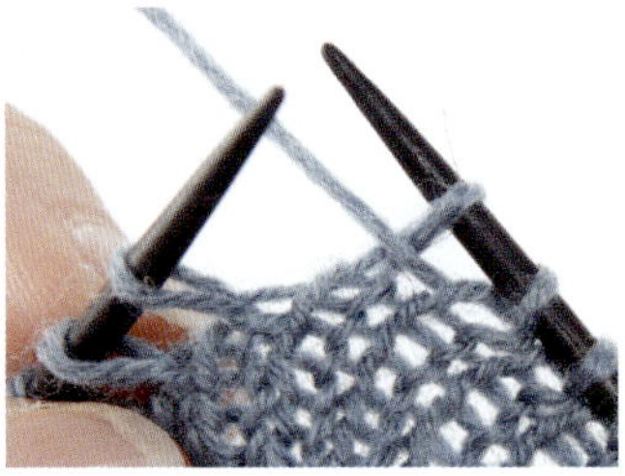

2 Die letzte Masche wie zum Linksstricken auf die rechte Nadel heben.

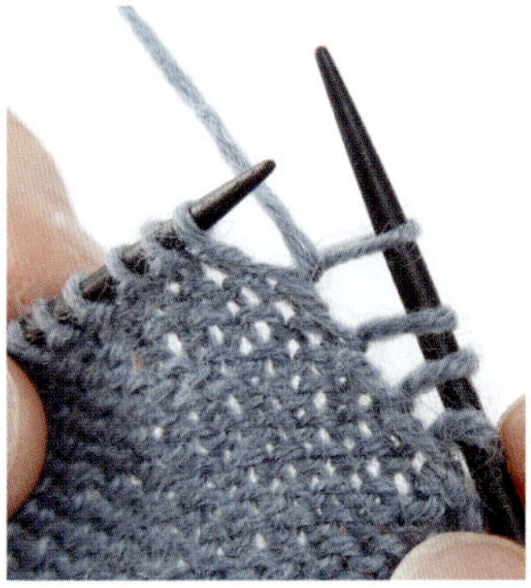

3 Die Arbeit wenden, dabei den Arbeitsfaden in der linken Hand halten und um die Masche herumführen. Die so umwickelte Masche auf die rechte Nadel heben und den Faden gut anziehen.

Dichte Wickelmaschen abstricken

Soll eine Wickelmasche abgestrickt werden, wird sie zunächst ungestrickt auf die rechte Nadel gehoben, egal, ob es sich um eine einfach oder zweifach umwickelte Masche handelt und ob man sich in einer Hin- oder Rückreihe befindet.

Einfache Wickelmaschen in Hinreihen abstricken

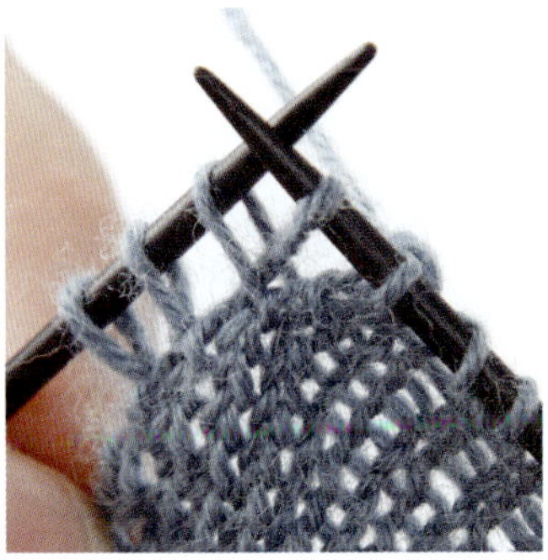

1 Die Wickelmasche ist auf die rechte Nadel gehoben. Den Wickelfaden mit der linken Nadel aufnehmen.

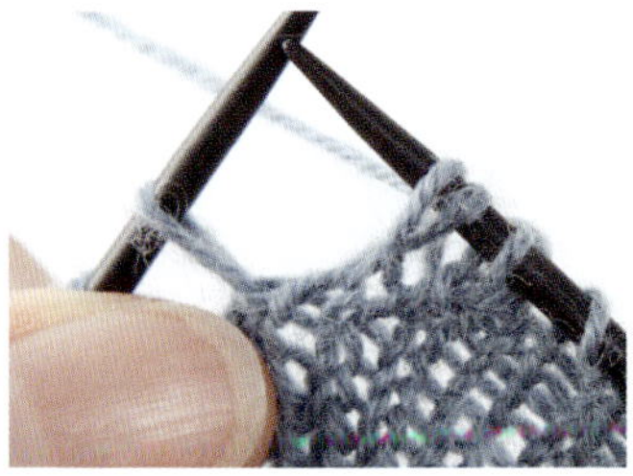

2 Den Faden auf die rechte Nadel heben.

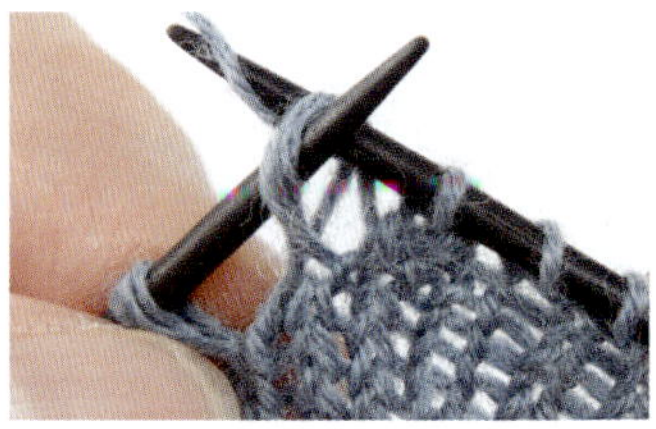

3 Masche und Wickelfaden rechts verschränkt zusammenstricken.

Einfache Wickelmaschen in Rückreihen abstricken

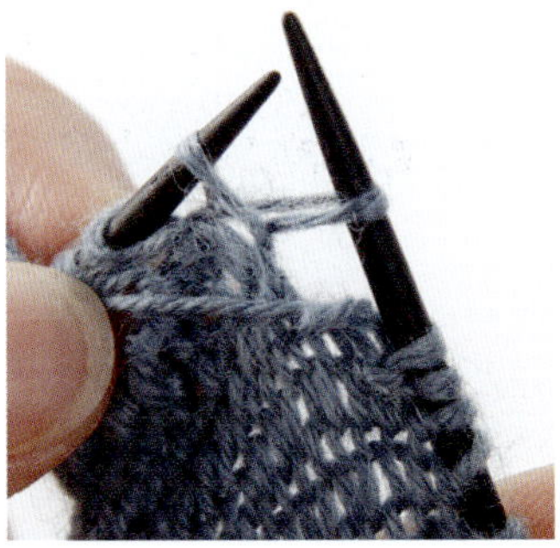

1 Die Wickelmasche ist auf die rechte Nadel gehoben. Den Wickelfaden mit der linken Nadel aufnehmen.

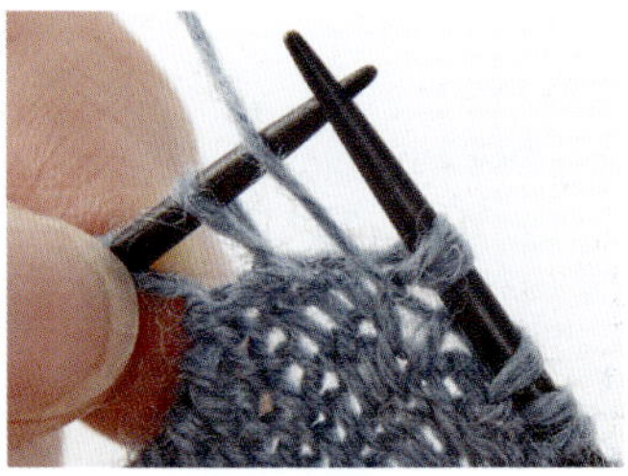

2 Den Faden auf die rechte Nadel heben.

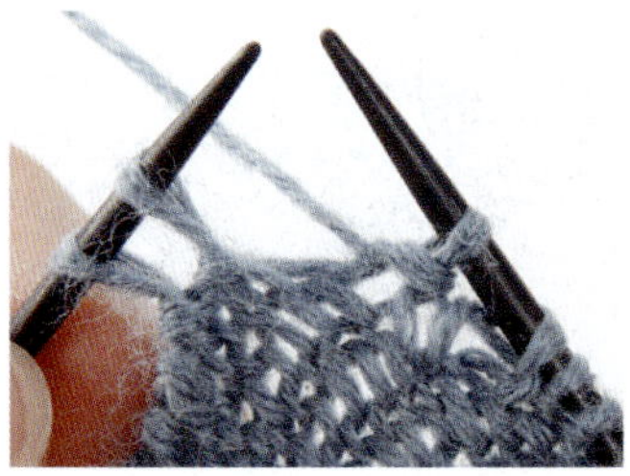

3 Masche und Wickelfaden links zusammenstricken.

BEIM UNTEREN TEIL der Wickelmaschenferse werden die Wickelmaschen erneut umwickelt – so entstehen zweifache Wickelmaschen.

Zweifache Wickelmaschen in Hinreihen abstricken

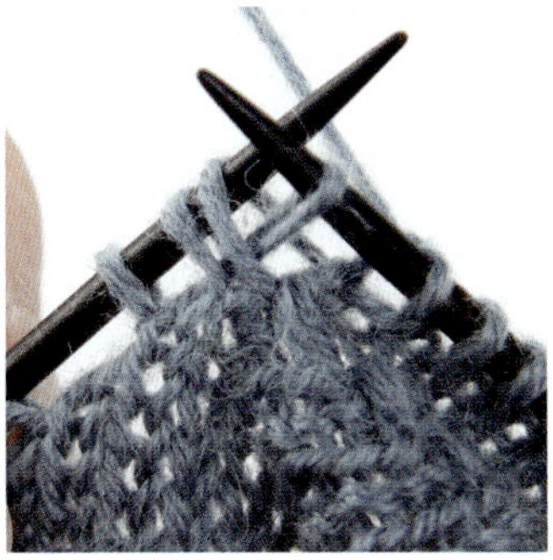

1 Die Wickelmasche ist auf die rechte Nadel gehoben. Beide Wickelfäden mit der linken Nadel aufnehmen.

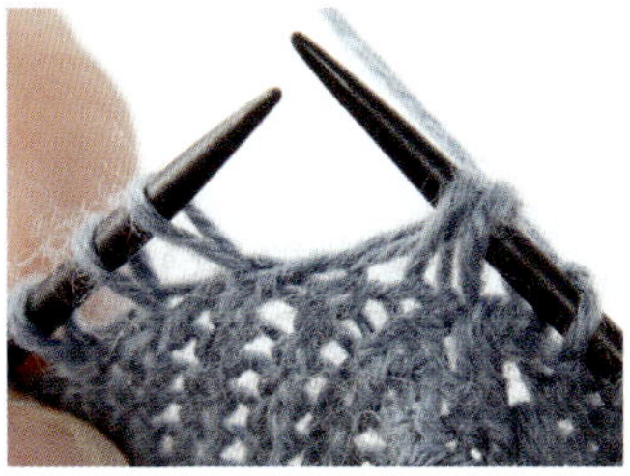

2 Die Fäden auf die rechte Nadel heben.

3 Masche und Wickelfäden rechts verschränkt zusammenstricken.

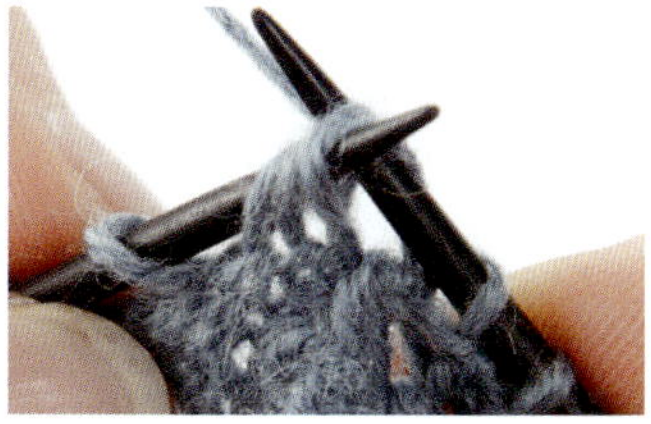

Zweifache Wickelmaschen in Rückreihen abstricken

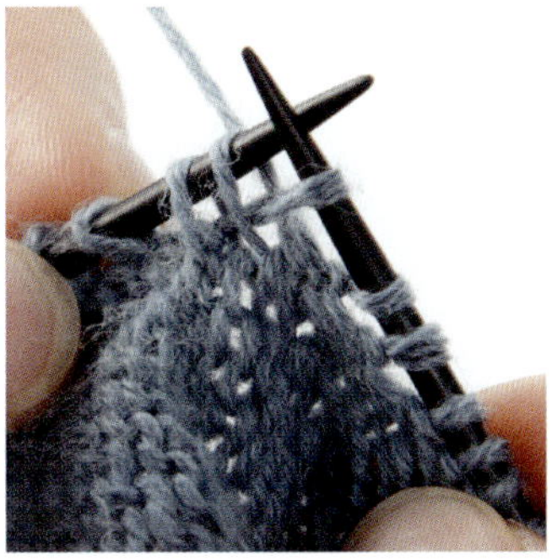

1 Die Wickelmasche ist auf die rechte Nadel gehoben. Beide Wickelfäden mit der linken Nadel aufnehmen.

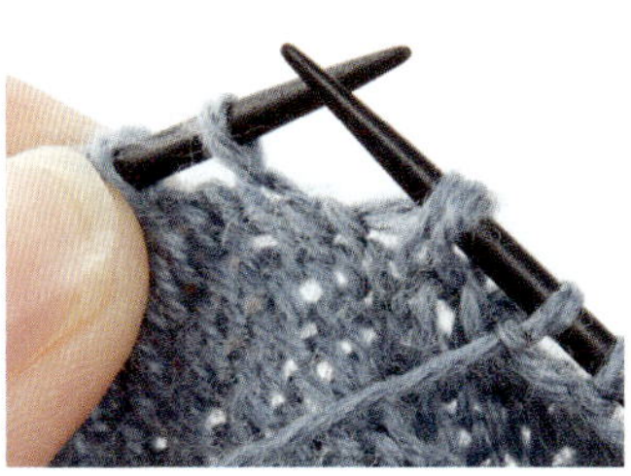

2 Die Fäden auf die rechte Nadel heben.

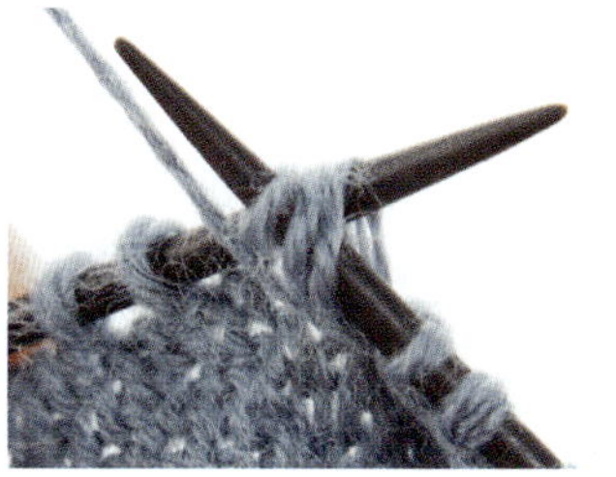

3 Masche und Wickelfäden links zusammenstricken.

Unsichtbare Wickelmaschen

Wickelmaschen lassen sich auch so arbeiten, dass sie sich im übrigen Maschenbild sehr unauffällig einfügen. Dazu ist es notwendig, sie in Hin- und Rückreihen unterschiedlich abzustricken.

Unsichtbare Wickelmaschen arbeiten

Auch bei unsichtbaren Wickelmaschen wird die Wendemasche selbst nicht mehr abgestrickt. Daher jeweils 1 Masche vor dem neuen Reihenende stoppen.

In Hinreihen

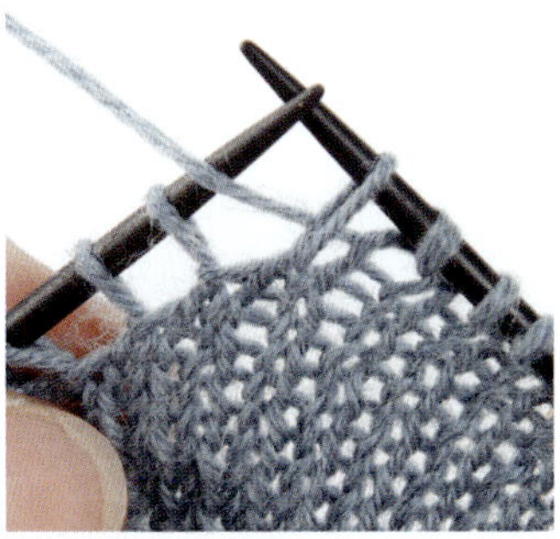

1 Die Wickelmasche wie zum Linksstricken abheben, dabei den Faden hinter der Arbeit halten.

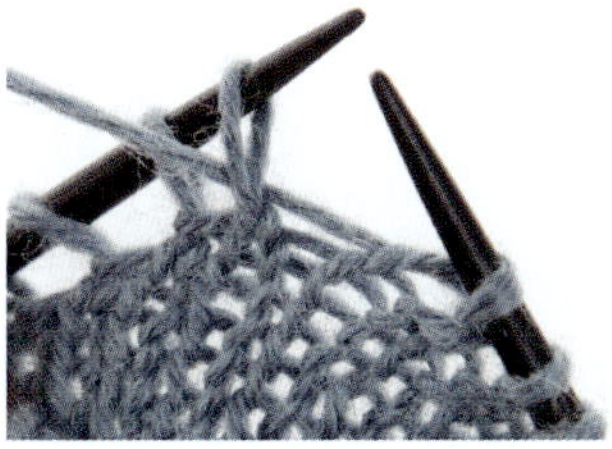

2 Den Faden links der abgehobenen Masche wieder zwischen den Nadeln nach vorne holen. Die umwickelte Masche wieder zurück auf die linke Nadel heben.

3 Den Arbeitsfaden vor der Masche nach rechts und zwischen den Nadeln nach hinten legen.

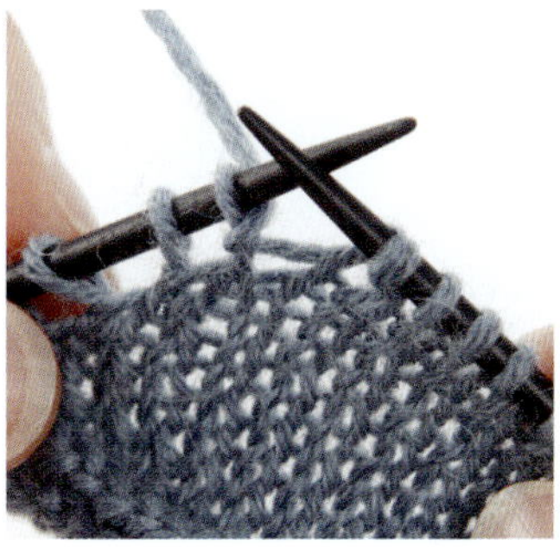

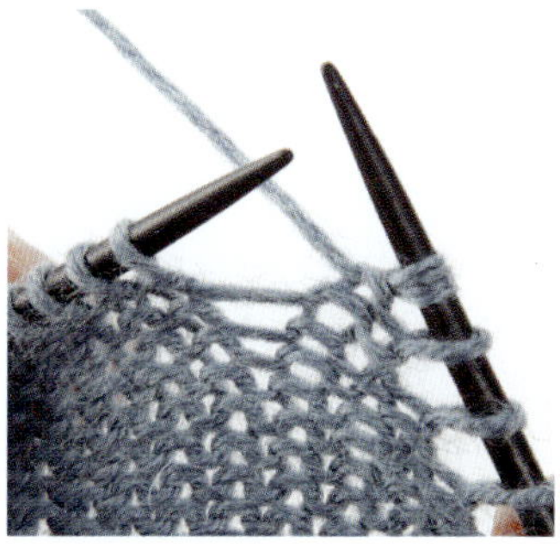

4 Die Arbeit wenden und linke Maschen stricken.

In Rückreihen

1 Die Wickelmasche wie zum Linksstricken abheben, dabei den Faden vor der Arbeit halten.

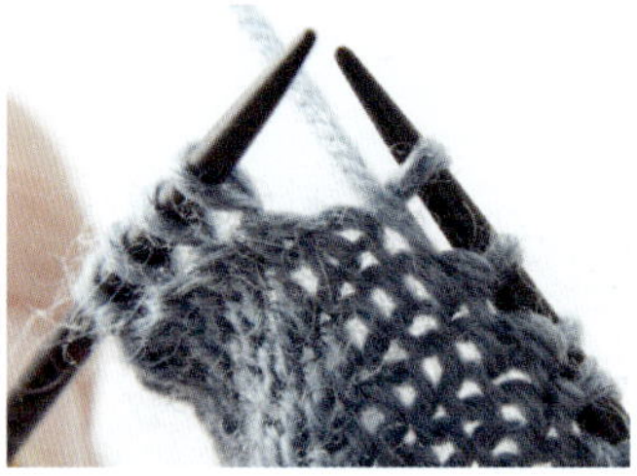

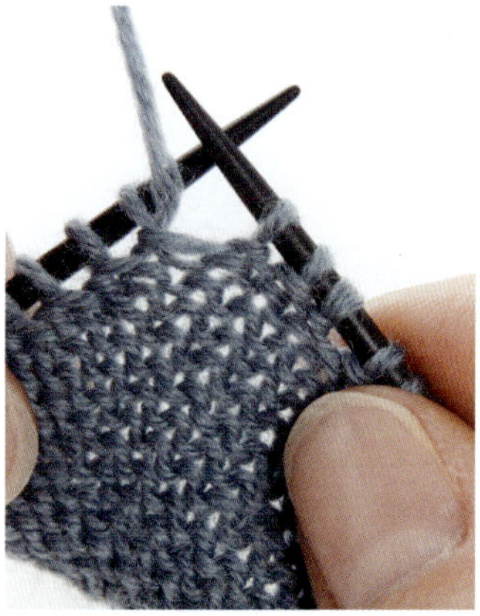

2 Den Faden links der abgehobenen Masche wieder zwischen den Nadeln nach hinten bringen. Die umwickelte Masche zurück auf die linke Nadel heben. Den Arbeitsfaden hinter der Masche nach rechts führen und zwischen den Nadeln wieder nach vorne bringen.

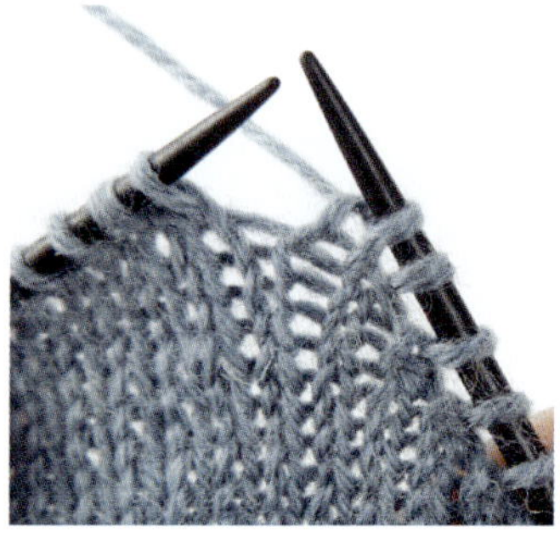

3 Die Arbeit wenden und rechte Maschen stricken.

DIE IN DEN USA WEIT VERBREITETE „SHORT-ROW HEEL" entspricht der Wickelmaschenferse von Seite 148, nur dass anstelle von dichten Wickelmaschen unsichtbare Wickelmaschen gestrickt werden.

Unsichtbare Wickelmaschen abstricken

Auch das Abstricken der unsichtbaren Wickelmaschen geschieht in Hin- und Rückreihen auf unterschiedliche Art und Weise. Die Masche muss zuvor nicht auf die rechte Nadel gehoben werden.

Einfache unsichtbare Wickelmaschen in Hinreihen abstricken

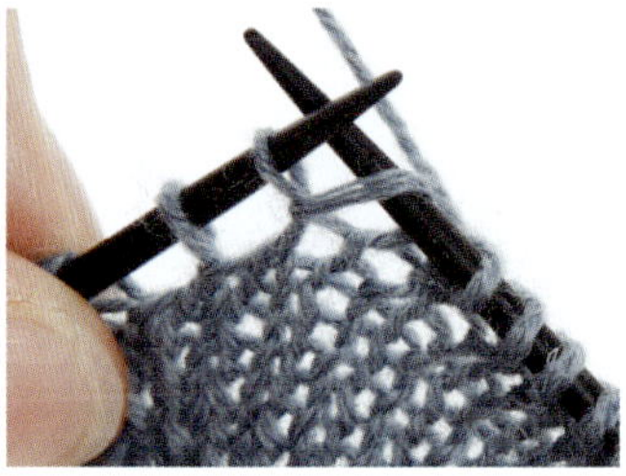

1 Die Wickelmasche liegt auf der linken Nadel. Den Wickelfaden mit der rechten Nadelspitze auffassen.

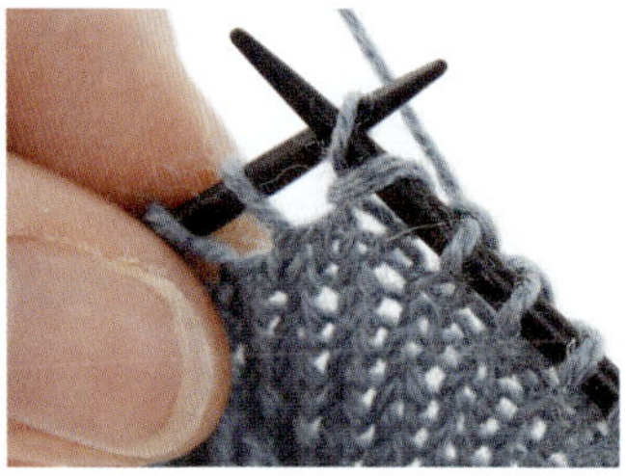

2 Die Wickelmasche wie zum Rechtsstricken von der linken Nadel heben.

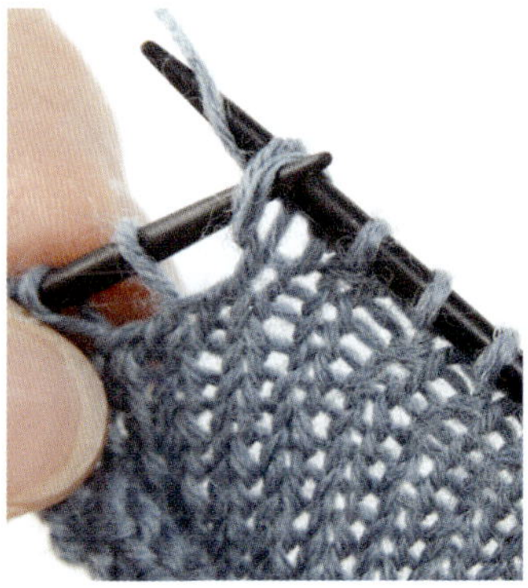

3 Die linke Nadelspitze wieder von links nach rechts durch die Wickelmasche und ihren Faden stechen und beide rechts zusammenstricken.

Einfache unsichtbare Wickelmaschen in Rückreihen abstricken

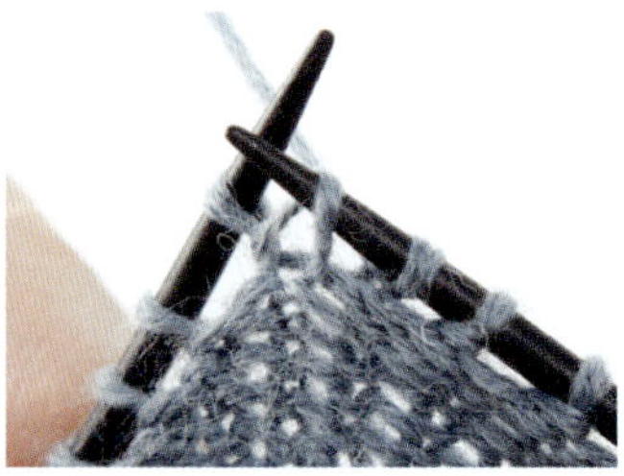

1 Die Wickelmasche liegt auf der linken Nadel. Den Wickelfaden mit der rechten Nadelspitze von hinten nach vorne auffassen.

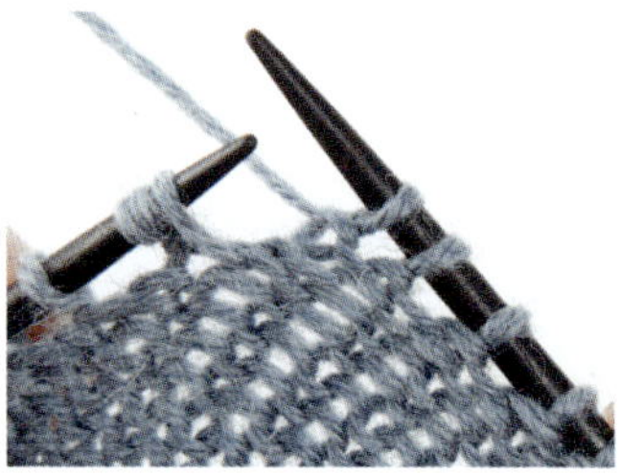

2 Den Wickelfaden auf die linke Nadel heben.

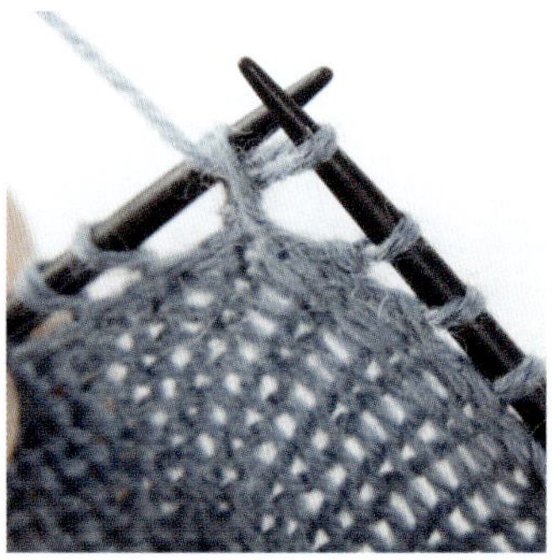

3 Die Wickelmasche mit ihrem Wickelfaden links zusammenstricken.

BEIM UNTEREN TEIL der Wickelmaschenferse werden die Wickelmaschen erneut umwickelt – so entstehen zweifache Wickelmaschen.

Zweifache unsichtbare Wickelmaschen in Hinreihen abstricken

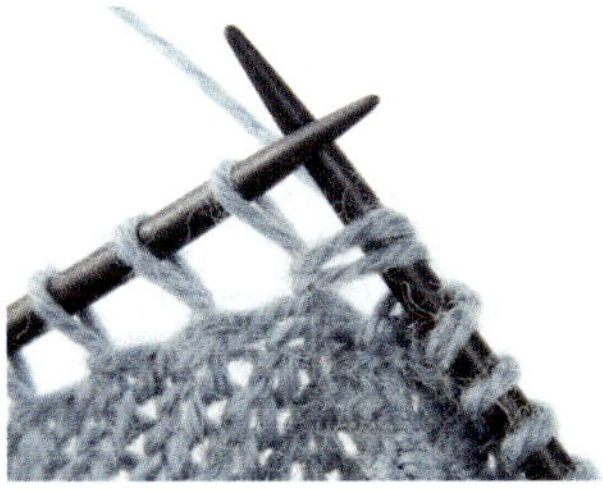

1 Die Wickelmasche liegt auf der linken Nadel. Die Wickelfäden mit der rechten Nadelspitze auffassen.

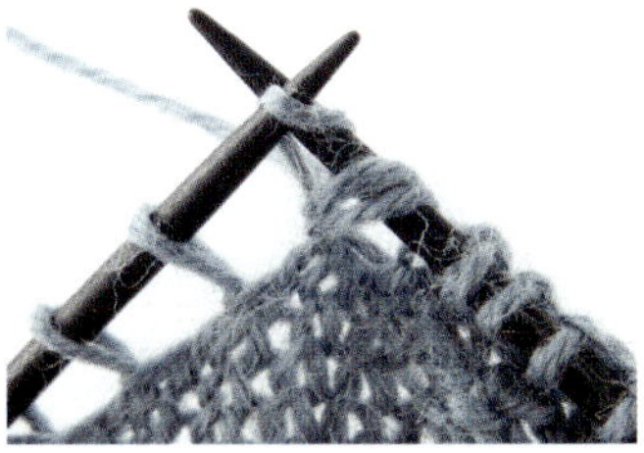

2 Die Wickelmasche wie zum Rechtsstricken von der linken Nadel heben.

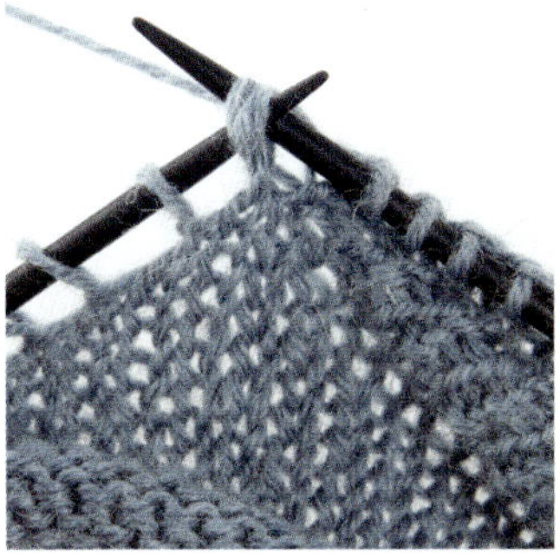

3 Die linke Nadelspitze wieder von links nach rechts durch die Wickelmasche und ihre Fäden stechen und alle drei rechts zusammenstricken.

Zweifache unsichtbare Wickelmaschen in Rückreihen abstricken

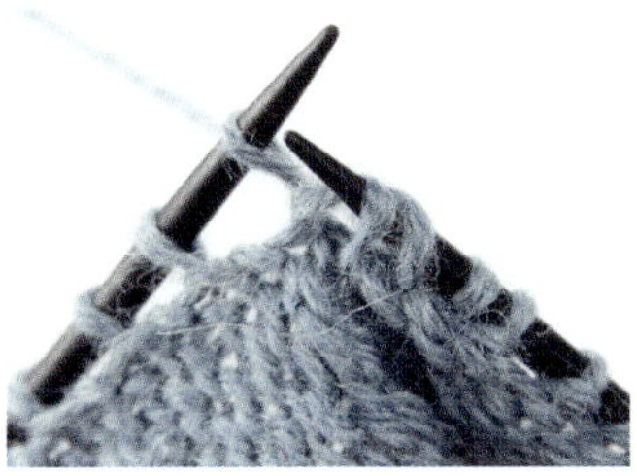

1 Die Wickelmasche liegt auf der linken Nadel. Beide Wickelfäden mit der rechten Nadelspitze von hinten nach vorne auffassen.

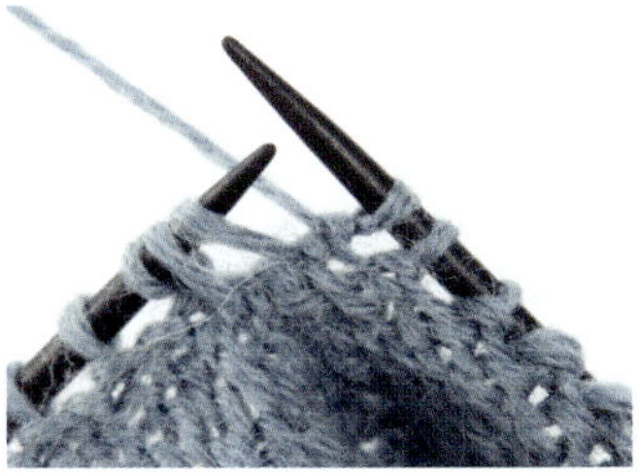

2 Die Wickelfäden auf die linke Nadel heben.

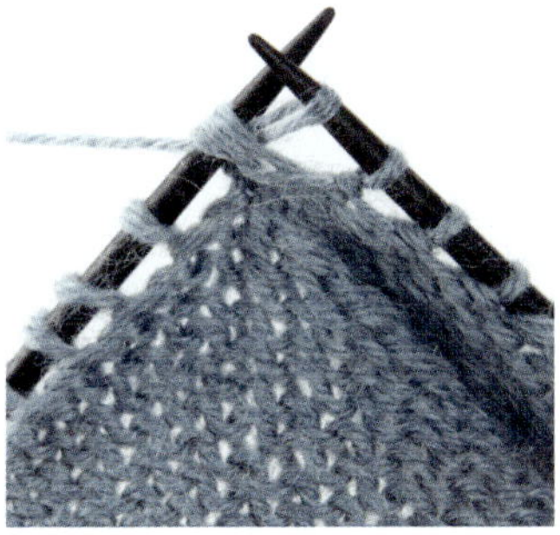

3 Die Wickelmasche mit ihren Wickelfäden links zusammenstricken.

Japanische Wendemaschen

Bei japanischen Wendemaschen werden die Wendestellen während des Verkürzens der Reihen zunächst nicht gesondert vorbereitet. Die 1. Masche nach dem Wenden in der Reihe wird lediglich wie zum Linksstricken abgehoben. Erst beim Abstricken werden die Wendemaschen für ein gleichmäßiges Maschenbild mit der Masche der Vorreihe zusammengestrickt.

DIE JAPANISCHEN WENDEMASCHEN werden nur für die Tomatenferse (Seite 146) benötigt. Daher sind sie nur in Hinreihen beschrieben.

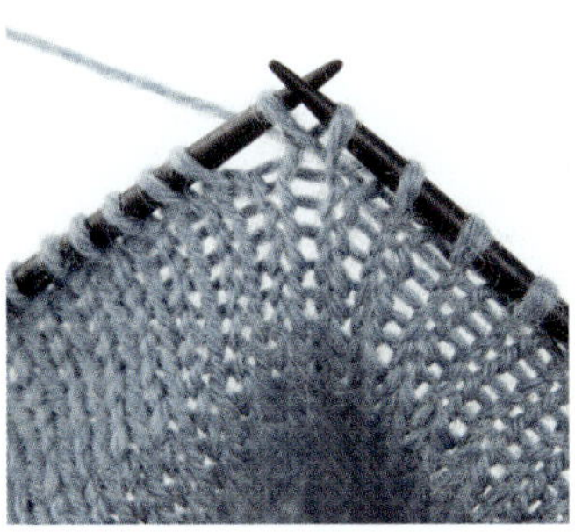

1 Mit der rechten Nadel die Masche der Vorreihe unter der Wendemasche von hinten aufnehmen.

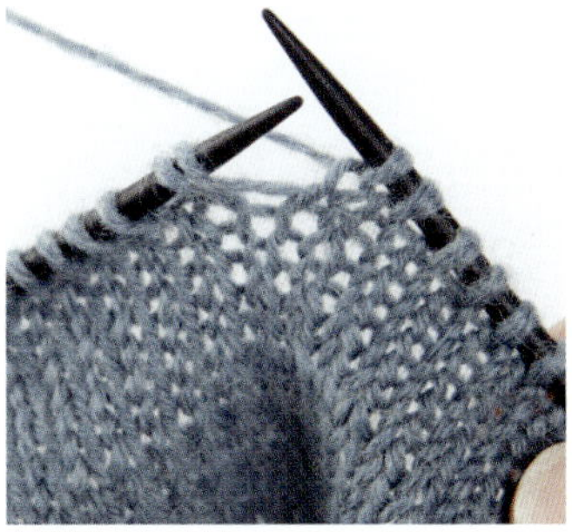

2 Die Masche vor die Wendemasche auf die linke Nadel heben.

3 Mit der rechten Nadel gleichzeitig wie zum Rechtsstricken in beide Maschen auf der linken Nadel einstechen. Beide Maschen rechts zusammenstricken.

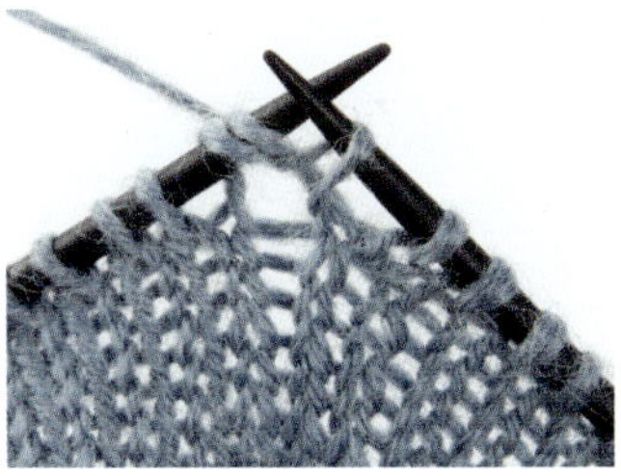

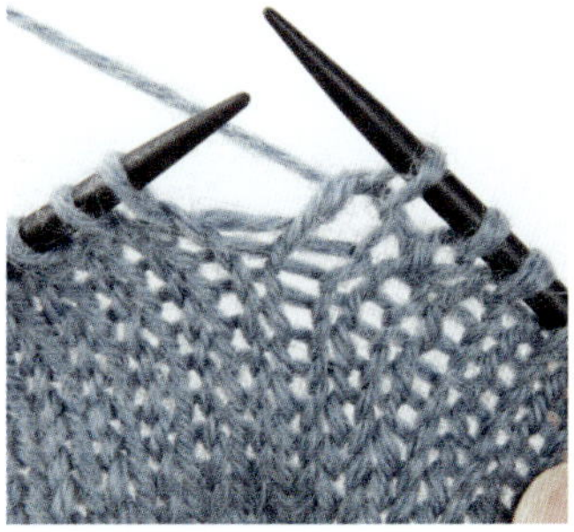

4 Die Maschen von der linken Nadel gleiten lassen.

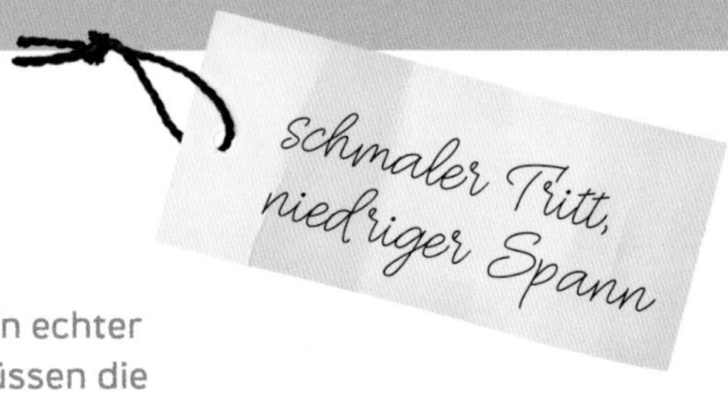

Klassische Bumerangferse

Die Bumerangferse ist sozusagen die Mutter aller Schrägnahtfersen, ein echter Klassiker. Sie sieht interessant aus und sitzt gut am Fuß. Allerdings müssen die Doppelmaschen sehr sorgfältig und gleichmäßig gearbeitet und gut angezogen werden, damit keine Löcher entstehen. Mit etwas Übung gelingt dies aber sehr gut.

Mascheneinteilung

Die Ferse wird über die Hälfte der Gesamtmaschenzahl gearbeitet. Die Fersenmaschen gedanklich in drei Teile einteilen, in zwei gleich große Seitenteile und einen Mittelteil. Eventuell die Teile mit Maschenmarkierern kennzeichnen. Die Mascheneinteilung für alle Größen findet sich in den folgenden Tabellen. Die Ziffer zwischen den Schrägstrichen (/) gibt die Maschenzahl des Mittelteils an, die beiden äußeren Ziffern die Maschenzahlen der beiden Seitenteile.

BEI MANCHEN SCHAFTMUSTERN oder wenn die Ferse andersfarbig gearbeitet wird, stören die 2 Zwischenrunden der Bumerangferse. Hier sollte lieber eine Ferse ohne Zwischenrunden, z. B. die Wickelmaschenferse oder Bumerangferse mit zweifachen Doppelmaschen, gewählt werden.

Oberer Teil

Die Oberfußmaschen stilllegen. Dann über die Fersenmaschen den oberen Teil der Bumerangferse mit verkürzten Reihen (siehe Seite 133) arbeiten. Ausgangspunkt ist die Mitte der Ferse in einer Hinreihe. Die letzte Masche jeder Reihe wird nach dem Wenden als Doppelmasche gearbeitet, sodass mit jeder Reihe an einem Seitenrand der Ferse jeweils 1 Doppelmasche hinzukommt. Die Reihen werden kürzer und von Reihe zu Reihe werden weniger Maschen abgestrickt.

1. Reihe (1/2 Hinreihe): Alle Maschen rechts stricken, wenden.

2. Reihe (Rückreihe): Aus der 1. Masche eine Doppelmasche arbeiten. Den Faden zwischen den Nadeln nach vorne holen und alle Maschen links abstricken. Arbeit wenden.

3. Reihe (Hinreihe): Aus der 1. Masche eine Doppelmasche arbeiten, dann rechte Maschen stricken bis vor die Doppelmasche. Darauf achten, keine Maschen zu übersehen, da die letzte normale Masche und die Doppelmasche häufig sehr nah beieinander liegen. Arbeit wenden.

4. Reihe (Rückreihe): Aus der 1. Masche eine Doppelmasche arbeiten. Den Faden zwischen den Nadeln nach vorne holen und linke Maschen stricken bis vor die Doppelmasche, wenden.

Die 3. und 4. Reihe fortlaufend wiederholen, bis alle Seitenteilmaschen als Doppelmaschen gearbeitet sind. Die Maschen des Mittelteils liegen noch als normale Maschen vor. Je nachdem, wie die Maschen verteilt wurden, lässt sich bereits die Trapezform der Ferse erkennen.

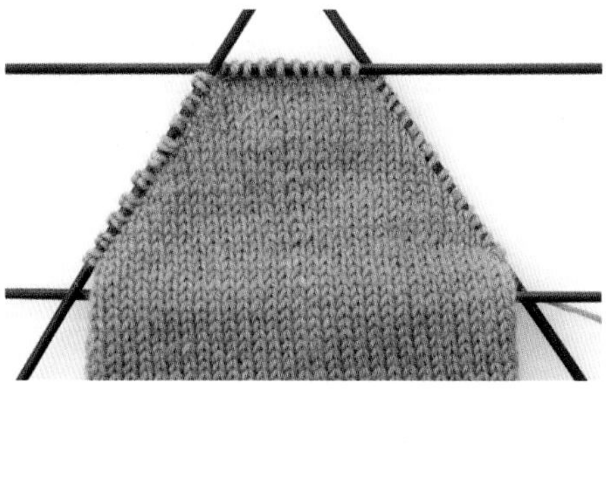

BEIM STRICKEN MIT DEM NADELSPIEL können die Fersenmaschen zu Beginn entweder auf 1, 2 oder 3 Spielnadeln verteilt werden. Alternativ können auch die jeweils neu gestrickten Doppelmaschen nach und nach auf zwei seitlichen Nadeln stillgelegt werden.

WIE DOPPELMASCHEN gearbeitet und abgestrickt werden, steht auf Seite 133.

Zwischenrunden

Wenn alle nötigen Doppelmaschen für den oberen Teil gearbeitet sind, über alle Maschen (Mittelmaschen, Doppelmaschen und Oberfußmaschen) 2 Zwischenrunden stricken. Dabei Fersenmaschen und Doppelmaschen rechts, die Oberfußmaschen im Muster stricken. Beim Abstricken der Doppelmaschen darauf achten, beide Fäden zu erfassen. Anschließend die Oberfußmaschen wieder stilllegen.

WIE SEITLICHE LÖCHER an dieser Stelle vermieden werden, steht auf Seite 115.

Mascheneinteilung für Bumerangferse für 4-fädiges Sockengarn

LL = 210 m/50 g, 30 Maschen x 42 Reihen = 10 cm x 10 cm

Größe	20/21	22/23	24/25	26/27	28/29	30/31	32/33	34/35	36/37	38/39	40/41	42/43	44/45	46/47	48/49	50/51
Maschenzahl gesamt/Nadel	44/11	44/11	48/12	48/12	52/13	52/13	56/14	56/14	60/15	60/15	64/16	64/16	68/17	72/18	72/18	76/19
Fersenmaschen	7/8/7	7/8/7	8/8/8	8/8/8	8/10/8	8/10/8	9/10/9	9/10/9	10/10/10	10/10/10	10/12/10	10/12/10	11/12/11	12/12/12	12/12/12	13/12/13

Unterer Teil

Für den unteren Teil wieder nur über die Fersenmaschen in verlängerten Reihen (siehe Seite 133) mit Doppelmaschen arbeiten. Ausgangspunkt ist eine Hinreihe am Beginn der Mittelmaschen.

1. Reihe (Hinreihe): Die Maschen des Mittelteils und 1 Masche des Seitenteils rechts stricken, wenden.
2. Reihe (Rückreihe): Aus der 1. Masche eine Doppelmasche arbeiten. Die Maschen des Mittelteils und 1 Masche des Seitenteils links stricken, wenden.

3. Reihe (Hinreihe): Aus der 1. Masche eine Doppelmasche arbeiten. Alle Maschen bis zur Doppelmasche der Vorreihe, die Doppelmasche selbst und noch 1 weitere Masche rechts stricken und wenden.
4. Reihe (Rückreihe): Aus der 1. Masche eine Doppelmasche arbeiten. Alle Maschen bis zur Doppelmasche der Vorreihe, die Doppelmasche selbst und noch 1 weitere Masche links stricken und wenden.
Die 3. und 4. Reihe fortlaufend wiederholen, bis die beiden äußersten Fersenmaschen als Doppelmaschen auf der Nadel liegen. Mit einer halben Hinreihe in der Fersenmitte enden. Es sind wieder alle Maschen in Arbeit.
Beim Arbeiten mit dem Nadelspiel die Maschen wieder in ihre ursprüngliche Verteilung sortieren. Für den Fuß in Runden weiterarbeiten, dabei die beiden äußeren Doppelmaschen rechts abstricken.

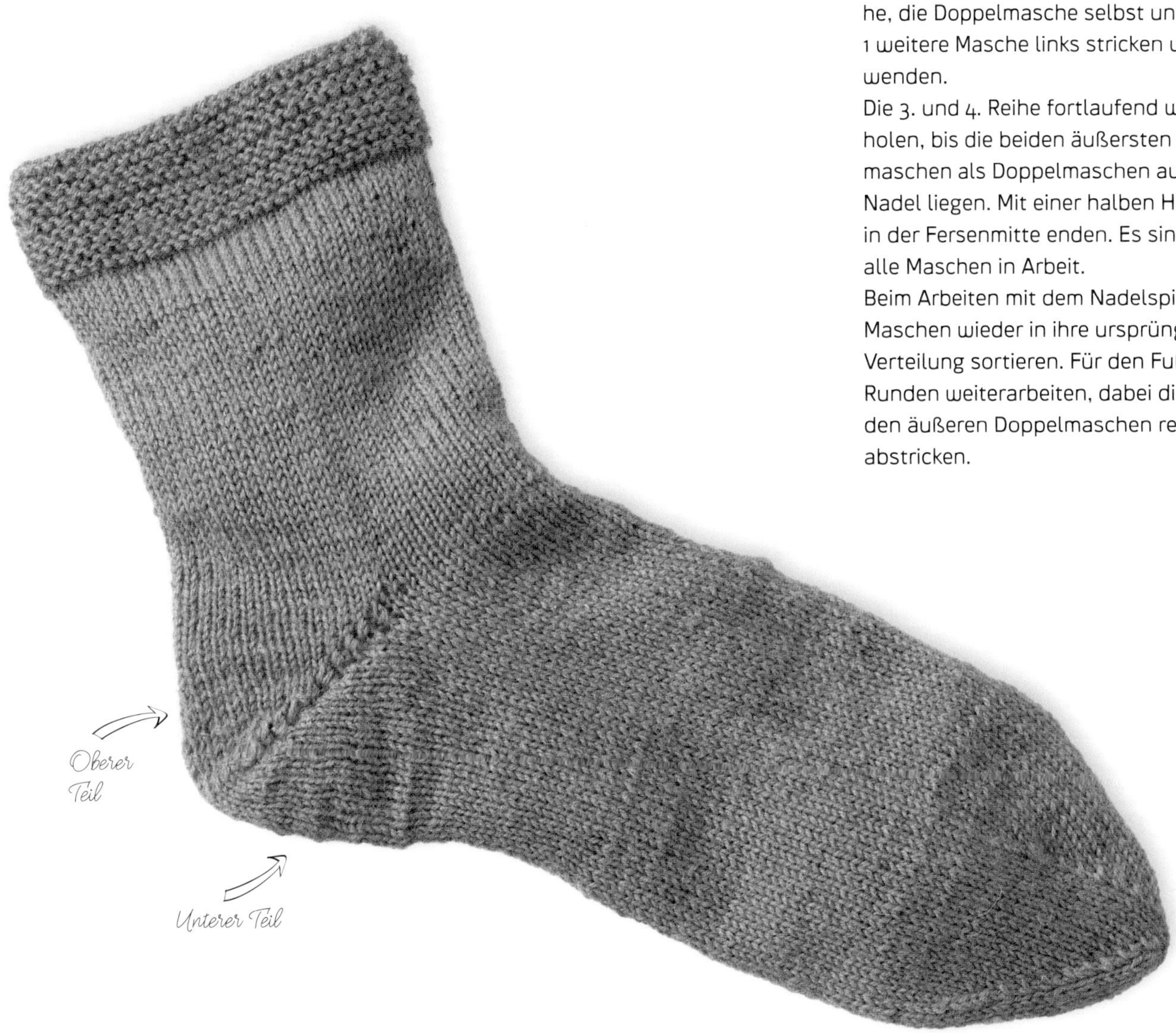

Mascheneinteilung für Bumerangferse für 6-fädiges Sockengarn
LL = 125 m/50 g, 22 Maschen x 30 Reihen = 10 cm x 10 cm

Größe	20/21	22/23	24/25	26/27	28/29	30/31	32/33	34/35	36/37	38/39	40/41	42/43	44/45	46/47	48/49	50/51
Maschenzahl gesamt/Nadel	32/8	32/8	36/9	36/9	40/10	40/10	44/11	44/11	48/12	48/12	52/13	52/13	52/13	56/14	56/14	60/15
Fersen-maschen	5/6/5	5/6/5	6/6/6	6/6/6	6/8/6	6/8/6	7/8/7	7/8/7	8/8/8	8/8/8	8/10/8	8/10/8	9/10/9	9/10/9	9/10/9	10/10/10

schmaler Tritt, niedriger Spann

Bumerangferse mit zweifachen Doppelmaschen

Die Bumerangferse mit zweifachen Doppelmaschen bietet gleich zwei Vorteile gegenüber der klassischen Bumerangferse: Zum einen entsteht durch die zweifachen Doppelmaschen eine verstärkte Seitennaht, die weniger anfällig für Löcher ist. Zum anderen entfallen die Zwischenrunden, die bei manchen Schaftmustern oder bei andersfarbig gearbeiteter Ferse stören können. Dennoch müssen auch hier die Doppelmaschen sehr sorgfältig und gleichmäßig gearbeitet werden.

Oberer und unterer Teil dieser Ferse werden wie bei der klassischen Bumerangferse gestrickt. Da aber die Zwischenrunden entfallen, wird in den Reihen des unteren Teils jeweils aus einer Doppelmasche der Vorreihe erneut eine Doppelmasche, die zweifache Doppelmasche, gearbeitet.

Oberer Teil

Die Maschen wie bei der klassischen Bumerangferse (siehe Seite 138) beschrieben einteilen. Die Maschenanteilung für alle Größen findet sich in den folgenden Tabellen. Dann den oberen Teil der Bumerangferse wie bei der klassischen Bumerangferse stricken:

1. Reihe (1/2 Hinreihe): Alle Maschen rechts stricken, wenden.

2. Reihe (Rückreihe): Aus der 1. Masche eine Doppelmasche arbeiten. Den Faden zwischen den Nadeln nach vorne holen und alle Maschen links abstricken. Arbeit wenden.

3. Reihe (Hinreihe): Aus der 1. Masche eine Doppelmasche arbeiten, dann rechte Maschen stricken bis vor die Doppelmasche. Darauf achten, keine Maschen zu übersehen, da die letzte normale Masche und die Doppelmasche häufig sehr nah beieinander liegen. Arbeit wenden.

4. Reihe (Rückreihe): Aus der 1. Masche eine Doppelmasche arbeiten. Den Faden zwischen den Nadeln nach vorne holen und linke Maschen stricken bis vor die Doppelmasche, wenden.

Die 3. und 4. Reihe fortlaufend wiederholen, bis alle Seitenteilmaschen als Doppelmaschen gearbeitet sind. Die Maschen des Mittelteils liegen noch als normale Maschen vor. Je nachdem, wie die Maschen verteilt wurden, lässt sich bereits die Trapezform der Ferse erkennen.

Unterer Teil

Nach dem oberen Teil gleich ohne Zwischenrunden den unteren Teil der Bumerangferse über die Fersenmaschen in verkürzten Reihen mit zweifachen Doppelmaschen arbeiten. Ausgangspunkt ist eine Hinreihe am rechten Rand der Mittelmaschen.

BEIM ABSTRICKEN DER ZWEIFACHEN DOPPELMASCHEN darauf achten, in die beiden vorderen Fäden einzustechen. Die zweifachen Doppelmaschen erscheinen nur beim Abstricken verdickt, in der fertigen Socke tragen sie nicht mehr auf.

WIE SEITLICHE LÖCHER an dieser Stelle vermieden werden, steht auf Seite 115.

Mascheneinteilung für Bumerangferse mit zweifachen Doppelmaschen für 4-fädiges Sockengarn

LL = 210 m/50 g, 30 Maschen x 42 Reihen = 10 cm x 10 cm

Größe	20/21	22/23	24/25	26/27	28/29	30/31	32/33	34/35	36/37	38/39	40/41	42/43	44/45	46/47	48/49	50/51
Maschenzahl gesamt/Nadel	44/11	44/11	48/12	48/12	52/13	52/13	56/14	56/14	60/15	60/15	64/16	64/16	68/17	72/18	72/18	76/19
Fersen-maschen	7/8/7	7/8/7	8/8/8	8/8/8	8/10/8	8/10/8	9/10/9	9/10/9	10/10/10	10/10/10	10/12/10	10/12/10	11/12/11	12/12/12	12/12/12	13/12/13

1. Reihe (Hinreihe): Die Maschen des Mittelteils rechts stricken. Aus der 1. Doppelmasche des Seitenteils direkt eine neue, zweifache Doppelmasche arbeiten: die Doppelmasche abstricken, wenden, den Faden vor die Arbeit holen und ihn fest nach hinten ziehen. 4 Fäden legen sich als zweifache Doppelmasche auf die Nadel.

2. Reihe (Rückreihe): Alle Maschen links stricken bis vor die Doppelmasche, diese abstricken, wenden und als zweifache Doppelmasche arbeiten.

3. Reihe (Hinreihe): Alle Maschen und die nächste zweifache Doppelmasche rechts abstricken, aus der folgenden Doppelmasche eine zweifache Doppelmasche arbeiten.

4. Reihe (Rückreihe): Alle Maschen und die nächste zweifache Doppelmasche links abstricken, aus der folgenden Doppelmasche eine zweifache Doppelmasche arbeiten.

Die 3. und 4. Reihe fortlaufend wiederholen, bis die beiden äußersten Fersenmaschen als zweifache Doppelmaschen auf der Nadel liegen. Mit einer halben Hinreihe in der Fersenmitte enden. Es sind alle Maschen wieder in Arbeit. Beim Arbeiten mit dem Nadelspiel die Maschen wieder in ihre ursprüngliche Verteilung sortieren. Für den Fuß in Runden weiterarbeiten, dabei die beiden äußeren zweifachen Doppelmaschen rechts abstricken.

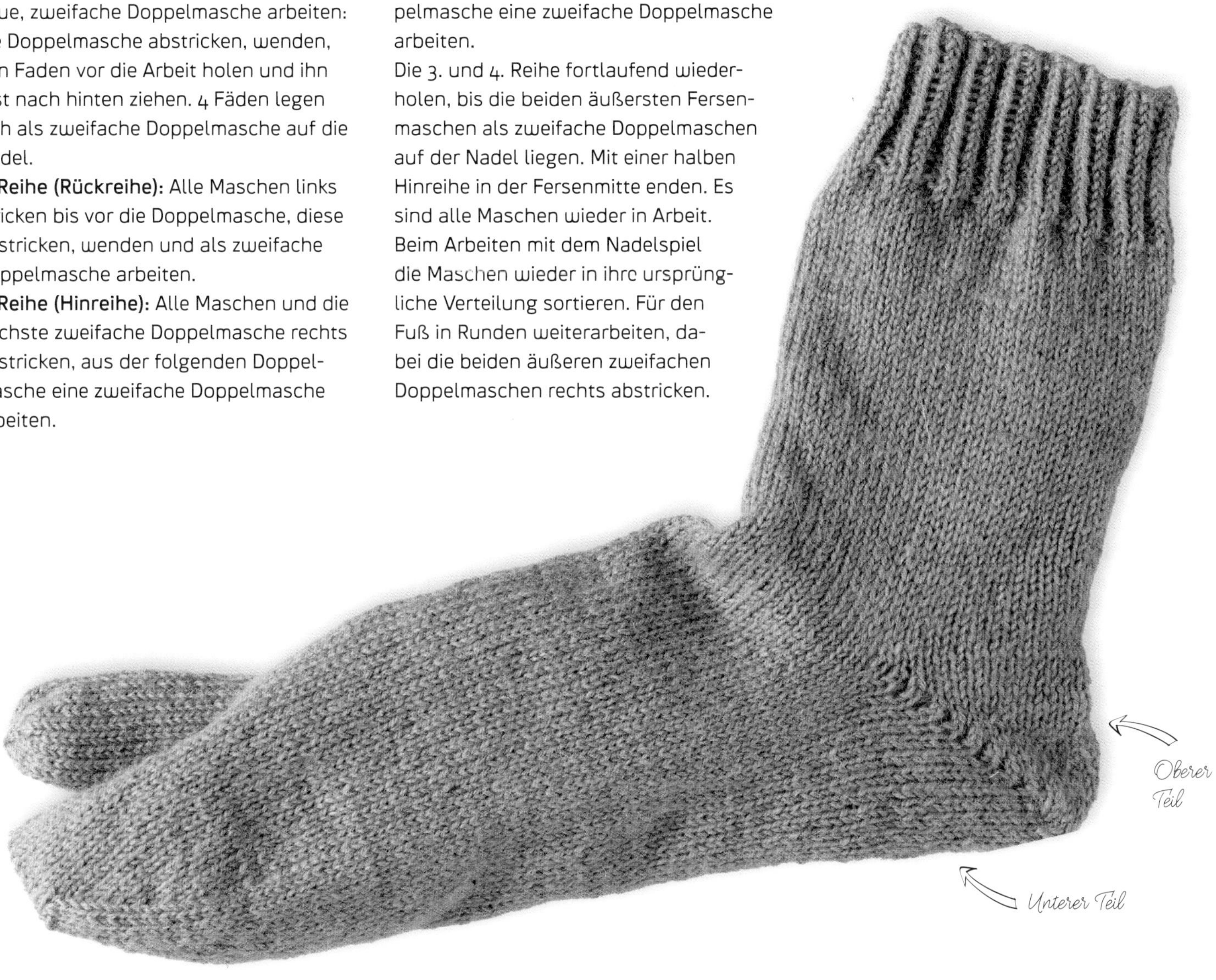

Mascheneinteilung für Bumerangferse mit zweifachen Doppelmaschen für 6-fädiges Sockengarn
LL = 125 m/50 g, 22 Maschen x 30 Reihen = 10 cm x 10 cm

Größe	20/21	22/23	24/25	26/27	28/29	30/31	32/33	34/35	36/37	38/39	40/41	42/43	44/45	46/47	48/49	50/51
Maschenzahl gesamt/Nadel	32/8	32/8	36/9	36/9	40/10	40/10	44/11	44/11	48/12	48/12	52/13	52/13	52/13	56/14	56/14	60/15
Fersen-maschen	5/6/5	5/6/5	6/6/6	6/6/6	6/8/6	6/8/6	7/8/7	7/8/7	8/8/8	8/8/8	8/10/8	8/10/8	9/10/9	9/10/9	9/10/9	10/10/10

Breiter Tritt, niedriger Spann

Bumerangferse in runder Form

Die runde Bumerangferse ist eine schöne Variante der Schrägnahtferse für breitere Fersen. Sie bietet diesen mehr Platz, da sie statt einer gleich zwei Schrägnähte aufweist. Das Prinzip ist dabei ganz einfach: Der obere Teil der klassischen Bumerangferse mit verkürzten Reihen wird, getrennt durch zwei Zwischenrunden, zweimal nacheinander gearbeitet, bevor es mit dem Fuß in Runden weitergeht.

Oberer Teil

Die Maschen wie bei der klassischen Bumerangferse (siehe Seite 138) beschrieben einteilen. Die Mascheneinteilung für alle Größen findet sich in den folgenden Tabellen. Dann den oberen Teil der Bumerangferse wie bei der klassischen Bumerangferse stricken:

1. Reihe (1/2 Hinreihe): Alle Maschen rechts stricken, wenden.

2. Reihe (Rückreihe): Aus der 1. Masche eine Doppelmasche arbeiten. Den Faden zwischen den Nadeln nach vorne holen und alle Maschen links abstricken. Arbeit wenden.

3. Reihe (Hinreihe): Aus der 1. Masche eine Doppelmasche arbeiten, dann rechte Maschen stricken bis vor die Doppelmasche. Darauf achten, keine Maschen zu übersehen, da die letzte normale Masche und die Doppelmasche häufig sehr nah beieinander liegen. Arbeit wenden.

4. Reihe (Rückreihe): Aus der 1. Masche eine Doppelmasche arbeiten. Den Faden zwischen den Nadeln nach vorne holen und linke Maschen stricken bis vor die Doppelmasche, wenden.

Die 3. und 4. Reihe fortlaufend wiederholen, bis alle Seitenteilmaschen als Doppelmaschen gearbeitet sind. Die Maschen des Mittelteils liegen noch als normale Maschen vor. Je nachdem, wie die Maschen verteilt wurden, lässt sich bereits die Trapezform der Ferse erkennen.

Zwischenrunden

Wenn alle nötigen Doppelmaschen für den oberen Teil gearbeitet sind, über alle Maschen (Mittelmaschen, Doppelmaschen und Oberfußmaschen) 2 Zwischenrunden stricken. Dabei Fersenmaschen und Doppelmaschen rechts, die Oberfußmaschen im Muster stricken. Beim Abstricken der Doppelmaschen darauf achten, beide Fäden zu erfassen. Anschließend die Oberfußmaschen wieder stilllegen.

WIE SEITLICHE LÖCHER an dieser Stelle vermieden werden, steht auf Seite 115.

Oberer Teil als unterer Teil

Für den unteren Teil der Bumerangferse in runder Form noch einmal einen oberen Teil arbeiten.

Mit einer halben Hinreihe in der Fersenmitte enden.

Für den Fuß in Runden über alle Maschen weiterarbeiten, dabei in der 1. Runde alle Doppelmaschen als je 1 Masche rechts abstricken. Beim Arbeiten mit dem Nadelspiel die Maschen wieder in ihre ursprüngliche Verteilung sortieren.

Mascheneinteilung für Bumerangferse in runder Form für 4-fädiges Sockengarn

LL = 210 m/50 g, 30 Maschen x 42 Reihen = 10 cm x 10 cm

Größe	20/21	22/23	24/25	26/27	28/29	30/31	32/33	34/35	36/37	38/39	40/41	42/43	44/45	46/47	48/49	50/51
Maschenzahl gesamt/Nadel	44/11	44/11	48/12	48/12	52/13	52/13	56/14	56/14	60/15	60/15	64/16	64/16	68/17	72/18	72/18	76/19
Fersenmaschen	7/8/7	7/8/7	8/8/8	8/8/8	8/10/8	8/10/8	9/10/9	9/10/9	10/10/10	10/10/10	10/12/10	10/12/10	11/12/11	12/12/12	12/12/12	13/12/13

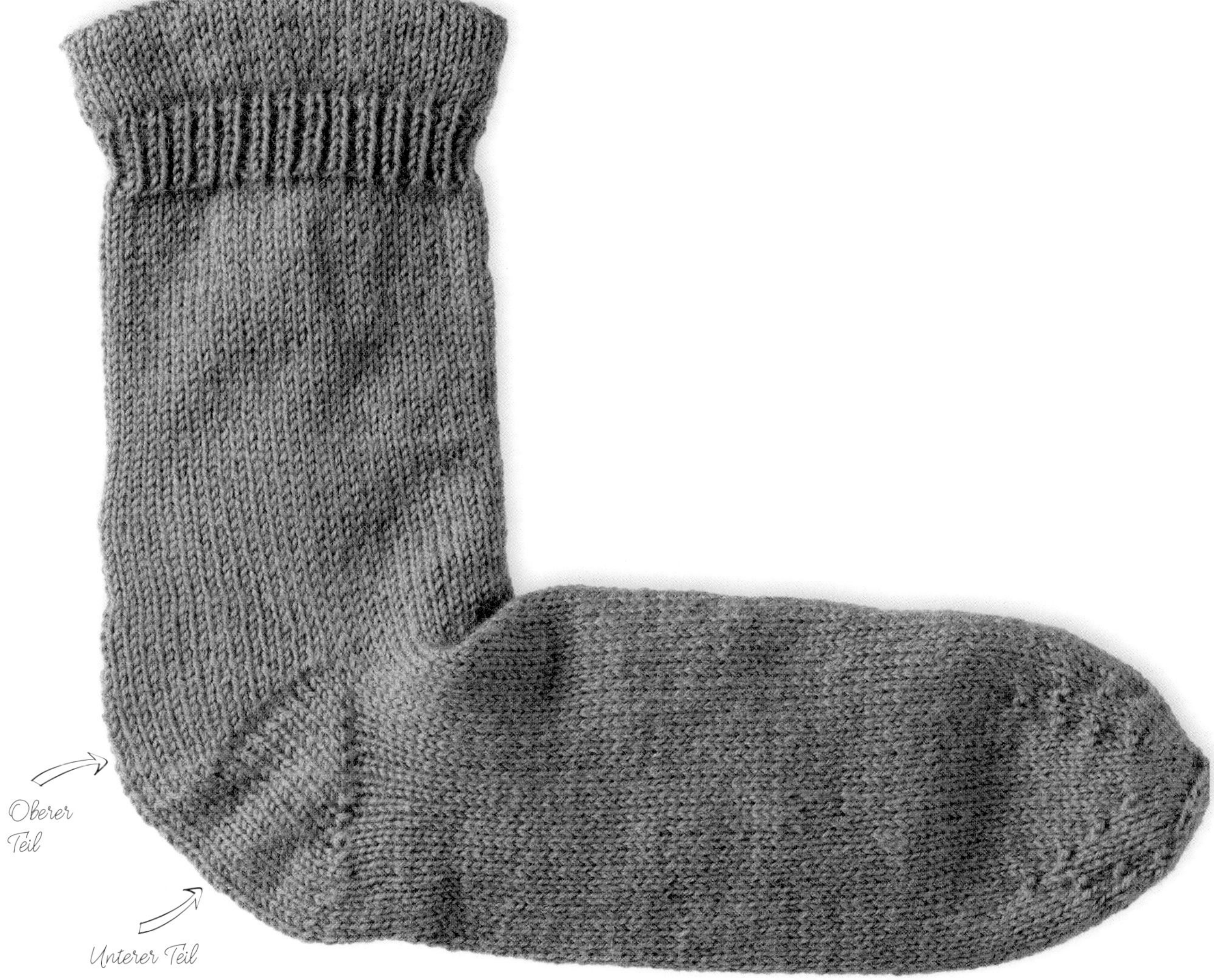

Mascheneinteilung für Bumerangferse in runder Form für 6-fädiges Sockengarn

LL = 125 m/50 g, 22 Maschen x 30 Reihen = 10 cm x 10 cm

Größe	20/21	22/23	24/25	26/27	28/29	30/31	32/33	34/35	36/37	38/39	40/41	42/43	44/45	46/47	48/49	50/51
Maschenzahl gesamt/Nadel	32/8	32/8	36/9	36/9	40/10	40/10	44/11	44/11	48/12	48/12	52/13	52/13	52/13	56/14	56/14	60/15
Fersen-maschen	5/6/5	5/6/5	6/6/6	6/6/6	6/8/6	6/8/6	7/8/7	7/8/7	8/8/8	8/8/8	8/10/8	8/10/8	9/10/9	9/10/9	9/10/9	10/10/10

2/3-Ferse

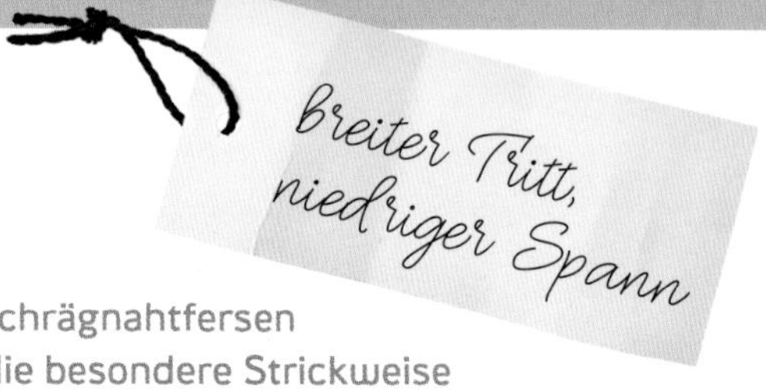

Die 2/3-Ferse wird im Gegensatz zu den anderen Schrägnahtfersen über drei identische Segmente gearbeitet. Durch die besondere Strickweise ergeben sich statt einer insgesamt drei Schrägnähte, durch die sich diese Ferse beim Tragen noch besser an den Fuß anschmiegt. Ein weiterer wichtiger Unterschied zu anderen Fersen besteht darin, dass die 2/3-Ferse, wie der Name schon sagt, nicht über die Hälfte, sondern über 2/3 der Gesamtmaschenzahl gearbeitet wird.

Maschenverteilung

Die Maschen vor Beginn der Ferse neu verteilen und am besten zuvor den Rundenbeginn mit einem Maschenmarkierer kennzeichnen. Dafür die benötigte Anzahl von Fersenmaschen für die jeweilige Größe den Tabellen entnehmen. Einen Teil der Fersenmaschen bilden dabei die Maschen der 4. und 1. Nadel bzw. der vorderen Maschenhälfte.
Die restlichen Maschen werden rechts und links davon zu gleichen Teilen von der 2. und 3. Nadel bzw. der hinteren Maschenhälfte genommen. Die restlichen Maschen bilden die Oberfußmaschen. Diese auf 1 Spielnadel, dem langen Seil der Rundstricknadel bzw. der 2. Rundstricknadel stilllegen. Beim Arbeiten mit dem Nadelspiel die Fersenmaschen auf 2 Spielnadeln belassen, um mehr Raum für die Strickbewegungen zu haben und weiterhin gut in Runden arbeiten zu können. Wurde bereits die gesamte Socke auf 3 Spielnadeln gearbeitet, so kann die Ferse einfach über die Maschen der 1. und 3. Nadel gestrickt werden, während die 2. Nadel mit den Oberfußmaschen ruht.
Die 2/3-Ferse wird nun über die Fersenmaschen in verkürzten Reihen gearbeitet. Der Ausgangspunkt ist die Mitte der Ferse in einer Hinreihe.

BEIM ARBEITEN MIT RUNDSTRICKNADELN vor der Neuverteilung der Maschen diese am besten zuerst so umsortieren, dass der Rundenanfang in der Mitte der vorderen Maschenhälfte liegt. So ist dieser später mit der Mitte der Ferse identisch und wird nicht zur Seite verschoben.

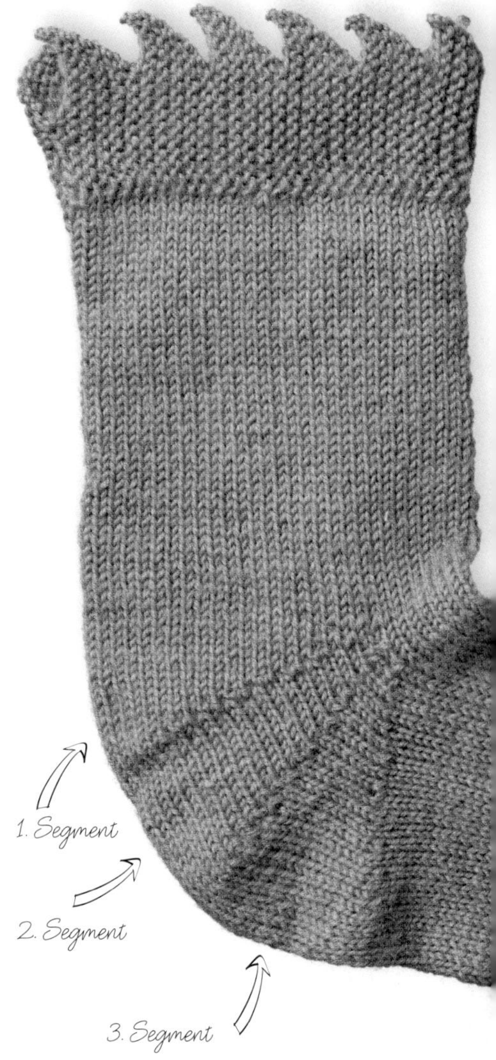

ACHTUNG! Die 2/3-Ferse eignet sich nicht als Sockenspitze!

Mascheneinteilung für 2/3-Ferse für 4-fädiges Sockengarn
LL = 210 m/50 g, 30 Maschen x 42 Reihen = 10 cm x 10 cm

Größe	**20/21**	**22/23**	**24/25**	**26/27**	**29/29**	**30/31**	**32/33**	**34/35**	**36/37**	**38/39**	**40/41**	**42/43**	**44/45**	**46/47**	**48/49**	**50/51**
Maschenzahl gesamt/Nadel	44/11	44/11	48/12	48/12	52/13	52/13	56/14	56/14	60/15	60/15	64/16	64/16	68/17	72/18	72/18	76/19
Zusätzliche Fersenmaschen vom Oberfuß je Seite	4	4	4	4	4	4	4	4	5	5	5	5	5	6	6	6
Maschenzahl Ferse gesamt	30	30	32	32	34	34	36	38	40	40	42	42	44	48	48	50
Maschengrüppchen je Seitenteil	6	6	6	6	6	6	7	7	8	8	8	8	9	10	10	10
Mittelteil-Maschen	6	6	8	8	10	10	8	10	8	8	10	10	8	8	8	10

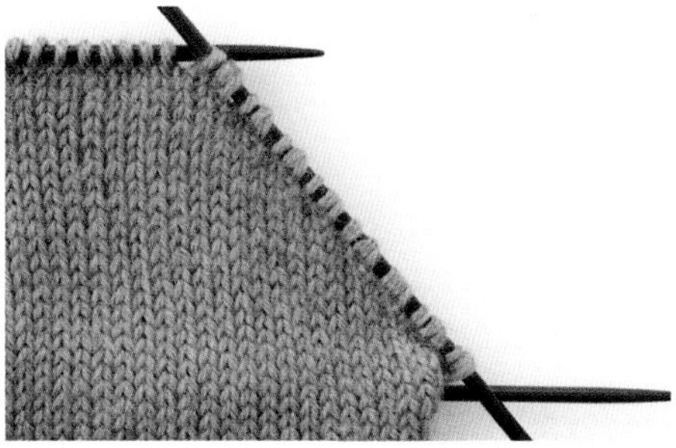

1. Fersensegment

1. Reihe (1/2 Hinreihe): Die restlichen Fersenmaschen rechts stricken und wenden.

2. Reihe (Rückreihe): Aus der 1. Masche eine Doppelmasche arbeiten. Den Faden zwischen den Nadeln nach vorne holen und alle Maschen links abstricken, wenden.

3. Reihe (Hinreihe): Aus der 1. Masche eine Doppelmasche arbeiten. Alle Fersenmaschen bis 1 Masche vor die Doppelmasche der Vorreihe rechts stricken (die Doppelmasche und 1 Masche davor nicht stricken) und wenden.

4. Reihe (Rückreihe): Aus der 1. Masche eine Doppelmasche arbeiten. Die restlichen Fersenmaschen bis 1 Masche vor die Doppelmasche der Vorreihe links stricken (die Doppelmasche und 1 Masche davor nicht stricken) und wenden.

Die 3. und 4. Reihe fortlaufend wiederholen, bis zwischen den beiden Seitenteilen nur noch die laut Tabelle benötigte Anzahl an einfachen Mittelmaschen übrig bleibt und alle Seitenteilmaschen als Grüppchen von je 1 Doppelmasche und 1 einfachen Masche gearbeitet sind. Das 1. Fersensegment ist nun fertig.

Zwischenrunden

Wenn alle nötigen Doppelmaschen für das 1. Fersensegment gearbeitet sind, über alle Maschen (Mittelmaschen, Doppelmaschen und Oberfußmaschen) 2 Zwischenrunden stricken. Dabei Fersenmaschen und Doppelmaschen rechts, die Oberfußmaschen im Muster stricken. Beim Abstricken der Doppelmaschen darauf achten, beide Fäden zu erfassen. Anschließend die Oberfußmaschen wieder stilllegen.

WIE DOPPELMASCHEN gearbeitet und abgestrickt werden, steht auf Seite 133.

2. und 3. Fersensegment

Nach der 2. Zwischenrunde das 2. Fersensegment genau wie das 1. Segment arbeiten. 2 weitere Zwischenrunden stricken und das 3. Fersensegment ebenso arbeiten.

Nach dem 3. Fersensegment den Fuß in Runden stricken. Dazu am besten in der 1. Runde die Maschen und Doppelmaschen noch in der gegebenen Verteilung abstricken, in der nächsten Runde die Maschen wieder in ihre ursprüngliche Verteilung zurücksortieren.

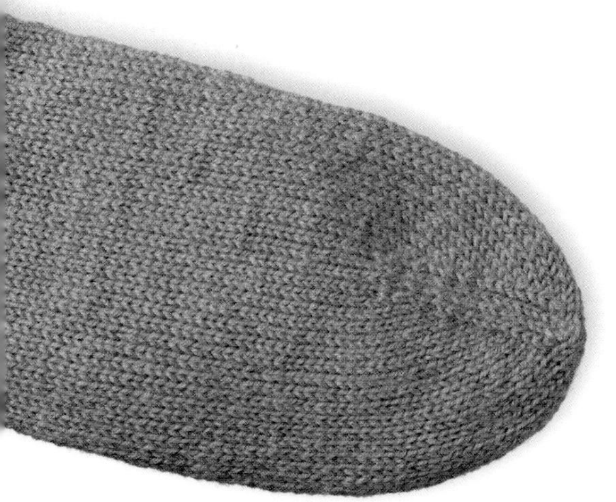

DA NICHT ALLE MASCHENZAHLEN durch 3 teilbar sind, entspricht die Zahl der Fersenmaschen nicht immer exakt 2/3.

Mascheneinteilung für 2/3-Ferse für 6-fädiges Sockengarn

LL = 125 m/50 g, 22 Maschen x 30 Reihen = 10 cm x 10 cm

Größe	20/21	22/23	24/25	26/27	29/29	30/31	32/33	34/35	36/37	38/39	40/41	42/43	44/45	46/47	48/49	50/51
Maschenzahl gesamt/Nadel	32/8	32/8	36/9	36/9	40/10	40/10	44/11	44/11	48/12	48/12	52/13	52/13	52/13	56/14	56/14	60/15
Zusätzliche Fersenmaschen vom Oberfuß je Seite	3	3	3	3	3	3	4	4	4	4	4	4	4	4	4	5
Maschenzahl Ferse gesamt	22	22	24	24	26	26	30	30	32	32	34	34	34	36	36	40
Maschengrüppchen je Seitenteil	6	6	5	5	6	6	6	6	6	6	7	7	7	7	7	8
Mittelteil-Maschen	4	4	4	4	5	5	6	6	8	8	6	6	6	8	8	8

Breiter Tritt, mittlerer Spann

Tomatenferse

Die Tomatenferse, entwickelt von der Amerikanerin Cat Bordhi, erhält ihren Namen durch die Segmente, die an die Form bestimmter Tomatensorten erinnern. Sie ist der 2/3-Ferse vom Prinzip her sehr ähnlich. Statt normaler Doppelmaschen wird hier aber eine spezielle Art der japanischen Wendemasche gestrickt. Im Gegensatz zu anderen Wendemaschen wird die Wendestelle hier beim Verkürzen einer Reihe zunächst nicht besonders vorbereitet. Erst beim späteren Abstricken wird ein Teil der Masche der Vorreihe mit auf die Nadel genommen, um Löcher durch vergrößerte Maschen zu reduzieren.

Maschenverteilung

Die Maschen zunächst wie bei der 2/3-Ferse beschrieben neu verteilen, die Maschenzahlen dafür sind in den Tabellen angegeben.

1. Fersensegment

Das 1. Fersensegment in verkürzten Reihen ohne Wendemaschen stricken. Ausgangspunkt ist die Mitte der Ferse in einer Hinreihe.

1. Reihe (1/2 Hinreihe): Restliche Fersenmaschen rechts stricken, wenden.

DAS MASCHENBILD DER WENDESTELLEN gelingt am gleichmäßigsten, wenn man die ersten 2 bis 3 Maschen jeder Reihe nach dem Abheben der 1. Masche sehr fest strickt.

2. Reihe (Rückreihe): Die 1. Masche wie zum Linksstricken abheben, restliche Fersenmaschen links stricken und wenden.

3. Reihe (Hinreihe): Die 1. Masche wie zum Linksstricken abheben. Restliche Fersenmaschen bis 2 Maschen vor Reihenende rechts stricken und wenden.

4. Reihe (Rückreihe): Die 1. Masche wie zum Linksstricken abheben, restliche Fersenmaschen bis 2 Maschen vor Reihenende links stricken und wenden.

Die 3. und 4. Reihe fortlaufend wiederholen, dabei jeweils bis 2 Maschen vor die Wendestelle der Vorreihe – erkennbar an einer kleinen Lücke – stricken. Auf beiden Seiten kommt je Reihe ein stillgelegtes Grüppchen aus 2 Maschen hinzu. Fortfahren, bis zwischen den beiden Seitenteilen in der Mitte noch die laut Tabelle benötigte Anzahl an Mittelmaschen verbleibt und alle Seitenteilmaschen als 2er-Grüppchen vorliegen.

Zwischenrunden

Wenn die Reihe für das 1. Fersensegment entsprechend der Tabelle verkürzt ist, über alle Maschen (Mittelmaschen, 2er-Grüppchen, Oberfußmaschen) 2 Zwischenrunden arbeiten. In der 1. Runde bis zur letzten Mittelteilmasche rechts stricken. Diese Masche und jede 2. Masche der 2er-Grüppchen (jeweils die Masche vor der Lücke) als japanische Wendemasche arbeiten und die folgende Masche jeweils rechts stricken. Die Oberfußmaschen im Muster arbeiten. Die 1. Masche nach dem Oberfuß und dann jede 2. Masche der 2er-Grüppchen (jeweils die Masche nach der Lücke) als japanische Wendemasche arbeiten und die folgende Masche jeweils rechts stricken. In der 2. Runde alle Fersenmaschen rechts, die Oberfußmaschen im Muster stricken. Zuletzt noch die Hälfte der Fersenma-

Mascheneinteilung für Tomatenferse für 4-fädiges Sockengarn

LL = 210 m/50 g, 30 Maschen x 42 Reihen = 10 cm x 10 cm

Größe	20/21	22/23	24/25	26/27	29/29	30/31	32/33	34/35	36/37	38/39	40/41	42/43	44/45	46/47	48/49	50/51
Maschenzahl gesamt/Nadel	44/11	44/11	48/12	48/12	52/13	52/13	56/14	56/14	60/15	60/15	64/16	64/16	68/17	72/18	72/18	76/19
Zusätzliche Fersenmaschen vom Oberfuß je Seite	4	4	4	4	4	4	4	4	5	5	5	5	5	6	6	6
Maschenzahl Ferse gesamt	30	30	32	32	34	34	36	38	40	40	42	42	44	48	48	50
Maschengrüppchen je Seitenteil	6	6	6	6	6	6	7	7	8	8	8	8	9	10	10	10
Mittelteil-Maschen	6	6	8	8	10	10	8	10	8	8	10	10	8	8	8	10

schen rechts stricken, die Oberfußmaschen erneut stilllegen.

WIE JAPANISCHE WENDEMASCHEN gearbeitet werden steht auf Seite 137.

ACHTUNG! Die Tomatenferse eignet sich nicht als Sockenspitze!

2. und 3. Fersensegment

Nach der 2. Zwischenrunde das 2. Fersensegment genau wie das 1. Segment arbeiten. 2 weitere Zwischenrunden stricken und das 3. Fersensegment ebenso arbeiten.
Nach dem 3. Fersensegment den Fuß in Runden stricken.
Dazu in der 1. Runde noch einmal japanische Wendemaschen arbeiten und die Maschen noch in der gegebenen Verteilung abstricken, in der nächsten Runde die Maschen wieder in ihre ursprüngliche Verteilung zurücksortieren.

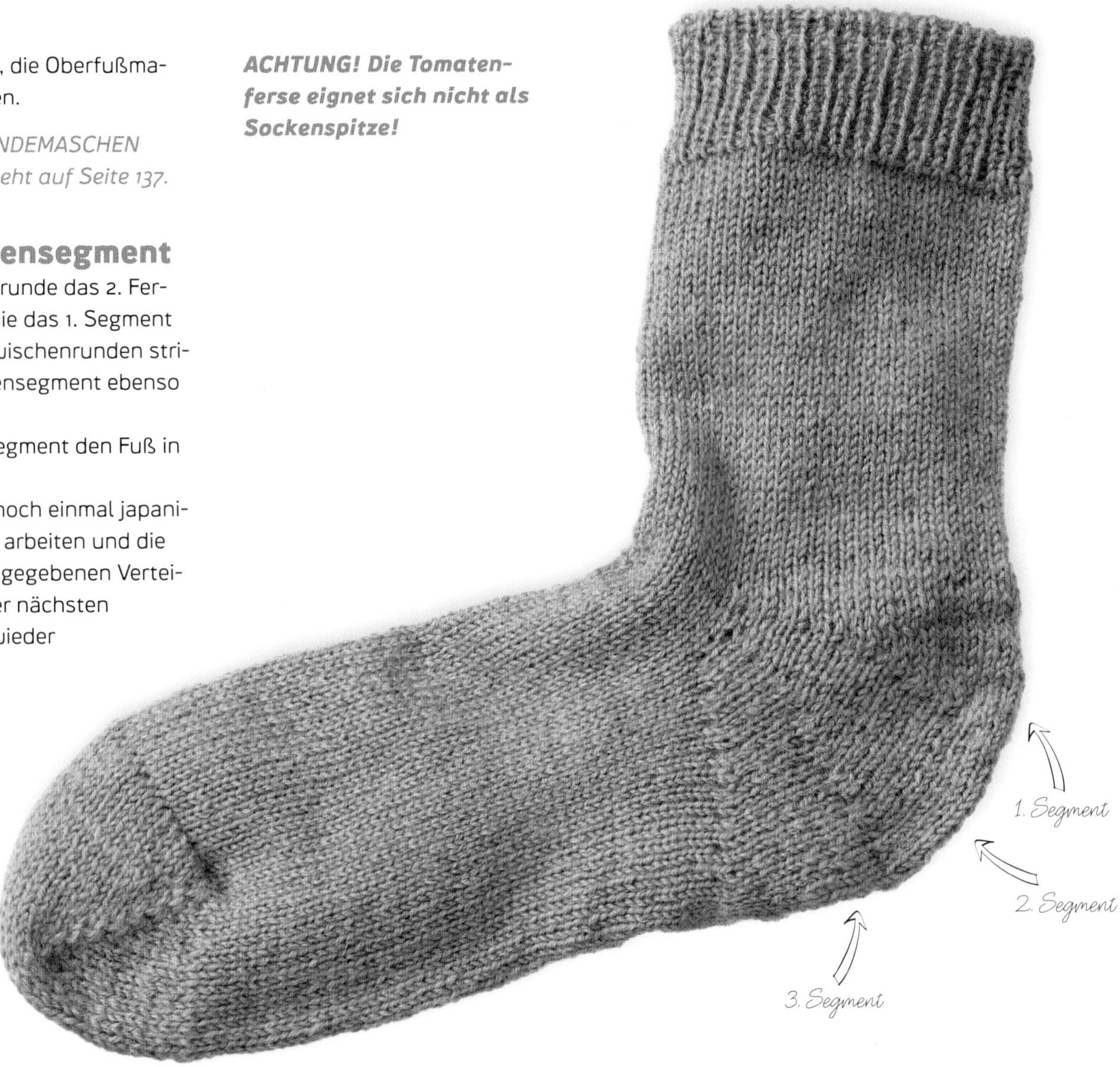

Mascheneinteilung für Tomatenferse für 6-fädiges Sockengarn

LL = 125 m/50 g, 22 Maschen x 30 Reihen = 10 cm x 10 cm

Größe	20/21	22/23	24/25	26/27	29/29	30/31	32/33	34/35	36/37	38/39	40/41	42/43	44/45	46/47	48/49	50/51
Maschenzahl gesamt/Nadel	32/8	32/8	36/9	36/9	40/10	40/10	44/11	44/11	48/12	48/12	52/13	52/13	52/13	56/14	56/14	60/15
Zusätzliche Fersenmaschen vom Oberfuß je Seite	3	3	3	3	3	3	4	4	4	4	4	4	4	4	4	5
Maschenzahl Ferse gesamt	22	22	24	24	26	26	30	30	32	32	34	34	34	36	36	40
Maschengrüppchen je Seitenteil	6	6	5	5	6	6	6	6	6	6	7	7	7	7	7	8
Mittelteil-Maschen	4	4	4	4	5	5	6	6	8	8	6	6	6	8	8	8

Wickelmaschenferse

schmaler Tritt, niedriger Spann

Die Wickelmaschenferse punktet mit einer besonders verstärkten Seitennaht, die weniger anfällig für Löcher ist als bei anderen Schrägnahtfersen. Auch sie wird ohne Zwischenrunden gestrickt, was manchen Schaftmustern zugute kommt. Durch die doppelten Umwicklungen im zweiten Teil der Ferse ist die Naht allerdings deutlich sichtbar.

Oberer Teil

Die Maschen wie bei der klassischen Bumerangferse (siehe Seite 138) beschrieben einteilen. Die Mascheneinteilung für alle Größen findet sich in den folgenden Tabellen. Nun den oberen Teil der Ferse in verkürzten Reihen mit Wickelmaschen arbeiten. Ausgangspunkt ist die Mitte der Ferse in einer Hinreihe.

WIE WICKELMASCHEN gearbeitet und abgestrickt werden, steht auf Seite 134-137.

1. Reihe (1/2 Hinreihe): Alle Maschen bis auf die letzte rechts stricken und aus der letzten Masche eine Wickelmasche arbeiten.
2. Reihe (Rückreihe): Alle Maschen bis auf die letzte links stricken und aus der letzten Masche eine Wickelmasche arbeiten.
3. Reihe (Hinreihe): Den Faden zwischen den Nadeln nach hinten legen. Alle Maschen bis 1 Masche vor die Wickelmasche rechts stricken, aus dieser Masche eine Wickelmasche arbeiten.
4. Reihe (Rückreihe): Alle Maschen bis 1 Masche vor die Wickelmasche links stricken, aus dieser Masche 1 Wickelmasche arbeiten.

Die 3. und 4. Reihe fortlaufend wiederholen, bis alle Seitenteilmaschen als Wickelmaschen gearbeitet sind. Die Maschen des Mittelteils liegen noch als normale Maschen vor. Mit einer ganzen Rückreihe über die Mittelmaschen enden.

Unterer Teil

Der untere Teil der Wickelmaschenferse schließt sich direkt ohne Zwischenrunden an. Über die mittleren Fersenmaschen in verlängerten Reihen stricken.
1. Reihe (Hinreihe): Rechte Maschen stricken bis vor die Wickelmasche, die 1. Wickelmasche rechts abstricken. Aus der folgenden Wickelmasche erneut eine Wickelmasche arbeiten (die Masche ist dann zweifach umwickelt).
2. Reihe (Rückreihe): Linke Maschen stricken bis vor die Wickelmasche, die 1. Wickelmasche links abstricken. Aus der folgenden Wickelmasche erneut eine Wickelmasche arbeiten (die Masche ist dann zweifach umwickelt).
3. Reihe (Hinreihe): Rechte Maschen stricken bis vor die zweifach umwickelte Masche, diese rechts abstricken. Aus der folgenden Wickelmasche erneut eine Wickelmasche arbeiten (die Masche ist dann zweifach umwickelt).
4. Reihe (Rückreihe): Linke Maschen stricken bis vor die zweifach umwickelte Masche, diese links abstricken. Aus der folgenden Wickelmasche erneut eine Wickelmasche arbeiten (die Masche ist dann zweifach umwickelt).
Die 3. und 4. Reihe fortlaufend wiederholen, bis die beiden äußersten Fersenmaschen als zweifach umwickelte Maschen auf der Nadel liegen. Mit einer halben Hinreihe in der Fersenmitte enden. Es sind alle Maschen wieder in Arbeit. Beim Arbeiten mit dem Nadelspiel die Maschen wieder in ihre ursprüngliche Verteilung sortieren. Für den Fuß in Runden weiterarbeiten, dabei die beiden äußeren zweifachen Wickelmaschen rechts abstricken.

Mascheneinteilung für Wickelmaschenferse für 4-fädiges Sockengarn
LL = 210 m/50 g, 30 Maschen x 42 Reihen = 10 cm x 10 cm

Größe	20/21	22/23	24/25	26/27	28/29	30/31	32/33	34/35	36/37	38/39	40/41	42/43	44/45	46/47	48/49	50/51
Maschenzahl gesamt/Nadel	44/11	44/11	48/12	48/12	52/13	52/13	56/14	56/14	60/15	60/15	64/16	64/16	68/17	72/18	72/18	76/19
Fersenmaschen	7/8/7	7/8/7	8/8/8	8/8/8	8/10/8	8/10/8	9/10/9	9/10/9	10/10/10	10/10/10	10/12/10	10/12/10	11/12/11	12/12/12	12/12/12	13/12/13

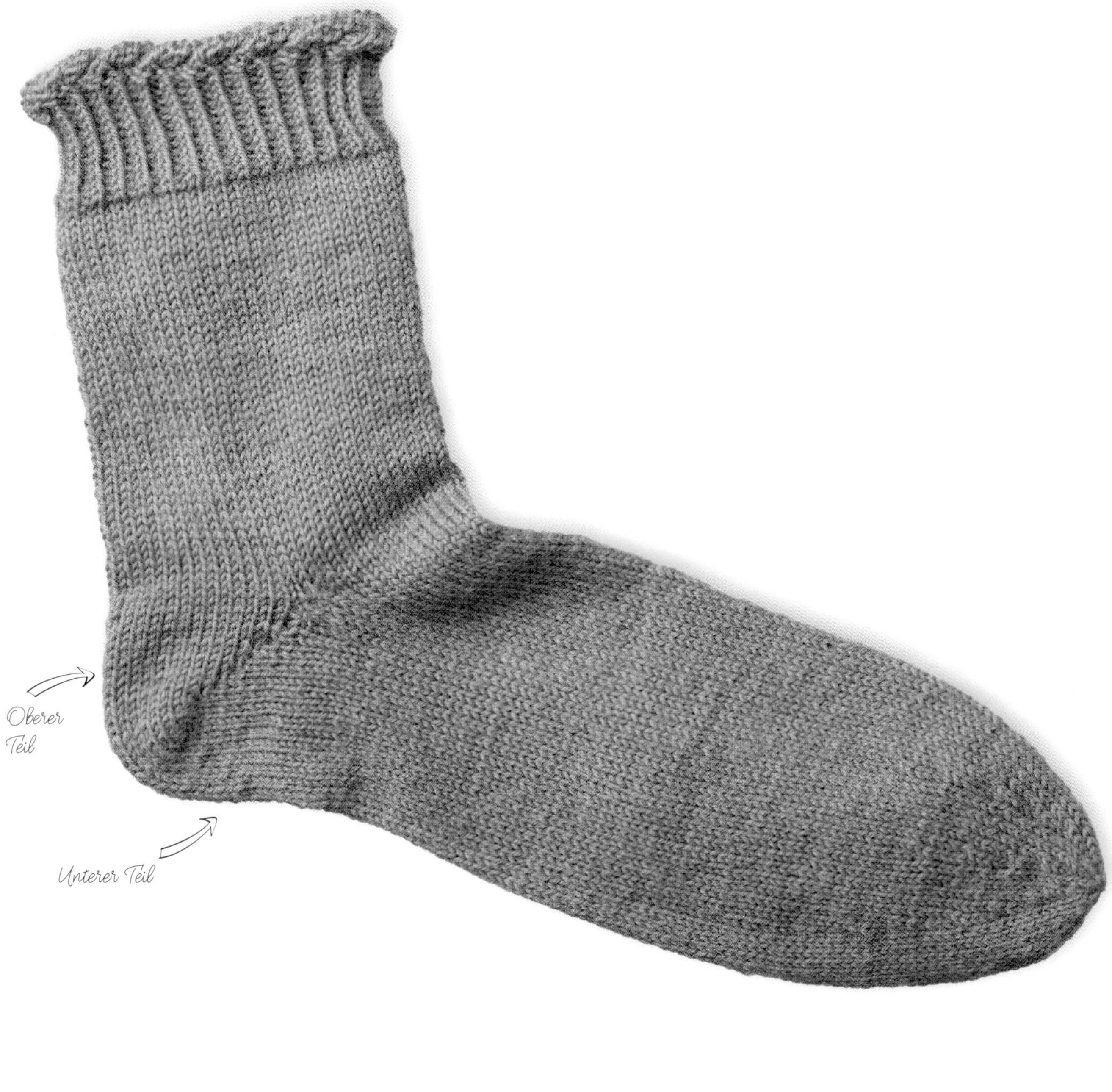

Mascheneinteilung für Wickelmaschenferse für 6-fädiges Sockengarn

LL = 125 m/50 g, 22 Maschen x 30 Reihen = 10 cm x 10 cm

Größe	20/21	22/23	24/25	26/27	28/29	30/31	32/33	34/35	36/37	38/39	40/41	42/43	44/45	46/47	48/49	50/51
Maschenzahl gesamt/Nadel	32/8	32/8	36/9	36/9	40/10	40/10	44/11	44/11	48/12	48/12	52/13	52/13	52/13	56/14	56/14	60/15
Fersen-maschen	5/6/5	5/6/5	6/6/6	6/6/6	6/8/6	6/8/6	7/8/7	7/8/7	8/8/8	8/8/8	8/10/8	8/10/8	9/10/9	9/10/9	9/10/9	10/10/10

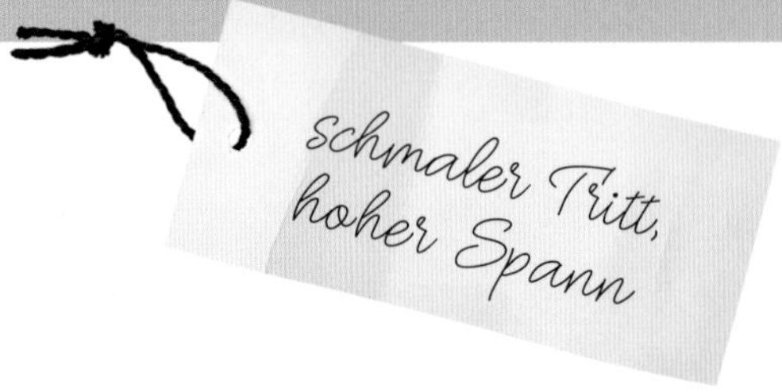

Schrägnahtferse mit Zu- und Abnahmespickel

Reine Schrägnahtfersen sind für Füße mit hohem Spann normalerweise nicht geeignet. Ein zusätzlich eingearbeiteter Spickel schafft jedoch deutlich mehr Raum und kann bei Bedarf auch noch durch zusätzliche Maschen erweitert werden. Dafür werden bereits vor Beginn der Ferse in Runden Maschen zugenommen.

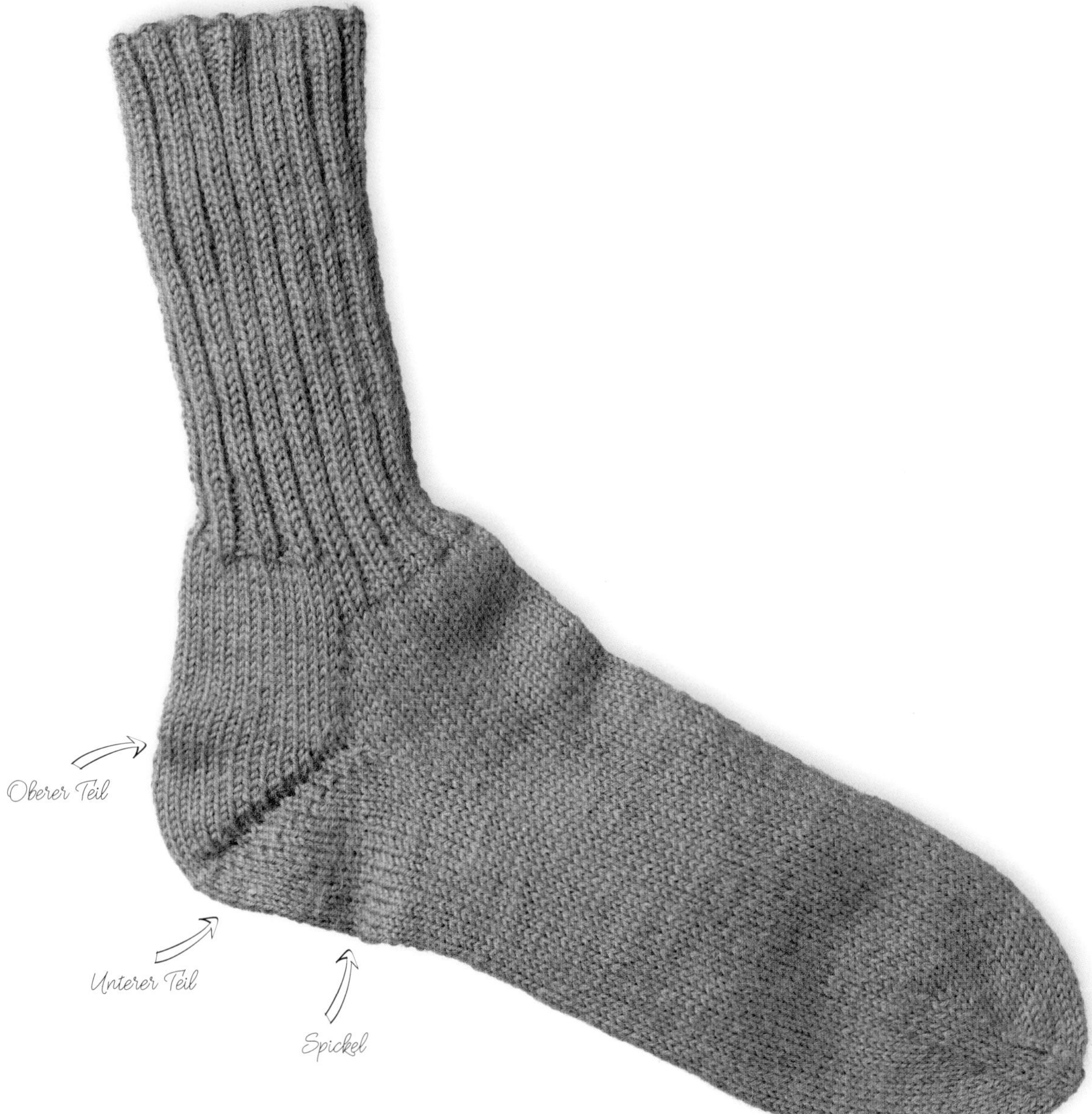

Anzahl der aufzunehmenden Spickelmaschen für 4-fädiges Sockengarn

LL = 210 m/50 g, 30 Maschen x 42 Reihen = 10 cm x 10 cm

Größe	20/21	22/23	24/25	26/27	28/29	30/31	32/33	34/35	36/37	38/39	40/41	42/43	44/45	46/47	48/49	50/51
Maschenzahl gesamt/Nadel	44/11	44/11	48/12	48/12	52/13	52/13	56/14	56/14	60/15	60/15	64/16	64/16	68/17	72/18	72/18	76/19
Einteilung	7/8/7	7/8/7	8/8/8	8/8/8	8/10/8	8/10/8	9/10/9	9/10/9	10/10/10	10/10/10	10/12/10	10/12/10	11/12/11	12/12/12	12/12/12	13/12/13
Spickelmaschen je Seite	4	4	4	4	4	4	5	5	5	5	5	5	6	6	6	6

Fersenbeginn

Begonnen wird der Spickel, wenn in der Schaftlänge bis zum Beginn der eigentlichen Ferse noch etwa doppelt so viele Reihen fehlen, wie Spickelmaschen je Seite zugenommen werden sollen. Die Zahl der Spickelmaschen kann den nachfolgenden Tabellen entnommen werden. Ausgangspunkt ist die spätere Mitte der Ferse.

MANCHMAL IST ES EINFACHER, die neue Masche nicht aus dem Querfaden aufzunehmen, sondern gleich die zuletzt gestrickte Masche zu verdoppeln. Dafür diese zuerst rechts stricken, auf der linken Nadel belassen und gleich noch einmal rechts verschränkt stricken.

DIESER SPICKEL eignet sich für alle Schrägnahtfersen mit Ausnahme der Hybridferse, da diese bereits einen Spickel besitzt.

Zunahmerunde

Jeweils aus dem Querfaden am Übergang zwischen der 1. und 2. Nadel sowie der 3. und 4. Nadel bzw. jeweils an den beiden Übergängen zwischen vorderer und hinterer Maschenhälfte je 1 Masche rechts verschränkt herausstricken (siehe Seite 115).

Die neuen Maschen zählen zu den Oberfußmaschen und liegen auf der 2. und 3. Nadel bzw. bei der hinteren Maschenhälfte. Den Rest der Socke weiter im gewählten Muster arbeiten. Diese Zunahmen in jeder 2. Runde wiederholen, bis die benötigte Anzahl an Spickelmaschen je Seite erreicht ist.

Ferse mit schräger Naht

Nun die gewählte Schrägnahtferse arbeiten, dabei die Oberfußmaschen samt Spickelmaschen stilllegen.

Abnahmerunde

Die zusätzlichen Maschen für den Spickel werden direkt im Anschluss an die Ferse abgenommen, sobald wieder in Runden gearbeitet wird. Dafür die letzte Masche der Sohlenmaschen und die 1. Masche der Oberfußmaschen nacheinander wie zum Rechtsstricken abheben und rechts zusammenstricken (Linksneigung), die Oberfußmaschen im Muster arbeiten. Die letzte Masche der Oberfußmaschen mit der 1. Fersenmasche rechts zusammenstricken (Rechtsneigung). Diese Abnahmen in jeder 2. Runde wiederholen, bis alle zusätzlichen Spickelmaschen abgenommen sind und die ursprüngliche Maschenzahl wieder erreicht ist. Anschließend den Fuß in Runden stricken.

DIE FOLGENDEN ABNAHMERUNDEN stricken sich komfortabler, wenn die abzunehmenden Spickelmaschen mit auf die 1. und 4. Nadel bzw. zur vorderen Maschenhälfte genommen werden.

Anzahl der aufzunehmenden Spickelmaschen für 6-fädiges Sockengarn

LL = 210 m/50 g, 30 Maschen x 42 Reihen = 10 cm x 10 cm

Größe	20/21	22/23	24/25	26/27	28/29	30/31	32/33	34/35	36/37	38/39	40/41	42/43	44/45	46/47	48/49	50/51
Maschenzahl gesamt/Nadel	32/8	32/8	36/9	36/9	40/10	40/10	44/11	44/11	48/12	48/12	52/13	52/13	52/13	56/14	56/14	60/15
Einteilung	5/6/5	5/6/5	6/6/6	6/6/6	6/8/6	6/8/6	7/8/7	7/8/7	8/8/8	8/8/8	8/10/8	8/10/8	8/10/8	9/10/9	9/10/9	10/10/10
Spickelmaschen je Seite	3	3	3	3	3	3	4	4	4	4	4	4	4	5	5	5

Hybridferse

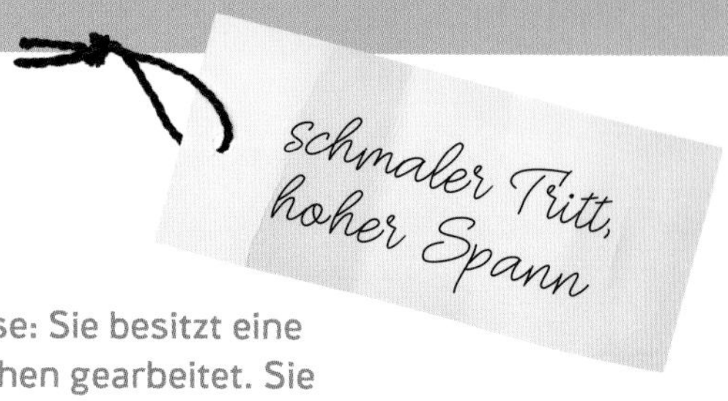

Die Hybridferse kombiniert die Vorteile beider Fersenarten in einer Ferse: Sie besitzt eine kleine Fersenwand mit Spickel und wird gleichzeitig mit verkürzten Reihen gearbeitet. Sie schafft so deutlich mehr Raum in Ferse und Spann und kann bei Bedarf durch zusätzliche Fersenwandreihen – und damit Spickelmaschen – erweitert werden.

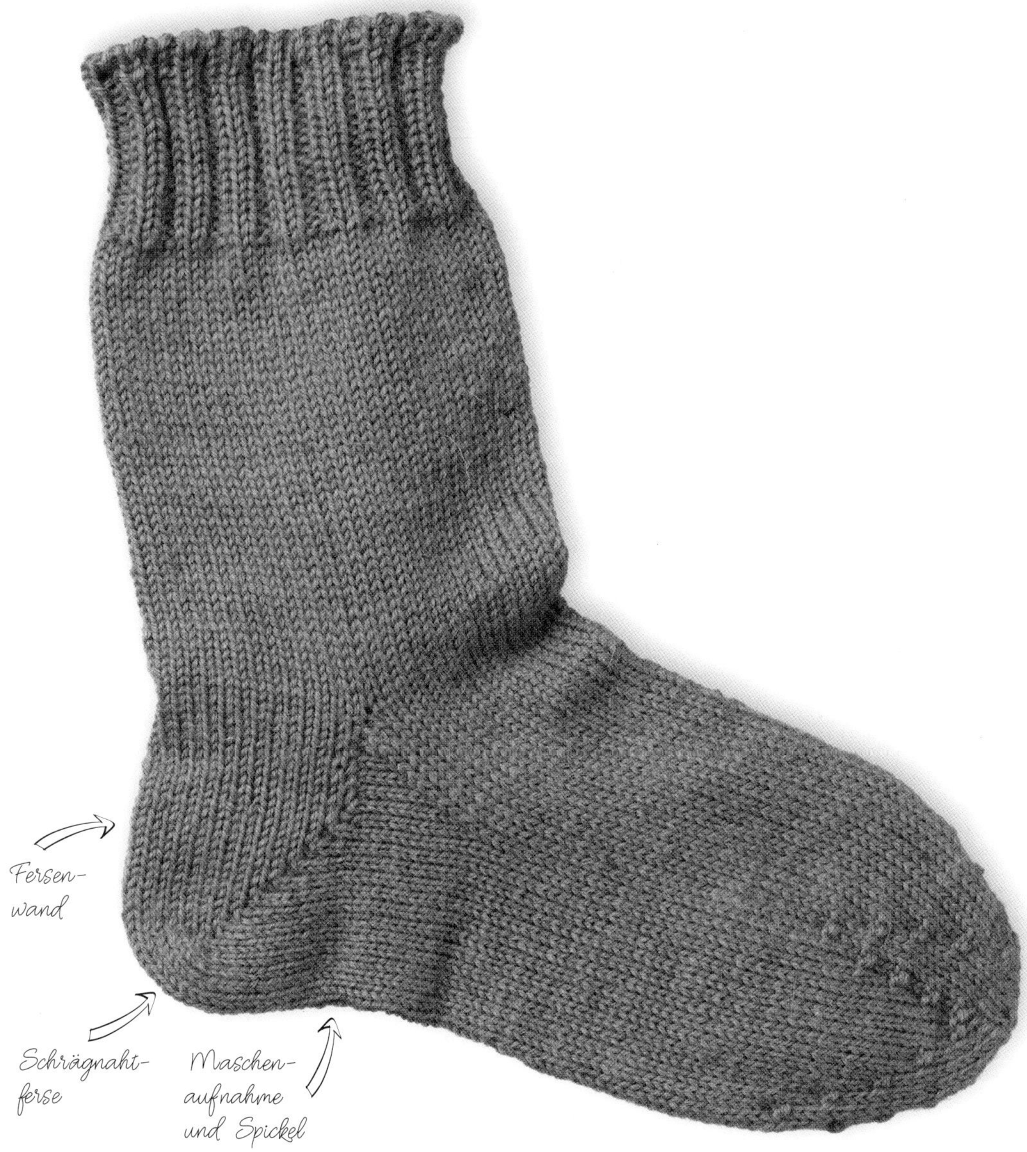

Anzahl der aufzunehmenden Spickelmaschen für 4-fädiges Sockengarn

LL = 210 m/50 g, 30 Maschen x 42 Reihen = 10 cm x 10 cm

Größe	20/21	22/23	24/25	26/27	28/29	30/31	32/33	34/35	36/37	38/39	40/41	42/43	44/45	46/47	48/49	50/51
Maschenzahl gesamt/Nadel	44/11	44/11	48/12	48/12	52/13	52/13	56/14	56/14	60/15	60/15	64/16	64/16	68/17	72/18	72/18	76/19
Einteilung	7/8/7	7/8/7	8/8/8	8/8/8	8/10/8	8/10/8	9/10/9	9/10/9	10/10/10	10/10/10	10/12/10	10/10/10	11/12/11	12/12/12	12/12/12	13/12/13
Spickelmaschen je Seite	4	4	4	4	4	4	5	5	5	5	5	5	6	6	6	6
Fersenwand-Reihen	8	8	8	8	8	8	10	10	10	10	10	10	12	12	12	12

Fersenwand

Die Oberfußmaschen stilllegen, die Fersenmaschen auf einer Nadel zusammenfassen und eine kurze Fersenwand in Reihen glatt rechts stricken. Dabei die Randmaschen als doppelten Perlrand arbeiten.
Die richtige Fersenwandhöhe ist erreicht, wenn an beiden Rändern so viele Perlen gezählt werden können, wie laut Tabelle Spickelmaschen je Seite benötigt werden. Mit einer halben Hinreihe in der Mitte der Ferse enden.

WIE EIN DOPPELTER PERLRAND gearbeitet und Maschen daraus aufgenommen werden, *steht auf Seite 117.*

Ferse mit schräger Naht

Nun die gewählte Schrägnahtferse arbeiten, die Oberfußmaschen bleiben weiter stillgelegt. Bei Fersen mit Zwischenrunden werden die Maschen aus der Fersenwand bereits in der 1. Zwischenrunde aufgenommen und dann für die Unterseite der Ferse mit den Oberfußmaschen stillgelegt. Bei Varianten ohne Zwischenrunden werden die Spickelmaschen in der 1. Runde nach der Ferse aufgenommen.

DIESER SPICKEL eignet sich für alle Schrägnahtfersen mit Ausnahme der Schrägnahtferse mit Zu- und Abnahmespickel, da diese bereits einen Spickel besitzt.

Maschenaufnahme und Spickelabnahme

In der 1. Zwischenrunde bzw. in der 1. Runde nach dem Ende der Ferse neue Maschen aus dem doppelten Perlrand beider Seiten der Fersenwand auffassen (1 Masche je Perle) und diese mit zu den Fersenmaschen nehmen. Eine weitere Runde stricken, dabei die Sohlenmaschen (Fersenmaschen + aufgenommene Maschen) glatt rechts, die Oberfußmaschen im Muster stricken.
Ist die Ferse noch nicht beendet, die aufgenommenen Maschen vorerst mit den Oberfußmaschen stilllegen.
Durch die Aufnahmen aus den Fersenwandseiten sind nun mehr Maschen auf den Nadeln als vor der Ferse. Für den Fuß müssen diese Maschen nun jedoch Runde für Runde langsam wieder auf die normale Maschenzahl reduziert werden. Ausgangspunkt ist die Mitte der Ferse, es wurden bereits 2 Runden über alle Maschen gestrickt.

Abnahmerunde

Die restlichen Sohlenmaschen rechts stricken, dabei die zweit- und drittletzte Masche rechts zusammenstricken (Rechtsneigung), die Oberfußmaschen im Muster stricken, die andere Hälfte der Sohlenmaschen rechts stricken, dabei die 2. und 3. Masche nacheinander abheben und rechts zusammenstricken (Linksneigung).
Diese Abnahmen in jeder 2. Runde so oft wiederholen, bis sich wieder die ursprüngliche Gesamtmaschenzahl auf den Nadeln befindet. Anschließend den Fuß stricken.

Anzahl der aufzunehmenden Spickelmaschen für 6-fädiges Sockengarn
LL = 125 m/50 g, 22 Maschen x 30 Reihen = 10 cm x 10 cm

Größe	20/21	22/23	24/25	26/27	28/29	30/31	32/33	34/35	36/37	38/39	40/41	42/43	44/45	46/47	48/49	50/51
Maschenzahl gesamt/Nadel	32/8	32/8	36/9	36/9	40/10	40/10	44/11	44/11	48/12	48/12	52/13	52/13	52/13	56/14	56/14	60/15
Einteilung	5/6/5	5/6/5	6/6/6	6/6/6	6/8/6	6/8/6	7/8/7	7/8/7	8/8/8	8/8/8	8/10/8	8/10/8	8/10/8	9/10/9	9/10/9	10/10/10
Spickelmaschen je Seite	3	3	3	3	3	3	4	4	4	4	4	4	4	5	5	5
Fersenwand-Reihen	6	6	6	6	6	6	8	8	8	8	8	8	8	10	10	10

schmaler Tritt, niedriger Spann

Falsche Bumerangferse

Diese Ferse ist ein Meister der Täuschung: Sie sieht einer Bumerangferse zum Verwechseln ähnlich, wird aber nicht mit verkürzten Reihen, sondern durch Abnahmen und Aufnehmen von Maschen aus dem Perlrand gearbeitet. Sie ist daher eine gute Alternative für alle, die gerne eine Schrägnahtferse arbeiten wollen, aber Probleme mit verkürzten Reihen haben.

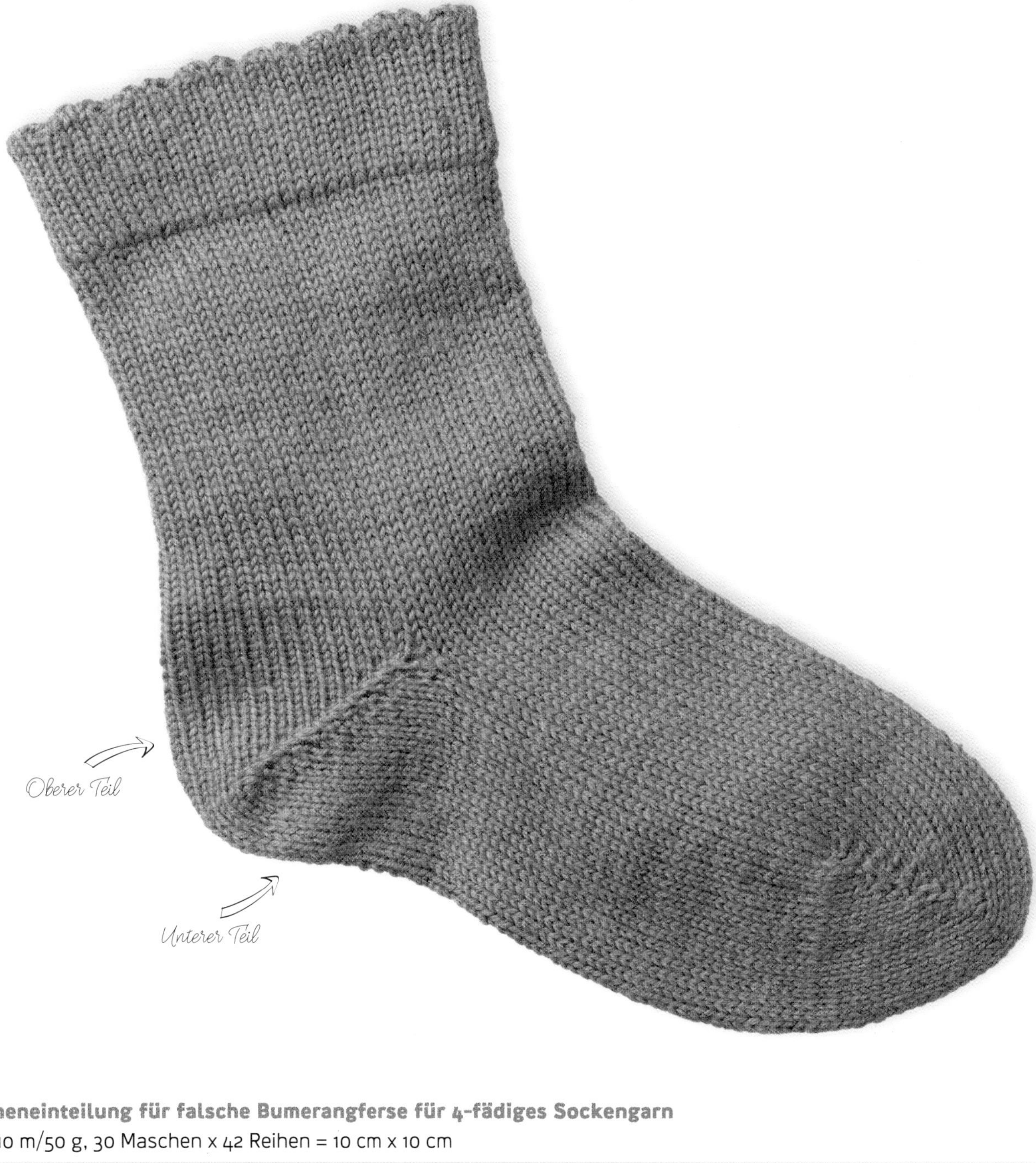

Mascheneinteilung für falsche Bumerangferse für 4-fädiges Sockengarn

LL = 210 m/50 g, 30 Maschen x 42 Reihen = 10 cm x 10 cm

Größe	20/21	22/23	24/25	26/27	28/29	30/31	32/33	34/35	36/37	38/39	40/41	42/43	44/45	46/47	48/49	50/51
Maschenzahl gesamt/Nadel	44/11	44/11	48/12	48/12	52/13	52/13	56/14	56/14	60/15	60/15	64/16	64/16	68/17	72/18	72/18	76/19
Fersen-maschen	7/8/7	7/8/7	8/8/8	8/8/8	8/10/8	8/10/8	9/10/9	9/10/9	10/10/10	10/10/10	10/12/10	10/12/10	11/12/11	12/12/12	12/12/12	13/12/13

Vorbereitung

Die Ferse wird über die Hälfte der Gesamtmaschenzahl gearbeitet. Die Oberfußmaschen stilllegen und die Fersenmaschen auf einer Nadel zusammenfassen. Den oberen Teil der Ferse nur über die Fersenmaschen in Reihen stricken, dabei die Randmaschen als doppelten Perlrand arbeiten (siehe Seite 117). Ausgangspunkt ist die Mitte der Ferse in einer Hinreihe.

DIE FALSCHE BUMERANGFERSE gelingt meistens deutlich sauberer als die übrigen Schrägnahtfersen und ist nicht so anfällig für Löcher.

Oberer Teil

Die Maschen wie bei der klassischen Bumerangferse (siehe Seite 138) beschrieben einteilen. Die Mascheneinteilung für alle Größen findet sich in den folgenden Tabellen. Nun den oberen Teil in Reihen mit seitlichen Abnahmen arbeiten.

1. Reihe (1/2 Hinreihe): Alle Maschen rechts stricken, dabei die beiden letzten Maschen rechts zusammenstricken.

2. Reihe (Rückreihe): Die 1. Masche rechts, die übrigen Maschen links stricken, dabei die beiden letzten Maschen rechts zusammenstricken.

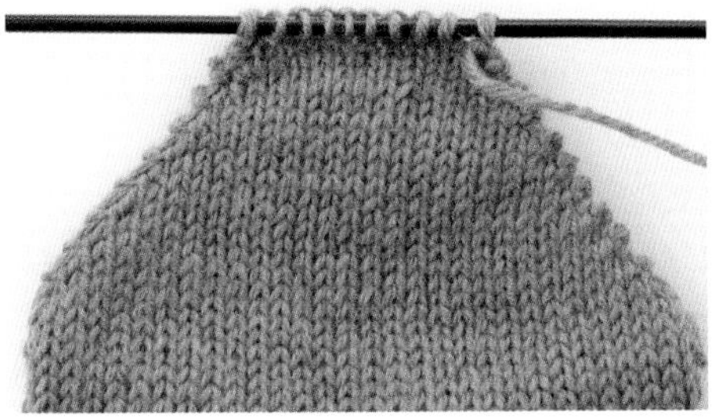

3. Reihe (Hinreihe): Alle Maschen rechts stricken, dabei die beiden letzten Maschen rechts zusammenstricken.

Die 2. und 3. Reihe fortlaufend wiederholen, bis sich nur noch die Maschen des Mittelteils zwischen den beiden „Perlen" auf der Nadel befinden.

Wendereihen

Noch 2 weitere Reihen ohne Abnahmen über die mittleren Maschen stricken:

Hinreihe: 1 Masche wie zum Linksstricken abheben, alle übrigen Maschen rechts stricken.

Rückreihe: 1 Masche wie zum Linksstricken abheben, alle übrigen (auch die letzte Masche) links stricken.

Unterer Teil

Nun den unteren Teil der Ferse in Reihen stricken, dabei jede Reihe durch Aufnahme aus dem Perlrand um 1 Masche verlängern.

1. Reihe (Hinreihe): 1 Masche wie zum Linkstricken abheben, alle Maschen rechts stricken, nach Reihenende noch 1 rechte Masche aus der nächsten Perle herausstricken, wenden.

2. Reihe (Rückreihe): 1 Masche wie zum Linksstricken abheben, alle Maschen links stricken, nach Reihenende noch 1 linke Masche aus der nächsten Perle herausstricken, wenden.

WIE MASCHEN AUS DEM PERLRAND herausgestrickt werden, steht auf Seite 117.

Die 1. und 2. Reihe fortlaufend wiederholen, bis aus allen Perlen neue Maschen aufgenommen wurden und wieder die ursprüngliche Maschenzahl auf den Nadeln ist. Anschließend den Fuß in Runden stricken.

Mascheneinteilung für falsche Bumerangferse für 6-fädiges Sockengarn

LL = 125 m/50 g, 22 Maschen x 30 Reihen = 10 cm x 10 cm

Größe	20/21	22/23	24/25	26/27	28/29	30/31	32/33	34/35	36/37	38/39	40/41	42/43	44/45	46/47	48/49	50/51
Maschenzahl gesamt/Nadel	32/8	32/8	36/9	36/9	40/10	40/10	44/11	44/11	48/12	48/12	52/13	52/13	52/13	56/14	56/14	60/15
Fersenmaschen	5/6/5	5/6/5	6/6/6	6/6/6	6/8/6	6/8/6	7/8/7	7/8/7	8/8/8	8/8/8	8/10/8	8/10/8	9/10/9	9/10/9	9/10/9	10/10/10

Rundgestrickte Fersen mit Fersenschluss im Tritt

Wer lieber in Runden strickt oder sich nicht gerne mit linken Maschen herumärgert, wird sich über diese Fersenalternativen freuen. Denn sie kommen ganz ohne Rückreihen aus und können ebenfalls durch einen Spickel individuell an die Ferse angepasst werden.

Die Ferse kommt zum Schluss

Die glatte Ferse wird direkt in die Socke eingearbeitet, wenn der Schaft die richtige Länge erreicht hat. Dazu werden mit einem Hilfsanschlag neue Maschen angeschlagen, welche die Oberfußmaschen ersetzen. Werden hier mehr Maschen angeschlagen, als für den Oberfuß auf den Nadeln sind, können diese in den folgenden Runden als halber Spickel abgenommen werden. Die zweite Hälfte des Spickels liegt später auf der gegenüberliegenden Seite der neu angeschlagenen Maschen.

Über die Maschen der 1. und 4. Nadel sowie die neu angeschlagenen Oberfußmaschen (2*. und 3*. Nadel) wird nun die Ferse in Runden zum Tritt hin gearbeitet. Geschlossen wird die Ferse genau im Tritt. Hier sind verschiedene Varianten möglich: Ein Käppchenband – welches aber wieder linke Maschen benötigt –, der Maschenstich oder weitere Abnahmen und Zusammenziehen der letzten Maschen.

Nach dem Fersenschluss werden je nach gewähltem Hilfsanschlag neue Maschen aufgefasst oder der Anschlag in die andere Richtung weiter gearbeitet. Die so aufgenommenen Maschen ersetzen nun die Fersenmaschen. So kann der Fuß in Runden weitergearbeitet werden.

Die nachträglich eingestrickten Fersen, zu denen auch die Bullaugenferse gehört, werden ebenfalls in Runden gearbeitet und im Tritt geschlossen. Sie bieten den Vorteil, dass komplizierte Muster in einem Stück vom Bündchen bis zur Spitze (oder umgekehrt) gestrickt werden können, ohne durch die Ferse unterbrochen zu werden und eventuell den richtigen Anschluss nicht mehr zu finden. Selbstmusternde Garne werden in ihrem Rapport, also ihrer Streifen- oder Musterfolge, nicht unterbrochen. Sollte die Ferse einmal nach langem Tragen in festen Schuhen dünne Stellen bekommen, lässt sie sich leicht auftrennen und neu einstricken.

Um eine nachträglich eingestrickte Ferse zu arbeiten, die Fersenmaschen an der Stelle, an der die Ferse sitzen soll, so vorbereiten, dass später die Maschen erneut aufgenommen werden können. Dies kann durch Einstricken eines Kontrastfadens (Bullaugenferse) oder durch Stilllegen und gleichzeitig erneutes Aufnehmen von Maschen durch einen Hilfsanschlag geschehen.

Nach Fertigstellung der Socke alle Fersenmaschen auf ein Nadelspiel nehmen und die Ferse in Runden mit Abnahmen und Fersenschluss arbeiten.

Zu den rundgestrickten Fersen gehören:

- GLATTE FERSE
- BULLAUGENFERSE
- NACHTRÄGLICH EINGESTRICKTE FERSE MIT HILFSANSCHLAG

EINE HÜBSCHE SPIELEREI für Fortgeschrittene ist es, nach Anschlag der neuen Maschen und den ersten Spickelabnahmen eine schöne Fußspitze als Ferse einzustricken. Alle rund verlaufenden Spitzen können durch einen vergrößerten oder verkleinerten Spickel individuell angepasst werden.

Fersenstricken in Runden – Die Basics

Rundgestrickte Fersen können auf verschiedene Arten im Tritt geschlossen werden. Wird dieser im Maschenstich oder mit Käppchenband geschlossen, entsteht ein etwas breiterer Tritt. Durch Zusammenziehen der letzten 8 Maschen formt sich eine schöne Rundung.

Fersenschluss durch Zusammenziehen

Die Abnahmerunde der gewählten Ferse in jeder Runde weiter fortsetzen, bis noch insgesamt 8 Maschen übrig sind. Den Faden trennen und mit einer stumpfen Stopfnadel in Strickrichtung durch die Maschen ziehen. Dazu jede Masche einzeln mit der Stopfnadel abheben, die Masche dabei groß herausziehen. Erst dann den Faden durchziehen. Vorsichtig anziehen und den Faden auf der Innenseite vernähen. Werden alle Maschen auf diese Weise abgenäht, ergibt sich ein sehr enges, lochfreies Maschenbild.

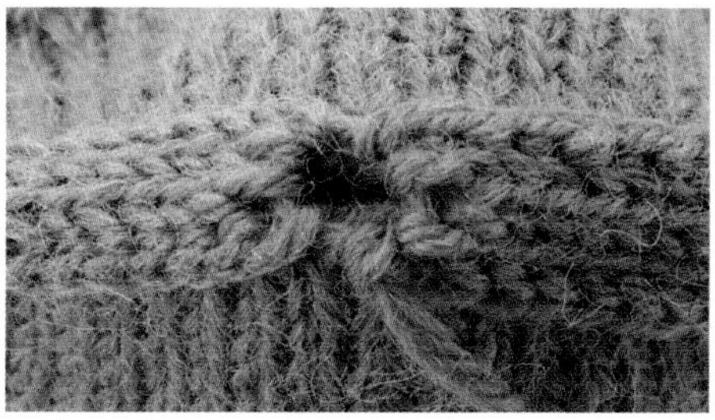

Fersenschluss durch Maschenstich

Übergangsrunde

Alle Maschen rechts stricken, dabei die letzten beiden Maschen der 1. und 3. Nadel bzw. beider Maschenhälften rechts zusammenstricken (Rechtsneigung), die ersten beiden Maschen der 2. und 4. Nadel bzw. beider Maschenhälften nacheinander wie zum Rechtsstricken abheben und rechts zusammenstricken (Linksneigung).
Falls nötig, die 1. Nadel noch 1x abstricken, um zum seitlichen Rand zu gelangen. Die beiden zu vernähenden Maschenreihen liegen sich auf den Nadeln gegenüber. Den Arbeitsfaden in etwa 60 cm Länge abschneiden, auf eine Stopfnadel ziehen und die Ferse im Maschenstich schließen.

DIESE ÜBERGANGSRUNDE ist sehr wichtig, um unschöne, abstehende „Öhrchen“ an den Seiten der Ferse zu vermeiden.

Vorbereitung der ersten beiden Maschen

Die erste vordere Masche wie zum Linksstricken abnähen, Masche auf der Nadel lassen.
Die erste hintere Masche wie zum Rechtsstricken abnähen, Masche auf der Nadel lassen.

Maschenstich

1 Vorne wie zum Rechtsstricken einstechen und abnähen, Masche abheben.

2 Vorne wie zum Linksstricken einstechen und abnähen, Masche auf der Nadel lassen.

3 Hinten wie zum Linksstricken einstechen und abnähen, Masche abheben.

4 Hinten wie zum Rechtsstricken einstechen und abnähen, Masche auf der Nadel lassen.

Schritt 1-4 fortlaufend wiederholen, bis alle Maschen vernäht sind. Dabei werden die letzten beiden Maschen jeweils ohne Folgemasche abgenäht und abgehoben. Den Faden nach jedem Schritt ein wenig anziehen. Den Arbeitsfaden dabei immer unter den Stricknadeln halten.

EINE AUSFÜHRLICHE ANLEITUNG zum Maschenstich befindet sich auf Seite 69.

Fersenschluss durch Käppchenband

Für ein Käppchenband wird ähnlich dem Käppchen der klassischen Ferse auf beiden Seiten je ein halbes, schmales Käppchen gearbeitet. Die Maschen beider Käppchen treffen im Tritt aufeinander und können dort im Maschenstich vernäht oder durch Zusammenziehen geschlossen werden.

Halbes Käppchenband

Evtl. die 1. Nadel rechts abstricken, um an eine Seite der Ferse zu gelangen.
Die 1. Masche rechts stricken, die nächsten beiden Maschen nacheinander wie zum Rechtsstricken abheben und rechts zusammenstricken (Linksneigung) und wenden.
Nun auf der 1. und 2. Nadel bzw. über die vordere Maschenhälfte über die 4 Maschen des seitlichen Bandes je ein halbes Käppchen in Reihen arbeiten wie folgt:
Rückreihe: 1 Masche wie zum Linksstricken abheben, 2 Maschen links, 2 Maschen links zusammenstricken.
Hinreihe: 1 Masche wie zum Linksstricken abheben, 2 Maschen rechts, 2 Maschen nacheinander abheben und rechts zusammenstricken (Linksneigung).
Diese beiden Reihen fortlaufend wiederholen, bis sich nur noch die 4 Bandmaschen auf den Nadeln befinden.
Auf die gleiche Weise ein halbes Käppchen über die Maschen der 3. und 4. Nadel bzw. die hintere Maschenhälfte stricken, bis die insgesamt 8 Maschen beider seitlichen Bänder zusammenstoßen. Die Maschen im Maschenstich vernähen oder mit dem Arbeitsfaden zusammenziehen.

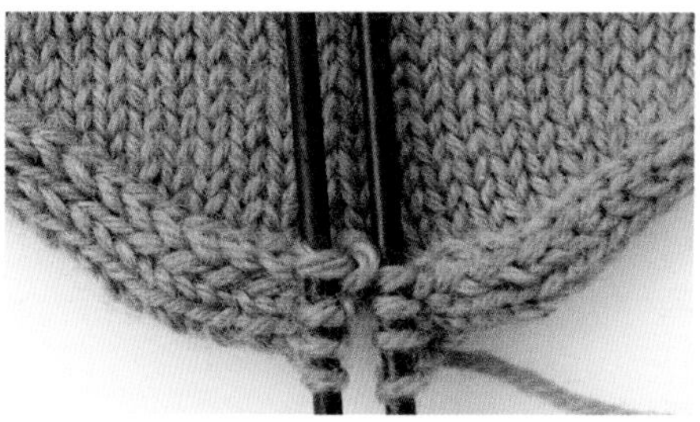

Breiter Tritt, hoher Spann

Glatte Ferse

Die glatte Ferse bietet den entscheidenden Vorteil, dass sie nahtlos in Runden und komplett ohne linke Maschen gearbeitet werden kann. Durch den eingestrickten Spickel lässt sie sich sehr gut individuell an den Fuß anpassen.

Vorbereitung

Die Ferse wird über die Hälfte der Gesamtmaschenzahl gestrickt, also über die Maschen der 1. und 4. Nadel bzw. die vordere Maschenhälfte. Die restlichen Maschen als Oberfußmaschen stilllegen. Ausgangspunkt ist die Mitte der Fersenmaschen.

UM DIE GLATTE FERSE ZU ARBEITEN, werden zwei zusätzliche Spielnadeln benötigt.

FORTGESCHRITTENE finden hier eine Möglichkeit, auch andere Fußspitzen als Ferse einzuarbeiten und anzupassen.

ÜBERSICHTLICHER UND KOMFORTABLER strickt sich diese Ferse, wenn die Oberfußmaschen auf den flexiblen Mittelteil einer Rundstricknadel gezogen werden.

Maschenaufnahme

1. Runde: Die Maschen der 1. Nadel bzw. die restlichen Maschen der vorderen Maschenhälfte rechts abstricken. Auf zwei zusätzliche Spielnadeln (2* und 3*) jeweils die Maschenzahl einer Nadel plus die laut Tabelle benötigte Anzahl an Spickelmaschen aufschlingen. Die restlichen Fersenmaschen rechts stricken. Über alle Maschen inklusive der neu angeschlagenen Maschen 1 Runde rechte Maschen arbeiten.

Die Maschen lassen sich alternativ auch mit einem offenen Anschlag oder beidseitigen Hilfsanschlägen aufnehmen (siehe Seite 90-92). Dann bleibt die Ansatzkante unsichtbar.

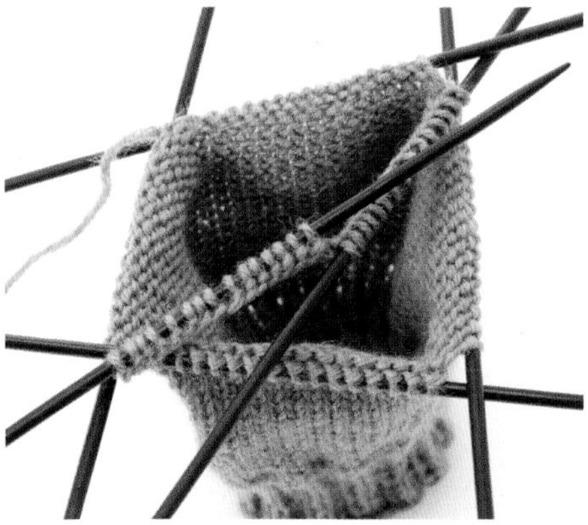

ZUM AUFSCHLINGEN VON MASCHEN siehe Seite 90.

DIE NEUEN MASCHEN können auch auf einer Rundstricknadel neu angeschlagen werden. Die Spickelabnahmen jeweils an beiden Seiten der neu angeschlagenen Maschen, die Fersenabnahmen an beiden Seiten der vorderen und hinteren Maschenhälfte arbeiten.

Spickelabnahme

Abnahmerunde: Über alle Maschen rechts stricken, dabei die 2. und 3. Masche der 2*. Nadel nacheinander wie zum Rechtsstricken abheben und rechts zusammenstricken (Linksneigung) und die zweit- und drittletzte Masche der 3*. Nadel rechts zusammenstricken (Rechtsneigung). Diese Abnahmerunde in jeder 2. Runde arbeiten, bis alle Spickelmaschen abgenommen sind und sich wieder gleich viele Maschen auf allen Nadeln befinden.
Noch 1 weitere Runde rechte Maschen stricken und anschließend die Fersenabnahmen arbeiten.

WENN MIT RUNDSTRICKNADELN gearbeitet wird, die Spickelabnahmen am Beginn und am Ende der hinteren Maschenhälfte arbeiten.

Fersenabnahmen und Fersenschluss

Abnahmerunde: Alle Maschen rechts stricken, dabei die zweit- und drittletzte Masche der 1. und 3*. Nadel rechts zusammenstricken (Rechtsneigung), die 2. und 3. Masche der 2*. und 4. Nadel abheben und rechts zusammenstricken (Linksneigung).

Glatte Ferse für 4-fädiges Sockengarn
LL = 210 m/50 g, 30 Maschen x 42 Reihen = 10 cm x 10 cm

Größe	20/21	22/23	24/25	26/27	28/29	30/31	32/33	34/35	36/37	38/39	40/41	42/43	44/45	46/47	48/49	50/51
Maschenzahl gesamt/Nadel	44/11	44/11	48/12	48/12	52/13	52/13	56/14	56/14	60/15	60/15	64/16	64/16	68/17	72/18	72/18	76/19
Spickelmaschen je Seite	4	4	4	4	4	4	5	5	5	5	5	5	6	6	6	6
Maschen auf Nadel 2*+3*	je 15	je 15	je 16	je 16	je 17	je 17	je 19	je 19	je 20	je 20	je 21	je 21	je 23	je 24	je 24	je 25
Fersenschluss-Maschen je Nadel	6	6	6	6	6	6	7	7	7	7	7	7	8	8	8	9

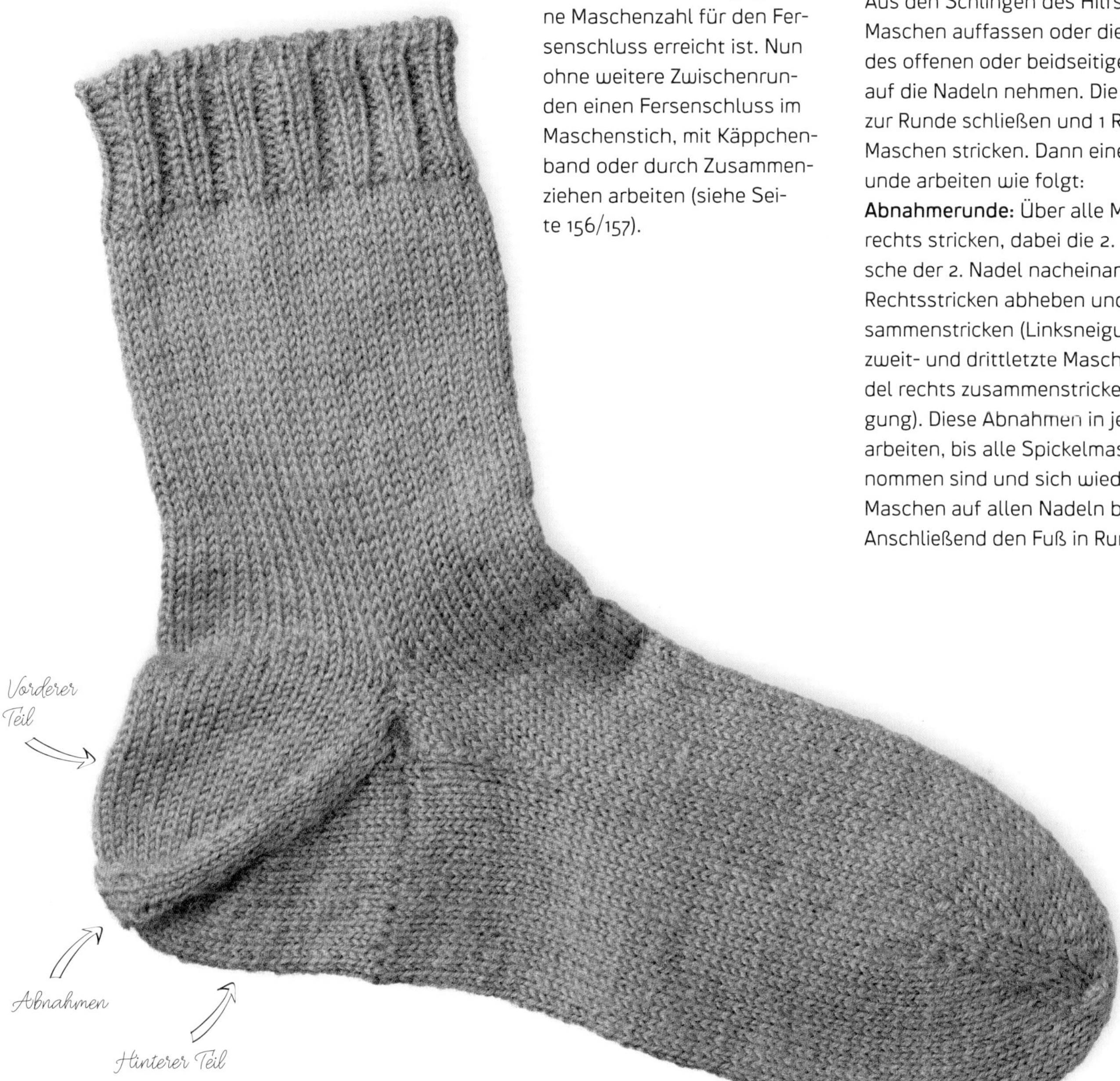

Diese Abnahmen in jeder 2. Runde wiederholen, bis die in der Tabelle angegebene Maschenzahl für den Fersenschluss erreicht ist. Nun ohne weitere Zwischenrunden einen Fersenschluss im Maschenstich, mit Käppchenband oder durch Zusammenziehen arbeiten (siehe Seite 156/157).

Auffassen der Maschen und zweite Spickelseite

Aus den Schlingen des Hilfsanschlages Maschen auffassen oder die Maschen des offenen oder beidseitigen Anschlags auf die Nadeln nehmen. Die Arbeit wieder zur Runde schließen und 1 Runde rechte Maschen stricken. Dann eine Abnahmerunde arbeiten wie folgt:

Abnahmerunde: Über alle Maschen rechts stricken, dabei die 2. und 3. Masche der 2. Nadel nacheinander wie zum Rechtsstricken abheben und rechts zusammenstricken (Linksneigung) und die zweit- und drittletzte Masche der 3. Nadel rechts zusammenstricken (Rechtsneigung). Diese Abnahmen in jeder 2. Runde arbeiten, bis alle Spickelmaschen abgenommen sind und sich wieder gleich viele Maschen auf allen Nadeln befinden. Anschließend den Fuß in Runden stricken.

Glatte Ferse für 6-fädiges Sockengarn

LL = 125 m/50 g, 22 Maschen x 30 Reihen = 10 cm x 10 cm

Größe	20/21	22/23	24/25	26/27	28/29	30/31	32/33	34/35	36/37	38/39	40/41	42/43	44/45	46/47	48/49	50/51
Maschenzahl gesamt/Nadel	32/8	32/8	36/9	36/9	40/10	40/10	44/11	44/11	48/12	48/12	52/13	52/13	52/13	56/14	56/14	60/15
Spickelmaschen je Seite	3	3	3	3	3	3	4	4	4	4	4	4	4	5	5	5
Maschen auf Nadel 2*+3*	je 11	je 11	je 12	je 12	je 13	je 13	je 15	je 15	je 16	je 16	je 17	je 17	je 17	je 19	je 19	je 20
Fersenschluss-Maschen je Nadel	3	3	3	3	3	3	4	4	4	4	4	4	5	5	5	5

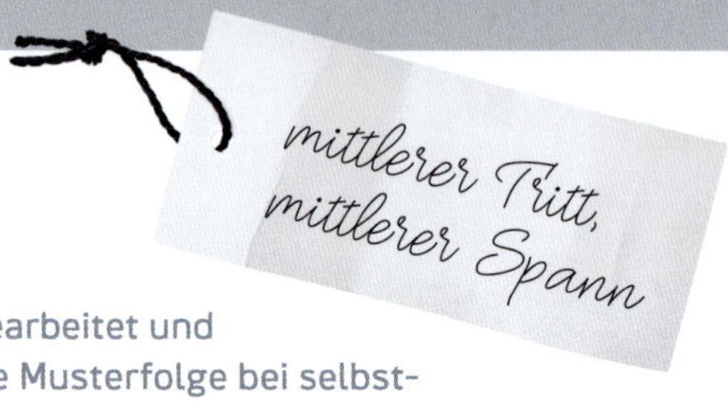

Bullaugenferse

Für die Bullaugenferse wird zuerst die Socke als einfacher Schlauch gearbeitet und die Ferse erst nachträglich eingestrickt. Das bietet den Vorteil, dass die Musterfolge bei selbstmusternden Garnen nicht unterbrochen oder verändert wird und man bei komplizierteren Mustern nicht pausieren muss und so keine Gefahr läuft, den richtigen Anschluss später nicht mehr zu finden.
Durch das Einstricken und spätere Heraustrennen eines Kontrastfaden passt sich der Fersenansatz perfekt ins Maschenbild ein.

FÜR DIE BULLAUGENFERSE wird ein ca. 60 cm langer Faden in Kontrastfarbe benötigt. Von Vorteil ist ein glattes Garn, das sich später leicht herausziehen lässt.

BEIM STRICKEN MIT RUNDSTRICKNADELN ist der Ausgangspunkt der Übergang zwischen hinterer und vorderer Maschenhälfte.

Stilllegen und Auffassen der Maschen mit einem Kontrastfaden

Die Ferse wird später über die Hälfte der Gesamtmaschenzahl gearbeitet. Daher wird auch über diese Anzahl von Maschen ein Kontrastfaden eingearbeitet. Ausgangspunkt ist der Übergang von der 3. zur 4. Nadel. Den Arbeitsfaden hängen lassen und mit dem Kontrastfaden die späteren Fersenmaschen rechts stricken.

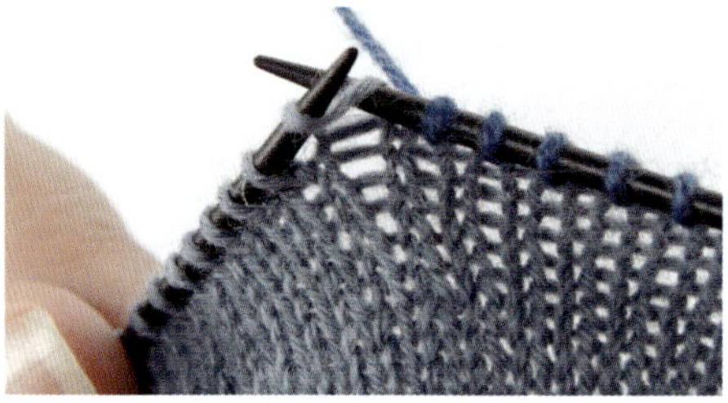

Nun den Arbeitsfaden wieder in Arbeit nehmen und die Socke ganz normal weiter in Runden stricken, dabei die Fersenmaschen nochmals abstricken. Über die Maschen der Sohle nach dem Kontrastfaden glatt rechts arbeiten.
Nach Fertigstellung der Socke den Kontrastfaden Masche für Masche herausziehen und die frei werdenden Maschen gleichmäßig auf 4 Spielnadeln oder die gewünschte Anzahl Rundstricknadeln verteilen. Die richtige Aufteilung der Maschen kontrollieren, damit die Abnahmen an den richtigen Stellen gearbeitet werden.

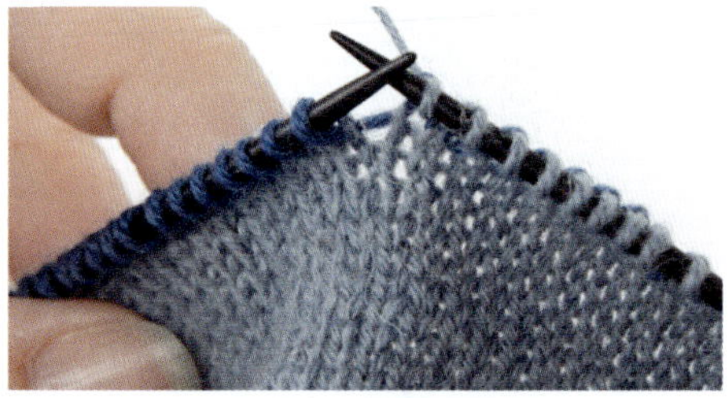

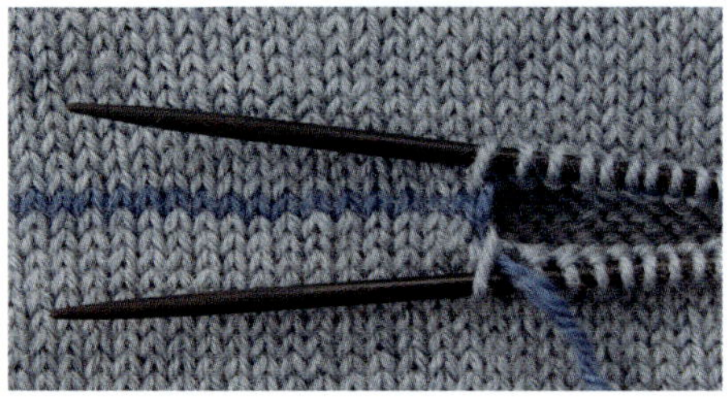

DER ÜBERGANG ZUR FERSE gelingt deutlich sauberer, wenn der Querfaden zwischen Oberfuß- und Sohlenmaschen zweifach verkürzt wird. Dafür jeweils die letzte und erste Sohlen- und Oberfußmasche jeweils mit dem verdreht aufgenommenen Querfaden zusammenstricken.

Fersenabnahme und Fersenschluss für nachträglich eingestrickte Fersen für 4-fädiges Sockengarn

LL = 210 m/50 g, 30 Maschen x 42 Reihen = 10 cm x 10 cm

Größe	20/21	22/23	24/25	26/27	28/29	30/31	32/33	34/35	36/37	38/39	40/41	42/43	44/45	46/47	48/49	50/51
Maschenzahl gesamt/Nadel	44/11	44/11	48/12	48/12	52/13	52/13	56/14	56/14	60/15	60/15	64/16	64/16	68/17	72/18	72/18	76/19
Fußlänge von Kontrastfaden bis Spitzenbeginn in cm*	7,5	9,0	9,5	10,5	11,0	12,5	12,5	14,0	14,5	15,5	16,0	17,5	17,5	18,0	19,0	20,0
Abnahmerunde nach der 1. Abnahme wiederholen																
in jeder 4. Runde									1x	1x	1x	1x	1x	1x	1x	1x
in jeder 3. Runde	1x	1x	1x	1x	2x	2x	2x	2x	2x	2x	2x	2x	2x	2x	2x	2x
in jeder 2. Runde	3x	3x	3x	3x	3x	3x	3x	3x	3x	3x	3x	3x	4x	4x	4x	4x
in jeder Runde			1x	1x	1x	1x	1x	1x	1x	1x	2x	2x	2x	2x	2x	3x
Fersenschluss-Maschen je Nadel	6	6	6	6	6	6	7	7	7	7	7	7	8	8	8	8

* bezogen auf die Bandspitze

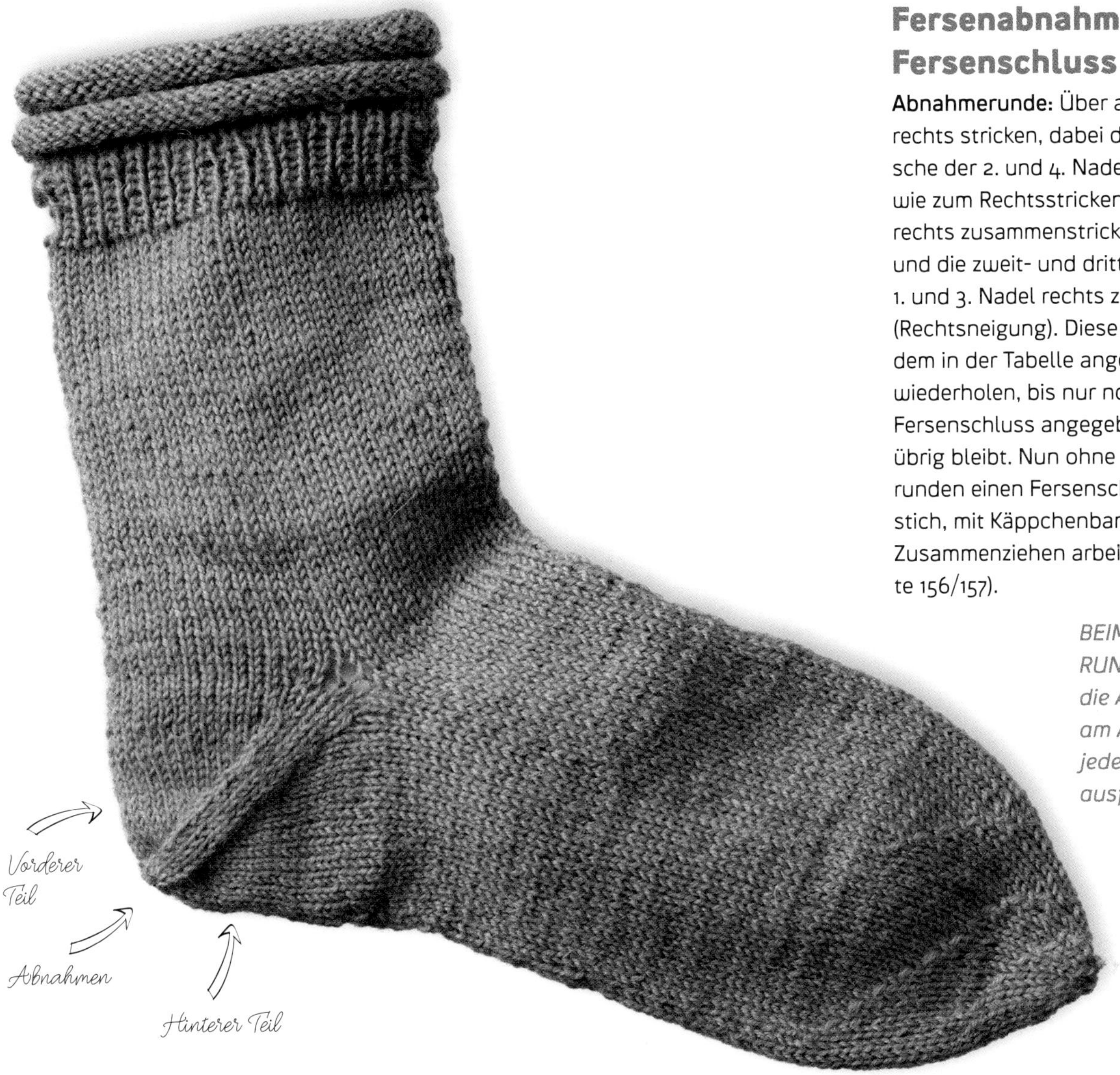

Fersenabnahme und Fersenschluss

Abnahmerunde: Über alle Maschen rechts stricken, dabei die 2. und 3. Masche der 2. und 4. Nadel nacheinander wie zum Rechtsstricken abheben und rechts zusammenstricken (Linksneigung) und die zweit- und drittletzte Masche der 1. und 3. Nadel rechts zusammenstricken (Rechtsneigung). Diese Abnahmen nach dem in der Tabelle angegebenen Schema wiederholen, bis nur noch die für den Fersenschluss angegebene Maschenzahl übrig bleibt. Nun ohne weitere Zwischenrunden einen Fersenschluss im Maschenstich, mit Käppchenband oder durch Zusammenziehen arbeiten (siehe Seite 156/157).

BEIM STRICKEN MIT RUNDSTRICKNADELN die Abnahmen jeweils am Anfang und Ende jeder Maschenhälfte ausführen.

Fersenabnahme und Fersenschluss für nachträglich eingestrickte Fersen für 6-fädiges Sockengarn

LL = 125 m/50 g, 22 Maschen x 30 Reihen = 10 cm x 10 cm

Größe	20/21	22/23	24/25	26/27	28/29	30/31	32/33	34/35	36/37	38/39	40/41	42/43	44/45	46/47	48/49	50/51
Maschenzahl gesamt/Nadel	32/8	32/8	36/9	36/9	40/10	40/10	44/11	44/11	48/12	48/12	52/13	52/13	52/13	56/14	56/14	60/15
Fußlänge von Kontrastfaden bis Spitzenbeginn in cm*	7,5	9,0	9,5	10,5	11,0	12,5	12,5	14,0	14,5	15,5	16,0	17,0	17,5	18,0	19,0	20,5
Abnahmerunde nach der 1. Abnahme wiederholen																
in jeder 4. Runde					1x	1x	1x	1x	1x	1x	1x	1x	1x	1x	1x	1x
in jeder 3. Runde					1x	1x	1x	1x	1x	1x	1x	1x	1x	2x	2x	2x
in jeder 2. Runde	3x	3x	3x	3x	2x	2x	2x	2x	2x	2x	3x	3x	3x	3x	3x	3x
in jeder Runde	1x	1x	2x	2x	2x	2x	2x	2x	3x	3x	3x	3x	2x	2x	2x	3x
Fersenschluss-Maschen je Nadel	3	3	3	3	3	3	4	4	4	4	4	4	5	5	5	5

* bezogen auf die Bandspitze

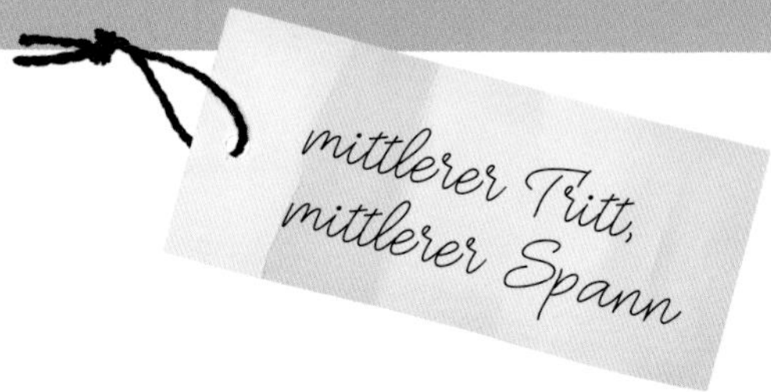

Nachträglich eingestrickte Ferse durch Hilfsanschlag

Wer die Ferse gerne nachträglich einstricken, aber nicht „an der offenen Masche“ operieren möchte, kann die bisher vorgestellten Methoden auch kombinieren und die Maschen für die nachträglich eingestrickte Ferse aufschlingen. Der Fersenansatz bleibt dabei jedoch unter der Fußsohle sichtbar. Die Verwendung eines offenen Anschlages beschert zwar wieder offene Maschen, diese lassen sich jedoch leichter und sicherer auffangen als bei der Bullaugenferse.

Maschenanschlag durch Aufschlingen

Die Ferse wird später über die Hälfte der Gesamtmaschenzahl gearbeitet. Daher diese Maschenzahl an der Rückseite der Socke stilllegen und auf zwei freie Spielnadeln oder eine Rundstricknadel die gleiche Anzahl an Maschen aufschlingen (siehe Seite 90). Die Socke mit den neu angeschlagenen Maschen wie gewohnt in Runden zu Ende stricken.
Nach Fertigstellung der Socke aus den Schlingen des Hilfsanschlags die entsprechende Anzahl an Maschen auffassen und die Ferse über die Anschlagmaschen und die zuvor stillgelegten Maschen arbeiten.

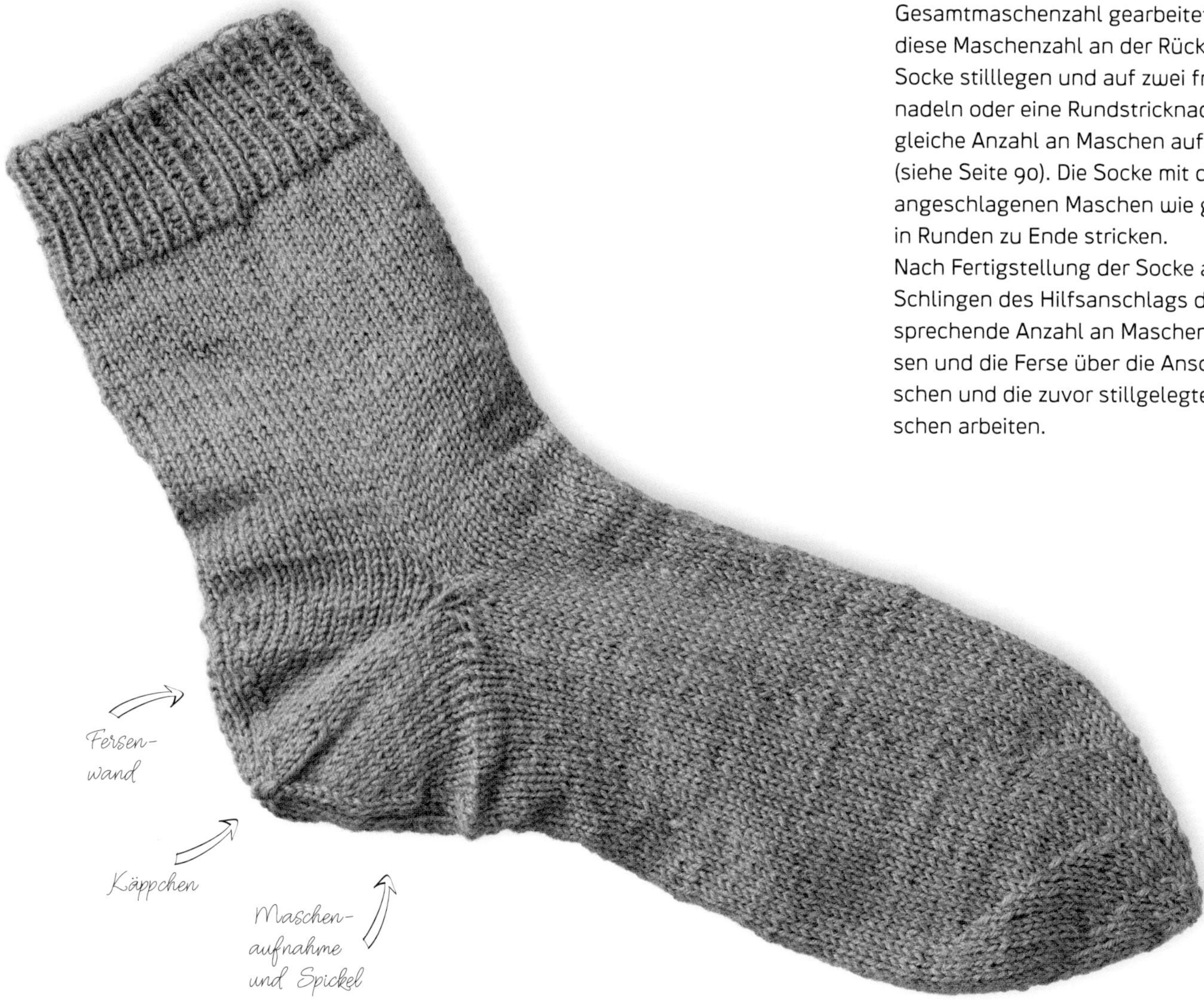

Offener Maschenanschlag

Alternativ zum Aufschlingen können die neuen Maschen auch mithilfe des offenen Anschlags (siehe Seite 90) angeschlagen werden. Beim späteren Auftrennen liegt immer nur eine Masche frei, die leicht aufgenommen werden kann. Der Fersenansatz passt sich dafür perfekt ins Maschenbild ein und bleibt unsichtbar.

Fersenabnahme und Fersenschluss

Abnahmerunde: Über alle Maschen rechts stricken, dabei die 2. und 3. Masche der 2. und 4. Nadel nacheinander wie zum Rechtsstricken abheben und rechts zusammenstricken (Linksneigung) und die zweit- und drittletzte Masche der 1. und 3. Nadel rechts zusammenstricken (Rechtsneigung). Diese Abnahmen nach dem in der Tabelle für die Bullaugenferse angegebenen Schema wiederholen, bis nur noch die für den Fersenschluss angegebene Maschenzahl übrig bleibt.
Nun ohne weitere Zwischenrunden einen Fersenschluss im Maschenstich, mit Käppchenband oder durch Zusammenziehen arbeiten (siehe Seite 156/157).

BEIM STRICKEN MIT RUNDSTRICKNADELN die Abnahmen jeweils am Anfang und Ende jeder Maschenhälfte ausführen.

Multitalent Schrägnahtferse

Fersen mit Schrägnaht sind sehr vielseitig, da sie genauso gut als Fersen wie auch als Sockenspitzen verwendet werden können. Gerade Varianten mit verstärkten Nähten wie die Wickelmaschenferse, die falsche Bumerangferse und die Bumerangferse mit zweifachen Wickelmaschen eignen sich dafür gut.
Mit Ausnahme der Bumerangferse in runder Form können auch alle Schrägnahtfersen sowohl von oben nach unten als auch von unten nach oben gestrickt werden. Sie eignen sich daher sehr gut für Toe-Up-Socken, die von der Spitze zum Bündchen gestrickt werden. Sie stehen dann zwar auf dem Kopf, bieten aber immer noch die gleiche Passform.

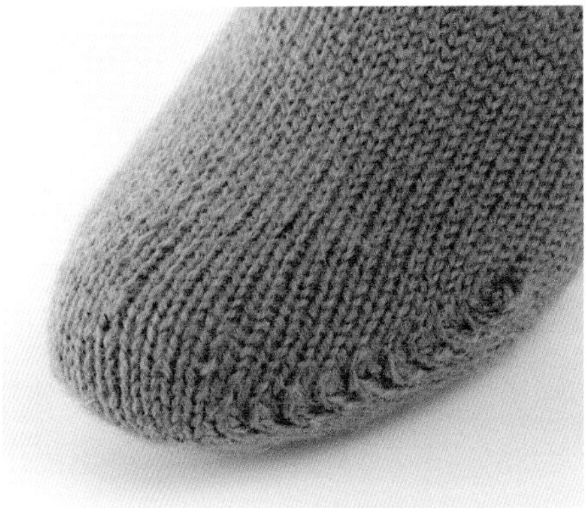

ALLE SCHRÄGNAHTFERSEN, besonders die Wickelmaschenferse, die falsche Bumerangferse sowie die Bumerangferse mit zweifachen Doppelmaschen, können auch sehr gut als Spitzen gearbeitet werden (siehe Seite 184).

ALLE SCHRÄGNAHTFERSEN AUSSER DER BUMERANGFERSE in runder Form können auch toe-up, also von unten nach oben gestrickt werden (siehe Seite 201).

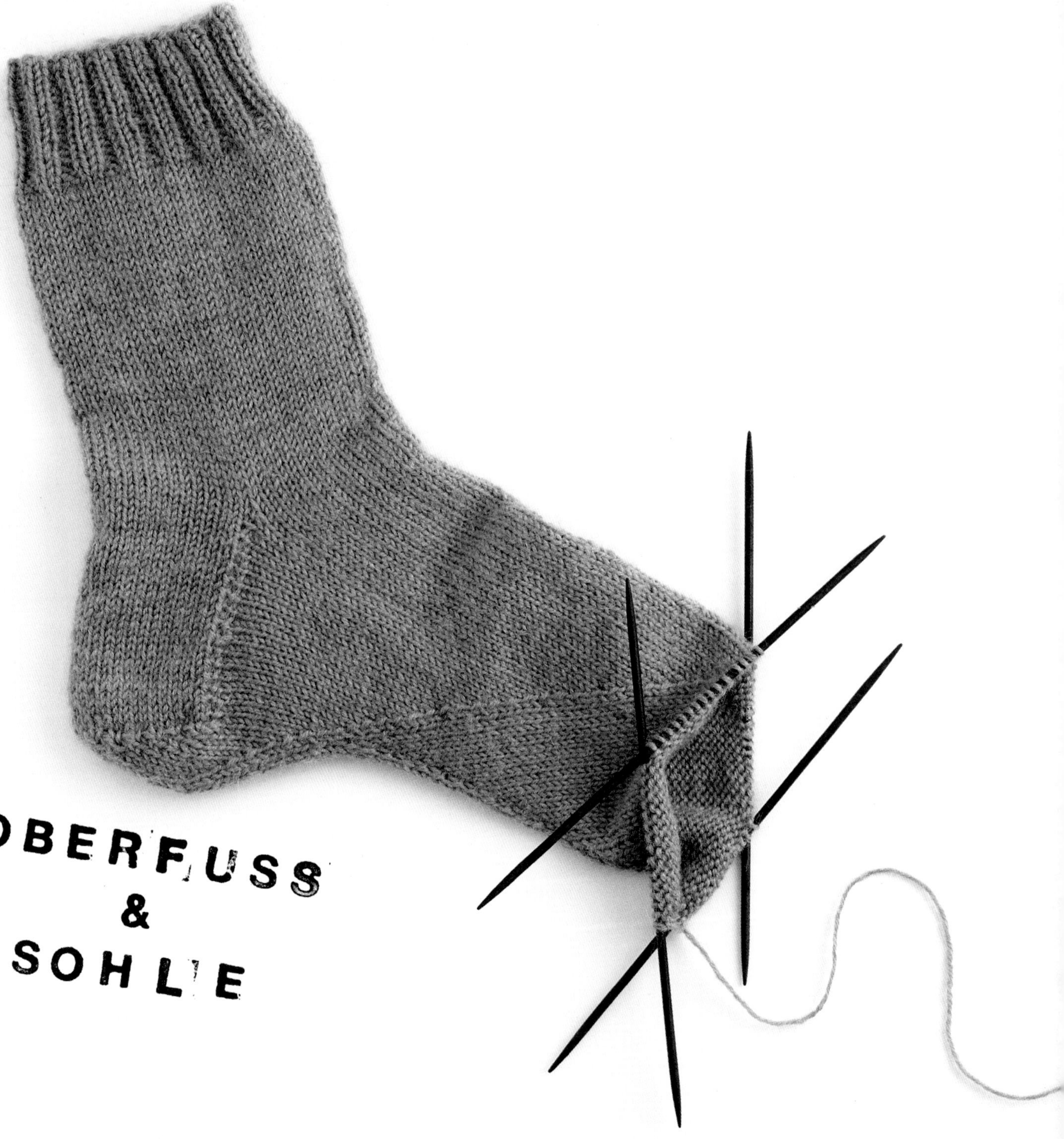

OBERFUSS & SOHLE

Ist die Ferse erfolgreich gemeistert, kann es für den unteren Teil der Socke wieder gemütlich in Runden weitergehen. Die Socke teilt sich nun durch die Ferse in zwei klar abgegrenzte Teile: Den Oberfuß und die Sohle.

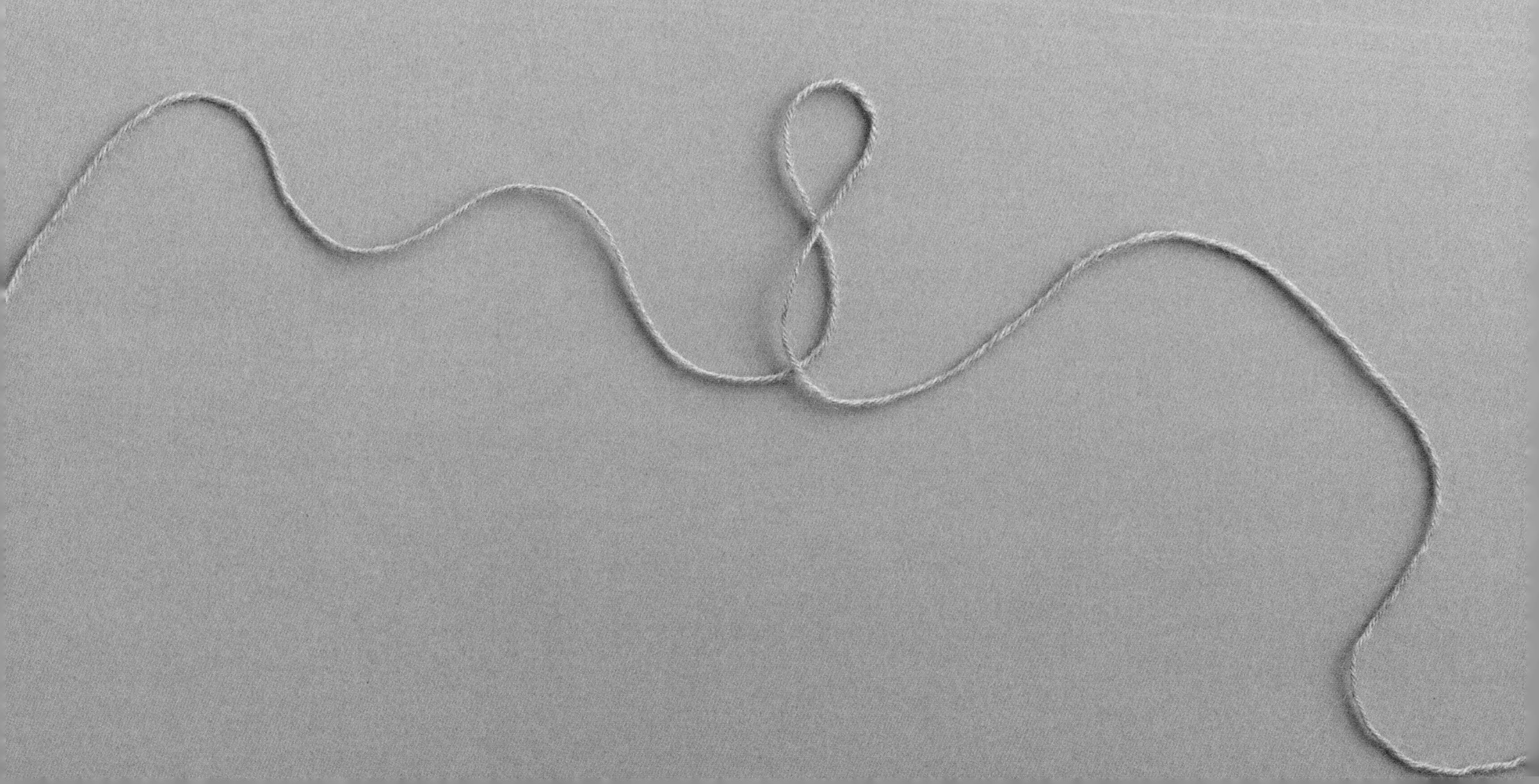

Glatte Sohle

Wurde der Schaft einer Socke bereits ohne Muster glatt rechts gearbeitet, so werden normalerweise auch Oberfuß und Sohle glatt rechts gestrickt. Wurde am Schaft der Socke ein Muster eingearbeitet, so gibt es nach Fertigstellung der Ferse zwei Möglichkeiten. Das Muster kann nach der Ferse beendet und der Fuß komplett glatt rechts in Runden gestrickt werden. Alternativ kann das Muster auch nach der Ferse auf dem Oberfuß fortgeführt werden. Dabei am besten bereits bei der Einteilung der Maschen für die Ferse darauf achten, dass das Muster später symmetrisch auf dem Oberfuß erscheint. Dicke, reliefartige Muster oder Noppenstrukturen sind auf dem Oberfuß jedoch eher ungünstig, da sie später im Schuh drücken könnten. Die Maschen der Sohle sollten in jedem Fall glatt rechts gearbeitet werden.

Sohle bei Farbmustern

Wird die Socke in einem zweifarbigen Jacquardmuster gearbeitet, so müssen jeweils die Fäden beider Farben über die glatt rechts gestrickte Sohle transportiert werden. Würde diese nur einfarbig gearbeitet, entstünden lange Spannfäden, die später vor allem beim Anziehen stören würden.
Eine schöne, aber aufwendige Variante ist es, das Jacquardmuster einfach auch über die Sohle fortzuführen. Alternativ kann auf der Sohle auch ein einfacheres, aber dennoch wirkungsvolles Farbmuster gestrickt werden. Bei allen Mustern entstehen nur kurze Spannfäden. Diese nicht zu fest und nicht zu locker anziehen.

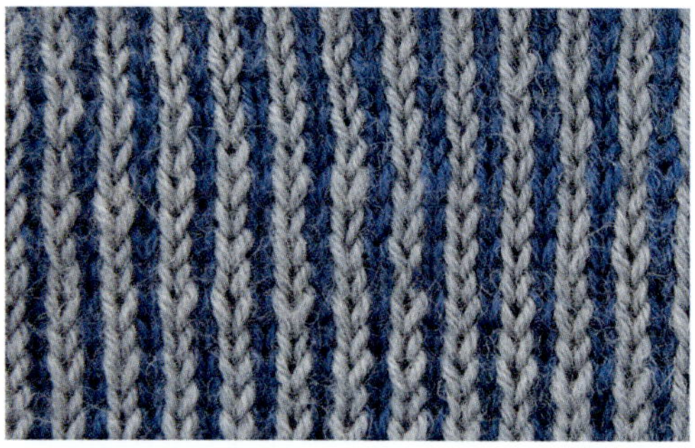

1/1-Rippen

1. Runde: 1 Masche rechts in Farbe A, 1 Masche rechts in Farbe B im Wechsel stricken.
Die Runde fortlaufend wiederholen.

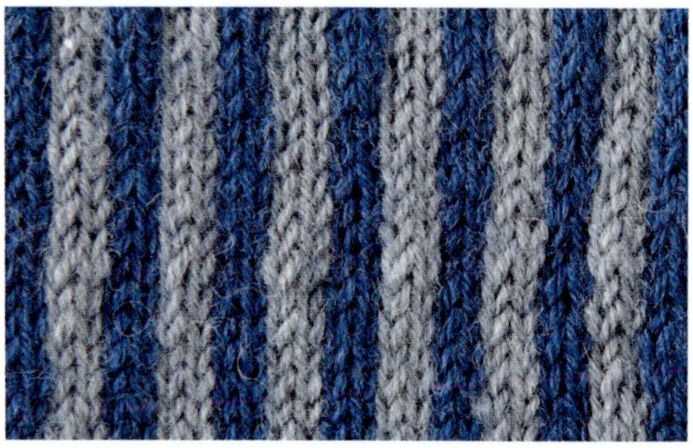

2/2-Rippen

1. Runde: 2 Maschen rechts in Farbe A, 2 Maschen rechts in Farbe B im Wechsel stricken.
Die Runde fortlaufend wiederholen.

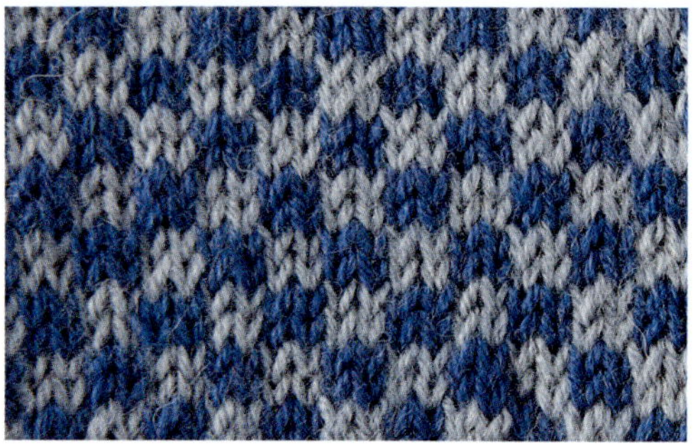

Grosses Karomuster

1. und 2. Runde: 2 Maschem rechts in Farbe A, 2 Maschen rechts in Farbe B im Wechsel stricken.
3. und 4. Runde: 2 Maschen rechts in Farbe B, 2 Maschen rechts in Farbe A im Wechsel stricken.
Die 1.-4. Runde fortlaufend wiederholen.

AM BESTEN die zuletzt gestrickte Musterreihe vor Beginn der Ferse notieren oder markieren. So ist sichergestellt, dass das Muster auch nach der Ferse wieder richtig fortgesetzt wird.

MIT EINER NACHTRÄGLICH EINGESTRICKTEN FERSE wird das Muster nicht unterbrochen, sondern kann auf dem Oberfuß in einem Rutsch durchgestrickt werden.

WEITERE WICHTIGE HINWEISE zum Einstricken von Mustern finden Sie im Kapitel „Muster stricken“ ab Seite 241.

SOLL EIN JACQUARDMUSTER über die Sohle fortgeführt und gleichzeitig eine Ferse mit Spickel gearbeitet werden, so fügen sich die zusätzlichen Spickelmaschen meist nicht ins Muster ein. Diese am besten in einem der vereinfachten Farbmuster arbeiten.

Verstärkte Sohle

Die Sohle einer selbstgestrickten Socke ist besonderen Belastungen ausgesetzt. Um für diese Strapazen besser gewappnet zu sein, kann die Sohle mit doppeltem Garn gearbeitet werden. Da auch Spitze und Ferse einiges aushalten müssen, werden diese ebenfalls gleich auf diese Weise mit verstärkt. Der Clou dabei: Schaft und Oberfuß werden gleichzeitig mit einfachem Garn gestrickt.
Benötigt werden dafür ca. 25 % mehr Garn als für ein normales Paar aus 4-fädigem Sockengarn und ein zweites Nadelspiel in der Stärke 3,5-4,0 mm.
Dafür zuerst Bündchen und Schaft wie gewohnt einfädig mit 4-fädigem Sockengarn stricken. Die Verstärkung beginnt bei einer Schrägnahtferse einige Zentimeter vor der Ferse, bei einer Fersenwandferse direkt mit Fersenbeginn.

DIESE TECHNIK ist für selbstmusternde Garne nur bedingt geeignet, da die unterschiedliche Verarbeitung an Oberfuß und Sohle das Musterbild empfindlich stört.

ES KANN MIT ZWEI 50 G-KNÄUELN oder mit Innen- und Außenfaden eines einzelnen Knäuels gearbeitet werden.

SIE SOLLTEN MIT DOPPELTEM GARN eine Maschenprobe von 20 Maschen und 28 Reihen = 10 cm x 10 cm erreichen. Wählen Sie die Nadelstärke entsprechend.

DIESE ART DER VERSTÄRKUNG kann auch gut mit 2 unterschiedlich dicken Rundstricknadeln gearbeitet werden. Für die Arbeit auf 1 Rundstricknadel ist sie ungeeignet.

Verstärkte Ferse

Ausgangspunkt ist rechts am Beginn der Fersenmaschen. Bis zu diesem Punkt noch mit dünneren Nadeln und einfachem Garn stricken. Ab jetzt werden die Fersenmaschen mit doppeltem Garn und dickeren Nadeln gearbeitet. Um die bisherige Breite beizubehalten, müssen in der ersten Reihe bzw. Runde Maschen reduziert werden.

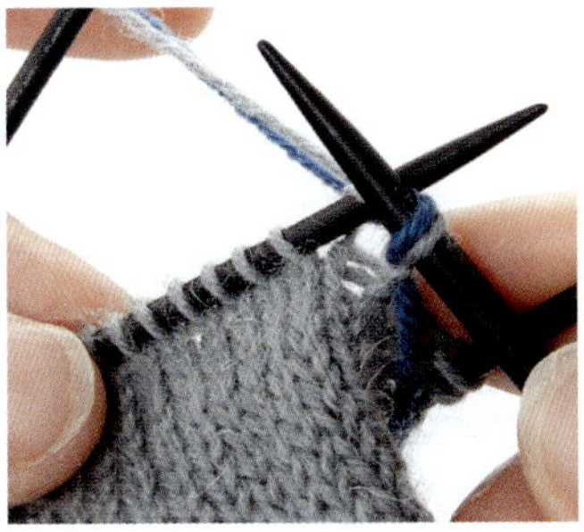

1 Den 2. Faden hinzunehmen und die Fersenmaschen mit der dickeren Nadel und doppeltem Faden abstricken. Dabei gleichmäßig verteilt Maschen abnehmen, um die laut Tabelle benötigte Maschenzahl für die Fersenbreite zu erhalten.

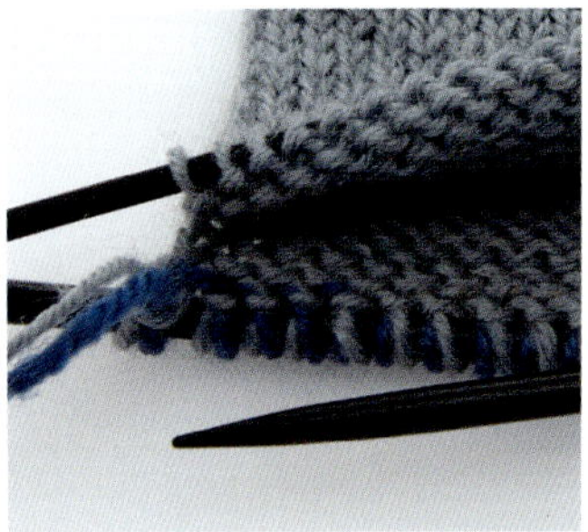

2 Sind die Fersenmaschen auf diese Weise abgestrickt, liegen beide Arbeitsfäden links zwischen dickeren und dünneren Nadeln.

Socken mit verstärkter Ferse, Sohle und Spitze für 4-fädiges Sockengarn

einfädig mit Nd 2,0-3,0 mm 30 Maschen x 42 Reihen = 10 cm x 10 cm
doppelfädig mit Nd 3,5-4,0 mm 20 Maschen x 28 Reihen = 10 cm x 10 cm

Größe	20/21	22/23	24/25	26/27	28/29	30/31	32/33	34/35	36/37	38/39	40/41	42/43	44/45	46/47	48/49	50/51
Anschlag/ Maschen je Nadel mit einzelnem Faden	44/11	44/11	48/12	48/12	52/13	52/13	56/14	56/14	60/15	60/15	64/16	64/16	68/17	72/18	72/18	76/19
Fersenbreite mit doppelten Faden	15	15	16	16	17	18	19	19	20	20	21	22	23	24	24	25
Maschen je Nadel	7+8	7+8	8+8	8+8	8+9	9+9	9+10	9+10	10+10	10+10	10+11	11+11	11+12	12+12	12+12	12+13
Maschen für Bumerangferse (doppelter Faden)	5/5/5	5/5/5	5/6/5	5/6/5	6/5/6	6/6/6	6/7/6	6/7/6	7/6/7	7/6/7	7/7/7	7/8/7	8/7/8	8/8/8	8/8/8	8/9/8
Maschen für Sternchenspitze (doppelter Faden)	30	30	32	32	34	36	38	38	40	40	42	44	46	48	48	50
Maschen	7/8/ 7/8	7/8/ 7/8	8/8/ 8/8	8/8/ 8/8	8/9/ 8/9	9/9 9/9	9/10/ 9/10	9/10/ 9/10	10/10/ 10/10	10/10/ 10/10	10/11/ 10/11	11/11/ 11/11	11/12/ 11/12	12/12/ 12/12	12/12/ 12/12	12/13/ 12/13

Schrägnahtferse

Soll eine Schrägnahtferse gearbeitet werden, nun noch einige verstärkte Runden (siehe unten) anschließen. Dann die Schrägnahtferse nur über die Fersenmaschen mit doppeltem Garn und dickeren Nadeln arbeiten. Anschließend den Fuß in verstärkten Runden arbeiten.

Fersenwandferse

Für eine Fersenwandferse nun direkt die Ferse mit doppeltem Garn und dickeren Nadeln arbeiten. Die Maschen aus der Fersenwand ebenfalls mit doppeltem Garn und dickeren Nadeln aufnehmen und weiter in verstärkten Runden arbeiten, dabei die Spickelmaschen reduzieren, bis wieder die laut Tabelle benötigte Maschenzahl für die verstärkte Sohle erreicht ist.

DA DIE VERSTÄRKTE FERSE über weniger Maschen gearbeitet wird als gewöhnlich, am besten in der jeweiligen Tabelle eine kleinere Größe suchen, die über die gleiche Maschenzahl gearbeitet wird, und diesen Angaben folgen.

Verstärkte Runden

Für die verstärkten Runden werden alle Fersen- bzw. Sohlenmaschen mit doppeltem Garn und dickeren Nadeln, die Oberfußmaschen weiterhin mit einfachem Garn und dünneren Nadeln gearbeitet. Um beide Fäden auf die andere Fußseite zu transportieren und den Höhenunterschied der dicker gestrickten Reihen auszugleichen, müssen die Oberfußmaschen jeweils zweimal abgestrickt werden.

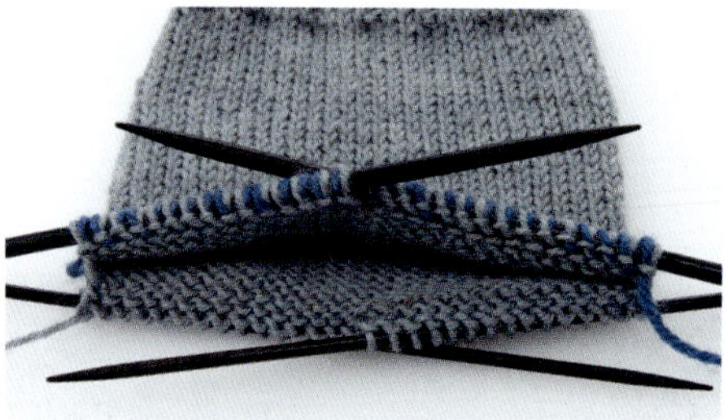

1 Die Oberfußmaschen mit dünnen Nadeln und einem der beiden Arbeitsfäden abstricken. Die Arbeitsfäden ruhen nun auf jeweils verschiedenen Seiten zwischen den dünneren und den dickeren Nadeln.

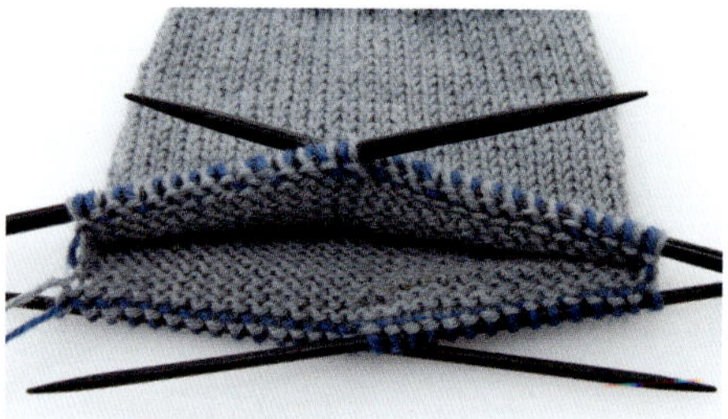

2 Mit dem anderen Arbeitsfaden und den dünneren Nadeln die Oberfußmaschen erneut stricken. Beide Fäden liegen nun wieder auf der gleichen Seite.

3 Nun die Fersen- bzw. Sohlenmaschen wieder mit beiden Fäden und dickeren Nadeln abstricken.

4 Schritt 1-3 noch 2x wiederholen, sodass insgesamt 3 verstärkte Runden gearbeitet sind. Da zwei einfach gestrickte Reihen etwas höher sind als eine doppelt gestrickte Reihe, müssen nun an der Ferse bzw. Sohle 2 Ausgleichsreihen eingearbeitet werden. Die Arbeit wenden.
Rückreihe: 1 Doppelmasche arbeiten, restliche Fersenmaschen links stricken. Arbeit wenden.
Hinreihe: 1 Doppelmasche arbeiten, restliche Fersenmaschen rechts stricken, die Doppelmasche der Vorreihe als 1 Masche rechts stricken.
Schritt 1-4 fortlaufend wiederholen, dabei die übrige Doppelmasche jeweils als 1 Masche rechts stricken. Wenn die richtige Fußlänge bis Spitzenbeginn erreicht ist, die verstärkte Spitze arbeiten.

WIE DOPPELMASCHEN gearbeitet werden, steht auf Seite 133.

Verstärkte Spitze

Für die Spitze nun auch die Oberfußmaschen mit dickeren Nadeln und doppeltem Garn arbeiten. Dafür in einer Vorbereitungsrunde auch hier die Maschenzahl entsprechend reduzieren, sodass für Sohle und Oberfuß gleich viele Maschen vorhanden sind. Dann die gewünschte Spitze nach der Grundanleitung arbeiten.

DIE SPITZE wird über weniger Maschen gestrickt als für die angestrebte Größe üblich. Um passende Angaben für die Verteilung der Abnahmen zu erhalten, am besten in der Tabelle eine kleinere Größe suchen, die über die gleiche Maschenzahl gestrickt wird.

mittlerer bis breiter Tritt, mittlerer Spann

Die Bogensocke

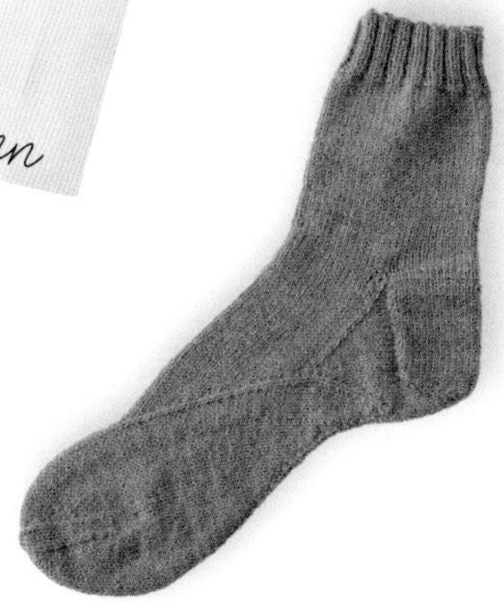

Die Bogensocke erhält ihren Namen durch den leicht gebogenen Verlauf des gestrickten Fußes. Dieser wird durch regelmäßige Zu- und Abnahmen erreicht, wodurch auch das Maschenbild vom Tritt bis zum Oberfuß diagonal verläuft. Das gibt glatt rechts gestrickten Socken das besondere Etwas und kann auch bei Farbmustern sehr interessant wirken.

Die besondere Arbeitsweise der Bogensocke beginnt nach der Ferse. Anschlag, Bündchen und Schaft werden wie bei einer normalen Socke gearbeitet.

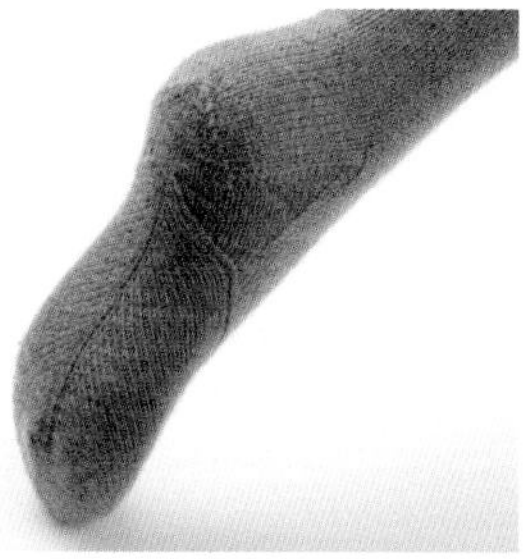

Bogensocke: Sohle

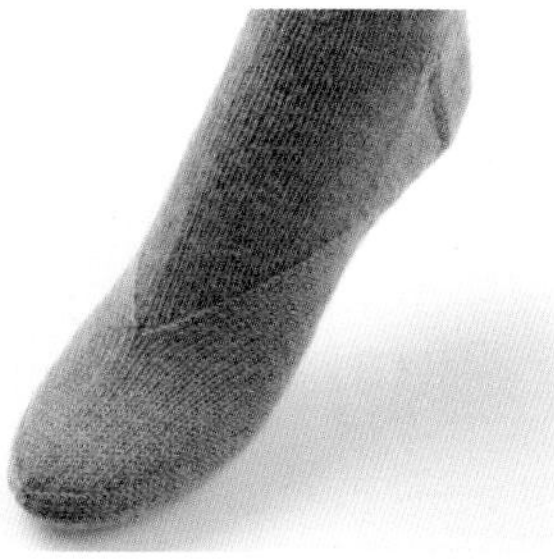

Bogensocke: Oberfuß

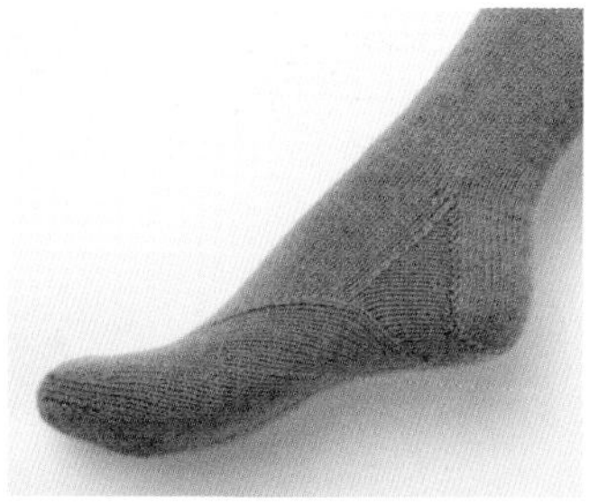

Bogensocke: am Fuß

GESTRICKTES IST IN DIAGONALER RICHTUNG weniger elastisch als in Strickrichtung. Daher wird die Bogensocke oft auch als enger anliegend empfunden als normale Socken.

ÜBLICHERWEISE wird die Bogensocke aus einer Herzchenferse herausgestrickt, prinzipiell kann aber jede Ferse, die mit Fersenwand und beidseitigen Spickelabnahmen gearbeitet wird, als Ausgangspunkt für eine abgewandelte Bogensocke verwendet werden.

Fersenwand und Fersenrundung

Zunächst Fersenwand und Fersenrundung arbeiten wie bei der gewünschten Fersenwandferse beschrieben.

Maschenaufnahme

Anschließend entsprechend der jeweiligen Ferse weiter in Runden stricken und dabei in der ersten Runde neue Maschen aus dem doppelten Perlrand beider Seiten der Fersenwand auffassen.

Durch die Aufnahmen aus den Fersenwandseiten sind nun mehr Maschen auf den Nadeln als vor der Ferse. Das schafft mehr Raum für den Spann. Für den Fuß müssen diese Maschen nun jedoch Runde für Runde langsam wieder auf die normale Maschenzahl reduziert werden. Dies geschieht durch die Spickelabnahmen. Gleichzeitig beginnt man ab der 2. Runde nach der Ferse mit der Ausformung des Bogens.

Ausgangspunkt ist die Mitte der Ferse, es wurde bereits 1 Runde über alle Maschen gestrickt.

DIE AUS DER FERSENWAND AUFGENOMMENEN MASCHEN werden beim Verteilen der Maschen entweder mit auf die 1. und letzte Nadel der Runde (3. oder 4. Nadel) genommen oder bei Rundstricknadeln der vorderen Maschenhälfte zugeschlagen.

WIE SEITLICHE LÖCHER an dieser Stelle vermieden werden, steht auf Seite 115.

Spickel mit Bogen

Vorbereitende Abnahmerunde

1. Nadel: Rechte Maschen stricken, dabei nach der 1. Masche einen Maschenmarkierer auf die rechte Nadel hängen und die zweit- und drittletzte Masche rechts zusammenstricken (Rechtsneigung).

2. und 3. Nadel: Für den Oberfuß im Muster arbeiten.

4. Nadel: Rechte Maschen stricken, dabei die 2. und 3. Masche nacheinander wie zum Rechtsstricken abheben und rechts zusammenstricken (Linksneigung) und vor der letzten Masche einen zweiten Maschenmarkierer einhängen.

1 Runde rechte Maschen stricken, dabei die Markierer einfach abheben.

Ab- und Zunahmerunde

1. Nadel: 1 Masche rechts, 1 linksgeneigte Zunahme aus dem Querfaden, alle Maschen bis zum Markierer rechts stricken. Den Markierer abheben, 2 Maschen nacheinander wie zum Rechtsstricken abheben und rechts zusammenstricken (Linksneigung). Bis zu den letzten 3 Maschen rechts stricken, 2 Maschen rechts zusammenstricken (Rechtsneigung), 1 Masche rechts.
2. und 3. Nadel: Für den Oberfuß im Muster stricken.
4. Nadel: Rechte Maschen stricken, dabei die 2. und 3. Masche mit Linksneigung zusammenstricken, bis 2 Maschen vor dem 2. Markierer rechts stricken, 2 Maschen rechts zusammenstricken (Rechtsneigung). Den Markierer abheben, bis zur letzten Masche rechts stricken, 1 rechtsgeneigte Zunahme aus dem Querfaden arbeiten, 1 Masche rechts.
Diese Ab- und Zunahmen in jeder 2. Runde so oft wiederholen, bis sich wieder die ursprüngliche Gesamtmaschenzahl auf den Nadeln befindet.

FÜR RECHTS- UND LINKSGENEIGTE ZUNAHMEN siehe Seite 189-191.

Fuss mit Bogen

Ist die ursprüngliche Maschenzahl wieder erreicht, werden keine weiteren Spickelabnahmen mehr gearbeitet, jedoch die beidseitigen Zunahmen unter der Fußsohle und die korrespondierenden Abnahmen auf dem Oberfuß fortgeführt. Da für jede Abnahme auch eine Zunahme gearbeitet wird, bleibt die Maschenzahl über den gesamten Fuß bis zur Spitze gleich. Nach der letzten Runde mit Spickelabnahmen noch 1 weitere Runde rechte Maschen arbeiten.

Bogenrunden vor dem Nadelwechsel

1. Nadel: 1 Masche rechts, 1 linksgeneigte Zunahme, bis zum 1. Markierer rechte Maschen stricken. Den Markierer abheben, 2 Maschen mit Linksneigung zusammenstricken, restliche Maschen rechts stricken.
2. und 3. Nadel: Für den Oberfuß im Muster stricken.
4. Nadel: Bis 2 Maschen vor den 2. Markierer rechts stricken, 2 Maschen rechts zusammenstricken (Rechtsneigung), den Markierer abheben und bis zur letzten Masche rechts stricken. 1 rechtsgeneigte Zunahme, 1 Masche rechts.
Diese Bogenrunde in jeder 2. Runde fortlaufend wiederholen, in den Zwischenrunden die Markierer einfach abheben.

Bogenrunde beim Nadelwechsel

In der Runde, in der die Abnahmen über die Nadelwechsel hinaus wandern (es müssen die letzte Masche der 1. Nadel mit der 1. Masche der 2. Nadel und die letzte Masche der 3. Nadel mit der 1. Masche der 4. Nadel zusammengestrickt werden), beide Maschenmarkierer von den Nadeln heben, da sie sonst herunterfallen würden.
1 Runde glatt rechts über alle Maschen stricken.

Vorbereitende Bogenrunde nach dem Nadelwechsel

1. Nadel: 1 Masche rechts, 1 linksgeneigte Zunahme, bis zur letzten Masche rechts stricken.
2. Nadel: Die letzte Masche der 1. Nadel rechts stricken, den 1. Markierer auf die Nadel heben, 2 Maschen mit Linksneigung rechts zusammenstricken, alle weiteren Maschen im Muster arbeiten.
3. Nadel: Bis zu den letzten beiden Maschen im Muster stricken, 2 Maschen rechts zusammenstricken (Rechtsneigung), den 2. Markierer einhängen, die 1. Masche der 4. Nadel rechts stricken
4. Nadel: Restliche Maschen bis zur letzten Masche rechts stricken, 1 rechtsgeneigte Zunahme, 1 Masche rechts.
1 Runde glatt rechts über alle Maschen stricken, die Markierer einfach abheben.

Bogenrunden nach dem Nadelwechsel

1. Nadel: 1 Masche rechts, 1 linksgeneigte Zunahme, bis zur letzten Masche rechts stricken.
2. Nadel: Die letzte Masche der 1. Nadel rechts stricken, die Maschen der 2. Nadel bis zum 1. Markierer rechts stricken, den Markierer abheben, 2 Maschen mit Linksneigung zusammenstricken, alle weiteren Maschen im Muster arbeiten.
3. Nadel: Bis 2 Maschen vor dem 2. Markierer im Muster arbeiten, 2 Maschen rechts zusammenstricken (Rechtsneigung), den 2. Markierer abheben, die restlichen Maschen der 3. Nadel rechts stricken, die 1. Masche der 4. Nadel rechts stricken.
4. Nadel: Bis zur letzten Masche rechts stricken, 1 rechtsgeneigte Zunahme, 1 Masche rechts.
Diese Bogenrunde in jeder 2. Runde wiederholen, bis beide Abnahmen mittig auf dem Oberfuß direkt nebeneinander gearbeitet werden (die letzten beiden Maschen der 2. Nadel und die letzten beiden Maschen der 3. Nadel).
Nun ohne Zu- und Abnahmen über alle Maschen glatt rechts in Runden weiter arbeiten, bis die benötigte Länge bis zum Beginn der Spitze erreicht ist, und zuletzt die gewünschte Spitze arbeiten.

BOGENSOCKEN lassen sich besonders gut auf Rundstricknadeln arbeiten, da dann die komplizierten Nadelwechsel entfallen. Die Maschen der 4. und 1. Nadel entsprechen dabei der vorderen Maschenhälfte, die Maschen der 2. und 3. Nadel der hinteren Maschenhälfte.

VOR BEGINN DER SPITZE am besten noch einmal kontrollieren, ob alle Maschen wieder gleichmäßig verteilt sind.

mittlerer bis breiter Tritt, hoher Spann

Variante Bogensocke

Arbeitet man Spickel und Bogen nacheinander, schafft man etwas mehr Raum im Spann. Dabei werden die Spickelabnahmen so platziert, dass sie anschließend in die Bogenabnahmen übergehen. Die bogenförmigen Abnahmen am Fuß ziehen sich bei dieser Variante weiter in Richtung Spitze als bei der normalen Bogensocke, da sie später begonnen werden.
Fersenwand, Fersenrundung und Maschenaufnahme werden wie bei der normalen Bogensocke (siehe Seite 169) gearbeitet.

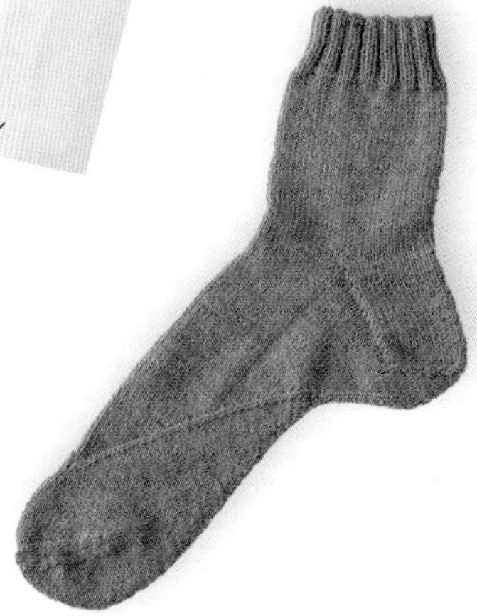

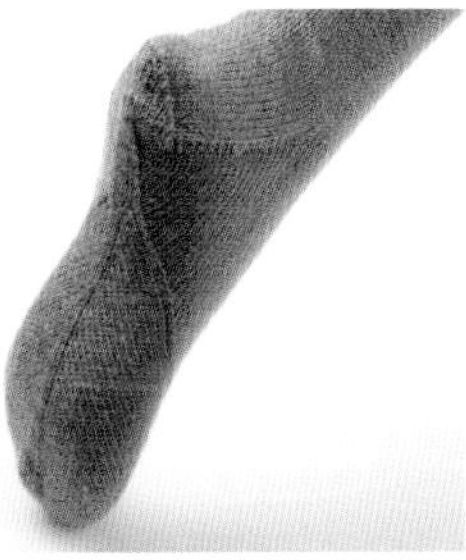

Bogensocke: Sohle

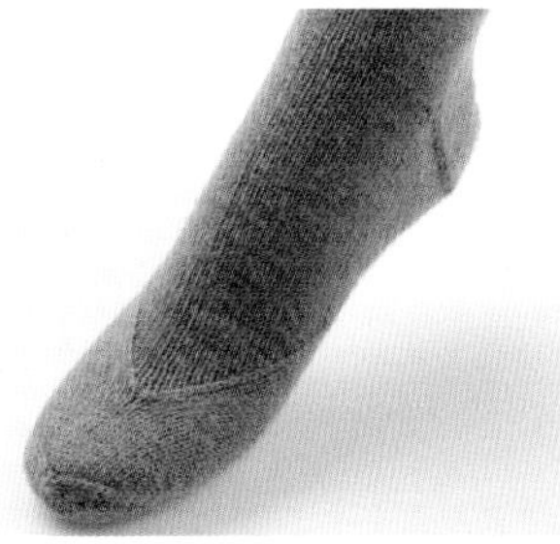

Bogensocke: Oberfuß

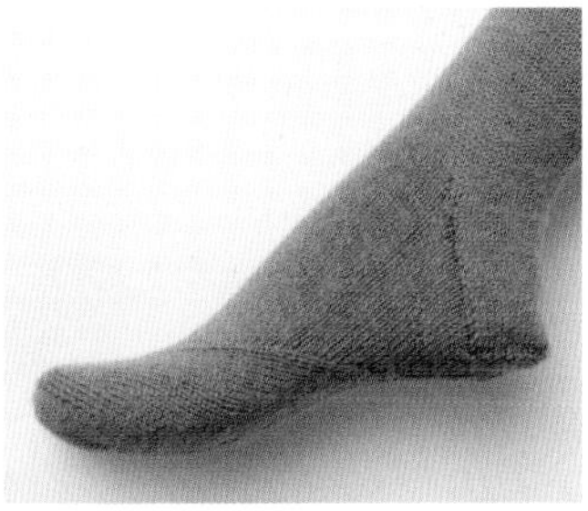

Bogensocke: am Fuß

Spickel

Vorbereitende Abnahmerunde

1. Nadel: 1 Masche rechts stricken, 1 Maschenmarkierer auf die rechte Nadel hängen. 2 Maschen nacheinander wie zum Rechtsstricken abheben und rechts zusammenstricken (Linksneigung), übrige Maschen rechts stricken.
2. und 3. Nadel: Für den Oberfuß im Muster arbeiten.
4. Nadel: Bis zu den 3 letzten Maschen rechts stricken, die zweit- und drittletzte Masche rechts zusammenstricken (Rechtsneigung), einen 2. Maschenmarkierer einhängen, 1 Masche rechts stricken.
1 Runde rechte Maschen stricken, dabei die Markierer einfach abheben.

Abnahmerunde

1. Nadel: Rechte Maschen stricken bis zum 1. Markierer, den Markierer abheben, 2 Maschen mit Linksneigung zusammenstricken. Alle übrigen Maschen rechts stricken.
2. und 3. Nadel: Für den Oberfuß im Muster arbeiten.
4. Nadel: Bis 2 Maschen vor dem 2. Markierer rechts stricken, 2 Maschen rechts zusammenstricken (Rechtsneigung), den Markierer abheben. Alle übrigen Maschen rechts stricken.
Diese Abnahmen in jeder 2. Runde so oft wiederholen, bis die ursprüngliche Maschenzahl wieder erreicht ist.

Fuss mit Bogen

Nach dem Ende des Spickels geht der Verlauf der Spickelabnahmen in den der Bogenabnahmen über. Unter der Sohle kommen zum Erhalt der Maschenzahl Bogenzunahmen hinzu. Da für jede Abnahme wieder eine Zunahme gearbeitet wird, bleibt die Maschenzahl über den gesamten Fuß bis zur Spitze gleich. Den Fuß mit Bogen wie bei der normalen Bogensocke arbeiten.

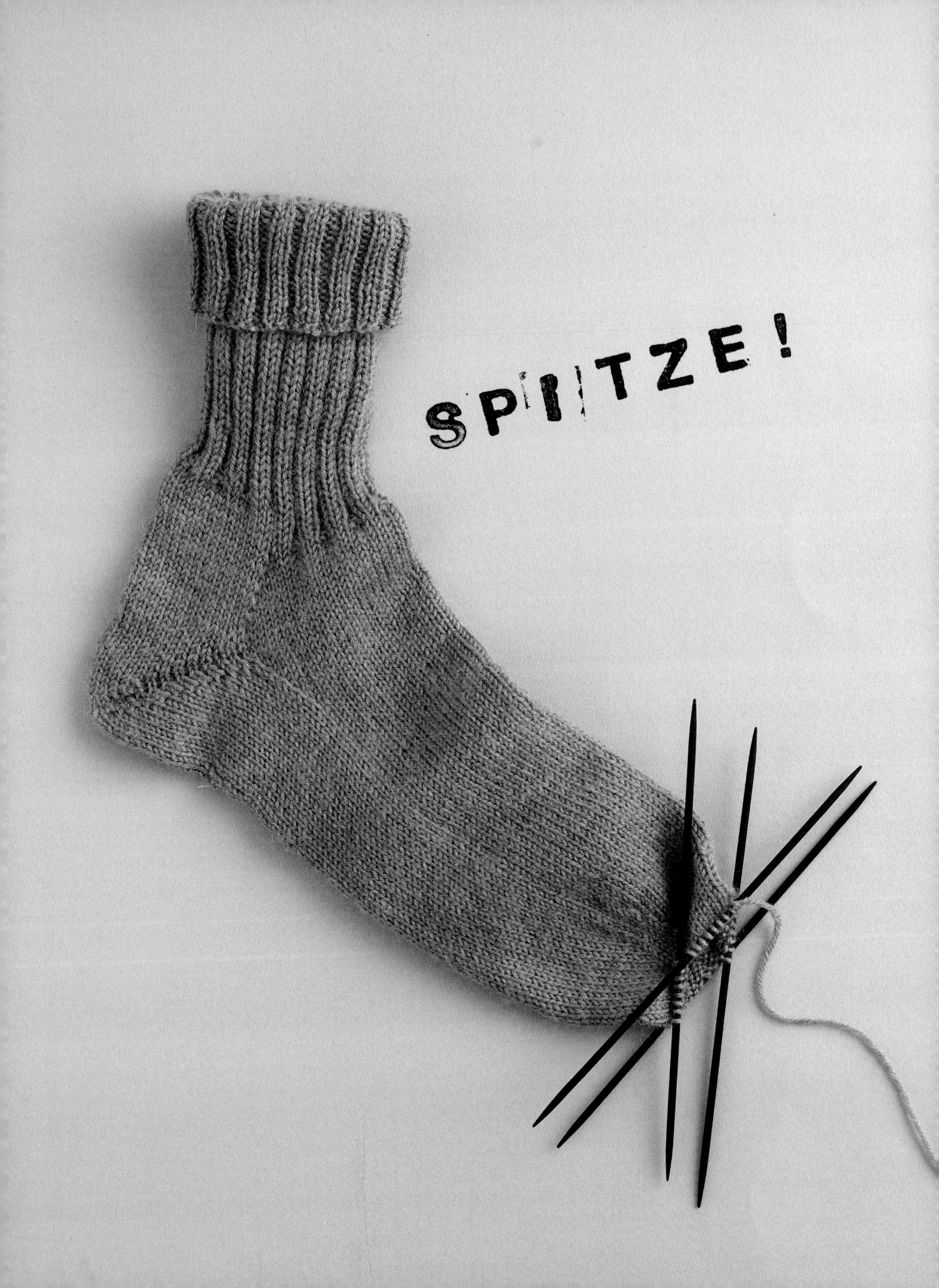
SPITZE!

Die Spitze ist sozusagen die Krönung der Socke – die letzte Etappe, die gemeistert werden muss, bevor eine selbstgestrickte Socke zum Einsatz kommen kann. Dabei ist Spitze nicht gleich Spitze, denn auch hier spielen unterschiedliche Fußformen eine große Rolle. Daher gibt es Spitzen in unterschiedlichen Längen, eher rund oder spitz zulaufende, solche mit stumpfem Abschluss oder sogar anatomisch geformte Spitzen.

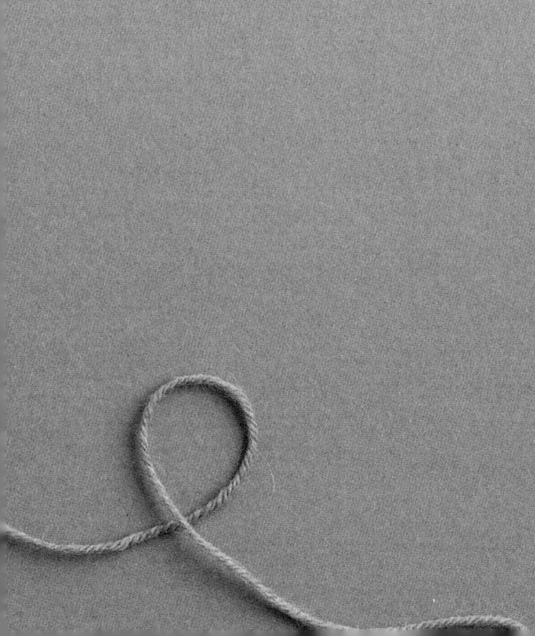

Spitzen – Die Basics

Die Spitze kann wie der Rest der Socke auch mit dem Nadelspiel oder Rundstricknadeln gearbeitet werden. Vor Beginn sollte die Länge der gewünschten Spitze der Tabelle entnommen werden, damit die Socke später nicht zu lang oder zu kurz wird.

Fusslänge bis Spitzenbeginn

Da die verschiedenen Spitzen auch unterschiedlich lang sind, muss vor Beginn der Spitze kontrolliert werden, ob der Fuß bereits die richtige Länge hat. Diese kann bei der gewünschten Spitze der zugehörigen Tabelle unter „Fuß-Spitze/cm“ entnommen werden. Eine Gesamtübersicht über alle Spitzenlängen befindet sich außerdem in den Tabellen am Ende des Buches.

Häufig wird empfohlen, für breitere Füße mit der Maschenzahl der nächstgrößeren Größe, also mit je einer Masche pro Nadel mehr zu stricken. Das ändert jedoch nicht nur die Fuß- und Beinweite, sondern auch Fersen- und Spitzengröße, sodass die fertige Socke später unangenehme Falten im Schuh werfen kann. Für etwas breitere Füße ist es daher besser, zur Fußlänge bis Spitzenbeginn noch 3-4 Runden zusätzlich zu stricken und so die Dehnbarkeit des Gestricks für die fehlende Breite auszunutzen. Bei sehr breiten Füßen kann es tatsächlich sinnvoll sein, die gesamte Socke über mehr Maschen zu arbeiten (siehe Seite 74). Die Fußlänge bis Spitzenbeginn sollte sich jedoch trotzdem an der eigentlichen Schuhgröße orientieren und nicht an der, die der verwendeten Maschenzahl entspricht.

Maschenverteilung

Bei der Beschreibung von Spitzen wird häufig von der klassischen Verteilung der Maschen auf 4 Spielnadeln ausgegangen. Alle Spitzen lassen sich jedoch auch problemlos mit anderen Maschenverteilungen, z. B. auf Rundstricknadeln arbeiten. Da die Abnahmeschemata der in diesem Buch beschriebenen Spitzen meist auf die klassische Maschenverteilung ausgerichtet sind, ist es bei anderen Strickarten am einfachsten, die Maschen am Rundenanfang beginnend mit Maschenmarkierern in 4 gleiche Teile zu teilen. Jeder dieser Teile kann dann wie 1 Nadel behandelt werden.

Bei Spitzen, bei denen die Abnahmen gleichmäßig über den gesamten Fuß verteilt werden (Sternchenspitze, Schneckenspitze, Blumenspitze, Propellerspitze), ist es nicht unbedingt notwendig, diese exakt am Rundenanfang zu beginnen. Bei solchen Spitzen, bei denen die Abnahmen an bestimmten Positionen sitzen müssen (Bandspitzen, japanische Spitze, Schrägnahtferse als Spitze) muss jedoch der Rundenanfang unbedingt beachtet werden, damit die Spitze nicht im Verhältnis zur Ferse verdreht oder falsch herum liegt.

WURDEN DIE MASCHEN während des Strickens aus ihrer ursprünglichen Verteilung umsortiert, z. B. um Gässchen zu vermeiden oder Musterrapporte nicht zu unterbrechen, sollten sie vor Beginn der Spitze am besten wieder zurücksortiert werden.

Spitze auf 4 Spielnadeln

Bei der Verteilung auf 4 Spielnadeln wird von der bereits erwähnten Nummerierung der Nadeln vom Anschlagfaden aus ausgegangen (siehe Seite 93). Der Beginn der Spitze ist damit identisch mit dem Rundenbeginn.

Spitze auf 3 Spielnadeln

Hier kann wie oben erwähnt mit Maschenmarkierern gearbeitet oder die Maschen können für die Spitze auf 4 Spielnadeln umsortiert werden.

Spitze auf 1 oder 2 Rundstricknadeln, CraSyTrio oder Sockenwunder

Da beim Stricken mit 1 oder 2 Rundstricknadeln, mit 3 Trio-Nd oder mit dem Sockenwunde die Maschen der Socke bereits in zwei gleiche Hälften geteilt sind, werden nur 2 Maschenmarkierer benötigt: Einer in der Mitte der vorderen Maschenhälfte, einer in der Mitte der hinteren. Es ist jedoch zu beachten, dass der Rundenbeginn hier nicht in der Mitte der Sohle, sondern an der Seite der Socke liegt. Bei Spitzen, bei denen die genaue Position der Abnahmen wichtig ist, muss daher umgedacht werden: Das erste Maschenviertel entspricht der 4. Nadel, das zweite der 1. Nadel, das dritte der 2. Nadel und das vierte der 3. Nadel.

AUCH WENN IM REST DER SOCKE ein Muster eingearbeitet wurde, empfiehlt es sich, für die Spitze wieder über alle Maschen glatt rechts zu stricken, da diese sonst im Schuh drücken könnte. Wurden für ein Muster mehr Maschen benötigt als eigentlich für die Größe vorgesehen, sollten diese in einer vorbereitenden Runde wieder reduziert werden.

Bandspitze

Die Bandspitze ist in unseren Breitengraden der absolute Klassiker unter den Sockenspitzen. Ihr charakteristisches Aussehen mit den seitlichen Bändern erhält sie durch rechts- und linksgeneigte Abnahmen. Die Anzahl der Zwischenrunden ohne Abnahmen wird zur Fußspitze hin immer weiter verringert, sodass sich eine schöne Rundung ausformt.

Bandspitze von vorne

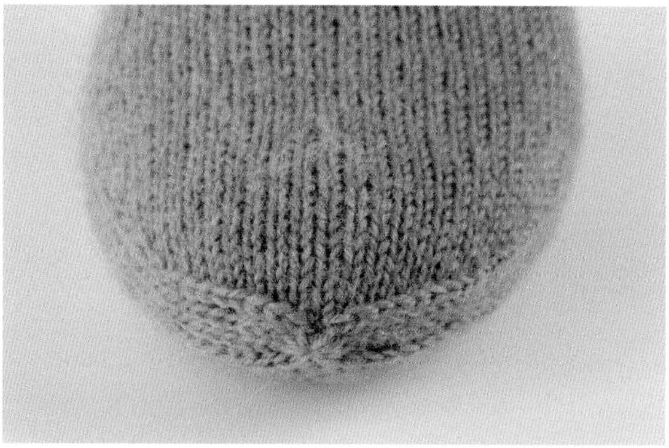

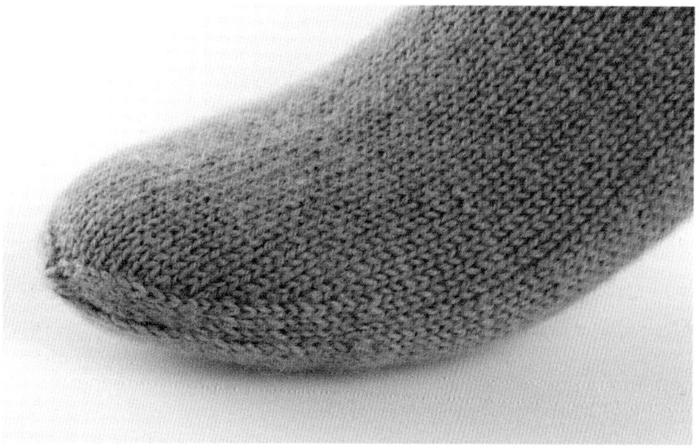

Bandspitze von der Seite

DAMIT DIE BANDSPITZE auch an der richtigen Stelle sitzt, ist es wichtig, den Rundenbeginn sowie die Nummerierung der Nadeln im Blick zu behalten!

Abnahmerunde für die Bandspitze

Alle Maschen rechts stricken, dabei die zweit- und drittletzte Masche der 1. und 3. Nadel rechts zusammenstricken (Rechtsneigung), die 2. und 3. Masche der 2. und 4. Nadel nacheinander wie zum Rechtsstricken abheben und rechts zusammenstricken (Linksneigung). Diese Abnahmerunde wird nun in regelmäßigen Abständen wiederholt, dazwischen werden Zwischenrunden ohne Abnahmen gearbeitet. Diese werden zur Spitze hin immer weniger.
Das Schema für die jeweilige Größe kann den Tabellen entnommen werden.

FÜR RECHTS- UND LINKSGENEIGTE ABNAHMEN siehe Seite 65.

EIN RAFFINIERTES DETAIL erhalten Fortgeschrittene, wenn sie die zwei Bandmaschen in regelmäßigen Abständen miteinander verzopfen.

Abnahmeschema der Bandspitze für 4-fädiges Sockengarn

LL = 210 m/50 g, 30 Maschen x 42 Reihen = 10 cm x 10 cm

Größe	20/21	22/23	24/25	26/27	28/29	30/31	32/33	34/35	36/37	38/39	40/41	42/43	44/45	46/47	48/49	50/51
Maschenzahl gesamt/Nadel	44/11	44/11	48/12	48/12	52/13	52/13	56/14	56/14	60/15	60/15	64/16	64/16	68/17	72/18	72/18	76/19
Fuß –Spitze/ cm	10,5	12,0	13,0	14,0	15,0	16,5	17,0	18,5	19,5	20,5	21,5	23,0	23,5	24,5	26,0	27,5
in jeder 4. Runde									1x	1x	1x	1x	1x	1x	1x	1x
in jeder 3. Runde	1x	1x	1x	1x	2x	2x	2x	2x	2x	2x	2x	2x	2x	2x	2x	2x
in jeder 2. Runde	3x	3x	3x	3x	3x	3x	3x	3x	3x	3x	3x	3x	4x	4x	4x	4x
in jeder Runde	4x	4x	5x	5x	5x	5x	6x	6x	6x	6x	7x	7x	7x	8x	8x	9x
Maschen/ Nadel (stumpf)			4	4	4	4	5	5	5	5	6	6	6	7	7	7

Spitzenschluss durch Zusammenziehen

Wurden alle Abnahme- und Zwischenrunden laut Tabelle gearbeitet, befinden sich nach der letzten Abnahme noch jeweils 2 Maschen auf den 4 Nadeln, es bleiben also insgesamt 8 Maschen übrig. Den Faden abschneiden, in eine Sticknadel mit stumpfer Spitze einfädeln. Damit den Faden 2x durch die 8 Bandmaschen führen und fest zusammenziehen. Zum Schluss den Arbeitsfaden vernähen.

DER FADEN AN DER SPITZE wird genauso vernäht wie bei den nachträglich eingestrickten Fersen auf Seite 156/157 beschrieben.

Stumpfer Spitzenschluss durch Maschenstich ▶

Für eine stumpfe Bandspitze die Abnahmen nur bis zur in der Tabelle angegebenen Maschenzahl arbeiten. Anschließend eine Übergangsrunde stricken wie folgt:
Übergangsrunde: Alle Maschen rechts stricken, dabei die letzten beiden Maschen der 1. und 3. Nadel rechts zusammenstricken (Rechtsneigung), die ersten beiden Maschen der 2. und 4. Nadel nacheinander wie zum Rechtsstricken abheben und rechts zusammenstricken (Linksneigung). Beim Arbeiten mit dem Nadelspiel noch einmal die Maschen der 1. Nadel abstricken, um zum seitlichen Rand zu gelangen.
Die restlichen Maschen von Oberfuß und Sohle auf je 1 Nadel nehmen und parallel legen. Die Spitze im Maschenstich schließen.

Stumpfe Bandspitze von vorne

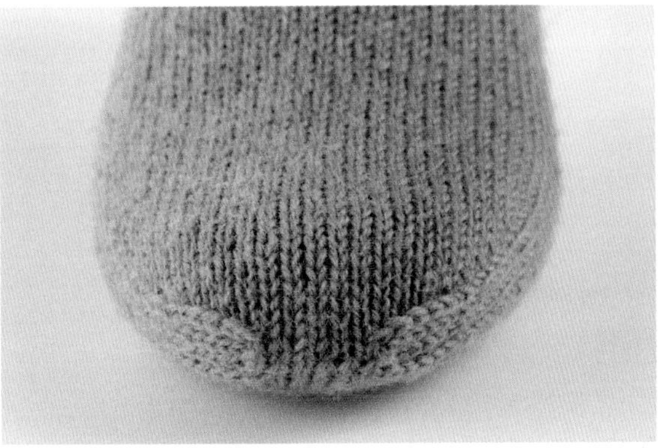

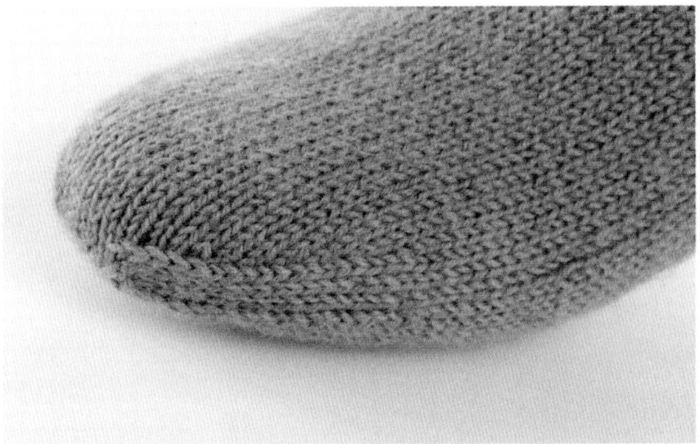

Stumpfe Bandspitze von der Seite

DIE ÜBERGANGSRUNDE IST NOTWENDIG, UM UNSCHÖNE ÖHRCHEN AN DEN SEITEN DER SPITZE ZU VERMEIDEN.

WIE DER MASCHENSTICH gearbeitet wird, steht auf Seite 69.

Abnahmeschema der Bandspitze für 6-fädiges Sockengarn

LL = 125 m/50 g, 22 Maschen x 30 Reihen = 10 cm x 10 cm

Größe	20/21	22/23	24/25	26/27	28/29	30/31	32/33	34/35	36/37	38/39	40/41	42/43	44/45	46/47	48/49	50/51
Maschenzahl gesamt/Nadel	32/8	32/8	36/9	36/9	40/10	40/10	44/11	44/11	48/12	48/12	52/13	52/13	52/13	56/14	56/14	60/15
Fuß –Spitze/ cm	10,5	12,0	13,0	14,0	15,0	16,5	17,0	18,5	19,5	20,5	21,5	23,0	24,0	24,5	26,0	27,0
in jeder 4. Runde														1x	1x	1x
in jeder 3. Runde	1x	1x	1x	1x	1x	1x	1x	1x	1x	1x	2x	2x	2x	1x	1x	2x
in jeder 2. Runde	2x	2x	2x	2x	3x	3x	3x	3x	4x	4x	4x	4x	3x	3x	3x	3x
in jeder Runde	2x	2x	3x	3x	3x	3x	4x	4x	4x	4x	4x	4x	5x	6x	6x	6x
Maschen/ Nadel (stumpf)	3	3	3	3	3	3	4	4	4	4	5	5	5	6	6	6

Anatomische Bandspitze

Da Füße in Wirklichkeit nicht so symmetrisch sind wie die Bandspitze, passt sich diese hauptsächlich durch die Dehnbarkeit des Strickstoffes an den Fuß an. Eine noch bessere Passform wird erreicht, indem die Spitzenform der natürlichen Fußform weiter angenähert wird. Bei der anatomischen Bandspitze werden daher auf beiden Seiten unterschiedlich viele Abnahmen gearbeitet. Dadurch gibt es hier auch eine rechte und eine linke Socke. Die anatomische Bandspitze sitzt besonders gut bei ausgeprägten großen Zehen und an Männerfüßen.

Anatomische Band-spitze von vorne

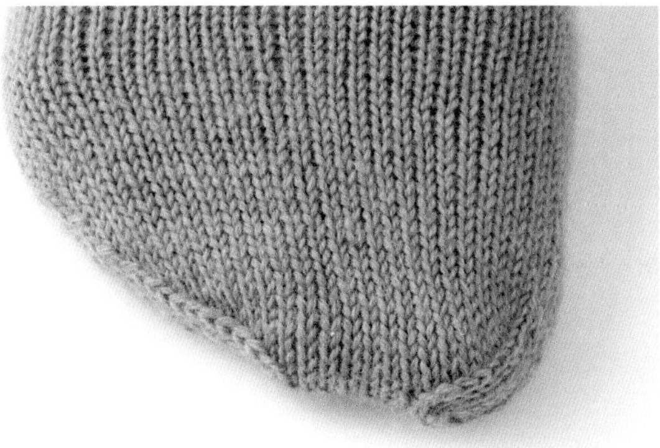

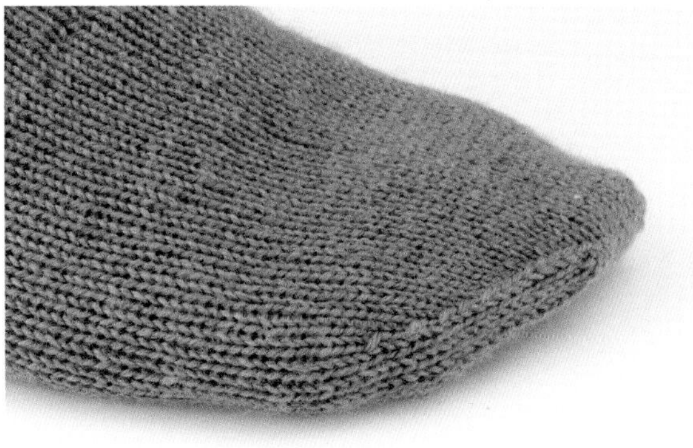

Anatomische Bandspitze von der Seite

Rechte Socke

Über die 1. und 2. Nadel die Abnahmerunden nach dem gewohnten Schema aus der Tabelle arbeiten, über die 3. und 4. Nadel zunächst glatt rechts ohne Abnahmen weiterstricken. Auf diese Weise arbeiten, bis zum letzten Mal eine Zwischenrunde gestrickt wird (bevor die Abnahmen in jeder Runde gearbeitet werden). Nun die Abnahmen auch auf der 3. und 4. Nadel beginnen und nach dem gleichen Schema arbeiten wie auf der 1. und 2. Nadel (Abnahmen in jeder Runde stricken). Zuletzt die Spitze entweder im Maschenstich oder durch Zusammenziehen schließen wie bei der Bandspitze beschrieben.

Linke Socke

Die linke Socke gegengleich arbeiten. Dafür die kompletten Abnahmen auf der 3. und 4. Nadel stricken, auf der 1. und 2. Nadel erst später mit den Abnahmen beginnen.

DENKEN SIE DARAN, zwei gegengleiche Spitzen für den rechten und den linken Fuß zu arbeiten.

DA DER UNTERSCHIED zwischen rechter und linker Socke im nicht angezogenen Zustand nicht so offensichtlich ist, kann es hilfreich sein, die beiden Socken unauffällig zu kennzeichnen.

DIE LÄNGE BIS SPITZENBEGINN ist identisch mit der normalen Bandspitze.

Schneckenspitze

Diese Spitze sieht besonders raffiniert aus, ist aber ganz einfach und ohne viel Zählerei zu stricken. Sie eignet sich vor allem für eher spitze Füße und ist besonders strapazierfähig. Anders als bei anderen Spitzen entstehen keine sichtbaren oder spürbaren Nähte, da die Abnahmen versetzt gearbeitet werden.

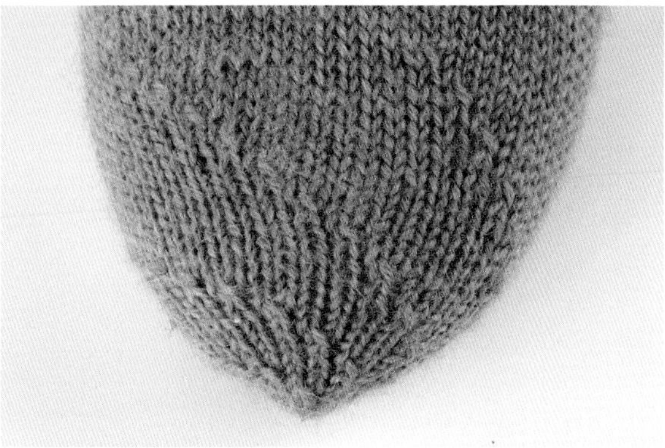

Schneckenspitze von oben

Schneckenspitze von der Seite

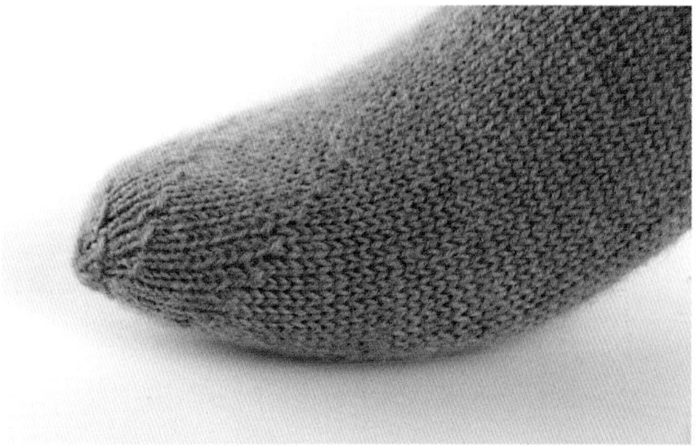

Abnahmen für die Schneckenspitze

Die ersten 2 Maschen jeder Nadel nacheinander wie zum Rechtsstricken abheben, dann rechts zusammenstricken. 1 Runde rechte Maschen stricken.
Die 2. Masche jeder Nadel abheben, die 3. Masche rechts stricken und die abgehobene Masche über die gestrickte Masche ziehen. 1 Runde rechte Maschen stricken.
Die 3. Masche jeder Nadel abheben, die 4. Masche rechts stricken und die abgehobene Masche über die gestrickte Masche ziehen. 1 Runde rechte Maschen stricken.
Nach diesem Schema fortfahren, bis sich nur noch 8 Maschen auf den Nadeln befinden. Den Arbeitsfaden abschneiden, mit einer stumpfen Sticknadel 2x durch die restlichen Maschen führen, fest zusammenziehen und auf der Innenseite vernähen.

DIE ZWISCHENRUNDEN aus rechten Maschen werden nicht vom tatsächlichen Rundenbeginn aus gezählt, sondern beginnen jeweils direkt nach der Abnahme. Die letzte Masche der Zwischenrunde wird über die Abnahme der Vorrunde gestrickt, es folgt direkt die nächste Abnahme.

Schneckenspitze für 4-fädiges Sockengarn

LL = 210 m/50 g, 30 Maschen x 42 Reihen = 10 cm x 10 cm

Größe	20/21	22/23	24/25	26/27	28/29	30/31	32/33	34/35	36/37	38/39	40/41	42/43	44/45	46/47	48/49	50/51
Maschenzahl gesamt/Nadel	44/11	44/11	48/12	48/12	52/13	52/13	56/14	56/14	60/15	60/15	64/16	64/16	68/17	72/18	72/18	72/19
Fuß –Spitze/ cm	9,5	11,0	12,0	13,0	14,0	15,5	16,0	17,5	18,5	19,5	20,5	22,0	22,5	23,5	25,0	26,0

Schneckenspitze für 6-fädiges Sockengarn

LL = 125 m/50 g, 22 Maschen x 30 Reihen = 10 cm x 10 cm

Größe	20/21	22/23	24/25	26/27	28/29	30/31	32/33	34/35	36/37	38/39	40/41	42/43	44/45	46/47	48/49	50/51
Maschenzahl gesamt/Nadel	32/8	32/8	36/9	36/9	40/10	40/10	44/11	44/11	48/12	48/12	52/13	52/13	52/13	56/14	56/14	60/15
Fuß –Spitze/ cm	10,0	11,5	12,5	13,5	14,5	16,0	16,0	17,5	18,5	19,5	20,5	22,0	23,0	22,5	24,0	25,0

Blumenspitze

Diese Spitze ist schön rund und für jeden Fuß geeignet. Ihren Namen erhielt sie durch ihr spezielles Muster, das an Blütenblätter auf der Fußspitze erinnert. Wie auch bei der Schneckenspitze und der Propellerspitze wandern die Abnahmen gleichmäßig verteilt über die gesamte Spitze, was ihr – neben dem hübschen Aussehen – eine gute Stabilität und Strapazierfähigkeit verleiht.

Abnahmen für die Blumenspitze

Auf jeder der 4 Spielnadeln werden folgende Abnahmen gearbeitet:

1. Runde: * Alle Maschen rechts stricken, nur die ersten beiden Maschen links zusammenstricken. *

3 Runden glatt rechts.

5. Runde: * Alle Maschen rechts stricken, nur die 2. und 3. und die letzten beiden Maschen links zusammenstricken. *

3 Runden glatt rechts.

9. Runde: * Alle Maschen rechts stricken, nur die 3. und 4. und die letzten beiden Maschen links zusammenstricken. *

3 Runden glatt rechts.

13. Runde: * Alle Maschen rechts stricken, nur die 4. und 5. und die letzten beiden Maschen links zusammenstricken. *

3 Runden glatt rechts.

Nach diesem Schema fortfahren, bis auf jeder Nadel die beiden linken Abnahmen zusammentreffen oder nebeneinander liegen. Dann alle Maschen rechts stricken, die letzte Masche jeder Nadel ungestrickt abheben. Die 1. Masche der nächsten Nadel rechts stricken und die abgehobene Masche überziehen. Diese Abnahmen in jeder Runde wiederholen, bis insgesamt noch 8 Maschen übrig sind. Den Arbeitsfaden abschneiden, mit einer stumpfen Sticknadel 2x durch die restlichen Maschen führen, fest zusammenziehen und auf der Innenseite vernähen.

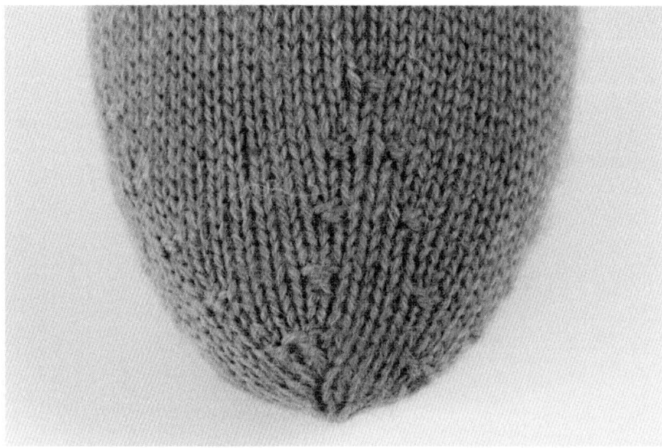

Blumenspitze von oben

Blumenspitze von der Seite

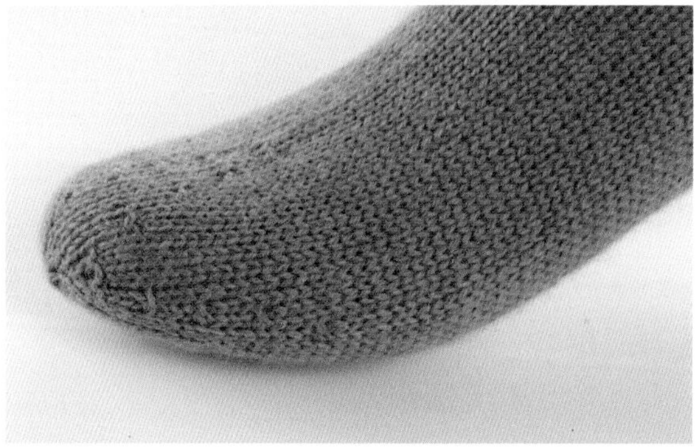

FRÜHER WURDE DIESE SPITZE oft mit nur 2 statt 3 Zwischenrunden gearbeitet, wodurch sie aber zu kurz ausfiel.

Blumenspitze für 4-fädiges Sockengarn

LL = 210 m/50 g, 30 Maschen x 42 Reihen = 10 cm x 10 cm

Größe	20/21	22/23	24/25	26/27	28/29	30/31	32/33	34/35	36/37	38/39	40/41	42/43	44/45	46/47	48/49	50/51
Maschenzahl gesamt/Nadel	44/11	44/11	48/12	48/12	52/13	52/13	56/14	56/14	60/15	60/15	64/16	64/16	68/17	72/18	72/18	76/19
Fuß –Spitze/ cm	10,0	11,5	13,0	14,0	15,0	16,5	17,5	19,0	19,5	20,5	22,0	23,5	24,0	25,5	25,5	24,5

Blumenspitze für 6-fädiges Sockengarn

LL = 125 m/50 g, 22 Maschen x 30 Reihen = 10 cm x 10 cm

Größe	20/21	22/23	24/25	26/27	28/29	30/31	32/33	34/35	36/37	38/39	40/41	42/43	44/45	46/47	48/49	50/51
Maschenzahl gesamt/Nadel	32/8	32/8	36/9	36/9	40/10	40/10	44/11	44/11	48/12	48/12	52/13	52/13	52/13	56/14	56/14	56/14
Fuß –Spitze/ cm	11,0	12,5	13,0	14,0	15,5	17,0	17,0	18,5	20,0	21,0	21,5	23,0	24,0	25,5	25,5	24,5

Propellerspitze

Diese Spitze ist besonders für spitz zulaufende Füße geeignet. Zudem lässt sie sich sehr leicht stricken, da auf jeder Nadel nur einmal abgenommen wird und die Zahl der Zwischenrunden nur geringfügig variiert.

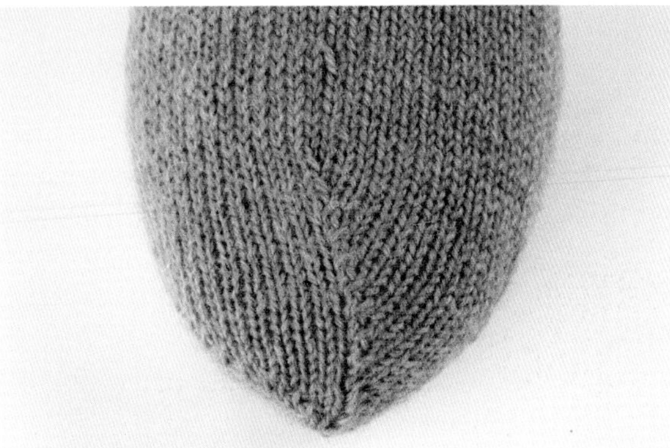

Propellerspitze von oben

Propellerspitze von der Seite

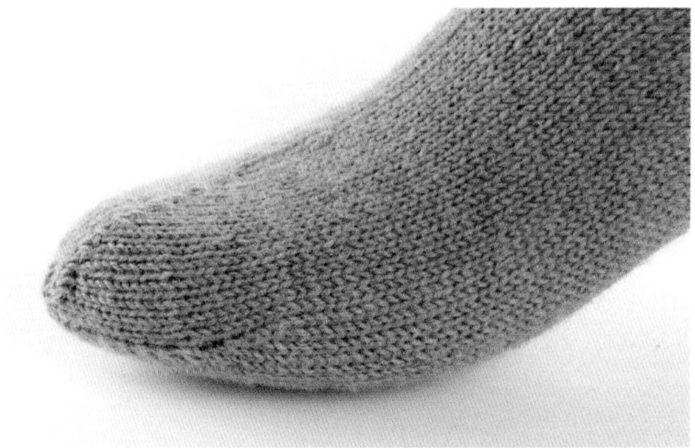

Abnahmerunde für die Propellerspitze

Die beiden ersten Maschen jeder Nadel mit Linksneigung zusammenstricken. Dafür die ersten beiden Maschen nacheinander wie zum Rechtsstricken abheben, dann rechts zusammenstricken.
Diese Abnahmen in jeder 2. Runde wiederholen, bis sich nur noch etwa 1/3 der ursprünglichen Maschen auf den Nadeln befinden. Dann die Abnahmen in jeder Runde arbeiten, bis noch insgesamt 8 Maschen übrig bleiben. Den Arbeitsfaden abschneiden, mit einer stumpfen Sticknadel 2x durch die restlichen Maschen führen, fest zusammenziehen und auf der Innenseite vernähen.

Beispiel
60 Maschen/15 Maschen pro Nadel
10 Abnahmerunden mit Zwischenrunden, 3 Abnahmerunden ohne Zwischenrunden arbeiten, 2 Maschen pro Nadel werden anschließend zusammengezogen.

Propellerspitze für 4-fädiges Sockengarn
LL = 210 m/50 g, 30 Maschen x 42 Reihen = 10 cm x 10 cm

Größe	20/21	22/23	24/25	26/27	28/29	30/31	32/33	34/35	36/37	38/39	40/41	42/43	44/45	46/47	48/49	50/51
Maschenzahl gesamt/Nadel	44/11	44/11	48/12	48/12	52/13	52/13	56/14	56/14	60/15	60/15	64/16	64/16	68/17	72/18	72/18	76/19
Fuß –Spitze/ cm	9,5	11,0	12,0	13,0	14,0	15,5	16,5	18,0	19,0	20,5	21,0	22,5	23,0	24,0	25,0	26,0

Propellerspitze für 6-fädiges Sockengarn
LL = 125 m/50 g, 22 Maschen x 30 Reihen = 10 cm x 10 cm

Größe	20/21	22/23	24/25	26/27	28/29	30/31	32/33	34/35	36/37	38/39	40/41	42/43	44/45	46/47	48/49	50/51
Maschenzahl gesamt/Nadel	32/8	32/8	36/9	36/9	40/10	40/10	44/11	44/11	48/12	48/12	52/13	52/13	52/13	56/14	56/14	60/15
Fuß –Spitze/ cm	10,0	11,5	12,5	13,5	14,5	16,0	16,5	18,0	19,0	20,0	21,0	22,5	23,5	24,0	25,0	25,5

Sternchenspitze

Die Sternchenspitze gehört neben der Bandspitze zu den beliebtesten Spitzen. Sie passt am besten schmalen, spitzen Füßen. Da die Abnahmen gleichmäßig über die ganze Spitze verteilt sind, ist sie etwas strapazierfähiger und weicher als die Bandspitze. Werden die Abnahmen mit Linksneigung gestrickt, ergibt sich ein Muster. Arbeitet man sie rechtsgeneigt, passen sie sich gut ins Maschenbild ein und sind kaum sichtbar.

Sternchenspitze von oben

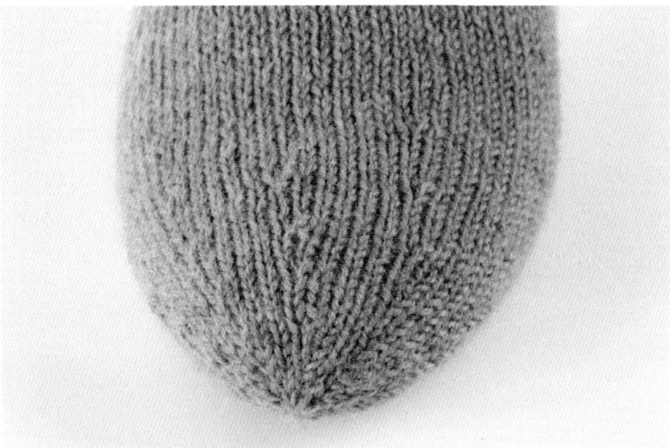

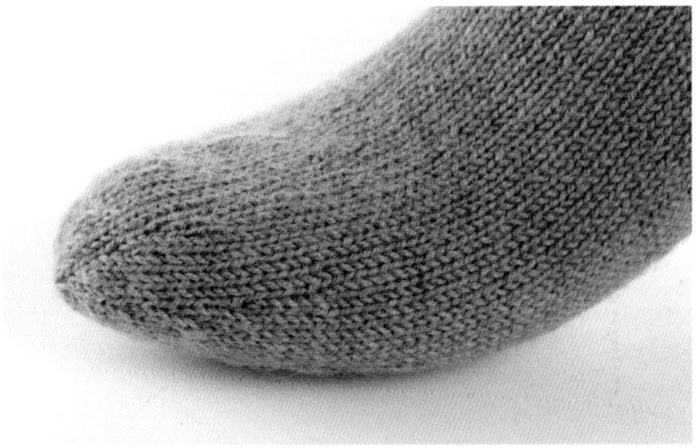

Sternchenspitze von der Seite

FÜR DIE STERNCHENSPITZE wird eine gerade Maschenzahl pro Nadel benötigt. Überzählige Maschen müssen bereits einige Runden vor Spitzenbeginn abgenommen werden.

Abnahmeschema der Sternchenspitze für 4-fädiges Sockengarn

LL = 210 m/50 g, 30 Maschen x 42 Reihen = 10 cm x 10 cm

Größe	20/21	22/23	24/25	26/27	28/29	30/31	32/33	34/35	36/37	38/39	40/41	42/43	44/45	46/47	48/49	50/51
Fuß –Spitze/ cm	11,5	13,0	13,0	14,0	15,5	17,0	17,0	18,5	20,0	21,0	20,5	22,0	23,0	22,5	24,0	22,5
Maschenzahl gesamt/Nadel	44/11	44/11	48/12	48/12	52/13	52/13	56/14	56/14	60/15	60/15	64/16	64/16	68/17	72/18	72/18	76/19
Abnahme nötig	ja	ja	nein	nein	ja	ja	nein	nein	ja	ja	nein	nein	ja	nein	ja	ja
Maschenzahl für Spitze	40/10	40/10	48/12	48/12	48/12	48/12	56/14	56/14	56/14	56/14	64/16	64/16	64/16	72/18	72/18	72/18
Maschenzahl zwischen Abnahmen der 1. Abnahme-Runde	3	3	4	4	4	4	5	5	5	5	6	6	6	7	7	7

Abnahmeschema der Sternchenspitze für 6-fädiges Sockengarn

LL = 125 m/50 g, 22 Maschen x 30 Reihen = 10 cm x 10 cm

Größe	20/21	22/23	24/25	26/27	28/29	30/31	32/33	34/35	36/37	38/39	40/41	42/43	44/45	46/47	48/49	50/51
Fuß –Spitze/ cm	10,5	12,0	13,0	14,0	15,0	16,5	17,0	18,5	19,5	20,5	21,5	23,0	24,0	24,5	26,5	24,5
Maschenzahl gesamt/Nadel	32/8	32/8	36/9	36/9	40/10	40/10	44/11	44/11	48/12	48/12	52/13	52/13	52/13	56/14	56/14	60/15
Abnahme nötig	nein	nein	ja	ja	nein	nein	ja	ja	nein	nein	ja	ja	ja	nein	nein	ja
Maschenzahl für Spitze	32/8	32/8	32/8	32/8	40/10	40/10	40/10	40/10	48/12	48/12	48/12	48/12	48/12	56/14	56/14	56/14
Maschenzahl zwischen Abnahmen der 1. Abnahme-Runde	2	2	2	2	3	3	3	3	4	4	4	4	4	5	5	5

Abnahmerunde für die Sternchenspitze

Auf jeder Nadel werden pro Abnahmerunde 2 Maschen abgenommen. Dafür die Maschen einer Nadel gedanklich in zwei Teile teilen. Nun die ersten beiden Maschen der ersten Hälfte und die ersten beiden Maschen der zweiten Maschenhälfte jeder Nadel rechts zusammenstricken.
Die Anzahl an Runden, die nun als Zwischenrunden glatt rechts ohne Abnahmen gestrickt werden, entspricht der Anzahl der rechts gestrickten Maschen zwischen den beiden Abnahmen. Nach diesem Abnahmeschema die Abnahmen so lange wiederholen, bis noch insgesamt 8 Maschen übrig bleiben. Den Arbeitsfaden abschneiden, mit einer stumpfen Sticknadel 2x durch die restlichen Maschen führen, fest zusammenziehen und auf der Innenseite vernähen.

Beispiel
60 Maschen/15 Maschen pro Nadel1. und 2. Masche jeder Nadel zusammenstricken, 6 Runden rechts – nun beginnt die Spitze:
* 2 Maschen zusammenstricken, 5 Maschen rechts, * 5 Runden glatt rechts* 2 Maschen zusammenstricken, 4 Maschen rechts, * 4 Runden glatt rechts
* 2 Maschen zusammenstricken, 3 Maschen rechts, * 3 Runden glatt rechts
* 2 Maschen zusammenstricken, 2 Maschen rechts, * 2 Runden glatt rechts
* 2 Maschen zusammenstricken, 1 Masche rechts, * 1 Runde glatt rechts
* 2 Maschen zusammenstricken *

FAUSTREGEL: So viele Runden zwischen den Abnahmen wie Maschen zwischen den Abnahmen.

Japanische Spitze

Diese Spitze mit separatem großen Zeh ist eine hübsche Spielerei, wenn man gerne Schuhe mit Zehensteg trägt. So werden sie auch für kühlere Temperaturen oder als Hausschuhe tauglich.

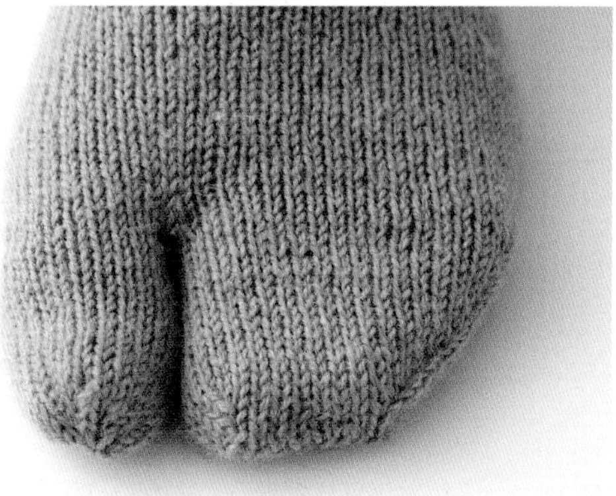

Japanische Spitze von oben

Japanische Spitze von der Seite

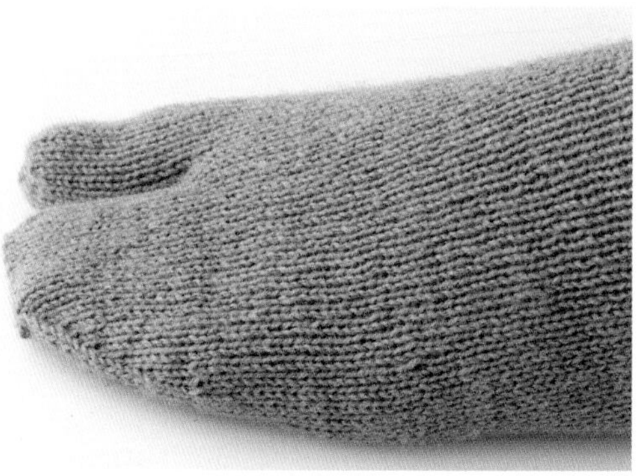

FÜR DIE JAPANISCHE SPITZE wird eine zusätzliche Spielnadel benötigt.

DIE LÄNGE BIS SPITZENBEGINN ist identisch mit der normalen Bandspitze.

Maschenaufteilung

Vor Beginn der Spitze müssen die Maschen neu verteilt werden.

Rechte Socke

An der linken Seite der Spitze mit der freien Nadel die erste Hälfte der Maschen für den großen Zeh (s. Tabelle) von Nadel 1 abheben, die restlichen Maschen von Nadel 1 auf Nadel 2 heben, dann die 2. Hälfte der Maschen für den großen Zeh von Nadel 4 abheben, die restlichen Maschen von Nadel 4 auf Nadel 3 heben.

Linke Socke

An der rechten Seite der Spitze mit der freien Nadel die erste Hälfte der Maschen für den großen Zeh (s. Tabelle) von Nadel 3 abheben, die restlichen Maschen von Nadel 3 auf Nadel 4 heben, dann die 2. Hälfte der Maschen für den großen Zeh von Nadel 2 abheben, die restlichen Maschen von Nadel 2 auf Nadel 1 heben.

Grosser Zeh

Der große Zeh wird über die Maschen der 1. und 2. Nadel (rechte Socke) oder der 3. und 4. Nadel (linke Socke) gestrickt. Dafür zusätzlich zu den restlichen Zehen hin laut Tabelle neue Stegmaschen anschlagen, alle Maschen auf 3 Spielnadeln verteilen und zur Runde schließen. Glatt rechts stricken, bis noch ca. 0,5 cm bis zum Ende der Zehe fehlen. Nun fortlaufend 2 Maschen rechts zusammenstricken, bis noch insgesamt 6 Maschen übrig bleiben. Den Arbeitsfaden abschneiden, mit einer stumpfen Sticknadel 2x durch die restlichen Maschen führen, fest zusammenziehen und auf der Innenseite vernähen.

WIE MAN MASCHEN DURCH AUFSTRICKEN DAZU ANSCHLÄGT, steht auf Seite 87.

Fuss

Aus dem Steg zum großen Zeh die gleiche Zahl an Stegmaschen herausstricken und zusammen mit den restlichen Maschen gleichmäßig auf 4 Spielnadeln verteilen. Zur Runde schließen und glatt rechts in Runden stricken, dabei an der Außenseite des Fußes Abnahmen nach dem Schema der Bandspitze arbeiten (siehe Seite 175). Wurde nach diesem Schema die letzte Zwischenrunde gestrickt, auch an der Seite zum großen Zeh hin die Abnahmen nach dem gleichen Schema wie an der Außenseite arbeiten, bis insgesamt je nach Größe noch 8-16 Maschen übrig sind. Nun einen stumpfen Spitzenschluss arbeiten (siehe Seite 176).

Maschenzahl für japanische Spitze für 4-fädiges Sockengarn

LL = 210 m/50 g, 30 Maschen x 42 Reihen = 10 cm x 10 cm

Größe	20/21	22/23	24/25	26/27	28/29	30/31	32/33	34/35	36/37	38/39	40/41	42/43	44/45	46/47	48/49	50/51
Maschenzahl gesamt/Nadel	44/11	44/11	48/12	48/12	52/13	52/13	56/14	56/14	60/15	60/15	64/16	64/16	68/17	72/18	72/18	76/19
Maschen für großen Zeh ohne Steg-Maschen	2x 7	2x 7	2x 8	2x 8	2x 9	2x 9	2x 9	2x 9	2x 10	2x 10	2x 11	2x 11	2x 12	2x 13	2x 13	2x 13
Neue Maschen für Steg	2	2	2	2	2	2	3	3	3	4	4	5	6	6	6	7
Maschenzahl gesamt für großen Zeh	16	16	18	18	20	20	21	21	23	24	26	27	30	32	32	33

Maschenzahl für japanische Spitze für 6-fädiges Sockengarn

LL = 125 m/50 g, 22 Maschen x 30 Reihen = 10 cm x 10 cm

Größe	20/21	22/23	24/25	26/27	28/29	30/31	32/33	34/35	36/37	38/39	40/41	42/43	44/45	46/47	48/49	50/51
Maschenzahl gesamt/Nadel	32/8	32/8	36/9	36/9	40/10	40/10	44/11	44/11	48/12	48/12	52/13	52/13	52/13	56/14	56/14	60/15
Maschen für großen Zeh ohne Steg-Maschen	2x 5	2x 5	2x 6	2x 6	2x 6	2x 7	2x 7	2x 7	2x 8	2x 8	2x 8	2x 9	2x 9	2x 9	2x 9	2x 9
Neue Maschen für Steg	2	2	2	2	3	2	3	3	3	3	4	4	4	4	4	5
Maschenzahl gesamt für großen Zeh	12	12	14	14	15	16	17	17	19	19	20	22	22	22	22	23

Schrägnahtferse als Spitze

Diese Spitze wird wie eine Ferse mit Schrägnaht gestrickt. Besonders geeignet sind die Bumerangferse mit zweifachen Doppelmaschen (siehe Seite 140), die Wickelmaschenferse (siehe Seite 148) und die falsche Bumerangferse (siehe Seite 154). Eine Schrägnahtferse als Spitze ist vorne relativ stumpf und passt sich der Fußform sehr gut an.

Bumerangferse mit zweifachen Doppelmaschen von oben

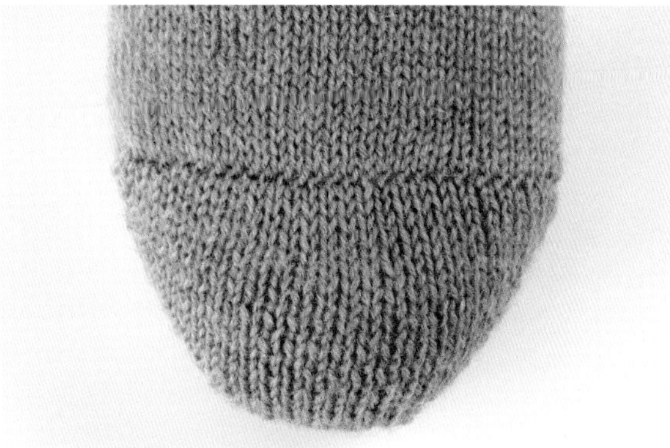

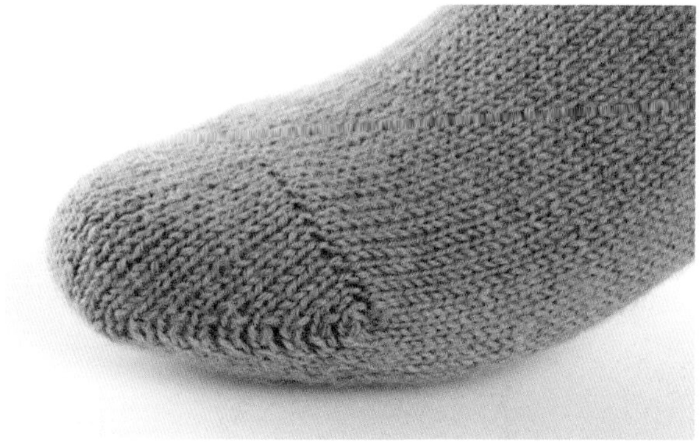

Bumerangferse mit zweifachen Doppelmaschen von der Seite

Die Schrägnahtferse als Spitze wird im Gegensatz zu allen anderen Spitzen nicht in Runden, sondern in verkürzten Reihen nur über die Hälfte der Maschen gearbeitet. Dazu die Maschen der 1. und 4. Nadel bzw. der vorderen Maschenhälfte stilllegen und über die Maschen der 2. und 3. Nadel bzw. der hinteren Maschenhälfte eine Schrägnahtferse arbeiten.

Bumerangferse mit zweifachen Doppelmaschen in Fersenform

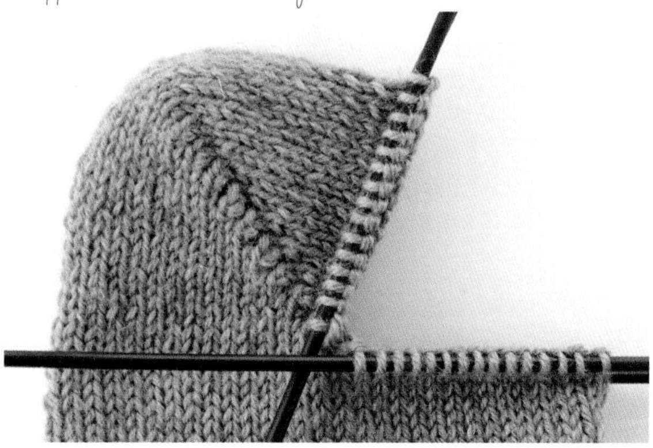

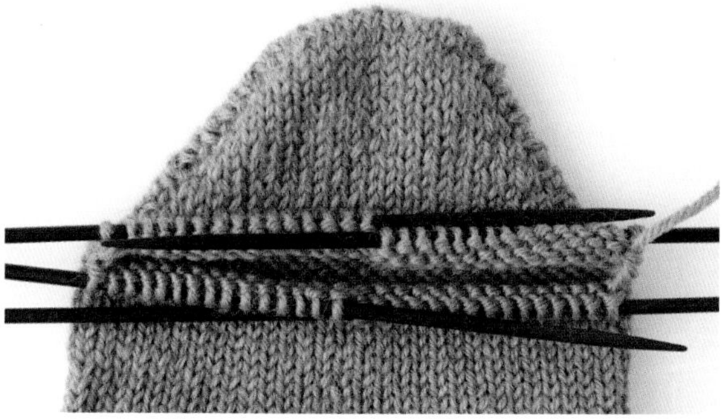

Bumerangferse mit zweifachen Doppelmaschen in Spitzenform

Schrägnahtferse als Spitze für 4-fädiges Sockengarn

LL = 210 m/50 g, 30 Maschen x 42 Reihen = 10 cm x 10 cm

Größe	20/21	22/23	24/25	26/27	28/29	30/31	32/33	34/35	36/37	38/39	40/41	42/43	44/45	46/47	48/49	50/51
Maschenzahl gesamt/Nadel	44/11	44/11	48/12	48/12	52/13	52/13	56/14	56/14	60/15	60/15	64/16	64/16	68/17	72/18	72/18	76/19
Einteilung	7/8/7	7/8/7	8/8/8	8/8/8	9/8/9	9/8/9	10/8/10	10/8/10	11/8/11	11/8/11	11/10/11	11/10/11	12/10/12	13/10/13	13/10/13	12/13/12
Fuß –Spitze/cm	10,5	12,0	13,0	14,0	15,0	16,5	17,0	18,5	19,5	20,5	22,0	23,5	24,0	25,0	27,0	27,0

Spitzenschluss durch Maschenstich

Die bereits vor der Spitze stillgelegten Maschen zusammen auf 1 Nadel heben, die Maschen der Spitze zusammen auf 1 weitere Nadel heben. Auf diese Weise liegen sich die zu verbindenden Maschenreihen parallel gegenüber. Die Naht im Maschenstich schließen.

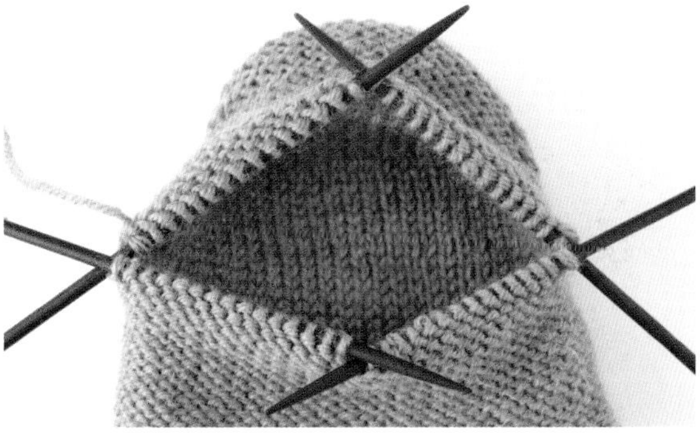

WIE DER MASCHENSTICH gearbeitet wird, steht auf Seite 69.

DIE NAHT sollte unter dem Fuß liegen, damit sie nicht an den Zehen drückt.

Spitzenschluss durch Zusammenstricken

Die Socke vorsichtig auf links drehen und alle offenen Maschen auf einer Nadel zusammenfassen. Dafür von der Seite aus, die der Masche mit dem Arbeitsfaden gegenüberliegt, die zu verbindenden Maschen abwechselnd auf eine einzige Nadel heben. Nun immer 2 Maschen links zusammenstricken und dabei abketten.

Schrägnahtferse als Spitze für 6-fädiges Sockengarn

LL = 125 m/50 g, 22 Maschen x 30 Reihen = 10 cm x 10 cm

Größe	20/21	22/23	24/25	26/27	28/29	30/31	32/33	34/35	36/37	38/39	40/41	42/43	44/45	46/47	48/49	50/51
Maschenzahl gesamt/Nadel	32/8	32/8	36/9	36/9	40/10	40/10	44/11	44/11	48/12	48/12	52/13	52/13	52/13	56/14	56/14	60/15
Einteilung	5/6/5	5/6/5	6/6/6	6/6/6	6/8/6	6/8/6	7/8/7	7/8/7	8/8/8	8/8/8	9/9/9	9/9/9	9/9/9	9/10/9	9/10/9	10/10/10
Fuß –Spitze/ cm	10,5	12,0	13,0	14,0	15,5	17,0	17,5	19,0	20,5	21,5	21,5	23,0	24,0	25,5	26,0	27,0

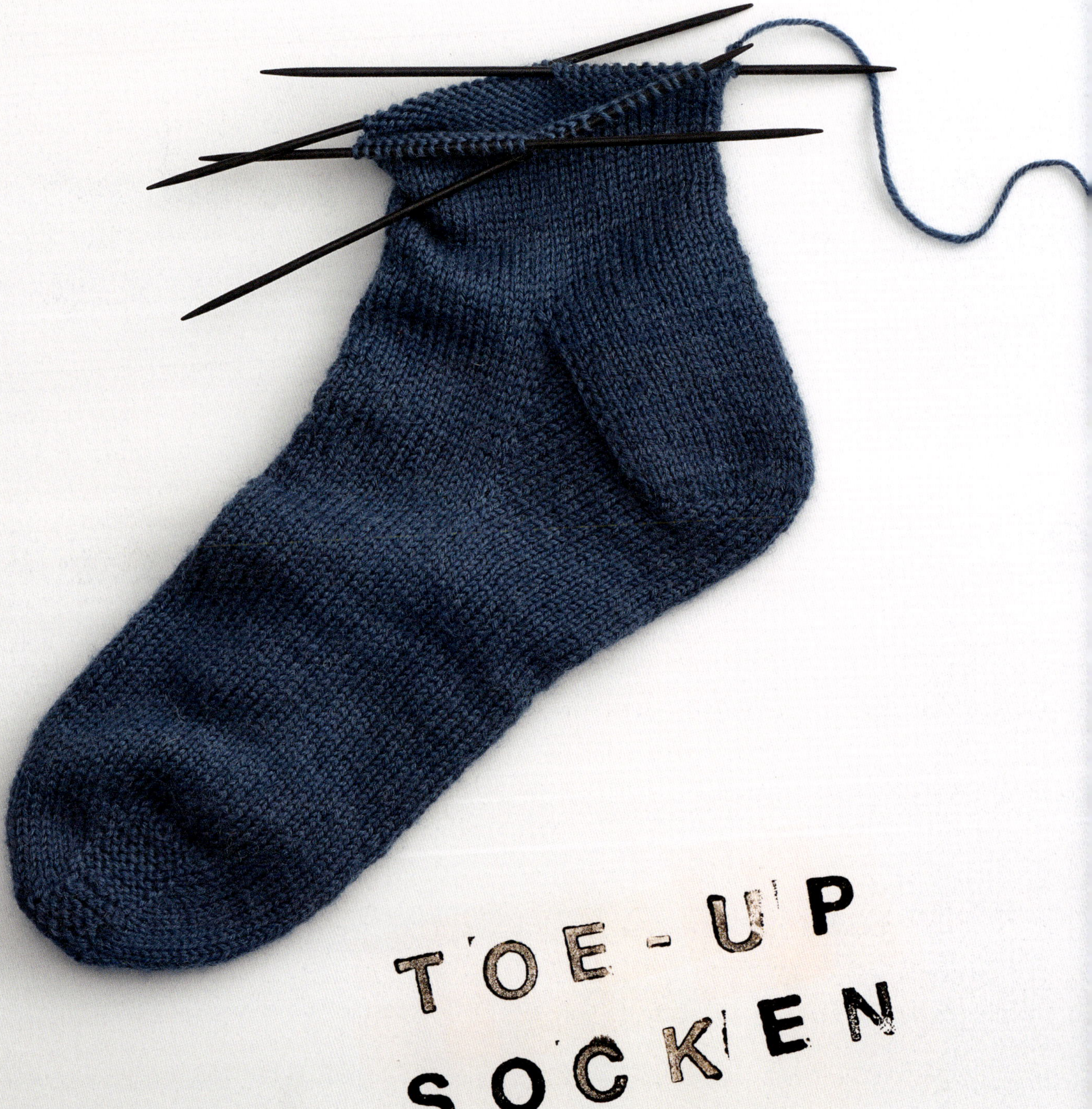

TOE-UP SOCKEN

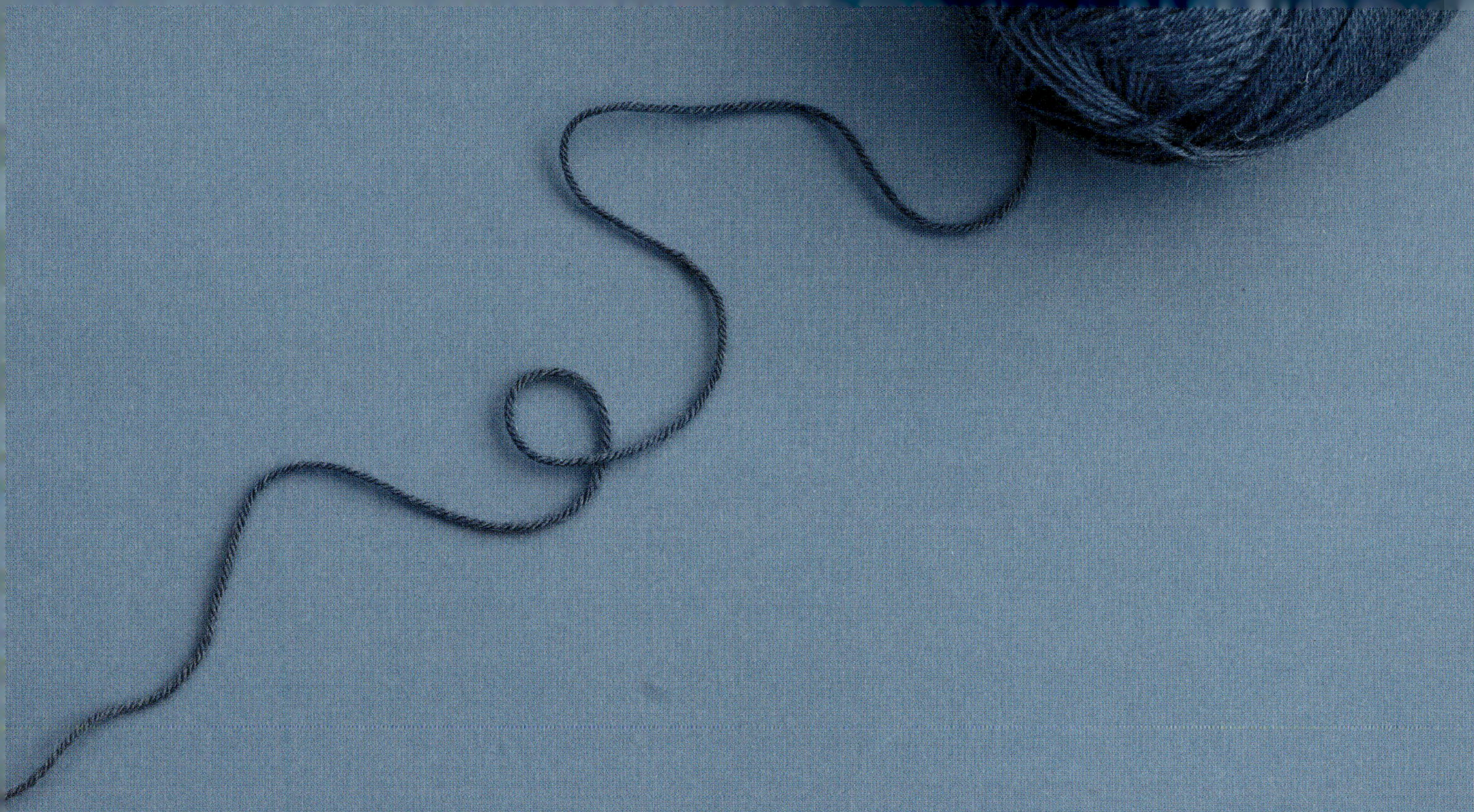

Auch beim Sockenstricken lohnt sich ein Blick über den Tellerrand – es gibt Erstaunliches zu entdecken! Von den Balkanstaaten über die Türkei und den Iran bis nach Afghanistan, von Ägypten bis in die Ukraine hinein werden Socken traditionell an der Zehenspitze begonnen und zum Bein hoch gearbeitet.

Toe-Up – Die Basics

Für Toe-Up-Socken werden folgende Bausteine benötigt:

- SPITZENANSCHLÄGE
- GEEIGNETE FERSEN
- BESONDERS ELASTISCHE ABKETTMETHODEN

Toe-Up-Socken werden, wie ihr englischer Name schon sagt, an den Zehen begonnen und von dort nach oben Richtung Bündchen gestrickt. Bis auf wenige Ausnahmen sieht die so entstandene Socke nicht anders aus, als ein von oben nach unten gestricktes Exemplar. Dennoch bietet das Stricken von der Spitze einige Vorteile.
Arbeitet man ein Paar Socken nach westlicher Art von oben nach unten, steht ein eingestricktes Muster zwangsläufig Kopf. Bei symmetrischen Mustern fällt das wenig auf, andere Muster sehen auch „umgekehrt" sehr gut aus. Manche Muster, wie z. B. viele Blattmuster, wirken jedoch nur richtig herum gut. Sollen bestimmte Motive eingestrickt werden, muss nicht extra mühsam umgedacht werden, sondern sie können direkt richtig herum gearbeitet werden.
Manche schätzen diese Art des Sockenstrickens auch, wenn sie Reste ganz besonderer Garne verstricken und sicher gehen wollen, dass ihnen nicht auf halbem Fuß das Garn ausgeht. So ist sichergestellt, dass der Fuß in jedem Fall fertig wird, und das verbleibende Restgarn bestimmt die Länge des Schafts. Zuvor das Garn am besten bereits zu zwei gleichen Knäueln wickeln: Eines für jede Socke.

Maschenzahlen und Arbeitsweisen

Die Angaben der Maschenzahl für verschiedene Größen und Garnstärken und nahezu alle Arbeitsweisen sind beim Toe-Up-Stricken identisch zum normalen Sockenstricken. Lediglich die Abnahmen für die Spitzen müssen nun als geneigte Zunahmen mit bestimmter Richtung gearbeitet werden.
Da die Abnahmeschemata der jeweiligen Spitzen zwar in umgekehrter Richtung (von der Zehenspitze zum Fuß hin) gearbeitet werden müssen, ihr Prinzip, die Verteilung der Zunahmen in der Runde und die Anzahl an Zwischenrunden zwischen den Zunahmen, aber gleich bleibt, kann man sich auch für Toe-Ups an den normalen Spitzentabellen orientieren.

Maschenverteilung

Wie auch bei den normalen Sockenspitzen wird bei der Beschreibung von Toe-Up-Spitzen häufig von der klassischen Verteilung der Maschen auf 4 Spielnadeln ausgegangen. Da sich hier am Anfang aber nur sehr wenige Maschen auf den Nadeln befinden und die Runden sehr klein sind, mag es auch für passionierte Rundnadelstricker angenehmer sein, die Spitze auf 4 Spielnadeln zu arbeiten und erst danach zu ihrer bevorzugten Methode zu wechseln.
Prinzipiell lassen sich aber auch alle Toe-Up-Spitzen mit anderen Maschenverteilungen arbeiten. Dabei werden die neu angeschlagenen Maschen je nach gewählter Arbeitsweise nicht auf 4 Spielnadeln, sondern gleichmäßig auf 3 Spielnadeln oder je zur Hälfte auf 1 oder 2 Spielnadeln verteilt (siehe Seite 93-97). Da die Abnahme- bzw. Zunahmeschemata der in diesem Buch beschriebenen Spitzen meist auf die klassische Maschenverteilung ausgerichtet sind, ist es dann am einfachsten, die Maschen am Rundenanfang beginnend mit Maschenmarkierern in 4 gleiche Teile zu teilen. Jeder dieser Teile kann dann wie 1 Nadel behandelt werden.

Toe-Up auf 3 Spielnadeln

Hier kann wie oben erwähnt mit Maschenmarkierern gearbeitet oder die Maschen können für die Spitze auf 4 Spielnadeln umsortiert werden.

Toe-Up auf 1 oder 2 Rundstricknadeln

Wenn die neu angeschlagenen Maschen für das Stricken mit Rundstricknadeln in zwei gleiche Hälften geteilt wurden, werden nur 2 Maschenmarkierer benötigt: Einer in der Mitte der vorderen Maschenhälfte, einer in der Mitte der hinteren. Es ist jedoch zu beachten, dass der Rundenbeginn hier nicht in der Mitte der Sohle, sondern an der Seite der Socke liegt. Bei Spitzen, bei denen die genaue Position der Abnahmen wichtig ist, muss daher umgedacht werden: Das erste Maschenviertel entspricht der 4. Nadel, das zweite der 1. Nadel, das dritte der 2. Nadel und das vierte der 3. Nadel.

Geneigte Zunahmen

Beim normalen Sockenstricken vom Bündchen zur Spitze werden die charakteristischen Linien und Muster der einzelnen Spitzen durch die Kombination von rechts- und linksgeneigten Abnahmen erreicht. Um diese Effekte beim Toe-Up-Stricken zu erhalten, müssen stattdessen Zunahmen gearbeitet werden, die sich ebenfalls nach rechts oder links neigen. Dafür gibt es mehrere verschiedene Möglichkeiten.

Zunahmen aus dem Querfaden

Verschränkte Zunahmen aus dem Querfaden weisen im Maschenbild eine Neigung nach rechts oder links auf, je nachdem, wie man den Querfaden mit der rechten Nadelspitze aufnimmt.

DER QUERFADEN ist der Faden, der sich zwischen zwei gestrickten Maschen horizontal spannt. Für eine Zunahme wird er an der Stelle, an der die Masche zugenommen werden soll, auf die linke Nadel gehoben und rechts verschränkt abgestrickt.

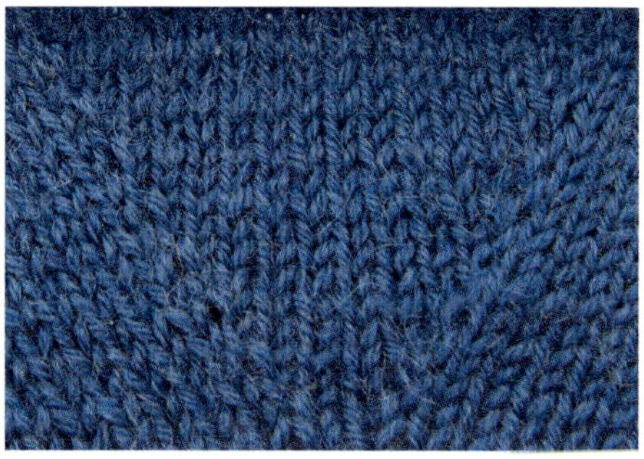

Nach rechts geneigte Zunahme aus dem Querfaden

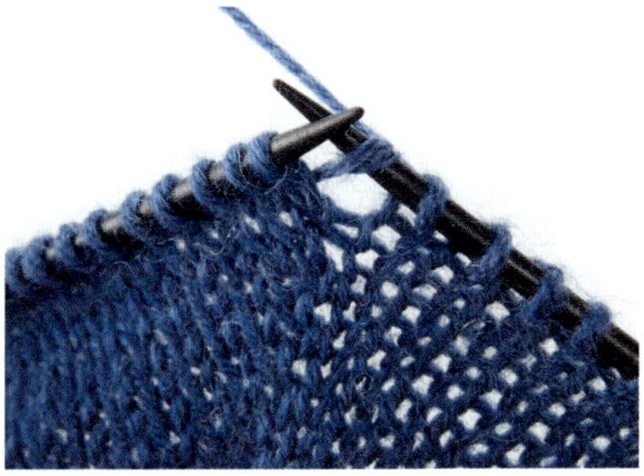

1 Mit der rechten Nadel den Querfaden von vorne nach hinten aufnehmen und auf die linke Nadel heben.

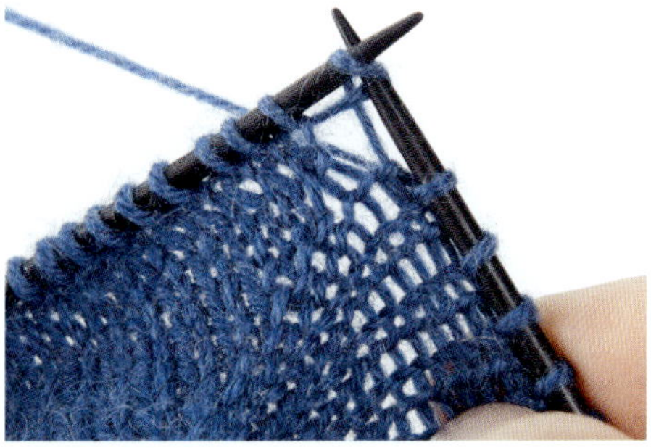

2 Mit der rechten Nadel von links nach rechts unter dem vorderen Maschenschenkel einstechen und die Querfadenschlinge rechts verschränkt abstricken.

Nach links geneigte Zunahme aus dem Querfaden

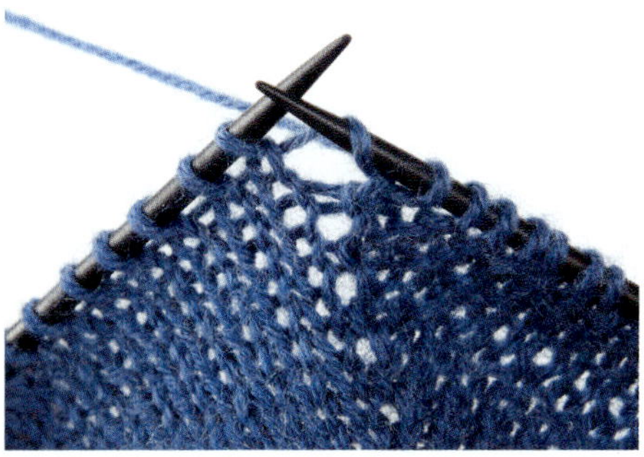

1 Mit der rechten Nadel den Querfaden von hinten nach vorne aufnehmen und auf die linke Nadel heben.

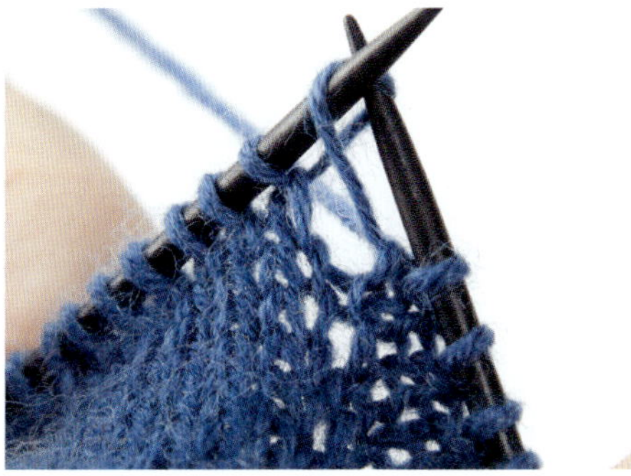

2 Mit der rechten Nadel von rechts nach links unter dem hinteren Maschenschenkel einstechen und die Querfadenschlinge rechts verschränkt abstricken.

BEI PROPELLER-, STERNCHEN- UND SCHNECKENSPITZE sollten alle Zunahmen immer in die gleiche Richtung geneigt sein. Ob rechts oder links, bleibt dem persönlichen Geschmack überlassen. Bei der Propellerspitze entscheidet die Neigung der Zunahmen über die Drehrichtung des „Propellers". Bei Bandspitze und japanischer Spitze müssen beide Neigungsarten zum Einsatz kommen.

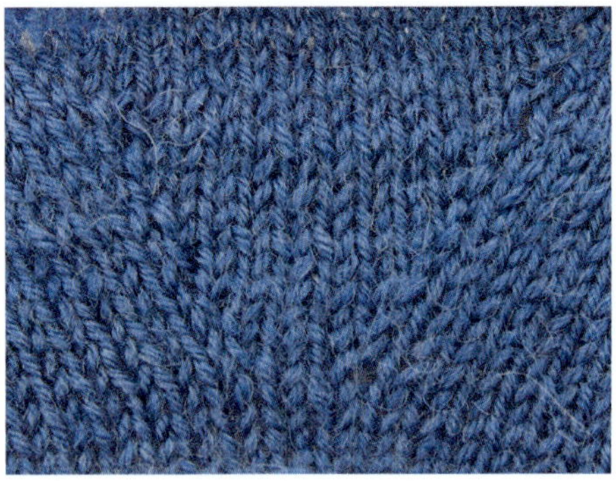

Zunahmen mit Umschlag

Eine Zunahme mithilfe eines Umschlags wird in zwei aufeinander folgenden Runden gearbeitet: In der 1. Runde wird dazu an der Zunahmestelle ein einfacher Umschlag über die Nadel gelegt, der in der folgenden Runde rechts verschränkt abgestrickt wird.
Verschränkte Zunahmen mit Umschlag weisen im Maschenbild eine Neigung nach rechts oder links auf, je nachdem, wie man den Umschlag auf die rechte Nadel legt und wie man ihn in der Folgerunde abstrickt.

Nach rechts geneigte Zunahme aus dem Umschlag

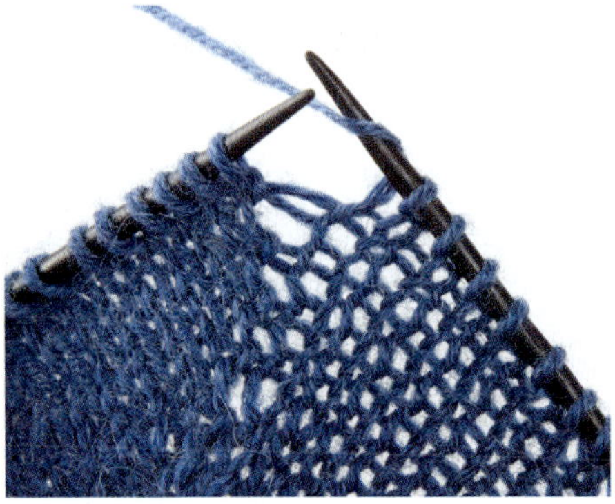

1 Den Faden von hinten nach vorne als Umschlag über die rechte Nadel legen.

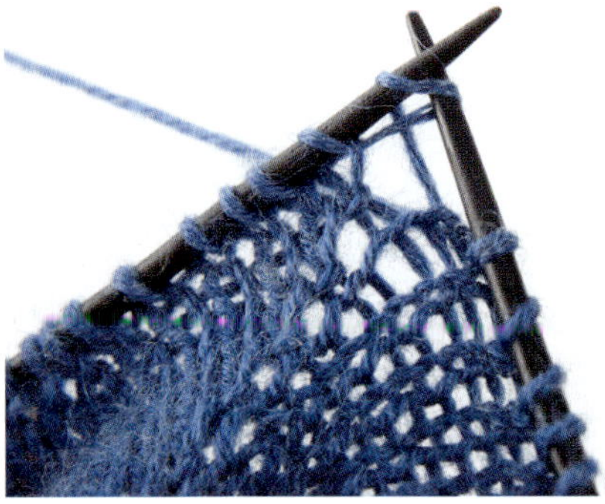

2 In der folgenden Runde mit der rechten Nadel von links nach rechts unter dem vorderen Maschenschenkel einstechen und den Umschlag rechts verschränkt abstricken.

Nach links geneigte Zunahme aus dem Umschlag

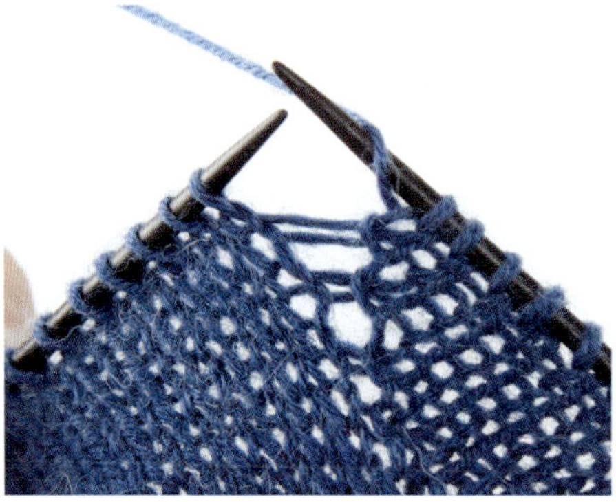

1 Den Faden von vorne nach hinten als Umschlag über die rechte Nadel legen.

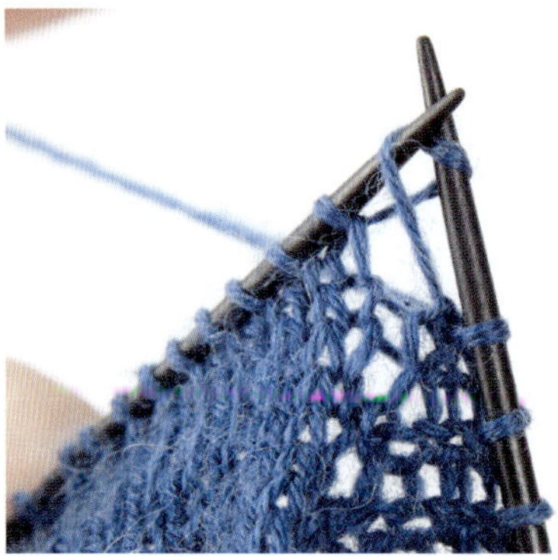

2 In der folgenden Runde mit der rechten Nadel von rechts nach links unter dem hinteren Maschenschenkel einstechen und den Umschlag rechts verschränkt abstricken.

DIE UMSCHLÄGE sollten unbedingt rechts verschränkt abgestrickt werden, damit sich keine großen Löcher im Maschenbild ergeben.

DIE ZUNAHME befindet sich bei dieser Methode in der Runde, in der der Umschlag gearbeitet wird, und nicht dort, wo er abgestrickt wird.

MÜSSEN IN EINER RUNDE noch Umschläge von früheren Zunahmen abgestrickt werden, können dennoch bereits in der gleichen Runde neue Umschläge für weitere Zunahmen gearbeitet werden.

Zunahmen aus der Vorrunde

Für diese Zunahmen strickt man sowohl die Masche der linken Nadel als auch deren Basis, also die darunter liegende Masche aus derselben Maschensäule, rechts ab.

Je nachdem, ob man zunächst die Zunahmemasche als nächste Masche von der linken Nadel abstrickt und dann noch einmal die Masche der Vorrunde oder umgekehrt, weist diese Art der Maschenzunahme eine Neigung nach rechts oder links auf.

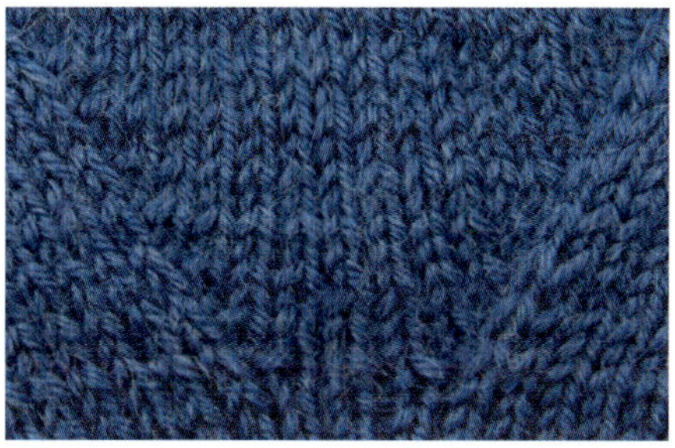

Nach rechts geneigte Zunahme aus der Vorrunde

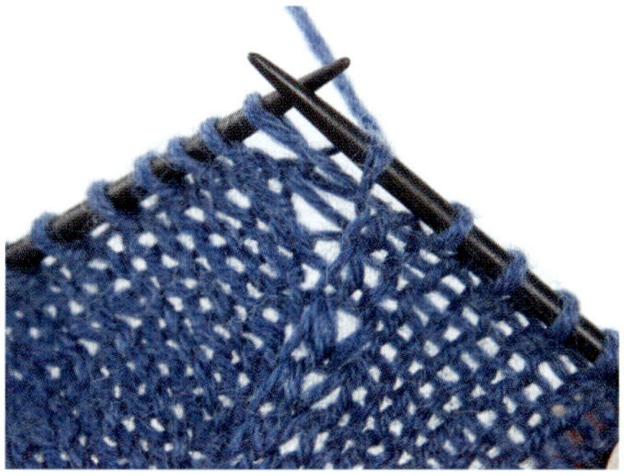

1 Mit der rechten Nadelspitze den Maschenkopf der nächsten Masche aus der Vorrunde von hinten auffassen und auf die linke Nadel heben.

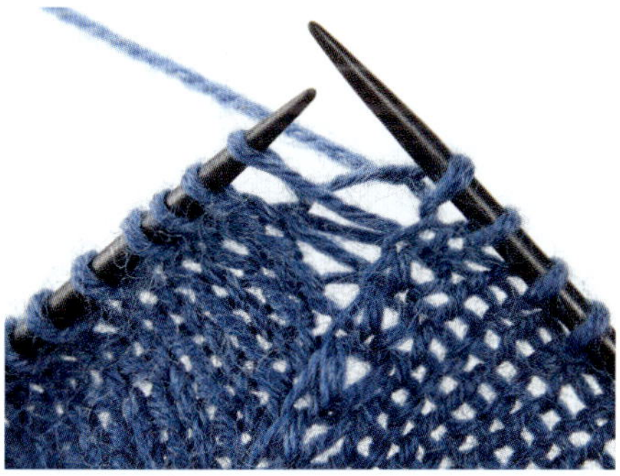

2 Die Masche der Vorrunde und die nächste Masche auf der linken Nadel nacheinander rechts stricken.

Nach links geneigte Zunahme aus der Vorrunde

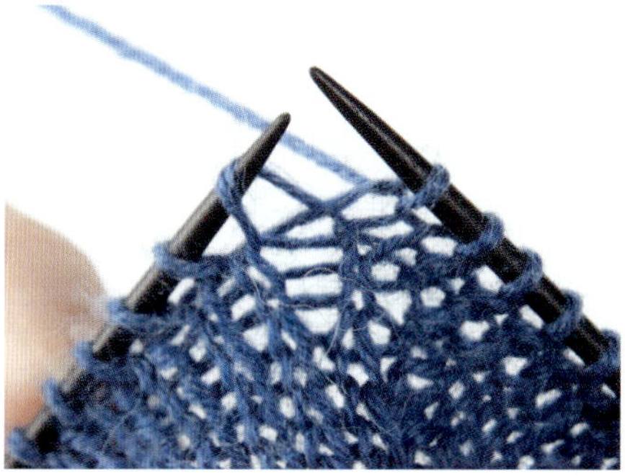

1 Die nächste Masche der linken Nadel rechts stricken und von der linken Nadel gleiten lassen. Mit der linken Nadelspitze den Maschenkopf 2 Reihen unter der gerade abgestrickten Masche von hinten auffassen.

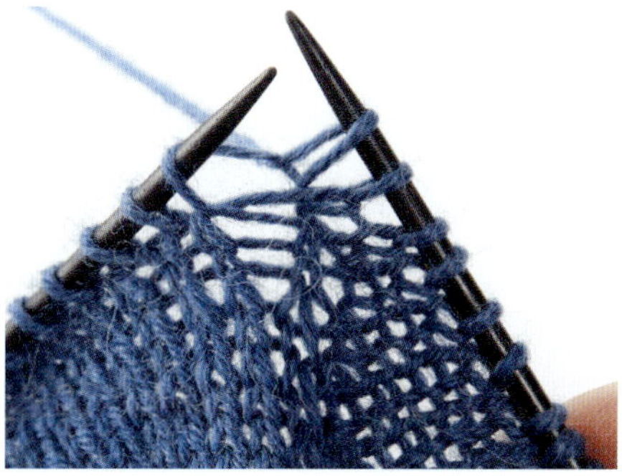

2 Mit der rechten Nadel von rechts nach links in die hochgezogene Masche einstechen und sie rechts abstricken.

Abkettfaden vernähen

Da man beim Rundstricken nicht ring-, sondern spiralförmig arbeitet, ergeben sich in der Anschlag- und Abkettkante jeweils zwischen 1. und letzter Masche der Runde kleine Stufen. Bei Toe-Up-Socken treten diese Treppchen in der Abschlusskante des Bündchens sogar noch deutlicher hervor als bei den Anschlagkanten von Socken, die vom Bündchen abwärts gestrickt werden. Umso wichtiger ist es, diese Ansatzstelle sorgfältig zu schließen.

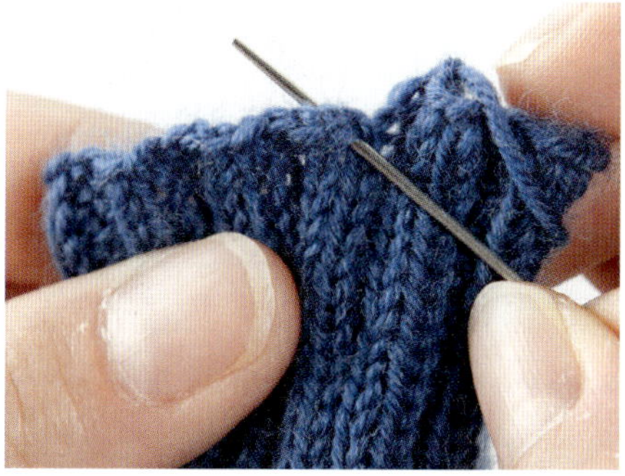

1 Den getrennten Abkettfaden in eine stumpfe Sticknadel fädeln, in die andere Seite der Stufe einstechen und diese zusammenziehen.

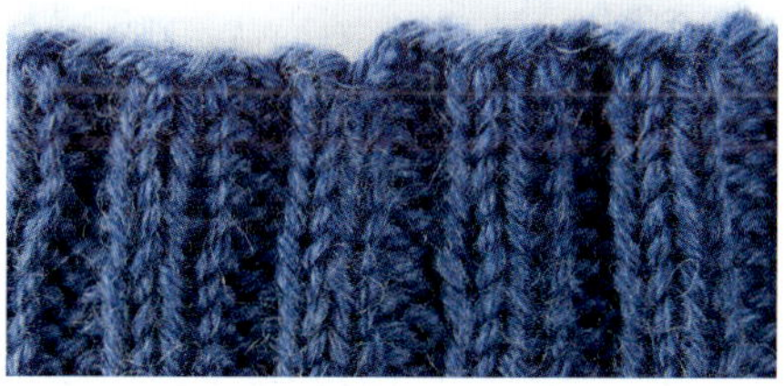

2 Den Faden im Inneren der Socke vernähen. Die Stufe ist kaum mehr sichtbar.

WEM DIE ABKETTKANTE trotzdem nicht schön genug wird, der kann vor dem Abketten noch ein Rollbündchen anstricken (siehe Seite 106) und die Abkettkante darunter verstecken.

Toe-Up – Anschlag und Spitze

Der Beginn einer Toe-Up-Socke ist sicherlich der kniffligste Teil, denn das Abstricken von nur wenigen Maschen innerhalb einer Runde erscheint zunächst ungewohnt. Übung macht aber auch hier den Meister, und die Arbeitsweisen sind nicht anders als beim normalen Sockenstricken.
Grundsätzlich werden für Toe-Up-Socken Anschläge benötigt, bei denen sich rundherum Maschen anschlagen lassen, sodass direkt um die Anschlagreihe herum in Runden gestrickt werden kann.

Achteranschlag

Der Achteranschlag erhält seinen Namen vom Verlauf des Fadens um die Nadeln.

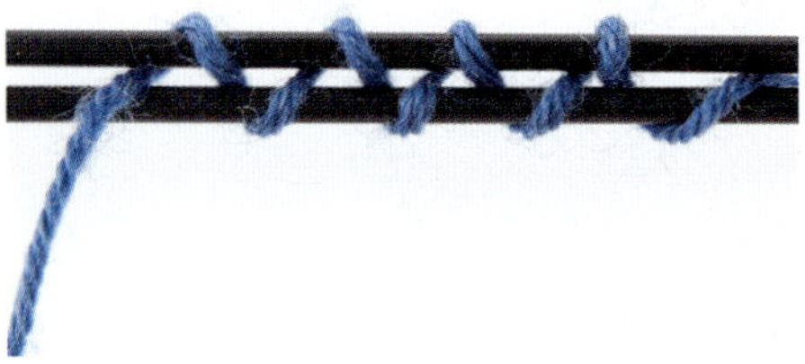

1 Den Faden in Achten um 2 parallele Nadeln eines Nadelspiels wickeln, bis sich auf beiden Nadeln 4 Maschen befinden. Aus diesen insgesamt 8 Schlaufen entsteht die Socke, ohne dass sich vorne an der Spitze ein Loch bildet.

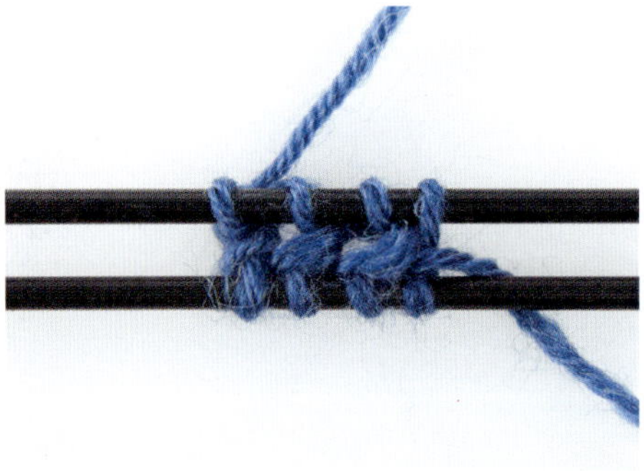

2 Mit einer 3. Nadel die ersten 4 Schlingen rechts abstricken, die Nadeln um 180° drehen und die 4 Schlingen der 2. Nadel mit der 4. Nadel ebenfalls rechts stricken.

3 Die Maschen auf 4 Spielnadeln verteilen und eine umgekehrte Sockenspitze arbeiten. Dazu das Abnahmeschema der gewählten Spitze in umgekehrter Richtung stricken und statt Abnahmen Zunahmen arbeiten. Die durch das Abstricken geweiteten Anschlagmaschen nun Masche für Masche nachziehen und durch Ziehen am Anschlagfaden vorsichtig auf normale Maschengröße bringen.

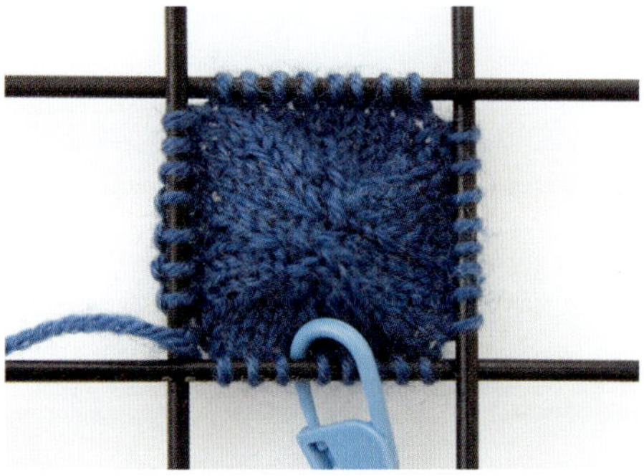

Beispiel Sternchenspitze
Auf jeder der 4 Nadeln befinden sich nun 2 Maschen.
* 1 Masche aus dem Querfaden zunehmen, 1 Masche rechts stricken. *
1 Runde ohne Zunahmen stricken.
* 1 Masche aus dem Querfaden zunehmen, 2 Maschen rechts stricken. *
2 Runden ohne Zunahmen stricken.
* 1 Masche aus dem Querfaden zunehmen, 3 Maschen rechts stricken. *
3 Runden ohne Zunahmen stricken.
* 1 Masche aus dem Querfaden zunehmen, 4 Maschen rechts stricken. *
4 Runden ohne Zunahmen stricken.
* 1 Masche aus dem Querfaden zunehmen, 5 Maschen rechts stricken. *
5 Runden ohne Zunahmen stricken.
Nach diesem Schema fortfahren, bis die für die gewünschte Größe benötigte Maschenzahl vorhanden ist.

*MASCHENFOLGEN zwischen zwei * werden auf jeder Nadel wiederholt.*

DIE TOE-UP-ANSCHLÄGE UND -SPITZEN auf 3 Spielnadeln zu arbeiten würde sehr kompliziert und unübersichtlich. Die Spitze sollte daher auf 4 Nadeln gestrickt und erst dann zu einer Verteilung auf 3 Nadeln gewechselt werden.

UM DEN ÜBERBLICK über die Runden zu behalten, sollte die 1. Nadel markiert werden. Dazu einen Markierer zwischen die 1. und 2. Masche der 1. Nadel hängen.

FÜR EINE STUMPFE BANDSPITZE müssen mehr Maschen zu Beginn angeschlagen werden. Die entsprechenden Werte der Tabelle auf Seite 196 entnehmen.

Schlingenanschlag

Der Achteranschlag ist zwar sehr leicht auszuführen, ist aber in sich sehr instabil, wodurch die Maschen schwer abgestrickt werden können. Der Schlingenanschlag ist hier eine gute Alternative mit mehr Stabilität. Er eignet sich für alle durch Zusammenziehen geschlossenen Spitzen, für stumpfe Spitzen – auch für solche, für die zu Beginn mehr Maschen angeschlagen werden müssen – und auch für alle spitz geschlossenen Spitzen.

FÜR EINE STUMPFE BANDSPITZE müssen mehr Maschen zu Beginn angeschlagen werden. Die entsprechenden Werte der Tabelle auf Seite 196 entnehmen.

WIE EINE GRUNDSCHLINGE gearbeitet wird, steht auf Seite 75.

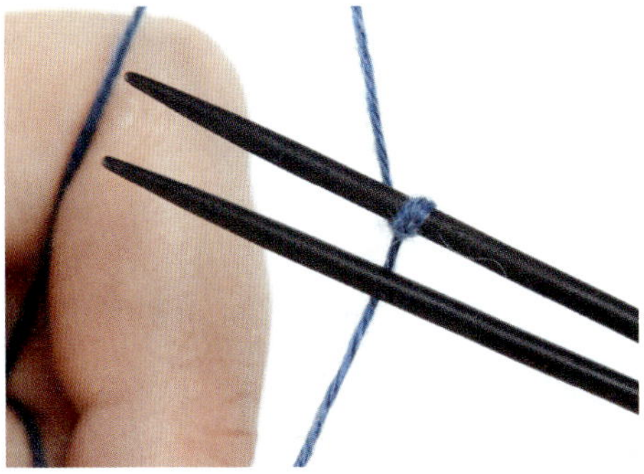

1 2 Spielnadeln parallel in der rechten Hand halten und mit einem Fadenende von etwa 30 cm eine Grundschlinge auf die hintere der beiden Nadeln legen. Das Fadenende über den Daumen, den Arbeitsfaden über den Zeigefinger legen.

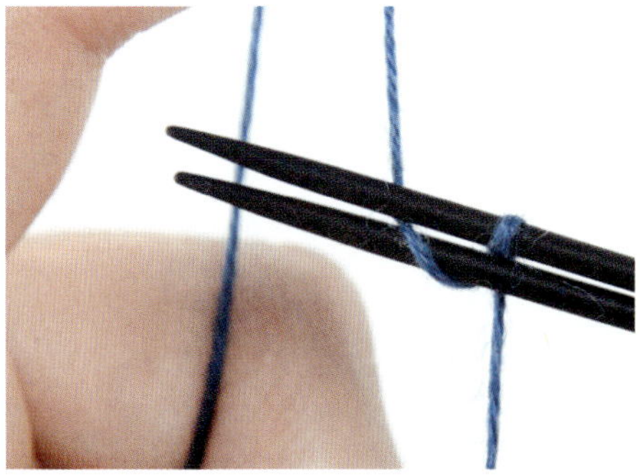

2 Den Zeigefingerfaden von oben nach unten hinter die Nadeln legen, unter beiden Nadeln hervorholen, vor dem Daumenfaden über die untere Nadel und zwischen beiden Nadeln wieder nach hinten legen.

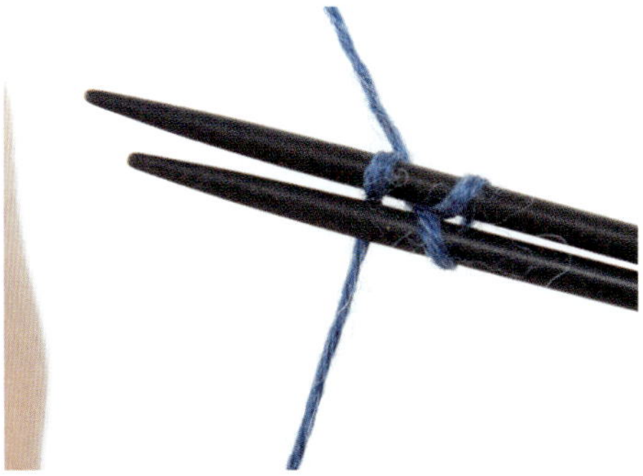

3 Den Daumenfaden von unten nach oben hinter die Nadeln legen, und über den beiden Nadeln nach vorne holen. Über die obere Nadel und zwischen beiden Nadeln wieder nach hinten legen. Den 2. und 3. Schritt fortlaufend wiederholen, bis auf jeder Nadel jeweils die Hälfte der benötigten Gesamtmaschenzahl vorhanden ist.

4 Anschließend beide Fäden einmal miteinander verdrehen und die Nadeln um 180° drehen, sodass sich beide Fadenenden auf der rechten Seite befinden. Die Nadeln in die linke Hand nehmen und den Arbeitsfaden auf den linken Zeigefinger legen.

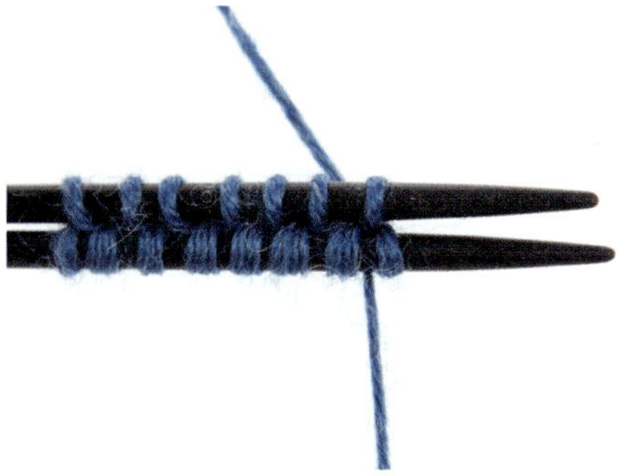

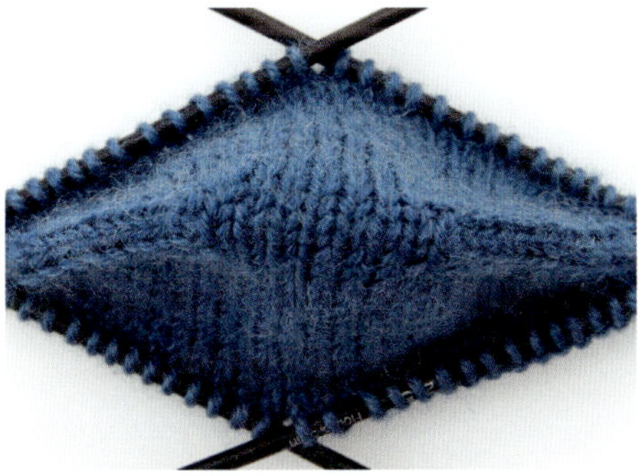

5 Mit den restlichen Spielnadeln die gewünschte Sockenspitze in Runden stricken. Dazu das Abnahmeschema der gewählten Spitze in umgekehrter Richtung stricken und statt Abnahmen Zunahmen arbeiten.

Schlingenanschlag für Ringelsocken

Der Schlingenanschlag eignet sich auch sehr gut für eine zweifarbige Spitze als Beginn von Toe-Up-Ringelsocken. Dafür wird je eine Maschenhälfte in einer anderen Farbe angeschlagen.

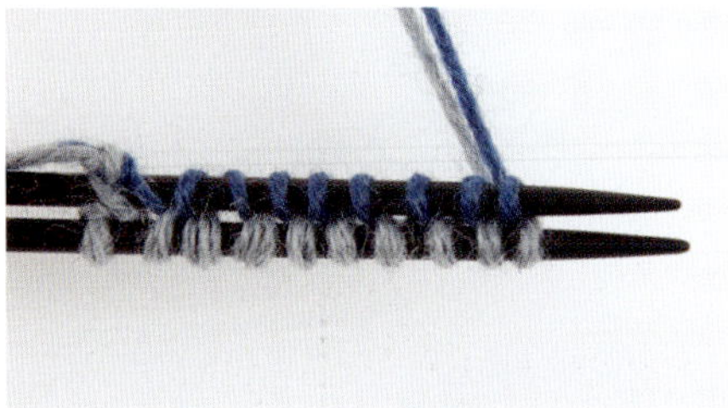

1 Zunächst die Fadenenden beider Farben verknoten. Eine Knotenschlinge (siehe Seite 75) in einer der beiden Farben so auf die hintere Nadel legen, dass der Anfangsknoten dicht an den Nadeln liegt. Den Faden in der Farbe der Grundschlinge auf den Daumen legen, den Faden in der Kontrastfarbe auf den Zeigefinger legen. Nun den Achteranschlag wie oben beschrieben ausführen.

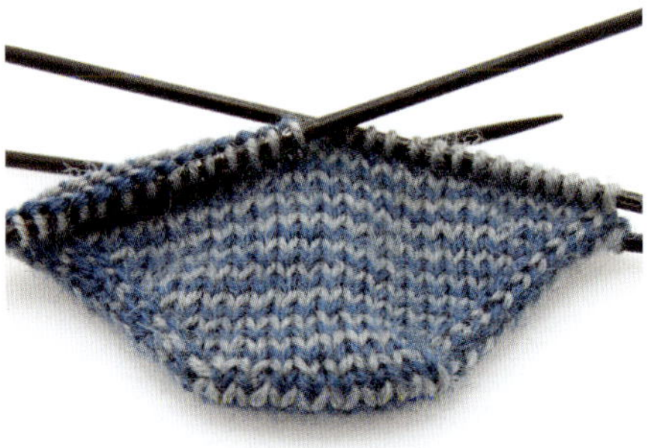

2 Die Arbeit um 180° drehen und die Maschen jeweils mit der anderen Farbe abstricken. Die Maschen wieder an das rechte Nadelende zurückschieben und die gewünschte Spitze stricken. Dabei abwechselnd 1 Runde in der einen Farbe und 1 Runde in der Kontrastfarbe arbeiten.

Beliebige Spitze mit offenem Anschlag

Wer die Spitze lieber wie gewohnt von oben nach unten mit Abnahmen strickt, dennoch aber nicht auf die Vorteile einer Toe-Up-Socke verzichten möchte, kann mit einem offenen Anschlag arbeiten. Auf diese Weise kann jede beliebige Spitze gearbeitet und der Fuß später Toe-Up angestrickt werden.

DIESE METHODE ist besonders geeignet für Anfänger.

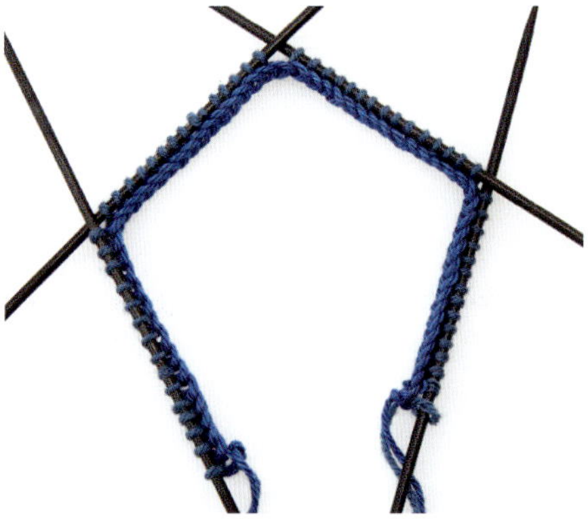

1 Aus einem glatten Kontrastgarn eine Luftmaschenkette mit etwa 10 Maschen mehr häkeln, als für den gesamten Fuß benötigt werden. Aus den querliegenden Kettengliedern der Rückseite mit dem Sockengarn die benötigte Gesamtmaschenzahl auffassen und zur Runde schließen.

2 Die gewünschte Spitze wie gewohnt stricken und den Endfaden vernähen.

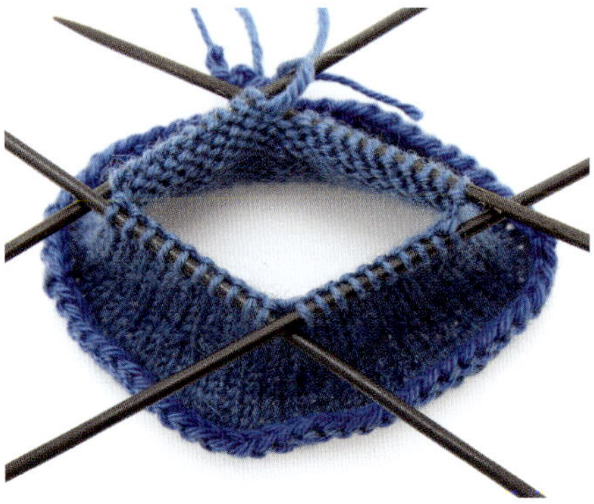

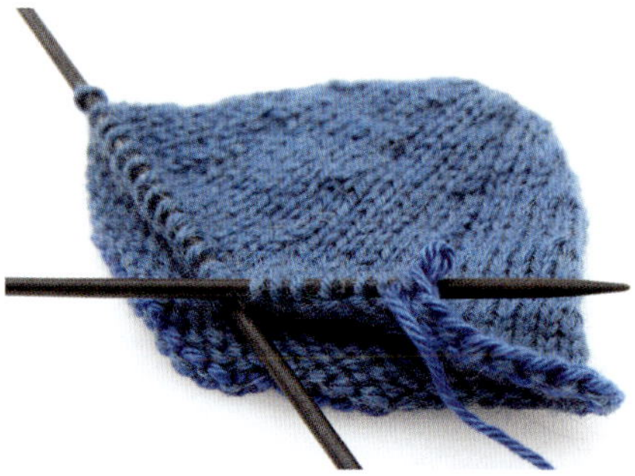

3 Die Luftmaschenkette Masche für Masche lösen, die freien Maschen auf das Nadelspiel verteilen und den Fuß in Richtung Ferse fortsetzen.

Anschlag mit Fadenschlinge

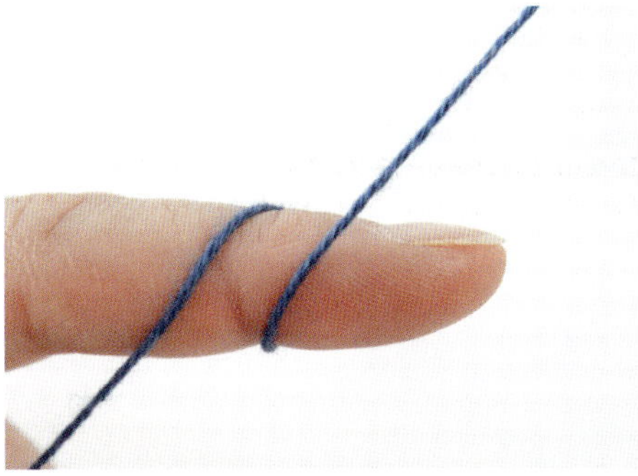

1 Eine Schlinge von vorne nach hinten um den linken Zeigefinger legen. Das Fadenende liegt dabei links, der Arbeitsfaden, der zum Knäuel führt, rechts. Den Arbeitsfaden um den ausgestreckten Daumen legen und Arbeitsfaden und Fadenende mit Mittelfinger, Ringfinger und kleinem Finger halten.

2 * Mit einer Spielnadel von rechts nach links durch die Doppelschlinge stechen und den Daumenfaden durchziehen, 1 Umschlag über der Doppelschlinge arbeiten, ab * fortlaufend wiederholen, bis sich 6 Maschen auf der Nadel befinden.

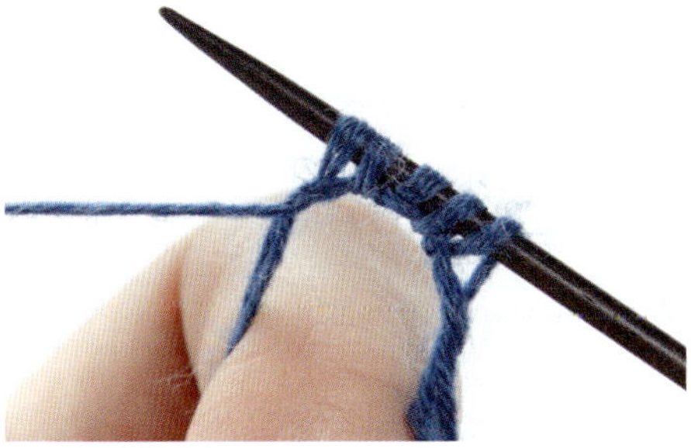

3 Mit einer zweiten Nadel weitere 6 Maschen aufnehmen. Die beiden Nadeln parallel halten und die Fäden so sortieren, dass mit dem Arbeitsfaden weitergestrickt werden kann. Das kurze Fadenende nicht verknoten.

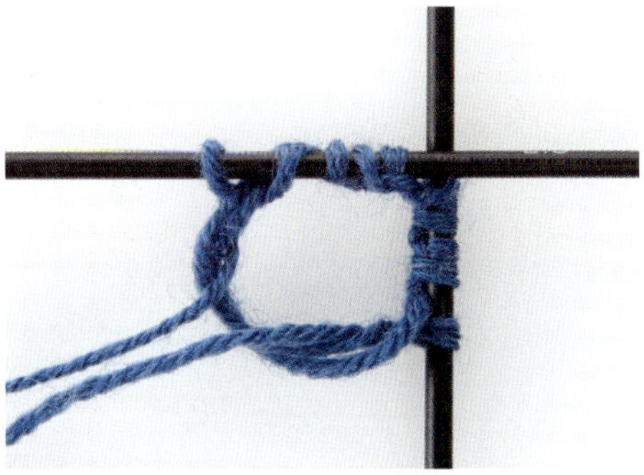

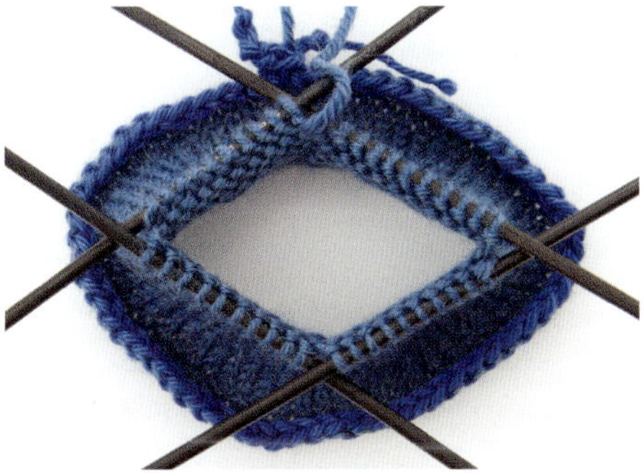

4 Die 12 Maschen rechts stricken und dabei auf 4 Spielnadeln verteilen. Den Rundenbeginn mit einem Maschenmarkierer kennzeichnen.

WÄHREND DES STRICKENS löst sich die Schlinge immer wieder ein wenig. Wenn die Strickarbeit eine handliche Größe angenommen hat, lässt sich die Schlinge bequem von innen zuziehen und vernähen.

5 In der nächsten Runde * 1 Masche rechts, 1 Masche aus dem verschränkten Querfaden zunehmen, 2 Maschen rechts, ab * auf jeder Nadel wiederholen. In Runden weiterarbeiten und eine umgekehrte Spitze arbeiten. Dazu das Abnahmeschema der gewählten Spitze in umgekehrter Richtung stricken und statt Abnahmen Zunahmen arbeiten.

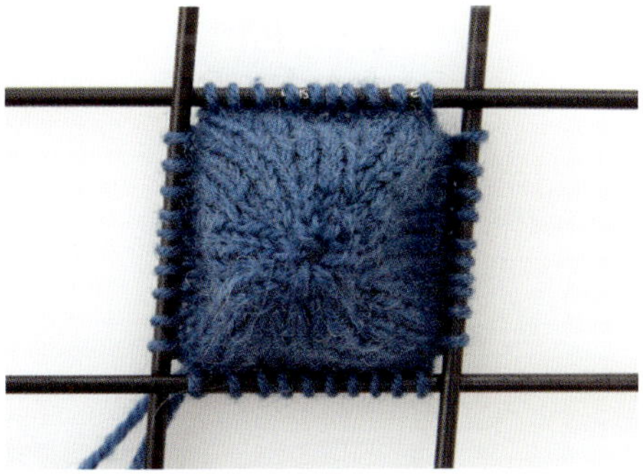

AM BESTEN BEREITS NACH DER 2. RUNDE prüfen, ob die Schlinge mit dem Fadenende zugezogen werden kann. Falls dies nicht funktioniert, besser noch einmal anschlagen, da sonst ein Loch in der Fußspitze bleibt.

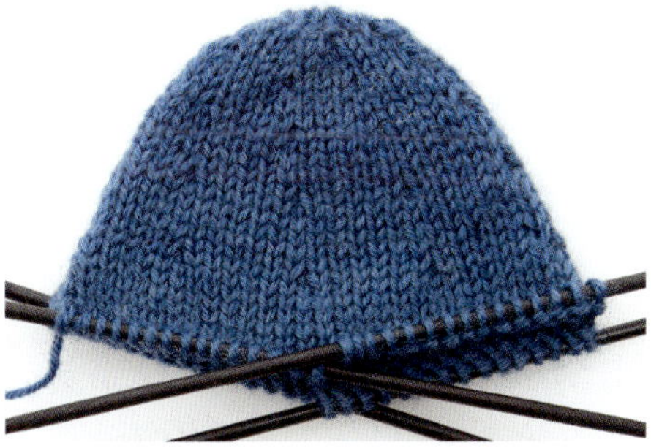

Die Toe-Up-Spitze ist optisch kaum von der von oben gestrickten Spitze zu unterscheiden.

Bandspitze mit offenem Anschlag

Soll eine stumpfe Bandspitze Toe-Up gearbeitet werden, so kann sie sehr gut auch mit einem offenen Anschlag begonnen werden.

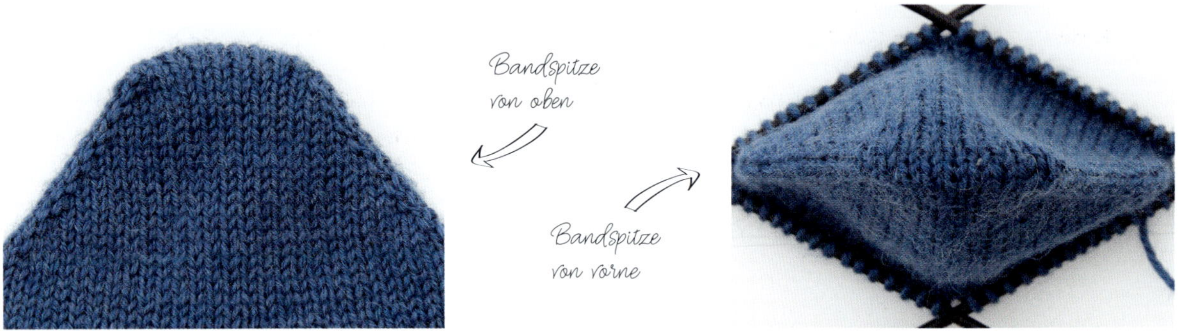

1 Einen offenen Anschlag über die laut Tabelle für die stumpfe Bandspitze benötigte Maschenzahl arbeiten und 4 Reihen glatt rechts stricken.

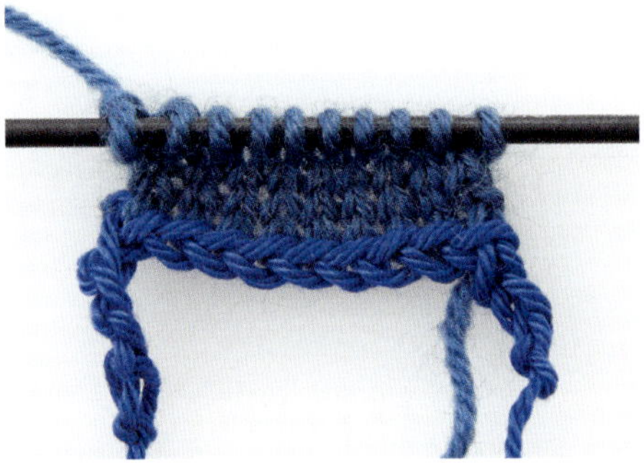

FÜR DEN OFFENEN ANSCHLAG siehe Seite 90.

FÜR RECHTS- UND LINKSGENEIGTE ZUNAHMEN siehe Seite 189-191.

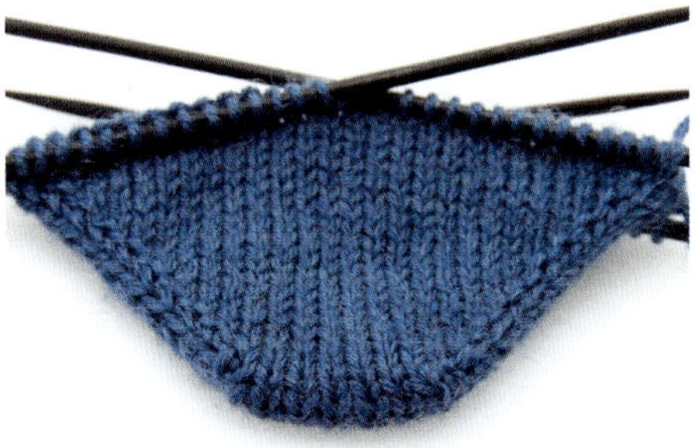

WER LIEBER eine klassische runde Bandspitze möchte, folgt der Tabelle auf Seite 175, arbeitet statt Abnahmen Zunahmen und das Schema in umgekehrter Reihenfolge.

FÜR EINE ANATOMISCHE SPITZE die Zunahmen in umgekehrter Folge wie auf Seite 177 beschrieben arbeiten.

2 Die Maschen auf 2 Spielnadeln verteilen, den offenen Anschlag lösen, diese Maschen ebenfalls auf 2 Nadeln verteilen und noch 1 Masche aus einem seitlichen Querfaden aufnehmen, sodass sich auf allen 4 Nadeln gleich viele Maschen befinden. In Runden stricken und in jeder 2. Runde Zunahmen arbeiten wie folgt: Auf der 1. und 3. Nadel vor der letzten Masche 1 Masche linksgeneigt zunehmen, auf der 2. und 4. Nadel nach der 1. Masche 1 Masche rechtsgeneigt zunehmen. Auf diese Weise fortfahren, bis die benötigte Gesamtmaschenzahl erreicht ist.

Anschlag für stumpfe Toe-Up-Spitze für 4-fädiges Sockengarn

LL = 210 m/50 g, 30 Maschen x 42 Reihen = 10 cm x 10 cm

Größe	20/21	22/23	24/25	26/27	28/29	30/31	32/33	34/35	36/37	38/39	40/41	42/43	44/45	46/47	48/49	50/51
Maschenzahl gesamt/Nadel	44/11	44/11	48/12	48/12	52/13	52/13	56/14	56/14	60/15	60/15	64/16	64/16	68/17	72/18	72/18	76/19
Maschen offener Anschlag	6	6	6	6	8	8	8	8	8	8	10	10	10	10	10	10

Anschlag für stumpfe Toe-Up-Spitze für 6-fädiges Sockengarn

LL = 125 m/50 g, 22 Maschen x 30 Reihen = 10 cm x 10 cm

Größe	20/21	22/23	24/25	26/27	28/29	30/31	32/33	34/35	36/37	38/39	40/41	42/43	44/45	46/47	48/49	50/51
Maschenzahl gesamt/Nadel	32/8	32/8	36/9	36/9	40/10	40/10	44/11	44/11	48/12	48/12	52/13	52/13	52/13	56/14	56/14	60/15
Maschen offener Anschlag	4	4	4	4	6	6	6	6	6	6	8	8	8	8	8	8

Bandspitze mit Toe-Up-Kreuzanschlag

Alternativ zum offenen Anschlag bietet der Toe-Up-Kreuzanschlag den Vorteil, dass er sich ohne Kontrastgarn und offen liegende Maschen arbeiten lässt. Die erste Maschenhälfte für eine stumpfe Bandspitze wird dabei im klassischen Kreuzanschlag (siehe Seite 79) angeschlagen und die 2. Hälfte anschließend aus den Schlingen der Anschlagkante herausgestrickt.

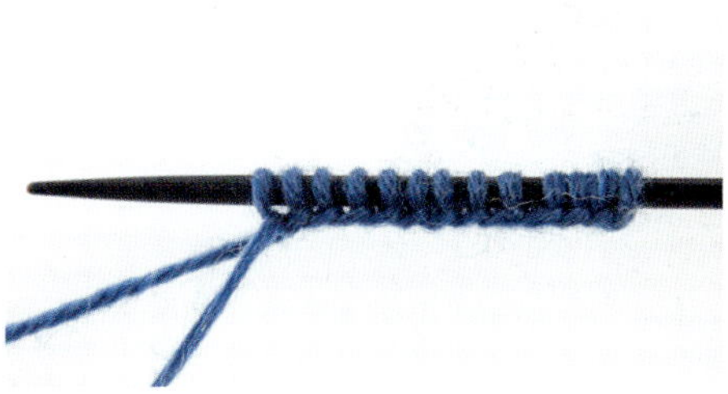

1 Eine einfache Grundschlinge oder eine Knotenschlinge mit etwa 30 cm Fadenende auf einer Spielnadel arbeiten, dann aber den Arbeitsfaden anders als üblich über den Daumen legen und das kurze Fadenende über den Zeigefinger. Mit dieser Fadenhaltung eine Masche mehr als die laut Tabelle (siehe Seite 196) für eine stumpfe Bandspitze benötigte Maschenzahl anschlagen.

FÜR EINFACHE GRUNDSCHLINGE oder Knotenschlinge siehe Seite 75.

2 Die Arbeit nicht wenden, sondern um 180° drehen, sodass die Anschlagkante nach oben zeigt.

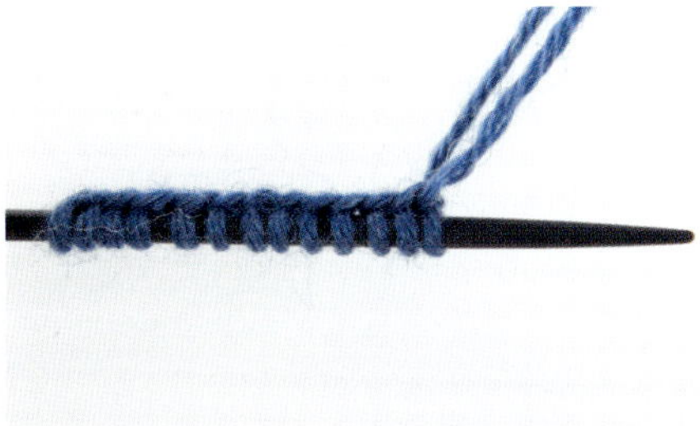

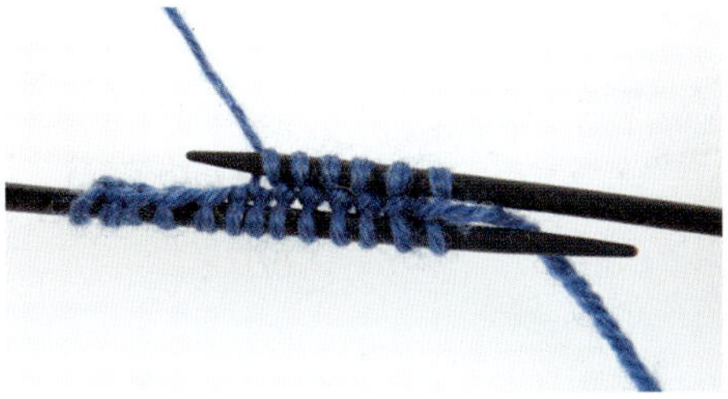

3 Mit einer 2. Spielnadel und dem Arbeitsfaden aus den Anschlagschlingen zwischen den Maschen jeweils 1 Masche herausstricken.

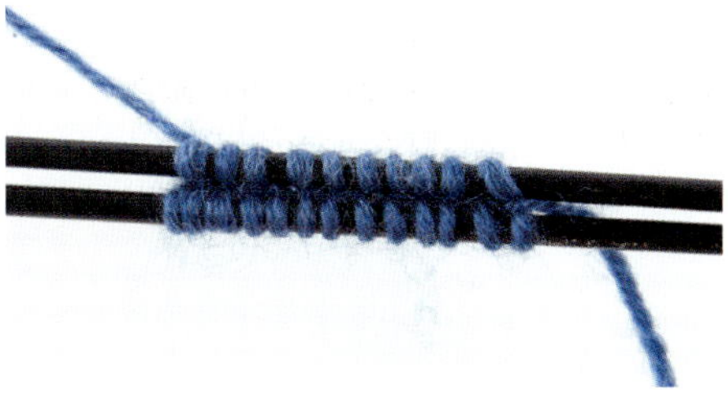

4 Aus allen Schlingen Maschen aufnehmen, bis die benötigte Maschenzahl für die stumpfe Bandspitze plus 1 Masche auf den Nadeln ist.

DIE ZUSÄTZLICHE MASCHE wird benötigt, da aus der Anschlagkante jeweils 1 Masche weniger aufgenommen werden kann.

FÜR RECHTS- UND LINKSGENEIGTE ZUNAHMEN siehe Seite 189–191.

WER LIEBER eine klassische runde Bandspitze möchte, folgt der Tabelle auf Seite 175, arbeitet statt Abnahmen Zunahmen und das Schema in umgekehrter Reihenfolge.

5 Die Arbeit erneut um 180° drehen und alle Maschen bis auf die letzten 2 rechts stricken.

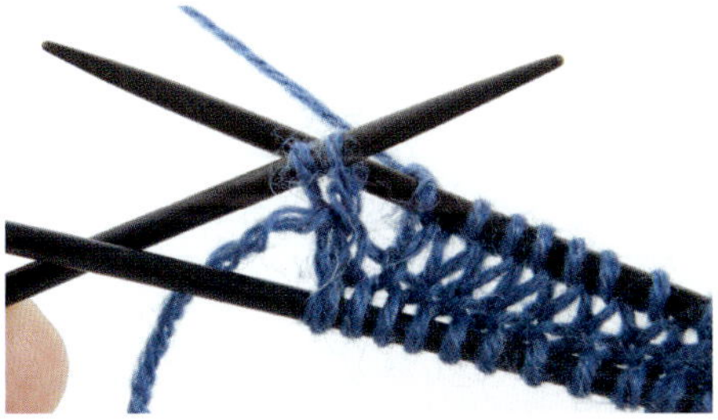

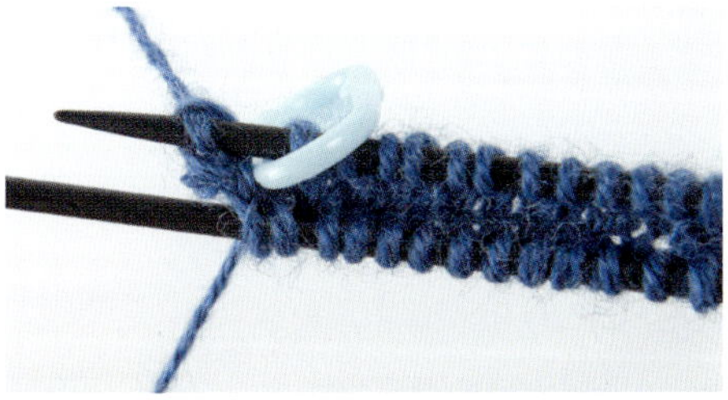

6 Einen Maschenmarkierer für den Rundenbeginn einhängen, 1 Masche rechts stricken, die letzte überzählige Masche von der linken Nadel gleiten lassen und das Fadenende anziehen.

7 Die Maschen gleichmäßig auf 4 Spielnadeln verteilen und weiter in Runden arbeiten. In jeder 2. Runde Zunahmen arbeiten wie folgt: Auf der 1. und 3. Nadel vor der letzten Masche 1 Masche linksgeneigt zunehmen, auf der 2. und 4. Nadel nach der 1. Masche 1 Masche rechtsgeneigt zunehmen. Auf diese Weise fortfahren, bis die benötigte Gesamtmaschenzahl erreicht ist.

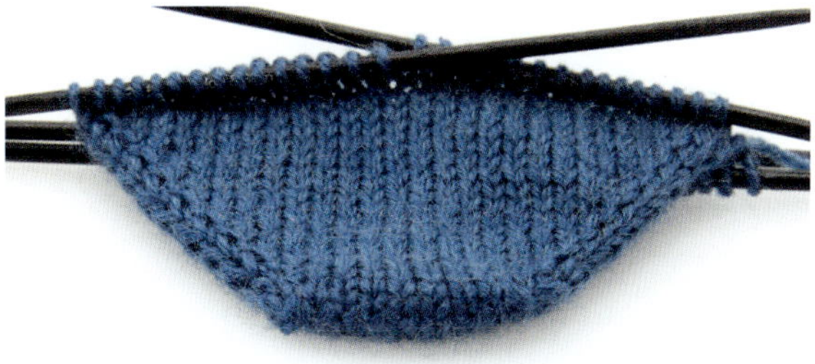

Querliegende Bandspitze mit offenem Anschlag

Die querliegende Bandspitze wirkt durch die Kombination von kraus rechts und glatt rechts besonders dekorativ.

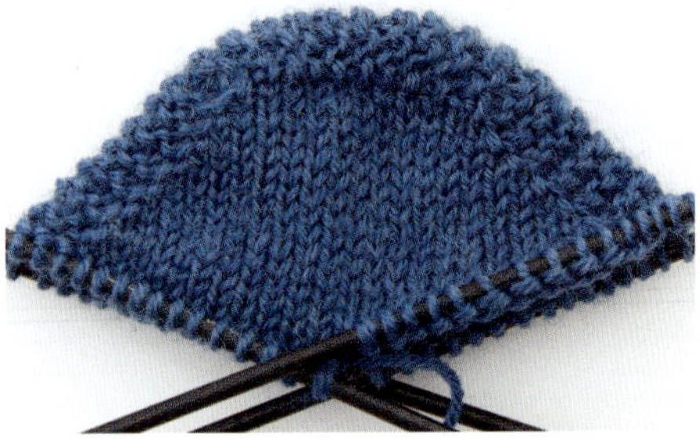

Querliegende Bandspitze von oben

Querliegende Bandspitze von der Seite

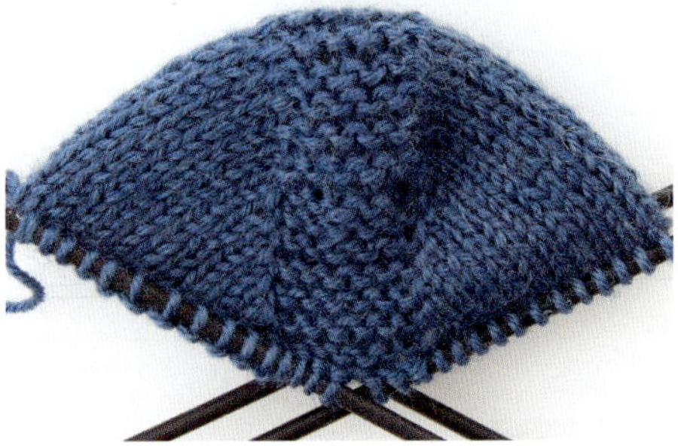

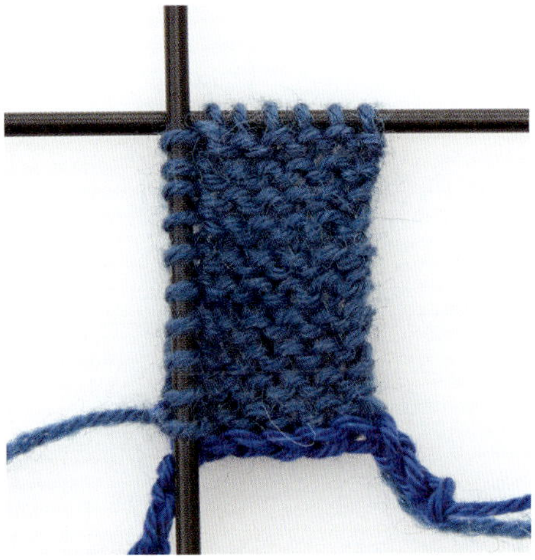

1 6 Maschen mit einem offenen Anschlag (siehe Seite 90) anschlagen und 20 Reihen kraus rechts mit doppeltem Perlrand stricken. Aus den Seiten des Rechtecks jeweils 10 Maschen aus den „Perlen" aufnehmen, die Luftmaschenkette lösen und die Maschen auffangen. Alle Maschen gleichmäßig auf 4 Spielnadeln verteilen, sodass sich jeweils 3 Maschen der kurzen Bandseite (= Bandmaschen) am Anfang der 2. und 4. Nadel und am Ende der 1. und 3. Nadel befinden.

2 In Runden weiterstricken, dabei über die Bandmaschen weiter kraus rechts, über die restlichen Maschen glatt rechts stricken. In jeder 2. Runde Maschen zunehmen wie folgt: Auf der 1. und 3. Nadel vor den 3 Bandmaschen 1 Masche linksgeneigt zunehmen, auf der 2. und 4. Nadel nach den 3 Bandmaschen 1 Masche rechtsgeneigt zunehmen. Auf diese Weise fortfahren, bis die benötigte Gesamtmaschenzahl erreicht ist.

KRAUS RECHTS IN REIHEN = Nur rechte Maschen stricken.

KRAUS RECHTS IN RUNDEN = Abwechselnd 1 Runde rechte Maschen und 1 Runde linke Maschen stricken.

WIE MAN EINEN DOPPELTEN PERLRAND arbeitet und Maschen daraus aufnimmt, steht auf Seite 117.

WER LIEBER eine klassische runde Bandspitze möchte, folgt der Tabelle auf Seite 175, arbeitet statt Abnahmen Zunahmen und das Schema in umgekehrter Reihenfolge.

Falsche Ferse

Eine schöne und einfache Art, Socken Toe-Up zu stricken, ist es, zunächst eine Ferse mit Schrägnaht als Spitze zu arbeiten. Die Spitze beginnt unter der Sohle und wird zunächst nur über die Hälfte der benötigten Gesamtmaschenzahl über die Zehen zum Oberfuß hin gestrickt.

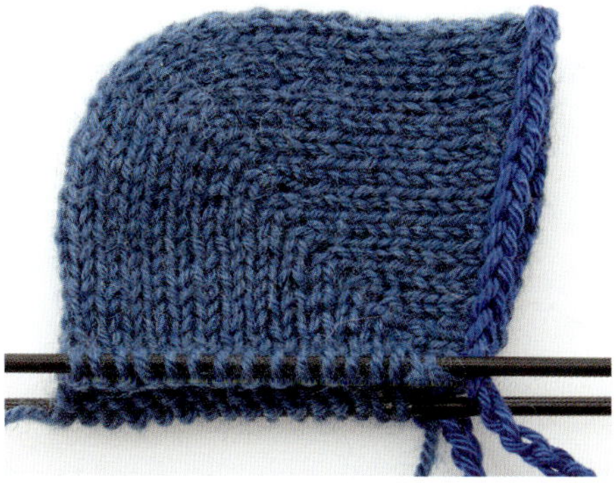

1 Mit einem offenen Anschlag (siehe Seite 90) und glattem Kontrastgarn die Hälfte der für die gewünschte Größe nötigen Gesamtmaschenzahl auf 1 Spielnadel anschlagen. Anschließend über diese Maschen eine Ferse mit Schrägnaht arbeiten.

2 Die Luftmaschenkette vorsichtig lösen und die frei werdenden Maschen mit einer weiteren Spielnadel aufnehmen. Da beim offenen Anschlag die Maschen jeweils um eine halbe Masche verschoben sind, geht am Rand 1 Masche verloren. Daher auf einer Seite noch 1 Masche aus dem Querfaden zunehmen (siehe Seite 189-191). Die Maschen auf 4 Spielnadeln verteilen und in Runden den Fuß Richtung Ferse stricken.

ES IST RATSAM, die Luftmaschenkette um ein paar Maschen länger anzuschlagen, da dieses sie vor ungewolltem Auflösen sichert. Darauf achten, die Maschen aus den Querfäden auf der Rückseite der Luftmaschenkette herauszustricken und nicht in das Kontrastgarn einzustechen, sonst lässt sich der Anschlag später nur mühsam lösen.

BESONDERS GUT eignen sich die Wickelmaschenferse (Seite 148), die Fersen mit zweifachen Doppelmaschen (Seite 140) und die falsche Bumerangferse (Seite xxx) als Spitzen, da sie besonders strapazierfähig sind.

DIESE SPITZE kann wie die Schrägnahtfersen auch gut auf 1 oder 2 Rundstricknadeln gearbeitet werden. Nach Beendigung der Spitze liegen die Maschen bereits richtig verteilt auf den Nadeln bzw. dem Seil.

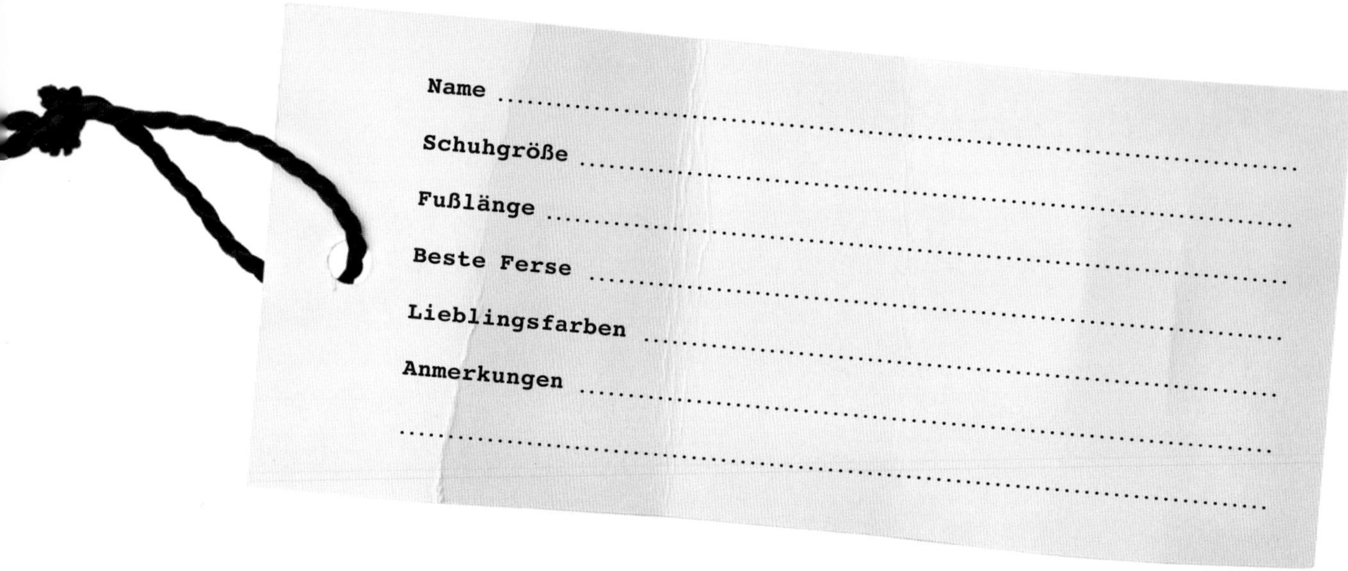
Name
Schuhgröße
Fußlänge
Beste Ferse
Lieblingsfarben
Anmerkungen

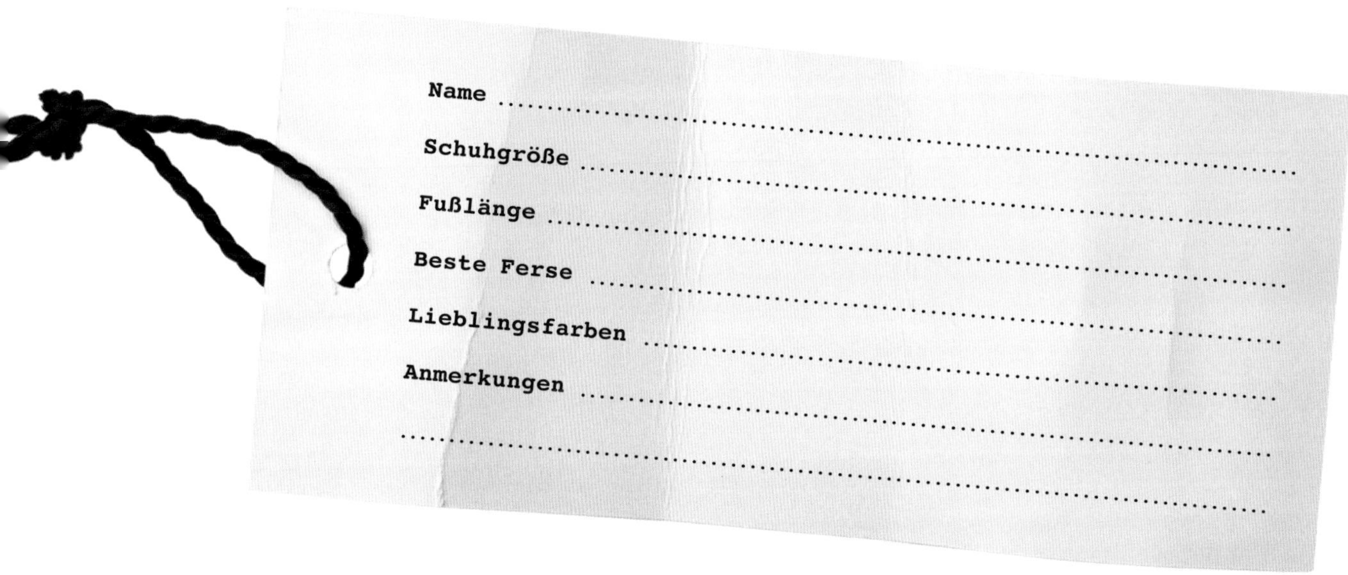
Name
Schuhgröße
Fußlänge
Beste Ferse
Lieblingsfarben
Anmerkungen

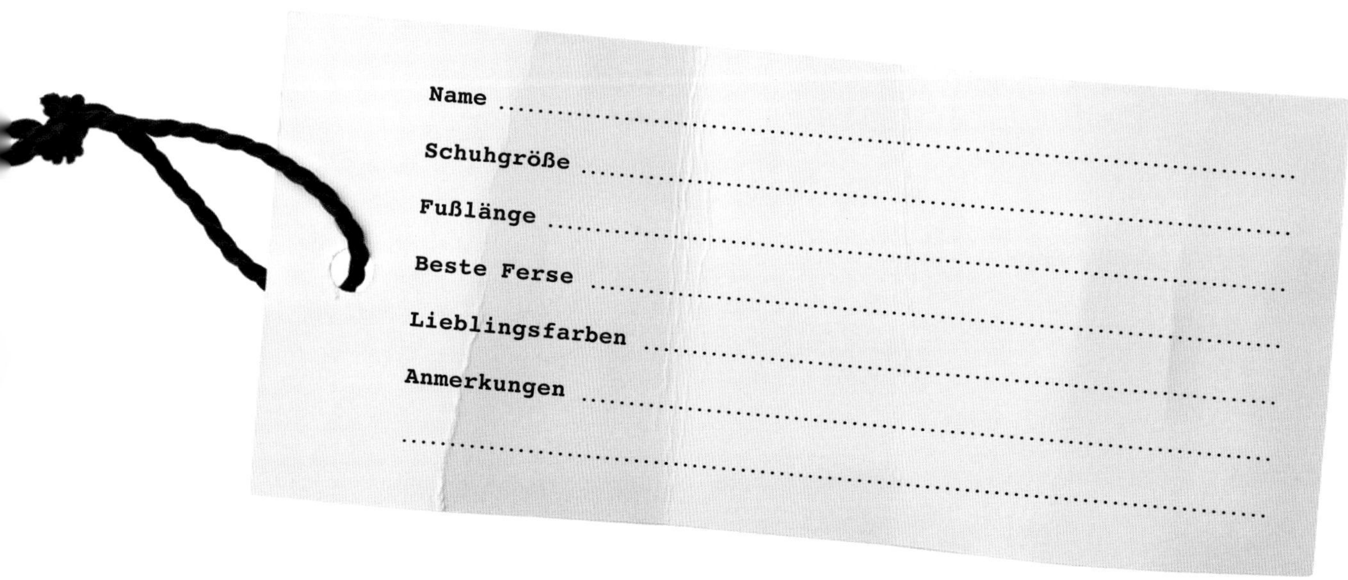
Name
Schuhgröße
Fußlänge
Beste Ferse
Lieblingsfarben
Anmerkungen

Toe-Up-geeignete Fersen

Bei Toe-Up-Socken steht die Ferse gewissermaßen Kopf, da auch sie von unten nach oben gearbeitet wird. Bei sämtlichen Schrägnahtfersen ist dies kein Problem, da hier Ober- und Unterseite identisch sind. Auch die Hybridferse und Zu- und Abnahmespickel, sowie die glatte Ferse und alle nachträglich eingestrickten Fersen können problemlos Toe-Up gestrickt werden.

Fusslänge von Spitze bis Fersenbeginn für 4-fädiges und 6-fädiges Sockengarn

Größe	20/21	22/23	24/25	26/27	28/29	30/31	32/33	34/35	36/37	38/39	40/41	42/43	44/45	46/47	48/49	50/51
Spitze–Ferse/ cm	10,5	12,0	12,0	13,5	14,0	15,0	16,5	17,0	18,0	20,0	21,5	22,5	23.0	24,5	26,0	27.0

Die oben genannten Fersen decken schon fast alle benötigten Passform-Kombinationen ab. Fersenwandfersen lassen sich aufgrund ihrer Formgebung nicht so einfach umdrehen wie andere Fersen. Jedoch kann man mit einigen Änderungen auch die Herzchenferse sehr schön von unten nach oben stricken, sodass auch die Passform für breiten Tritt und mittleren bis hohen Spann vertreten ist.

BEIM ZU- UND ABNAHMESPICKEL UND BEI DER HYBRIDFERSE muss bei der Fußlänge von Spitze bis Fersenbeginn noch die angegebene Spickellänge beachtet und der Spickel rechtzeitig vor der Ferse begonnen werden.

Die richtige Toe-Up-Ferse finden

Fersenbreite	Spannhöhe	Fersenform
schmal	niedrig	Bumerangferse, Bumerangferse mit zweifachen Doppelmaschen, Wickelmaschenferse, falsche Bumerangferse
	mittel	Schrägnahtferse mit Zu- und Abnahmespickel
	hoch	Hybridferse
mittel	niedrig	Bumerangferse in runder Form
	mittel	glatte Ferse, nachträgliche Ferse
	hoch	glatte Ferse, Zunahmeferse
breit	niedrig	Bumerangferse in runder Form, 2/3-Ferse
	mittel	Herzchenferse – Toe-Up-Variante, Tomatenferse
	hoch	Herzchenferse – Toe-Up-Variante

Herzchenferse Toe-Up

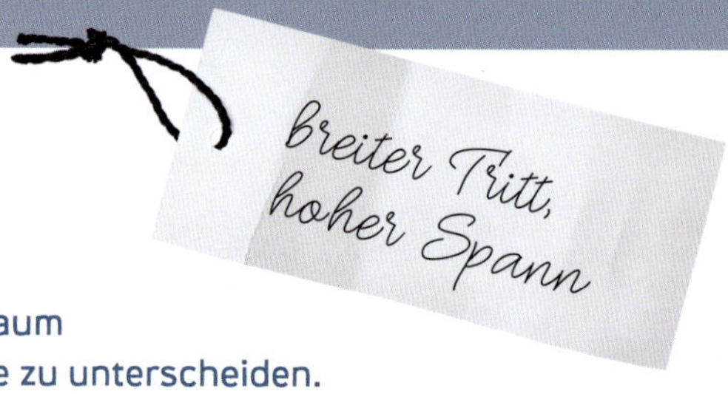

Eine Toe-Up gestrickte Herzchenferse ist optisch kaum von der von oben nach unten gearbeiteten Variante zu unterscheiden. Den Fuß in Runden bis zur laut Tabelle erforderlichen Länge bis zum Beginn der Herzchenferse stricken.

Spickelzunahmen

Für die Spickelzunahmen weiter in Runden arbeiten und in jeder 2. Runde wie folgt zunehmen:
Die Maschen der 1. Nadel rechts stricken, vor der letzten Masche 1 Masche linksgeneigt zunehmen. Die Maschen der 2. und 3. Nadel im Oberfußmuster arbeiten.
Die Maschen der 4. Nadel rechts stricken, dabei nach der 1. Masche 1 Masche rechtsgeneigt zunehmen.
Diese Zunahmerunde in jeder 2. Runde fortlaufend wiederholen, bis die erforderliche Anzahl an Spickelmaschen laut Tabelle zugenommen ist.

FÜR RECHTS- UND LINKSGENEIGTE ZUNAHMEN siehe Seite 189-191.

Umgekehrtes Herzchen

Die Oberfußmaschen gegebenenfalls auf 1 Nadel zusammenfassen und stilllegen. Das Herzchen wird über die Fersen- und Spickelmaschen gestrickt.
Für das umgekehrte Herzchen werden Zunahmen in verkürzten Reihen gearbeitet. Dazu die Fersenmaschen laut Tabelle in einen Mittelteil und zwei Seitenteile einteilen. Nun die Maschen der Seitenteile auf je 1 Spielnadel stilllegen, es wird nur über die Maschen des Mittelteils gestrickt.
Ausgangspunkt ist die Mitte der Ferse in einer Hinreihe, die 1. Hälfte der mittleren Fersenmaschen wurde bereits rechts gestrickt.
1. Reihe (1/2 Hinreihe): Alle Maschen bis auf die letzten 2 Maschen des Mittelteils rechts stricken. 1 Masche aus dem Querfaden zunehmen, 1 Masche rechts, wenden.
2. Reihe (Rückreihe): 1 Doppelmasche arbeiten, den Faden zwischen den Nadeln nach vorne holen, alle Maschen bis auf die letzten 2 Maschen des Mittel-

Herzchenferse für Toe-Up-Socken für 4-fädiges Sockengarn

LL = 210 m/50 g, 30 Maschen x 42 Reihen = 10 cm x 10 cm

Größe	20/21	22/23	24/25	26/27	28/29	30/31	32/33	34/35	36/37	38/39	40/41	42/43	44/45	46/47	48/49	50/51
Maschenzahl gesamt/Nadel	44/11	44/11	48/12	48/12	52/13	52/13	56/14	56/14	60/15	60/15	64/16	64/16	68/17	72/18	72/18	76/19
Fersen-maschen	22	22	24	24	26	26	28	28	30	30	32	32	34	36	36	38
Fuß–Spickel/ cm	7,0	8,0	8,0	9,0	10,5	12,0	13,0	14,0	14,0	15,5	16,5	17,5	18,5	18,5	19,5	21,5
Spickel-maschen je Seite	6	6	8	8	8	8	8	8	10	10	10	10	10	12	12	12
Maschen vor Herzchen	34	34	40	40	42	42	44	44	50	50	52	52	54	60	60	62
Maschen je Seitenteil	11	11	12	12	13	13	14	14	15	15	16	16	17	18	18	19

Herzchenferse für Toe-Up-Socken für 6-fädiges Sockengarn

LL = 125 m/50 g, 22 Maschen x 30 Reihen = 10 cm x 10 cm

Größe	20/21	22/23	24/25	26/27	28/29	30/31	32/33	34/35	36/37	38/39	40/41	42/43	44/45	46/47	48/49	50/51
Maschenzahl gesamt/Nadel	32/8	32/8	36/9	36/9	40/10	40/10	44/11	44/11	48/12	48/12	52/13	52/13	52/13	56/14	56/14	60/15
Fersen-maschen	16	16	18	18	20	20	22	22	24	24	26	26	26	28	28	30
Fuß–Spickel/ cm	7,0	8,0	8,0	9,0	10,5	12,0	13,0	14,0	14,0	15,5	16,5	17,5	18,5	18,5	19,5	20,5
Spickel-maschen je Seite	4	4	6	6	6	6	6	6	8	8	8	8	8	8	8	9
Maschen vor Herzchen	24	24	30	30	32	32	34	34	40	40	42	42	42	44	44	48
Maschen je Seitenteil	8	8	9	9	10	10	11	11	12	12	13	13	13	14	14	15

teils links stricken. 1 Masche aus dem Querfaden links verschränkt zunehmen, 1 Masche links, wenden.
3. Reihe (Hinreihe): 1 Doppelmasche arbeiten, bis 2 Maschen vor die Doppelmasche der Vorreihe rechts stricken, 1 Masche aus dem Querfaden zunehmen, 1 Masche rechts, wenden.
4. Reihe (Rückreihe): 1 Doppelmasche arbeiten, den Faden zwischen den Nadeln nach vorne holen, links stricken bis 2 Maschen vor die Doppelmasche der Vorreihe, 1 Masche aus dem Querfaden links verschränkt zunehmen, 1 Masche links.

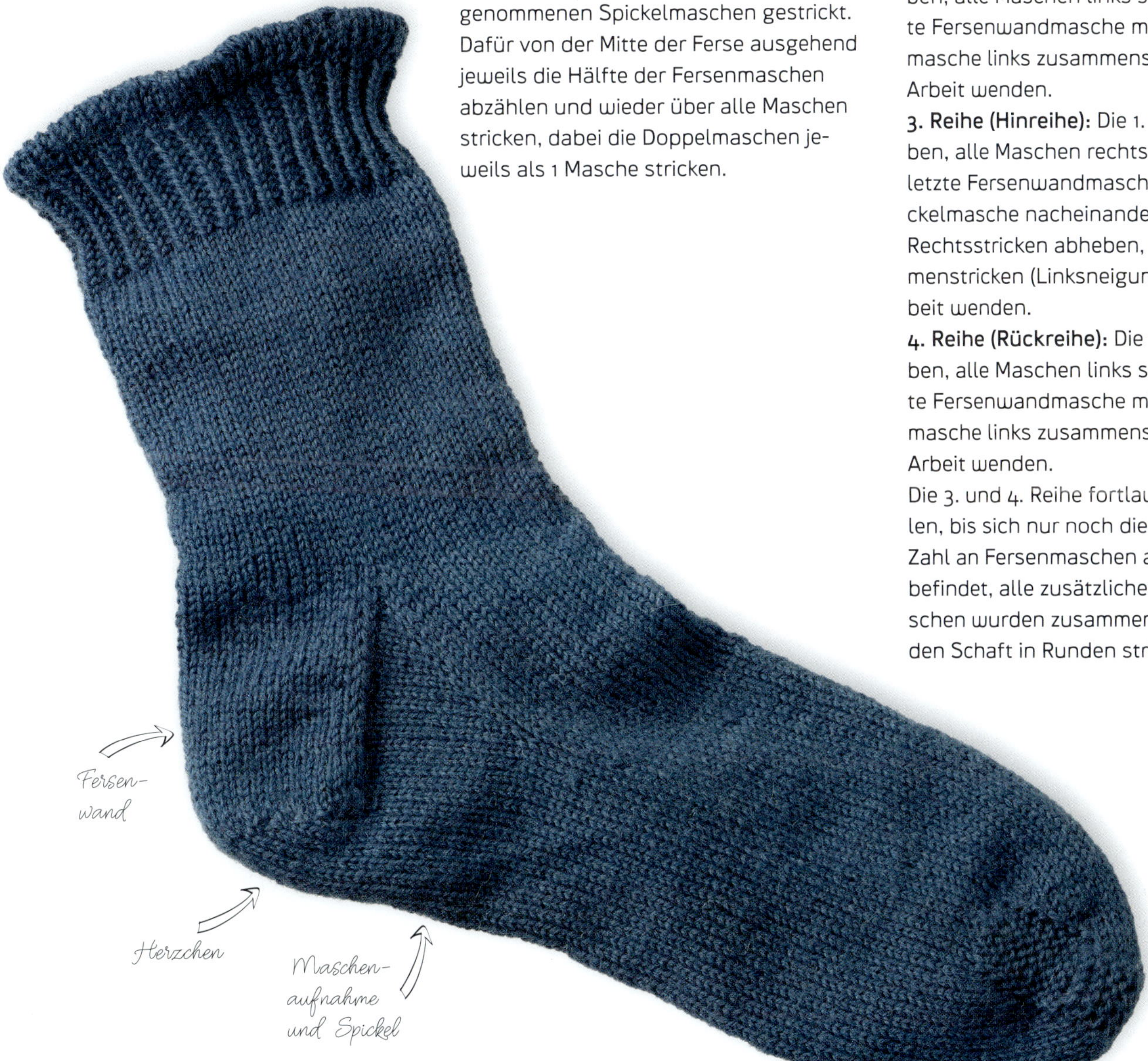

Die 3. und 4. Reihe fortlaufend wiederholen, bis die Maschen des Mittelteils die Hälfte der ursprünglichen Gesamtmaschenzahl erreicht haben. Mit einer halben Rückreihe enden.

WIE DOPPELMASCHEN gearbeitet und abgestrickt werden steht auf Seite 133.

WENN AUF RUNDSTRICKNADELN gestrickt werden soll, die Seitenteilmaschen auf der Nadel bzw. dem Seil lassen und durch Maschenmarkierer abtrennen.

Fersenwand

Die Fersenwand wird nur über die ursprünglichen Fersenmaschen und die zugenommenen Spickelmaschen gestrickt. Dafür von der Mitte der Ferse ausgehend jeweils die Hälfte der Fersenmaschen abzählen und wieder über alle Maschen stricken, dabei die Doppelmaschen jeweils als 1 Masche stricken.

Ausgangspunkt ist die Mitte der Ferse in einer Hinreihe. Die Fersenwandmaschen sind zur Hälfte abgestrickt.

ES IST AUCH MÖGLICH, die Fersenwand der Toe-Up-Herzchenferse durch Hebemaschenmuster zu verstärken. Dazu die Fersenwandmaschen rippenverstärkt oder netzverstärkt arbeiten, wie auf Seite 118 beschrieben.

1. Reihe (1/2 Hinreihe): Alle Maschen rechts stricken, die letzte Fersenwandmasche und die 1. Spickelmasche nacheinander wie zum Rechtsstricken abheben, rechts zusammenstricken (Linksneigung) und die Arbeit wenden.
2. Reihe (Rückreihe): Die 1. Masche abheben, alle Maschen links stricken, die letzte Fersenwandmasche mit der 1. Spickelmasche links zusammenstricken und die Arbeit wenden.
3. Reihe (Hinreihe): Die 1. Masche abheben, alle Maschen rechts stricken, die letzte Fersenwandmasche und die 1. Spickelmasche nacheinander wie zum Rechtsstricken abheben, rechts zusammenstricken (Linksneigung) und die Arbeit wenden.
4. Reihe (Rückreihe): Die 1. Masche abheben, alle Maschen links stricken, die letzte Fersenwandmasche mit der 1. Spickelmasche links zusammenstricken und die Arbeit wenden.
Die 3. und 4. Reihe fortlaufend wiederholen, bis sich nur noch die ursprüngliche Zahl an Fersenmaschen auf den Nadeln befindet, alle zusätzlichen Spickelmaschen wurden zusammengestrickt. Dann den Schaft in Runden stricken.

Elastische Abschlüsse

Bei einer Toe-Up-Socke muss die Abschlusskante das leisten, was die Anschlagkante bei normalen Socken tut: Sie muss besonders elastisch und dehnbar sein, damit die Socke leicht angezogen werden kann und nicht am Fuß einschneidet, gleichzeitig aber das Bündchen in Form halten.
Bei Toe-Up-Socken können prinzipiell alle Bündchen gestrickt werden, die auch bei normalen Socken möglich sind. Diese sollten dann mit einer besonders elastischen Methode abgekettet werden. Schöne Alternativen sind auch das italienische Abnähen, das Saumbündchen oder besonders dekorative und kunstvolle Abschlüsse.
Beim Maschenabketten gibt es eine rechte und eine linke Seite. Wird in Strickrichtung abgekettet, erscheinen auf der Außenseite Querfäden und auf der Innenseite Knötchen. Die Kante kippt nach außen und wirkt schnell ausgeleiert. Es ist daher empfehlenswert, auf der Innenseite gegen die Strickrichtung abzuketten. So erscheint die abgekettete Kante ein wenig gerundet und schließt schön am Bein ab. Wenn das Bündchen die gewünschte Höhe erreicht hat, die Arbeit wenden und entgegen der bisherigen Strickrichtung abketten.

Abketten durch Überziehen der Masche

Das klassische Abketten ist eine einfache Methode, die aber sehr sorgfältig und locker gearbeitet werden muss, um einen elastischen Abschluss zu erzielen.

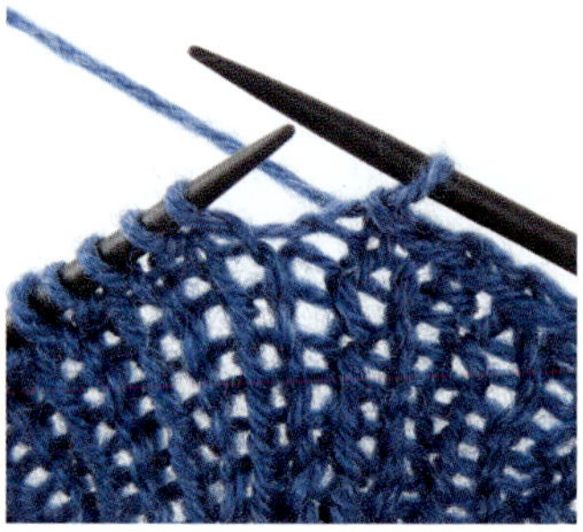

2 Maschen rechts stricken. * Mit der linken Nadel die erste über die zweite Masche heben und von den Nadeln gleiten lassen.

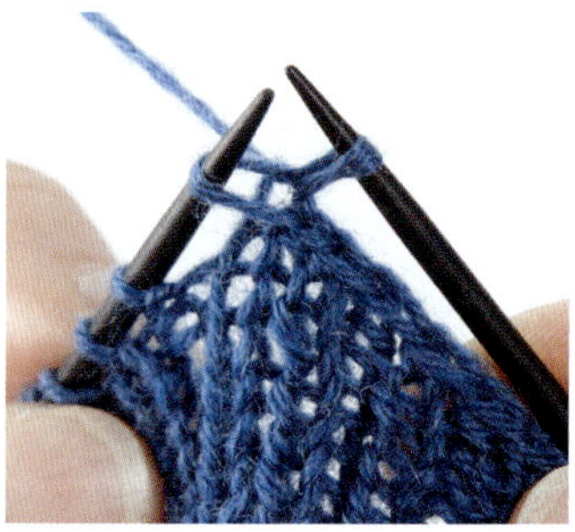

1 Masche rechts stricken. *

Abketten durch Überziehen und Verkreuzen der Masche

Ein durch Überziehen und Verkreuzen gearbeiteter Abkettrand ist durch die verkreuzten Maschen etwas stabiler als der klassische Abkettrand.

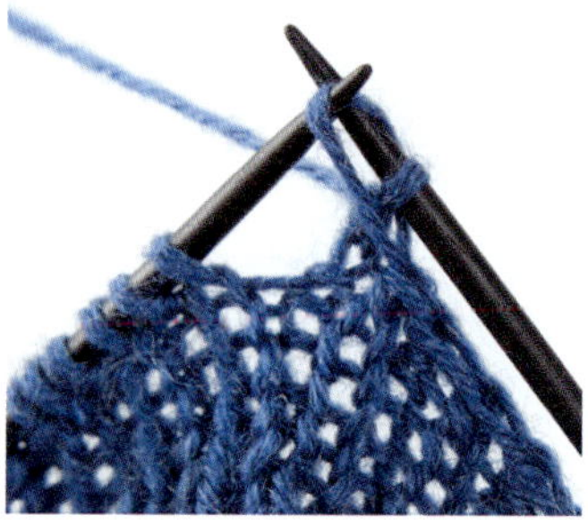

2 Maschen rechts, * mit der linken Nadel die erste über die 2. Masche heben, die übergehobene Masche aber auf der linken Nadel liegen lassen.

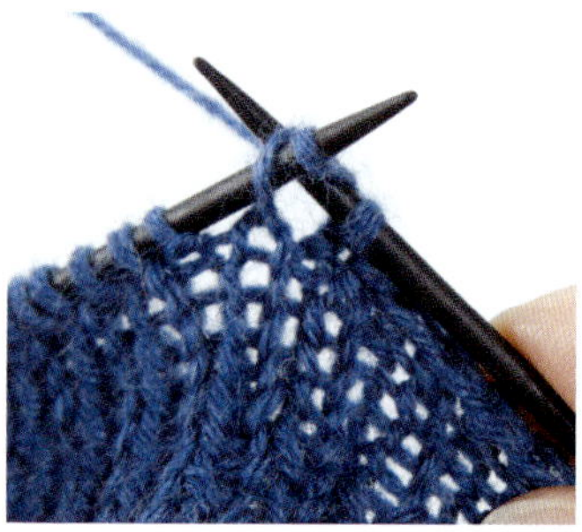

Mit der rechten Nadel nun die nächste Masche der linken Nadel rechts verschränkt abstricken und beide Maschen von der linken Nadel gleiten lassen (nur eine von beiden wandert dabei auf die rechte Nadel), 1 Masche rechts. *

Vorder- und Rückseite

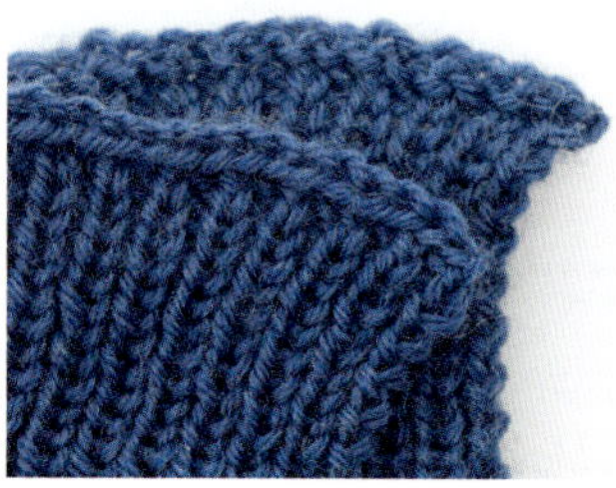

Abketten durch Abstricken von 2 Maschen gleichzeitig

Diese Abkettmethode erzeugt eine Kante, die nicht ganz so starr ist wie beim Überziehen der Masche, jedoch auch nicht extrem elastisch. Auch hier sollte daher möglichst locker gestrickt werden.

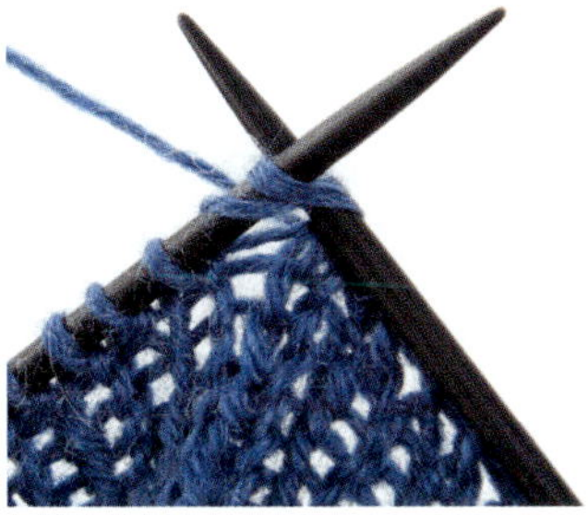

2 Maschen rechts zusammenstricken. * Die dadurch entstandene Masche wieder auf die linke Nadel heben ...

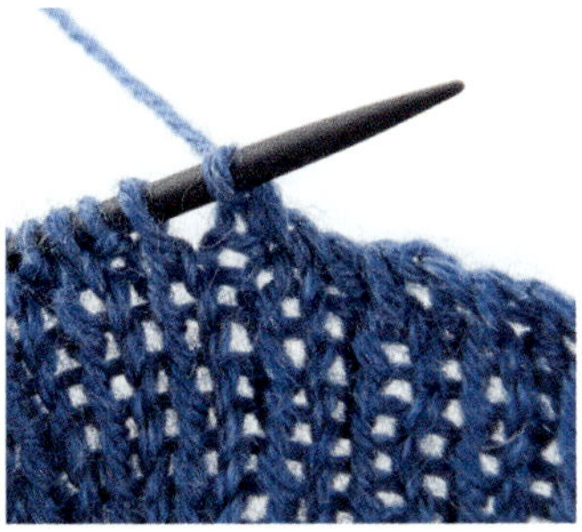

...und mit der nachfolgenden Masche rechts zusammenstricken. *

Abketten durch verschränktes Abstricken von 2 Maschen

Das verschränkte Abstricken zweier Maschen ergibt einen sehr elastischen Rand, der zudem noch verstärkt ist, da jede Masche doppelt abgestrickt wird.

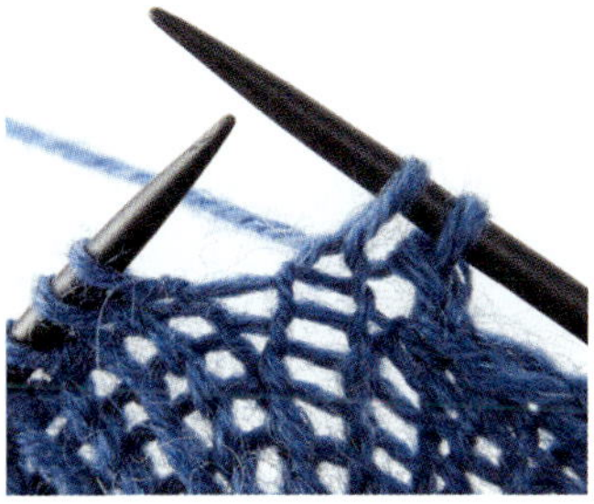

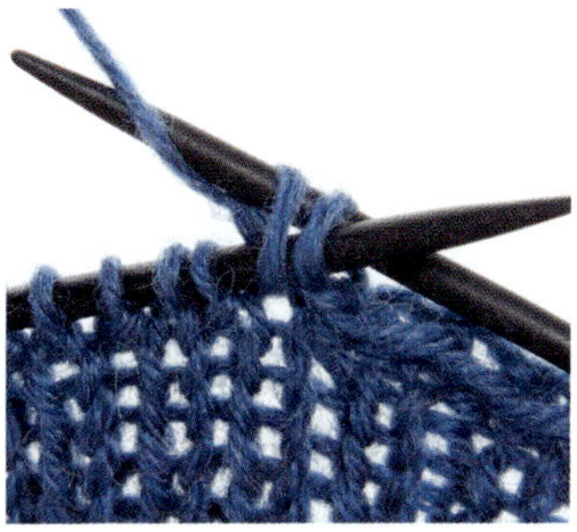

2 Maschen rechts, * beide Maschen wieder zurück auf die linke Nadel heben und rechts verschränkt zusammenstricken, 1 Masche rechts. *

*MASCHENFOLGEN zwischen zwei * werden auf jeder Nadel wiederholt.*

BEI RIPPENBÜNDCHEN ist es möglich, die Maschen noch rechts oder links im Muster abzustricken und die Maschen dann überzuziehen.

Elastisches Abketten mit Umschlag

Eine besonders elastische Methode ist das Abketten mit zusätzlichen Umschlägen. Dieser sehr dehnbare Rand zeigt jedoch nur im leicht gedehnten Zustand eine saubere Abschlusskante. Er eignet sich daher gut für Toe-Up-Socken mit einem etwas längeren Schaft.

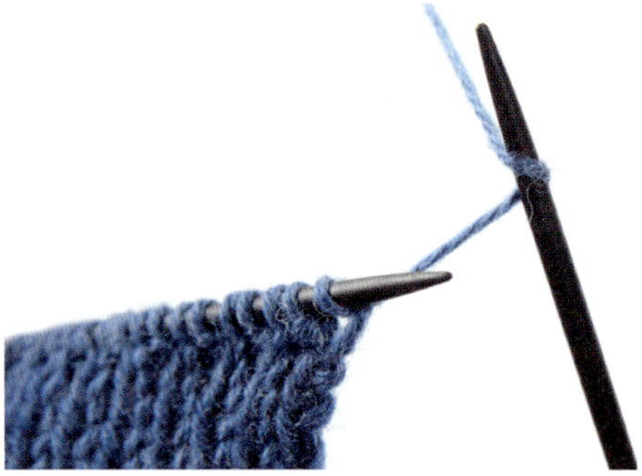

1 Zu Beginn der Abkettrunde einen Umschlag von hinten nach vorne auf die rechte Nadel legen.

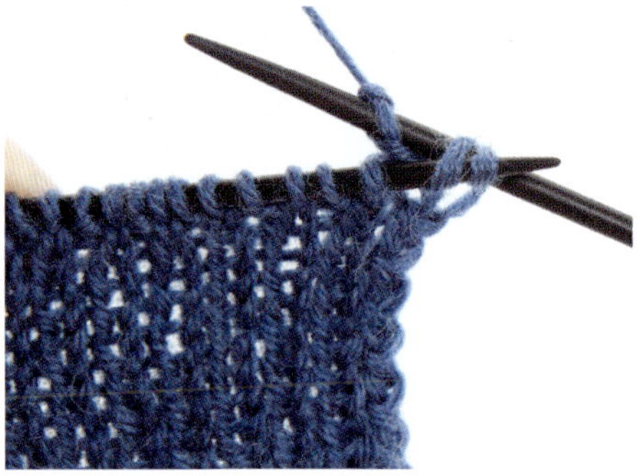

2 Eine Masche rechts stricken und den Umschlag mit der linken Nadel über die Masche und die Nadelspitze ziehen.

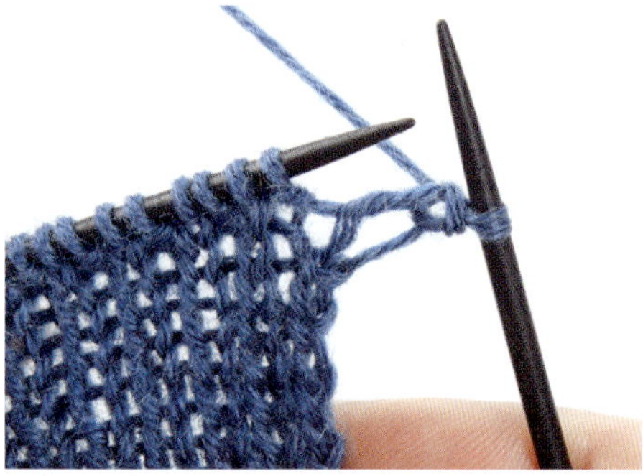

3 Einen Umschlag von hinten nach vorne über die rechte Nadel legen und eine Masche mustergemäß stricken. Mit der linken Nadel den Umschlag und die zuvor gestrickte Masche (mit dem übergezogenen Umschlag) gemeinsam über die gerade gestrickte Masche und über die Nadelspitze ziehen und von der linken Nadel heben.

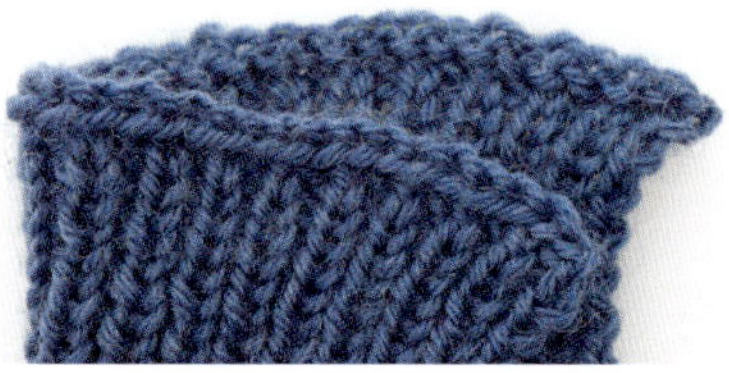

4 Schritt 3 fortlaufend wiederholen, bis alle Maschen abgekettet sind.

Italienisches Abnähen

Das italienische Abnähen bildet einen runden und sehr elastischen Abschluss. Unterschiede zwischen Vorder- und Rückseite sind nicht erkennbar und die Abschlusskante wellt sich nicht. Dieser Abschluss wird nicht gestrickt, sondern mit einer stumpfen Stopfnadel abgenäht. Ähnlich dem italienischen Anschlag sorgen auch hier 6 Übergangsrunden für die gute Elastizität.

Vorbereitung eines 2/2-Bündchens

Das Abnähen eines Bündchens funktioniert nur, wenn dieses als 1/1-Bündchen vorliegt. Ein 2/2-Bündchen kann zwar auch abgenäht werden, muss aber entsprechend vorbereitet werden. Dazu die beiden ersten rechten Maschen noch abstricken und mit 2 linken Maschen beginnen.

1 1 Masche links, die übernächste Masche vor der Arbeit rechts stricken und auf der linken Nadel belassen.

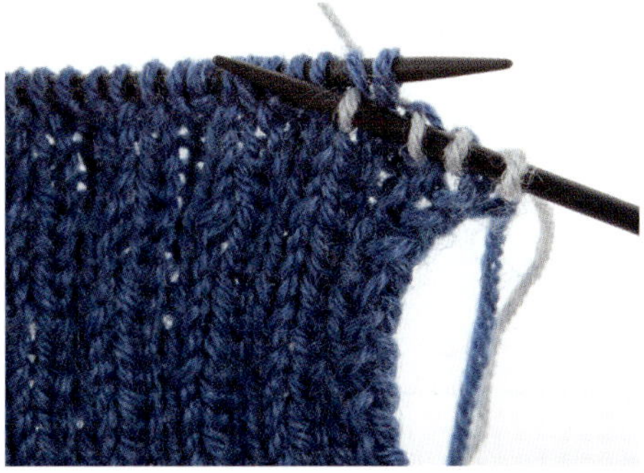

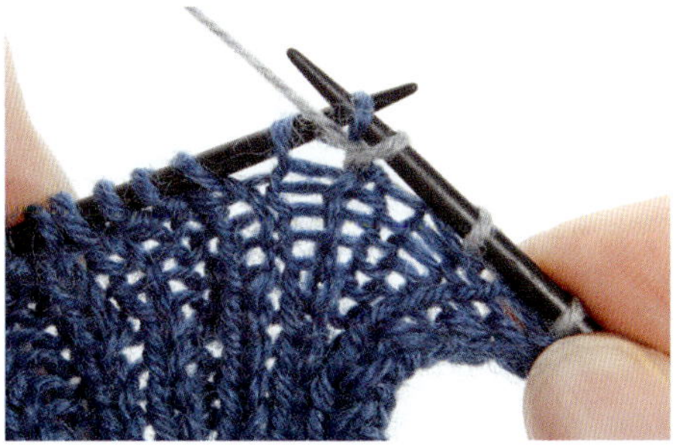

2 Die nun in der Mitte liegende linke Masche links stricken und zusammen mit der nachfolgenden rechten Masche von der linken Nadel gleiten lassen.

3 Rechte und linke Masche wurden verkreuzt. Eine weitere Masche rechts stricken.

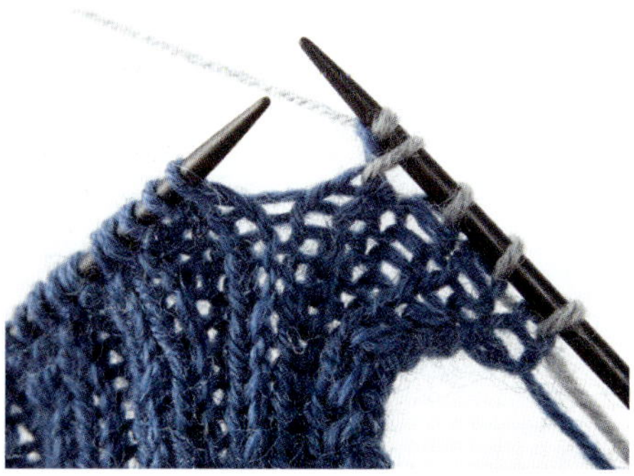

Schritt 1-3 fortlaufend wiederholen, bis alle Maschen in einer 1/1-Anordnung vorliegen. Dann mit den Übergangsrunden fortfahren.

Italienisches Abnähen eines 1/1-Bündchens

Übergangsrunden

1., 3. und 5. Runde: Alle rechten Maschen rechts stricken, die linken Maschen mit dem Faden vor der Masche abheben.

2., 4. und 6. Runde: Alle linken Maschen links stricken, die rechten Maschen mit dem Faden hinter der Masche abheben. Nun mit dem Abnähen beginnen.

WIE MASCHEN RICHTIG ABGEHOBEN WERDEN, steht auf Seite 63.

Abnähen der Maschen

Den Arbeitsfaden mindestens in einer Länge des 3-fachen Sockenumfangs abschneiden. Zu Beginn des Abnähens sollte sich eine linke Masche als erste Masche auf der Nadel befinden. Dafür notfalls die letzte Masche der Runde an den Rundenanfang holen.

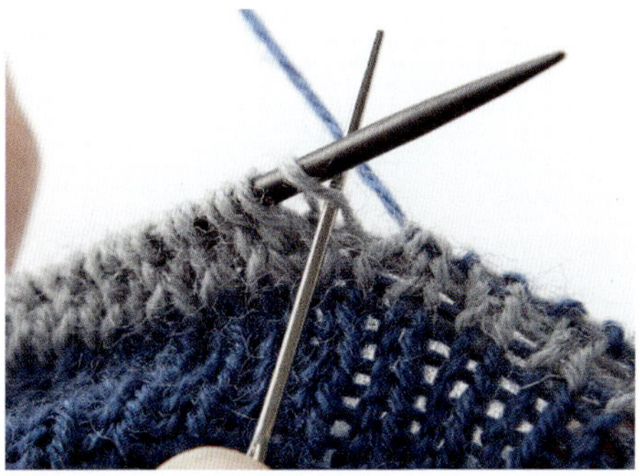

1 Von links nach rechts in die linke Masche einstechen und den Faden durchziehen. Die Masche noch nicht von der Nadel heben.

DEN FADEN lieber etwas länger abschneiden, er kann während des Abnähens nicht angesetzt werden.

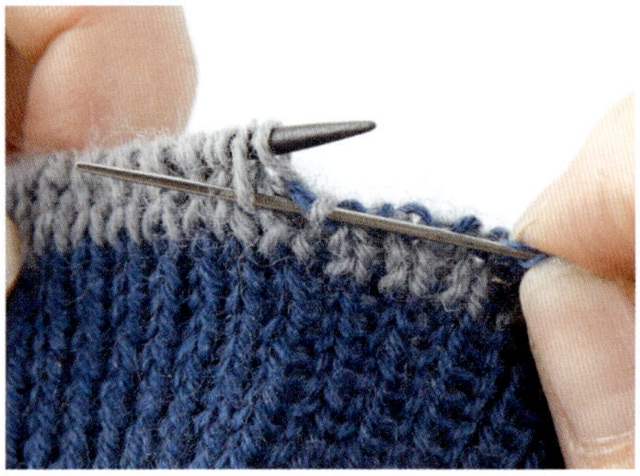

2 Von rechts nach links in die vorige (am Rundenende, ab dem zweiten Durchgang die bereits abgehobene) rechte Masche einstechen, die gerade abgenähte linke Masche übergehen und von rechts nach links in die folgende rechte Masche einstechen. Den Faden durchziehen, die Maschen aber noch auf der linken Nadel liegen lassen.

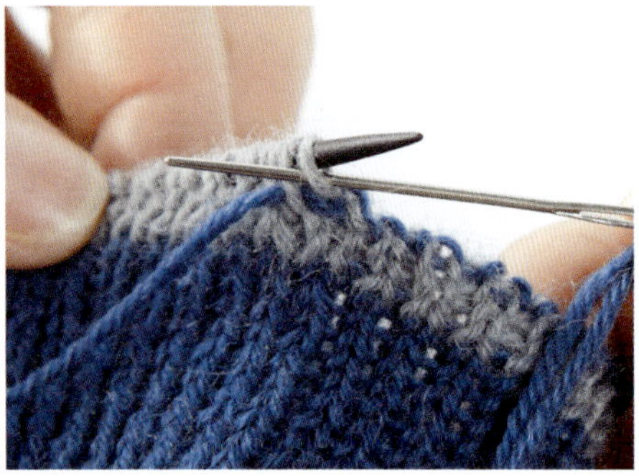

3 Von rechts nach links noch einmal in die 1. linke Masche einstechen, dann die ersten beiden Maschen von der Nadel heben und den Faden leicht anziehen.

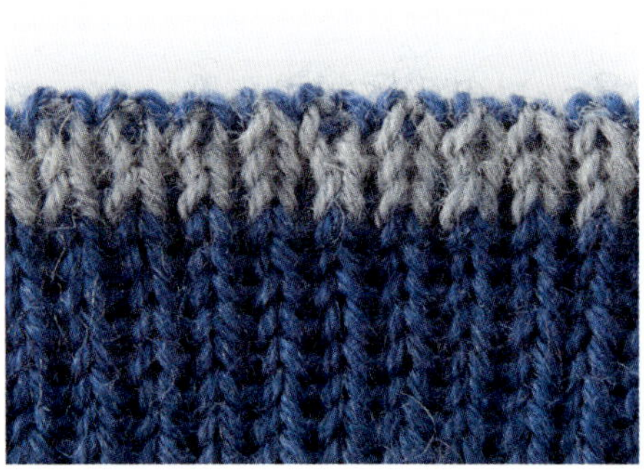

4 Schritt 1-3 wiederholen, bis alle Maschen abgenäht sind.

Maschen abhäkeln

Mit einer Häkelnadel gelingt ein sehr schöner und elastischer Abschlussrand, da alle Maschen ebenfalls doppelt abgehäkelt werden.

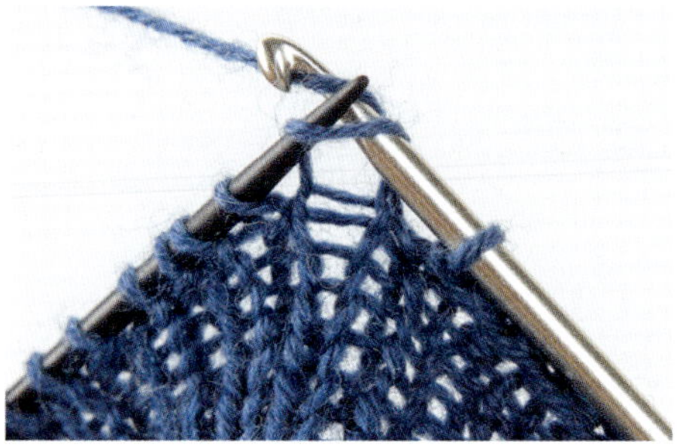

Mit der Häkelnadel in die erste Masche wie zum Rechtsstricken einstechen und den Faden durchholen. * Wie zum Rechtsstricken mit der Häkelnadel in die nächste Masche auf der linken Nadel einstechen und den Faden erfassen.

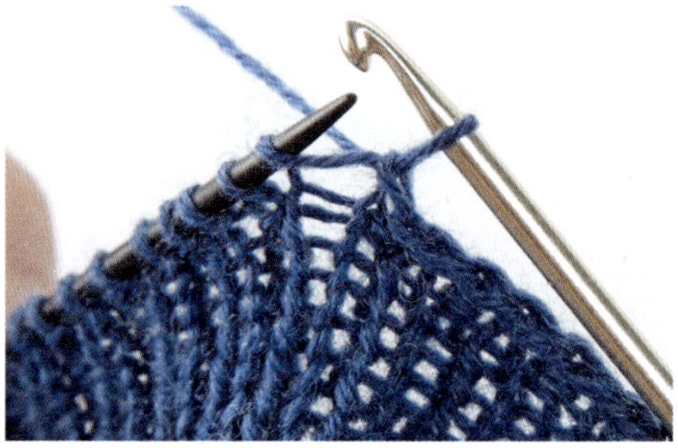

Dann den Faden durch die Masche der linken Nadel und die Schlinge auf der Häkelnadel ziehen. *

*MASCHENFOLGEN zwischen zwei * werden auf jeder Nadel wiederholt.*

Saumbündchen

Toe-Up-Socken können ebenso wie von oben nach unten gestrickte Socken mit einem Saumbündchen versehen werden. Dafür können nach dem Arbeiten des Bündchens mit Bruchkante (siehe Seite 105/106) entweder alle Maschen abgekettet und im Inneren der Socke angenäht werden, oder man kettet die noch offenen Maschen mit neu aus dem Inneren der Socke aufgenommenen Maschen zusammen ab. Beide Methoden haben aber den Nachteil, dass sie in der Regel recht eng und wenig elastisch ausfallen und sich daher eher für Toe-Up-Socken eignen, deren Schaft nicht allzu hoch gestrickt wird. Ein wesentlich elastischeres Saumbündchen ohne Bruchkante erhält man, wenn man die Maschenzahl zu Beginn des Bündchens verdoppelt und das Bündchen selbst dann zweilagig im Tunnelpatent arbeitet. Dafür benötigt man vor Beginn des eigentlichen Saumbündchens 1 oder 2 vorbereitende Runden.

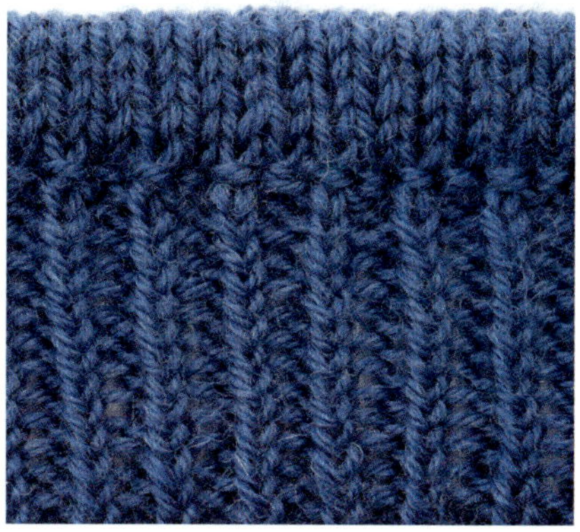

Vorbereiten mit Umschlägen

Diese Variante bildet einen sehr weichen und elastischen Übergang vom Schaft zum Saumbündchen. Es werden 2 Vorbereitungsrunden benötigt.

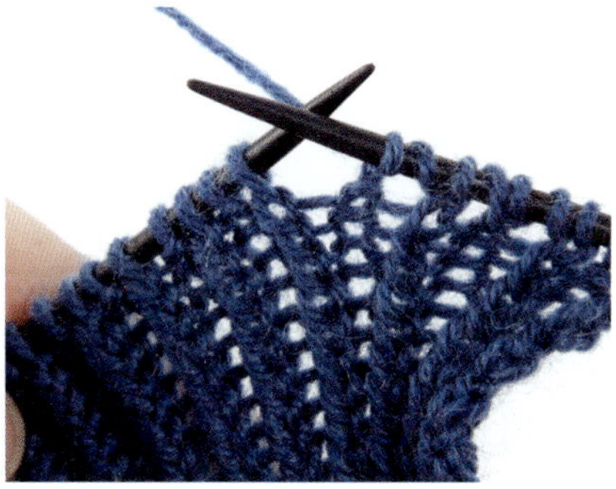

1 In der 1. vorbereitenden Runde nach jeder Masche jeweils 1 Umschlag über die rechte Nadel legen.

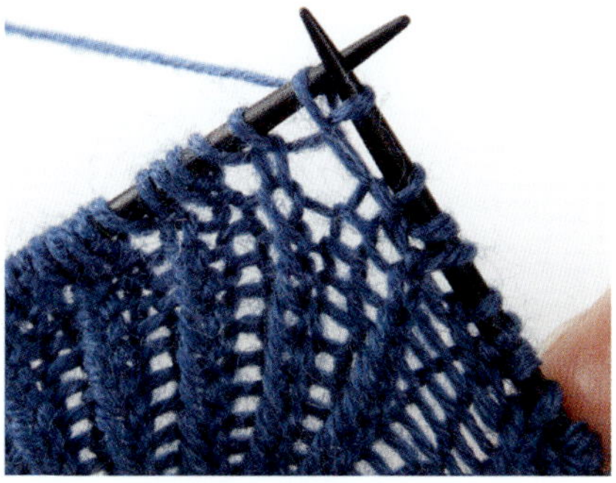

2 In der folgenden Runde immer abwechselnd 1 Masche mit dem Faden hinter der Masche abheben und den Umschlag rechts verschränkt abstricken.

Vorbereiten durch Verdoppeln

Diese Methode ergibt ein etwas dichteres Maschenbild am Übergang vom Schaft zum Saumbündchen und benötigt nur 1 Vorbereitungsrunde.

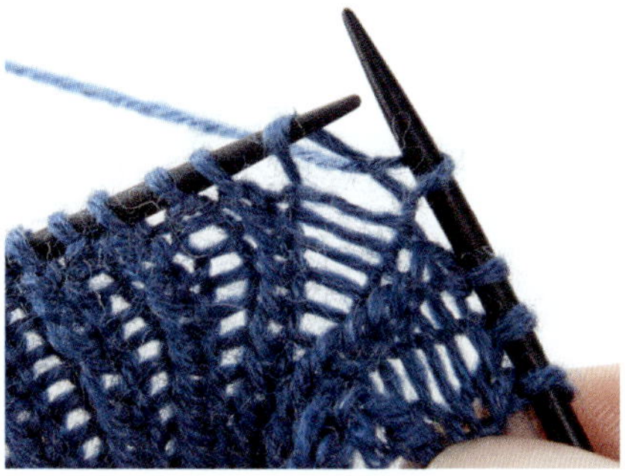

1 Jede Masche zunächst rechts stricken und von der linken Nadel heben.

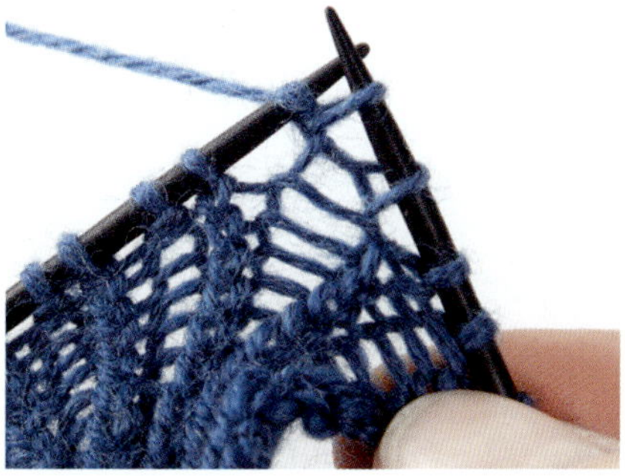

2 Mit der linken Nadelspitze von hinten wieder in die Masche einstechen, dann mit der rechten Nadelspitze vorne von links nach rechts in das vordere Maschenglied einstechen, die Masche ein zweites Mal rechts verschränkt abstricken und von der linken Nadel heben.

Tunnelpatent

Nachdem die Maschenzahl durch Umschläge oder durch zweifaches Abstricken jeder Masche verdoppelt wurde, weiter im Tunnelpatent arbeiten. Dazu die folgenden 2 Runden fortlaufend wiederholen, bis die gewünschte Höhe erreicht ist.

1. Runde: * 1 Masche rechts, 1 Masche mit dem Faden vor der Arbeit wie zum Linksstricken abheben, ab * fortlaufend wiederholen.
2. Runde: * 1 Masche mit dem Faden hinter der Arbeit wie zum Linksstricken abheben, 1 Masche links, ab * fortlaufend wiederholen.

Anschließend die Maschen wie ein italienisches 1/1-Bündchen abnähen (siehe Seite 207).

WIE MASCHEN RICHTIG ABGEHOBEN WERDEN, steht auf Seite 63.

Dekorative Abschlüsse

Toe-Up-Socken bieten einige sehr schöne Möglichkeiten, gleichzeitig elastische und besonders dekorative Abschlüsse zu arbeiten. Ob mit Rollrand, Pikots oder I-Cords: Der Phantasie sind keine Grenzen gesetzt!

Abschluss mit Rollbündchen

Rollbündchen sorgen für einen besonders elastischen wie auch sehr schönen und sauberen Abschluss einer Socke. Wenn das Bündchen die gewünschte Höhe erreicht hat, 6-8 Runden glatt rechts stricken und dann alle Maschen abketten. Die Abkettkante wird später durch das Rollbündchen verdeckt.

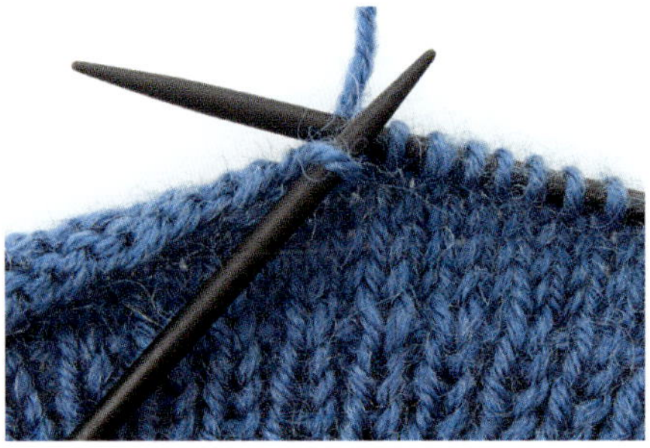

GLATT RECHTS IN RUNDEN = alle Maschen rechts stricken.

BEI SEHR BREITEN WADEN oder wenn die Socke besonders bequem sitzen soll, in der ersten Rollrandrunde noch weitere Maschen zunehmen.

Abschluss mit Picots

Picots sind kleine Zierelemente, die oben auf der Abkettkante aufsitzen und hübsch verspielt wirken. Auch hier ist es ratsam, von innen abzuketten, damit die Picots nicht nach vorne klappen. Die Maschenzahl sollte durch 4 teilbar sein, was bei den Maschenzahlen für die meisten Größen automatisch der Fall ist.

SOLLTE DIE VORHANDENE MASCHENZAHL nicht durch 4 teilbar sein, kann auch mit jeder anderen Maschenzahl gearbeitet werden. Dafür einfach eine Zahl ermitteln, durch die die Maschenzahl teilbar ist und zwischen den Picots entsprechend mehr Maschen arbeiten.

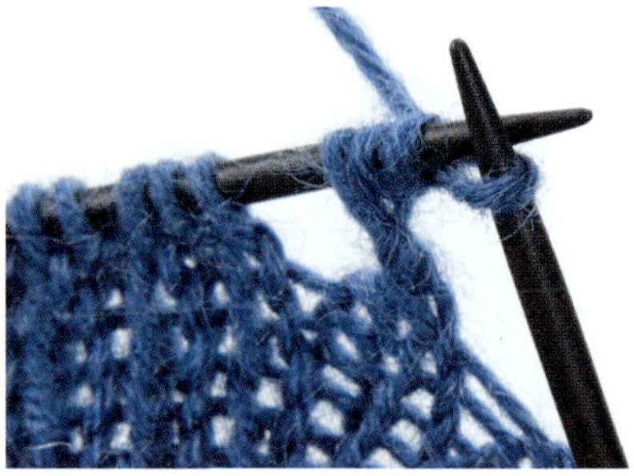

1 Die Arbeit wenden und auf der Innenseite der Socke weiterarbeiten. 2 Maschen rechts, ** beide Maschen wieder zurück auf die linke Nadel heben und rechts verschränkt zusammenstricken. Die so entstandene Masche wieder auf die linke Nadel heben, aus ihr weitere 3 Maschen herausstricken. Es sind jetzt insgesamt 4 Maschen auf der Nadel. Die ersten beiden Maschen rechts stricken, * beide Maschen wieder zurück auf die linke Nadel heben und rechts verschränkt zusammenstricken, 1 Masche rechts. Ab * noch 2x wiederholen, sodass alle 4 Maschen abgekettet sind.

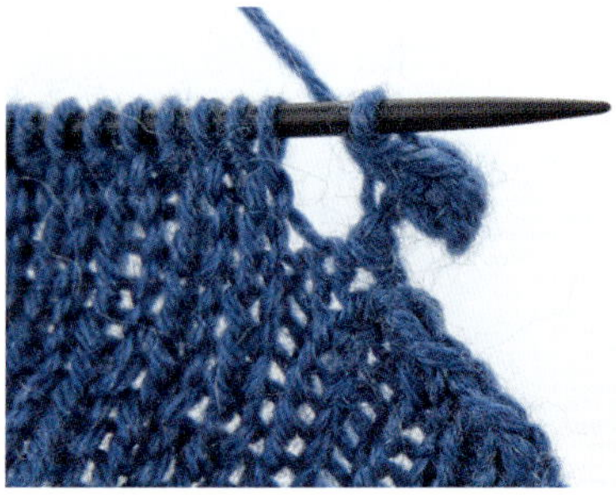

2 Die übriggebliebene Masche von der rechten auf die linke Nadel heben und darauf achten, dass sich der Arbeitsfaden vorne befindet. Diesen Faden so von links nach rechts um den Picot legen, dass der Faden nach hinten wandert. Das ist wichtig, damit der Picot später nicht kippt und sich keine Löcher bilden. 3 Maschen abketten und 1 Masche rechts stricken, dann fortfahren wie ab ** beschrieben, bis alle Maschen abgekettet sind.

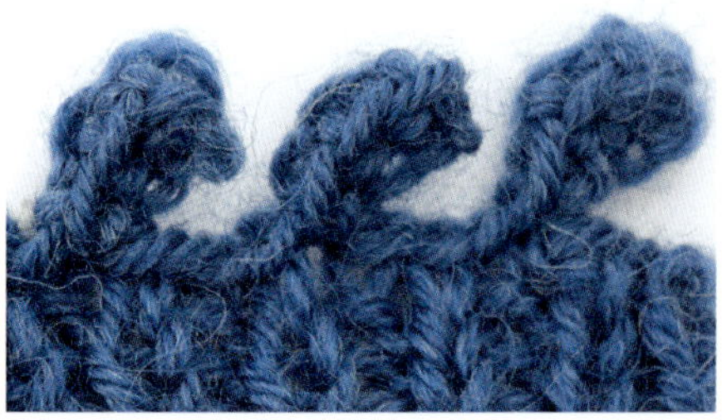

WIE AUS 1 MASCHE weitere Maschen herausgestrickt werden, steht auf Seite 87.

DIE GRÖSSE DER PICOTS kann verändert werden, indem mehr Maschen aus der Basismasche herausgestrickt werden. Der Abstand verändert sich, wenn zwischen den Picots mehr Maschen abgekettet werden.

Abschluss mit I-Cords

I-Cords sind schmale gestrickte Kordeln, wie man sie von der allseits beliebten Strickliesel her kennt. Sie eignen sich sehr gut, um in verschiedensten Varianten verspielte Abschlüsse zu arbeiten, die zudem noch sehr sauber aussehen und stabil sind.
Bevor nun ein Bündchen mit I-Cords verziert wird, sind noch einige Überlegungen notwendig. Meist sehen ein paar Runden kraus rechts vor dem I-Cord-Abschluss sehr hübsch aus. Zudem sollte die gewünschte Dicke der einzelnen Kordeln bestimmt werden. Hier sollte eine Zahl gewählt werden, durch die gesamte Maschenzahl teilbar ist. Sollen es Bögen oder ein kleiner I-Cord-Zaun sein? Sollen die Bögen dicht an dicht stehen oder sogar ineinander verschlungen werden?

I-Cords stricken

I-Cords werden je nach Stärke des verwendeten Garns aus 3-6 Maschen auf 2 Spielnadeln gestrickt. Diese sollten möglichst kurz sein, aber trotzdem noch gut in der Hand liegen.

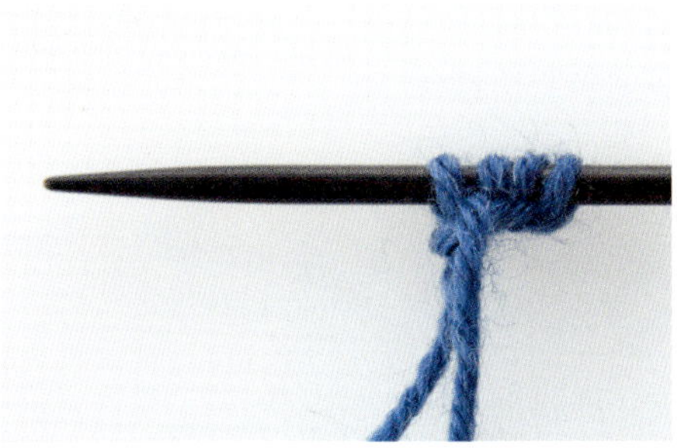

1 Die gewünschte Maschenzahl anschlagen (hier 4). Nun die Maschen wieder zur rechten Spitze der Arbeitsnadel hin schieben, der Arbeitsfaden liegt noch immer links. Die Arbeit nicht wenden. Den Arbeitsfaden hinter der Arbeit nach rechts holen und die Maschen mit der anderen Spielnadel wie gewohnt rechts stricken.

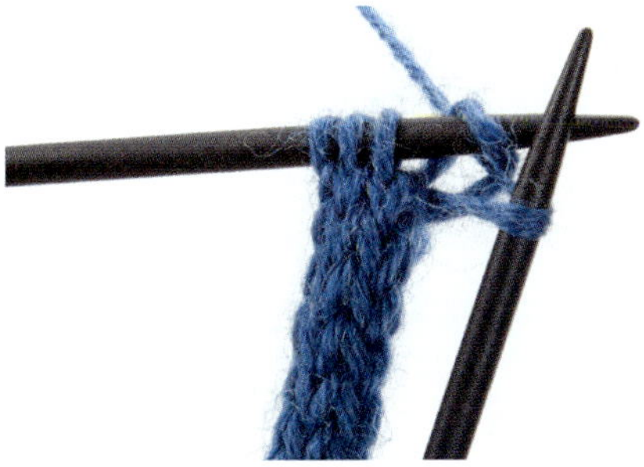

2 Nach dem Abstricken aller Maschen die Arbeit nicht wenden, sondern die Maschen erneut an die rechte Nadelspitze schieben, den Faden hinter der Arbeit nach rechts bringen und die Maschen rechts abstricken. Der Arbeitsfaden zieht dabei die letzte Masche der Reihe mit nach rechts, die Kordel schließt sich.

I-CORDS sollten nicht über mehr als 6 Maschen gearbeitet werden, da sie sich sonst nicht mehr sauber schließen.

DIE MASCHEN FÜR EINEN I-CORD können im Kreuzanschlag (siehe Seite 79) angeschlagen oder aufgeschlungen werden (siehe Seite 90).

DIE ERSTEN REIHEN der I-Cord stricken sich einfacher, wenn das rechte Fadenende gespannt gehalten wird. Später erzielt man den gleichen Effekt, wenn man das fertige Kordelstück leicht spannt.

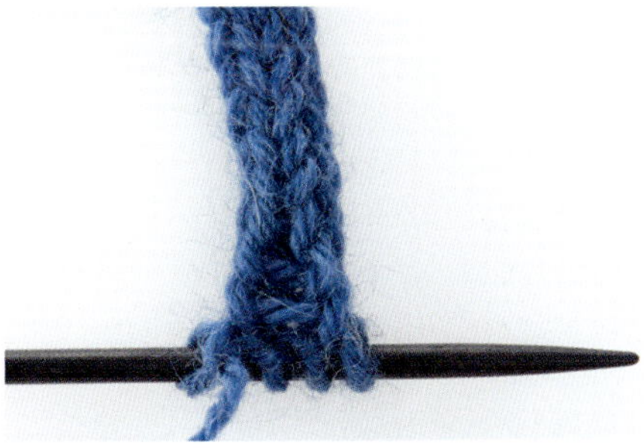

3 Nach ein paar Reihen wird die Kordel sichtbar. Nahe an der Nadel lassen sich auf der Rückseite der I-Cord noch linke Maschen erkennen, weiter unten erscheint die Kordel komplett geschlossen.

BEIM ARBEITEN AUF RUNDSTRICKNADELN werden 2 zusätzliche Spielnadeln benötigt: Auf der ersten liegen die Maschen des I-Cords nach dem ersten Abstricken, mit der 2. werden sie abgestrickt.

DIE I-CORDS NICHT ZU HOCH STRICKEN, sonst kippen sie und sehen aus wie Fransen.

I-Cord-Zaun

Die Breite der einzelnen I-Cords muss so gewählt werden, dass die Gesamtmaschenzahl durch diese Maschenzahl teilbar ist. Häufig bieten sich 3 oder 4 Maschen an.

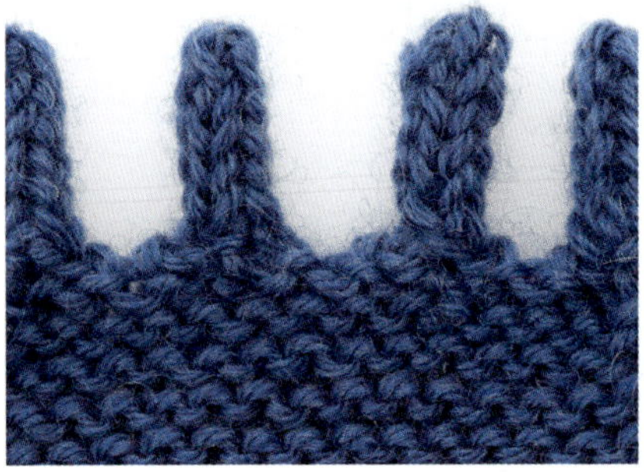

1 Alle Maschen des Bündchens liegen auf den Nadeln. Mit einer zusätzlichen Spielnadel die ersten 3 oder 4 Maschen am Rundenbeginn rechts stricken. Nun über diese Maschen mit 2 Spielnadeln einen I-Cord in der gewünschten Höhe stricken wie oben beschrieben.

2 Am Ende den Faden abschneiden und mit einer stumpfen Stopfnadel durch alle Maschen ziehen.

3 Den Faden an der nächsten Bündchenmasche neu ansetzen und den nächsten I-Cord stricken.

Schritt 1-3 wiederholen, bis alle Bündchenmaschen bearbeitet sind. Alle Fäden vernähen.

BEIM ARBEITEN VON I-CORDS auf Bündchen müssen keine Maschen neu angeschlagen werden, es wird über die offenen Maschen der Socke gearbeitet.

Geknotete I-Cords

Diese I-Cords werden wie der I-Cord-Zaun, jedoch über mindestens 20 Reihen gestrickt. So lassen sie sich später bequem knoten. Besonders dekorativ wirkt es, wenn sich kurze I-Cords mit oben und in der Mitte geknoteten abwechseln.

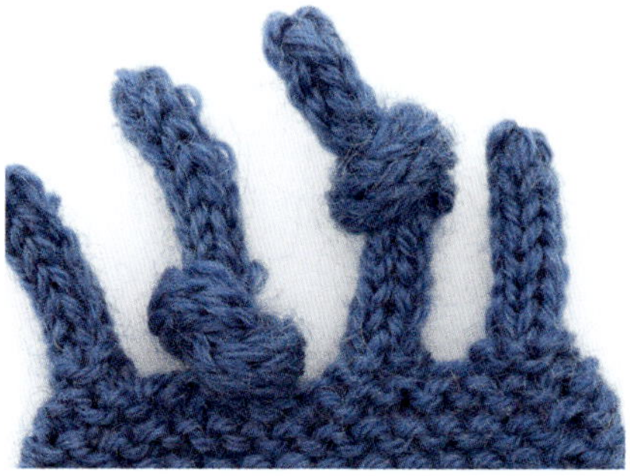

I-Cords mit Perlen

Die Verwendung von Perlen bietet zahlreiche Variationsmöglichkeiten für den I-Cord-Zaun. Perlen, Knöpfe oder Glöckchen werden vor dem Vernähen der Endfäden an den Spitzen der I-Cords aufgefädelt und mit dem Endfaden angenäht. Lange I-Cords können umgeklappt und mit einer Perle am Bündchen angenäht werden.

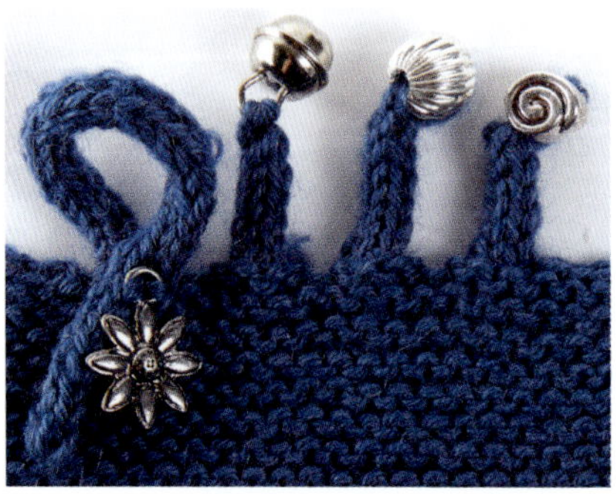

WERDEN SEHR SCHWERE PERLEN, z. B. aus Metall, verwendet, sollten die I-Cords nicht zu hoch sein, damit sie später nicht kippen.

I-Cord-Krönchen

Soll das gesamte Bündchen rundherum mit Krönchen verziert werden, so muss die Gesamtmaschenzahl durch die dreifache Maschenzahl eines I-Cords teilbar sein, bei I-Cords aus 3 Maschen z. B. durch 9, bei 4 Maschen durch 12.

Beispiel

Ein Bogen mit 4 Maschen sollte mindestens 15 Reihen lang sein. Er wird über die 1.-4. Masche gestrickt, die 5.-8. Masche werden stillgelegt und der I-Cord mit der 9.-12. Masche zusammen abgekettet.

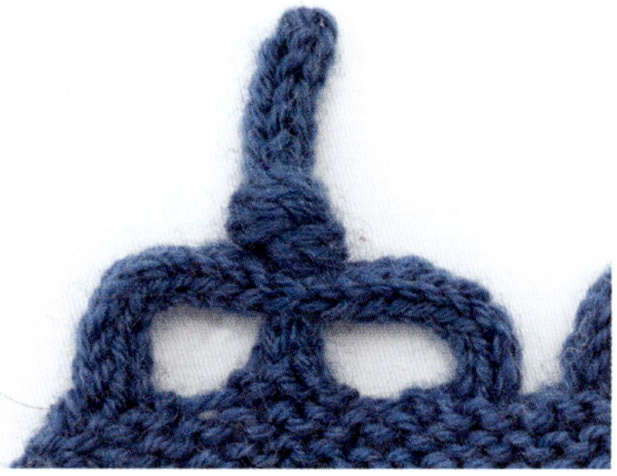

1 Zuerst die Bögen arbeiten. Dafür aus den ersten 3 oder 4 Maschen einen I-Cord arbeiten. Die folgenden 3 oder 4 Maschen stilllegen und den I-Cord lang genug arbeiten, um ihn mit den darauf folgenden 3 oder 4 Maschen in einem schönen Bogen abketten zu können wie bei den I-Cord-Bögen beschrieben. Auf diese Weise alle Bögen arbeiten und nach dem letzten Bogen den Faden abschneiden und vernähen.

2 Den Faden an der ersten stillgelegten Maschengruppe neu ansetzen und einen I-Cord mit ca. 20 Reihen arbeiten und abnähen wie beim I-Cord-Zaun beschrieben. Mit einer Häkelnadel von oben durch die Mitte des Bogens stechen, den I-Cord durchziehen und oberhalb verknoten. Auf diese Weise alle Krönchen vervollständigen, zuletzt alle Fäden vernähen.

ES KANN AUCH nur ein einzelnes Krönchen zwischen anderen I-Cord-Elementen eingearbeitet werden.

I-Cord-Bögen

Bei I-Cord-Bögen ist es wichtig, dass die Gesamtmaschenzahl durch die Summe der Maschen von 2 I-Cords teilbar ist. Für I-Cords aus 3 Maschen also durch 6, für solche aus 4 Maschen durch 8.

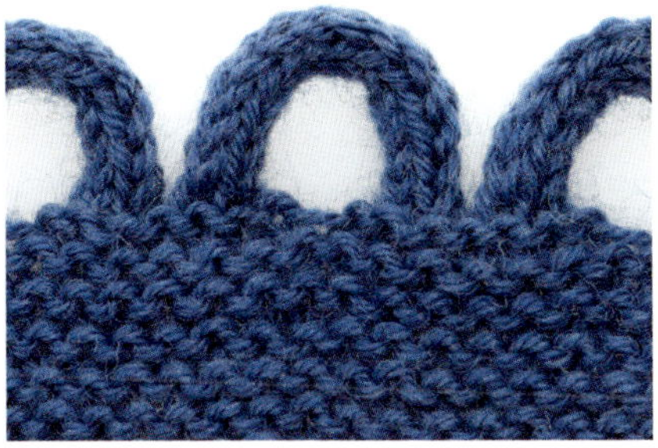

1 Einen I-Cord wie beim I-Cord-Zaun, jedoch mit 10-15 Reihen arbeiten.

2 Dann den I-Cord biegen, sodass die offenen Maschen den nächsten 3 oder 4 Maschen des Bündchens gegenüberliegen. Jeweils 1 I-Cord-Masche mit 1 Bündchenmasche rechts zusammenstricken und abketten.

3 Aus den nächsten 3 oder 4 Maschen den nächsten I-Cord arbeiten und am Bündchen befestigen. Auf diese Weise die gesamte Bündchenrunde mit I-Cord-Bögen bestricken. Zuletzt den Faden vernähen.

Verschlungene I-Cord-Bögen in zwei Farben

Werden I-Cords in zwei verschiedenen Farben gearbeitet, wirken sie noch raffinierter. Es geht jedoch einfacher, als es aussieht. Benötigt werden 2 zusätzliche Spielnadeln. Auch hier gilt: Die Maschenzahl muss durch die doppelte Maschenbreite der einzelnen I-Cords teilbar sein.

1 Einen I-Cord in der Hauptfarbe mit mindestens 12 Reihen stricken. Dann diese Maschen stilllegen.

2 Den Faden in der Kontrastfarbe an den nächsten Maschen ansetzen und einen weiteren I-Cord über die gleiche Maschenzahl und in der gleichen Länge arbeiten.

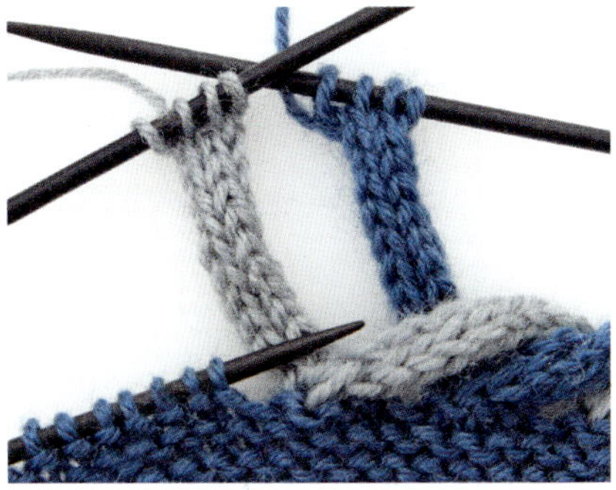

3 Nun den I-Cord in der Hauptfarbe (hier dunkelblau) vor die Bündchenmaschen legen und mit den nächsten Bündchenmaschen wie bei den I-Cord-Bögen beschrieben zusammenstricken, aber nicht abketten.

4 Aus den durch das Zusammenstricken entstandenen Maschen einen neuen I-Cord der gleichen Farbe stricken.

5 Den I-Cord in der Kontrastfarbe (hier grau) vor die Bündchenmaschen legen, die Maschen mit dem Bündchen zusammenstricken und ebenfalls einen neuen I-Cord gleicher Farbe arbeiten.

Schritt 3-5 fortlaufend wiederholen, bis alle Bündchenmaschen bearbeitet sind.

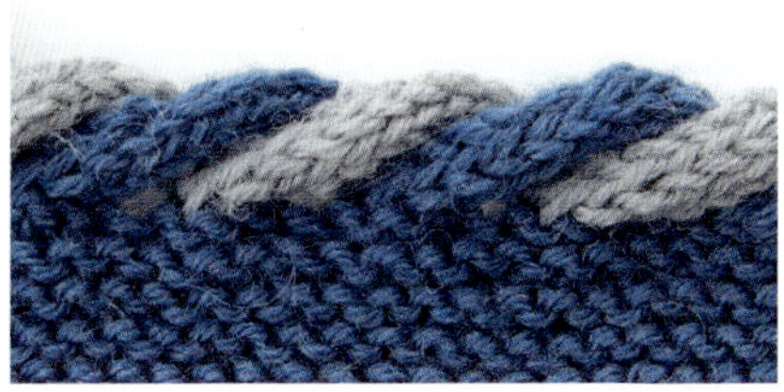

ZUM STRICKEN VON SOCKEN AUF RUNDSTRICKNADELN werden 3 zusätzliche Spielnadeln benötigt: 1 für jeden der 2 I-Cords und 1 Arbeitsnadel.

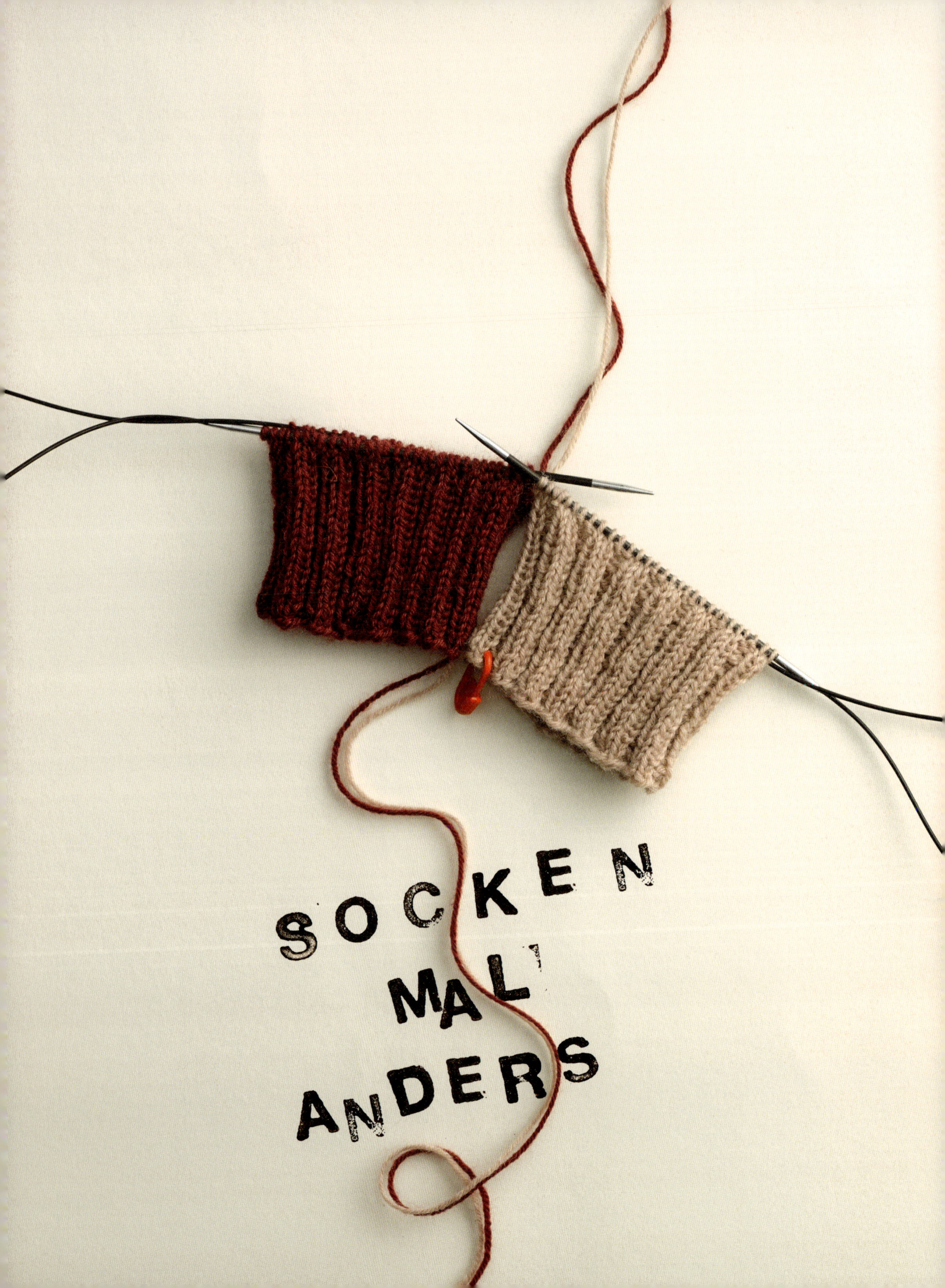
SOCKEN
MAL
ANDERS

Socken sind und bleiben unter Strickern eines der beliebtesten Projekte, da sie überschaubar und handlich sind und sich auch für Zwischendurch und Unterwegs prima eignen. Trotzdem lieben Sockenstricker die Herausforderung – kein Wunder also, dass es inzwischen zahlreiche Arten gibt, Socken mal anders zu stricken!

Spickelspielereien

Einen ganz neuen Look kann man auch klassisch gestrickten Socken verleihen, indem man die nach Fersenwand und Fersenrundung notwendigen Spickelabnahmen anders platziert als üblich. So kann man interessante Linienverläufe auf oder unter dem Fuß erzielen. Arbeitet man nur eine Linie, können rechte und linke Socke spiegelbildlich gestrickt werden. Welche Variante auch gewählt wird, die Abnahmen sollten dabei möglichst regelmäßig in jeder 2. oder 3. Runde erfolgen.
Für alle hier vorgestellten Variationen zunächst die gewünschte Ferse mit Fersenwand arbeiten und die Maschen wie gewohnt aus den Seiten der Fersenwand aufnehmen. Ausgangspunkt ist die Mitte der Ferse, nach der Aufnahme der Maschen aus der Fersenwand wurde bereits 1 Runde über alle Maschen gestrickt. Nun weiter in Runden stricken und je nach gewählter Variation Spickelabnahmen arbeiten.

Variation 1

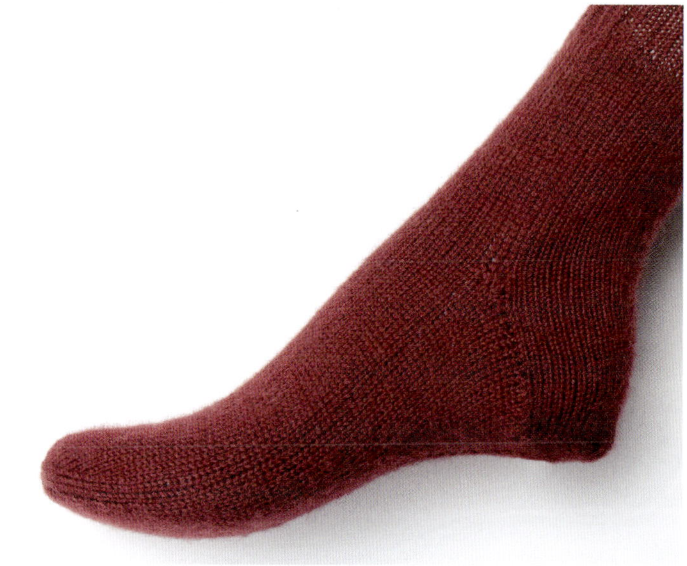

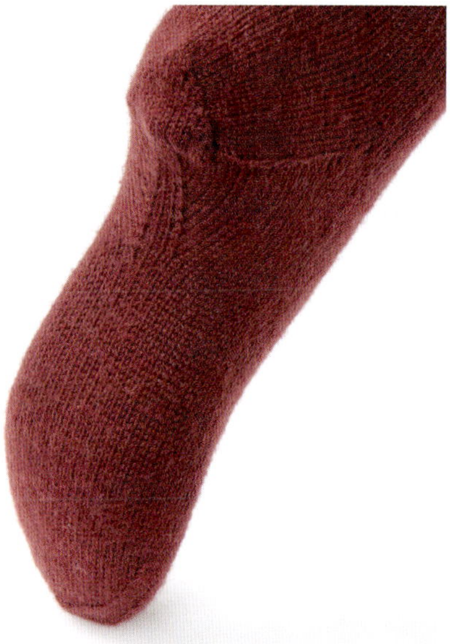

Abnahmerunde

1. Nadel: 1 Masche rechts, 2 Maschen nacheinander wie zum Rechtsstricken abheben und rechts zusammenstricken (Linksneigung), die übrigen Maschen rechts stricken.
2. und 3. Nadel: Im Oberfußmuster arbeiten.
4. Nadel: Bis zu den letzten 3 Maschen rechts stricken, 2 Maschen rechts zusammenstricken (Rechtsneigung), 1 Masche rechts.
Weiter in Runden stricken und die Abnahmerunde in jeder 2. oder 3. Runde wiederholen, bis alle überzähligen Spickelmaschen abgenommen sind. Dann Fuß und Spitze arbeiten.

WERDEN DIE ABNAHMEN in jeder 2. Runde gearbeitet, werden die Linien kürzer und steiler, bei jeder 3. Runde länger und flacher.

Variation 2

Für diese Variation werden 2 Maschenmarkierer benötigt.

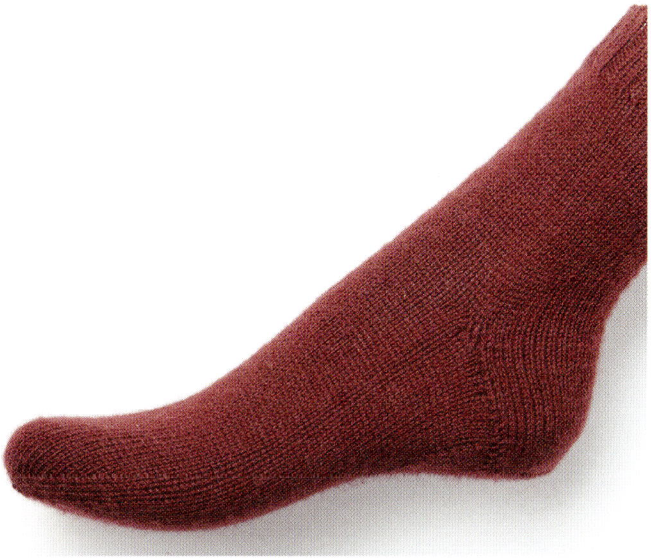
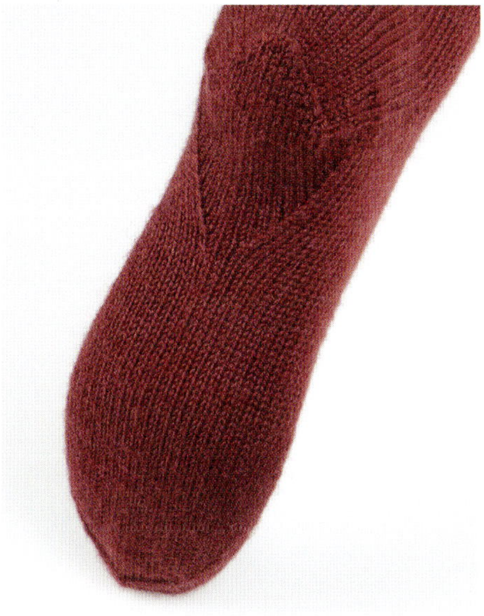

Vorbereitungsrunde

1. Nadel: Rechte Maschen stricken, bis noch so viele Maschen ungestrickt sind, wie ursprünglich pro Nadel angeschlagen wurden. 2 Maschen rechts, 1 Maschenmarkierer einhängen, restliche Maschen rechts stricken.
2. und 3. Nadel: Im Oberfußmuster stricken.
4. Nadel: 2 Maschen weniger rechts stricken, als ursprünglich pro Spielnadel angeschlagen wurden, einen 2. Maschenmarkierer einhängen, restliche Maschen rechts stricken.

Abnahmerunde

1. Nadel: Bis 2 Maschen vor den Markierer rechte Maschen stricken, 2 Maschen rechts zusammenstricken (Rechtsneigung), den Markierer abheben. Restliche Maschen rechts stricken.
2. und 3. Nadel: Im Oberfußmuster stricken.
4. Nadel: Bis zum Markierer rechte Maschen stricken, den Markierer abheben, 2 Maschen nacheinander wie zum Rechtsstricken abheben und rechts zusammenstricken (Linksneigung). Restliche Maschen rechts stricken.
Weiter in Runden stricken und die Abnahmerunde in jeder 2. oder 3. Runde wiederholen, bis alle überzähligen Spickelmaschen abgenommen sind. Dann Fuß und Spitze arbeiten.

FÜR DIESE SPICKELSPIELEREIEN eignen sich alle Fersenwandfersen (siehe Seite 116-129) außer der Zunahmeferse.

DIE VARIATIONEN DES SPICKELS können auch sehr gut auf Rundstricknadeln gestrickt werden. Die 4. und 1. Nadel entsprechen der vorderen, die 2. und 3. Nadel der hinteren Maschenhälfte. Maschenmarkierer helfen, den Überblick zu behalten. Der Ausgangspunkt liegt in der Mitte der vorderen Maschenhälfte.

Variation 3

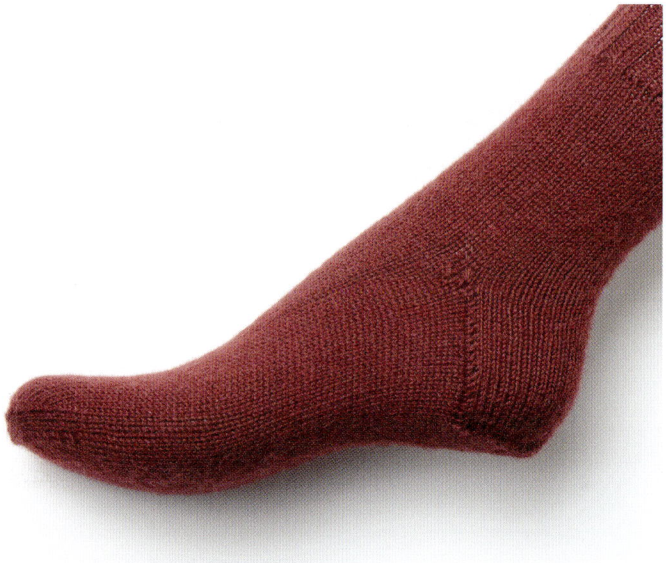
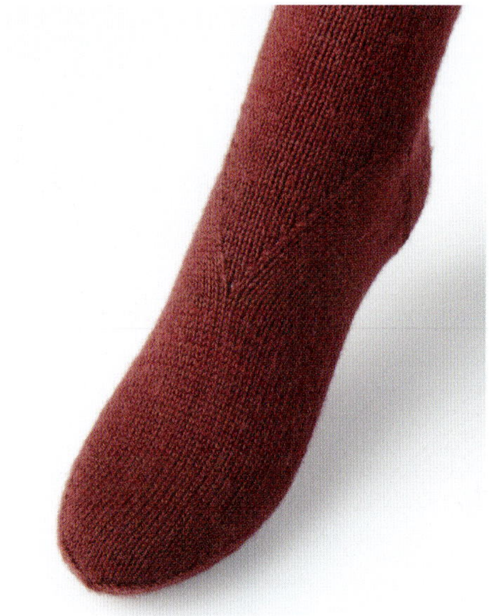

Vorbereitungsrunde

1. Nadel: So viele Maschen rechts stricken, wie ursprünglich pro Spielnadel angeschlagen wurden.
2. Nadel: Die restlichen Maschen der 1. Nadel und noch so viele Maschen der 2. Nadel rechts stricken, bis sich auf der 2. Nadel 1 Masche weniger befindet als auf der 1. Nadel. Einen Maschenmarkierer einhängen und die restlichen Maschen rechts stricken.
3. Nadel: So viele Maschen rechts stricken, wie sich auf der 2. Nadel hinter dem Markierer befinden. Einen 2. Maschenmarkierer einhängen und die restlichen Maschen rechts stricken. Zuletzt noch so viele Maschen der 4. Nadel rechts stricken, dass sich auf dieser noch die gleiche Maschenzahl wie auf der 1. Nadel befindet.
4. Nadel: Alle Maschen rechts stricken.

Abnahmerunde

1. Nadel: Alle Maschen rechts stricken.
2. Nadel: Rechte Maschen stricken bis zum Markierer, diesen abheben, 2 Maschen nacheinander wie zum Rechtsstricken abheben und rechts zusammenstricken (Linksneigung), restliche Maschen rechts.
3. Nadel: Bis 2 Maschen vor dem Markierer rechts stricken, 2 Maschen rechts zusammenstricken (Rechtsneigung), den Markierer abheben und restliche Maschen rechts stricken.
4. Nadel: Alle Maschen rechts stricken.
Weiter in Runden glatt rechts stricken und die Abnahmerunde in jeder 3. Runde wiederholen, bis alle überzähligen Spickelmaschen abgenommen sind. Dann Fuß und Spitze arbeiten.

Variation 4

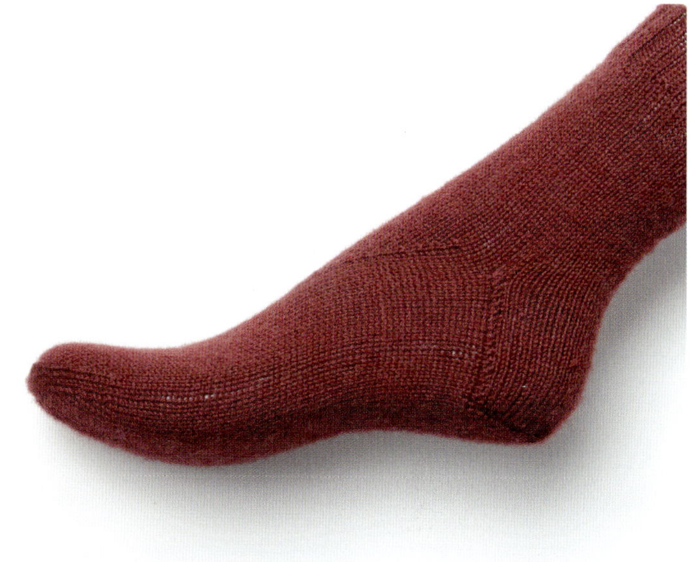

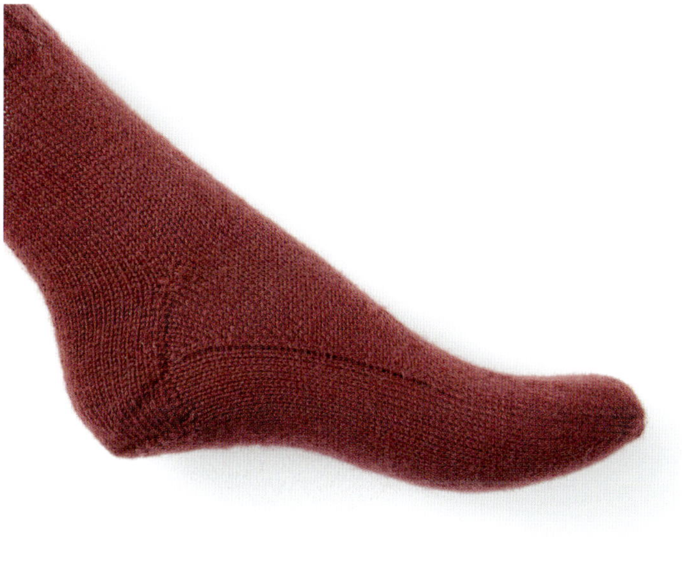

Für die linke Socke

Vor der ersten Abnahmerunde müssen die Maschen wie folgt umsortiert werden:
Mit der 2. Nadel so viele Maschen von der 1. Nadel abheben, bis sich auf der 1. Nadel nur noch die ursprünglich angeschlagene Maschenzahl befindet. Dann mit der 3. Nadel so viele Maschen von der 4. Nadel abheben, bis sich auf der 4. Nadel ebenfalls nur noch die ursprüngliche Maschenzahl befindet.
Zuletzt mit der 2. Nadel noch so viele Maschen von der 3. Nadel abheben, bis sich auf der 3. Nadel nur noch die ursprüngliche Maschenzahl befindet. Alle Spickelmaschen liegen zusätzlich zur ursprünglichen Maschenzahl auf der 2. Nadel.

Abnahmerunde

1., 3. und 4. Nadel: Alle Maschen rechts stricken.
2. Nadel: 2 Maschen nacheinander wie zum Rechtsstricken abheben und rechts zusammenstricken (Linksneigung), restliche Maschen rechts.
Weiter in Runden glatt rechts stricken und die Abnahmerunde in jeder 2. Runde wiederholen, bis alle überzähligen Spickelmaschen abgenommen sind. Dann Fuß und Spitze arbeiten.

Für die rechte Socke

Vor der ersten Abnahmerunde müssen die Maschen wie folgt umsortiert werden:
Mit der 2. Nadel so viele Maschen von der 1. Nadel abheben, bis sich auf der 1. Nadel nur noch die ursprünglich angeschlagene Maschenzahl befindet. Dann mit der 3. Nadel so viele Maschen von der 4. Nadel abheben, bis sich auf der 4. Nadel ebenfalls nur noch die ursprüngliche Maschenzahl befindet.
Zuletzt mit der 3. Nadel noch so viele Maschen von der 2. Nadel abheben, bis sich auch auf der 2. Nadel nur noch die ursprüngliche Maschenzahl befindet. Alle Spickelmaschen liegen zusätzlich zur ursprünglichen Maschenzahl auf der 3. Nadel.

Abnahmerunde

1., 2. und 4. Nadel: Alle Maschen rechts stricken.
3. Nadel: Bis zu den letzten 3 Maschen rechts stricken, 2 Maschen rechts zusammenstricken (Rechtsneigung), 1 Masche rechts.
Weiter in Runden glatt rechts stricken und die Abnahmerunde in jeder 2. Runde wiederholen, bis alle überzähligen Spickelmaschen abgenommen sind. Dann Fuß und Spitze arbeiten.

Socken ohne Ferse

Ursprünglich einmal für Babys und Frühchen gedacht, entstand die Idee, Socken ohne Ferse zu stricken, die man sehr schnell und einfach anziehen kann. Das Grundprinzip besteht darin, die Socke besonders im Bereich von Spann und Ferse in einem sehr weichen und dehnbaren Muster zu stricken. Dies funktioniert umso besser, je kleiner die gearbeitete Schuhgröße ist. Als sehr dehnbare Muster haben sich dazu das Vollpatent und ein spiralförmig versetztes Rippenmuster etabliert.

Die Patentsocke

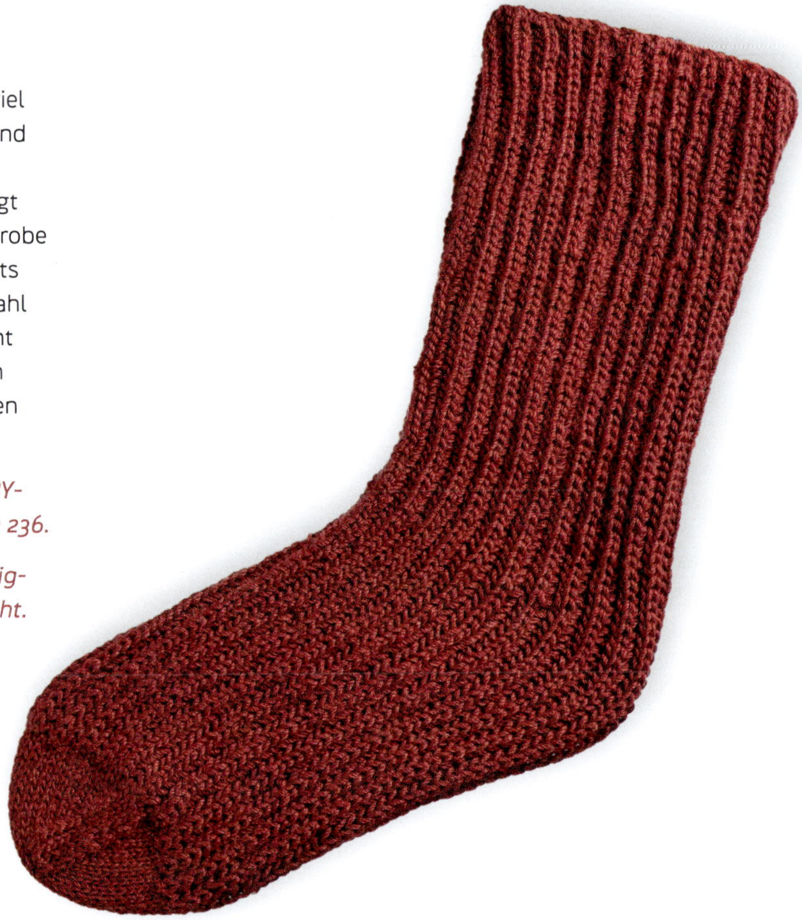

Das Vollpatent ist sehr voluminös und schließt viel wärmeisolierende Luft ein. Es ist sehr dehnbar und hat eine stark ausgeprägte Rippenstruktur.
Um das Vollpatent in Runden zu stricken, benötigt man eine gerade Maschenzahl. Da die Maschenprobe des Vollpatents erheblich von der von glatt rechts Gestricktem abweicht, muss auch die Maschenzahl für den Anschlag angeglichen werden. Sie weicht also deutlich von den bisherigen Maschenzahlen ab. Die Angaben zu allen Größen und Garnstärken stehen in der Tabelle auf Seite xxx.

DIE MASCHENZAHLEN FÜR BABYSÖCKCHEN finden Sie auf Seite 236.

FÜR SEHR GROSSE GRÖSSEN eignen sich Patentsocken eher nicht.

Maschenanschlag

Besonders geeignet für Patentsocken sind:

- verstärkter Kreuzanschlag (siehe Seite 80)
- klassischer Kreuzanschlag (siehe Seite 79)
- italienischer Anschlag (siehe Seite 84-86)

Patentschlauch bis zur Spitze

Über alle Maschen im Vollpatent in Runden arbeiten wie folgt:
1. Runde: * 1 Masche mit 1 Umschlag wie zum Linksstricken abheben, 1 Masche links, ab * fortlaufend wiederholen.
2. Runde: * 1 Masche mit dem Umschlag rechts zusammenstricken, 1 Masche mit 1 Umschlag links abheben, ab * fortlaufend wiederholen.
3. Runde: * 1 Masche mit 1 Umschlag links abheben, 1 Masche mit dem Umschlag links zusammenstricken, ab * fortlaufend wiederholen.
Die 2. und 3. Runde fortlaufend wiederholen, bis mindestens die laut Tabelle nötige Rundenzahl von Anschlag bis Spitzenbeginn erreicht ist.

Spitze

Nach der letzten Runde im Vollpatentmuster muss zunächst die Maschenzahl zum Arbeiten der glatt rechten Spitze angepasst werden. Dafür eine Übergangsrunde wie folgt stricken:
* 1 Masche rechts, 1 Masche mit ihrem Umschlag rechts zusammenstricken, 1 Masche rechts, 1 Masche mit ihrem Umschlag rechts zusammenstricken, 1 Masche rechts verschränkt aus dem Querfaden zunehmen, ab * fortlaufend wiederholen. Dabei für alle Größen mit einer ungeraden Maschenzahl pro Spielnadel die letzte Zunahme auslassen, sodass die Spitze mit einer geraden Maschenzahl pro Nadel gearbeitet werden kann. Nun kann jede beliebige Spitze angeschlossen werden.

FÜR DIE SPITZEN siehe ab Seite 172.

Mascheneinteilung Patentsocke für 4-fädiges Sockengarn

LL = 210 m/50 g, glatt rechts 30 Maschen x 42 Reihen = 10 cm x 10 cmim Vollpatent 24 Maschen x 60 Reihen = 10 cm x 10 cm

Größe	20/21	22/23	24/25	26/27	28/29	30/31	32/33	34/35	36/37	38/39	40/41	42/43	44/45	46/47	48/49	50/51
Maschenzahl pro Spielnadel	8	8	9	10	10	10	11	11	12	12	12	13	13	14	Für sehr große Größen eignen sich fersenlose Socken eher nicht.	
Maschenzahl pro Rundstricknadel	16	16	18	20	20	20	22	22	24	24	24	26	26	28		
Maschenzahl gesamt	32	32	36	40	40	40	44	44	48	48	48	52	52	56		
Letzte Zunahme auslassen	nein	nein	ja	nein	nein	nein	ja	ja	nein	nein	nein	ja	ja	nein		
Runde-Zahl Anschlag–Spitze	90	106	120	136	150	160	170	180	190	200	210	220	230	240		
Maschenzahl nach Übergangsrunde	40	40	45	50	50	50	55	55	60	60	60	65	65	70		

Mascheneinteilung Patentsocke für 6-fädiges Sockengarn

LL = 125 m/50 g, glatt rechts 22 Maschen x 30 Reihen = 10 cm x 10 cmim Vollpatent 18 Maschen x 54 Reihen = 10 cm x 10 cm

Größe	20/21	22/23	24/25	26/27	28/29	30/31	32/33	34/35	36/37	38/39	40/41	42/43	44/45	46/47	48/49	50/51
Maschenzahl pro Spielnadel	6	6	7	7	8	8	9	9	9	10	10	10	11	12	Für sehr große Größen eignen sich fersenlose Socken eher nicht.	
Maschenzahl pro Rundstricknadel	12	12	14	14	16	16	18	18	18	20	20	20	22	24		
Maschenzahl gesamt	24	24	28	28	32	32	36	36	36	40	40	40	44	48		
Letzte Zunahme auslassen	nein	nein	ja	ja	nein	nein	ja	ja	ja	nein	nein	nein	ja	nein		
Runde-Zahl Anschlag–Spitze	80	90	100	120	130	140	150	160	170	180	190	200	210	220		
Maschenzahl nach Übergangsrunde	30	30	34	34	40	40	44	44	44	50	50	50	54	60		

Die Spiralsocke

Die für eine Socke ohne Ferse nötige Elastizität ergibt sich bei der Spiralsocke durch ein Rippenmuster, also den gleichmäßigen Wechsel von rechten und linken Maschensäulen. Diese werden noch elastischer, wenn man die Rippen nach jeweils 4 Runden um 1 Masche nach rechts oder links versetzt. Dadurch verlaufen die Rippen diagonal, was der Spiralsocke ihren Namen gibt.

DIE SPIRALEN VERLAUFEN IM UHRZEIGERSINN, wenn man das Rippenmuster jeweils um 1 Masche nach links versetzt, und gegen den Uhrzeigersinn, wenn man das Muster um 1 Masche nach rechts versetzt.

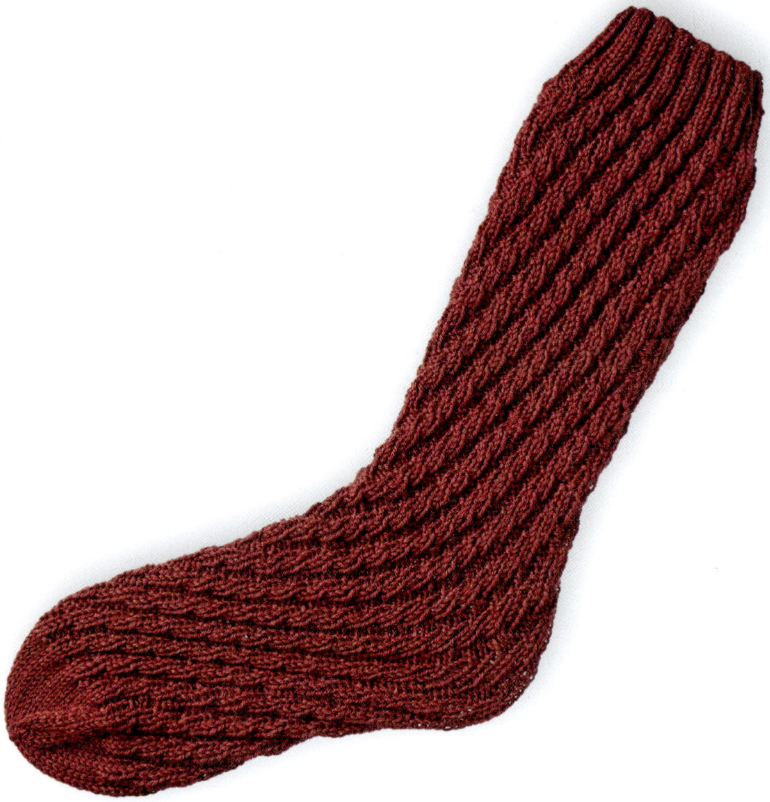

SPIRALSOCKEN sollten nicht zu lose am Fuß sitzen.

FÜR SEHR GROSSE GRÖSSEN eignen sich Spiralsocken eher nicht.

Maschenanschlag

Die Anschlagkante sollte elastisch sein, um sich einerseits genügend zu dehnen, andererseits aber auch eng am Bein anliegen. Besonders gut eignen sich daher die folgenden Anschläge:

- elastischer Kreuzanschlag (siehe Seite 79)
- verstärkter Kreuzanschlag (siehe Seite 80)
- gewickelter Kreuzanschlag (siehe Seite 81)
- norwegischer Sockenanschlag (siehe Seite 82)

Bündchen

Auch bei Spiralsocken hält das Bündchen die Socke elastisch am Bein und verhindert das Rutschen. Besonders gut eignen sich daher:

- 1/1-Rippenbündchen (1 Masche rechts, 1 Masche links)
- verschränkte 1/1-Rippenbündchen (1 Masche rechts verschränkt, 1 Masche links), das sich noch ein wenig stärker zusammenzieht als das einfache Rippenbündchen
- 2/2-Rippenbündchen (2 Maschen rechts, 2 Maschen links), aus dem sich ein schöner Übergang ins Spiralmuster entwickeln lässt
- Saumblenden mit einfacher Bruchkante, klassischen Mausezähnchen oder Wellenkante; arbeitet man diese Blenden mit ca. 10 % weniger Maschen und erhöht die Maschenzahl erst nach Fertigstellung der Blende, reicht die Elastizität der Blenden vollkommen aus, ohne ein Gummiband einziehen zu müssen.
- Rollrand

Die der gewünschten Größe und der gewählten Garnstärke entsprechende Maschenzahl laut Tabelle auf Seite 74 anschlagen und über alle Maschen bis zur gewünschten Höhe im Bündchenmuster arbeiten.

FÜR DIE BÜNDCHENMUSTER siehe ab Seite 98.

ACHTET MAN DARAUF, dass die Maschenzahl des Bündchenmusters durch 4 teilbar ist, lässt sich das Spiralmuster gleich anschließen, ohne die Maschenzahl durch Zu- oder Abnahmen ändern zu müssen.

Spiralschlauch bis zur Spitze

Ist die Maschenzahl nach Fertigstellung des Bündchens durch 4 teilbar, kann man gleich mit dem Spiralmuster beginnen. Dies ist immer der Fall, wenn auf allen 4 Spielnadeln gleich viele Maschen sind oder sich beim Stricken mit Rundstricknadeln auf jeder Seite eine gerade Maschenzahl befindet. Ansonsten muss die Maschenzahl an dieser Stelle entsprechend angepasst werden.

Spiralverlauf im Uhrzeigersinn

1.-4. Runde: * 2 Maschen rechts, 2 Maschen links *.
5.-8. Runde: * 1 Masche links, 2 Maschen rechts, 1 Masche links *.
9.-12. Runde: * 2 Maschen links, 2 Maschen rechts *.
13.-16. Runde: * 1 Masche rechts, 2 Maschen links, 1 Masche rechts *.
Die 1.-16. Runde fortlaufend wiederholen, bis mindestens die Länge bis Spitzenbeginn laut Tabelle erreicht ist.

Spiralverlauf gegen den Uhrzeigersinn

1.-4. Runde: * 2 Maschen rechts, 2 Maschen links *.
5.-8. Runde: * 1 Masche rechts, 2 Maschen links, 1 Masche rechts *.
9.-12. Runde: * 2 Maschen links, 2 Maschen rechts *.
13.-16. Runde: * 1 Masche links, 2 Maschen rechts, 1 Masche links *.
Die 1.-16. Runde fortlaufend wiederholen, bis mindestens die Länge bis Spitzenbeginn laut Tabelle erreicht ist.

*MASCHENFOLGEN zwischen zwei * werden auf jeder Nadel wiederholt.*

Spitze

Im Anschluss an das Spiralmuster kann jede beliebige Spitze (siehe ab Seite 172) gearbeitet werden. Anschließend den Faden auf der Innenseite gut vernähen.

Mascheneinteilung Spiralsocke für 4-fädiges Sockengarn

LL = 210 m/50 g, 30 Maschen x 42 Reihen = 10 cm x 10 cm

Größe	20/21	22/23	24/25	26/27	28/29	30/31	32/33	34/35	36/37	38/39	40/41	42/43	44/45	46/47	48/49	50/51
Maschenzahl pro Spielnadel	11	11	12	12	13	13	14	14	15	15	16	16	17	18		
Maschenzahl pro Rundstricknadel	22	22	24	24	26	26	28	28	30	30	32	32	34	36	Für sehr große Größen eignen sich fersenlose Socken eher nicht.	
Maschenzahl gesamt	44	44	48	48	52	52	56	56	60	60	64	64	68	72		
Länge–Spitze/cm	22,0	24,0	26,0	28,0	30,0	32,0	35,0	38,0	40,0	42,0	44,0	46,0	48,0	50,0		

Mascheneinteilung Spiralsocke für 6-fädiges Sockengarn

LL = 125 m/50 g, 22 Maschen x 30 Reihen = 10 cm x 10 cm

Größe	20/21	22/23	24/25	26/27	28/29	30/31	32/33	34/35	36/37	38/39	40/41	42/43	44/45	46/47	48/49	50/51
Maschenzahl pro Spielnadel	8	8	9	9	10	10	11	11	12	12	13	13	14	14		
Maschenzahl pro Rundstricknadel	16	16	18	18	20	20	22	22	24	24	26	26	28	28	Für sehr große Größen eignen sich fersenlose Socken eher nicht.	
Maschenzahl gesamt	32	32	36	36	40	40	44	44	48	48	52	52	56	56		
Länge–Spitze/cm	22,0	24,0	26,0	28,0	30,0	32,0	35,0	38,0	40,0	42,0	44,0	46,0	48,0	50,0		

Socken in Reihen stricken

Wer das Rundstricken oder den Umgang mit dem Nadelspiel scheut, kann Socken auch auf einer Rundstricknadel in Reihen arbeiten. Aber auch erfahrene Sockenstricker können hier ganz neue Mustereffekte erzielen, die sich in Runden nur schwerchen lassen.

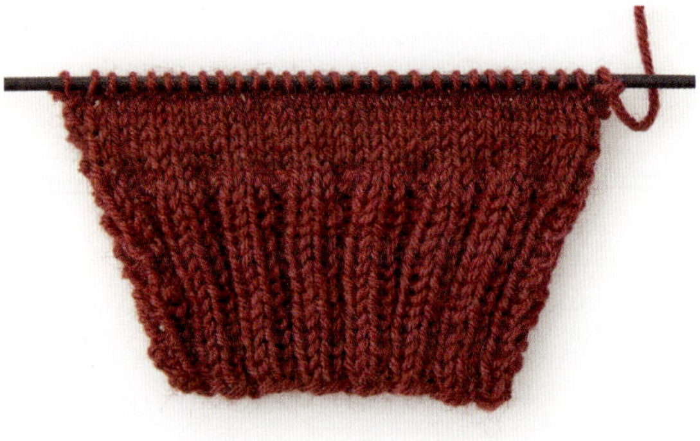

Halber Schaft mit Perlrand

Die Hälfte der benötigten Gesamtmaschenzahl auf 1 Rundstricknadel anschlagen und in Hin- und Rückreihen zunächst das rückwärtige Bein bis zur Ferse arbeiten. Dabei unbedingt einen doppelten Perlrand arbeiten, also die 1. und die letzte Masche in jeder Reihe rechts stricken.

WIE EIN DOPPELTER PERLRAND gearbeitet und Maschen daraus aufgenommen werden, steht auf Seite 117.

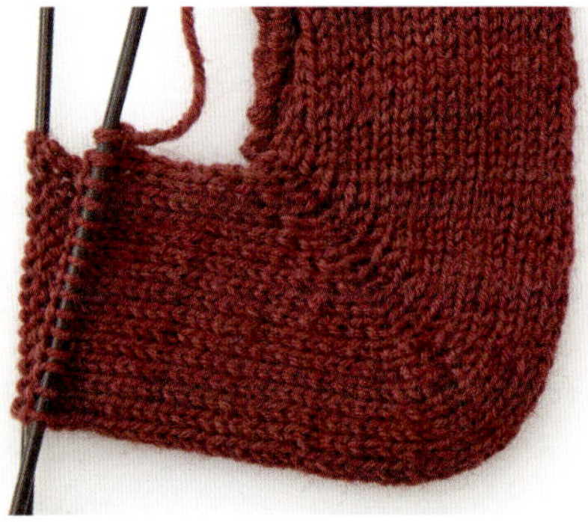

Ferse

Da die meisten Fersen ohnehin in Reihen gearbeitet werden, muss hier nicht groß umgedacht werden. Wählt man eine Ferse mit Zwischenrunden, werden 2 Zwischenreihen statt der Runden gearbeitet. Wählt man eine Ferse mit Fersenwand und Spickel, so werden die Maschen wie gewohnt aus den Seiten der Fersenwand aufgenommen. Anschließend für die Sohle weiter in Reihen mit doppeltem Perlrand stricken, eventuelle Spickelabnahmen an beiden Rändern jeweils nach bzw. vor der rechten Randmasche arbeiten.

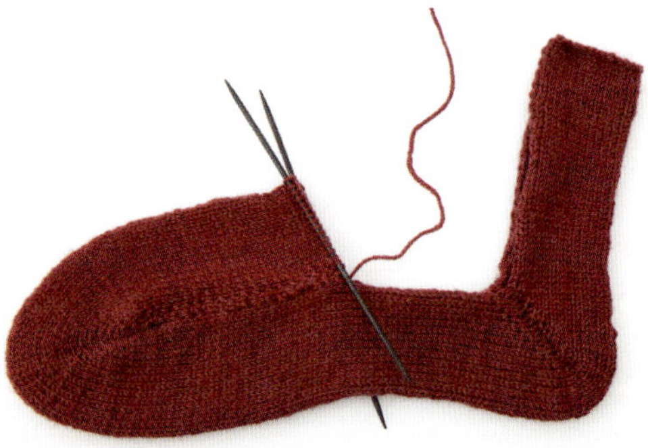

Schrägnahtferse als Spitze

Eine Schrägnahtferse als Spitze führt die Socke um die Zehen herum auf den Oberfuß. Besonders geeignet sind die Wickelmaschenferse (Seite 148), die Bumerangferse mit zweifachen Doppelmaschen (Seite 140) und die falsche Bumerangferse (Seite 154), da sie keine Zwischenrunden erfordern und besonders verstärkte Seitennähte besitzen.

Randschluss am Oberfuss

Für den Oberfuß und das vordere Bein nun weiter in Reihen arbeiten und dabei Oberfuß und Sohle am Ende jeder Reihe verbinden. Hierfür die letzte Masche auf die rechte Nadel heben, die Perle aus dem Seitenrand auf die linke Nadel nehmen, die letzte Masche zurückheben und beide rechts oder links zusammenstricken. Die 1. Masche jeder Reihe normal abstricken, in Hinreihen rechts, in Rückreihen links.

Patchworksocken

Patchworksocken bestehen aus kleinen Quadraten, – den sogenannten Patches – die jeweils einzeln in Reihen kraus rechts gestrickt werden. Dabei müssen sie jedoch nicht alle mühsam zusammengenäht werden, sondern die Maschen für das nächste Patch werden jeweils direkt aus den bereits gestrickten Patches aufgenommen. So entsteht die Socke zwar ebenfalls nahtlos, jedoch nicht wie gewöhnlich in Runden.
Für Patchworksocken gibt es 2 Grundformen: Gerade Patches oder Zackenpatches, die auf der Spitze stehen. Das Grundprinzip ist bei beiden gleich, jedoch unterscheiden sie sich in Größe und Anordnung der einzelnen Quadrate.

VIELE INTERESSANTE EFFEKTE können bei Patchworksocken gearbeitet werden, z. B. verschiedene Farben für die einzelnen Patches. Auch selbstmusternde Garne wirken sehr raffiniert.

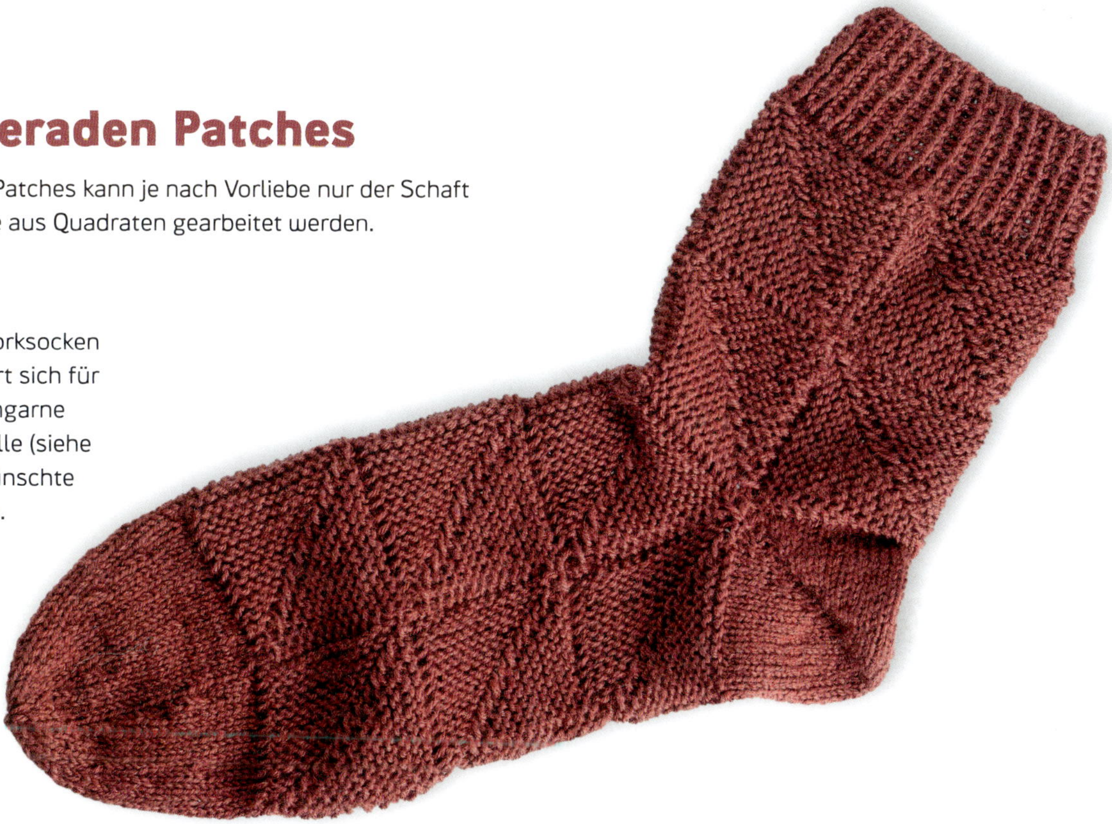

Socken mit geraden Patches

Bei den Socken mit geraden Patches kann je nach Vorliebe nur der Schaft oder auch die gesamte Socke aus Quadraten gearbeitet werden.

Bündchen

Die Maschenzahl für Patchworksocken mit geraden Patches orientiert sich für 4-fädige und 6-fädige Sockengarne an der normalen Sockentabelle (siehe Seite 74). Es kann jedes gewünschte Bündchen gearbeitet werden.
Die benötigte Maschenzahl anschlagen, die Maschen gleichmäßig auf 4 Spielnadeln verteilen und zur Runde schließen. Das Bündchen bis zur gewünschten Höhe in Runden arbeiten.

Schaft

Die Maschen der 1. Nadel rechts stricken und auf das Ende der Nadel zusätzliche Maschen aufstricken, und zwar 1 Masche weniger, als sich bereits auf der Nadel befindet. Dazu eignet sich besonders gut der Zeigefingeranschlag (siehe Seite 88).

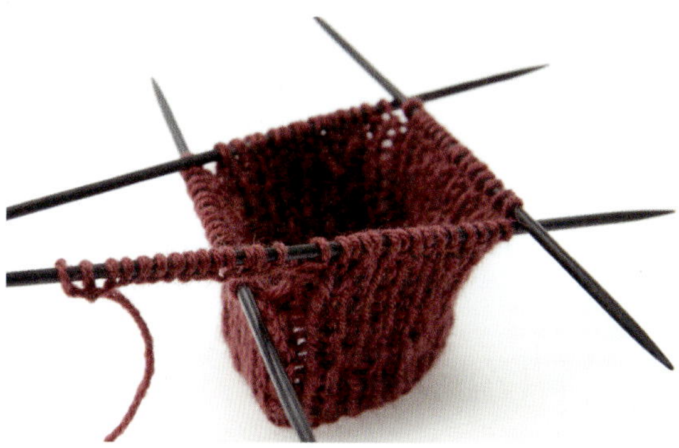

Beispiel
Bündchen von 60 Maschen: 15 Maschen pro Nadel, 14 Maschen zusätzlich anschlagen = 29 Maschen auf der 1. Nadel

1. Patch

Das 1. Patch wird nur über die neu aufgestrickten Maschen der 1. Nadel und die Maschen der 2. Nadel gestrickt. Alle übrigen Maschen (1., 3. und 4. Nadel) bleiben vorerst ungestrickt.

1. Reihe: Alle Maschen rechts stricken.

2. Reihe: Arbeit wenden, alle Maschen rechts stricken, dabei die 3 mittleren Maschen rechts verschränkt zusammenstricken.

3. und alle weiteren ungeraden Reihen: Arbeit wenden, alle Maschen rechts stricken.

4. und alle weiteren geraden Reihen: Arbeit wenden, alle Maschen rechts stricken, dabei die 3 mittleren Maschen rechts verschränkt zusammenstricken.

Die 3. und 4. Reihe fortlaufend wiederholen, bis auf der Nadel nur noch 1 Masche verbleibt. Arbeit wenden und diese 1 Masche rechts stricken.

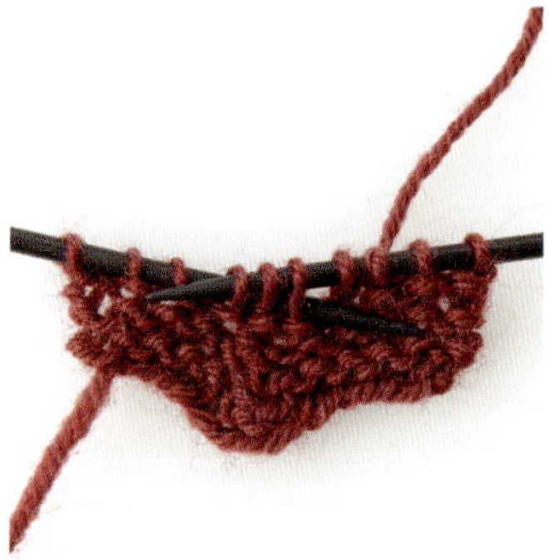

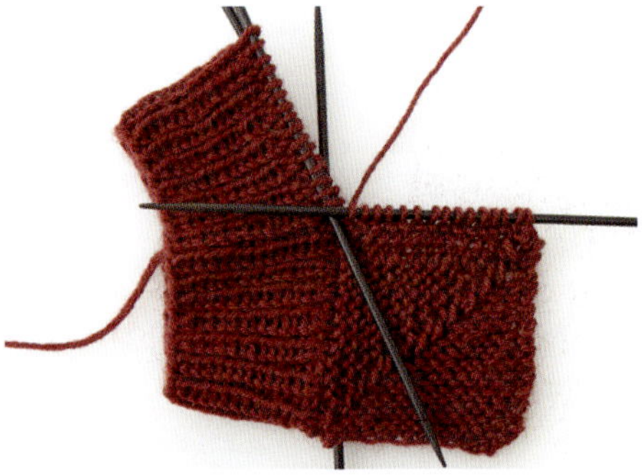

2. und 3. Patch

Mit dem Arbeitsfaden aus der linken Kante des fertigen Patches die gleiche Anzahl an Maschen aufnehmen, wie schon beim 1. Patch aufgenommen wurden (1 Masche weniger als ursprünglich auf 1 Nadel). Die Maschen der 3. Nadel (Bündchenmaschen) rechts stricken, Arbeit wenden und das 2. Patch über die neu aufgenommenen Maschen und die Maschen der 3. Nadel stricken wie für das 1. Patch beschrieben.

Für das 3. Patch die Maschen aus der linken Kante des 2. Patches aufnehmen und das Patch wie beschrieben über die neuen Maschen und die Maschen der 4. Nadel stricken.

4. Patch

Das 4. Patch wird beim Stricken direkt mit dem 1. Patch verbunden. Dafür auf einer freien Spielnadel aus der rechten Seitenkante des 1. Patches Maschen aufnehmen (1 Masche weniger als ursprünglich auf 1 Nadel).

1. Reihe: Aus der linken Kante des 3. Patches Maschen aufnehmen (wie beim 1. und 2. Patch), die Maschen der 1. Nadel (letzte Bündchenmaschen) bis auf die letzte Masche rechts stricken. Die letzte Masche mit der 1. Masche des 1. Patches links zusammenstricken, Arbeit wenden.

2. Reihe: Die 1. Masche (die eben zusammengestrickte) ungestrickt auf die rechte Arbeitsnadel heben, restliche Maschen rechts stricken. Dabei die 3 mittleren Maschen rechts verschränkt zusammenstricken.

3. Reihe: Arbeit wenden, alle Maschen bis auf die letzte Masche vor dem 1. Patch rechts stricken, die letzte Masche wie in der 1. Reihe mit der nächsten Masche des 1. Patches links zusammenstricken.

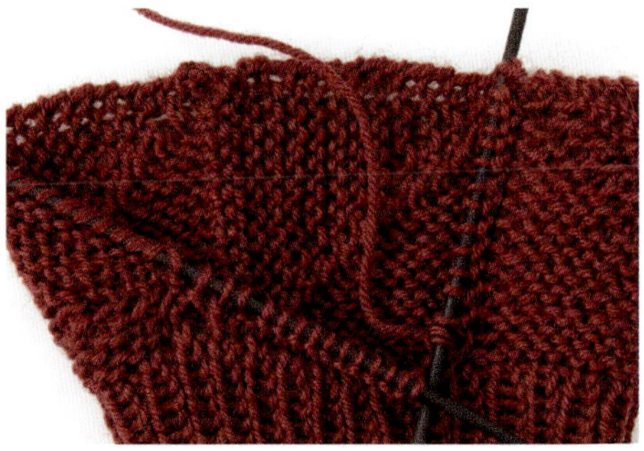

4. Reihe: Wie die 2. Reihe stricken.

Die 3. und 4. Reihe fortlaufend wiederholen, bis nur noch 1 Masche auf der Nadel übrig bleibt.

Weitere Patchrunden

Bis zur gewünschten Schaftlänge weitere Patch-Runden arbeiten. Dafür für das 1. Patch jeweils aus der letzten Masche des 4. Patches der Vorrunde neue Maschen herausstricken und Maschen aus der Oberkante des 1. Patches der Vorrunde aufnehmen. Das 2. und 3. Patch wie beschrieben arbeiten. Für das 4. Patch Maschen aus dem 3. Patch, dem 1. Patch und der Oberkante des 4. Patches der Vorrunde herausstricken.

Ferse

Als Ferse eignen sich vor allem die Bumerangferse mit zweifachen Doppelmaschen (siehe Seite 140) oder die Wickelmaschenferse (Seite 148), da sie ohne Zwischenrunden auskommen. Dafür aus den Oberkanten des 1. und 2. Patches die laut Tabelle benötigte Anzahl von Fersenmaschen herausstricken. Dann die gewünschte Ferse nach der Grundanleitung stricken.

MASCHENZAHL FÜR 1 PATCH = Hälfte der Gesamtmaschenzahl abgerundet

Fuss

1. Patch-Runde

KANN DIE BENÖTIGTE FUSSLÄNGE nicht mit vollen Patch-Runden erreicht werden, lieber eine Patch-Runde weniger arbeiten und die fehlende Länge mit Runden in glatt rechts ausgleichen.

Nach der Ferse beginnt eine neue Patch-Runde. Ausgangspunkt ist die Mitte der Ferse. Aus der letzten Masche erneut Maschen aufstricken und aus diesen Maschen und der linken Maschenhälfte der Ferse das 1. Fuß-Patch wie das 1. Patch des Schaftes arbeiten.
Für das 2. und 3. Patch jeweils aus der linken Kante des vorherigen Patches und der Oberkante des darunter liegenden Patches die benötigte Maschenzahl mit dem Arbeitsfaden aufnehmen.
Für das 4. Patch wie in der Schaft-Runde Maschen aus der linken Seitenkante des 3. Patches und den restlichen Fersenmaschen aufnehmen. Das Patch über die Maschen des 3. Patches und die restlichen Fersenmaschen stricken und wie oben beschrieben in jeder Reihe mit dem 1. Patch verbinden.

Weitere Patch-Runden

Nun werden entsprechend der benötigten Fußlänge weitere Patch-Runden wie beim Schaft beschrieben gestrickt. Meist sind drei Patch-Runden ausreichend.
Wer möchte, nimmt aus den Oberfußpatches Maschen auf und strickt den Fuß komplett glatt rechts in Runden.

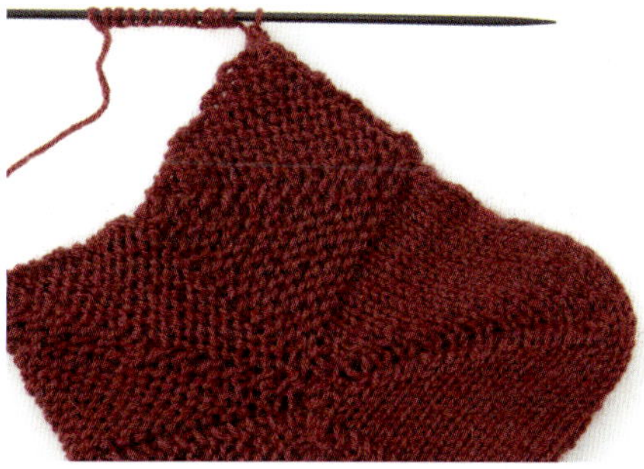

Spitze

Für die Spitze rundherum Maschen aus den Oberkanten der letzten Patch-Runde herausstricken. Dabei aus jedem Patch wieder die ursprünglich auf 1 Nadel befindliche Maschenzahl aufnehmen. Nun eine Sternchenspitze (siehe Seite 181) nach der Grundanleitung arbeiten.

PATCHWORKSOCKEN können prinzipiell mit jeder beliebigen Spitze gestrickt werden. Aber Achtung: Ist die gewählte Spitze kürzer oder länger als die Sternchenspitze, die dort in der Tabelle angegebene Fußlänge bis Spitze beachten!

Grössentabelle für gerade Patches für 4-fädiges Sockengarn

LL = 210 m/50 g, 30 Maschen x 42 Reihen = 10 cm x 10 cm

Größe	20/21	22/23	24/25	26/27	28/29	30/31	32/33	34/35	36/37	38/39	40/41	42/43	44/45	46/47	48/49	50/51
Maschenanschlag/ Maschenzahl je Nadel	44/11	44/11	48/12	48/12	52/13	52/13	56/14	56/14	60/15	60/15	64/16	64/16	68/17	72/18	72/18	74/19
Maschenzahl Fersenbreite	22	22	24	24	26	26	28	28	30	30	32	32	34	36	36	38
Maschenzahl/ Nadel	7/8/7	7/8/7	8/8/8	8/8/8	8/10/8	8/10/8	9/10/9	9/10/9	10/10/10	10/10/10	10/12/10	10/12/10	11/12/11	12/12/12	12/12/12	13/12/13
Fersenmitte–Spitze/cm	11,0	11,5	12,5	14,0	14,0	15,5	17,0	18,0	18,5	20,0	21,0	22,0	22,5	24,0	24,0	24,5
Sternspitze	Bei ungerader Maschenzahl vor Beginn der Spitze an jedem Nadelende 2 Maschen rechts zusammenstricken															
Maschenzahl gesamt/Nadel	40/10	40/10	48/12	48/12	48/12	48/12	56/14	56/14	56/14	56/14	64/16	64/16	64/16	72/18	72/18	72/18
1. Abnahmerunde: Maschen zwischen Abnahmen	3	3	4	4	4	4	5	5	5	5	6	6	6	7	7	7
Höhe Sternspitze/cm	2,5	2,5	3,5	3,5	3,5	3,5	5,0	5,0	5,0	5,0	6,0	6,0	6,0	7,0	8,0	8,0
Fuß/cm	14,0	14,5	15,5	17,0	18,0	9,5	21,0	22,0	23,5	25,0	26,5	27,5	28,5	30,0	32,5	33,5

Socken mit Zackenpatches

Socken mit Zacken-Patches basieren auf den gleichen Patches wie die Socken mit geraden Patches. Nur die Ausrichtung der Patches bildet den entscheidenden Unterschied.

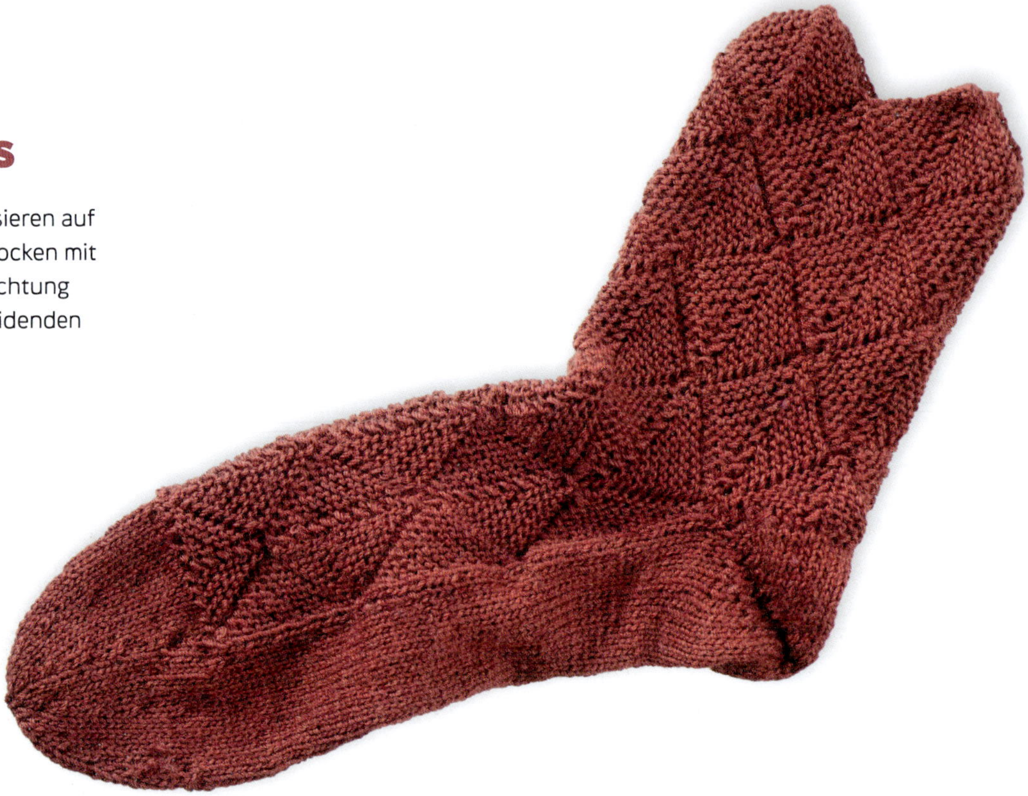

1. Patch-Runde

1. Patch

Entsprechend der Größentabelle (siehe Seite 231) Maschen anschlagen (es ist immer eine ungerade Anzahl). Dazu eignet sich besonders gut der Zeigefingeranschlag (siehe Seite 88).

1. Reihe (Rückreihe): Die Arbeit wenden und alle Maschen rechts stricken, dabei die 3 mittleren Maschen rechts verschränkt zusammenstricken.

2. Reihe (Hinreihe): Alle Maschen rechts stricken.

Die 1. und 2. Reihe fortlaufend wiederholen, bis nur noch 1 Masche übrig bleibt. Die Arbeit wenden und diese Masche rechts stricken.

Beispiel

Patch aus 21 Maschen: 9 Maschen rechts, 3 Maschen zusammenstricken, 9 Maschen rechts.

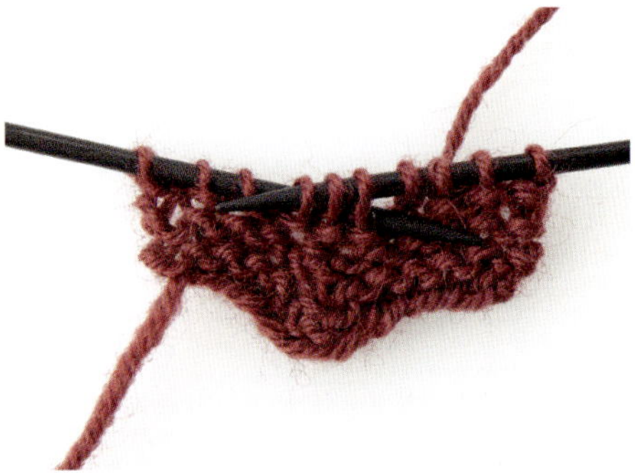

HERAUSGESTRICKTE MASCHEN in der 1. Reihe immer verschränkt stricken.

2. Patch

Mit dem Arbeitsfaden aus der linken Kante des Patches Maschen herausstricken. Dabei ca. die Hälfte der für 1 Patch benötigten Maschen aufnehmen. Bei einer Maschenzahl von 21 Maschen wären das 10 oder 11 Maschen. Es ist an dieser Stelle egal, ob 1 Masche mehr oder weniger aufgenommen wird, dies kann später ausgeglichen werden.

Für das 2. Patch auf die gleiche Nadel wie die aus dem 1. Patch herausgestrickten Maschen nochmals die gesamte Maschenzahl für ein ganzes Patch aufstricken (siehe Seite 87). Das 2. Patch wird nun wie das 1. aus diesen neuen Maschen gearbeitet, die aus dem 1. Patch aufgenommenen Maschen bleiben ungestrickt. Dafür die 1. Rückreihe mit einer neuen Spielnadel stricken, während die aus dem vorhergehenden Patch aufgenommenen Maschen auf einer 3. Nadel ruhen.

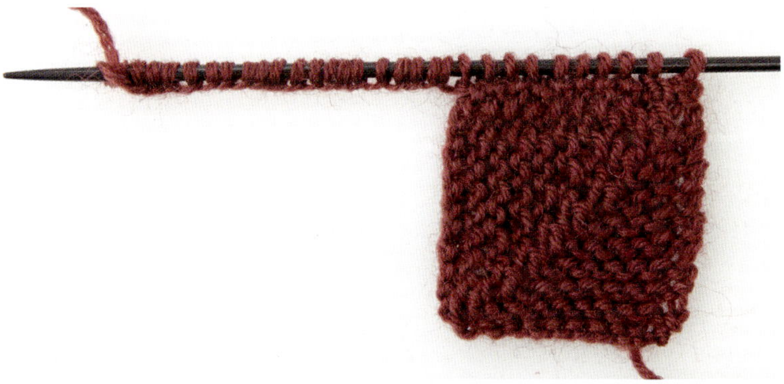

Beispiel

Patch aus 21 Maschen: 9 Maschen rechts, 3 Maschen zusammenstricken, 9 Maschen rechts.

Wurden bei einer Patchgröße von 21 Maschen aus dem 4. Patch 10 Maschen aufgenommen, aus dem 1. Patch 11 Maschen aufnehmen und umgekehrt.

3. und 4. Patch

Wie das 2. Patch arbeiten.

GESTRICKT WIRD immer nur mit 2 Spielnadeln für das aktuelle Patch, die restlichen Nadeln ruhen.

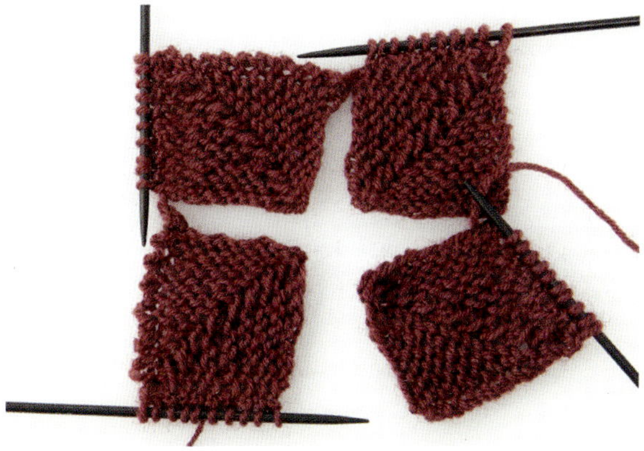

2. Patch-Runde

5. Patch

Sind alle 4 Patches der 1. Runde gestrickt, aus der rechten (noch freien) Kante des 1. Patches Maschen herausstricken. Dabei darauf achten, dass die Maschenzahl zusammen mit den Maschen, die aus der linken Kante des vorhergehenden Patches aufgenommen wurden, die Maschen für ein ganzes Patch ergibt (ungerade Maschenzahl). Die Arbeit wenden und das 5. Patch wie oben beschrieben aus den Maschen des 1. und 4. Patches stricken. Dabei in der ersten Reihe die 3 mittleren Maschen besonders fest zusammenstricken, damit kein Loch entsteht.

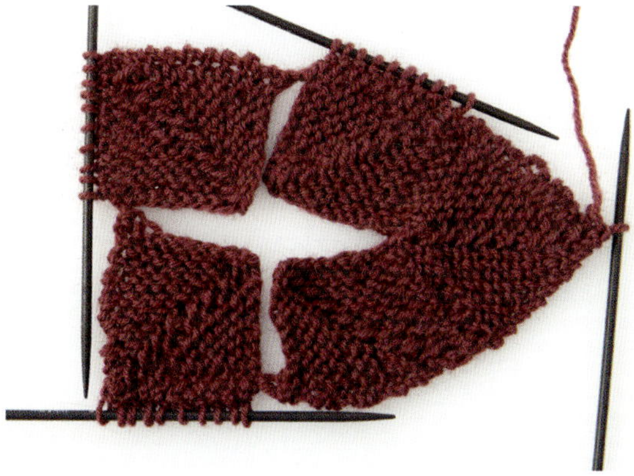

6. Patch

Nach Fertigstellung des 5. Patches aus der linken Seitenkante dieses Patches erneut Maschen herausstricken. Die in der 1. Runde aufgenommenen Maschen am linken Seitenrand des 1. Patches rechts verschränkt stricken und aus der rechten Seitenkante des 2. Patches neue Maschen aufnehmen (= Maschenzahl für 1 Patch). Aus diesen Maschen das 6. Patch stricken, die aus dem 5. Patch aufgenommenen Maschen bleiben vorerst ungestrickt.

7. und 8. Patch

Wie das 6. Patch arbeiten. Beim 8. Patch darauf achten, nur aus dem Patch der Vorreihe und nicht aus dem 5. Patch derselben Reihe Maschen aufzunehmen.

Weitere Patch-Runden

Bis zur gewünschten Schafthöhe weitere Patch-Runden wie die 2. Runde arbeiten. Ab der 3. Runde werden für das 1. Patch die Maschen für das gesamte Patch aus dem 4. und 1. Patch der Vorrunde herausgestrickt und in der Rückreihe rechts verschränkt gestrickt. Für das 2.-4. Patch die bereits herausgestrickten Maschen rechts verschränkt stricken, restliche Maschen aus dem benachbarten Patch aufnehmen und in der Rückreihe rechts verschränkt stricken.

Vorbereitung der Ferse

Um für das Arbeiten der Ferse eine gerade Kante zu erhalten, werden waagerechte halbe Patches benötigt.

Waagerechte halbe Patches

1. Reihe (Rückreihe): Bis vor die 3 mittleren Maschen rechts, 3 Maschen rechts verschränkt zusammenstricken, restliche Maschen rechts, Arbeit wenden.
2. Reihe (Hinreihe): Rechte Maschen stricken bis zur letzten Masche, diese nicht stricken, sondern stilllegen und wenden.
3. Reihe (Rückreihe): Bis 1 Masche vor die 3 zusammengestrickten Maschen der letzten Rückreihe rechts stricken, 3 Maschen rechts verschränkt zusammenstricken. Rechte Maschen stricken bis 1 Masche vor Ende, die letzte Masche nicht stricken, sondern stilllegen und Arbeit wenden.

Beispiel
Halbes waagerechtes Patch über 21 Maschen:
9 Reihen =
11 Maschen übrig

Die 2. und 3. Reihe wiederholen (es bleibt pro Reihe 1 Masche ungestrickt und wird stillgelegt), bis in einer Rückreihe entweder vor und nach der mittleren Abnahme je 1 Masche rechts gestrickt oder nur noch die mittlere Abnahme ausgeführt wird (letzte Masche bleibt ungestrickt, variiert je nach Größe). Die Arbeit wenden. Der Arbeitsfaden befindet sich nun in der Mitte des halben Patches. Um zum Ausgangspunkt für das nächste Patch (egal ob halb oder ganz) zu gelangen, muss die linke Maschenhälfte des halben Patches abgestrickt werden. Dabei werden Maschen zugenommen, denn jedes halbe Patch muss später ein Viertel der Gesamtmaschenzahl einer normalen Socke für die gewünschte Größe aufweisen.
Dafür die mittlere Abnahmemasche rechts verschränkt stricken bzw. die rechte Masche davor und die mittlere Abnahmemasche rechts verschränkt stricken. Die restlichen Maschen des halben Patches rechts verschränkt stricken und dabei gleichmäßig verteilt die Hälfte der Maschen zunehmen, die insgesamt pro halbem Patch zugenommen werden müssen. Soll eine ungerade Anzahl an Maschen zugenommen, 1 zusätzliche Masche aus dem Querfaden herausstricken. Nun kann das nächste halbe oder ganze Patch gearbeitet werden.

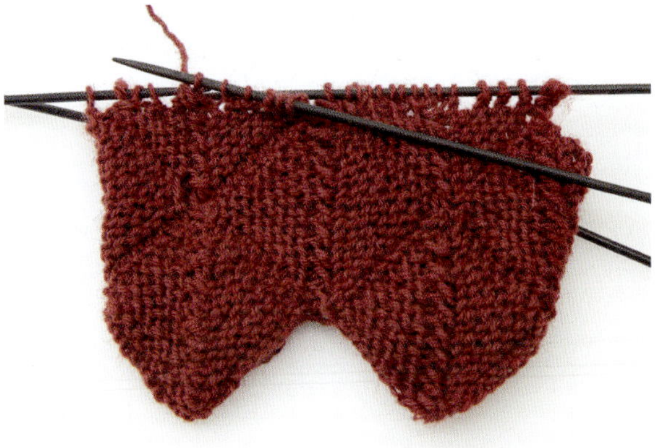

Beispiel
Patch über 21 Maschen: Halbes Patch mit 11 Maschen, Gesamtmaschenzahl 60 Maschen, 15 Maschen pro halbem Patch, 4 Maschen werden zugenommen.

MIT WAAGERECHTEN HALBEN PATCHES kann auch die zackige Oberkante nachträglich aufgefüllt und ein Bündchen angestrickt werden.

Ferse

Für die Ferse erst 2 waagerechte halbe Patches und anschließend für den Oberfuß 2 ganze Patches arbeiten. Nun für die Ferse die 1. Hinreihe über die Maschen der halben Patches stricken, dabei jeweils in den rechten Patchhälften die noch fehlenden Maschen zunehmen, sodass die laut Tabelle benötigte Anzahl Fersenmaschen auf der Nadel ist. Nun über diese Maschen entweder die Bumerangferse mit zweifachen Doppelmaschen (siehe Seite 140) oder die Wickelmaschenferse (siehe Seite 148) stricken, da diese ohne Zwischenrunden auskommen. Mit 1/2 Hinreihe in der Mitte der Ferse enden.

Fuss

Im Folgenden werden nun nacheinander immer ein Stück der glatt rechten Sohle mit je 2 halben Patches an den Seiten gestrickt und dann der Oberfuß mit 3 ganzen Patches aufgefüllt.

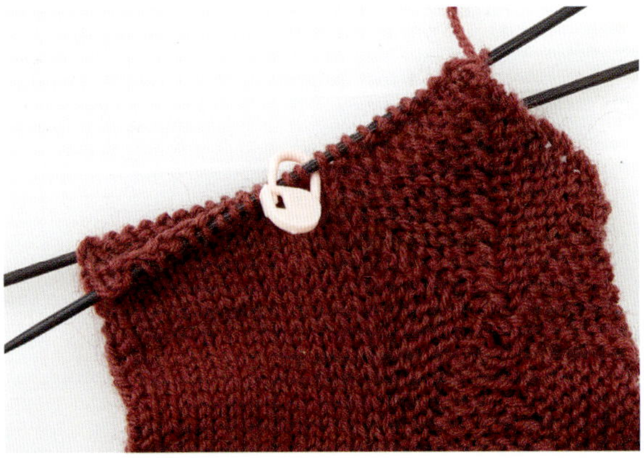

MASCHENMARKIERER helfen, die Abnahmestelle nicht zu übersehen. Achten Sie darauf, die Zahl der Sohlenmaschen nicht versehentlich zu reduzieren.

Sohle mit senkrechten halben Patches

1. Reihe: Bis zum Ende der Sohlenmaschen rechts stricken, dann aus dem rechten Rand des fertigen Patches Maschen herausstricken (Hälfte der Gesamtmaschenzahl für 1 Patch abgerundet).
2. Reihe: Arbeit wenden, die Patchmaschen rechts und die Sohlenmaschen links stricken und die bereits vor der Ferse aufgenommenen Maschen des ganzen Patches rechts stricken. Für die gleiche Maschenzahl wie auf der anderen Seite notfalls 1 Masche abnehmen.
3. Reihe: Arbeit wenden, die Maschen des halben Patches bis auf die letzte Masche vor der Sohle rechts stricken, die letzte Masche mit der 1. Sohlenmasche rechts zusammenstricken (Rechtsneigung). Die Sohlenmaschen bis auf die letzte Masche rechts stricken, die letzte Sohlenmasche und die 1. Patchmasche nacheinander wie zum Rechtsstricken abheben und rechts verschränkt zusammenstricken (Linksneigung). Restliche Patchmaschen rechts stricken.
4. Reihe: Arbeit wenden, Patchmaschen rechts und Sohlenmaschen links stricken.
Die 3. und 4. Reihe fortlaufend wiederholen, bis nur noch die Sohlenmaschen übrig sind. Die Patches werden dabei immer kraus rechts, die Sohle glatt rechts gestrickt.
Mit einer Hinreihe enden.

Mittelpatch

Aus der Kante des linken halben Patches Maschen herausstricken. Dann aus den inneren Kanten der Oberfuß-Patches Maschen für 1 Patch aufnehmen und über diese das mittlere Patch stricken.

BEIM ALLERERSTEN MITTELPATCH ist die Hälfte der Maschen bereits herausgestrickt.

Oberfusspatches

KANN DIE BENÖTIGTE FUSSLÄNGE nicht mit vollen Patch-Runden erreicht werden, lieber eine Patch-Runde weniger arbeiten und die fehlende Länge mit Runden in glatt rechts ausgleichen.

Aus der linken Kante des Mittelpatches und der Kante des halben Patches die Maschen für 1 Patch herausstricken und das linke Oberfußpatch stricken. Aus der rechten Kante des fertigen Oberfußpatches Maschen aufnehmen. Über die Sohle rechte Maschen stricken, um zur anderen Seite zu gelangen.

Die bereits aus dem halben Patch aufgenommenen Maschen rechts stricken und aus der rechten Kante des Mittelpatches die restlichen Maschen für 1 Patch herausstricken. Den 2. Oberfußpatch arbeiten.

Die Arbeit wenden, aus der Kante des ganzen Patches Maschen für ein halbes Patch (abgerundet) aufnehmen, die Sohlenmaschen links stricken und die bereits aufgenommenen Maschen für das andere halbe Patch rechts verschränkt stricken.

Nun abwechselnd die Sohle mit halben Patches, den Mittelpatch und die Oberfußpatches arbeiten. Mit einem Mittelpatch enden, wenn der Fuß die laut Tabelle benötigte Länge hat (bis zur Spitze des Mittelpatches bzw. entlang der Sohle gemessen).

Spitze

Für die Spitze werden wie bei der Ferse 2 waagrechte halbe Patches benötigt. Dafür zuerst den rechten halben Patch stricken, die Hälfte des Patches stricken und wie bei der Ferse beschrieben Maschen zunehmen. Das linke waagrechte halbe Patch arbeiten. Bis zur Mitte der Sohle (= Rundenanfang) und dann noch 1 weitere Runde rechte Maschen stricken und dabei aus den halben Patches die noch fehlenden Maschen für die Gesamtmaschenzahl zunehmen. Nun eine Sternchenspitze (siehe Seite 181) nach der Grundanleitung stricken.

PATCHWORKSOCKEN können prinzipiell mit jeder beliebigen Spitze gestrickt werden. Aber Achtung: Ist die gewählte Spitze kürzer oder länger als die Sternchenspitze, die dort in der Tabelle angegebene Fußlänge bis Spitze beachten!

Grössentabelle für Zacken-Patches für 4-fädiges Sockengarn

LL = 210 m/50 g, 30 Maschen x 60 Reihen kraus rechts = 10 cm x 10 cm

Größe	20/21	22/23	24/25	26/27	28/29	30/31	32/33	34/35	36/37	38/39	40/41	42/43	44/45	46/47	48/49	50/51
Maschen-anschlag Patch	13	15	15	15	17	17	19	19	21	21	23	23	25	25	27	27
Breite/cm	3,1	3,3	3,3	3,3	3,7	3,7	4,2	4,2	4,7	4,7	5,2	5,2	5,7	5,7	6,1	6,1
Halbe Maschenzahl	6	7	7	7	8	8	9	9	10	10	11	11	12	12	13	13
Dreiecke vor Bumerangferse, Maschen über 1/2 Dreieck																
	5	5	6	6	6	6	7	7	7	7	8	8	8	9	9	9
Maschenzahl gesamt	11	11	12	12	13	13	14	14	15	15	16	16	17	18	18	19
Maschenzahl Ferse	22	22	24	24	26	26	28	28	30	30	32	32	34	36	36	38
Maschenzahl/ Nadel	7/8/7	7/8/7	8/8/8	8/8/8	8/10/8	8/10/8	9/10/9	9/10/9	10/10/10	10/10/10	10/12/10	10/12/10	11/12/11	12/12/12	12/12/12	13/12/13
Fuß–Spitze/ cm	10,5	12,0	12,0	13,5	14,5	16,0	16,0	17,0	18,5	20,0	20,0	21,0	22,0	21,5	22,0	22,5
Dreiecke vor Sternspitze wie Dreiecke vor Bumerangferse arbeiten																
Fuß: Maschen/ Nadel	44/11	44/11	48/12	48/12	48/12	48/12	56/14	56/14	56/14	56/14	64/16	64/16	68/17	72/18	72/18	76/19
Abnahme für Sternspitze wie bei geraden Patches																

Quergestrickte Socken

Diese Socken stellen sich ganz schön quer! Denn anstatt in Runden oder in Reihen von oben nach unten lassen sich Socken auch mal in eine ganze andere Richtung stricken. Das eröffnet vor allem mit selbstmusternden Garnen oder bei mehrfarbigen Streifenmustern noch einmal ganz neue Möglichkeiten.

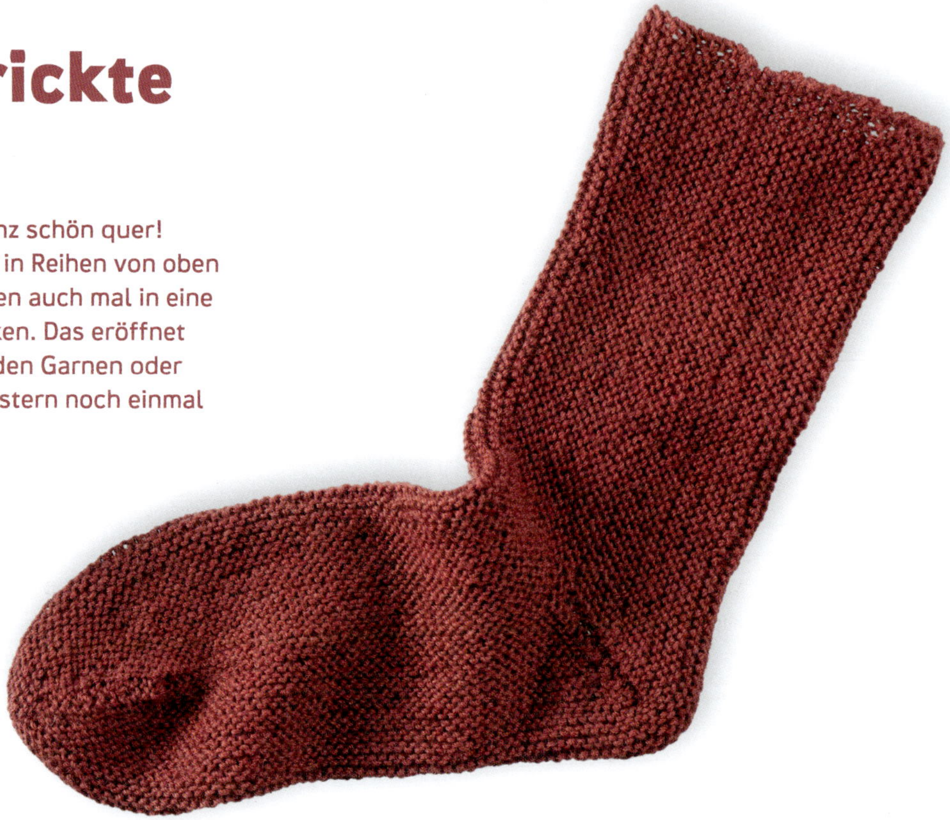

Maschenzahl berechnen

Die benötigte Maschenzahl richtet sich nach der Schuhgröße und der gewünschten Höhe des Schaftes. Die Maschenzahl für die Länge der Sohle findet sich in der Tabelle. Für den Schaft werden mindestens noch einmal so viele Maschen benötigt. Soll der Schaft eine normale Höhe bekommen, werden dafür noch bis zu 10 Maschen mehr als für die Sohle angeschlagen. Für quergestrickte Socken benötigt man einen Anschlag, der in beide Richtungen weitergestrickt werden kann. Besonders geeignet sind der türkische Anschlag (siehe Seite 91) und das Aufschlingen von Maschen (siehe Seite 90). Die Maschenzahl setzt sich wie folgt zusammen: (Maschen für den hinteren Teil des Schafts + 2 Maschen für die Ferse + Maschen für die Sohle + 1 Masche für die Spitze) x 2 = Gesamtmaschenzahl

Beispiel

Größe 42/43 mit normal hohem Schaft: (55 Maschen Schaft + 2 Maschen Ferse + 45 Maschen Sohle + 1 Masche Spitze) x 2 = 206 Maschen

Wurde die Socke mit einem beidseitigen Anschlag begonnen, wird sie in Reihen kraus rechts gestrickt. Dafür wird immer zuerst die eine Maschenhälfte abgestrickt. Dann die bereits gestrickten Maschen auf das Seil ziehen und die noch zu strickende Maschenhälfte auf die Nadelspitze schieben. Nun „um die Kurve" die Reihe mit der anderen Maschenhälfte fortsetzen. Dann die Reihe wenden und die nächste Reihe genauso zurückstricken. An der Stelle, an der die Reihe einen Knick macht und die beiden Maschenhälften teilt, befindet sich die Sockenspitze. Ist gerade eine Reihe fertig gestrickt, liegt hier die Zauberschlinge.

FÜR QUERGESTRICKTE SOCKEN werden eine mindestens 80 cm lange Rundstricknadel und 1 Maschenmarkierer benötigt.

KRAUS RECHTS = In Hin- und Rückreihen rechte Maschen stricken

QUERGESTRICKTE SOCKEN sollten nicht aus dickerem als 4-fädigem Sockengarn gestrickt werden, da sie durch das Kraus-rechts-Muster sonst zu dick werden.

Erste Fussseite

Mit türkischem Anschlag

Den türkischen Anschlag nach der Grundanleitung (siehe Seite 91) auf der Rundstricknadel arbeiten und die untere Nadel wie beschrieben herausziehen. Die obere Maschenhälfte liegt noch auf der Nadelspitze, an der rechten Seite bildet sich die Zauberschlinge, die untere Maschenhälfte liegt auf dem Seil der Rundstricknadel. Als Vorbereitung 1 Reihe linke Maschen stricken.

Mit Aufschlingen

Die benötigte Maschenzahl auf eine Spitze der Rundstricknadel aufschlingen (siehe Seite 90), auf das Seil schieben und aus den Querfäden zwischen den Maschen neue Maschen herausstricken. So entsteht an einer Seite eine Zauberschlinge.

Für beide Varianten wie folgt weiterarbeiten:

1. Reihe (Rückreihe): Die Anzahl der Schaftmaschen und 1 Fersenmasche rechts stricken, 1 Maschenmarkierer für die Ferse einhängen, restliche Maschen rechts stricken, wenden.

2. Reihe (Hinreihe): Rechte Maschen stricken bis 1 Masche vor der Sockenspitze mit der Zauberschlinge, 1 Masche aus dem Querfaden zunehmen, 1 Masche rechts, 1 Masche zunehmen. Rechte Maschen stricken bis 1 Masche vor dem Fersenmarkierer, 1 Masche zunehmen, 2 Maschen rechts, dabei den Markierer abheben, 1 Masche zunehmen, restliche Maschen rechts stricken, wenden.

3. Reihe (Rückreihe): Rechte Maschen stricken, dabei den Fersenmarkierer abheben.

Die 2. und 3. Reihe wiederholen, bis die laut Tabelle benötigte Anzahl an Maschen für die Ferse auf jeder Seite zugenommen ist. In der nächsten Reihe nur noch die Zunahmen an der Spitze ausführen, restliche Maschen rechts stricken. Laut Tabelle einige Zwischenreihen ohne Zunahmen glatt rechts stricken, mit einer Rückreihe enden.

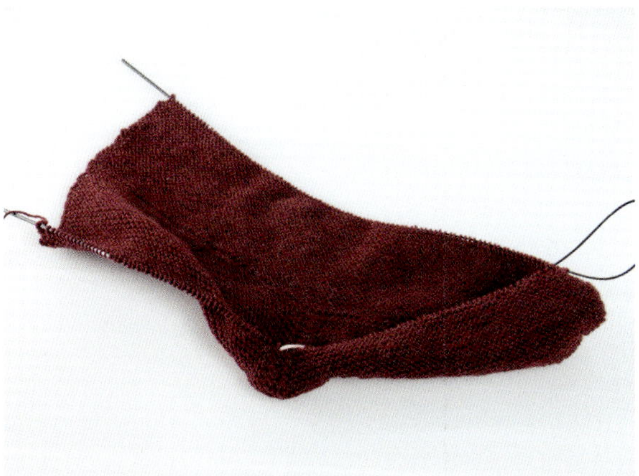

Zweite Fussseite

Für die zweite Fußseite werden statt Zunahmen an den gleichen Stellen Abnahmen gearbeitet.

1. Reihe (Hinreihe): Rechte Maschen stricken bis 2 Maschen vor die Zauberschlinge, 2 Maschen rechts zusammenstricken, 1 Masche rechts, 2 Maschen rechts zusammenstricken. Restliche Maschen rechts stricken.

2. Reihe (Rückreihe): Alle Maschen rechts stricken.

3. Reihe (Hinreihe): Rechte Maschen stricken bis 2 Maschen vor die Zauberschlinge, 2 Maschen rechts zusammenstricken, 1 Masche rechts, 2 Maschen rechts zusammenstricken. Weiter rechte Maschen arbeiten bis 2 Maschen vor dem Fersenmarkierer, 2 Maschen rechts zusammenstricken, Markierer abheben, 2 Maschen rechts zusammenstricken, restliche Maschen rechts stricken.

Naht schliessen

Ist nach den Abnahmen laut Tabelle die ursprüngliche Maschenzahl wieder erreicht, die Socke zusammenlegen und die offenen Maschenreihen im Maschenstich (siehe Seite 69) zusammennähen. Zuletzt alle Fäden vernähen.

DIE SEITENNAHT kann auch von links zusammengestrickt und dabei abgekettet werden.

Mascheneinteilung quergestrickte Socken für 4-fädiges Sockengarn

LL = 210 m/50 g, 30 Maschen x 42 Reihen = 10 cm x 10 cm

Größe	20/21	22/23	24/25	26/27	28/29	30/31	32/33	34/35	36/37	38/39	40/41	42/43	44/45	46/47	48/49	50/51
Sohlen-M	24	24	24	29	29	33	37	40	37	40	45	48	48	48	52	52
Zu-/Abnahmen für Ferse/Seite	5	5	6	6	8	8	8	10	10	10	11	12	13	14	14	15
Zwischenreihen	6	6	8	8	9	9	11	11	13	15	15	15	17	17	18	18
Zu-/Abnahmen für Spitze/Seite	6	6	7	7	9	9	9	11	11	11	11	13	14	15	15	16

Zwei Socken gleichzeitig stricken

Unter eingefleischten Sockenstrickern ist es ein altbekanntes Problem: Immer neue, spannend gefärbte Garne und interessante Muster wollen möglichst schnell ausprobiert werden. Häufig lässt die Begeisterung aber schlagartig nach, sobald die erste Socke fertiggestellt ist. Warum noch einmal genau die gleiche Socke stricken, wenn doch so viel Neues lockt? Und schon ist es passiert: Eine weitere „Single-Socke" hält Einzug im Strickkörbchen. Was liegt also näher, als einfach beide Socken eines Paares gleichzeitig zu stricken?

Ein oder zwei Knäuel?

Am einfachsten ist es bei dieser Strickmethode, mit zwei 50 g-Knäueln, also einem Knäuel pro Socke, zu beginnen. Wichtig ist bei selbstmusternden Garnen nur, bei beiden Knäueln den gleichen Anfang zu finden – am besten eignet sich ein markanter Farb- oder Musterwechsel.

Bei einem 100 g-Knäuel hängt es von der Musterung der Wolle ab: Bei unifarbenen oder ohnehin wild musternden Garnen kann je 1 Faden von außen und 1 Faden aus der Mitte des Knäuels verwendet werden. Bei fest definierten Farb- oder Musterfolgen würden diese jedoch auf der 2. Socke auf dem Kopf stehen. Hier müssen zuvor zwei gleiche Knäuel gewickelt werden.

Mit der Zauberschlinge können 2 Socken gleichzeitig auf 1 langen Rundstricknadel gestrickt werden. Die Socken liegen dabei nebeneinander und es wird abwechselnd jeweils eine Runde der einen, dann eine Runde der anderen Socke gearbeitet.

DIE VERWENDETE RUNDSTRICKNADEL sollte mindestens 100 cm, jedoch nicht länger als 120 cm sein.

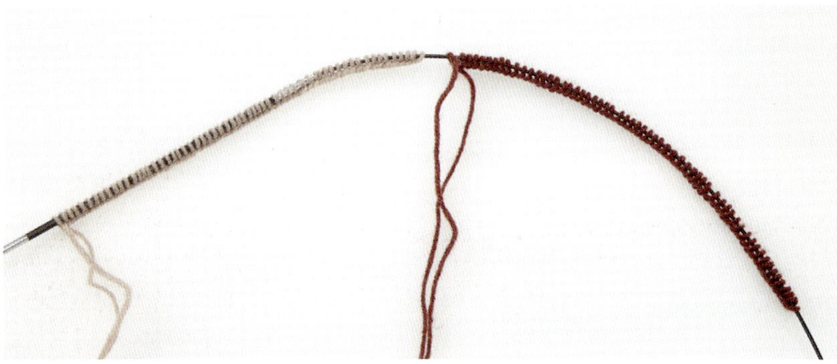

Maschen anschlagen

Zuerst im Kreuzanschlag die Gesamtmaschenzahl für die 1. Socke mit dem 1. Knäuel, dann die Gesamtmaschenzahl für die 2. Socke mit dem 2. Knäuel auf der Rundstricknadel anschlagen.

SPÄTER kann nicht mehr zweifelsfrei erkannt werden, an welcher Socke begonnen wurde und wann eine Runde zu Ende ist. Daher am besten bereits jetzt einen Maschenmarkierer mit verschließbarer Öse einhängen.

Zur Runde schliessen

Alle Maschen in die Mitte des Seils schieben. Die Maschen der 1. Socke in zwei Hälften teilen und mithilfe der Nadelspitze das Seil zwischen beiden Maschenhälften herausziehen, sodass die vordere Maschenhälfte auf die Nadelspitze rutscht. Bei der 2. Socke genauso verfahren.

Die Maschen jeder Socke sind nun jeweils in der Hälfte geteilt, die vorderen Maschenhälften liegen auf den Nadelspitzen, die hinteren auf dem Seil. Die beiden Endfäden befinden sich in der Mitte: Der Arbeitsfaden der 1. (linken) Socke an den Maschen auf dem Seil, der Arbeitsfaden der 2. (rechten) Socke an den Maschen auf der Nadel. An beiden Seiten haben sich die sogenannten „Zauberschlingen" gebildet.

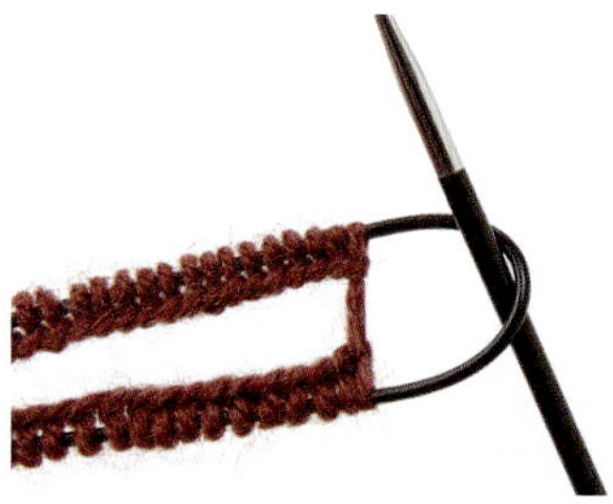

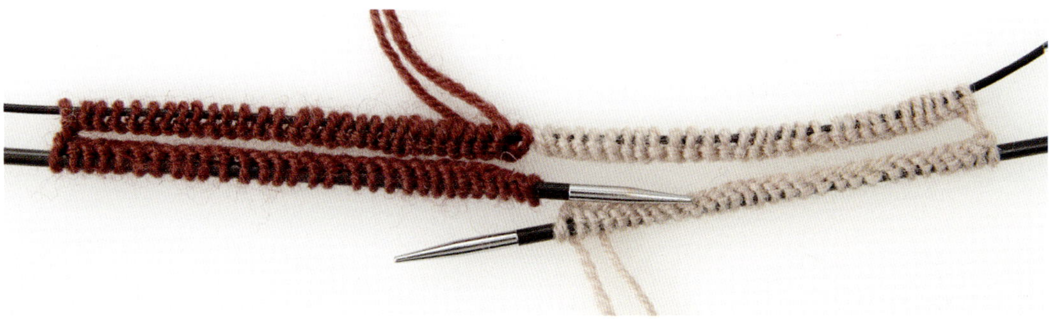

BEIM SCHLIESSEN DER RUNDE unbedingt darauf achten, dass sich die Anschlagkante nicht verdreht, und den Faden fest anziehen, um Gässchenbildung zu vermeiden.

Nun wird die 1. linke Socke zur Runde geschlossen. Dafür den Faden, der an den hinteren Maschen hängt, nach vorne holen und die vordere Maschenhälfte im gewünschten Bündchenmuster abstricken.
Dann den Arbeitsfaden und die Nadel mit den soeben gestrickten Maschen festhalten und an der rechten Zauberschlinge ziehen, sodass die frei gewordene Nadelspitze in die hintere Maschenhälfte rutscht. Nun die bereits gestrickten Maschen auf das Seil schieben, damit die andere Nadelspitze zum Stricken frei wird. Die Arbeit wenden und die zweite Maschenhälfte der 1. Socke abstricken.
Ist so die 1. Runde über die 1. (jetzt rechts liegende) Socke gestrickt, die 2. Socke mit dem Arbeitsfaden des anderen Knäuels zur Runde schließen und die 1. Runde stricken.

AUCH BEIM STRICKEN DER WEITEREN RUNDEN den Arbeitsfaden an den Übergängen zwischen den Maschenhälften gut anziehen.

DARAUF ACHTEN, dass der Rundenbeginn seitlich liegt, und zwar bei einer Socke rechts, bei der anderen links.

Bündchen und Schaft

Bündchen und Schaft werden nach dem gleichen Schema gearbeitet wie die 1. Runde der Socken: * Den richtigen Arbeitsfaden nach vorne holen, die 1. Maschenhälfte der Socke abstricken, die Zauberschlinge ziehen, die 2. Maschenhälfte der Socke abstricken, ab * mit dem anderen Arbeitsfaden und der 2. Socke wiederholen.

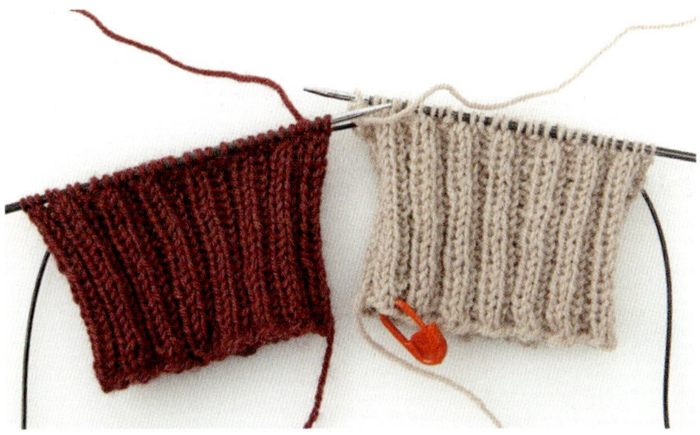

BEIM VERTEILEN DER MASCHEN sollte bereits an das Bündchen gedacht werden. So sollte z. B. bei einem 2/2-Bündchen die vordere Maschenhälfte mit einer linken Maschen beginnen und enden, damit die Ferse später symmetrisch platziert werden kann.

Ferse

Hat der Schaft beider Socken die gewünschte Länge erreicht, werden die Fersen gestrickt. Beide Fersen werden über eine Maschenhälfte der Socke gearbeitet.
Wird eine Schrägnahtferse gewählt, so müssen beide Fersen komplett nacheinander gearbeitet werden. Dafür die Ferse einer Socke mit den beiden Nadelspitzen in Reihen stricken, während die zweite Maschenhälfte und andere Socke komplett auf dem Seil ruhen.
Bei Fersenwandfersen können die Fersenwände gleichzeitig gestrickt werden. Dafür die entsprechende Maschenhälfte beider Socken stricken, wenden und über beide Fersenwände in einer Rückreihe zurückstricken usw. Erst die beiden Fersenrundungen müssen getrennt nacheinander gearbeitet werden.

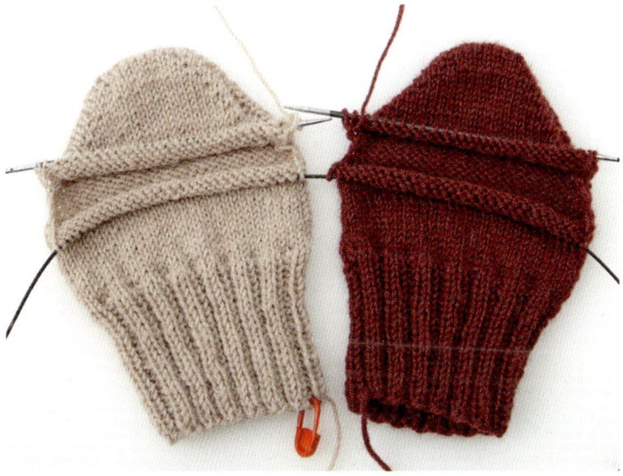

Fuss und Spitze

Fuß und die gewünschte Spitze werden wie bei Bündchen und Schaft beschrieben in Runden gestrickt. Auch beide Spitzen werden dabei gleichzeitig gestrickt.

ES KÖNNEN ALLE SPITZEN gestrickt werden. Wird jedoch eine Schrägnahtferse als Spitze gewählt, so müssen beide Spitzen wie an der Ferse getrennt gestrickt werden.

Für kleine Füsse

Babysöckchen und -schühchen sind schnell gestrickte, kleine Geschenke, mit denen man jungen Eltern immer eine Freude macht. Und außerdem ist Wärmendes für kleine Babyfüße eine prima Verwertung für Sockengarnreste.

Würmchen

Fersenlose Socken sind besonders für sehr kleine Babys geeignet, da sie sich leicht und schnell anziehen lassen.

	Spiral-socke	Patent-socke
Maschenzahl 4-fädig	40	32
Maschenzahl 6-fädig	24-28	24
Gesamt-länge/cm	16,0	16,0

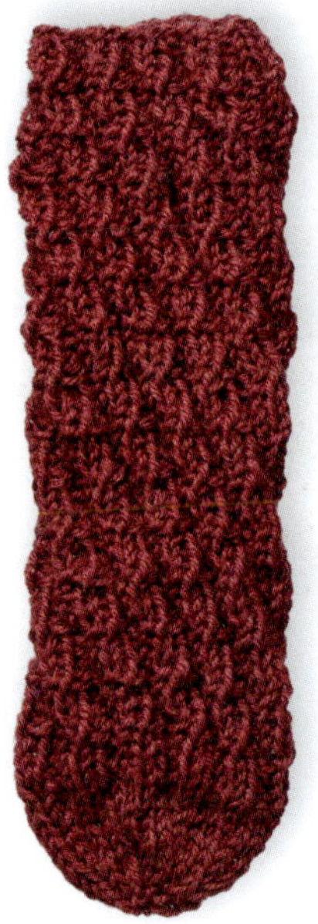

UNBEDINGT auf eine sehr elastische Anschlagkante achten!

*MASCHENFOLGEN zwischen zwei * werden auf jeder Nadel wiederholt.*

Babysöckchen mit Kordeldurchzug

Für etwas größere und aktivere Babys bis ca. 1 Jahr verhindert ein Kordeldurchzug, dass Schühchen oder Söckchen allzu schnell von den Füßen abgestreift werden. Babysöckchen werden nach der unten stehenden Tabelle mit Bumerangferse und Bandspitze auf die gleiche Art und Weise gestrickt wie große Socken. Ein spezielles Rippenmuster hält sie besonders elastisch am Bein.
Nach dem Anschlag in Runden * 1 Masche rechts, 2 Maschen links, 1 Masche rechts * stricken. Nach einigen Zentimetern für den Kordeldurchzug eine Lochrunde arbeiten wie folgt: * 2 Maschen rechts zusammenstricken, 1 Umschlag *. 1 Runde rechte Maschen stricken.
Um die Ferse optisch zu erhöhen, über die in der Tabelle angegebene Rundenzahl über die hintere Maschenhälfte (Fersenmaschen) glatt rechts, über die restlichen Maschen weiter im Muster stricken. Dann eine Bumerangferse laut Grundanleitung (siehe Seite 138) arbeiten.
Für den Fuß in Runden über die Sohle glatt rechts, über den Oberfuß weiter im Rippenmuster stricken. Die Socke mit einer Bandspitze laut Grundanleitung (siehe Seite 175) beenden. Eine Kordel von etwa 30 cm Länge anfertigen, durch die Lochreihe ziehen und vorne zur Schleife binden. Das 2. Söckchen genauso stricken.

DIE KORDEL kann klassisch gedreht oder als I-Cord (siehe Seite 211) mit 4 Maschen gestrickt werden.

FÜR DAS ERSTE LEBENSJAHR kann die gleiche Maschenzahl verwendet werden – die Mehrweite hilft am Anfang erheblich beim Anziehen.

AB EINEM ALTER VON ETWA 1 JAHR können Söckchen nach den üblichen Sockentabellen ab Größe 20/21 gestrickt und ohne Kordeldurchzug gearbeitet werden.

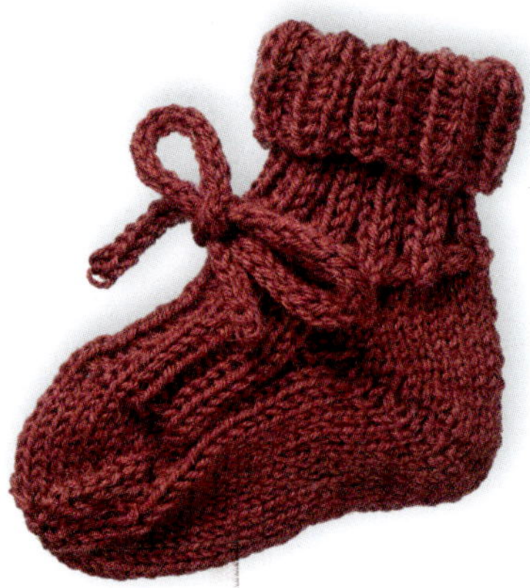

Babysöckchen für 4-fädiges Sockengarn

LL = 210 m/50 g, 30 Maschen x 42 Reihen = 10 cm x 10 cm

Größe	9/10/11	12/13/14	15/16/17	18/19
Alter	0-3 Monate	3-6 Monate	6-9 Monate	9-12 Monate
Maschenzahl gesamt/Nadel	40/10	40/10	40/10	40/10
Schafthöhe/cm	7,0	9,0	11,0	12,0
Fersenerhöhung/ Runde	3	3	3	4
Fersen-M	7/6/7	7/6/7	7/6/7	7/6/7
Fuß-Spitze/cm	4,5 -5	6,0	8,0	10,0
Abnahmeschema für die Bandspitze				
In jeder 3. Runde	1x	1x	1x	1x
In jeder 2. Runde	2x	2x	2x	2x
In jeder Runde	4x	4x	4x	4x

Babysöckchen für 6-fädiges Sockengarn

LL = 150 m/50 g, 22 Maschen x 30 Reihen = 10 cm x 10 cm

Größe	9/10/11	12/13/14	15/16/17	18/19
Alter	0-3 Monate	3-6 Monate	6-9 Monate	9-12 Monate
Maschenzahl gesamt/Nadel	24/6	24/6	24/6	24/6
Schafthöhe/cm	7,0	9,0	11,0	12,0
Fersenerhöhung/ Runden	2	2	2	3
Fersenmaschen	4/4/4	4/4/4	4/4/4	4/4/4
Fuß-Spitze/cm	4,5	6,0	8,0	10,0
Abnahmeschema für die Bandspitze				
In jeder 2. Runde	2x	2x	2x	2x
In jeder Runde	2x	2x	2x	2x

Klassische Babyschühchen

Diese klassischen Babyschühchen können von ca. 4 bis 12 Monaten getragen werden. Durch das Kraus-rechts-Muster wärmen sie besonders gut und sind schön dehnbar. Ein Kordelzug hält die Schühchen sicher am Fuß.

Eckige Form

Diese Variante wird zunächst in Runden am Bündchen begonnen und nach unten zum Fuß gestrickt.

36 Maschen gleichmäßig verteilt auf 4 Spielnadeln anschlagen und zur Runde schließen. 10 Runden glatt rechts, dann 10 Runden glatt links und schließlich noch einmal 2 Runden glatt rechts stricken.

Lochrunde: * 2 Maschen rechts zusammenstricken, 1 Umschlag *.

1 Runde über alle Maschen und Umschläge rechts stricken, dann noch 1 Runde linke Maschen arbeiten.

Für den Oberfuß die Maschen zu je 12 Maschen auf nur noch 3 Spielnadeln verteilen. Über die 12 Maschen der 1. Nadel kraus rechts in Reihen arbeiten, bis eine Höhe von 23 Reihen (12 Querrippen) erreicht ist. Die letzte Reihe ist eine Rückreihe.

Nun weiter wie folgt in Runden arbeiten: 12 Maschen der 1. Nadel rechts stricken, 1 Maschenmarkierer einhängen, 12 Maschen aus der linken Seite des Oberfußstreifens auffassen, die folgenden 24 Maschen der 2. und 3. Nadel rechts stricken und weitere 12 Maschen aus der rechten Seitenwand des Oberfußstreifens auffassen und 1 weiteren Maschenmarkierer einhängen. Die Maschen aus Seitenwänden und vorderem Oberfuß können auf einer Spielnadel oder je zur Hälfte auf 2 Spielnadeln verteilt weitergestrickt werden. Über alle 60 Maschen 12 Runden kraus rechts str, die Markierer dabei jeweils abheben.

Für die Sohle kraus rechts in Reihen nur noch über die 12 Maschen zwischen den beiden Markierern arbeiten und dabei in jeder Reihe die letzte Masche vor dem Markierer mit der Seitenteilmasche nach dem Markierer rechts zusammenstr, bis insgesamt nur noch 12 Fersenmaschen (insgesamt 24 Maschen) übrig sind. Die Naht im Maschenstich (siehe Seite 69) schließen.

Eine Kordel von etwa 30 cm Länge anfertigen, durch die Lochrunde ziehen und vorne zur Schleife binden.

Das 2. Schühchen genauso stricken.

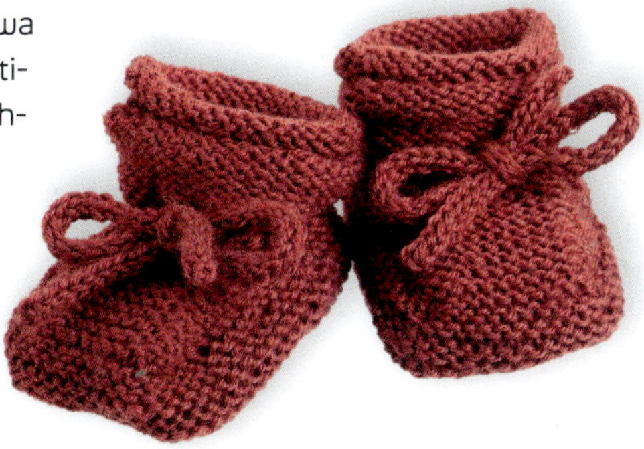

DIESE BABYSCHÜHCHEN benötigen weniger als 50 g 4-fädiges Sockengarn pro Paar.

Runde Form

Diese Variante beginnt an der Fußspitze und wird in Hin- und Rückreihen nach oben zur Abschlusskante gestrickt.

37 Maschen auf 1 Nadel anschlagen und kraus rechts in Reihen über alle Maschen arbeiten.

3. Reihe (Hinreihe): 1 Masche rechts, 1 Masche zunehmen, 17 Maschen rechts, 1 Maschenmarkierer einhängen, 1 Masche rechts, 1 Maschenmarkierer einhängen, 17 Maschen rechts, 1 Masche zunehmen, 1 Masche rechts, wenden.

5., 7., 9. und 11. Reihe (Hinreihe): 1 Masche rechts, 1 Masche zunehmen, bis zum Markierer rechte Maschen stricken, den Markierer abheben, 1 Masche zunehmen, bis zum nächsten Markierer rechts stricken, 1 Masche zunehmen, den Markierer abheben, bis zur letzten Masche rechts stricken, 1 Masche zunehmen, 1 Masche rechts, wenden = 57 Maschen.

Noch 5 Reihen kraus rechts str.

Oberfuss und Ferse

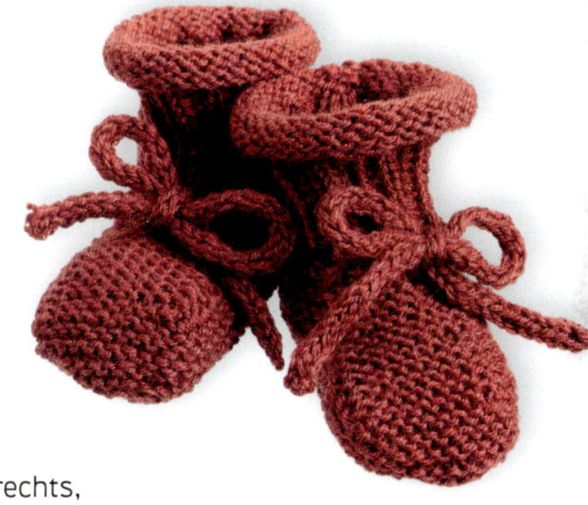

1. Reihe (Hinreihe): 33 Maschen rechts, 2 Maschen rechts zusammenstricken, wenden.

2. Reihe (Rückreihe): 10 Maschen rechts, 2 Maschen rechts zusammenstricken, wenden.

3.-19. Reihe: 10 Maschen rechts, 2 rechts zusammenstricken, wenden.

20. Reihe: 10 Maschen rechts, 2 rechts zusammenstricken, 13 Maschen rechts, wenden.

21. Reihe: 23 Maschen rechts, 2 rechts zusammenstricken, 12 Maschen rechts, wenden.

22. Reihe (Rückreihe): 36 Maschen rechts.

Lochreihe und Bein

2 Reihen glatt rechts stricken. 1 Lochmuster-Runde arbeiten: * 2 Maschen rechts zusammenstricken, 1 Umschlag *. 1 Rückreihe linke Maschen stricken.

Die 36 Maschen auf 4 Spielnadeln zu jeweils 9 Maschen verteilen und 12 Runden 2 Maschen rechts, 2 Maschen links im Wechsel str. Anschließend noch 10 Runden glatt rechts für einen Rollrand arbeiten. Alle Maschen elastisch abketten (siehe Seite 204-208) und die Naht unter der Sohle schließen.

Eine Kordel von etwa 30 cm Länge anfertigen, durch die Lochrunde ziehen und vorne zur Schleife binden.

Das 2. Schühchen genauso stricken.

Hausschuhe

Handgestrickte Socken lassen sich mit ein paar Kniffen hervorragend in Hausschuhe umwandeln. Mit einer besonders behandelten Sohle werden sie rutschfest und sind außerdem vor zu starker Abnutzung geschützt. Diese wärmenden und dennoch weichen Hausschuhe sind besonders für Kinder zu empfehlen, da sie die gesunde Entwicklung der Füße fördern.

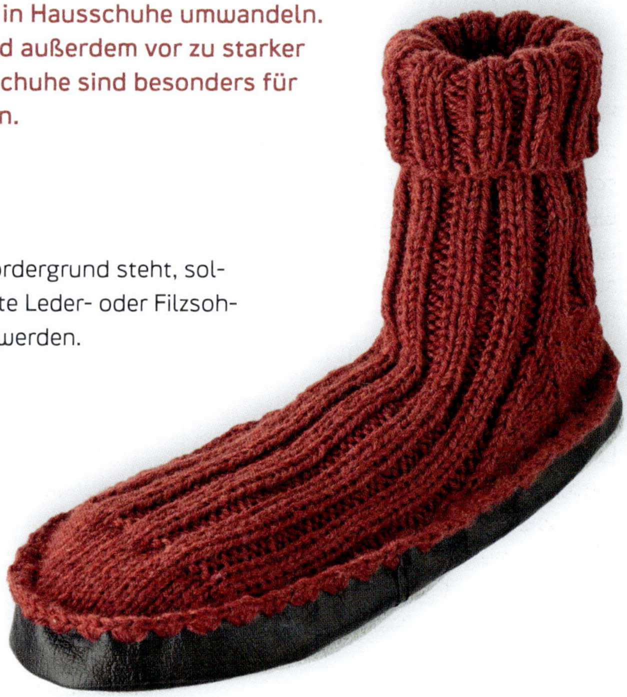

Hüttenschuhe

Während bei den Rennsocken die rutschhemmende Wirkung der Sohle im Vordergrund steht, sollen die klassischen Hüttenschuhe eher wärmen. Im Handel werden gefütterte Leder- oder Filzsohlen für die jeweilige Größe angeboten, die an die fertigen Socken angenäht werden.

Hüttenschuhe stricken

Mit doppelt genommener 4-fädiger Sockenwolle oder 8-fädiger Sockenwolle und Nadeln 3,5-4,0 mm die laut Tabelle benötigte Maschenzahl anschlagen und einen hohen Schaft komplett im 2/2-Rippenmuster (siehe Seite 100) stricken. Den Rest der Socke wie gewohnt mit klassischer Käppchenferse (siehe Seite 120 und Tabelle unten) und Bandspitze (siehe Seite 175 und Tabelle unten) arbeiten.

ES SOLLTE EINE MASCHENPROBE von 20 Maschen und 28 Reihen für 10 cm x 10 cm erreicht werden. Gegebenenfalls eine andere Nadelstärke ausprobieren.

SOCKEN ALS HAUSSCHUHE am besten mit einer Nadelstärke kleiner als üblich stricken, damit sie nicht zu locker sitzen. Sie könnten sonst zur Stolperfalle werden.

Sohle befestigen

Zum Anbringen der Sohle die Socken am besten anziehen, Fersenmitte und Sockenspitze mit Stecknadeln an der Sohle befestigen und die Sohle mit einfachem Faden des Sockengarns ringsum anheften. Mit einer Häkelnadel 2,5 mm und doppeltem Sockengarn den Faden in der rückwärtigen Mitte durch das erste gestanzte Loch der Sohle holen, dabei die Socke mit erfassen und eine Luftmasche häkeln. Ringsum in jedes Loch der Sohle jeweils 3 feste Maschen häkeln, die Socke dabei jeweils mit erfassen und so an der Sohle befestigen. Mit 1 Kettmasche im letzten Loch enden, den Heftfaden lösen.

Hüttenschuhe für doppeltes 4-fädiges Sockengarn oder 8-fädiges Sockengarn

LL = 100 m/50 g, 20 Maschen x 28 Reihen = 10 cm x 10 cm

Größe	20/21	22/23	24/25	26/27	28/29	30/31	32/33	34/35	36/37	38/39	40/41	42/43	44/45	46/47	48/49	50/51
Maschenzahl gesamt/ Nadel	28/7	28/7	32/8	32/8	36/9	36/9	40/10	40/10	44/11	44/11	44/11	48/12	48/12	52/13	52/13	56/14
Schaftlänge/cm	6,0	7,0	8,0	9,0	10,0	11,0	12,0	13,0	14,0	15,0	16,0	17,0	18,0	19,0	20,0	21,0
Fersenmaschen	14	14	16	16	18	18	20	20	22	22	22	24	24	26	26	28
Fersenhöhe in Reihen	14	14	16	16	18	18	20	20	22	22	22	24	24	26	26	28
Maschenzahl Käppchen	4/6/4	4/6/4	5/6/5	5/6/5	6/6/6	6/6/6	7/6/7	6/8/6	7/8/7	7/8/7	7/8/7	8/8/8	8/8/8	9/8/9	8/10/8	9/10/9
Maschenaufnahme aus jeder Fersenwandseite	7	7	8	8	9	9	10	10	11	11	11	12	12	13	13	14
Fußlänge bis Spitze/cm	10,0	11,5	12,5	13,0	13,5	15,0	16,5	17,5	18,5	20,0	21,0	22,0	23.0	24,5	25,5	27,0
Abnahmen für die Bandspitze nach der 1. Abnahmerunde																
In jeder 3. Runde	-	-	-	1x	1x	1x	1x	1x	1x	1x	1x	1x	1x	1x	1x	1x
In jeder 2. Runde	2x	2x	2x	2x	2x	2x	3x	3x	3x	3x	3x	4x	4x	4x	4x	4x
In jeder Runde	2x	2x	3x	2x	3x	3x	3x	3x	4x	4x	4x	4x	4x	5x	5x	6x

Rennsocken mit rutschfester Sohle

Die Sohlen von Haussocken können auf verschiedene Art und Weise rutschfest gemacht werden.

Rennsocken stricken

Für den Schaft einer Rennsocke die für die gewünschte Größe benötige Maschenzahl anschlagen und nacheinander die in der Tabelle angegebene Rundenzahl glatt rechts als Rollrand, im verschränkten 1/1-Rippenmuster (siehe Seite 100) und noch einmal glatt rechts arbeiten. Dann Ferse, Fuß und Spitze nach Wunsch anschließen.
Für Rennsocken, die regelmäßig über längere Zeit auf nicht allzu glatten Böden getragen werden, bieten sich ABS-Stopper aus dem Handel an, die über die Sockensohle verteilt ganz einfach aufgebügelt werden. Dabei bitte die Anleitung des Herstellers beachten!

LAUFSOCKEN MIT ABS-STOPPERN zum Aufbügeln und mit Latexsohle können auf links gezogen einfach in der Waschmaschine gewaschen werden. Wie bei allen Stricksachen aus Sockengarnen auf Colorwaschmittel verzichten und besser ein Universal- oder Wollwaschmittel verwenden!

Eine stärker rutschhemmende Wirkung erzielt man, wenn man die Sohle der Socken mit flüssigem Latex bestreicht. Dazu die fertige Socke mit der Sohle auf eine dicke Pappe stellen und mit einem Stift etwa 5 mm entfernt um die Sohle herumfahren. Die Pappschablone ausschneiden und eine zweite in gleicher Größe herstellen. Beide Pappschablonen mit Frischhaltefolie umwickeln und in die Socken einlegen. Die Latexmilch aufschütteln oder durchrühren. Mithilfe der Spitztülle können nun Motive frei Hand oder nach Schablonen auf die Sohle aufgebracht werden. Für eine mittlere Stopperwirkung reichen die Außenkonturen der Motive bereits aus. Sollen die Motive für eine stärker rutschhemmende Wirkung mit Latex ausgefüllt werden, hilft ein Pinsel, die Latexmilch gleichmäßig zu verteilen. Dabei die Anleitung des Herstellers beachten! Für stärkste Bodenhaftung kann die Latexschicht auch die gesamte Sohle bedecken. Die erste Latexschicht gut antrocknen lassen, nach Bedarf auch einige Minuten föhnen, bis sie klar geworden ist. Dann nach und nach insgesamt 5 dünne Schichten Latex auftragen und trocknen lassen. Die fertige Latexsohle über Nacht gut durchtrocknen lassen.

WENN DIE SOCKEN LANGE am Stück getragen werden, am besten nur Teile der Sohle mit Latex bemalen, damit der Fuß noch atmen kann.

DAS AUFSTREICHEN DER NÄCHSTEN SCHICHTEN gelingt leichter, wenn man sich einen Topfschwamm in etwa 2 cm breite Streifen schneidet und die Latexmilch mit der gelben, saugfähigen Seite des Schwamms aufträgt und gleichmäßig verstreicht.

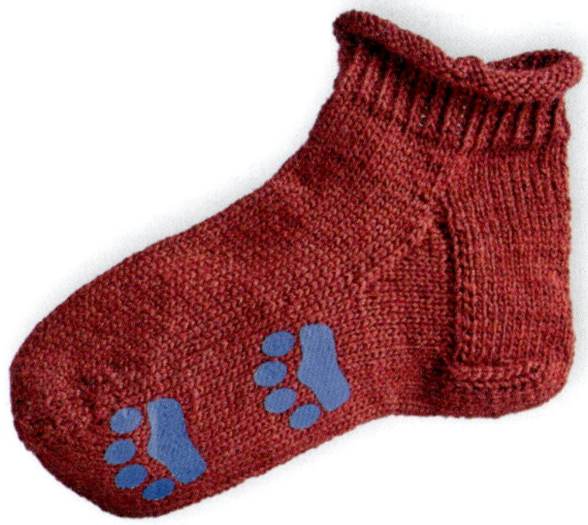

Rennsocken für 4-fädiges Sockengarn

LL = 210 m/50 g, 30 Maschen x 42 Reihen = 10 cm x 10 cm

Größe	20/21	22/23	24/25	26/27	28/29	30/31	32/33	34/35	36/37	38/39	40/41	42/43	44/45	46/47	48/49	50/51
Maschenzahl gesamt/Nadel	44/11	44/11	48/12	48/12	52/13	52/13	56/14	56/14	60/15	60/15	64/16	64/16	68/17	68/17	72/18	76/19
Rundenzahl für Rollbündchen	6	8	8	8	8	8	8	10	10	10	10	10	–	–	–	–
Rundenzahl für Rippenbündchen	6	8	8	8	8	8	8	10	10	10	10	10	14	14	16	18
Rundenzahl glatt rechts	6	8	8	8	8	8	8	10	10	10	10	10	14	14	16	18

Rennsocken für 6-fädiges Sockengarn

LL = 125 m/50 g, 22 Maschen x 30 Reihen = 10 cm x 10 cm

Größe	20/21	22/23	24/25	26/27	28/29	30/31	32/33	34/35	36/37	38/39	40/41	42/43	44/45	46/47	48/49	50/51
Maschenzahl gesamt/Nadel	32/8	32/8	36/9	36/9	40/10	40/10	44/11	44/11	48/12	48/12	52/13	52/13	52/13	56/14	56/14	60/15
Rundenzahl für Rollbündchen	5	6	6	6	6	6	6	8	8	8	8	8	–	–	–	–
Rundenzahl für Rippenbündchen	4	5	5	5	6	6	6	8	8	8	8	8	10	10	12	14
Rundenzahl glatt rechts	4	5	5	5	6	6	6	8	8	8	8	8	10	10	12	14

MUSTER

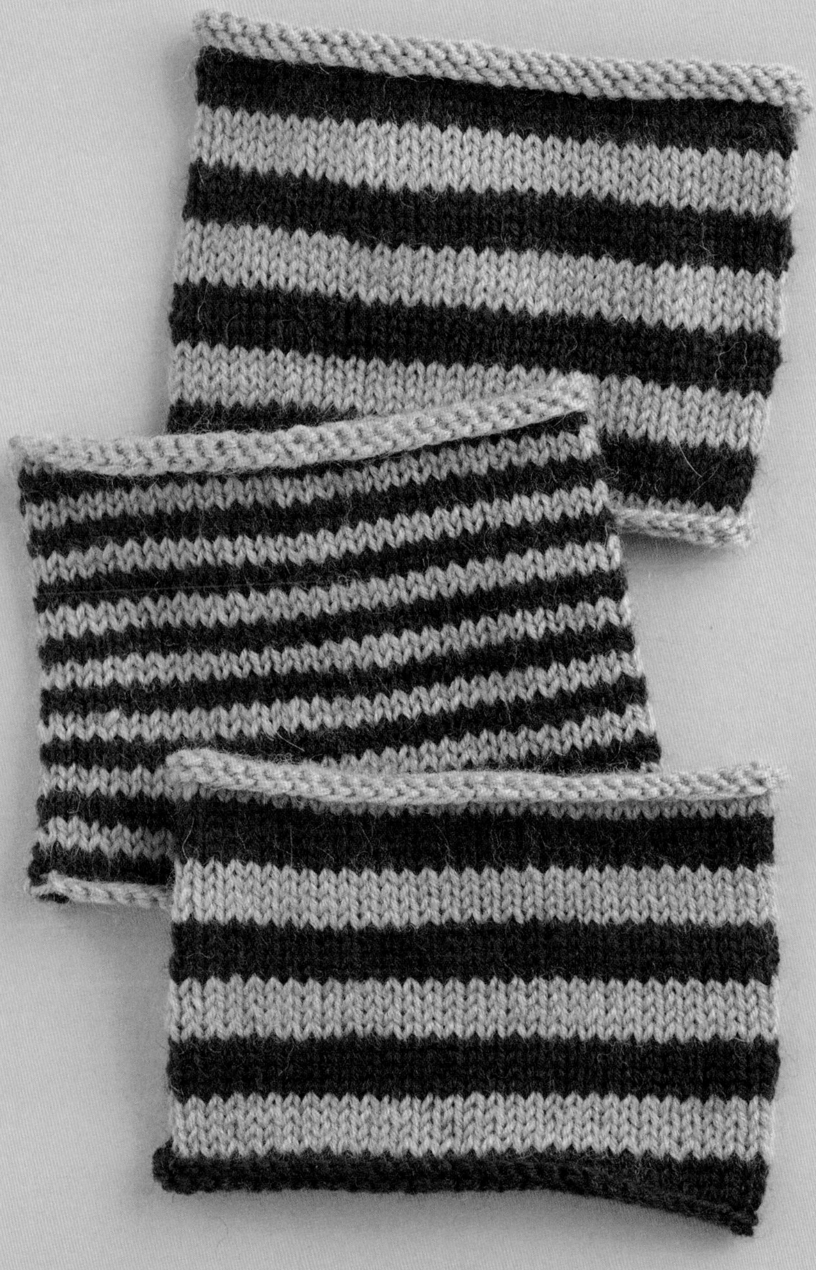

Im Verhältnis zu ihrer Größe bieten Socken erstaunlich viel Fläche, die mit den verschiedensten Arten von Mustern geschmückt werden kann. Ob üppiges, mehrfarbiges Muster, ein einzelner, dezenter Zopf oder ein schlichtes Strukturmuster: Gerade die Überschaubarkeit eines kleinen Projektes lädt dazu ein, Neues auszuprobieren! Je nach Musterart müssen hierbei jedoch einige Dinge beachtet werden, um weiterhin die richtige Passform zu gewährleisten.

Muster übertragen

Mustersammlungen für das Stricken in Reihen gibt es in Hülle und Fülle, diese können jedoch nicht immer unverändert für eine Socke übernommen werden. Häufig ist es notwendig, die Muster fürs Rundstricken zu übertragen, was aber in der Regel mit folgenden Hinweisen leicht gelingt.

Notation von Strickmustern

Ausgeschriebene Muster beschreiben Hin- und Rückreihen in Leserichtung als Text, also von links nach rechts und von oben nach unten. Dabei werden Rapporte und Wiederholungen durch Symbole gekennzeichnet, meist durch ein * vor der zu wiederholenden Sequenz oder durch je ein * davor und danach.
Da deutsche Strickbegriffe oft sperrig und lang sind, werden in ausgeschriebenen Mustern häufig Abkürzungen verwendet, die die Anleitung bei größeren Mustersätzen unübersichtlich machen können. Vielleicht ist das auch der Grund, warum im deutschen Sprachraum Strickschriften weit verbreitet sind, während im englischsprachigen Raum fast ausschließlich nach ausgeschriebenen Mustervorlagen gearbeitet wird. Strickschriften haben zudem den Vorteil, dass sich Fehler während des Strickens wesentlich leichter auffinden lassen.

Beispiel ausgeschriebenes Muster
1., 3., 7. und 9. R (Hinr): Rdm, * 2 M links, 4 M rechts, ab * fortlaufend wdh, enden mit 2 M links, Rdm.
2., 4., 6. und 8. R (Rückr): Rdm, 2 M rechts, * 4 M links, 2 M rechts, ab * fortlaufend wdh, Rdm.
5. R: Rdm, * 2 M links, 1 U, 1 M abheben, 3 M rechts, abgehobene M über die 3 gestrickten M ziehen, ab * fortlaufend wdh, enden mit 2 M links, Rdm.
10. R: Rdm, 2 M rechts, * 3 M links, die 3 M wieder auf linke Nd heben, die 4. M überziehen, die 3 M wieder auf rechte Nd heben, 1 U, ab * fortlaufend wdh, Rdm.

Abkürzungen

Hinr = Hinreihe(n)
Nd = Nadel
M = Masche(n)
R = Reihe(n)
Rdm = Randmasche
Rückr = Rückreihe(n)
U = Umschlag
wdh = wiederholen

Im Gegensatz dazu visualisieren Strickschriften Strickmuster viel stärker. In einer Art Tabelle werden alle Maschen und Musterelemente – wie Umschläge oder Noppen – durch Symbole an der Stelle wiedergegeben, an denen sie im Maschenbild erscheinen sollen. Hinreihen werden in Strickschriften von rechts nach links gelesen, also in Strickrichtung, und Reihe für Reihe von unten nach oben. Die meisten Strickschriften zeigen Muster, wie sie auf der Vorderseite erscheinen. Da für Rückreihen das Strickstück gewendet und in die andere Richtung gestrickt wird, müssen sie von links nach rechts gelesen werden.
Häufig verschafft ein Blick auf die Strickschrift bereits einen Eindruck davon, wie das Muster später aussehen wird. Die Reihennummern markieren jeweils den Reihenbeginn, für Hinreihen rechts, für Rückreihen links neben der Strickschrift.

Das obige Beispiel in Strickschrift notiert:

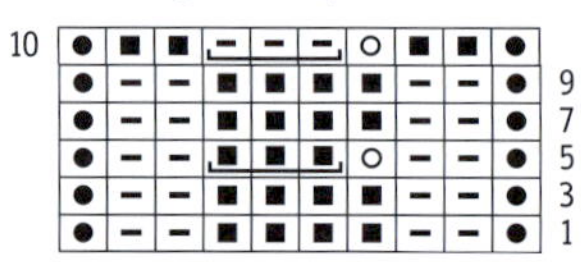

● = 1 Randmasche
■ = 1 Masche rechts
– = 1 Masche links
○ = 1 Umschlag
■■■ = 1 Masche abheben, 3 Maschen rechts stricken, die abgehobene Masche über die 3 gestrickten Maschen ziehen
––– = 3 Maschen rechts stricken, die 3 Maschen wieder auf die linke Nadel heben, die 4. Masche überziehen, die 3 Maschen wieder auf die rechte Nadel heben

Ausgeschriebene Muster in Strickschrift übertragen

Da eine Strickschrift ein Muster wesentlich besser bildlich darstellen kann als ein geschriebener Text, hilft sie, den Überblick zu bewahren und Fehlerstellen schneller aufzufinden. Es kann daher sinnvoll sein, in Worten beschriebene Muster in Strickschrift zu übertragen.

DA GESTRICKTE MASCHEN breiter als hoch sind, gibt ein einfaches kariertes Blatt die Proportionen besonders bei eingestrickten Motiven nicht ganz korrekt wieder. Spezielles Strickmusterpapier schafft hier Abhilfe. Eine Internetrecherche nach „knitting graph paper“ oder „knitter's graph paper“ liefert gute Ergebnisse.

Vorbereitung des Karopapiers

Zunächst nur den Rapport des ausgeschriebenen Musters betrachten, also den Teil, der durch Sternchen oder Klammern als Wiederholungsteil gekennzeichnet ist. Die Anzahl von Maschen im Rapport und die Anzahl an Reihen notieren. In unserem Beispiel sind dies 6 Maschen (2 Maschen links, 4 Maschen rechts) und 10 Reihen. Mittig auf einem karierten Papier diesen Rapport mit zwei senkrechten Linien markieren, die genauso viele Kästchen einschließen, wie der Rapport Maschen breit ist. Die Länge der Linien sollte über mindestens so viele Kästchen reichen, wie Reihen benötigt werden.

Übertragen der Maschen und Musterelemente

Allen verwendeten Maschen und Musterelementen nun Symbole zuordnen, die in einer kleinen Tabelle zusammen mit ihrer Bedeutung notiert werden. Geeignet sind kleine geometrische Figuren, ausgefüllt oder in Kontur, etwa:

[○] [+] [■] [◠] [−] [◆] [△]

Mithilfe der Symbole die 1. Hinreihe des ausgeschriebenen Musters in die unterste Reihe zwischen beide Linien eintragen. Dabei den Text von links nach rechts lesen und die Symbole von rechts nach links schreiben! Auf gleiche Weise alle weiteren Hinreihen übertragen, dabei immer eine Karoreihe freilassen, um später die Rückreihen eintragen zu können.

Im nächsten Schritt seitlich der Linien die Maschen vor und nach dem Rapport und die Randmaschen aller Hinreihen übertragen und die Reihenzahlen am rechten Rand ergänzen.

Nun den Rapport der Rückreihen einfügen. Dafür wieder den Text von links nach rechts lesen und diesmal auch die Symbole von links nach rechts eintragen. Da das Strickstück für die Rückreihe gewendet wird, werden die Maschen in der umgekehrten Reihenfolge abgestrickt wie zuvor.

Auf gleiche Weise werden anschließend alle weiteren Rückreihen in die noch leeren Zeilen übertragen und die Maschen vor und nach dem Rapport sowie die Randmaschen seitlich der Linien und die Reihennummern am rechten Rand eingefügt.

Reduzieren der Reihen

Häufig werden in Strickmustern Rückreihen als Zwischenreihen benötigt. In diesen Rückreihen werden alle Maschen so gestrickt, wie sie erscheinen, eine rechte Masche der Hinreihe wird auf der Rückseite also links abgestrickt, eine linke Masche rechts. Alle Musterelemente strickt man in Rückreihen normalerweise links ab. Ausnahmen werden gesondert erwähnt, häufig in der Zeichenlegende, wie etwa:

[N] = 1 Noppe arbeiten, in der nächsten Rückreihe rechts abstricken
[◆] = 1 Masche rechts verschränkt, in allen Rückreihen links verschränkt

Da Rückreihen häufig sonst keine weiteren Informationen enthalten, werden sie in Strickschriften nur dann notiert, wenn auch in einer Rückreihe gemustert wird wie in der 10. Reihe unseres Beispielmusters. Strickschriften werden durch das Streichen der Zwischenreihen übersichtlicher.

Nun werden in der erstellten Strickschrift die Rückreihen dahingehend betrachtet, ob sie lediglich als Zwischenreihen dienen oder eigene Musterelemente enthalten. Alle Zwischenreihen können im ersten Fall gestrichen werden, die Muster tragenden Rückreihen bleiben erhalten. Wer die Strickschrift für das Stricken in Reihen verwenden möchte, überträgt sich diese reduzierte Form nun ins Reine und kann loslegen. Zum Rundstricken fehlt nur noch ein letzter Schritt.

Aus Reihen Runden machen

Werden Muster in Reihen gestrickt, so sind häufig zusätzliche Maschen vor dem 1. Rapport und nach dem letzten Rapport notwendig, um das Muster zu den Rändern hin sinnvoll abzuschließen. Dies entfällt beim Stricken in Runden, da keine Ränder gearbeitet werden. Ein Reihenmuster vereinfacht sich beim Rundstricken dadurch, dass fortlaufend nur der Rapport wiederholt wird. Maschen vor und nach dem Rapport sowie Randmaschen werden nicht benötigt. Die Zwischenreihen, in denen die Maschen gestrickt werden, wie sie erscheinen, können ohne weitere Änderung als Zwischenrunden gearbeitet werden.
Nun bleibt nur noch zu prüfen, ob die bereits reduzierte Stickschrift noch musternde Rückreihen enthält (also solche Rückreihen, die selbst Musterelemente enthalten und daher das Muster verändern). Diese müssen noch als Hinreihe umgeschrieben werden. Rechte Maschen werden dabei zu linken, linke zu rechten, Zöpfe oder Überzüge werden in die entgegengesetzte Richtung gearbeitet.

Noch einmal zum Beispiel:

In Reihen

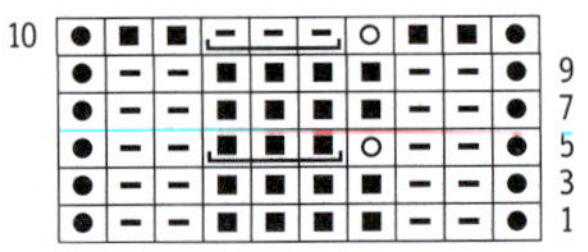

In Runden

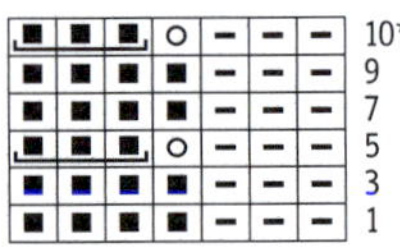

Vereinfachte Runden

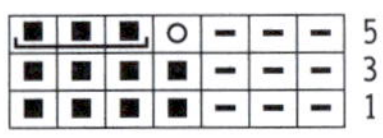

Dieses Muster kann sogar noch weiter vereinfacht werden.

DIE MARKIERUNG DER 10. RUNDE durch ein Sternchen erinnert daran, dass nach der 9. Runde keine weitere Zwischenrunde, sondern eine musternde Runde gearbeitet wird.

HÄUFIG SIND IN MUSTERN auch bereits die Rückreihen so gezeichnet, wie sie auf der Vorderseite erscheinen. Hier muss also nichts mehr umgeschrieben werden.

EIN UNBESCHRIEBENES KAROPAPIER lädt dazu ein, selbst kreativ zu werden und eigene Muster zu erfinden. Viel Spaß beim Ausprobieren!

Ringel und Streifen

Ringelsocken waren schon immer äußerst beliebt. Das Einstricken von Streifen unterschiedlicher Garne ist die einfachste Art, Socken mit individuellen Mustern zu versehen. Je nachdem, ob man dabei nur 2 Farben in regelmäßigen Abständen abwechselt, die Streifenhöhe variiert, mehrere Farben kombiniert oder Uni- oder Farbmustergarne verwendet, jede Kombination hat ihren ganz eigenen Charme.

RINGELSOCKEN sind ein prima Projekt, um Garnreste sinnvoll zu verwerten.

INTERESSANTE EFFEKTE erzielt man auch, wenn man eine unregelmäßige Streifenfolge bei einer Socke vom Bündchen zur Spitze und bei der anderen Socke in umgekehrter Richtung oder Reihenfolge arbeitet.

Horizontale Streifen beim Rundenstricken

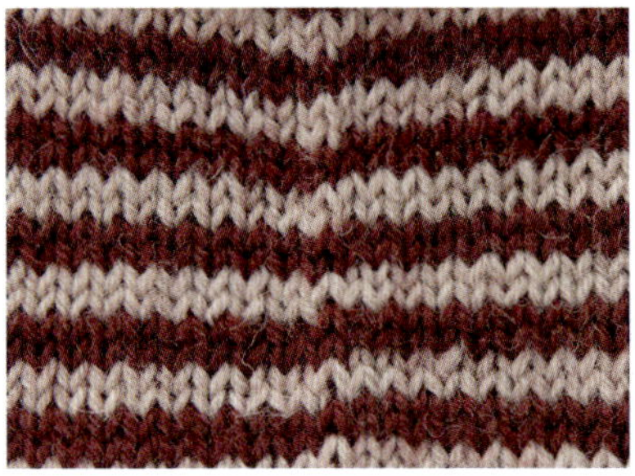

Wechselt man beim Stricken von Ringelsocken immer wieder nach einigen Runden das Garn, ist es nicht nötig, den Faden des gerade nicht benötigten Garns abzuschneiden und später erneut anzusetzen. Die Arbeit beim anschließenden Vernähen von Fadenenden kann man sich sparen, indem man den nicht benötigten Faden hängen lässt und in jeder 2. Runde immer am Rundenübergang mit dem aktuellen Strickfaden verdreht und somit bis zur nächsten Ansatzstelle vertikal einwebt.

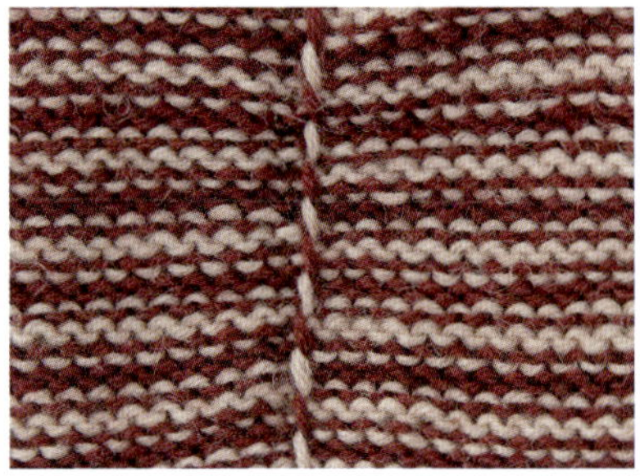

Arbeitet man horizontale Streifen in Runden, stellt man fest, dass sich die Streifen oder Ringel am Rundenwechsel gegeneinander verschieben und deutlich sichtbare Treppchen entstehen. Das liegt daran, dass man beim Rundstricken eigentlich nicht wirklich geschlossene Runden, sondern eigentlich Spiralen strickt. Da der Rundenübergang üblicherweise in der hinteren Mitte liegt, fallen die Treppchen dort weniger auf und stören den einen oder anderen eventuell gar nicht. Ganz lassen sie sich nicht vermeiden, wohl aber in der Höhe reduzieren.

Streifen mit tiefer gestochenen Maschen

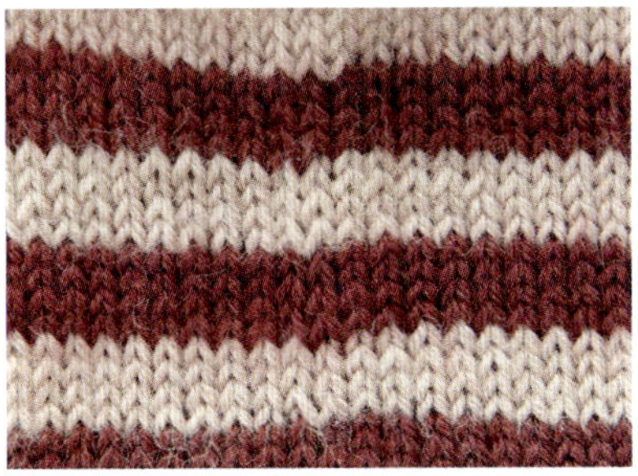

Besonders bei Streifen, die über 4 oder mehr Runden gearbeitet werden, ist es hilfreich, beim Farbwechsel jeweils die 1. Masche der neuen Runde nicht in die 1. Masche auf der linken Nadel, sondern 1 Runde tiefer einzustechen, um den Sprung von der unteren in die obere Runde etwas abzuflachen.

Streifen mit abgehobener Masche

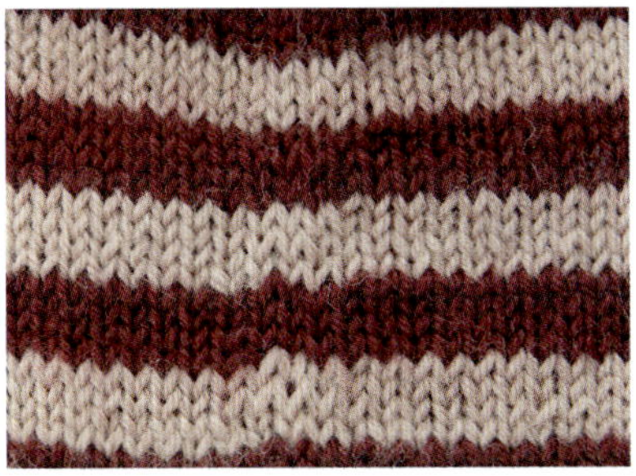

Es ist auch möglich, die 1. Masche einer neuen Runde bei einem Farbwechsel ungestrickt abzuheben und die 2. Masche der neuen Runde tiefer zu stechen, bevor dann ab der 3. Masche alle Maschen wie üblich in der neuen Farbe abgestrickt werden.

Helixstricken

Schmalere Streifen über 1-3 Runden können auch in der Helixtechnik als ineinanderlaufende Spiralen gestrickt werden. Dabei werden die Farben nicht rundenweise gewechselt, sondern jede Spielnadel innerhalb einer Runde mit einer der verwendeten Farben abgestrickt. In der nächsten Runde verschieben sich die Farben um je 1 Nadel. Dabei entsteht kein definierter Rundenübergang, und es ergeben sich treppenlose, spiralförmig ineinandergreifende Streifen.

MITHILFE VON MASCHENMARKIERERN kann diese Technik auch auf Rundstricknadeln gestrickt werden.

Hier gibt es unterschiedlichste Kombinationsmöglichkeiten, daher nur ein beliebtes Beispiel:
Sollen sich beispielsweise 3 Garne jeweils immer nach 1 Runde abwechseln, verteilt man die Maschen auf 3 Spielnadeln, strickt in der 1. Runde die 1. Nadel mit Farbe A, die 2. Nadel mit Farbe B und die 3. Nadel mit Farbe C. In der 2. Runde wird die 1. Nadel mit Farbe C, die 2. Nadel mit Farbe A und die 3. Nadel mit Farbe B gearbeitet usw.

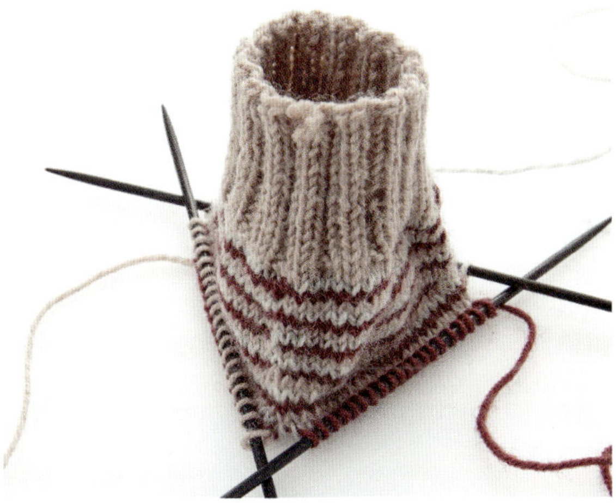

Auf diese Weise kann mit bis zu 5 Farben gearbeitet werden, wenn die Maschen auf 5 Spielnadeln verteilt werden.

SOLL MIT NUR 2 FARBEN gearbeitet werden, einfach die 4 Spielnadeln jeweils abwechselnd in einer der beiden Farben arbeiten. Dafür zuvor für jede Farbe zwei gleich große Knäuel wickeln und jedes wie eine eigene Farbe behandeln.

Einstrickmuster

Prinzipiell lassen sich alle Strickmuster auf Socken übertragen. Dabei ist es jedoch sehr wichtig zu wissen, dass je nach Musterart die Maschenprobe auch mit gleichem Garn und gleicher Nadelstärke erheblich anders ausfallen kann. Ein mit gleicher Maschenzahl gestricktes Stück im Lacemuster fällt z. B. breiter aus als glatt rechts Gestricktes. Üppige Zöpfe oder ein Muster mit vielen verschränkten Maschen benötigen für dieselbe Breite mehr Maschen.

Benötigte Maschenzahl

Idealerweise fertigt man also vor dem Stricken eine Maschenprobe an, mit deren Hilfe dann über den Dreisatz errechnet werden kann, mit wie vielen Maschen der Unterschied zur normalen Maschenzahl ausgeglichen werden muss. Ebenfalls zu beachten ist, dass die Maschenzahl der Socke durch einen etwaigen Rapport des gewählten Musters teilbar sein muss.

Beispiel

Eine Socke soll in Größe 39 mit einem Zopfmuster gestrickt werden. Die normale Maschenzahl laut Tabelle für 4-fädiges Sockengarn ist 60 Maschen, der Beinumfang beträgt 25 cm. Die Maschenprobe des Zopfmusters ergibt 36 Maschen auf 10 cm Breite. Nun kann die benötigte Zahl Anschlagmaschen errechnet werden:
36 Maschen = 10 cm
? Maschen = 1 cm
? = 36 Maschen : 10 cm = 3,6 Maschen pro cm
25x 3,6 = 90 Maschen
Da das gewünschte Zopfmuster jedoch einen Rapport von 11 Maschen hat, werden 88 Maschen angeschlagen.

Das Bündchen wird laut Tabelle über die für die Größe passende Maschenzahl gearbeitet. Danach müssen in einer Zwischenrunde gleichmäßig verteilt so viele Maschen ab- oder zugenommen werden, dass sowohl laut Maschenprobe der passende Beinumfang als auch die passende Maschenzahl für die Rapportwiederholungen erreicht werden.

SOLL DAS MUSTER auch über die Fersenwand fortgeführt werden, muss die Maschenzahl erst nach dem Ende der Fersenwand reduziert werden.

Ferse

Viele Einstrickmuster sind symmetrisch aufgebaut, an einer Rapportseite fehlt also zum Abschluss des Musters 1 Masche. Diese Masche kann leicht durch Abheben einer seitlichen Fersenmasche auf die Oberfußnadeln hinzugefügt werden. Die fehlende Fersenmasche kann entweder durch eine Zunahme aus dem Querfaden wieder ausgeglichen werden, oder es wird einfach 1 Masche weniger abgenommen. Da die Ferse glatt rechts gestrickt wird, muss die Maschenzahl der 4. und 1. Nadel bzw. der vorderen Maschenhälfte vor Fersenbeginn durch Zu- oder Abnahmen wieder auf die laut Tabelle benötigte Anzahl an Fersenmaschen gebracht werden. Soll der Oberfuß weiter im Muster gearbeitet werden, bleibt hier die erhöhte Maschenzahl erhalten.
Gleichzeitig sollte die Ferse so platziert werden, dass das Einstrickmuster auf dem Oberfuß an beiden Seiten möglichst symmetrisch abschließt. Prinzipiell kann der Oberfuß überall in der Runde sitzen und damit jeder Musterteil dort platziert werden. Dafür einfach die Maschen durch Überheben auf den Nadeln umsortieren und damit Rundenanfang und Fersenmaschen verlegen.

BEIM ARBEITEN VON FERSEN mit Zwischenrunden nicht vergessen, dass in diesen das Muster auf dem Oberfuß fortgeführt werden muss!

IST EIN HÖHENRAPPORT BEENDET, der Fuß aber noch zu kurz für den Beginn der Spitze, jedoch schon so lang, dass ein neuer vollständiger Rapport zu viel wäre, so können die Maschen bereits früher reduziert und die fehlende Länge mit Glatt-rechts-Runden ausgeglichen werden.

Fuss

Nachdem die Ferse fertiggestellt ist, arbeitet man die Oberfußmaschen weiter im Einstrickmuster und die Sohlenmaschen in der Regel glatt rechts. Die Maschenzahlen beider Teile sind durch die unterschiedliche Maschenprobe häufig nicht identisch.

Spitze

Erst kurz vor Beginn der Spitze wird in einer Zwischenrunde die Maschenzahl des Oberfußes wieder auf die übliche Maschenzahl für glatt rechts Gestricktes gebracht, also auf die gleiche Maschenzahl wie die Sohlenmaschen.

VOR BEGINN DER SPITZE unbedingt noch einmal die korrekte Gesamtmaschenzahl überprüfen!

Patentmuster

Patentmuster fallen sehr weich, dehnbar und voluminös aus und weichen in ihrer Maschenprobe erheblich von der von glatt rechts Gestricktem ab. Außerdem ist der Garnverbrauch durch die zusätzlichen Umschläge wesentlich höher. Ab einer Schuhgröße von etwa 42 sollte man daher ein weiteres 50 g-Knäuel einplanen. Tendenziell eher mit einer etwas kleineren Nadel stricken, damit die Socke später nicht leiert.

PATENTMUSTER nicht dämpfen! Sie verlieren dadurch viel von ihrer voluminösen Struktur, die sich auch nach der nächsten Wäsche nicht wieder einstellt.

EINE ANLEITUNG FÜR PATENTSOCKEN ohne Ferse steht auf Seite 220.

Strukturmuster aus rechten und linken Maschen

Der besondere Effekt dieser Muster kommt nur richtig zu Geltung, wenn genügend Spannung im Faden ist. Zu locker gestrickte plastische Muster in Socken verlieren ihren Effekt, wenn das Maschenbild beim Tragen leicht gedehnt wird. Solche Strukturmuster sollten also am besten mit einer etwas dünneren Nadelstärke und somit einem dichteren Maschenbild gearbeitet werden. Damit verändert sich auch die Maschenprobe, die sich bei 4-fädigem Garn von 30 Maschen x 42 Reihen zu etwa 33 Maschen x 44 Reihen für 10 cm x 10 cm verschieben kann. Verglichen mit den Maschenangaben für glatt rechts Gestricktes muss also für dieselbe Passform mit mehr Maschen und Reihen gestrickt werden.

Zopfmuster

Zopfmuster ziehen das Gestrickte an den Stellen, an denen Maschengruppen übereinanderliegen, zusammen. Je mehr Maschen dabei in einen Zopf eingestrickt werden und je weniger Reihen sich zwischen übereinanderliegenden Verzopfungen befinden, desto stärker weicht die Maschenprobe von der von glatt rechts Gestricktem ab. Man benötigt mehr Maschen und muss die benötigte Maschenzahl durch eine Maschenprobe zunächst genau bestimmen.

Um den Überblick über die Zwischenrunden bis zur nächsten Verzopfung zu behalten, ohne sich nach jeder Runde einen Strich auf Papier notieren zu müssen, ist es hilfreich, Maschenreihen in Zöpfen zählen zu können. Orientierung gibt das Spannloch: es lässt sich leicht auffinden, wenn man das Gestrick etwas auseinanderzieht. Zählt man nun die Querfäden über dem Spannloch und rechnet die Masche auf der Nadel noch hinzu, ergibt das die Zahl der Runden, die bereits nach der Verzopfung gestrickt wurden.

Lochmuster/Lacemuster

Lochmuster fallen häufig weiter aus als glatt rechts Gestricktes, es werden also weniger Maschen benötigt als in den Tabellen angegeben. Wie stark die Maschenprobe abweicht, ist von Muster zu Muster unterschiedlich und sollte sorgfältig bestimmt werden, damit die Socken nicht zu weit ausfallen.

Farbmuster/Jacquardmuster

Farbig eingestrickte Jacquardmuster werden überwiegend glatt rechts gearbeitet, sodass nach einem Zählmuster mit farbigen Kästchen gearbeitet werden kann, von denen jedes für eine rechte Masche steht. In Jacquardtechnik Gestricktes fällt in der Regel schmaler aus als einfarbig glatt rechts Gestricktes und ist auch weniger elastisch. Daher sollte die Maschenprobe sehr sorgfältig angefertigt werden. Während mit der aktuellen Farbe nach Zählmuster gestrickt wird, führt man alle nicht in Arbeit befindlichen Fäden bis zum nächsten Farbwechsel locker auf der Rückseite mit. Dabei sollten die Fäden gleichmäßig angezogen werden. Geraten die Spannfäden zu kurz, erscheinen die Maschen rechts und links des Farbwechsels später im Maschenbild auffällig klein und das Gestrickte wellt sich an dieser Stelle. Die Elastizität geht fast vollständig verloren, und die Socken werden zu eng.

Um dies zu vermeiden, hilft es, alle bereits abgestrickten Maschen zwischen den beiden Farbwechseln so weit auseinanderzuschieben, wie sie auch im fertigen Maschenbild erscheinen sollen. Den Faden mit dem rechten Zeigefinger an die rechte Nadel drücken und so beim Stricken in der neuen Farbe das genau passende Spannfadenstück abmessen.

Kritisch ist beim Jacquardstricken in Runden der Wechsel von einer Spiel- oder Rundstricknadel zur nächsten. Da die Nadeln nahezu im rechten Winkel zueinander stehen, gerät an diesen Stellen der Spannfaden häufig viel zu kurz. Hier behilft man sich, indem man die Maschen auf die spätere Weite auseinanderschiebt und den Faden dicht an den Nadeln entlangführt. Das gelingt am besten, wenn man nach dem 1. Farbwechsel nach dem Nadelübergang die beiden senkrecht zueinander stehenden Nadeln in eine Linie bringt und das passende Fadenstück abmisst.

Grössentabelle Fersen für 4-fädiges Sockengarn

LL = 210 m/50 g, 30 Maschen x 42 Reihen = 10 cm x 10 cm

Größe	20/21	22/23	24/25	26/27	28/29	30/31	32/33	34/35	36/37	38/39	40/41	42/43	44/45	46/47	48/49	50/51
Maschenzahl gesamt	44	44	48	48	52	52	56	56	60	60	64	64	68	72	72	76
Maschenzahl/ Nadel	11	11	12	12	13	13	14	14	15	15	16	16	17	18	18	19
Fersen-maschen	22	22	24	24	26	26	28	28	30	30	32	32	34	36	36	38
Fersenwandfersen: Käppchen-, Hufeisen-, Herzchen- und runde Ferse																
Fersenhöhe in Reihen	22	22	24	24	26	26	28	28	30	30	32	32	34	36	36	38
Maschenzahl Käppchen	7/8/7	7/8/7	8/8/8	8/8/8	9/8/9	9/8/9	9/10/9	9/10/9	10/10/10	10/10/10	10/12/10	10/12/10	11/12/11	12/12/12	12/12/12	13/12/13
Maschenzahl Hufeisen	5/6/6/5	5/6/6/5	6/6/6/6	6/6/6/6	7/6/6/7	7/6/6/7	8/6/6/8	8/6/6/8	7/8/8/7	7/8/8/7	8/8/8/8	8/8/8/8	9/8/8/9	10/8/8/10	10/8/8/10	9/10/10/9
Bogen-Maschen Hufeisen	4	4	4	4	4	4	5	5	5	5	5	5	6	6	6	6
Maschen-aufnahmen aus Fersen-wand	11	11	12	12	13	13	14	14	15	15	16	16	17	18	18	19
Zunahmeferse																
Fersen-maschen	22	22	24	24	26	26	28	28	30	30	32	32	34	36	36	38
Reihenzahl Fersenwand-keil	20	20	22	22	24	24	26	26	28	28	30	30	32	34	34	36
Zunahmen je Seite	10	10	11	11	12	12	13	13	14	14	15	15	16	17	17	18
Reihenzahl Fersewandkeil	20	20	22	22	24	24	26	26	28	28	30	30	32	34	34	36
Abnahmen je Seite	10	10	11	11	12	12	13	13	14	14	15	15	16	17	17	18
Fersen mit Schrägnaht/mit verkürzten Reihen																
Fersen-einteilung	7/8/7	7/8/7	8/8/8	8/8/8	8/10/8	8/10/8	9/10/9	9/10/9	10/10/10	10/10/10	10/12/10	10/12/10	11/12/11	12/12/12	12/12/12	13/12/13
Spickel-Maschen Hybridferse	4	4	4	4	4	4	5	5	5	5	5	5	6	6	6	6
Reihenzahl Hybridferse	8	8	8	8	8	8	10	10	10	10	10	10	12	12	12	12
2/3- und Tomatenferse																
Zusätzliche Fersen-maschen von Ober-fuß je Seite	4	4	4	4	4	4	4	4	5	5	5	5	5	6	6	6
Maschenzahl Ferse gesamt	30	30	32	32	34	34	36	38	40	40	42	42	44	48	48	50
Maschen-Grüppchen je Seitenteil	6	6	6	6	6	6	7	7	8	8	8	8	9	10	10	10
Mittelteil-Maschen	6	6	8	8	10	10	8	10	8	8	10	10	8	8	8	10
Rundgestrickte Fersen mit Fersenschluss im Tritt																
Spickel-Maschen glatte Ferse	4	4	4	4	4	4	5	5	5	5	5	5	6	6	6	6
Maschen-anschlag glatte Ferse	15	15	16	16	17	17	19	19	20	20	21	21	23	24	24	24
Fußlänge Kontrastgarn –Spitze/cm	7,5	9,0	9,5	10,5	11,0	12,5	12,5	14,0	14,5	15,5	16,0	17,5	17,5	18,0	19,0	20,5

Größe	20/21	22/23	24/25	26/27	28/29	30/31	32/33	34/35	36/37	38/39	40/41	42/43	44/45	46/47	48/49	50/51
Abnahmerunde nach der 1. Abnahme wiederholen																
in jeder 4. Runde									1x	1x	1x	1x	1x	1x	1x	1x
in jeder 3. Runde	1x	1x	1x	1x	2x	2x	2x	2x	2x	2x	2x	2x	2x	2x	2x	2x
in jeder 2. Runde	3x	3x	3x	3x	3x	3x	3x	3x	3x	3x	3x	3x	4x	4x	4x	4x
in jeder Runde			1x	1x	1x	1x	1x	1x	1x	1x	2x	2x	1x	2x	2x	3x
Fersenschluss Maschen/ Nadel	6	6	6	6	6	6	7	7	7	7	7	7	8	8	8	8

Länge der verschiedenen Spitzen für 4-fädiges Sockengarn

LL = 210 m/50 g, 30 Maschen x 42 Reihen = 10 cm x 10 cm

Größe	20/21	22/23	24/25	26/27	28/29	30/31	32/33	34/35	36/37	38/39	40/41	42/43	44/45	46/47	48/49	50/51
Maschenzahl gesamt	44	44	48	48	52	52	56	56	60	60	64	64	68	72	72	76
Maschenzahl/ Nadel	11	11	12	12	13	13	14	14	15	15	16	16	17	18	18	19
Fußlänge gesamt/cm	13,5	15,0	16,5	17,5	19,0	20,5	21,5	23,0	24,5	25,5	27,0	28,5	29,5	31,0	32,5	33,5
Bandspitze, zusammen-gezogen/cm	3,0	3,0	3,5	3,5	4,0	4,0	4,5	4,5	5,0	5,0	5,5	5,5	6,0	6,5	6,5	7
Fußlänge – Spitze/cm	10,5	12,0	13,0	14,0	15,0	16,5	17,0	18,5	19,5	20,5	21,5	23,0	23,5	24,5	26,0	26,5
Bandspitze, stumpf anatomische Bandspitze, japanische Spitze/cm	–	–	2,5	2,5	3,0	3,0	3,0	3,0	4,0	4,0	4,0	4,0	4,5	4,5	5,0	5,0
Fußlänge – Spitze/cm	–	–	14,0	15,0	16,0	17,5	18,5	20,0	20,5	21,5	23,0	24,5	25,0	26,5	27,5	28,5
Sternchen-spitze/cm	2,0	2,0	3,5	3,5	3,5	3,5	4,5	4,5	4,5	4,5	6,5	6,5	6,5	8,5	8,5	11,0
Fußlänge – Spitze/cm	11,5	13,0	13,0	14,0	15,5	17,0	17,0	18,5	20,0	21,0	20,5	22,0	23,0	22,5	24,0	22,5
Schnecken-spitze/cm	4,0	4,0	4,5	4,5	5,0	5,0	5,5	5,5	6,0	6,0	6,5	6,5	7,0	7,5	8,0	8,5
Fußlänge – Spitze/cm	9,5	11,0	12,0	13,0	14,0	15,5	16,0	17,5	18,5	19,5	20,5	22,0	22,5	23,5	24,5	25,0
Propeller-spitze/cm	4,0	4,0	4,5	4,5	5,0	5,0	5,0	5,0	5,5	5,5	5,5	6,0	6,0	6,5	7,5	7,5
Fußlänge – Spitze/cm	9,5	11,0	12,0	13,0	14,0	15,5	16,5	18,0	19,0	20,2	21,0	22,5	23,0	24,0	25,0	26,0
Blumen-spitze/cm	3,5	3,5	3,5	3,5	4,0	4,0	4,0	4,0	5,0	5,0	5,0	5,0	5,5	5,5	7,0	9,0
Fußlänge – Spitze/cm	10,0	11,5	13,0	14,0	15,0	16,5	17,5	19,0	19,5	20,5	22,0	23,5	24,0	25,5	25,5	24,5
Schrägnaht-ferse als Spitze/cm	3,0	3,0	3,5	3,5	4,0	4,0	4,5	4,5	5,0	5,0	5,0	5,0	5,5	6,0	5,5	6,5
Maschen-einteilung	7/8/7	7/8/7	8/8/8	8/8/8	9/8/9	9/8/9	10/8/10	10/8/10	11/8/11	11/8/11	11/10/11	11/10/11	12/10/12	13/10/13	13/10/13	13/12/13
Fußlänge – Spitze/cm	10,5	12,0	13,0	14,0	15,0	16,5	17,0	18,5	19,5	20,5	22,0	23,5	24,0	25,0	27,0	27,0

Grössentabelle Fersen für 6-fädiges Sockengarn

LL = 125 m/50 g, 22 Maschen x 30 Reihen = 10 cm x 10 cm

Größe	20/21	22/23	24/25	26/27	28/29	30/31	32/33	34/35	36/37	38/39	40/41	42/43	44/45	46/47	48/49	50/51
Maschenzahl gesamt	32	32	36	36	40	40	44	44	48	48	52	52	52	56	56	60
Maschenzahl/ Nadel	8	8	9	9	10	10	11	11	12	12	13	13	13	14	14	15
Fersen-maschen	16	16	18	18	20	20	22	22	24	24	26	26	26	28	28	30
Fersenwandfersen: Käppchen-, Hufeisen-, Herzchen- und runde Ferse																
Fersenhöhe in Reihen	16	16	18	18	20	20	22	22	24	24	26	26	26	28	28	30
Maschenzahl Käppchen	5/6/5	5/6/5	6/6/6	6/6/6	6/8/6	6/8/6	7/8/7	7/8/7	8/8/8	8/8/8	8/10/8	8/10/8	8/10/8	9/10/9	9/10/9	10/10/10
Maschenzahl Hufeisen	4/4/4/4	4/4/4/4	5/4/4/5	5/4/4/5	6/4/4/6	6/4/4/6	6/5/5/6	6/5/5/6	6/6/6/6	6/6/6/6	7/6/6/7	7/6/6/7	7/6/6/7	7/7/7/7	7/7/7/7	7/8/8/7
Bogen-Maschen Hufeisen	3	3	3	3	3	3	4	4	4	4	4	4	4	5	4	4
Maschen-aufnahmen aus Fersen-wand	8	8	9	9	10	10	11	11	12	12	13	13	13	14	14	15
Zunahmeferse																
Fersen-maschen	16	16	18	18	20	20	22	22	24	24	26	26	26	28	28	30
Reihenzahl Fersenwand-keil	14	14	16	16	18	18	20	20	22	22	24	24	24	26	26	28
Zunahmen je Seite	7	7	8	8	9	9	10	10	11	11	12	12	12	13	13	14
Reihenzahl Fersentrittkeil	14	14	16	16	18	18	20	20	22	22	24	24	24	26	26	28
Abnahmen je Seite	7	7	8	8	9	9	10	10	11	11	12	12	12	13	13	14
Fersen mit Schrägnaht/mit verkürzten Reihen																
Fersen-einteilung	5/6/5	5/6/5	6/6/6	6/6/6	6/8/6	6/8/6	7/8/7	7/8/7	8/8/8	8/8/8	8/10/8	8/10/8	8/10/8	9/10/9	9/10/9	10/10/10
Spickel-Maschen Hybridferse	3	3	3	3	3	3	4	4	4	4	4	4	4	5	5	5
Reihenzahl Hybridferse	6	6	6	6	6	6	8	8	8	8	8	8	8	10	10	10
2/3- und Tomatenferse																
Zusätzliche Fersen-maschen von Ober-fuß je Seite	3	3	3	3	3	3	4	4	4	4	4	4	4	4	4	5
Maschenzahl Ferse gesamt	22	22	24	24	26	26	30	30	32	32	34	34	34	36	36	40
Maschen-Grüppchen je Seitenteil	6	6	5	5	6	6	6	6	6	6	7	7	7	7	7	8
Mittelteil-Maschen	4	4	4	4	5	5	6	6	8	8	6	6	6	8	8	8
Rundgestrickte Fersen mit Fersenschluss im Tritt																
Spickel-Maschen glatte Ferse	3	3	3	3	3	3	4	4	4	4	4	4	4	5	5	5
Maschen-anschlag glatte Ferse	11	11	12	12	13	13	15	15	16	16	17	17	17	19	19	20
Fußlänge Kontrastgarn –Spitze/cm	7,5	9,0	9,5	10,5	11,0	12,5	12,5	14,0	14,5	15,5	16,0	17,0	17,5	18,0	19,0	20,5

Größe	20/21	22/23	24/25	26/27	28/29	30/31	32/33	34/35	36/37	38/39	40/41	42/43	44/45	46/47	48/49	50/51
Abnahmerunde nach der 1. Abnahme wiederholen																
in jeder 4. Runde					1x	1x	1x	1x	1x	1x	1x	1x	1x	1x	1x	1x
in jeder 3. Runde					1x	1x	1x	1x	1x	1x	1x	1x	1x	2x	2x	2x
in jeder 2. Runde	3x	3x	3x	3x	2x	2x	2x	2x	2x	2x	3x	3x	3x	3x	3x	3x
in jeder Runde	1x	1x	2x	2x	2x	2x	2x	2x	3x	3x	3x	3x	2x	2x	2x	3x
Fersenschluss Maschen/ Nadel	3	3	3	3	3	3	4	4	4	4	4	4	5	5	5	5

Länge der verschiedenen Spitzen für 6-fädiges Sockengarn

LL = 125 m/50 g, 22 Maschen x 30 Reihen = 10 cm x 10 cm

Größe	20/21	22/23	24/25	26/27	28/29	30/31	32/33	34/35	36/37	38/39	40/41	42/43	44/45	46/47	48/49	50/51
Maschenzahl gesamt	32	32	36	36	40	40	44	44	48	48	52	52	52	56	56	60
Maschenzahl/ Nadel	8	8	9	9	10	10	11	11	12	12	13	13	13	14	14	15
Fußlänge gesamt/cm	13,5	15,0	16,5	17,5	19,0	20,5	21,5	23,0	24,5	25,5	27,0	28,5	29,5	31,0	32,5	33,5
Bandspitze, zusammen-gezogen/cm	3,0	3,0	3,5	3,5	4,0	4,0	4,5	4,5	5,0	5,0	5,5	5,5	5,5	6,5	6,5	6,5
Fußlänge – Spitze/cm	10,5	12,0	13,0	14,0	15,0	16,5	17,0	18,5	19,5	20,5	21,5	23,0	24,0	24,0	26,0	27,0
Bandspitze, stumpf anatomische Bandspitze, japanische Spitze/cm	–	–	2,5	2,5	3,0	3,0	3,5	3,5	4,0	4,0	5,0	5,0	5,0	5,0	5,0	5,0
Fußlänge – Spitze/cm	–	–	14,0	15,0	16,0	17,5	18,0	19,5	20,5	21,5	22,0	23,5	24,5	25,5	27,5	28,5
Sternchen-spitze/cm	2,0	2,0	2,0	2,0	3,0	3,0	3,0	3,0	4,5	4,5	4,5	4,5	4,5	6,5	8,0	9,0
Fußlänge – Spitze/cm	11,5	13,0	14,5	15,5	16,0	17,5	18,5	20,2	20,2	21,0	22,5	24,0	25,0	25,5	24,5	24,5
Schnecken-spitze/cm	3,5	3,5	4,0	4,0	4,5	4,5	5,5	5,5	6,0	6,0	6,5	6,5	6,5	8,5	7,0	6,5
Fußlänge – Spitze/cm	10,0	11,5	12,5	13,5	14,5	16,0	16,0	17,5	18,5	19,5	20,5	22,0	23,0	23,5	24,0	27,0
Propeller-spitze/cm	3,5	3,5	4,0	4,0	4,5	4,5	5,0	5,0	5,5	5,5	6,0	6,0	6,0	6,5	7,5	8,0
Fußlänge – Spitze/cm	10,5	11,5	12,5	13,5	14,5	16,0	16,5	18,0	19,0	20,0	21,0	22,5	23,5	24,0	25,0	25,5
Blumen-spitze/cm	2,5	2,5	3,5	3,5	3,5	3,5	4,5	4,5	4,5	4,5	5,5	5,5	5,5	5,5	7,0	9,0
Fußlänge – Spitze/cm	11,0	12,5	13,0	14,0	15,5	17,0	17,0	18,5	20,0	21,0	21,5	23,0	24,0	25,5	25,5	24,5
Schrägnaht-ferse als Spitze/cm	3,0	3,0	3,5	3,5	3,5	3,5	4,0	4,0	4,0	4,0	5,5	5,5	5,5	5,5	6,0	6,5
Maschen-einteilung	5/6/5	5/6/5	6/6/6	6/6/6	6/8/6	6/8/6	7/8/7	7/8/7	8/8/8	8/8/8	9/9/9	9/9/9	9/9/9	9/10/9	9/10/9	10/10/10
Fußlänge – Spitze/cm	10,5	12,0	13,0	14,0	15,5	17,0	17,5	19,0	20,5	21,5	21,5	23,0	24,0	25,5	26,5	27,0

Buchempfehlungen für Sie

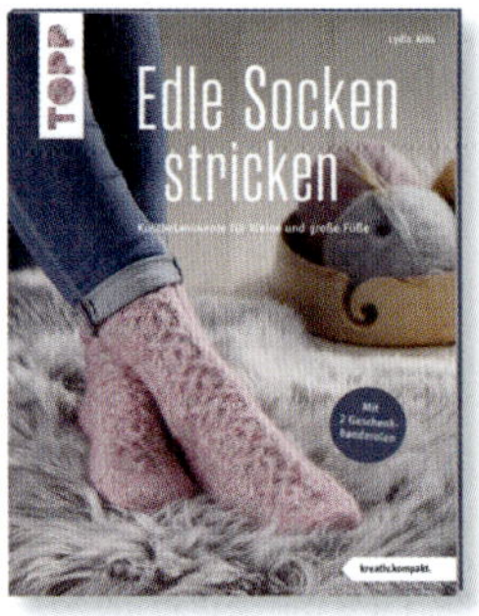

ISBN 978-3-7724-6845-2

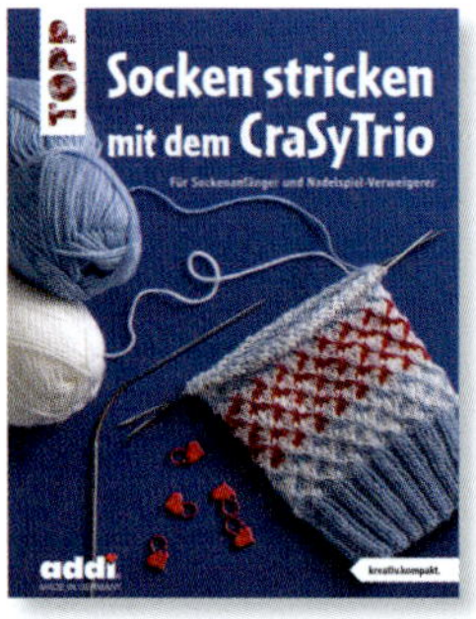

ISBN 978-3-7724-6998-5

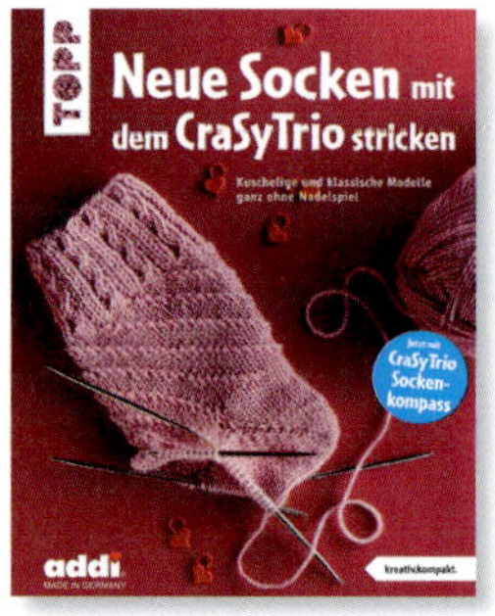

ISBN 978-3-7724-6831-5

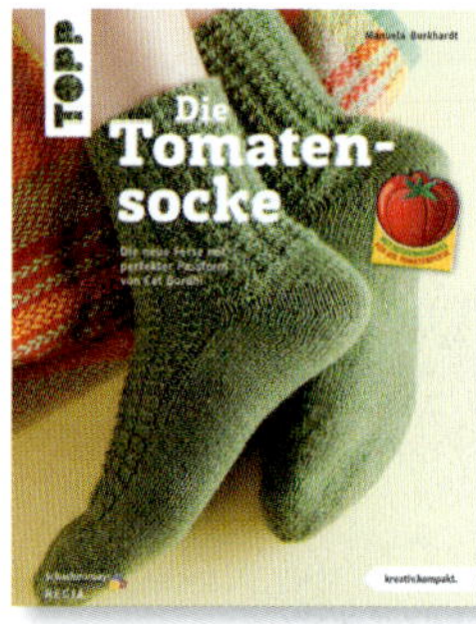

ISBN 978-3-7724-6914-5

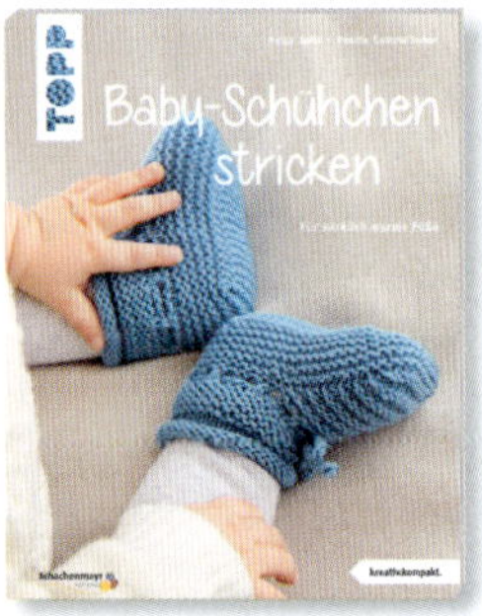

ISBN 978-3-7724-6838-4

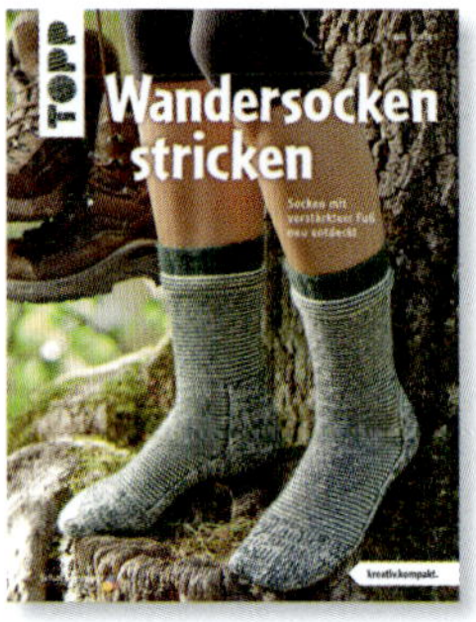

ISBN 978-3-7724-6987-9

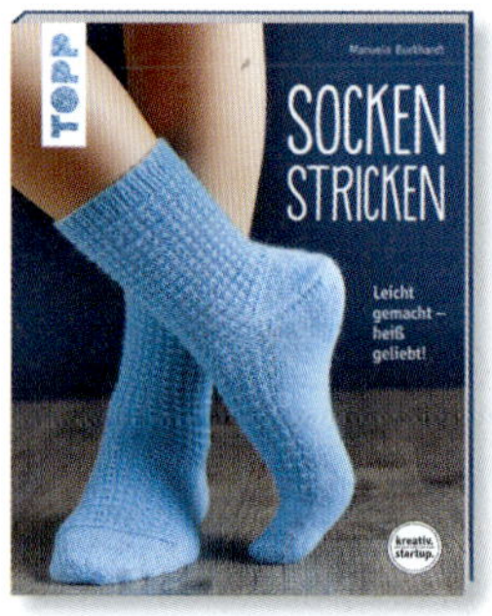

ISBN 978-3-7724-8182-6

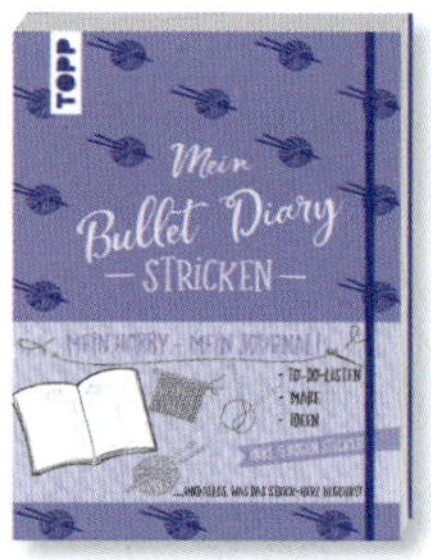

ISBN 978-3-7724-4829-4

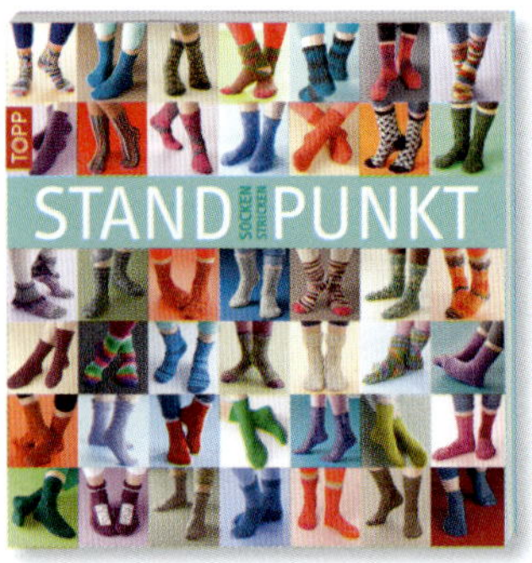

ISBN 978-3-7724-6364-8

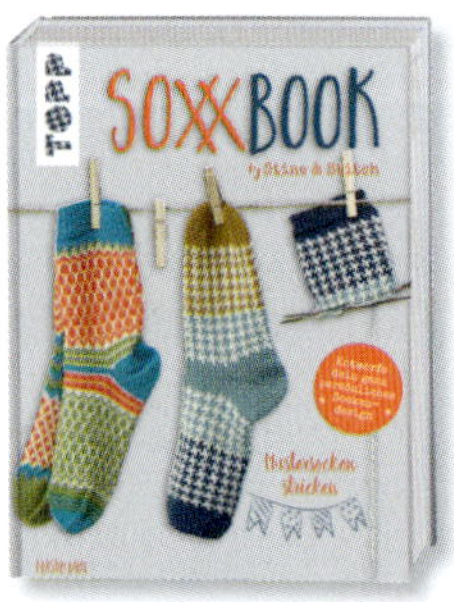

ISBN 978-3-7724-6495-9

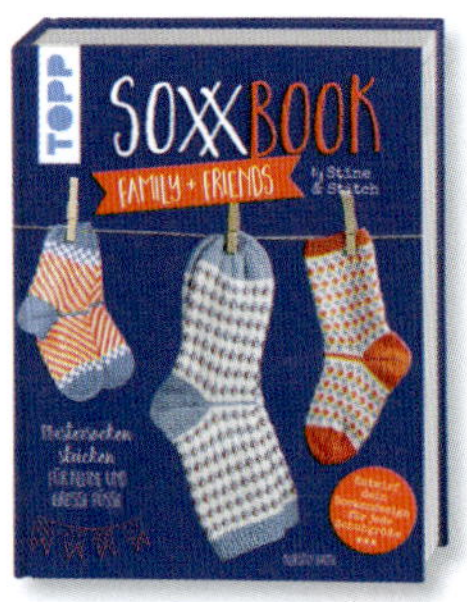

ISBN 978-3-7724-8136-9

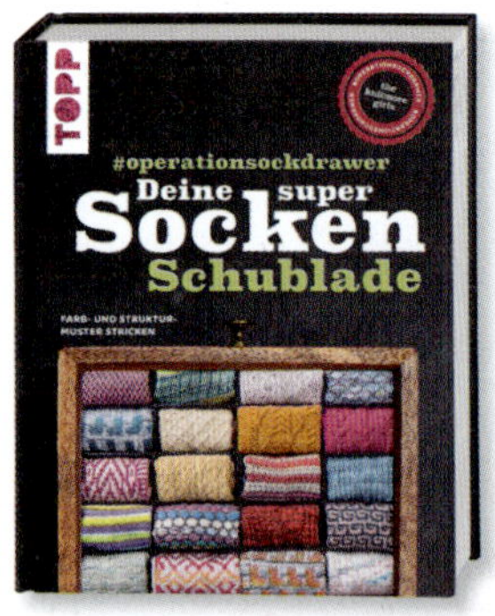

ISBN 978-3-7724-4859-1

Kreativ-Bücher finden Sie auf www.TOPP-kreativ.de

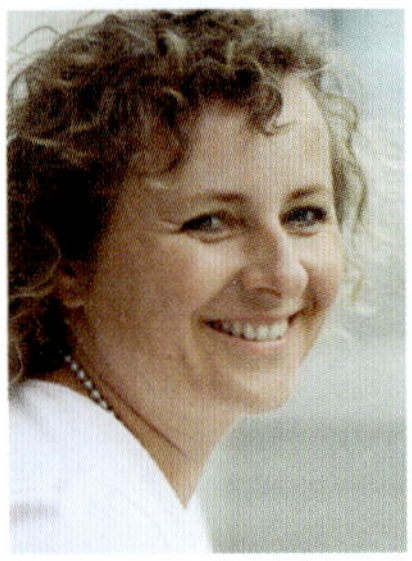

Ewa Jostes, Jahrgang 1959
Wie lange ich schon stricke? Ich würde sagen: Ewig! Zwar hatte ich nicht immer so schöne Materialien und Werkzeuge zur Verfügung wie heutzutage – aber immer viel Neugier und Forschergeist, wenn es um die technischen Seiten des Strickens ging. Denn im Prinzip ist Stricken nichts anderes, als eine geordnete Reihenfolge von Knoten – und es ist faszinierend, dass schon eine kleine Abweichung zu völlig neuen Ergebnissen führen kann. So kam es dazu, dass ich eines Tages Nadeln und Wolle in die Hand nahm und seitdem nicht mehr weggelegt habe.
Socken, Handschuhe und andere Kleinigkeiten sind für mich nicht nur wunderschöne Strickobjekte, sondern auch jedes Mal Experimente ob das, was in meinem Kopf entstanden ist, mit Nadeln und Faden in der Praxis wirklich möglich ist. Manchmal habe ich Glück, und dieses neue Wissen teile ich gerne in meinen Büchern mit Ihnen.
Ich reise gerne und bringe von jeder Reise etwas mit – neue Ideen, Materialien, Werkzeuge oder einfach ein paar Sonnenstrahlen. Da ich inzwischen Oma geworden bin, gelten viele meiner neusten Projekte dem jüngsten Familienmitglied.
Mein Dank geht an meine dritte und vierte Hand, die ich mir immer gerne bei Mary Müller leihe und an Miriam Heil, die mit einer Engelsgeduld das Projekt zu Ende geführt hat.

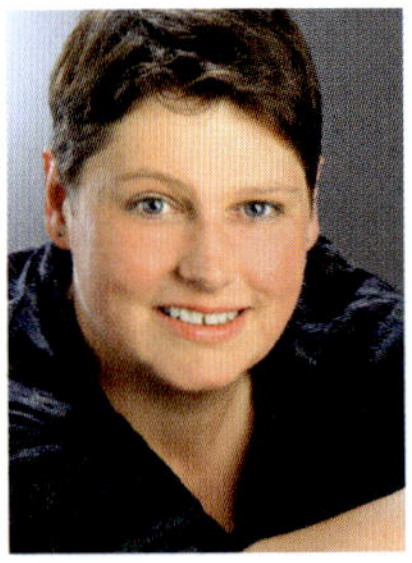

Stephanie van der Linden, Jahrgang 1970
Ich lebe mit meinem Mann, meinen 3 Töchtern und unserem Hund in der Wetterau. Das Stricken lernte ich von meiner Oma bereits, bevor ich lesen und schreiben konnte, und seitdem hat mich die Begeisterung fürs Häkeln, Stricken und Nähen nicht mehr losgelassen.
Dennoch orientierte ich mich beruflich zuerst in naturwissenschaftlicher Richtung und studierte Chemie und Bauingenieurswesen an einer technischen Hochschule. Vielleicht faszinieren mich gerade deswegen die logischen Strukturen hinter rechten und linken Maschen und die mathematischen Berechnungen für Größentabellen und perfekte Passformen.
Nach der Geburt meiner Kinder strickte ich natürlich erst einmal Babymodelle, und seitdem hat mich die Faszination für kleine Strickwerke aus feinen Garnen nicht mehr losgelassen. So landete ich bei selbstgestrickten Socken – die mich durch Ihre Vielfältigkeit bis heute nicht mehr losgelassen haben.
Heute entwerfe, schreibe und lektoriere ich für deutsche und internationale Magazine, Verlage und Garnhersteller und bin im Internet auf verschiedensten Plattformen mit Strickern aus aller Welt vernetzt. Im frechverlag habe ich bereits zahlreiche erfolgreiche Titel veröffentlicht und im Internet bin ich zu finden unter www.maschenmarkt.de.

Der Freischaltcode für die Videos lautet:

17536

Danke!
Wir bedanken uns bei den Firmen LANG & CO. AG, www.langyarns.com, Lana Grossa GmbH, www.lana-grossa.de und MEZ GmbH, www.schachenmayr.com für die freundliche Unterstützung bei der Erstellung dieses Buches. Ein besonderer Dank geht an Kerstin Balke (www.stineundstitch.de) für Ihren engagierten Einsatz vor der Kamera bei hochsommerlichen 36 Grad!

Hilfestellung zu allen Fragen, die Materialien und Kreativbücher betreffen: Frau Erika Noll berät Sie. Rufen Sie an: 0711/12 37 57 20*

*normale Telefongebühren

PROJEKTMANAGEMENT: Miriam Heil

LEKTORAT: Miriam Heil

LAYOUT: Petra Theilfarth

FOTOS: frechverlag GmbH, 70839 Gerlingen; lichtpunkt, Michael Ruder, Stuttgart

DRUCK UND BINDUNG: PNB Print Ltd, Lettland

4. Auflage 2023

ISBN 978-3-7724-8151-2 • Best.-Nr. 8151

MIX Papier | Fördert gute Waldnutzung FSC® C084698

Penguin Random House Verlagsgruppe FSC® N001967

Der geniale SOCKEN Workshop